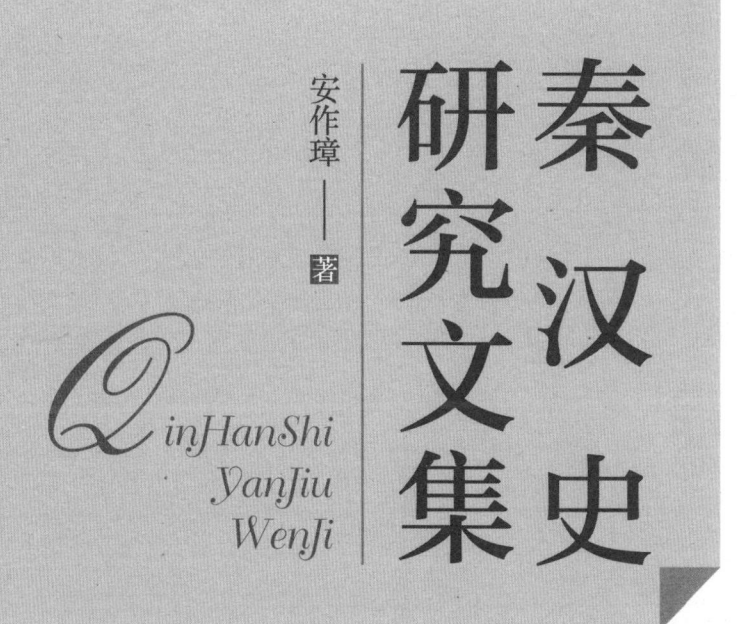

山东师范大学人文社会科学学者文库
SHANDONG SHIFAN DAXUE RENWEN SHEHUI KEXUE XUEZHE WENKU

秦汉史研究文集
QinHanShi YanJiu WenJi

安作璋 —— 著

人民出版社

目 录

引 言

关于秦汉史研究的若干问题 …………………………………………… 3
关于秦汉史与山东地方史综合研究 …………………………………… 19

一、关于秦汉社会史研究

秦汉时期封建地主阶级构成的演变 …………………………………… 31
秦汉时期封建地主阶级的构成、特点和历史作用 …………………… 45
从西汉经济制度和政治制度看西汉社会性质 ………………………… 65
从西汉赋役制度看西汉农民生活 ……………………………………… 102
战国至秦山东地方封建经济的发展和社会矛盾 ……………………… 112
两汉时期山东的社会经济和农民问题 ………………………………… 126
论"游侠" ………………………………………………………………… 147
　　——读司马迁《史记·游侠列传》

二、关于秦汉经济史研究

睡虎地秦墓竹简所反映的秦代农业经济 ································· 159
关于西汉农业生产的几个问题 ······································· 171
西汉的西北屯垦 ·· 184
西汉农官的建置及其作用 ··· 192
算缗与告缗 ·· 201
————评西汉抑商制度

三、关于秦汉政治和政治制度史研究

从睡虎地秦墓竹简看秦统一的原因 ···································· 209
秦汉专制主义中央集权政治体制略论 ·································· 216
秦汉的丞相制度 ·· 226
论"汉家制度" ··· 251
汉代的官箴 ·· 264

四、关于秦汉思想文化史研究

齐文化与黄老之学 ·· 277
汉代山东儒学 ·· 285
论汉代齐学与鲁学 ·· 296
齐鲁博士与两汉儒学 ··· 310

说"孝" ·· 326
　　——兼论"汉以孝治天下"

五、关于秦汉少数民族与中外关系史研究

关于"徐福文化"的思索 ·· 335
徐福东渡及其历史意义 ·· 338
徐福东渡与中、日、朝、韩关系 ·· 341
张骞出使西域 ·· 354
班超出使西域 ·· 369
西域都护的建置及其作用 ··· 385
汉武帝时期汉与匈奴战争中的阵法 ······································· 403
　　——方阵与圆阵
东汉后期羌族问题 ··· 414

六、关于秦汉历史人物研究

千秋功过谁与评说 ··· 427
　　——漫谈秦皇、汉武
论吕后 ·· 431
论汉武帝 ··· 442
论桑弘羊 ··· 458
论石显 ·· 486
论光武中兴之道 ··· 501
王充与《论衡》 ··· 510
班固的家世、生平及其在史学上的贡献 ······························· 526

论班昭…………………………………………………539
杜诗与"水排"…………………………………………547
秦汉时期经学世家济南伏氏……………………………552
秦汉时期的公主…………………………………………564

后　记……………………………………………………577

引 言

关于秦汉史研究的若干问题

一

秦汉这一段历史是中国两千年封建社会的奠基时代。无论是按照西周封建论的说法,还是战国封建论的说法,封建地主经济基础的最后巩固和全部封建上层建筑的最后完成,都是在这个历史时期。

首先,从经济基础方面看,虽然从春秋战国时期开始,封建地主土地所有制和封建剥削方式就已经开始萌芽,但作为一种经济制度,却是一直到秦汉时期才最后确定下来。例如"富者田连阡陌,贫者亡立锥之地","耕豪民之田,见税什五"这种生产关系,即是由汉武帝时董仲舒首先提出而明白地记载于《汉书·食货志》。自此以后,这种生产关系直到清朝灭亡,甚至一直到共产党领导的土地改革之前,都是作为主导的经济形式存在于中国广大农村社会之中。

其次,从政治制度来看,基于封建地主土地所有制这一经济基础之上的上层建筑,如以皇帝为首的封建专制主义中央集权制度,也是在这一时期形成的。虽然这种制度早在战国时期各诸侯国所进行的政治、经济改革中就已经开始萌芽并趋于成熟。但是作为一种稳定、系统、有序的政治制度,可以说自秦始皇开始直到汉武帝才最后巩固下来。因而秦汉时期是中国封建社会历史上的一个划时代的历史时期,这一时期确定下来的封建专制主义中央集权的官僚制度和郡县制度,在以后中国封建社会的发展历程中,虽名称有所变化,但实质上并无太大的变化。

再从意识形态领域看，作为封建地主阶级统治的指导思想，也并不是一蹴而成的，它也经历了一个不断探索的过程。这里还涉及如何评价春秋战国时期百家争鸣的问题。百家争鸣无疑是中国古代社会的一次重要的思想解放运动，但更重要的它还是一次对新兴的封建地主阶级如何治理国家的探索活动。如儒家主张实行仁政，道家主张无为而治，法家主张法、术、势结合的法治等，他们探索的无一不是治国方略，这一探索过程，可以说一直持续到西汉武帝时期。如果说百家争鸣是从理论上对封建社会的治国方略进行探索的话；那么，秦朝和汉朝就可以说是已经进入到了实施阶段的探索。秦统一中国后，秦始皇专任法家，实行以法为教，以吏为师，这可以说是秦朝的经验。但秦始皇把法治（实际是刑治）绝对化了，法治搞过了头，结果成了暴力统治，故引起人民的强烈反抗，结果秦朝二世而亡。在秦末的战火余烬中建立起来的西汉皇朝，开始时统治阶层中有很多人曾亲身经历过秦朝的暴虐统治，接受了秦朝灭亡的教训，一改秦朝在治国方略上专任法家的策略，转而改用道家黄老的思想，实行无为而治、与民休息的治国方略。这在当时无疑是适应了汉初经济恢复发展和政治稳定的需要，但它的弊端很快暴露出来了。一方面汉初的经济确实得到了恢复和发展，政局也比较稳定；另一方面也出现了豪强地主的土地兼并和诸侯王割据势力发展壮大的势头。由此看来，黄老无为而治的治国方略也不足以更好地治理国家。所以，到了汉武帝时期，就接受了董仲舒的建议，实行"罢黜百家，独尊儒术"，确定了儒家思想作为封建皇朝统治的指导思想。但是实际上，这一时期所谓"儒术"，并非全用儒家，而是外儒内法。所以，后来的汉宣帝在谈到汉朝的制度时说："汉家自有制度，霸王道杂之。"若用现在的话说，这就是一个德治与法治结合的问题，实际上也就是在统治方略上刚柔相济两手交替运用的有机结合。这种以儒家思想为主体的统治指导思想，到了汉武帝时期就已经全面确定下来了，并一直贯穿于整个中国封建社会的始终。

此外，如连续一、二、三次全国性大规模农民战争的发生和农民战争后封建皇朝政策的调整，统一的以汉族为主体的多民族国家的形成，中外关系的沟通，文字、货币、度量衡、法令的统一等等，也无不由秦汉开其端绪。由此可见，秦汉史在中国历史上占有何等重要的地位，对后世产生何等深远的影响。如果说，秦汉以后封建社会的历史是"流"；那么，秦汉时期的历史就是"源"。因此，从这个意义上说，没有秦汉，也就没有两千年的封建社会。如果我们对秦汉这段历史搞不清楚，就势必要影响对整个封建社会历史的认识。

所以，关于秦汉史的研究，历来就受到学者们的重视。远的姑且不说，新中国成立以后，史学界讨论的五个重大历史问题，号称"五朵金花"，即古史分期问题、封建土地制度问题、农民战争问题、汉民族形成问题、资本主义萌芽问题，其中有四个问题涉及秦汉时期。此外，还有的学者认为中国资本主义萌芽于战国秦汉。这就说明秦汉历史的重要性及其所受到重视的程度。所以，在以往的断代史研究中，有关秦汉史的论文和论著特别多，不仅国内大陆史学界是如此，港、台地区也如此，甚至邻近的日本、韩国也在秦汉史研究方面作出了显著的成绩，并且建立了专门研究秦汉史的学术机构。

总起来看，关于秦汉史的研究，无论在国内还是国外，无论从哪一方面看，都不断有新的研究成果；在深度和广度上，也不断有新的开拓和进展。于是就出现了这样一种情况：有人说秦汉史这个领域好比是经过许多年经营的一片熟地，犁来耙去，似乎再没有什么搞头了。以致选题艰难，或选题陈旧，即使写出文章，也缺少新意。这是一个较为普遍的也是较为突出的问题。因此有些人不愿意在秦汉史方面再多下功夫，甚至本来是研究秦汉史的学者也转移了阵地，向着另一个领域发展去了，或者仅仅把它当成一种客串的副业。其实这是一种误解。秦汉史和中国历史上其他几个历史阶段比较起来，的确研究的基础较好，成果较多，正因如此，其难度也较大。过去研究虽然成绩很大，但存在的问题也还不少，有些问题我们还没有接触到，有些问题虽然有过研究但没有解决，有的还有很大的分歧，甚至在过去被大家公认的结论，也还需要进行重新审查，重新作出符合客观历史实际的结论。再加上"文化大革命"时期，"四人帮"为了篡党夺权，大搞影射史学，对秦汉史这个领域干扰破坏特别严重，被视为史学界的重灾区，其流毒尚有待进一步肃清，也就是说秦汉史的研究还有一个拨乱反正的问题。所以严格来说，作为一门历史科学，秦汉史这个领域，还大有用武之地。

二

研究秦汉史，有哪些值得注意的课题呢？

（一）关于秦汉社会性质的研究

这是属于中国古史分期中的一个问题。有的学者主张秦开始进入封建社会，有的主张汉武帝时才最后完成封建社会的变革，有的主张东汉，有的主张魏晋。因而秦汉时代的中国社会究竟是奴隶社会，还是封建社会，就成了争论不决的问题。这个问题是秦汉史研究中的一个关键性问题（当然其中还涉及许多具体问题），很显然，如果这个问题搞不清楚，对其他问题也很难作出正确的答案。

（二）关于秦汉经济史的研究

这方面的问题和上述问题有直接关系，要解决社会性质问题，首先应从经济基础的研究入手。如当时农业、牧业和手工业生产力究竟达到什么样的水平？土地所有制有什么变化？占主导地位的是土地国有制还是地主或自耕农土地私有制？租税兵徭役征发的种类、时间、数量和对象问题？租佃关系在生产关系中究竟占多大比重，属于什么性质？奴隶劳动在社会经济生活中占什么地位？如何看待秦汉的商品经济和国家工商业政策？以及城市的发展、乡村的变化与城市和农村的关系等等，都是有待于进一步研究的问题。

（三）关于秦汉阶级关系与阶级斗争史的研究

秦汉社会性质问题之所以未能得到解决，阶级关系复杂，也是重要原因之一。例如，秦汉时期的封君、豪族是奴隶主还是封建地主？秦汉的大工商业主即司马迁称之为"素封"者，是不是奴隶主？秦汉的奴婢是不是奴隶？秦汉的自耕农、佃农、雇佣劳动者的阶级属性和社会属性是什么？这些都要从他们的经济地位、政治地位和社会地位去考察，实事求是地去分析。尤其是对政治上、经济上乃至思想上处于支配地位甚至影响历史发展进程的统治阶级上层集团有必要进行重点的研究。另外，对于秦汉时期的农民起义的原因和农民战争的性质、特点以及历史作用等问题，还需要在原来研究的基础上再作深入的探讨。

（四）关于秦汉政治制度史的研究

秦汉时期我国已形成专制主义中央集权制的封建国家，而西方一些国家则是到15、16世纪封建社会末期，为适应原始资本积累才建立起来的。为什么中国形成这么早？它的基础是什么？有什么特点？起过什么作用？这些都是有争议的问题。另外，还有诸侯王国的问题，外戚宦官的问题，官制、兵制、法制等问题及其利弊得失，也值得作为重点去进行研究。

（五）关于秦汉思想史、文化史和社会史的研究

这也是秦汉史研究中的一个重要方面，例如，在秦汉思想文化中影响较大的阴阳五行家思想、法家思想、黄老思想、儒家思想与经学、汉赋与乐府诗、农业手工业中生产技术的革新、天文历算医药学以及其他自然科学的成就，秦汉石刻艺术的研究等等。值得特别提出的是秦汉人的日常生活包括衣、食、住、行以及宗族、家庭、社会风俗、道德观念、宗教信仰（包括道教的形成、佛教的传入）等，过去是一个比较薄弱的方面，今后应当予以较多的注意。

（六）关于秦汉少数民族史与民族关系史的研究

秦汉时期我国已形成一个多民族的国家，每个民族都有自己发展的历史和特点，他们都和汉族之间有着不可分割的联系，对祖国都作出了应有的贡献。例如，匈奴、西域、西羌、西南夷、群蛮、百越以及东北的乌桓、鲜卑等族，都是在中国历史上起过相当作用的民族。各族之间有和平往来（包括和亲），也有战争，有的曾经建立过自己独立的国家政权，有的变成了秦汉皇朝的郡县。如何正确对待这些问题，需要进行慎重的过细的研究，因为它不仅是属于历史上的民族关系问题，而且还涉及现实的民族关系问题。这就是说，既不能违背今天我们国家的民族政策，又要符合客观的历史实际，我认为这应当是研究历史上民族关系的一个准则。

（七）关于秦汉时期中外关系史的研究

秦汉是中外关系史的开端，朝鲜、韩国、越南、缅甸、印度、日本以至中亚、西亚、北非、欧洲各国在那时都和中国有了外交上的来往，相互间进行了一些经济文化的交流。尤其是中国与朝鲜半岛、中国与越南的关系最为密切，如何正确对待秦汉皇朝在朝鲜半岛、越南设郡，双方战争以及历史的疆界，都是值得研究的严肃问题。

（八）关于秦汉历史人物的研究

秦汉，尤其是汉武帝时期，号称"人才辈出、文武并兴"，对历史有影响的人物很多，如秦始皇、吕不韦、李斯、蒙恬及蒙氏家族、王翦及王氏家族、项羽、刘邦、吕雉、冒顿单于、刘恒、刘启、萧何、曹参、张良、陈平、韩信、叔孙通、陆贾、贾谊、晁错、刘彻、桑弘羊、董仲舒、公孙弘、刘安、司马相如、司马迁、李广、卫青、霍去病、苏武、李陵、刘向、刘歆、扬雄、赵充国、呼韩邪单于、王昭君、冯嫽、王莽、刘縯、刘秀、桓谭、王充、班固、班昭、班超、许慎、马融、郑玄、何休、蔡伦、张衡、张仲景、华佗、崔寔、王符、仲长统、蔡邕、张鲁、檀石槐等等，对以上这些历史人物，有的虽有评论文章，甚至不止一篇，也有的已写成专著；但是看法并不完全一致，而且在研究的深度和广度上差别也很大，还需要再作进一步的分析研究。即以大家熟知的"千古一帝"秦始皇的评价而论，仁者见仁，智者见智，两千年来几乎史不绝书，我们在最近出版的《秦始皇帝大传》一书的最后一节也不免留下"盖棺难论定"的一点遗憾。

（九）关于秦汉史的文献整理与研究

在这方面，前人特别是清乾嘉以来直到最近几年，学者们已经做了很多的工作，其中包括标点、校勘、注释、辑佚、考证、辨伪以及索引等等，但这还不够，例如最重要的一部史籍——《史记》，直到现在还没有我们自己的一部详细的会注或集解（用的还是日本学者泷川资言的会注考证本）。有的没有注释，或虽有注释，但还不够详细精确；有的没有新式标点，或虽有标点，但错误之处也还不少。即使在总结和继承前人特别是清代学者研究成果方面，也还有大量的工作需要我们去做。当然，这样的工作，并不是治史的目的，但却是一项不可少的为人作梯的工作，也是一项很艰苦的工作。虽不必大家都去做，但总得有人去做。

（十）关于秦汉考古和文物的研究

这也是一项很有意义的工作。研究秦汉史，仅仅依靠为数有限的文献资料是不够的，还需要结合考古和文物研究，与文献互相参证补充，才能得出比较符合历史实际的结论。就目前来说，如秦简研究、汉简研究、汉碑研究等等，都还仅仅是开始，方兴未艾。日本史学界近年来就很重视秦简、汉简的研究，很多学者都投入了这项工作，并且在很短的时间内，在解读、译注和研究方面，取得了显著的成绩。预计简牍学研究在将来也可能和敦煌学一样发展成为一门显学。

以上我只是用举例的方法从几个主要方面提出一些问题，供对秦汉史有兴趣并愿意学习和研究的同志们参考，难免挂一漏万，甚至是肤浅，不准确；但我认为不管怎样，上述10个方面的问题，都是秦汉历史上值得注意，并且有待深入研究的问题，其中有些问题，还是中国古代史研究中共同存在的问题。

三

研究秦汉史，比研究秦以前的古史，有利条件较多，主要是有丰富的文献资料可资依据。属于这个时期的史料，大别之，可分为四类，即以人物为主的纪传体历史，按年代顺序写的编年体历史，以事件为中心的纪事本末体历史，以及专记典章制度的政书体历史。纪传体的史籍，主要有西汉司马迁的《史记》、东汉班固的《汉书》、刘宋范晔的《后汉书》和晋司马彪的《续汉志》（中华书局本并入《后汉书》）、晋陈寿的《三国志》，以上各书，通常称之为"前四史"，是研究秦汉史的最基本的史籍。

《史记》上起传说中的黄帝，下迄汉武帝，上下三千年，是中国第一部通史。书中包括十二本纪（以帝王为中心的大事记）、十表（有世表、年表、月表）、八书（主要记各种制度和文化）、三十世家（主要记各诸侯国的历史)、七十列传(各种历史人物传记,也有少数民族和邻国的历史),共百三十篇,是中国古代史籍的典范。司马迁是古代伟大的历史学家,他写《史记》,不仅记述帝王将相的活动,也写各阶层的代表人物;不仅注意政治情况,也注意经济文化;不仅重视时间概念也考虑到时间和空间的关系。他知识渊博,掌握史料极为丰富,班固说他"所涉猎广博,贯穿经传,驰骋古今上下数千载间"[①]。刘知幾也说"语其通博,信作者之渊海也"[②]。他不仅广泛搜集现存文献,还亲自到各地作实际调查,例如他为了写《孔子世家》,曾经"适鲁,观仲尼庙堂";为了写《淮阴侯列传》,曾到韩信的故乡,访问淮阴父老。《史记》还是一部优美的文学作品,叙述复杂的史实,有条有理,描写人物,栩栩如生。刘向、扬雄"皆称迁有良史之才,服其善序事理"。[③] 郑樵也说"百代而下,史官不能易其法,学者不能舍其书"。[④] 这些评语都是基本符合实际的。当然,司马迁也有他的历史的和阶级的局限性,例如他说秦始皇统一是"天所助焉"[⑤],刘邦的成功是"受命而帝"[⑥];他还认为"三王之道,若循环,周而复始"[⑦]等等,这些都贯穿着历史唯心论和英雄史观。

《汉书》创始于班彪,以后又由班固主编,班昭和马续补写而成。其书体裁大致仿照《史记》,但改书为志,不立世家,其所记事,仅限于西汉,是我国第一部断代史史书。班氏父子深受儒家正宗思想的影响,在学识方面比不上司马迁,不过《汉书》毕竟有很多优点,例如书中多载当代有用的文献,贾谊、晁错、董仲舒等人的议论,即因《汉书》的收录而得以保存下来。尤其是《汉书》的十志,其翔实程度,在《史记》八书以上。再者,《史记》只写到汉武帝,司马迁死后,武帝以后的历史缺而不载。因此,研究西汉一代的历史,不能不读《汉书》。

《后汉书》是范晔未成之作,后人以司马彪的《续汉书》八志合于范

---

① 《汉书·司马迁传赞》。
② 《史通·书志》。
③ 《汉书·司马迁传赞》。
④ 《通志·总叙》。
⑤ 《史记·六国年表》。
⑥ 《史记·秦楚之际月表》。
⑦ 《史记·高祖本纪》。

书，即今日通行的《后汉书》。《后汉书》特为宦者、独行、逸民、党锢人物立传，说明作者很能注意当代社会和政治生活的特征，这些体例，都为后来史家所仿效。但因作者的时间较晚，不可能直接掌握东汉史事，故其书主要是参考了官修《东观汉记》，并取材各家《后汉书》以成为一家之言。今天除袁宏《后汉纪》外，其他各家《后汉书》均已散佚（清汪文台辑的《七家后汉书》、当代学者周天游的《八家后汉书辑注》也可参考）。我们研究东汉史，不得不主要依靠范晔的《后汉书》。

《三国志》为记魏蜀吴三国的史籍，其中也包括东汉末年的历史。这部书取材比较严谨，对三国时的重大史事，一般还能据事直书，但由于文字过于简略，不少重要史实言之不详，甚至被遗漏。宋人裴松之据汉晋史籍200余种为之作注，其价值不亚于陈寿原书。

以上各书文字都比较古奥简略，读时需要依靠注解，现行较好的注本有日本学者泷川资言的《史记会注考证》、清王先谦的《汉书补注》、《后汉书集解》，《三国志》除裴注外，还有近人卢弼的《三国志集解》。这些注本集后代研究史汉的大成，也是我们学习和研究秦汉史的必读参考书。

编年体的著作，较早的有东汉荀悦的《汉纪》、东晋袁宏的《后汉纪》，荀书的史料价值不大，袁书有些地方还可以补范书的不足，两书都断代为史。至于编年通史，就要数宋代司马光的《资治通鉴》了。《通鉴》是一部宏伟的史学名著，虽然作者受到封建地主阶级立场和正统观点的局限，但其按年代顺序排比史事，前后贯通，考订异同，功力极深，特别对朝代兴替、政治得失，记载比较详细。若从史料角度来看，秦汉部分新的史料不多，但从时间观念、事件的相互联系以及史料的考订等方面看，也不失为史汉书的辅助读物。《通鉴》胡三省注，详于地理沿革、政治制度，对研究《通鉴》有很大帮助。南宋袁枢根据《通鉴》，以大事为中心，详其始终，改编为《通鉴纪事本末》，创立了纪事本末体。其书内容较《通鉴》为少，可供临时查阅之用。

政书体的史籍以记载政治制度、社会经济和文化为主。这类史籍较重要的有会要、三通诸书。唐杜佑的《通典》、宋郑樵的《通志》、元马端临的《文献通考》，即所谓"三通"，三通的性质大同小异，来源多抄自正史，重新加以分类。《通典》中有一些重要材料，《通考》中多载重要论述，《通志》则较逊于前二书，但它的《图谱略》、《金石略》和《校雠略》对历史文献的整理研究还是有一定参考价值的。会要和三通属于同一史体，前者是断代专史，后者是专门通史。秦汉部分已成书的有清孙楷的《秦会要》（近人徐复订补），宋徐天麟的《西汉会要》、《东汉会要》，清杨晨的《三国会要》。这几种书都是直接抄录各史，可供查阅之用。

为了进一步深入广泛地学习和研究，还必须对秦汉时期各种文献的全貌有一个基本的了解，以开阔眼界，弥补正史之不足。

有关社会经济史料，则多载于各史食货志、货殖列传中，前四史仅《汉书》有《食货志》，《史记》虽然没有《食货志》，但有《平准书》。《后汉书》、《三国志》则有近人陶元珍的《三国食货志》、黎子耀的《补后汉书食货志》。三通、会要诸书也有关于经济史的专门记载，《通考》分类尤详，可供临时检索，但引用时仍需查阅原书。

关于政治制度史的资料，有卫宏的《汉旧仪》、应劭的《汉官仪》、蔡质的《汉官典职仪式选用》，王隆撰、胡广注《汉官解诂》、丁孚的《汉仪》，以上诸书均佚，有清人孙星衍的辑校本。此外，孙星衍等又辑有《汉官六种》，周天游点校，1990年由中华书局出版。

关于思想史的资料，多集中于经学家的传记——史汉书的《儒林传》中，重要的经学大师皆有专传。凡研究经学传授源流及经师生平者，应该读这些传记。两汉经师的学说，则多见于他们对经书的笺注之中，比较重要的有何休的《公羊传解诂》、郑玄的《三礼注》，郑注多以汉代制度解经，是研究汉代文物制度的有用资料。此外，如《商君书》、《韩非子》、《吕氏春秋》以及陆贾《新语》、贾谊《新书》、刘安《淮南子》、董仲舒《春秋繁露》、刘向《说苑》、《新序》、桓宽《盐铁论》、扬雄《法言》、桓谭《新论》、班固《白虎通义》、王充《论衡》、崔寔《政论》、王符《潜夫论》、仲长统《昌言》、荀悦《申鉴》、徐幹《中论》、应劭《风俗通义》、蔡邕《独断》以及《太平经》等书，不仅是研究秦汉思想史的资料，也是研究秦汉政治经济以及社会生活方面的重要资料。以上诸书，除属于秦的几种外，多收于汉魏丛书之中。

纬书也是值得注意的汉代思想史资料，《隋书·经籍志》著录有十三部，今天大多散失，明孙瑴加以辑集，载入《古微书》。

关于文学史的资料，主要是清严可均辑的《全上古三代秦汉三国六朝文》，这部书包罗万象，举凡当时人的文章，不论是长篇巨制，还是断简残篇，一概收录，是一部比较完备的文章汇编，也是研究秦汉史的重要参考书。近人丁福保又辑《全汉三国晋南北朝诗》。可以说有这两部书，当时诗文大致没有什么遗漏了。与以上二书性质相近的还有明张溥编的《汉魏六朝百三家集》，内容不如前二书丰富，它所选仅限于重要作家作品，且诗文兼录，如研究秦汉文学史，也可以参考此书。

关于语言文字方面的资料，主要有许慎的《说文解字》（段玉裁注）、扬雄的《方言》（清戴震疏证）、刘熙的《释名》（清江声疏证，王先谦复作疏证补）、史游的《急就篇》（颜师古注）以及无名氏的《尔雅》，这些书不仅对研究语言文字有用，对于汉代历史研究也有参考价值，是研究汉史的工具书。

关于科技史的资料，在史汉书中有关书和志的部分有较详细的记录，而且著名的科学家如仓公、华佗、张衡、蔡伦、王景等又往往立有专传。农业科学著作有氾胜之《农书》、崔实《四民月令》，数学著作有《九章算术》，医学著作有张仲景的《伤寒杂病论》（后人分别整理成《伤寒论》和《金匮要略》二书）。这些书都是科学史的重要著作。有的著作如《四民月令》对研究汉代的田庄经济，还有重要的参考价值。

读史当知地理。有关地方史和地理沿革的书，自东汉以来逐渐盛行，著名的有东汉赵岐的《三辅决录》、无名氏的《三辅黄图》、《三辅故事》、《三辅旧事》、辛氏《三秦记》、晋葛洪的《西京杂记》诸书，这些书都是记载长安一带的风土人物以及城市建筑的史料。此外，还有东晋常璩的《华阳国志》记川滇史地、汉宫旧事；梁宗懔的《荆楚岁时记》记湖北一带的历史和风俗；北魏郦道元的《水经注》以水道为纲，记述全国都邑风物、古遗址遗迹等，是研究中国古代地理沿革的必读之书。

总之，上列诸书，都是学习研究秦汉史的基本参考资料（当然还不限于这些），但若仅仅依靠这些资料，还很不够。学习研究秦汉史，除了充分利用这些文献资料外，还应尽可能地运用考古学上所提供的新史料，把历史学和考古学结合起来，用马克思主义的观点和方法作指导，才能开创秦汉史研究的新局面，这是有志于治秦汉史的同志们的一项重要任务。

从20世纪30年代开始，半个多世纪以来，由于中外考古学者们的努力，秦汉时代的遗址和遗物，在黄河流域、长江流域，乃至西北甘肃、蒙古、新疆一带都有发现，这些新的发现，使秦汉的历史更加接近于本来的面目。

秦汉的遗址有住宅、墓葬、城堡、烽燧台、手工作坊、沟渠等；遗物有简牍、金石、丝织品、陶器、漆器等，几乎应有尽有，许多历史上的空白，不见于文献记载的问题，都可以用它们作补充和修正。例如汉长城的发现，即指明长城并不止于甘肃酒泉的嘉峪关，而是延长到今日敦煌的西北，如《汉书·西域传》所载"自敦煌西至盐泽（今罗布泊），往往起亭"；法显《佛国记》中所谓"修敦煌旧塞"，均可由此得到证明。这一段长城，不是用砖石建筑，而是用苇秆挟泥土砌成的，从而《后汉书·班超传》中所谓"焉耆国有苇桥之险"的"苇桥"才得到正确的解释。又根据考古发现，居延障塞四周皆埋有尖木桩作障碍物，我们才知道《汉书·晁错传》晁错上兵事疏中所说的"虎落"是什么东西。从楼兰、于阗附近汉代住宅的发现，又使我们了解到汉代西域官府活动的情况。尤其是乌孙墓葬和汉代屯田遗迹的发现，可以确切证明，早在两汉时代巴尔喀什湖地区就属于中国的版图，并且在经济文化等方面和内地有着不可分割的联系。这个地区现在分属苏联的几个加盟共和国，完全是旧俄时代老沙皇侵略的结果。

更重要的是居延、武威、敦煌和罗布淖尔等地发现的汉简。新中国成立前有王国维整理的《流沙坠简》、劳榦整理的《居延汉简考释》以及沙畹、马伯禄分别整理的《中国古文书》。新中国成立后，在这些地区又不断有汉简的发现，尤其是近年来在居延发现的汉简，其数量之多，内容之丰富，远远超过了新中国成立前的发现。这些汉简都是文字的记录，有文书、簿录、信札、经籍、杂记等，有了这些发现，汉代河西地区的政治、经济、文化以及汉朝和西域的关系，才呈现出较为清晰的轮廓。当然，它的意义绝不限于河西一隅，即使对整个汉代史的研究，也是非常珍贵的资料。

此外，1974年在湖北江陵凤凰山汉墓出土的一批汉简（文景时代临江王遗物），也给我们解决了过去研究中的一些疑难问题。例如廪簿所记民户共25户，田地617亩，平均每户才有土地24亩多，即证明了《汉书·食货志》晁错所提供的当时农民五口之家有耕地不过百亩的情况是靠不住的。廪簿又记每亩租谷为3至4升，按平均亩产1石来计算，约为1石的三十分之一，这不仅证实了"三十税一"之说，而且也使我们知道"三十税一"的剥削量究竟是多少。过去有人认为献费就是算赋，有人认为献费是算赋以外的一种赋，还有人认为献费是封国自定的赋，说法不一，现在根据廪簿所记，上述意见都不准确，献费应是地方政府从取之于民的算赋中提取63文上交中央的一部分算赋。过去有的人不承认汉代奴婢从事农业生产，现在从遣策竹简上"田者男女各四人，大奴大婢各四人"的记载以及出土的持锸和持锄的奴婢俑来看，可知汉代农业生产中还保留着一定数量的奴隶劳动。至于这种奴隶劳动在生产关系中究竟占有多大比重，能否据此判断汉代是否为奴隶社会，那就是另外的问题了。

在这里值得特别一提的就是1975年在湖北云梦睡虎地秦墓中发现的一批秦简，这是考古学上一次空前的重大收获。大家知道，秦代历史很短，几乎没有留下多少文献资料，有了这批秦简的发现，就可以使我们对于秦代的政治、军事、经济、文化等方面的情况有一个较为具体的了解。即使单从秦简的书写文字来看，十多年前郭（沫若）老在《古代文字之辩证法的发展》一文中所提出的秦代通行文字不是小篆而是隶书的推断，借此得到了证实。有的学者说，可以根据秦简写一部新的秦代史，虽不免有些夸张，但由此也可说明这批秦简发现的重大意义。

继上述发现的秦简、汉简之后，又于1983年、1993年、2002年先后在湖北江陵张家山汉墓、江苏连云港尹湾汉墓和湖南龙山里耶古城址等处发现了大批汉简和秦简，这些带有文字的遗物，也都是我们研究秦汉史极为珍贵的资料。例如《史记》、《汉书》均提到秦时"发闾左之戍"，以形容徭役之繁重。历代注释家对此解释不一。今据里耶秦简，"闾左"当即"里佐"，为里正之副职。这句话的意思就是说当时国家规定应服役的人都征发完了，"后入闾，取其左"，即在基层工作已被免除徭役的"里佐"也被征发了，所以汉人晁错指责其"发之不顺，行者深怨，有背叛之心"[①]。关于汉代"亭"的性质，历来说法也多有分歧。尹湾汉简的发现，证实"亭"和"乡"没有隶属关系，都是县以下的地方基层组织，唯其职掌不同，前者主要负责

---

① 《汉书·晁错传》。

地方治安，后者主要负责地方行政事务。又如张家山汉简所载吕后《二年律令》中的一些内容，更是近年来秦汉史学界十分关注的研究课题。

除遗址、遗物和简牍外，汉代的石碑和石刻画像，也提供了不少新的史料。例如河南偃师出土的《汉侍廷里父老僤买田约束石券》和四川郫县犀浦出土的《东汉簿书碑》，即分别记有"父老僤"这一社会组织情况、土地和奴婢占有情况，对研究汉代社会组织、土地制度和奴婢制度均有十分重要的价值。再如汉画像石上所刻画的宅院楼阁的图像，和桓宽所说的汉代贵人之家"并兼列宅，隔绝闾巷，阁道错连足以游观，凿池曲道足以骋骛"①的情景正好相符合。而汉代乐舞画像也可证明仲长统所说的豪人之室"妖童美妾，填乎绮室；倡讴伎乐，列乎深堂"②的话，并非虚语。此外，还有许多描写牛耕、纺织、煮盐、冶铁等劳动人民的生产活动、社会风俗、历史神话传说以及宣扬封建道德、宗教信仰等石刻画像，可以说当时人们的衣、食、住、行，日常生活应有尽有，在此不能一一备举。总之，如果把这些石刻画像加以系统的汇编，再配以文字说明，简直可以成为一部图文并茂的汉代社会史。

四

综上所述，可以看出，秦汉虽然只有400多年的历史，但是内容十分丰富，值得研究的问题很多，可以凭借的有利条件也不少。不过要想完全占有这个领域，也不是那么简单的事。有些前辈学者穷毕生的精力，还不能说达到精通的境界。当然，要想在这个领域获得若干研究成果，也并不困难，即使如此，初学者还需要在一些基本功方面下一番功夫，才能有所成就。

首先，要认真学习马克思主义，并努力把马克思主义的基本原理和秦汉的历史实际相结合，这是学习和研究秦汉史的最根本的途径。例如秦汉时期到底是奴隶社会还是封建社会？对此，我们就不能单纯地停留在史料的考证和罗列上，因为秦汉的史料（包括文献资料和考古资料）总是有限的，

---

① 《盐铁论·刺权》。
② 《昌言·理乱篇》。

大家都容易看到，并且在引用；即使偶尔发现一批新史料，如秦简、汉简之类，也逃不过大家的眼睛，但是得出的结论却迥然不同，这是为什么？也有人重视运用马克思、恩格斯关于希腊、罗马的个别结论作指导来研究秦汉历史，但也往往得出不同的结论，这又是为什么？我认为主要原因在于把马克思主义当作教条，生搬硬套，犯有概念化和公式化的毛病，归根到底，还是一个怎样"结合"的问题。中共十一届三中全会后，我们党所以能找到了一条建设中国特色社会主义现代化的正确道路，就是善于把马克思主义的基本原理和中国的具体国情相结合。我们研究历史包括秦汉史也应如此。

其二，治史贵在博大精深。没有渊博的历史知识，要达到精深的地步是不可能的。所谓渊博，也不是无所不知，无所不晓，再高明的医生也不能包治百病，但对其所学的专业和研究方向来说，不但要精通，扩而大之，凡是与研究方向有关的知识都应该通晓。所谓"竭泽而渔"，用在生产上，固不可取，但用于详细占有资料，则是必要的。北齐学者颜之推《颜氏家训·勉学篇》中有一句话说："观天下书未遍，不得妄下雌黄。"当然，要说读遍天下书，在颜之推那个时代或许可能，而在唐宋印刷术发明以后，书籍浩如烟海的情况下，就不大可能了；但在自己研究的领域内，如秦汉史，还是要把应该读的书如前四史、《资治通鉴》、诸子书以及新发现的秦简、汉简之类，都是要读完的，也是能够读完的。不仅要读完，还要达到十分熟练的程度。什么是熟练程度？虽不一定像前人形容那样，倒背如流，但至少要做到不论遇到什么问题，不用查书，就能够知道它的来源出处；提到某个人物、事件或某项制度，都应该知道它们和前后或同时另外一些人物、事件、制度的相互关系，如此方能上下贯通，左右逢源，发现问题，解决问题。

其三，没有继承，就没有发展和创新。要继承，就要对秦汉史这一领域研究的过去、现状及未来发展的趋向有所了解，包括国内外学术界的情况，这叫了解"行情"。了解行情的方法，除了充分利用前人所做的与本行有关的书目、论文索引等工具书以外，还要亲自动手编制一些适合自己使用的索引（包括资料、摘要、书目、论文）并随着研究的深入不断加以补充，以便按图索骥，及时掌握学术界前沿动态、问题的意义和价值（包括学术价值和现实意义）。现在利用计算机网络固然是现代化先进手段，用起来十分便捷，但也不可能完全代替上述的手工操作。通过以上手段和方法，就可以了解到秦汉史研究领域内有哪些新的研究成果？有哪些有争议的或没有弄清楚的问题？有哪些失误？还有哪些被忽视的问题？等等。了解这些，就可以科学地确定选题，集中精力，把主要力量放在前人还没有涉及或没有解决的问题上，从而在这个领域努力向前推进一步，这就是创新。

其四，要在研究视角上有所更新。研究秦汉史从何处入手才能有所创新。如前所述，秦汉史是古往今来中国学者特别重视研究的一段历史，这个时期的人物、事件、典章制度等主要内容，前人差不多都做过研究，有些问题很难再有什么新的突破。一般说来，衡量一篇学术论文或一部学术著作有无价值，或价值大小，主要看是否具备以下三项要素，即新资料、新视角、新观点。新观点是前二者结合自然产生的结果，不必多说。新资料当然重要，但目前的实际情况是除了新出土的秦简、汉简之类的考古资料外，要寻找秦汉文献典籍中未经人们发现和使用过的资料并非易事。所以要改变传统的直线和单向思维方式，选择新视角就成为首先要考虑的问题了。苏东坡《题西林壁》诗有云："横看成岭侧成峰，远近高低各不同。不识庐山真面目，只缘身在此山中。"说的就是一个转换视角问题。秦汉史研究也是如此。例如秦汉有一种学官，叫作"博士"，博士制度前人已作了若干研究，几乎没有什么更多的疑难问题了。但是如果把博士制度与秦汉政治、教育、学术、文化等方面的关系结合起来看，就可以发现新的课题。博士制度还可以与其他问题相联系，如秦汉的博士大多出自齐鲁，那么，"秦汉博士与齐鲁文化"也是一个值得研究的新课题。以上仅是一个具体的小问题，大之如秦汉史与先秦、魏晋南北朝等前后历史阶段的关系，与世界史的关系，与其他学科的关系以及秦汉史研究如何古为今用的问题？等等，它们之间也有一个结合点或视角的问题，找准结合点，转换新视角，在秦汉史研究中就可能有更大的突破和创新。

"书山有路勤为径，学海无涯苦作舟。"为了开创秦汉史研究的新局面，让我们有志于此的同行同志们携起手来，共同努力吧！

（原载《东岳论丛》1984年第3期；《秦汉史》修订本《后记》，人民出版社2008年版）

关于秦汉史与山东地方史综合研究

秦汉在中国历史上是一个承前启后的时代，也是中国两千年封建社会的奠基时代。其影响之深远，超过以往任何一个朝代，这不仅是以后的各个朝代制度在很多方面大都由秦汉开其端绪，甚至可以说，在中国的现实社会中，也还能看到秦汉时代的某些影响。所以关于秦汉史的研究，历来就受到中外研究中国史的学者们的重视，并进行了多层次、多方面的探讨。所谓多层次，主要是指基础研究（如史料的搜集、整理、考辨等）、理论研究和应用研究（包括普及）；所谓多方面，如政治、经济、文化、军事、民族、宗教、民俗、人物、中外关系等等，几乎都有人进行专门研究。这些研究，无论在哪个层次、哪个方面，都取得了不同程度的可喜成果。但美中不足的是，从这一时期地方史（如山东地方史）的研究来看，却相对显得比较薄弱，长期以来，除了前人编撰的几种不同版本的《山东通志》及各府县志（其中有关秦汉部分多抄自正史）外，对山东地方史几乎没有进行过系统全面的研究。改革开放后，随着地方经济的发展和文化建设的需要，山东地方史和齐鲁文化史的研究工作才逐步开展起来。经过学者们几十年的努力，已取得显著的成绩，出版和发表了一批科研成果，如多卷本《山东通史》、《齐鲁文化通史》即其中的代表作。由此我联想到，如果把秦汉史的研究和地方史的研究结合起来，不但可以开创一个新的天地，而且还有可能写出一部既有秦汉大一统背景下的共同性，又有各个地方的特殊性的全方位的丰富多彩的秦汉史。多年来，我在从事秦汉史研究的同时，也注意了山东地方史的研究，我认为这样做还是很有意义的。如果从纵的方面说，秦汉史是中国历史的一个重要发展阶段；那么从横的方面说，山东地方史就是秦汉史的一个重要组成部分，或者说是一个重要的研究领域。例如下面提到的一些问题，就是山东地方史与秦汉史的结合点，很值得重视和研究。

一、齐鲁人与汉代政治

汉代政权机构中有很多是齐鲁人，且其中不乏决策人物。如齐人娄敬为汉高祖定策建都关中、与匈奴和亲、迁徙豪族强本弱枝；薛人叔孙通定朝仪、辅翼太子刘盈（惠帝）；胶西盖公教汉相曹参"治道贵清静而民自定"，成为汉初无为政治的指导思想；齐人主父偃建议武帝实行"推恩令"，以分和削的办法解决了诸侯王国问题；济南人终军弱冠请缨南抚蛮越，北使匈奴，等等。汉武帝以后，尊崇儒术，汉朝官吏大都出身儒生，而这些儒生又多是齐鲁人。自从武帝用薛人公孙弘为丞相封侯，至西汉末，共计丞相27人，属于山东籍的就占了12人。他们是公孙弘（薛人）、田千秋（齐人）、王䜣（济南人）、韦贤（邹人）、魏相（定陶人）、丙吉（鲁人）、于定国（东海郯人）、韦玄成（邹人）、匡衡（东海承人，承应作丞，今峄城西北）、薛宣（东海郯人）、孔光（鲁人）、马宫（东海戚人，戚在今滕州市南）。其余位至三公九卿、牧守县令者，更是不计其数。而邹人韦贤、韦玄成父子2人竟都以明经历位至丞相，这在历史上也是很少见的。无怪乎当时邹鲁一带有这样的谚语："遗子黄金满籝，不如一经。"山东儒生既和汉皇朝有如此密切的关系，其在汉代政治上影响之大可想而知。换言之，研究这些人的生平事迹和思想，将会有助于对汉代政治的了解。

二、封　国

汉代实行郡、国并行制度，尤其是西汉前期，封国与郡县分离，保持相对的独立地位，是地方上很大的势力。汉四年封韩信为齐王，五年封彭越为梁王，山东大部分地区分属齐国和梁国。韩、彭等异姓王被诛之后，刘邦又改封其子刘肥为齐王，"食七十城，诸民能齐言者皆予齐国"[①]；封其弟刘交

[①] 《史记·齐悼惠王世家》。

为楚王,"王薛郡、东海、彭城三十六县"①。这些诸侯王"夸州兼郡,连城数十,宫室百官同制京师"②。他们掌握着封国以内的征收赋税、任免官吏、煮盐冶铁铸钱等政治经济大权,"擅为法令,不用汉法"③,对汉朝中央形成新的威胁。汉文帝时,分齐国为七国(齐、城阳、济北、济南、淄川、胶西、胶东),又封其子刘武为梁王,以分其势。汉景帝时,齐国分出的济南、淄川、胶西、胶东四王都参加了吴王刘濞发动的七国之乱。汉武帝以后,王国一再分削,在山东地方上还保留有胶东、高密、淄川、城阳、鲁国、东平等封国。东汉时,则有鲁国、东平、任城、济北、琅邪、济南、乐安、北海、齐国等王国,其余王子侯国尚不计在内。这些王国的盛衰起伏,也是汉代政治史上值得重视和研究的一件大事。

三、豪　族

豪族是地主阶级中的一个特权阶层,在政治、经济、文化等各个领域中均处于支配地位,所以研究秦汉史、山东地方史都不能不涉及它。汉代山东地方上的豪族来源不一,类型也不一。其中有原齐国贵族的后裔,如田氏,秦汉之际的田儋、田荣、田横"皆豪,宗强,能得人"。陈胜起事之后,田儋自立为齐王,"儋子市(音福)、从弟荣、荣子广、荣弟横,各递为王。荣并王三齐"④。汉朝建立之后,田氏被西迁关中,仍保持着很大的经济势力。有宗室贵族,如刘氏封在山东的诸侯王及王子侯皆是。有外戚贵族,景帝王皇后同母异父弟丞相田蚡的封地鄃(今平原西南)即在山东境内,其地位于旧黄河道北岸。武帝元光三年,黄河在东郡瓠子堤决口,黄河改道南流,泛滥地区遍及十六郡,给黄河南岸人民带来巨大灾难。田蚡为使鄃地不受水灾,力阻治河,使治河工程竟搁置了20余年之久。这是外戚贵族利用其手中特权破坏水利和生产的一个实例。又如山阳郡昌邑许氏、济阴郡定陶丁氏、济南郡东平陵王氏,宣、元之后,这些外戚贵族在西汉政治舞台上均曾扮演过重

---

① 《史记·楚元王世家》。
② 《汉书·诸侯王表》。
③ 《汉书·淮南王传》。
④ 《史记·田儋列传》及索引。

要角色。有宦官以及依附于宦官集团的豪族。《后汉书·侯览传》："小黄门段珪，家在济阴，与（侯）览并立田业，近济北界，仆从宾客，侵犯百姓，劫掠行旅。"据东部督邮张俭揭发，宦官侯览"前后请夺人宅三百八十一所，田百一十八顷，起立第宅，十有六区……制度重深，僭类宫省"。其宗党宾客与泰山郡内豪姓互相勾结，多为不法。有以经营工商业、放高利贷起家的高訾豪族，如齐大盐商刁间以煮盐"起富数千万"，鲁大冶铁商兼高利贷者曹邴"以冶铁起富至巨万"，"贳贷行贾遍郡国"①，就是这类豪族。西汉景帝时，"济南瞷氏宗人三百余家，豪猾，二千石莫能制"②。可见这类豪族势力之大。东汉时，他们更发展成为一种强大的地方势力，终于酿成了分裂割据的局面。还有一类豪族，就是以经学起家的世家大族。他们多是世传经学、累代公卿，长期在社会上占有特殊地位。如济南伏氏、鲁国曲阜孔氏、邹县韦氏、兰陵萧氏、琅邪王氏、泰山羊氏、千乘欧阳氏、东平夏侯氏、清河崔氏，都是著名的山东大族。史称孔昱"七世祖霸（孔安国孙），成帝时历九卿，封褒成侯，自霸至昱，爵位相系，其卿相牧守五十三人，列侯七人"③。伏湛九世祖即传《尚书》的伏胜，其父理也是"当世名儒"，曾为汉成帝师、高密王太傅，湛官至大司徒，封阳都侯，其子孙在东汉皆位至卿相④。羊续"其先七世，二千石卿校"⑤。其中有些大族，如琅邪王、清河崔、兰陵萧，汉魏以后历南北朝隋唐800年之久，长盛不衰，在中国历史上曾发生过深远的影响。研究这些大族的兴衰史，对经济史、政治史、文化史、社会史的研究，都有重要的参考价值。

四、农民起义

在漫长的封建社会中，山东曾发生过多次的农民武装起义，以反抗封建统治。举其大者，如秦朝末年昌邑（今金乡）渔民彭越在巨野泽中发动的反秦起义，后来在楚汉战争中成了佐助刘邦战胜项羽统一中国的一支重要的

---

① 《史记·货殖列传》。
② 《汉书·酷吏传》。
③ 《后汉书·孔昱传》。
④ 《后汉书·伏湛传》。
⑤ 《后汉书·羊续传》。

武装力量。汉武帝时，有泰山（治奉高，今泰安东北）、琅邪（治东武，今诸城）一带徐勃领导的农民起义，武帝下轮台罪己诏，与此次起义就有一定关系。西汉后期有东郡茌平侯毋辟领导的农民起义、山阳（今金乡）铁官徒苏令等的起义。新莽末年有琅邪海曲县（今日照）吕母和樊崇领导的农民起义，后来发展成为全国规模的赤眉大起义。东汉后期，山东沿海一带有张伯路、刘文河、周文光等领导的农民起义以及泰山、琅邪一带公孙举、东郭窦、劳丙、叔孙无忌领导的农民起义。东汉末年，青州又爆发了黄巾大起义。张角领导的黄巾主力失败后，山东就成了当时农民革命的中心。值得注意的是这次黄巾起义是第一次利用宗教——太平道做掩护来组织农民起义，而太平道的经典《太平清领书》又是由琅邪人于吉、宫崇等收藏和传播的，后来张角才"颇有其书"。这说明《太平清领书》的传授和太平道的活动在山东民间早已有深厚的社会基础，以后才由山东传到了河北，被张角利用来作为组织和号召农民起义的舆论工具。秦汉时期，山东的农民起义次数之多，规模之大，都是其他地区不能比拟的，在中国农民战争史上占有重要地位，是研究中国农民战争史不容忽视的一个方面。

五、儒 学

山东是儒学的发祥地，从春秋时代孔子删订六经聚徒讲学起，作为中国古代的一个重要学派就建立起来了。汉代，是山东儒学发展的黄金时代。我们看西汉的五经八师，除了传《诗》的韩婴（燕人）、传《公羊春秋》的董仲舒（赵人）以外，传《尚书》的伏胜（济南人），传《易》的田何（齐人），传《诗》的申公（鲁人）、辕固生（齐人），传《礼》的高堂生（鲁人），传《公羊春秋》的胡母生（齐人）6人都是齐鲁的大儒。东汉时设置的五经十四博士，山东儒生就占了8家，即东海兰陵人孟喜、琅邪诸（今诸城西南）人梁丘贺所传的《易》，千乘（今广饶）人欧阳和伯、东平人夏侯胜和夏侯建所传的《尚书》，薛人颜安乐所传的《公羊春秋》以及申公、辕固生所传的《诗》。我们再翻一下两汉书《儒林传》，在《汉书·儒林传》中单独立目者有28人，山东儒生占18人。除了上面提到的孟喜、梁丘贺、伏胜、欧阳和伯、夏侯胜、申公、辕固生、胡母生、颜安乐，还有费直（东莱人）、林尊（济南人）、周堪（齐人）、孔安国（鲁人）、王式（东平新桃人）、后苍（东海郯人）、徐生（鲁人）、江公（瑕丘人，瑕丘即今兖州）、房凤（琅邪不其人，不其在今即墨西南）。在《后汉书·儒林传》中，单独立目者有42人，属山东籍的儒生有12人，他们是孙期（济阳城武人）、欧阳歙（乐安千乘人）、牟长（乐安临济人）、张驯（济阴定陶人）、孔僖（鲁人）、高诩（平原般人，般在今乐陵西南）、魏应（任城人，任城即今济宁）、伏恭（琅邪东武人，东武即今诸城）、丁恭（山阳东缗人，东缗即今金乡）、周泽、甄宇（北海安丘人）、何休（任城樊人，樊在今兖州西南）。此外，附见于《儒林传》或有其他原因未被载入《儒林传》的还有很多（如东汉大儒高密郑玄在《后汉书》中自有传），约而计之，当不下100余人。

  值得注意的是，汉代山东的一些名儒，同时也是经学大师，他们都拥有很多学生。如西汉传《诗》的大师申公，"弟子自远方至，受业者百余人"①。东汉时聚徒讲学之风更盛，如琅邪东武伏湛以《诗》"教授数百人"，其子伏隆"以《大夏侯尚书》教授门徒数百人"②。东海兰陵王良以《小夏侯尚书》"教授诸生千余人"③。琅邪姑幕（今诸城西南）徐子盛"以《春秋》经授诸生数百人"④。北海安丘郎顗以《京氏易》"延致学徒常数百人"⑤。薛人曹褒以《庆氏礼》"教授诸生千余人"⑥。北海高密郑玄"客耕东莱，学徒相随，已数百千人"⑦。山阳瑕丘檀敷"立精舍教授，远方至者常数百人"⑧。乐安千乘欧阳歙传《伏生尚书》，"在郡教授数百人"；济阴曹曾从歙受《尚书》，"门徒三千人"⑨。乐安临济牟长少习《欧阳尚书》，"诸生讲学者，常有千余人，著录前后万人"，其子纡"又以隐居教授门生千人"⑩。鲁人孔僖次子季

---

① 《史记·儒林列传》。
② 《后汉书·伏湛传》。
③ 《后汉书·王良传》。
④ 《后汉书·承宫传》。
⑤ 《后汉书·郎顗传》。
⑥ 《后汉书·曹褒传》。
⑦ 《后汉书·郑玄传》。
⑧ 《后汉书·党锢檀敷传》。
⑨ 《后汉书·儒林欧阳歙传》。
⑩ 《后汉书·儒林牟长传》。

彦"守其家业，门徒数百人"①。任城魏应习《鲁诗》，"徒众数百人"，"弟子自远方至，著录数千人"②。山阳东缗丁恭习《公羊严氏春秋》，"教授常数百人"，"诸生自远方至，著录数千人"③。北海安丘周泽"少习《公羊严氏春秋》，隐居教授，门徒常数百人"④。北海安丘甄宇习《严氏春秋》，"教授常数百人"，其孙承"讲授常数百人"⑤。根据以上记载，可以想见山东儒学之盛，也反映出两汉时代山东地区在文化教育上的重要地位。如果把汉代中国儒学比作一棵参天大树，那么当时山东的儒学就是这棵树的根本和主干。没有山东儒学，也就谈不上中国儒学。这是研究秦汉史、山东地方史值得注意的一个问题。

六、黄老之学

黄老之学也是山东土生土长的一个学派。战国时，齐国稷下学宫是百家争鸣的场所，全盛时期，约有数千人，各家各派的代表人物都有，其中最大的一个学派就是黄老学派，有的学者称之为新道家。著名的人物有慎到（赵人）、田骈（齐人）、接子（齐人）、环渊（楚人），"皆学黄老道德之术，因发明序其旨意，故慎到著十二论，环渊著上下篇，而田骈、接子皆有所论焉"⑥。自此以后，黄老之学便在山东这块地方滋生和发展起来。熟悉道家渊源的司马迁就说过："乐臣（一本作巨）公善修黄帝、老子之言，显闻于齐，称贤师。""乐臣公教盖公，盖公教于齐高密、胶西，为曹相国师。"⑦从曹参治齐，一直到为汉相，12年之久，在政治上始终推行黄老之学。曹参以外，汉初修黄老之学者甚众，上至皇帝，下至将相，皆不乏其人，黄老之学几乎统治了汉初政治界、思想界60余年。研究汉初的历史，不能不研究黄老之学。

---

① 《后汉书·儒林孔僖传》。
② 《后汉书·儒林魏应传》。
③ 《后汉书·儒林丁恭传》。
④ 《后汉书·儒林周泽传》。
⑤ 《后汉书·儒林甄宇传》。
⑥ 《史记·孟荀列传》。
⑦ 《史记·乐毅列传》。

七、海外关系

山东地处沿海，是中国的东方门户。秦汉时期对外交往，有四条路线：两条是分别从西北、西南通往西域的陆路；两条是分别从南方海口和山东海口通往南方和东方各国的海路。当时中国与朝鲜半岛、日本交往频繁，山东海口是一个始发点。中国最古老的辞典《尔雅》（成书于西汉）中提到"东北之美者，有斥山之文皮"。斥山，亦称赤山，位于荣成县海岸，这里并不出产文皮（虎豹等皮），所谓"斥山之文皮"，正是从朝鲜半岛运来的兽皮。20世纪初，在汉代的乐浪郡即今朝鲜平壤一带的古坟中挖掘出大批带有"元始"（汉平帝年号）、"永平"（汉明帝年号）等字样的漆器、铜器和大批丝织品残片，无疑是由中国境内输出的。最值得注意的是墓葬中出土的绫绢残片，织工精细，与齐地出土的衣服毫无差异。汉代齐地有三服官，各有纺织工数千人，以专制衣服而闻名，而齐地与乐浪郡仅一海之隔，那么这些丝织品显然是通过海路传入朝鲜半岛的。秦汉时期，自山东半岛出发，渡黄海，沿朝鲜半岛西南岸航行去日本的航线也已开辟，传说徐福东渡就是从其故乡黄县出发入海的。徐福是否到过日本，迄今无定论，但根据考古发掘，秦时中国人到过日本是有可能的。到了汉代，中国和日本就已正式建立了外交关系。据《汉书·地理志》、《后汉书·东夷传》记载，汉武帝时，日本凡百余国，使驿通于汉者三十许国。东汉光武建武中元二年（57），日本的倭奴国曾派遣使节来到首都洛阳馈赠方物，光武帝赠以印绶。这颗"汉委奴国王"的金印，已于1784年在日本九州福冈县志贺岛叶崎村发现。这些日本的使节在当时大多是取道朝鲜的乐浪，通过海路，在山东半岛登陆，来到中国的。

八、秦刻石、汉碑、汉简与汉画像石

山东现存的秦刻石、汉碑数量较多，是研究秦汉历史和书法艺术的珍贵资料。1972年在临沂银雀山汉墓中又出土了《孙子兵法》、《孙膑兵法》、《尉缭子》、《晏子》、《六韬》、《守法守令》以及汉武帝时的《元光元年历谱》

等大批汉简,这些汉简的原作者大都是齐人,又是西汉时人手书,可见齐国兵法家的影响至汉初仍盛行不衰,这对我们研究秦汉的历史、哲学、兵法、历法以及古籍的源流、校勘和古文字等问题,都有很重要的参考价值。山东的汉画像石最为丰富,提供了不少汉代生动而形象的史料。例如从汉画像石上的宫室楼阁建筑,我们便可以了然于桓宽所说的汉代贵人之家,"并兼列宅,隔绝闾巷,阁道错连足以游观,凿池曲道足以骋骛"①之语。从汉代乐舞画像便可了解仲长统所说的豪人之室"妖童美妾,填乎绮室,倡讴伎乐,列乎深堂"②的情况。此外,还有许多描写牛耕、狩猎、冶铁、纺织等劳动人民的生产活动、社会风俗、历史神话传说,以及宣扬封建道德、宗教信仰等石刻画像。可以说,当时人们的衣食住行、日常生活,应有尽有,在此不能一一列举。总之,如果把这些石刻画像有系统地搜集起来,配以文献记载,加上文字说明,简直可以辑成一部文图并茂的汉代社会史。

以上8个方面简单地提了一下秦汉史与山东地方史的关系,所举只不过是大家所熟知的事例,实际上远不限于此。如果我们把二者结合起来进行研究,不但可以从整体上充实秦汉史的内容,而且还可以看到秦汉时期山东地方的一些历史特点。再扩而大之,如果对秦汉时期中国各个地方的历史有一个深入的了解,那么,秦汉史的内容就会蔚然大观,如百川之归大海,交流融汇,共同构成一部五光十色、丰富多彩的秦汉史。这项工作不仅有重要的学术参考价值,而且对于地方政治、经济、文化、社会、生态环境等各方面的建设也有现实的借鉴意义。

(原载《山东社会科学》1989年第4期;《山东通史·秦汉卷》修订本《前言》,人民出版社2009年版)

---

① 《盐铁论·刺权》。
② 《昌言·理乱》,见《后汉书·仲长统传》。

一、关于秦汉社会史研究

秦汉时期封建地主阶级构成的演变

中国封建地主阶级的构成并不是固定不变的,在秦汉这个历史阶段里,就有三次显著的变化:秦代占统治地位的是军功地主,汉初至武帝以前主要是"封君"和"素封"地主,汉武帝以后至东汉则是以儒学起家、累世公卿的世族地主。本文试就这个演变过程,初步分析如下。

一、秦代的军功地主

秦代的封建地主阶级,由于占有土地的方式不同以及在国家政权中所占地位的不同,而形成各个不同的阶层:除地主阶级的总代表——皇帝和皇室以外,还有从奴隶主贵族转化而来的贵族地主,六国残存下来的豪族强宗,以经营工商业发财致富占有土地的工商地主,以及依靠军功而获得土地的军功地主。而在上述地主阶级的构成中,占统治地位的当权的则是军功地主。军功地主的出现并非在秦始皇统一中国以后,早在秦统一以前就形成了。具体来说,当始于公元前4世纪中叶商鞅变法以后。

商鞅变法是秦国从奴隶制过渡到封建制的历史转折点,也是秦代军功地主产生的历史依据。

据商鞅变法规定,"有军功者,各以率受上爵",按军功的大小,"明尊卑爵秩等级,各以差次;名田宅臣妾衣服以家次"[①]。凡是在战争中勇敢杀敌,

---

① 《史记·商君列传》。

"能得甲首一者，赏爵一级，益田一顷，益宅九亩"①。这些规定是非常明确的，不分贵贱，贵族或是平民，要想取得爵位田宅，一律以能否"得甲首"为准，即以是否立有军功为准。获"甲首"愈多，则受赏赐的爵级、田宅愈多。秦共分20级爵，如到第五级爵"大夫"就可有田5顷、宅45亩。第九级爵"五大夫"，就有田9顷，宅81亩。以此类推，到第十九级爵"关内侯"和第二十级爵"彻侯"，就可分别占田19顷、20顷，宅171亩、180亩。如在秦统一过程中立有大功的大将王翦即向秦始皇"请美田宅园池甚众"，以为子孙之业。这些都是国家按军功赐予的，并不包括原有的或依仗权势兼并的田宅在内。同时，秦法还明文规定，不论是什么身份的人，即使是宗室贵族，没有军功，也"不得为属籍"。《索隐》注云："谓宗室若无军功，则不得入属籍。谓除其籍，则虽无功不及爵秩也。"②这就打破了奴隶制下的贵族世袭特权，使一般平民也可因军功而占有土地成为地主。这样，在秦国就形成了大批的军功地主。

秦代的军功地主是新兴的封建地主，其剥削对象，主要是"庶子"，即为军功地主服劳役的农奴。据《商君书·境内》说："其有爵者乞无爵者以为庶子，级乞一人。其无役事也，其庶子役其大夫月六日；其役事也，随而养之。"这就是说，有爵位的人可以向政府请求没有爵位的人做他的"庶子"，每一级爵位可以请求一个"庶子"。"庶子"在平时每月要为大夫无偿服役6天；如大夫有特别役事，则按照"庶子"服役期限，供给他口粮。实际上大夫役使"庶子"，是不会受上述天数限制的。从《商君书》的记载来看，可以请求"庶子"的当是大夫（第五级爵）以上，亦即军功地主。庶子制实质是一种封建劳役地租制。

军功地主除采用封建劳役制的方式剥削庶子外，还部分地保留着奴隶制的残余作为封建剥削的补充。秦代军功地主大都拥有一定数量的奴隶。《商君书·境内》载，一个小吏，立了军功，便可升为县尉，并"赐虏六"，即赐6个战俘奴隶。上文引《史记·商君列传》也载，有军功爵者还可按等级的不同，拥有数量不等的"臣妾"。"臣妾"就是军功地主的男女奴隶。

---

① 《商君书·境内》。
② 《史记·商君列传》。

在军功地主之中，有一部分人，还享有"赐邑"、"赐税"的待遇①。按照秦律规定，军功爵达到第十级以上，左右庶一长、左中右三更及大良造，"皆有赐邑三百家，有赐税三百家"②。"赐邑"即把邑赏给臣下，作为军功地主的封邑；"赐税"，即把民户的赋税赏给军功地主，而土地和人民仍属国家。

军功地主除在经济上享有"赐田宅"、"赐邑"、"赐税"等特权外，在政治上，还可按军功爵制的不同等级获得相应的官职。军功爵等级愈高，获得官位愈大。军功爵位与官位的结合是秦代军功地主的又一特点③。据《商君书·境内》载："能得甲首一者，赏爵一级……乃得入兵官之吏。""故客卿相论盈，就正卿。"《韩非子·定法篇》也载："商君之法，斩一首者爵一级，欲为官者为五十石之官。斩二首者爵二级，欲为官者为百石之官。官爵之迁，与斩首之功相称也。"因此，秦代的各级官吏大都由军功地主担任。上至将相，如樗里子、甘茂、蒙骜、蒙武、蒙恬、蒙毅、王翦、王贲、王离，下至郡县小吏，如湖北云梦睡虎地11号墓主喜，都是军功出身的地主。军功地主是秦皇朝的支柱。秦皇朝的统治，说到底，就是军功地主的统治。

按军功爵制度组织起来的军队，实际上就是军功地主的军队。这一支军队，"勇于公战，怯于私斗"④，有很强的战斗力。秦就是靠着这支军队由弱变强、由小到大，先后灭掉六国，建立了我国历史上第一个大一统的封建皇朝。

军功地主与旧贵族地主有显著的不同。旧贵族地主大都是从奴隶主贵族转化而来的，带有浓厚的落后性和保守性。新兴的军功地主则不然，在对待封建改革上，其态度最积极，最富有进取的革新精神。如果说，商鞅变法促进了军功地主的形成，那么，军功地主的形成又反过来保证了商鞅变法的

---

① 《史记·秦始皇本纪》："廷尉李斯议曰：……今海内赖陛下神灵一统，皆为郡县，诸子功臣以公赋税重赏赐之，甚足易制。"据此，秦统一后，似只有赐税而无赐邑。赐邑制度当存在于统一之前。

② 《商君书·境内》。

③ 秦统一后，随着大规模战争的结束与封建政权建设的需要，爵位与官位有逐渐分离的趋势，即为官者不一定有爵，有爵者不一定为官。但终秦一代，既有军功爵而又为官者仍不乏人，官与爵的结合，以及爵位高于官位的制度并未废除。因此，在秦皇朝各级政权中，军功地主仍占统治地位。

④ 《史记·商君列传》。

顺利推行，并使变法的成果获得巩固和扩大。在秦国，商鞅虽因变法而被旧势力车裂而死，但"秦法未败"，变法的成果并未因此而夭折，其秘密即在于此。

商鞅变法的胜利，是军功地主阶级的胜利，也是法家思想的胜利。法家思想代表了新兴军功地主阶级的利益，因此，军功地主以法家思想作为自己的统治思想。他们认为"法令者，民之命也，为治之本也，所以备民也"①。"故明主慎法制。言不中法者，不听也；行不中法者，不高也；事不中法者，不为也。言中法，则辩之；事中法，则为之；行中法，则高之。故国治而地广，兵强而主尊，此治之至也。人君者不可不察也。"②由此可见，法家思想是军功地主治国的指导思想。秦统一后，对全国实行严刑峻法的统治，正是军功地主统治的必然结果。

总之，秦代军功地主，从经济到政治、从军事到思想等各方面，都显示出他们的生气勃勃的姿态。但是，由于军功地主阶级过分地强调功利，强调法治，所谓"刚毅戾深，事皆决于法，刻削毋仁恩和义"③。又被长期的战功冲昏了头脑，以为武力就能解决一切，法治就能镇压一切。结果，在统一全国之后不到15年的时间，耀武扬威的军功地主就走向自己的反面，不可一世的秦皇朝便被农民起义推翻了。

二、汉初的"封君"和"素封"地主

秦末汉初，经过全国范围的大规模的农民战争的荡涤，阶级关系发生了新的变化。最明显的是"庶子"制度不见了，军功地主受到毁灭性的打击；代之而起的则是"封君"和"素封"地主。

汉初，对宗室、外戚和有功之臣，实行封王、封侯制度。"其有功者上致之王，次为列侯，下乃食邑。"④这样便出现了一大批宗室贵族、功勋贵族和外戚世家。这些人，在当时叫作"封君"。据史载，高祖至景帝，宗室被

---

① 《商君书·定分》。
② 《商君书·君臣》。
③ 《史记·秦始皇本纪》。
④ 《汉书·高帝纪》。

封为诸侯王的共46人①，王子侯者27人②，功臣侯者240人③，外戚封侯者共25人④。这些人除了享有大小不同的封国、食邑外，还采用购买、掠夺等方式占有大量私田。例如，丞相萧何"贱强买民田宅数千万"⑤，乐平简侯卫毋择"坐买田宅不法"⑥。所谓购买，就是"强买"，也是变相的掠夺，这是封君地主依仗权势兼并土地、扩大私田的主要手段。如衡山王"数侵夺人田，坏人冢以为田"⑦；淮南王"王后荼、太子迁及女陵得爱幸王，擅国权，侵夺民田宅"⑧，即是其例。

这些封君地主和汉朝皇帝有不可分割的联系。其中有些人，还在朝廷里面担任高级官职，掌握着汉朝中央政治大权。汉朝皇帝就是依靠他们进行封建统治。他们依仗权势，压榨平民，兼并土地，进一步巩固和发展自己的经济势力。所谓"身宠而载高位，家温而食厚禄，因乘富贵之资力，以与民争利于下，民安能如之哉！是故众其奴婢，多其牛羊，广其田宅，博其产业，畜其积委，务此而亡已，以迫蹴民，民日削月朘，浸以大穷"⑨。可见，封君地主是在汉初借着政权力量新发展起来的一批大地主。

至于素封地主，据《史记·货殖列传》说："今有无秩禄之奉、爵邑之入，而乐与之比者，命曰'素封'。""素封"就是指没有官爵而主要依靠经营手工业、商业或高利贷（汉人称作"子钱家"）起家的大地主。司马迁在《史记·货殖列传》中曾详细地记述了这些素封地主发财致富的情况。例如，蜀卓氏"用铁冶致富……富至僮千人，田池射猎之乐，拟于人君"；程郑"亦冶铸……富埒卓氏"；宛孔氏"用铁冶为业……家致富数千金"；鲁曹邴氏"以铁冶起，富至巨万"；齐刁间从事渔盐商贾之利，"起富数千万"；周人师史"转毂以百数，贾郡国，无所不至"，致产7000万；宣曲任氏以囤积粮食"富者数世"；边塞桥姚有"马千匹，牛倍之，羊万头，粟以万钟

---

① 《汉书·诸侯王表》。
② 《汉书·王子侯表》。
③ 《汉书·功臣表》。
④ 《汉书·外戚恩泽侯表》。
⑤ 《史记·萧相国世家》。
⑥ 《汉书·高惠高后文功臣表》。
⑦ 《史记·衡山王列传》。
⑧ 《史记·淮南王列传》。
⑨ 《汉书·董仲舒传》。

计";关中无盐氏以"赉贷子钱","富埒关中"等等。虽然汉初对商人采取压抑政策,但他们可以想办法改变商人的身份,所谓"以末致财,用本守之",即用经营工商业赚来的钱,购买土地,而成为"田连阡陌"的大地主。对此,司马迁形容说:"若至力农畜,工虞商贾,为权利以成富,大者倾郡,中者倾县,下者倾乡里者,不可胜数。"又说:"千金之家比一都之君,巨万者乃与王者同乐。岂所谓'素封'者邪?非也?"这些素封地主不仅兼并农民,而且还能使"封君皆低首仰给"①,可见其经济势力之强大。

"封君"和"素封"地主的剥削方式,有共同点,也有不同点。

不同点是:"封君"有自己的食封户,剥削对象是"编户齐民"(主要是自耕农),而"素封"则无。司马迁说:"封者食租税,岁率户二百,千户之君,则二十万。"②这是封君地主从皇帝那里分享的一部分国家租税,也是他们的一项重要剥削。

共同点是:(一)封君和素封地主在自己的私有土地上都采取租佃的剥削方式,这一点,与秦代军功地主剥削"庶子"的劳役制不同。董仲舒说:"或耕豪民之田,见税什五。"③颜师古于"见税什五"句下注曰:"言下户贫人,自无田而耕垦豪富家田,十分之中,以五输本田主也。"封建地主出租土地,向租地的农民征收十分之五的地租,这一剥削方式成为此后两千年封建社会中地主剥削农民的一种基本方式。(二)封君和素封地主都使用大批奴隶作为封建剥削的补充。如上面提到的蜀卓氏"富至僮千人,田池射猎之乐,拟于人君",说明这"僮千人"不仅用之于冶铁,而且还要参加农业生产。再如,齐刁间,使奴隶"逐渔盐商贾之利……终得其力,起富数千万"。但是,应当指出,这种奴隶只不过是一种残余形态而已。

汉初,承秦之敝,遭受严重破坏的社会经济亟待恢复,而秦朝被农民起义推翻的事实,又给汉初统治者以深刻的历史教训。在这种历史条件下,秦朝军功地主的法家统治思想已不符合历史发展的要求了。于是,主张"清静无为"与民休息的黄老思想便成为汉初地主阶级的统治思想。史载:"文

---

① 《史记·平准书》。
② 《史记·货殖列传》。
③ 《汉书·食货志》。

帝本修黄老之言，不甚好儒术，其治尚清静无为。"① 又称"窦太后好黄帝、老子言，（景）帝及太子诸窦不得不读《黄帝》、《老子》，尊其术"②。汉初大臣如曹参、陈平也都是黄老思想的信奉者。"清静无为"的黄老思想代表了封君和素封地主的利益。在这种思想指导下，制定和推行的各项政策，收到了良好的社会效果，农业和工商业都得到了恢复和发展。而放任自流的政策和社会经济的发展又大大助长了封君、素封地主的经济政治势力。司马迁写《货殖列传》特意把二者相提并论，正是反映了这一客观事实。

三、汉武帝以后至东汉，以儒学起家、累世公卿的世族地主

汉武帝时期是汉朝地主阶级发展的转折点。从这个时期开始，地主阶级分子要想爬上封建国家政权的领导岗位，必须走通经入仕的道路。这是汉武帝以后至东汉封建地主阶级的一个突出特点，也是秦汉封建地主阶级发展史上的又一个重大变化。

汉武帝时期，经过汉初70多年的休养生息，社会生产力的恢复和发展，封建经济达到了空前的繁荣。随着社会经济的发展，地主阶级的队伍更加扩大。他们要求在政治上取得地位；以皇帝为首的中央集权政府为了巩固在全国范围内的统治，也必须取得地主阶级各阶层的支持。过去那种代表封君和素封地主利益的"清静无为"放任自流的黄老思想已不能适应新的历史条件的变化。正是在这个时候，出现了一个号称"群儒首"的新儒家董仲舒，他把孔孟的儒学改造为新儒学。新的儒家思想能适应当时整个地主阶级和封建专制主义中央集权国家的需要，所以，得到了汉武帝的重视和支持，"卓然罢黜百家，表章六经"③。"而公孙弘以治《春秋》为丞相封侯，天下学士靡然乡风矣"。于是"立《五经》博士，开弟子员，设科射策，劝以官禄"。"自此以来，公卿大夫士吏彬彬多文学之士矣。"④ 儒学和政治结下不解之缘，

---

① 《风俗通义·正失》。
② 《史记·外戚世家》。
③ 《汉书·武帝纪》。
④ 《汉书·儒林传》。

要做官必须通晓儒家经典。正如西汉宣帝时夏侯胜所云："士病不明经术，经术苟明，其取青紫（师古曰：青紫，卿大夫之服也）如俯拾地芥耳。"① 于是在封建地主阶级中，便出现了一批以儒学起家累世公卿的大地主，也可简称为儒宗地主或世族地主。我们只要翻一下《汉书·百官公卿表》，就会发现，西汉自宣、元以后，任职丞相者共18人，其中就有14人以明习经学起家，而韦贤、韦玄成和平当、平晏均以父子为丞相。故《汉书·匡张孔马传》赞曰："自孝武兴学，公孙弘以儒相，其后蔡义、韦贤、玄成、匡衡、张禹、翟方进、孔光、平当、马宫及当子晏咸以儒宗居宰相位。"东汉以传习经学起家而累世公卿者则更多。如沛郡桓氏，自桓荣至玄孙桓典，"世宗其道，父子兄弟代作帝师，受其业者皆至卿相，显乎当世"②。弘农杨氏，"自（杨）震至彪，四世太尉，德业相继，与袁氏俱为东京名族"③。注引《华峤书》曰："东京杨氏、袁氏，累世宰相，为汉名族。"其余以明经历位公卿守相者更比比皆是。汉朝的政治大权，在汉武帝以后，主要掌握在以儒学起家累世公卿的世族地主手中。这一类大地主有以下几个特点：

第一，他们在通经做官之后，便利用政治特权，不断地兼并掠夺土地，而成为大地主。西汉成帝时丞相张禹就是一个很典型的例子。史称张禹"内殖货财，家以田为业。及富贵，多买田至四百顷，皆泾、渭溉灌，极膏腴上贾，它财物称是"④。匡衡本来"家贫"，至"庸作以供资用"，及为丞相、封侯之后，便"专地盗土以自益"，甚至侵占公田400顷⑤。郑太，司农郑众之曾孙，"家富于财，有田四百顷"⑥。又《三国志·魏志·仓慈传》曾提到敦煌郡"旧大族田地有余，而小民无立锥之土"。边郡地广人稀，尚且如此，内地情况可想而知。随着地主经济的发展，东汉时便出现了许多大地主的田庄。这种田庄，是一种包括农林牧渔、手工业和商业的自给自足的封建经济单位，是前所未有的，《齐民要术》引崔实《四民月令》对此有过详细的描述。

---

① 《汉书·夏侯胜传》。
② 《后汉书·桓荣传》。
③ 《后汉书·杨震传》。
④ 《汉书·张禹传》。
⑤ 《汉书·匡衡传》。
⑥ 《后汉书·郑太传》。

第二，占有大批的劳动力。在西汉时，除私有奴婢外，所有的劳动人口都是封建国家的"编户齐民"，都有向封建国家纳租税、服兵役徭役的义务。就是"或耕豪民之田"的私家佃客，也只是为地主耕田纳租，在身份上仍是属于封建国家的"编户"。但是东汉世族地主控制下的劳动人口，其隶属关系却在微妙的发展变化之中。他们所控制的人口，有很多名称，除了数以"千群"计的奴婢外，还有大量"身系于主"的宗族、宾客、部曲、徒附等。

在大地主的田庄内，大都是聚族而居的，同族中有富裕的家庭，也有贫穷的家庭。不仅"一姓之中，高下悬隔"，就是一房之内，差别也很大。因此，贫富和阶级分化是非常明显的。宗族长往往就是大地主，而贫苦的宗族成员及其子弟则往往成了大地主的佃客。这种封建宗法关系实际上掩盖着封建政治经济的隶属关系。在平时，地主利用族权统治和剥削农民；一旦有事，则部勒宗姓，或举宗避难，或聚族自保，成为割据一方的地方势力。前者如颍川韩融"将宗族千余家，避乱密西山中"[1]。右北平田畴"率举宗族他附从数百人……入徐无山中"[2]。李典"宗族部曲三千余家，居乘氏"[3]。后者如任峻"又别收宗族及宾客家兵数百人，愿从太祖"[4]。许褚"汉末，聚少年及宗族数千家，共坚壁以御寇"[5]。这种以血缘为纽带的宗族组织，在汉末魏晋之际士族门阀的形成过程中，曾经起着极其重要的作用。

宾客，从某种意义上说，他们的身份本来是比较高贵的，和主人是平等的。但是在东汉，多数的宾客都附属于主人，有的参加生产劳动，有的供主人驱使，也有的充作保镖、打手，凭借主人权势，欺压人民，为非作恶。如东汉初，马援以三辅一带"地广土沃，而所将宾客猥多，乃上书求屯田上林苑中"[6]。东汉末，刘节有"宾客千余家，出为盗贼，入乱吏治"[7]。后来由于他们的地位逐渐降低，受主人奴役剥削，因此宾客一名有时也称

---

[1] 《后汉书·荀彧传》。
[2] 《三国志·魏志·田畴传》。
[3] 《三国志·魏志·李典传》。
[4] 《三国志·魏志·任峻传》。
[5] 《三国志·魏志·许褚传》。
[6] 《后汉书·马援传》。
[7] 《三国志·魏志·司马芝传》。

为"私客"、"人客"、"家客"。如《后汉书·梁冀传》："宗亲冒名而为侍中、卿、校尉、郡守、长吏者十余人,皆贪叨凶淫,各遣私客籍属县富人,被以它罪,闭狱掠拷,使出钱自赎。"《三国志·魏志·曹纯传》注引《英雄记》:"僮仆人客以百数,纯纲纪督御,不失其理。"同书《田畴传》:"自选其家客,与年少之勇壮慕从者二十骑俱往。"也有些客的地位更为降低,终于沦落到与奴仆为伍,又被称为"僮客"、"奴客"。如《三国志·蜀志·麋竺传》:"祖世货殖,僮客万人,赀产钜亿。"《后汉书·窦宪传》:"奴客缇骑,依倚形势,侵陵小人。"

部曲这个名词,起源于西汉,本是一种军事编制。汉制,大将军营有五部,每部有校尉一人,军司马一人;部下有曲,每曲有军候一人;曲下有屯,每屯有屯长一人。部曲二字连缀起来,就是代表军队的意思。东汉时,世族地主为了保护自己的田庄和财产,他们也采取了军事的编制把自己田庄上的宗族、宾客组织起来,建立武装部曲。这种部曲实际上就是家兵。如《后汉书·邓禹传》载:"汉中王刘嘉诣禹降,嘉相李宝倨慢无礼,禹斩之。宝弟收宝部曲击禹。"东汉末,此例很多,如上引李典有宗族及部曲3000余家,任峻收宗族及宾客家兵数百人,等等。

以上这几种人的身份比奴隶略高,比一般自耕农较低,在人身上都隶属于大田庄主,都是田庄主的依附农民。他们除了为田庄主服各种杂役外,还要为田庄主耕田纳租,租率一般是百分之五十。马援在天水苑川屯田,"与田户中分以自给"①。荀悦则说:"浮客输大半之赋。"②再联系董仲舒、王莽所说:"或耕豪民之田,见税什伍。"③"豪民侵陵,分田劫假,厥名三十税一,实什税五也。"④看来汉代地主剥削佃农的一般租率为百分之五十是不成问题的。从许多迹象来看,东汉大地主所控制的劳动人口和封建国家已不再发生任何关系,当然也不再负担国家的租税徭役。如《三国志·魏志·王脩传》载:"胶东人公沙卢宗强,自为营堑,不肯应发调。"同书《司马芝传》:郡主簿刘节"宾客千余家","前后未尝给繇"。又《贾逵传》注引《魏略》:"曹

---

① 《水经注·河水注》。
② 《通典·食货》。
③ 《汉书·食货志》。
④ 《汉书·王莽传》。

洪宾客在（长社）县界，征调不肯如法。"这都说明当时地主控制下的人口事实上已不属国家所有了。虽然这种依附关系在东汉时还没得到法律上的承认，但也只是一个时间的问题。

第三，拥有大批门生故吏。欧阳修《孔宙碑阴题名跋》称："汉世公卿多自教授，聚徒常数百人，其亲受业者为弟子，转相传授者为门生。"可见门生不必直接受业，只要登上名录，就算是门生。又《昭明文选》卢子谅《赠刘琨诗》李善注引《傅子》曰："汉武元光初，郡国举孝廉，元封五年，举秀才，历世相承，皆向郡国称故吏。"可见故吏就是曾被公卿或州郡长吏察举的孝廉、秀才而后又被辟除为官吏的人。东汉的世族地主既世传经学，又垄断察举权力，许多人为了寻找做官的途径，不得不依附于世族门下。这样，门生对老师、故吏对举主便因私恩而结成了一种特殊的关系。这种关系，从下面的事例中可见一斑。

有些门生、故吏在老师或举主死后，要为师服丧，如郑玄死，"自郡守以下尝受业者，缞绖赴会千余人"[①]；乐恢死，"弟子缞绖挽者数百人"[②]，桓荣师事朱普，普死，"荣奔丧九江，负土成坟"[③]；荀淑卒，李膺"自表师丧"[④]。甚至弃官服丧，如延笃"以师丧弃官奔赴"[⑤]；孔昱"以师丧弃官"[⑥]；任末为郡功曹，"后奔师丧，于道物故"[⑦]；刘焉亦以师丧去官[⑧]。也有的在老师和举主危难之际，或舍身相救，如渔阳主簿卫福在阵中以身拥蔽太守张显被杀；吴令彭脩以身障扞会稽太守为流矢所中阵亡；平原县小吏所辅以身代县令刘雄死[⑨]。或冒死送葬，如郭亮葬李固，杨匡葬杜乔[⑩]，胡腾葬窦武[⑪]，赵戬葬王允[⑫]，桓阶

---

① 《后汉书·郑玄传》。
② 《后汉书·乐恢传》。
③ 《后汉书·桓荣传》。
④ 《后汉书·荀淑传》。
⑤ 《后汉书·延笃传》。
⑥ 《后汉书·党锢传》。
⑦ 《后汉书·儒林传》。
⑧ 《三国志·蜀志·刘焉传》。
⑨ 《后汉书·独行传》。
⑩ 《后汉书·李、杜传》。
⑪ 《后汉书·窦武传》。
⑫ 《后汉书·王允传》。

葬孔坚①，王脩葬袁谭②。或经纪其家，如廉范父客死蜀汉，范辞母西迎父丧，"蜀郡太守张穆，(范祖父)丹之故吏，乃重资送范"③；袁术死后，"妻子依术故吏庐江太守刘勋"④。还有的门生故吏为其师或举主舍命申冤，或代之受罪乃至受死，如索卢放为东郡门下掾，"愿以身代太守之命"；周燕为汝南郡决曹掾代郡守承担枉杀之罪；戴就为会稽郡仓曹掾，身受五毒而不诬枉太守臧罪⑤。又郑弘"髡头负铁锧，诣阙上章"，为其师焦贶讼罪⑥；杨政"肉袒，以箭贯耳"，拦驾为其师范升申理⑦；高获"冠铁冠，带铁锧"，诣阙为其师欧阳歙诉冤⑧；而欧阳歙的弟子礼震则甚至"自系上书求代歙死"⑨。

这种关系，实际是一种父子君臣关系，所以当时就有"仕于家者，二世则主之，三世则君之"⑩，以及"昔为人子，今为人臣"⑪等说法。本来官吏对皇帝称臣，现在对其举主也称臣；而且，与其说他们忠于皇帝，倒不如说更忠于他们的主人。这种"二重君臣"观念，正是反映了政治权力的分割和世族地主势力的强大。如汝南袁氏四世五公，门生故吏遍天下，因此而形成东汉末的一个最大的地方割据势力。

第四，垄断文化教育事业。自汉武帝尊崇儒学，以明经取士以后，封建的文化教育内容主要就是孔孟儒学，而儒家经典的传授，又都掌握在累世公卿的儒家大师手中。两汉的学校，有官学、私学两种。京师的太学和郡国县学都是官学。官学的教师，在太学里的称为"博士"，在郡国县学里的称为"文学"或"文学掾、史"。无论博士或文学，都是学有所长的经学大师。与官学并行的还有私学。私学传授，更是离不开儒家大师。这些儒家大师，为了世世垄断"禄利之路"，首先是培养自己的子孙后代传习经学。例

---

① 《三国志·魏志·桓阶传》。
② 《三国志·魏志·袁谭传》。
③ 《后汉书·廉范传》。
④ 《三国志·魏志·袁术传》。
⑤ 《后汉书·独行传》。
⑥ 《后汉书·郑弘传》。
⑦ 《后汉书·儒林传》。
⑧ 《后汉书·方术传》。
⑨ 《后汉书·儒林传》。
⑩ 《三国志·魏志·公孙度传》注引《魏书》。
⑪ 《三国志·魏志·公孙瓒传》。

如，上面提到的西汉鲁国邹人韦贤，"笃志于学，兼通《礼》、《尚书》，以《诗》教授，号称邹鲁大儒。征为博士，给事中，讲授昭帝《诗》"，宣帝时位至丞相，其子韦玄成"修父业"，复以明经历位至丞相；其孙韦赏"亦明《诗》"，位列三公①。东汉沛郡桓荣，"少学长安，习《欧阳尚书》"，以明帝师，拜为太常，赐爵关内侯，食邑5000户；其子桓郁，"敦厚笃学，修父业"，先后为章帝、和帝师，位至太常，"郁经授二帝，恩宠甚笃，赏赐前后数百千万，显于当世"；郁子焉，"能世传其家学"，"明经笃行，有名称"，先后为安帝、顺帝师，位至太尉；焉孙典，"复传其家业"，历官御史中丞、光禄勋，赐爵关内侯②。世世通经，代代做官，这种事例，在两汉史籍中不胜枚举。因此，当时流行着这样一句谚语："遗子黄金满籝，不如一经。"③由于子孙世传经学，又以经学世代做官，这就逐渐形成了"公门有公，卿门有卿"的累世公卿的政治局面。其次，是培养生徒。因为做官必须通经，所以，拜通儒大家为师的人很多。如西汉东海郯人后苍师事夏侯始昌，"始昌通《五经》，苍亦通《诗》、《礼》，为博士，至少府，授翼奉、萧望之、匡衡。奉为谏大夫，望之前将军，衡丞相……衡授琅邪师丹、伏理斿君、颍川满昌君都。君都为詹事，理高密太傅，家世传业。丹大司空……满昌授九江张邯、琅邪皮容，皆至大官，徒众尤盛"④。又如东汉乐安千乘人欧阳歙八世传《伏生尚书》，皆为博士，教授门生数百人。济阴曹曾"从歙受《尚书》，门徒三千人"。乐安临济人牟长"少习《欧阳尚书》"，"诸生讲学者常有千余人，著录前后万人"⑤。这种事例，在两汉史籍中都不乏记载。这样，通过子孙和生徒传授儒学经典这两条渠道，都掌握在累世公卿的世族地主手里。他们掌握了文化教育大权，同时也就掌握了政治大权。

总之，从西汉武帝以后至东汉这个历史阶段，在封建地主阶级中占统治地位的就是以儒学起家、累世公卿的世族地主。他们掌握了当时的政治大权、经济大权和文化教育大权。到魏晋南北朝时期，这一类地主便形成了士

---

① 《汉书·韦贤传》。
② 《后汉书·桓荣传》。
③ 《汉书·韦贤传》。
④ 《汉书·儒林传》。
⑤ 《后汉书·儒林传》。

族门阀,中国的封建地主阶级又进入了一个新的历史发展阶段。

最后,需要说明的一点是:本文只是对秦汉时期地主阶级构成的演变提出一点很不成熟的看法,至于如何认识和评价这个时期地主阶级的历史地位和作用,另见拙作《秦汉时期封建地主阶级的构成、特点和历史作用》一文,在此不赘述。

(本文与逄振镐合作,原载《山东师范大学学报》1985年第4期)

秦汉时期封建地主阶级的构成、
特点和历史作用

中国封建社会是地主阶级和农民阶级两大阶级对立的社会。这两大阶级的对立，构成中国封建社会的主要矛盾。此外，所有一切矛盾归根结底，都是由这个主要矛盾所引起和决定的。在地主和农民两大阶级的对立矛盾中，地主阶级又是处于统治地位、主导地位的阶级。我们要研究中国封建社会，就应该对这两个阶级进行研究，尤其要着重于地主阶级的研究。只有这样，才能抓住中国封建社会历史研究的关键。我国封建地主阶级产生于春秋战国，成长于秦汉，发展于唐宋，衰落于明清。秦汉时期，是我国封建制度从经济基础到上层建筑最后形成和确立的时期。它具有承上启下的作用。因此，对秦汉封建地主阶级的研究，又是研究整个中国封建社会和封建地主阶级的一个重要课题。下面仅就这个时期封建地主阶级的构成、特点和历史作用三个方面，提出一些初步看法，恳切希望批评指正。

一、秦汉时期封建地主阶级的构成

秦汉时期，封建地主阶级是怎样构成的？要回答这个问题，首先要明确什么是地主。在这个问题上，我们绝不能套用欧洲的模式，而只能根据中国的地主特点加以说明。毛泽东同志在《怎样分析农村阶级》一文中曾指出："占有土地，自己不劳动，或只有附带的劳动，而靠剥削农民为生的，叫作地主。地主剥削的方式，主要的是收取地租，此外或兼放债，或兼雇工，或兼营工商业。但对农民剥削地租是地主剥削的主要的方式。"他在《中国革命和中国共产党》一文中又指出："封建的统治阶级——地主、贵族和皇帝，拥有最大部分的土地，而农民则很少土地，或者完全没有土地。农民用自己的工具去耕种地主、贵族和皇室的土地，并将收获的四成、五成、六成、七成甚至八成以上，奉献给地主、贵族和皇室享用。"占有土地，自己不劳动，靠对农民剥削地租为生的，就是地主。这些地主构成了一个阶级。这就是具有中国特色的地主阶级。由于地主阶级占有土地多寡的不同和占有土地的方式不同，又构成了各个不同的阶层。中国封建地主阶级的各个不同阶层，在秦汉时期就已经大体形成了。秦汉时期封建地主阶级的各个不同阶层主要有：

（一）皇帝（包括皇室在内）

这是全国最高最大的地主，是整个封建地主阶级的总代表。皇帝所有的土地，可分为三种情况：

第一种，拥有最高所有权的全国土地。秦汉时期的封建皇帝，继承并发展了我国奴隶制时代一直流行的"溥天之下，莫非王土；率土之滨，莫非王臣"的历史传统，总是把自己看成是全国土地的最高所有者。如秦始皇帝说："六合之内，皇帝之土……人迹所至，无不臣者。"[①]刘邦即帝位后，为他父亲祝寿时说："始大人常以臣亡赖，不能治产业，不如仲力，今某之业所就孰与仲多？"[②]殿上群臣皆呼万岁，大笑为乐。可见，刘邦也是把自己看成是拥有全国土地的最高所有者。不仅如此，在法律上，也是这样规定的：全国的百姓、官吏和地主，都是皇帝的臣民；皇帝对全国臣民有生杀予夺之权，当然也包括土地、财产在内。由皇帝下令没收臣民的土地和财产的事例，在史书中是随处可见的。秦汉时期皇帝拥有的这种全国土地最高所有权，一直延续了整个封建社会。所以黄宗羲说：皇帝"视天下为莫大之产业"[③]。这是中国皇帝与西欧封建国王不同之处。在西欧，国王是没有这种全国土地最高所有权的。

---

① 《史记·秦始皇本纪》。
② 《汉书·高帝纪》。
③ 《明夷待访录·原君》。

第二种，官府控制的"公田"，也叫"官田"。这是以皇帝为首的封建国家（从中央到地方各级官府）所直接控制的土地。凡是山林川泽陂池一切公共土地以及新垦的屯田和广大的非耕荒地，都属于这个范围。皇帝对于这一部分土地，既可以随意赏赐给权贵外戚，又可以将其中一部分作为自己或皇室的私产。这一部分的土地所有权，是公私不分，家国不分的。

第三种，皇帝（皇室）的私田。秦汉时期，皇帝还有直接归自己私用的"私田"。例如，西汉成帝"置私田于民间"。东汉灵帝于"河间买田宅，起第观"。所谓"王者畜私田财物，为庶人之事"①，都说明皇帝有自己的私田。这种私田和一般地主所有的土地，在性质上是一样的。

总之，皇帝名下的土地，有最高所有权的全国土地，有数以千万计的官田，还有大量的私田。皇帝是全国最大的地主。

（二）贵族官僚地主

包括宗室贵族、功勋贵族、外戚和儒宗。秦始皇帝统一中国后，虽然废除了分封制，但宗室子弟仍得以"衣食租税"，功臣仍可以封侯，并可依爵位高低获得大量赐田。可见秦代宗室贵族和功臣贵族这两种地主都是存在的。两汉时期，对宗室、外戚和部分有功之臣，实行封王、封侯的制度，于是出现了大批的宗室贵族、功勋贵族和外戚世家。汉武帝尊崇儒术，此后又出现了一批以传授儒家经典起家的累世公卿。

以宗室贵族为例，高祖至元帝，诸侯王共63人。②高祖至平帝，王子侯者共202人。③元帝至成帝53年间，就有宗子10余万人。④可见，宗室贵族人数之多。据粗略统计，西汉民户约有1220多万，王侯受封的户数约为280多万，约占全国户数的四分之一。东汉民户为960多万，王侯受封的户数约为260多万，也占全国户数的四分之一。

功勋贵族，据《功臣表》所记，自高祖至成帝，功臣侯者凡419人，除129人在他传外，余290人，共受封560654户。

---

① 《汉书·五行志》。
② 《汉书·诸侯王表》。
③ 《汉书·王子侯表》。
④ 《汉书·平帝纪》。

外戚，据《汉书·外戚恩泽侯表》可知，仅西汉外戚封侯者就有131人，除38人在他传外，余93人，共受封276866户。两汉时期，在外戚中不断地涌现出显赫的家族。如西汉成帝母王皇后王氏一家，"乘朱轮华毂者二十三人，青紫貂蝉充盈幄内，鱼鳞左右。大将军秉事用权，五侯骄奢僭盛，并作威福，专断自恣，行污而寄治，身私而托公，依东宫之尊，假甥舅之亲，以为威重。尚书九卿州牧郡守皆出其门。管执枢机，朋党比周……历上古至秦汉，外戚僭贵未有如王氏者也"①。东汉桓帝时的梁冀更为显赫，梁冀前后受封共3万户，两个弟弟和儿子各万户。"（梁）冀一门前后七封侯，三皇后，六贵人，二大将军，夫人、女食邑称君者七人，尚公主者三人，其余卿、将、尹、校五十七人，在位二十余年，穷极满盛，威行内外，百僚侧目，莫敢违命。天子恭己而不得有所亲豫。"②后梁氏一家被抄，"收冀财货，县官斥卖，合三十余万万，以充王府用，减天下税租之半"③。

儒宗地主主要是孔子的后裔和一些以传授儒家经典著名而成为贵族的人。汉武帝以后的各级官吏，哀帝时有120285人，东汉为152986人，这些人大部分是出身于儒宗。儒宗地主是产生于汉代的新兴地主。

以上几类地主，都是地主阶级中的特权阶层，他们除了从皇帝那里接受大小不等的封邑赏赐，"各为私奉养"外，而且大都还拥有自己的私田。如西汉初以开国功臣至相国的萧何"贱强买民田宅数千万"④，成帝时以经学起家官至丞相的张禹"多买田至四百顷"⑤，东汉济南王刘康有"私田八百顷"⑥，外戚梁冀占有私田更多，"西至弘农，东界荥阳，南极鲁阳，北达河、淇，包含山薮，远带丘荒，周旋封域，殆将千里"⑦。

（三）豪族地主

豪族地主在封建地主阶级中是一个比较重要的阶层，它的强弱与封建

---

① 《汉书·楚元王传》。
② 《后汉书·梁冀传》。
③ 《后汉书·梁冀传》。
④ 《史记·萧相国世家》。
⑤ 《汉书·张禹传》。
⑥ 《后汉书·济南王康传》。
⑦ 《后汉书·梁冀传》。

统一国家的强弱有直接关系,这是一个很值得研究的阶层。

豪族地主的构成,主要有原六国贵族的后裔和各地方上的大姓。六国贵族的后裔,在六国灭亡后,虽失去了贵族的身份,但仍在地方上保持很大的势力,而成为豪族。地方上的大姓,原是依靠经济上的优势,控制地方大权。《后汉书·酷吏传》说:"汉承战国余烈,多豪猾之民。其并兼者,则陵横邦邑;桀健者,则雄张闾里。"就是指的这种人。在秦汉时期,豪族都是大地主,东汉人荀悦说:"今豪民占田或至数百千顷,富过王侯,是自专封也,买卖由己,是自专地也,孝武时董仲舒尝言宜限民占田,至哀帝时,乃限民占田不得过三十顷,虽有其制,卒不得施行。"①豪族地主是一股有很大影响的社会势力,甚至对封建专制集权制的统治也是一大威胁。如"济南瞷氏,宗人三百余家,豪猾,二千石莫能制"②;河北涿郡"大姓西高氏、东高氏,自郡吏以下皆畏避之,莫敢与牾。咸曰:'宁负二千石,无负豪大家。'宾客放为盗贼,发,辄入高氏,吏不敢追"③。秦汉封建皇朝为了抑制豪族地主采取了许多办法,主要是迁徙和镇压。

迁徙,即不断地将他们从原来所在地方迁移到都城附近,以便于控制他们。例如,秦初并天下,立即"徙天下富豪于咸阳十二万户"④。这是一个很不小的数字。汉初,刘邦"徙齐、楚大族昭氏、屈氏、景氏、怀氏、田氏五姓关中,与利田宅"⑤,"徙者十余万口"⑥。据说此次迁徙之后,"邑里无营利之家,野泽无兼并之民,万里之统,海内赖安"⑦。汉武帝时"徙强宗大姓不得族居"⑧。也是限制和打击豪族地主。

镇压,封建皇朝对一些不服从朝廷管辖而又危害专制集权统治的豪族地主,有时也采取镇压的手段。如郅都为济南守,"诛瞷氏首恶,余皆股栗"。义纵为河内都尉,"至则族灭其豪穰氏之属,河内道不拾遗"。王温舒

---

① 《前汉纪》卷八。
② 《汉书·酷吏传》。
③ 《汉书·酷吏传》。
④ 《史记·秦始皇本纪》。
⑤ 《汉书·高帝纪》。
⑥ 《汉书·娄敬传》。
⑦ 《后汉书·五行志三》注引杜林疏。
⑧ 《后汉书·郑弘传》注引谢承《后汉书》。

为河内太守,"捕郡中豪猾,相连坐千余家"。严延年为涿郡太守,即收捕两高氏。"穷竟其奸,诛杀个数十人,郡中震恐。"①

东汉的情况则不同了,光武帝要实行"度田",触犯了豪族地主的利益,引起了郡国大姓及兵长的叛乱。为了和他们求得妥协,而不得不中止度田。东汉末年一位政论家仲长统说:"汉兴以来,相与同为编户齐民,而以财力相君长者,世无数焉。"②豪族地主的迅速发展成为地主阶级中的一个很有势力的阶层,即使东汉朝廷也奈何不了他们。东汉以后,魏晋南北朝时期,中原地区的长期分裂割据,当与豪族地主势力的发展有直接关系。

(四)高资地主

所谓高资地主,是指经营手工业、商业和高利贷(汉人称作"子钱家")起家的封建地主。秦汉时期,随着大一统国家的形成,社会生产力的发展,手工业和商业也蓬勃发展起来。一部分封建地主在工商业的高额利润的引诱下,也同时兼营手工业和商业,或放高利贷,一部分工商业者、"子钱家",也投资土地,经营农业。农业被称为本,工商业被称为末。当时人一般都认为经营工商积累财富虽多,也不如经营农业收入牢靠。

司马迁说:"以末致财,用本收之。"③ 正是对高资地主的概括。西汉时期,高资地主,其资产一般在300万钱以上,个别的可达千万、万万。如宛孔氏、齐刁间、鲁曹邴氏等都是以冶铁或煮盐致富,或富至"数千金"、"数千万",或"富至巨万"。齐国田氏后裔,既是豪族地主,又是拥有"巨万"资财的富商大贾。《汉书·食货志》说:"富商大贾或滞财役贫,转毂百数,废居居邑,封君皆低首仰给。冶铸煮盐,财或累万金,而不佐国家之急,黎民重困。"《后汉书·仲长统传》则说:"豪人货殖,馆舍布于州郡,田亩连于方国,身无半通青纶之命,而窃三辰龙章之服;不为编户一伍之长,而有千室名邑之役,荣乐过于封君,势力侔于守令,财赂自营,犯法不坐,刺客死士,为之投命。"这都说明高资地主势力之大。

秦汉政府对高资地主,历来是采取压抑和打击的政策。汉初,"天下已

---

① 《汉书·酷吏传》。
② 《后汉书·仲长统传》。
③ 《史记·货殖列传》。

平，高祖乃令贾人不得衣丝乘车，重租税以困辱之。孝惠、高后时，为天下初定，复弛商贾之律，然市井之子孙亦不得仕宦为吏"①。汉武帝时，规定："贾人有市籍者，及其家属，皆无得籍名田，以便农，敢犯令，没入田僮。"②又实行算缗告缗，"得民财物以亿计，奴婢以千万数，田大县数百顷，小县百余顷，宅亦如之。于是商贾中家以上大率破"③。汉哀帝时，又重申："贾人皆不得名田、为吏犯者以律论。"④从上述法令看，高资地主所占有的土地是不合法的。他们占有的土地，随时都有被没收的可能，他们也不得仕宦为吏，这是高资地主与其他地主的不同点。

以上所述，都是属于封建地主阶级的上层，或者叫作"大家"。除此而外，在秦汉封建地主阶级的构成中，还有大量的中小地主即所谓"中家"。中家的资本一般在10万钱以上，"百金，中人十家之产也"⑤。一金（斤）一万钱，这些中小地主构成了封建地主阶级的中层和下层。

在对秦汉封建地主阶级作了上述分析之后，还应指出，地主阶级各个阶层之间，并没有一道不可逾越的鸿沟。他们也不是一成不变的，有的既是高资地主，又是豪族地主。在豪族地主中也有贵族官僚地主。地主阶级中的各个地主分子，政治经济势力的大小，也是处于变动之中的，穷变富，富变穷，也是常有的事。查遍史籍，也难找出贯穿于秦汉始终的地主。连皇帝也要更迭。尽管如此，我们认为从上述封建地主的构成中，可以看出，就阶级阶层而言，封建地主阶级的构成确有大小不同之分。他们之间存在着明显的等级差别。从大、中、小来看，也是"金字塔"式的构成，小地主人数最多，是地主阶级的下层；中等地主，人数少于小地主，而多于大地主，处于地主阶级的中层；大地主人数虽少，但占地多，经济势力最雄厚，一般属于封建皇朝的高级领导层，是封建皇朝的掌权者。大地主无论在经济上还是政治上都处于统治地位，他们是地主阶级这个"金字塔"的上层。而站在这个"金字塔"最尖端的，则是封建皇帝。皇帝既是整个地主阶级的总的最高的

---

① 《史记·平准书》。
② 《史记·平准书》。
③ 《史记·平准书》。
④ 《汉书·哀帝纪》。
⑤ 《汉书·文帝纪》。

代表，又是封建国家的代表，所谓"朕即国家"。他拥有对全国土地的绝对权力。他可以用国家的名义，把沉重的封建负担加在广大人民的头上，农民不仅要交纳土地税，交纳各种人头税，还要服力役和兵役。这些封建负担，实质上都是农民向地主交纳的地租。享有各级封爵封邑的贵族官僚地主对农民的剥削，主要是从农民向国家交纳的地租中分割出来的一部分。另外，皇帝和贵族官僚地主还占有大量的私田，和豪族地主的私田一样，都是直接出租给农民耕种，向农民征收大约十分之五的地租。高资地主所占有土地，虽然被认为是不合法的，但也和所有的地主一样，照例可以向农民出租土地，向农民征收十分之五的地租。所谓"耕豪民之田，见税十五"[①]。

以皇帝为首的封建地主阶级，尽管阶层不同，等级不同，但他们组成了一个以皇帝为首的大金字塔。在这个大金字塔下面压着的是广大的农民和手工业者，两者构成了尖锐的阶级对立。皇帝和各类地主在分享剥削农民阶级的膏血和掌握统治政权问题上，他们之间存在着一定的矛盾，但在剥削、压迫农民阶级这个根本问题上则是一致的。地主阶级和农民阶级两者之间的关系决定了封建社会经济的发展与倒退、封建国家的安定与混乱、统一与分裂。两者之间，占统治地位的，起主导作用的则是地主阶级。

二、秦汉时期封建地主阶级的特点

中国封建社会和其他国家（例如西欧）封建地主阶级相比，有共同性又有自身的特殊性。中国封建地主阶级的特点，早在秦汉时期，就已经明显地表现出来，并且一直影响着中国的整个封建社会，影响到中国的近代和现代。因此，认识秦汉时期封建地主阶级的特点，对于认识整个封建社会的地主阶级有极为重要的意义。那么，秦汉时期封建地主阶级有哪些特点呢？

（一）"田无常主，民无常居"

这是秦汉时期封建土地制度的一个主要特点，也是中国封建地主阶级不同于西欧封建地主阶级的一个特点。

[①] 《汉书·食货志》。

西欧是封建领主土地所有制，领主有领主的土地，国王有国王的土地。两者的土地所有权都是私有的。这种私有权是相互得到对方承认的，是互不干涉的。在西欧，土地是不能自由买卖的。在领主土地上的农奴，比较牢固地被束缚于封建领主的土地之上，不能随便离开领主的土地。农奴的转移，只能随领主土地的转移而转移。领主是世代相传的，农奴也是世代相传的。各个领主都有自己的军队和法庭，直接控制农奴。因此，领主不需要再有凌驾于其上的国家政权的帮助。这种封建的土地所有制，决定了封建领主的独立性和割据性。

中国则不同。中国封建社会从一开始就允许土地自由买卖。在土地自由买卖的情况下，土地所有权是不固定的，经常转移的。一方面是农民的土地，由于小农经济薄弱，经不起苛政暴赋、自然灾害的袭击，他们往往被迫出卖自己的土地，以偿债务，甚至于"贫民虽赐之田，犹贱卖以贾"①。有钱有势者就可以趁机大量购买土地，有时还可以仗势强买、强占农民的土地。另一方面，即使是地主的土地，由于种种原因，也经常处于变动之中。一种是权势之家互相兼并，如武安侯田蚡以势夺魏其侯窦婴之田，外戚窦宪夺明帝女沁水公主之田，都说明势家兼并之烈。一种是土地被没收。无论是贵族、豪家，还是高资地主，一旦触犯了皇帝禁令，土地便要被没收，如武帝时一次没收商人的土地，就有"大县数百顷，小县百余顷"。汉初的王侯，少则几年，多则十几年、几十年，因犯法被夺爵、被诛杀，土地被没收更是史不绝书。即使煊赫一时的外戚王氏、梁氏等家族，也不过是昙花一现。《水经·淯水注》载新野有樊氏陂，"东西十里，南北五里，俗谓之凡亭陂。陂东有樊氏故宅。樊氏既灭，庾氏取其陂。故谚曰：波汪汪，下田良，樊子失业庾公昌"。樊氏是东汉光武帝的外家，为南阳一带的豪族，最多也不过绵延200年，田庄还是不免换了主人。至于后来民谚"十年河东，十年河西"，"千年田，八百主"之说，那就更能说明"田无常主"了。

无论是自由买卖，还是互相兼并；无论是封建地主的土地还是农民的土地，他们的私有权都是在皇帝最高所有权之下的私有权。所有人的土地，随时都有被没收的可能。也就是说，所有人的土地都不是永远固定不变的。就

---

① 《汉书·贡禹传》。

是拥有土地最高所有权的皇帝，他的土地所有权也不是固定不变的。一旦皇冠落地，天下之田，也就更换了主人。

在封建地主土地上的农民，也并非永远束缚在原来的土地上而不变动。秦汉时期，农民对地主有一定的依附性，但这种依附性，并不是像西欧那样有"奴役"、"卖身"、"委身"契约文书的依附性。他们的依附身份和地位，并没有法律的规定。封建依附关系在国家法令中得到某种程度的承认，那是在魏晋时期，如租牛客户制、荫客制。但这种承认，同时也包含着限制的意义。因此，秦汉时期的农民，不存在世世代代长期被束缚在地主土地上的现象，土地的主人是经常更换的。农民不稳定的依附性与土地所有权的变动性是相一致的。东汉人仲长统"田无常主，民无常居"①这两句话，概括了秦汉时期土地制度的基本特点，同时也是秦汉时期封建地主阶级的基本特点。

（二）向心力与离心力，统一性与割据性

秦汉时期，封建地主阶级在政治上表现了两重性的特点，即向心力与离心力、统一性与割据性。

封建地主经济是自给自足的自然经济，地主阶级所需要的一切，除少数奢侈品、部分手工业品外，基本生活资料都能在封建地主自己经营的经济范围之内获得解决。各个地主之间、各地区之间，在经济上虽有交换和联系，但非常薄弱。这就造成了封建地主在经济上的独立性、政治上的分裂性和割据性。

封建地主阶级的分裂割据性同以皇帝为首的全国大一统的封建中央集权制的国家是矛盾的。封建分裂割据对统一集权来说是一种离心力。这种离心力决定了封建地主阶级一有机会总是要摆脱皇帝和统一国家的控制，进行分裂割据的活动。一旦封建地主在经济上发展到足以同皇帝和统一国家相抗衡时，他们便会公开打起分裂的旗帜，或进行夺取中央大权的活动。汉景帝三年（前154）"吴楚七国"武装叛乱，便是最明显的一例。《盐铁论·禁耕篇》云："异时盐铁未笼，布衣有朐邴，人君有吴王，专山泽之饶，薄赋其

---

① 《后汉书·仲长统传》。

民，赈赡穷小，以成私威。私威积而逆节之心作。"深刻地揭露了封建地主阶级专山泽之饶—私威积—逆节之心分裂活动的规律。东汉以后，豪族地主经济势力日益发展，造成了东汉末以至魏晋南北朝长达 360 多年的分裂割据局面，充分表现了秦汉时期封建地主阶级离心力和割据性的一面。

但是，这只是封建地主阶级政治本性的一个方面。此外，还有更重要的一个方面，即秦汉封建地主阶级向心力和统一性的一面。

如前所述，秦汉封建地主阶级与西欧封建领主阶级不同。第一，秦汉时期封建地主阶级虽拥有土地私有权，但这种土地私有权，是从属于皇帝最高所有权的。这就决定了封建地主与专制皇帝之间有联系性、依赖性的一面。第二，秦汉时期虽然有了和农民的租佃关系，但农民的身份还是属于封建国家的领民，并不属于私家地主所有。因此，农民可以自由离开地主的土地，可以迁移，可以流动，在法律上地主无权干预。第三，秦汉的封建地主，一般没有自己的军队和法庭，无权直接控制和管理农民，如有农民不交租，不服劳役，或有越轨行为，地主只能依赖国家政权机构帮助解决（至于私设法庭、建立私家武装，那是另一回事）。由于以上原因，地主阶级要维护自身的经济、政治利益，巩固自己的统治，他又必须依靠以皇帝为首的中央集权制的封建国家政权的保护。因此，封建地主阶级对皇帝为首的封建统一国家政权又有拥护和依靠的一面。这就是封建地主阶级的向心力的一面、统一性的一面。当然，还必须指出，作为以皇帝为首的封建国家政权，又必须依靠封建地主阶级的拥护和支持才能巩固。他们在剥削农民、镇压农民反抗，巩固整个封建地主阶级的统治这些根本利益上是一致的。

（三）保留奴隶制的残余，这是秦汉封建地主阶级的又一个特点

秦汉时期是我国封建社会的初期，封建制度刚刚从奴隶制度脱胎出来。因此，在封建社会里还保留一些奴隶制的残余，在地主阶级身上还打着奴隶主阶级的一些烙印。这时的封建地主阶级，除采用封建方式剥削农民而外，同时还使用大批奴隶作为封建剥削的补充。如果把家内奴隶也算在内，那么几乎所有封建地主家庭都使用着数量不等的奴隶。封建地主使用奴隶是受到秦汉皇朝法律承认的。早在商鞅变法时就允许军功地主可以按爵位高低占有

不同数量的奴隶。西汉哀帝时更明确规定:"诸侯王奴婢二百人,列侯、公主百人,关内侯、吏民三十人。"①即使这样,封建地主阶级,特别是大封建地主仍感不足,他们实际使用的奴隶,一般要大大超过此数。例如,西汉末外戚王氏就有"僮奴以千百数"②。东汉外戚窦氏一家有奴婢以千数,马防兄弟有奴婢各千人以上,济南王刘康有奴婢1400人,折国有家僮800人。由上述几个零星数字就不难看出,在秦汉时代,拥有"奴婢千群"的封建地主是很多的。此外,封建官府也畜养着大批奴隶。如此众多的官私奴婢,封建地主阶级及其官府绝不会白白养活他们,而是把他们当作奴役和剥削的对象。湖北江陵凤凰山汉墓出土的遗策竹简有"田者男女各四人,大奴大婢各四人",说明汉代的奴婢是参加农业生产的。又《襄阳记》记载杨颙所说的"奴执耕稼,婢典炊爨……私业无旷,所求皆足",而主人则"雍容高枕,饮食而已"③,也说明奴隶在当时农业生产劳动中所占的重要地位。至于奴隶参加煮盐、采矿、冶铁、纺织等手工业生产劳动,史书更不乏记载。司马迁以"僮手指千",与马蹄、牛角、羊足等数量作为计算财富的标准,也说明了奴隶劳动在社会经济生活中的重要作用。

总之,汉代的封建地主阶级在采用封建制剥削方式的同时,也沿用奴隶制的剥削方式,除剥削农民外,也剥削奴隶。只不过在当时,封建剥削方式是主要的,奴隶制的剥削方式是一种残余而已。或者说,奴隶制的剥削方式只是封建制剥削方式的一个补充。这是中国封建社会初期的一个特点。

(四)与宗法制相结合,这也是秦汉封建地主阶级的一个特点

宗法制本来脱胎于原始社会末期的族长制和父家长制,后来成为维护奴隶主贵族世袭统治的一种制度。中国从奴隶制度转变为封建制以后,这种宗法制又被封建地主阶级利用了去,以巩固封建地主阶级的统治。宗法制成为封建地主阶级的思想和制度是秦汉时期形成的。

宗法制的核心问题是财产和权力的继承制。秦代是父子相传,但立嫡立长尚未成为定制。到了汉代,父子相传,立嫡立长,一般人均认为是不可

---

① 《汉书·哀帝纪》。
② 《汉书·元后传》。
③ 《三国志·蜀志·杨戏传附王元泰》赞注。

改变的原则。其间虽偶有无子而迎立兄弟或兄弟之子的事例,那是很个别的。从制度上说,兄终弟及之制已成为禁律。景帝时欲传位其弟梁孝王,窦婴即加以劝阻:"天下者,高祖天下。父子相传,汉之约也,上何以得传梁王!"①《后汉书·光武帝纪》十九年诏书中也说:"《春秋》之义,立子以贵。东海王阳,皇后之子,宜承大统。"汉代皇帝除了确立皇位继承制度,又大封子弟为王,并规定"非刘氏而王者,天下共击之"②。这样,一方面用以巩固皇位的世袭统治地位,另一方面又借以巩固刘姓一家的封建经济政治统治地位。皇帝既是天子,又是族长,集政权、族权、神权、夫权四权于一身,因此他拥有至高无上的权力。其他贵族官僚地主、豪族地主、高资地主等等,也都按照这个模式以巩固其族长、家长的地位和权力。如前所述,在汉代,佃客与其主人的人身依附关系,一般来说,其程度还不甚紧密,但却相当稳固,其原因主要是多数佃客与其主人还有宗族纽带相连的关系。大地主往往同时又是大家长、族长,佃客则多是宗族子弟。据崔实《四民月令》记载,每年春耕前后,"冬谷或尽,椹麦未熟"之时,田庄主就"赈赡穷乏,务施九族,自亲者始"。秋收前后,又"存问九族孤寡老病不能自存者"。"同宗有贫窭久丧不堪葬者",则纠集宗人,合族收葬,亦以"亲疏贫富为差"。冬月腊日,还要"请召宗族、婚姻、宾旅,讲好和礼,以笃恩纪,休农息役,惠必下浃"。封建地主阶级就是这样利用宗法关系掩饰其封建剥削关系。他们平时通过族权加强对农民的控制,一旦有事,则合族相随,举兵屯聚,成为割据一方的武装集团。如东汉末中牟人任峻"收宗族及宾客、家兵数百人";巨野李典有"宗族、部曲三千余家……万三千余口";谯人许褚"聚少年及宗族数千家,共坚壁以御寇"③,等等。因此,秦汉时期的地主也可称为宗法封建地主,中国封建社会亦即宗法封建社会。

三、秦汉时期封建地主阶级的历史作用

封建地主阶级同其他剥削阶级一样,并不是一开始就是一个反动落后

---

① 《汉书·窦婴传》。
② 《汉书·王陵传》。
③ 均见《三国志·魏志》本传。

的阶级。在历史上,封建地主阶级也曾经是一个进步的阶级、革命的阶级,起过推动历史发展的进步作用。主要表现在以下几方面:

(一) 巩固和发展新的封建生产关系

我国封建生产关系产生于春秋战国,但它的巩固和发展则是在秦汉时期。秦汉封建大一统皇朝的建立,是秦汉封建地主阶级在政治上取得全国统治权的标志,它为新兴地主阶级在全国范围内发展巩固新的封建生产关系创造了必需的前提和条件。

秦始皇统一中国后的第六年,即下令"使黔首自实田",这样就把商鞅变法以来实行的土地私有制以法律的形式,在全国范围确定下来。土地私有制受到法律的保护,就为地主阶级的发展大开了方便之门。到汉武帝时,封建地主大量占有土地,剥削农民田租的封建生产关系已明白地见于史籍。首先谈到这一情况的是董仲舒,他说:"至秦则不然,用商鞅之法,改帝王之制,除井田,民得买卖,富者田连阡陌,贫者无立锥之地……或耕豪民之田,见税什五……汉兴,循而未改。"[1] 颜师古于"见税什五"句下注曰:"言下户贫人,自无田而耕垦豪富家田,十分之中,以五输本田主也。"东汉马援在苑川屯田,耕种所得,也是"与田户(佃客)中分"[2]。封建地主出租土地,向租田的农民征收十分之五的地租,这一剥削方式,就成了此后两千年封建社会中地主剥削农民的一种基本的方式。不但封建地主依靠剥削农民的地租过活,而地主阶级的国家又把大量的拥有五口之家百亩之田的个体小农,作为"编户齐民"统一控制起来,向他们征收"十五税一"或"三十税一"的土地税以及各种名目的人口税,并强迫他们从事无偿的劳役,去养活一大批国家官吏和主要是为了镇压农民之用的军队。总之,无论是国家对小农的剥削,还是地主对佃农的剥削,都是封建的剥削方式。这种剥削方式,当然是残酷的、反动的,而越到后来越是残酷,越是反动;但在秦汉时期,它却是一种新的生产关系,较之奴隶制生产关系先进得多,优越得多。新兴的封建地主阶级,为了本阶级自身的利益,积极巩固和发展新的封建生产关

---

[1] 《汉书·食货志》。
[2] 《水经·河水注》。

系，顺应了历史发展的方向，基本适应了当时社会生产力发展的要求，从而提高了广大农民的生产积极性，这就为社会生产力的大发展开辟了极为广阔的道路。秦汉时期，是我国封建社会经济达到空前繁荣的"黄金时代"，归根结底是广大劳动人民辛勤劳动的结果，但是当时的地主阶级也起了一定的积极作用。

（二）限制奴隶制残余

我们在前面曾指出，使用奴隶是秦汉封建地主阶级的特点之一。但这种奴隶已和古代奴隶制社会中的奴隶大不相同，它仅仅是作为封建制的附属而残存下来，而且当这种残存事物发展膨胀，损害到封建地主阶级利益时，统治者还要采取限制和打击奴隶制残余的政策。

西汉刚刚建立不久，汉高帝五年（前202）就下诏："民以饥饿自卖为人奴婢者，皆免为庶人。"① 文帝前元四年（前176）又下诏："免官奴婢为庶人。"② 东汉时，释放奴隶的诏令就更多了，从建武二年（26）到十四年（38），刘秀就先后六次下达释放官私奴婢的诏令，诏令中规定：王莽时吏民被没入为奴婢不合汉法者，民有嫁妻卖子欲归父母者，青州、徐州、益州、凉州等地在战争期间被掠卖为奴婢者，都免为庶人，敢拘执，论如律。③ 安帝永初四年（110），又下诏："自建初以来……其没入官为奴婢者，免为庶人。"④ 从上述诏令来看，汉代释放奴隶是有条件的，并非释放一切奴隶。即使如此，也是一种进步。

汉代并不完全禁止使用奴隶，只是在使用奴隶的数量上有法律的限制。早在汉武帝时，董仲舒就提出"限田限奴婢"的意见。到汉哀帝时，又明确规定：自诸侯王以下至列侯、公主到关内侯、吏民占有奴婢的数目，分别不得超过200人、100人、30人，"期尽三年，犯者没入官"⑤。尽管当时也有超过这个限制的，但在法律上有这个限制比没有这个限制，毕竟是

---

① 《汉书·高帝纪》。
② 《汉书·文帝纪》。
③ 《后汉书·光武帝纪》。
④ 《后汉书·安帝纪》。
⑤ 《汉书·哀帝纪》。

一种进步。

汉代虽然允许使用一定数量的奴隶，但同时又在法律中规定严禁虐杀奴隶。随便虐杀奴隶，要受到法律的制裁。如宣帝时，将陵侯史子回妻宜君"绞杀侍婢四十余人……论弃市"①。东汉光武帝建武十一年（35），连下三次诏书，强调："天地之性人为贵。其杀奴婢，不得减罪。"炙灼奴婢也要依律治罪。严禁虐杀奴隶，这对保护和使用劳动力是有利的。从上述史实看，奴隶的地位已经发生了变化。所谓"天地之性人为贵"，说明当时的奴隶已被当成"人"来看待，不再是奴隶社会那样，把奴隶当成"会说话的工具"了。

秦汉封建地主阶级限制奴隶制残余，也是为了保护劳动力、提高劳动兴趣，最终目的还是为了增加剥削，但客观上符合历史发展的要求，有其进步意义。

（三）关心农业生产，兴修水利，推广先进生产技术

农业生产发展与否，和封建地主阶级的切身利益是密切相关的。无论是"三十税一"还是"见税什五"都是指剥削率而言，收获量多了，国家和地主的剥削量也随之增加。因此，秦汉封建地主阶级从增加剥削量出发，在一般情况下，还是比较关心生产的。

汉高帝五年（前202），西汉皇朝刚建立，就立即下诏："民前或相聚保山泽，不书名数，今天下已定，令各归其县，复故爵田宅，吏以文法教训辨告，勿笞辱。"②把流亡人口重新召回到生产领域中来，这对恢复和发展生产是有利的。文帝二年（前178）正月，诏曰："夫农，天下之本也，其开藉田，朕亲率耕，以给宗庙粢盛。"③像这类劝民农桑的诏令，在两汉书里，至少有二十几处，这表明秦汉封建统治者是关心农业生产的。

秦汉封建统治者，为了发展生产，增加剥削，还积极兴修水利灌溉工程。如秦始皇时开凿郑国渠300余里，"用注填阏之水，溉泽卤之地四万

---

① 《史记·建元以来侯者年表》。
② 《汉书·高帝纪》。
③ 《汉书·文帝纪》。

余顷"①。汉武帝时开凿的漕渠，可溉民田万余顷。白渠，可溉4500余顷。当时，"用事者争言水利。朔方、西河、河西、酒泉皆引河及川谷以溉田；而关中辅渠、灵轵引堵水；汝南、九江引淮；东海引钜定；泰山下引汶水，皆穿渠为溉田，各万余顷。它小渠披山通道者，不可胜言"②。汉代的地方官也多能注意兴修水利，如文帝时蜀守文翁"穿湔江口，溉灌繁田千七百顷，人获其饶"③。王莽时，益州太守文齐"造起陂池，开通灌溉，垦田二千余顷"④。东汉建武初，渔阳太守张堪"于狐奴开稻田八千余顷，劝民耕种，以致殷富"⑤。建武七年南阳太守召信臣"修治陂池，广拓土田，郡内比室殷足"⑥。这些水利工程的兴修，无疑都起到了促进农业生产发展的作用。

秦汉封建地主阶级，为了发展生产、提高产量，还积极推广先进的生产技术。例如武帝时搜粟都尉赵过发明的代田法和耦犁、耧车等新田器，使"田多垦辟"，"用力少而得谷多"⑦。东汉建武初，杜诗为南阳太守，"造作水排，铸为农器，用力少，见功多，百姓便之"⑧。章帝建初八年（83）王景为庐江太守，"教用犁耕，由是垦辟倍多，境内丰给……又训令蚕织，为作法制，皆著于乡亭"⑨。至于私家地主，为了保证和增加对农民的剥削，有些人也是十分关心农业生产的。如南阳樊氏"世善农稼……其营理产业，物无所弃，课役童隶，各得其宜。故能上下戮力，财利岁倍，至乃开广田土三百余顷"⑩。谯人曹纯"富于财，僮仆人客以百数，纯纲纪督御，不失其理，乡里咸以为能"⑪。崔寔写的《四民月令》，比较详细地反映了大田庄主经营管理农业生产的情况。田庄主为了把农民束缚在土地上，不使他们因饥荒而流

---

① 《史记·河渠书》。
② 《史记·河渠书》。
③ 《通典·食货·水利田》。
④ 《华阳国志·蜀志》。
⑤ 《后汉书·张堪传》。
⑥ 《后汉书·杜诗传》。
⑦ 《汉书·食货志》。
⑧ 《后汉书·杜诗传》。
⑨ 《后汉书·王景传》。
⑩ 《后汉书·樊宏传》。
⑪ 《三国志·魏志·曹仁传》注引《英雄记》。

散，还十分注意"赈赡宗族，恩加乡间"，来保护田庄的生产。汉末，天下大乱，豪族地主纷纷起壁坞、缮甲兵，固然是为了保护他们的私有财产；但在当时农业生产普遍遭到破坏的情况下，唯独地主的田庄生产能够照常进行，他们是起了一定作用的。

（四）促进以汉民族为主体的统一的多民族大国的形成

我们今天这样一个以汉民族为主体的统一多民族的大国，早在秦汉时期就已经基本形成了。其所以如此之早，绝非偶然，这是秦汉时期经济政治发展的必然产物，是各族人民长期斗争的结果，其中也有封建地主阶级所起的作用。

公元前221年，秦灭六国，统一中国，这是历史发展的要求，广大人民的要求。西汉人贾谊对当时全国人民向往统一的思想曾作很好的说明。他说："秦并海内，兼诸侯，南面称帝，以养四海，天下之士斐然乡风，若是者何也？曰：近古之无王者久矣。周室卑微，五霸既殁，令不行于天下，是以诸侯力政，强侵弱，众暴寡，兵革不休，士民罢敝。今秦南面而王天下，是上有天子也。既元元之民冀得安其性命，莫不虚心而仰上，当此之时，守威定功，安危之本在于此矣。"[1]秦始皇就是在全国人民要求统一的思想基础上建立了我国历史上第一个大一统的国家。接着是两汉大一统国家的建立。秦汉大一统国家的建立，又进一步巩固和加强了大一统的思想。秦始皇的许多刻辞都反映了这一点。汉武帝时，"罢黜百家，独尊儒术"。封建地主阶级把儒家大一统思想，既作为本阶级的统治思想，又作为全国统一的思想。自此以后的整个封建社会，儒家大一统思想一直是维护国家民族统一的思想。

如上所述，中国封建地主阶级的特点之一是"田无常主，民无常居"。土地所有权和封建依附关系的不稳定性，决定了封建地主阶级在政治上必须建立一个统一的专制集权的国家政权。秦汉封建专制集权制的国家政权就是在这一基础上建立起来的。自此以后，大一统的封建专制皇朝一直延续到清代，其间虽有300多年的分裂局面，但统一局面却有1700多年之久，统一

---

[1] 《史记·秦始皇本纪》。

是主流，分裂只不过是支流。

汉民族的形成也是在秦汉时期。斯大林在《马克思主义和民族问题》中说："民族是人们在历史上形成的一个有共同语言、共同地域、共同经济生活以及表现在共同文化上的共同心理素质的稳定的共同体。"① 可以说，这四个特征——共同语言（书同文字）、共同地域（六合之内，皇帝之土）、共同经济生活（器械一量）、共同文化上的共同心理素质（儒家的大一统思想），从秦汉时起，已经是初步具备了，以后则是长期的继续发展，在整个封建社会里，本质上没有什么变化。

汉族是秦汉封建皇朝统治下的主体民族。在这个统一国家之内，除汉族外，还有许多少数民族。这些少数民族，有的是由于封建国家力量的强大，不断被征服的结果；也有的是由于经常与汉族先进的经济、政治、文化相互接触、影响，因而先后承认秦汉封建皇朝的统治，因此，我国在秦汉时期就基本形成了一个以汉族为主体的统一的多民族的大国。这个多民族的统一的大国是秦汉封建地主阶级建立的。当然，我们也不否认还有其他因素的影响。

以上，仅从几个主要方面指出封建地主阶级在秦汉时期所起的进步作用。我们之所以着重论述秦汉封建地主阶级的进步作用，主要是因为，长期以来，史学界受极左思想的影响，对历史上的封建地主阶级采取了非历史主义的态度。今天，这个阶级在我国已经被消灭，它作为一个阶级的历史，已经结束了。在这种历史条件下，我们应当对历史上的封建地主阶级给予历史的分析和科学的评价。当然，秦汉时期，封建地主阶级除了具有进步作用的一面，也还有其反动性、落后性的一面。

这种反动性、落后性，是由它的剥削阶级本质所决定的。这个阶级不仅残酷地剥削、压迫广大农民，而且还保留着旧时代的奴隶制残余。为了争夺土地和劳动力，以扩大自己的剥削范围，一有机会，地主阶级各集团之间还互相厮杀混战，公开进行分裂割据，给社会生产带来极大的破坏。这种反动性和落后性，越是到每一个封建皇朝末期，就越发显著。秦末、西汉末、东汉末三次农民大起义的爆发，其根本原因就在于此。因此，当我们在肯定

---

① 《斯大林选集》上卷，人民出版社 1979 年版，第 64 页。

秦汉封建地主阶级所起的历史进步作用的同时，还必须指出它的反动性、落后性、破坏性的一面。尽管这后一方面，在当时历史条件下，并不是主要的，但也是确实存在着的。我们认为，只有这样来认识秦汉时期的封建地主阶级，才是历史唯物主义的态度。

（本文与逄振镐合作，原载《历史研究》编辑部编《中国封建地主阶级研究》，中国社会科学出版社 1987 年版）

从西汉经济制度和政治制度
看西汉社会性质

关于中国奴隶制与封建社会分期问题，已争论多年，至今大家的意见还没有取得一致。有一派学者包括苏联的一部分学者在内，他们认为西汉也是奴隶社会，将奴隶社会的下限定在东汉末或魏晋时期，这种主张曾遭到不少人的反对。

作者是赞成后一种意见的，认为西汉是封建社会而不是奴隶社会。当同志们对西汉社会性质问题展开激烈争论的时候，我也曾反复地考虑过这个意见是否能够成立？是否还受有传统的影响？考虑结果认为是没有什么可以怀疑的。最近我又仔细地学习了毛泽东著作中有关中国封建制度的若干论点[1]，推本溯源，更加坚定了我以前的想法。下面我就将学习的一点体会，谈谈个人对西汉社会性质的粗浅见解。

一

"自然经济的统治"，是马克思主义规定封建制社会形成的首要前提。中国的封建社会也不例外，毛泽东在分析中国封建制度的特征时，把它摆在首要的地位。他说：

---

[1] 见《中国革命和中国共产党》一文的第一章第二节《古代的封建社会》，载《毛泽东选集》第二卷，人民出版社1952年版。

自给自足的自然经济占主要地位。农民不但生产自己需要的农产品，而且生产自己需要的大部分手工业品。地主和贵族对于从农民剥削来的地租，也主要地是自己享用，而不是用于交换。那时虽有交换的发展，但是在整个经济中不起决定作用。①

西汉的经济基本上也是自给自足的自然经济，它所表现的主要方式就是农业和家庭手工业的结合，具体说来，即是以"男耕女织"的形式解决着全国农民的衣食问题，在西汉的文献中有很多资料都接触到这一点。例如《淮南子·主术训》说：

耕之为事也劳，织之为事也扰，扰劳之事而民不舍者，知其可以衣食也。人之情不能无衣食，衣食之道必始于耕织，万民之所公见也。

汉初政论家晁错在上文帝疏中更指出男耕女织不仅有其经济意义，而且还有其严重的政治意义，他说：

人情一日不再食则饥，终岁不制衣则寒，夫腹饥不得食，肤寒不得衣，虽慈母不能保其子，君安能以有其民哉！明主知其然也，故务民于农桑……②

这说明存在于广大农村中的男耕女织的生产能够维持与否，不仅直接影响到广大农民的生活，而且也影响到统治秩序的巩固，理解这一点，我们对于汉朝统治者所屡次发布的"劝农桑"和"以农为本"的诏令，就不难明白其目的之所在了。

农业和家庭手工业的结合，不但解决着农民的衣食问题，更重要的它是巩固专制主义封建国家的基础，它是整个统治阶级所赖以生存的主要来源。《汉书·食货志》说：

---

① 《毛泽东选集》第二卷，人民出版社1952年版，第594页。
② 《汉书·食货志》。

汉兴……上（高祖）于是约法省禁，轻田租，十五而税一，量吏禄，度官用以赋于民；而山川园池市肆租税之入，自天子以至封君汤沐邑，皆各为私奉养，不领于天子（或作下）之经费。

由此可见，从官吏的俸禄到整个国家的用度，从皇帝到各级封建贵族的生活，都是依靠租税的收入，这些收入"主要地是自己享用，而不是用于交换"。

一般豪富地主从农民那里剥削来的地租，主要也是拿来自己享受，而不是用于交换。《史记·货殖列传》："名国万家之城，带郭千亩，亩钟之田……此其人皆与千户侯等。然是富给之资也。不窥市井，不行异邑，坐而待收，身有处士之义而取给焉。"司马迁所指的"处士"就是豪富地主，他们拥有大片的田产，专门依靠坐收租税为生。这种人"不窥市井，不行异邑"，除非出卖多余的农产品或购买部分必需品和少数奢侈品，他们才和市场发生关系。他们自己土地上生产出来的东西，基本上可以自给。

至于"农民的家庭，差不多生产了全部他们所需用的物品：工具、衣服以及生活资料。只有在他自己的需要以及必须缴纳于封建主的贡赋以外还有剩余时，他才开始为售卖而生产"[①]。事实上西汉的农民在苛重的租税压榨之下，是谈不到有什么剩余的，农民出卖自己的生产品大多数情况下，只是为了把它换成货币，以便上交人口税，他们的购买力几乎低到难以想象的程度。

在上述情况之下，对于商品货币关系的发展自然是一种严重的阻碍。当然在这里我并无意否认在西汉社会中商品生产的存在，但却不同意某些同志过分夸大西汉时期商品货币关系在生产领域中的支配作用。

西汉是存在着商品生产的，而且在初期商品货币关系还比较地有所发展，在经济上也确实发生过很大的剥削农村的作用。但是我们不能认为有了剥削关系，就有了支配关系。剥削和支配往往是相随的，而不是绝对相同的。事实很明显，在西汉支配农业生产的是封建关系，而不是商品货币关系。

[①] 恩格斯：《反杜林论》，人民出版社 1956 年版，第 285 页。

不但在农业生产上，即使在手工业生产上，商品经济也从没有取得支配的地位。

西汉的手工业中农民的家庭手工业占有相当大的比重，如上所述，这些手工业生产只是为了满足自己简朴的需要，而不是或者很少是为了售卖而生产。

西汉的官府手工业在手工业中占着统治地位，但这种手工业是完全为封建制度服务的，它包办了封建统治集团所需要的一切重要手工业品的生产，如"东西织室"、"三服官"专门制造官服，"工官"专门制造漆器和金银器等物，"采珠玉金银之官"专门生产各种贵重装饰品……所有这些产品都是供应皇帝和封建贵族们的需要，而不是为了出卖。就是这些产品的材料来源，也不是通过市场交换而取得的，除了由官府直接经营的一部分以外，大部分都是依靠各地"贡输"的，而贡输的物品，则主要来自农民的家庭手工业生产。农民的家庭手工业不但是官府手工业产品材料的主要来源，而且还可以补给官府手工业产品的不足。《盐铁论·本议篇》大夫和文学的两段对话就反映了这一事实：

> 往者郡国诸侯，各以其方物贡输，往来烦杂，物多苦恶，或不偿其费。故郡置输官，以相给运而便远方之贡。
>
> 古者之赋税于民也，因其所功，不求所拙，民人纳其获，女红效其功。今释其所有，责其所无，百姓贱卖货物以便上求。间者郡国或令民作布絮，吏留难与之为市，吏之所入，非独齐阿之缣，蜀汉之布也，亦民间之所为耳。

这两段话确切地指出了它的性质，所谓"贡输"的方式，实质上是封建统治者在征收农民的田租口赋的同时又额外对农民家庭手工业的一种剥削，这种剥削往往是十分苛重的，所谓"农夫重苦，女红再税"，并非夸大之词。我们看武帝元封以后，在一年之中，均输帛即达 500 万匹，可以想见农民的妻女在这方面投入了多么繁重的劳动。然而这些帛只是无偿地被征发到封建国家的府库中，其间并不包括商品交换的过程。

由此可见，官府手工业生产，从它的材料来源到产品制成，都不和市场发生关系或者很少发生关系。

所有以上的事实，都说明在以自然经济为主的各种条件制约之下，西汉商品货币关系不可能得到充分的发展，尤其是汉武帝时实行均输平准、盐铁专卖等经济管制政策之后，商品货币关系活动的范围越发狭隘，像经营盐铁开矿那样的大手工业已经被认为是非法的、危险的事业了。关于这一点，班固在《汉书·货殖列传》里说得很明白：

> 至于蜀卓、宛孔、齐之刁间，公擅山川铜铁鱼盐市井之入，运其筹策，上争王者之利，下锢齐民之业，皆陷不轨奢僭之恶。又况掘冢搏掩，犯奸成富，曲叔、稽发、雍乐成之徒，伤化败俗，大乱之道也。

因此，我们看到在汉武帝以后，商人和商业资本的出路主要是放高利贷或者向土地投资，其次才是从事一些与国计民生关系不大的生产性活动，其故就在这里。

根据以上材料，可以判明：西汉商品货币关系的发展是有很大限度的，它在国民经济中不起主要作用；自给自足的自然经济所表现的主要形式是农业和家庭手工业的牢固结合，这一结合形式在当时占有统治的地位，它是西汉皇朝赖以存在和巩固专制主义封建统治的经济基础。

二

中国封建制度的另一个特征，就是"封建的统治阶级——地主、贵族和皇帝，拥有最大部分的土地，而农民则很少有土地，或者完全没有土地。农民用自己的工具去耕种地主、贵族和皇室的土地，并将收获的四成、五成、六成、七成甚至八成以上，奉献给地主、贵族和皇室享用。这种农民，实际上还是农奴"[①]。

这段话包括三个方面内容，即土地所有制形式、生产者与剥削者的相互关系以及生产者的社会地位问题，这正是中国封建社会生产关系的基本内

---

① 《毛泽东选集》第二卷，人民出版社1952年版，第594页。

容，它对于帮助我们来理解西汉社会的性质有着重大的指导意义。

土地所有制形式是封建生产关系中的一项重要的也是带有决定性的因素，因此有必要首先从这个问题谈起。

我认为西汉时期基本上存在着三种土地所有制，即国家所有制（或者说皇室所有制）、地主土地所有制和农民小土地所有制，这三种土地所有制形式，基本上形成了中国此后两千多年封建社会的土地所有形态。

在西汉时期，凡是山林川泽陂池一切公共土地以及新垦的屯田和广大的非耕荒地，史书上都称之为"公田"或"官田"，这一部分土地既不属于大地主所有，又不同于一般小农所有的土地，而是属于国家及其唯一代表——皇帝直接占有。皇帝对于这一部分土地，既可以随意赏赐给权贵外戚，又可以将其中一部分作为自己或皇室的私产，由于他对于这一部分作为国家所有的土地或作为他私人所有的土地，都同样具有无上的支配权力，二者无法严格加以区分，所以我们称这种土地所有性质为国家所有制或者是皇室所有制。

弄清了西汉公田的所有性质，然后我们再看一下在公田上进行生产的劳动者的身份问题。

西汉公田的一部分是采取租佃给贫民的方式进行耕种的，史书上称为"假田"，"假"就是租赁的意思。这种假民公田的办法，多在西汉后半期[①]，是西汉政府应付流民问题的一项重要措施，主要目的是把流民重新安置在土地上，来缓和日益紧张的阶级矛盾。当时贫民租赁公田，要向国家缴纳假税，税率究属多少？史无明文记载。《盐铁论·园池篇》有一句话说是"假税殊名，其实一也"。头一个"假"字就是假税，后一个"税"字就是地租，亦即国家向农民征收的土地税（三十税一）。这句话的意思是假田上的收入和国家土地税的收入虽然名义上不同，其实是一样的，可见假公田的贫民和一般自耕农民在负担国家租税的数量上是一致的，所不同的是自耕农民有自己的小块土地，而公田的所有权则直接掌握在国家手里。假公田的贫民既然

---

① 这类史料很多，如《汉书·宣帝本纪》地节元年"假郡国贫民田"；地节三年"诏池籞未御幸者，假与贫民"；又令"流民还归者假公田贷种食"。又《汉书·元帝本纪》初元元年诏"江海陂湖园池属少府者，以假贫民"；初元二年诏"罢水衡禁囿，宜春下苑……假与贫民"；永光元年"令民各务农亩，无田者假之"。

耕种国家的土地，而又向国家交纳地租（假税），因此他们具有国家佃农的身份。

由于假民公田是国家安置流民缓和社会矛盾以维持统治秩序的一项重要措施，所以公田上的租率一般不算太高。一些豪强之家看到有利可图，往往乘机从中"劫假"。《盐铁论·园池篇》载文学曰：

> 今县官之多张苑囿公田池泽，公家有障假之名，而利归权家，三辅迫近于山河，地狭人众，四方并臻，粟米薪菜，不能相赡，公田转假，桑榆菜果不殖，地力不尽，愚以为非。先帝（武帝）之开园囿池籞，可赋归之于民，县官租税而已，假、税殊名，其实一也。

从这一段记载中，我们知道汉武帝以后政府把许多苑囿公田租给"权家"，这些"权家"自己当然不会耕种公田，他们从政府租到公田之后，再转租给一般贫民叫作"转假"。这种假税是多少呢？后来王莽在他的王田令中曾提到这件事："豪民侵凌，分田劫假，厥名三十，实十税五也。"① 所谓"分田"就是豪强地主把自己的田地分佃给农民耕种，共分其所收；"劫假"之意，旧说难晓，实则此处所言劫假就是《盐铁论》中的豪强之家转假公田而从中劫夺其假税的意思。对于"假"、"税"这两者国家都是征收三十分之一的税，然而实际上地主却要向租田的农民征收十分之五的地租，《盐铁论》上"公家有障假之名，而利归权家"，也是这个意思。所以这类农民虽然在国家土地上耕作，但实际上却是地主的佃农。

西汉公田的另一部分是采取屯田的方式进行生产的，由于屯田多在边郡，因此生产劳动者主要是守边的戍卒，由于戍卒被分配到屯田上耕作，所以史书又称他们为"田卒"。武帝时在上郡、朔方、西河、河西等地就有田卒60万。武帝以后，昭、宣之际，西汉的屯田区不断扩大，田卒也日益增多，如昭帝时在居延屯田，仅淮阳郡一郡就被征调田卒1500人（居延汉简513·17）。宣帝时赵充国屯田金城，也有吏士万人。这些屯田士卒，大都是应徭戍而参加公田耕作的农民，他们中间并且有许多人是有爵位的，1930

---

① 《汉书·食货志》。

年在居延发现的汉简中有不少这样的例子，如：

> 田卒淮阳高平常昌里上造（爵位二级）柳道年二十三。（11·2）
> 田卒昌邑国邟灵里公士（爵位一级）朱广年二十四。（513·35）。

此外，居延汉简中还保存着很多关于田卒的具体材料，根据这些材料，我们知道当时田卒每人平均要耕种大约 20 亩田地，他们所使用的生产工具和衣服粮食等必需的生产资料和生活资料都由政府供给。他们的生产劳动是在国家田官监督之下进行的，带有很大的强制性，每天工作的情况，都由田官作详细的记录，以备查考。屯田上的收获全部归入各屯田部的官仓，由中央大司农统一调拨。田卒在服役期间是不自由的，如上引二例，屯田部门对每一个田卒都详细地登记着他的籍贯、姓名、年龄，以防止他们的逃亡。但是由于边地生活困苦，田卒逃亡的事实在汉简中仍不断出现。

根据以上所述，从屯田卒对于生产资料的关系和劳动的性质、待遇等方面来看，他们在服役期内实际上具有国家农奴的性质。但是另一方面，他们和农奴又有所不同，他们的服役是有限期的，一般是一年，即所谓"戍卒岁更"，在服役期满之后即可被放归乡里，仍为自由农民，当然也有长期不归的，这只能看作法律条文规定以外的事例。

屯田上的生产劳动者，除了来自小农的田卒以外，还使用一部分刑徒。居延汉简中保存了不少有关"徒"的材料：

> 四月旦见徒复作三百七十人，六十人付肩水部，遣吏迎受。（34·8）
> 五百六十三徒，许放施（弛）刑胡敞当入。（369·11）。

这类的例子还很多，单是这两简，就录有刑徒 900 余人，整个屯田上使用刑徒的数量不会是很少的。

关于徒的身份问题，有两种不同的意见，有的同志认为是奴隶，有些同志认为不是奴隶，我同意后一种意见。刑徒不是奴隶，而是一种被罚作苦工的罪人。徒在其服刑期满或免刑以后，即恢复自由民的身份。一般说来，刑徒遇有大赦、徙边、赎罪即可免刑或减刑，上引第二简所谓施（弛）刑，即被减刑之一例。这些徙往边地的徒,有的担任戍守,有的充任田卒,他们的待遇一般说来和戍田卒没有很大的差别。

现在我们再来看一看私人大土地所有制的情况。这种土地所有制是土地私有和土地自由买卖的产物。土地私有制的存在,我国至少可以追溯到公元前4世纪中叶(商鞅变法),从那时起直到西汉统治时期,地主土地占有制获得了广阔的发展,武帝时儒者董仲舒很清楚地看到了这点,他说:

> 至秦则不然,用商鞅之法,改帝王之制,除井田,民得卖买,富者田连阡陌,贫者亡立锥之地。又颛川泽之利,管山林之饶,荒淫越制,踰侈以相高,邑有人君之尊,里有公侯之富,小民安得不困……或耕豪民之田,见税什五,故贫民常衣牛马之衣,而食犬彘之食……汉兴循而未改。①

这段话着重在最后一句,所以董仲舒说的虽然是商鞅变法以后的秦国,实则是指的汉朝当时的情况。他的这段话并非虚夸之词,是有其事实根据的。司马迁在追述汉初功臣萧何的事迹时就揭发了这样的一件事实。他说萧何曾经"贱强买民田宅数千万"而高祖竟一笑置之。又说:"何买田宅,必居穷处,为家不治垣屋,曰:后世贤师吾俭,不贤毋为势家所夺。"②这说明了西汉建国之初,对于大片田产的占有是合法的,至少是不被禁止,而且像这样的仗势侵吞田产还不是个别的,否则萧何就不必怕为势家所夺了。

西汉初期不过六七十年间,地主大土地所有制已得到巨大的发展。秦朝的逃亡地主在新政权庇护之下恢复了原有的爵位和田宅;汉朝的宗室权贵和高级官吏则凭借其政治特权利用强占③、贱买④或赐予⑤等方式占有大量的土地;立有军功而占有田宅的人也在各种有利的条件下不断扩大自己的田

---

① 《汉书·食货志》。
② 《史记·萧相国世家》。
③ 《汉书·淮南王安传》:"后荼太子迁及女陵,擅国权,夺民田宅,妄致系人。"同上书《衡山王赐传》:"内史治,言王不直,又数侵夺人田,坏人冢以为田。"
④ 《史记·惠景间侯者年表》"乐平侯卫侈坐买田宅不法"。
⑤ 《汉书·孝景王皇后传》:汉武帝赐大姊修成君"公田百顷"。

产；一些拥有巨资的商人则依恃财力大量收购民田①。到汉武帝时土地集中已成为社会上的严重现象，甚至威胁到汉朝政权的统治。因此武帝接受了董仲舒的建议，"限民名田"，但这种限田政策，似乎仅在一部分拥有奴隶的非法商人中间实行了一个时期，虽然也没收了商人的一部分土地，可是这种措施并未导致大土地所有制的消灭，关于这一点，在《盐铁论·救匮篇》贤良文学的发言中可以得到证明：

> 良田广宅，民无所之，不耻为利者满朝市，列田畜者弥郡国，横暴掣顿，大第巨舍之旁，道路且不通。

西汉后半期，大土地占有制更有了进一步发展，我们从这一时期某些官吏的上书中和皇帝的诏令中都可以看到此种情况。这方面的具体材料也不少，如宣帝时阴子方"田有七百余顷"②；成帝时"张禹买田至四百顷，皆泾渭溉灌，极膏腴上价"③；外戚王立竟公然在南阳占公田数百顷，连皇帝出租给贫民新开垦的田地也包括在内④。哀帝时曾下令以30顷的定额来限制土地占有权，但他自己又亲自撕毁了这道诏令，赐其佞臣董贤私有2000余顷。王莽也曾企图消灭土地私有制，在他的王田令中宣布：天下之田皆为"王田"，不得买卖。但此项诏令颁布后只不过3年，这些规定又被迫取消。所有这一切事实，都说明地主大土地所有制生机旺盛，它在西汉社会关系中已取得了支配的地位。

当时地主所占有的土地大部分是采取租佃的方式进行生产的。以上我们引证董仲舒的一段话，证明了租佃制在西汉以前就已存在。随着西汉时期大土地所有制的进一步发展，地主把自己的土地分佃给无地或少地的农民耕种这种方式不但继续存在，而且更加扩大。《汉书·王莽传》载公元9年王莽发布的王田令以及后来荀悦所写的《汉纪》中都提到西汉盛行租佃土地的

---

① 《史记·货殖列传》中例子很多，如蜀卓氏"用铁冶富……田池射猎之乐拟于人君"；宛孔氏"大鼓铸，规陂池，连车骑，游诸侯"；宣曲任氏"力田畜……富者数世"。
② 《后汉书·阴识传》。
③ 《汉书·张禹传》。
④ 《汉书·孙宝传》。

事实。武帝时有一位退休的官吏宁成即曾"贳贷买陂田千余顷,假贫民,役使数千家"①。甚至在当时国家的土地上也部分地采取了这种方式。

在地主土地所有制下,西汉佃农的被剥削率是相当高的,他们要从自己的劳动收获中提取一半(见税什五)甚至大部分交给地主。他们的身份在法律上虽然是比较自由的,可是在经济上却处于依附的地位,这种依附性是和土地所有制形式直接联系着的。事实上与大土地所有制发生的同时也就出现了这种依附农民。《韩非子·诡使篇》说:

> 悉租税,专民力,所以备难充仓库也,而士卒之逃事状(当作伏)匿,附托有威之门,以避摇赋,而上不得者万数。

可见至少在战国末期这种依附关系已开始出现,到西汉武帝时,随着大土地所有制的发展而进一步发展起来。《史记·平准书》中反映了这个事实:

> 当是之时,罔疏而民富,役财骄溢,或至并兼,豪党之徒,以武断于乡曲。

前面所提到的那个拥有陂田千余顷的宁成,就是一个役使贫民"威重于郡守"的豪强地主。此外,我们还可以找出许多类似的例证(见后)。

从上述史实可以看出,还在封建社会初期的西汉时代,地主阶级就已经在农村中拥有很大的势力,确立了自己的统治地位,这正是超经济强制的根源之所在。其结果是法律上是自由的农民、小私有主,实质上变成了封建地主的依附农民,而且这种依附的程度,到东汉时期更为加强。

由于土地大量集中的结果,许多无田或少田的农民,除了以十分之五的地租耕种地主的土地以外,不得不常依靠佣耕为生,这就是雇农。《韩非子·外储说左》:

---

① 《汉书·宁成传》。

> 夫卖佣而播耕者，主人费家而美食，调布求易钱者，非爱佣客也。曰：如是耕者且深，耨者熟耘也。佣客致力而疾耕耘者，尽巧而正畦陌畦畤者，非爱主人也。曰：如是羹且美，钱布且易云耳。

这段话向我们指明了三件事，第一，在战国时期地主的土地上已经出现了雇佣关系。第二，佣工的工资是一部分用货币支付，一部分是在生活资料中扣除。第三，当时的雇佣关系是自愿的，看不出主人对于佣客有行使任何权力的现象。但我们认为这仅仅是一种现象，事实并不是这样，因为无地或少地的农民往往为饥寒所迫，才不得不以出卖自己的劳动力来维持生活，而地主也就往往以最苛刻的条件来胁迫佣工为他耕作。所以贫雇农所受的剥削最为严重，他们一向就是农民革命中的一个最积极的阶层。例如，秦末农民起义就是由出身雇农的陈胜发动起来的。西汉末绿林、赤眉军中的领导者也大都是出身"佣人"或"老佣"。扬雄《方言》中有一条：

> 儓、㒪，农夫之贱称也，南楚凡骂佣贱谓之田儓，或谓之辟。

可见在农业生产上使用雇佣劳动，在西汉时期已相当普遍，而且他们的社会地位比一般农民还要低，只是不同于完全失掉自由身份的奴隶而已！

有的同志认为租佃制和雇佣制在奴隶社会就存在过，并非封建社会所独有的东西，这是事实，但是西汉的租佃制和雇佣制却是打上了封建生产关系的烙印，特别是租佃制，它已被地主阶级认为是奴役和剥削农民的最有利的方式，并且成为我国封建时代地主经济中的一个基本特征。

以上我们考察了地主土地所有制形式及与之相适应的剥削关系，现在我们再来简单地叙述一下农民土地所有制。

战国时魏国李悝曾谈到自耕农民的情况，他说当时的自耕农民一户约有5口，占田百亩。西汉初，拥有小块土地的自耕农在农村中依然占有相当大的数量。这一点，我们从汉初文、景诸帝的几次诏书中以及几位政论家如贾谊、晁错的议论中都可以看到这种情况。晁错《论贵粟疏》更集中地反映了西汉自耕农民的具体情况。他说：

今农夫五口之家,其服役者不下二人,其能耕者不过百亩,百亩之收,不过百石。春耕夏耘,秋获冬藏,伐薪樵,治官府,给徭役,春不得避风尘,夏不得避暑热,秋不得避阴雨,冬不得避寒冻,四时之间,亡日休息。又私自送往迎来,吊死问疾,养孤长幼在其中。勤苦如此,尚复被水旱之灾,急政暴虐,赋敛不时,朝令而暮改。当具有者半贾而卖,亡者取倍称之息,于是有卖田宅鬻子孙以偿责者矣。

这段话指明了这样一件事实,即农民有归其完全私有的土地,平均每户大约有100亩。但是小农经济是极不稳定的,它经不起苛捐杂税的压榨和地主商人高利贷的盘剥,最后不得不把自己的土地出卖。西汉土地制度发展中的一个基本趋势在于农民土地所有制日益削弱,封建大土地所有制则日益扩大,失掉土地的农民大批地变为地主的佃客、佣工,农奴化逐渐加强。另一方面也有不少的农民为了偿还债负,而不得不忍痛卖掉自己的子女为人奴隶,所谓"置奴婢之市,与牛马同阑"。这是西汉时期奴隶买卖制度所以盛行的真正原因。但是一些主张西汉是奴隶制社会的同志看到西汉盛行奴隶买卖的现象,就认为是奴隶制经济发展制约着小农经济。这种说法只看到表面现象,没有接触到问题的本质。我们不能把一部分小农悲惨的命运和决定小农经济破产的原因混淆起来,史书中大量的材料证明:破产农民是奴隶主要来源之一,而农民破产的唯一原因,则是土地越来越多地集中到地主阶级手中的结果,这一客观规律确切地向我们指出制约着小农经济发展的,是以地主土地所有制为基础的封建关系,而不是别的。

从以上征引的许多事实来看,我们认为中国封建生产关系的几个基本特征,在西汉已完全具备,而且占有统治的地位。但是主张西汉是奴隶制社会的同志和我们的意见相反,他们认为西汉社会中主导的生产关系不是封建的生产关系而是奴隶制的生产关系,他们的主要根据是西汉的奴隶不仅数量很大,而且使用范围也相当广泛,并在生产中起着支配作用。这里我们首先要声明一句,就是我们并不否认西汉有着相当多的奴隶被使用于各个生产部门的事实,也不否认西汉奴隶制经济结构还在起着一定的作用,但是它在这时期已经不是社会关系的基础了,因而也就不能决定社会的性质。

根据上述各种土地所有形式的性质以及直接生产者被剥削的本质来判断西汉社会性质问题,似乎已经找到了接近于解决的途径,但是为了更加慎重起见,我们准备另换一个角度来谈谈奴隶制经济在西汉整个经济领域中所占比重的问题。

首先从农业生产上看,有的同志根据《史记·平准书》汉武帝的缗钱令没收了大批商人的土地和奴婢,认为这时"在广阔的田野上,已经组织起大量的奴隶劳动"[①],这种解释有些武断。已有不少同志根据原文的内容指出,这些奴婢主要是养狗马禽兽及在诸官署担负杂役,并没有从事农业生产或者很少从事农业生产。我同意这样的看法,这还可以从其他记载中找到有力的旁证:《汉书·贡禹传》说:

诸官奴婢十万余人,戏游亡事,税良民以给之。

《盐铁论·散不足篇》:

今县官多畜奴婢,坐禀衣食,私作产业,为奸利,力作不尽,县官失实,百姓或无斗筲之储,官奴累百金,黎民昏晨不释事,奴婢垂拱遨游也。

正由于这些奴婢不从事主要生产劳动或者根本不参加生产劳动,所以才被当时人目为"戏游亡事"和"垂拱遨游"的寄生者,而且他们不仅"坐禀衣食",又可以"私作产业"以至于拥有"百金"(按:一金(斤)值万钱,百金等于当时中人十家之产)的私财,类似这种情形,在奴隶社会中是不会有也不可能有的事。更奇怪的是这些奴婢本人的生活,还要依靠"税良民以给之",这就不能不使人怀疑,如果不是良民(自由民)依靠奴隶的劳动过活,而是靠剥削良民来养活奴隶,称这样的社会为奴隶社会,那又算是什么样的奴隶社会呢?按照奴隶社会的一般情况,奴隶的主要来源是战争俘虏,而汉武帝北伐匈奴,匈奴战败,浑邪王率数万之众来降,汉朝廷不仅没有把

---

① 王思治:《再论汉代是奴隶社会》,《历史研究》1956 年第 9 期。

这些"胡人"变成奴隶，反而"虚府库赏赐，发良民侍养，譬若奉骄子"①。试问：世界上有这样优待战争俘虏的奴隶社会吗？

又有些同志看到史书上不少记载奴婢与土地并举，就认为这些奴婢是与土地相结合的直接生产者。其实，这也不是实事求是的说法，因为单纯提出奴婢与土地并举，并不能从积极方面来肯定奴婢从事农业生产。反之，如《后汉书·济南王康传》记载康有奴婢 1400 人，私田 800 顷，奴婢与土地并举，可是同一史料却又记载着国傅何敞称这些奴婢为"无用之口"，主张把他们省掉。很显然这些奴隶大都是为贵族服务的家庭奴隶，而非生产奴隶。

我们并不否认西汉时期农业生产中有部分使用奴隶的事实，如朱家买季布为奴"而置之田"②，樊重"课役童隶……开广土田三百余顷"③都是实例。但这只是在文献中所发现的个别例子，我们是否可以根据这些个别事例，而抹杀当时带有普遍性的广大农民劳动，说西汉奴隶是农业生产中的主要担当者呢？当然不能，因为这种情形，在西汉以后还存在，甚至一直到宋代还有"耕当问奴，织当问婢"之说④，当然谁也不会这样说：宋代还是奴隶制社会。

其次，我们再从手工业生产上来看使用奴隶劳动的情形。有些同志过分夸大了奴隶在手工业生产中的地位，过高地估计商品货币关系在社会经济领域中的支配作用，以便作出西汉是奴隶制社会的结论，这同样也是说不通的。首先，我们认为西汉的经济基本上是属于自然经济，商品生产只不过是封建经济的附属物，它不可能决定着社会性质，关于这一点，我在前面已作了必要的论述。其次，我们认为即使在西汉手工业生产部门，奴隶劳动也不占主要地位，下面我们想着重考察一下有关国计民生的几种大手工业。

煮盐、采矿、冶铁、铸钱都是当时主要的手工业，在武帝实施盐铁专卖、统一铸钱等政策以前，大都由私人经营，他们是否使用奴隶生产呢？一些同志常引用《史记·货殖列传》中蜀卓氏、程郑、宛孔氏、齐刁间等人为例，认为他们都是使用奴隶生产。我最近又仔细读了关于他们的传记，认

---

① 《史记·汲黯列传》。
② 《史记·季布列传》。
③ 《后汉书·樊宏传》。
④ 《宋史》卷 267《陈恕传》、卷 299《李溥传》。

为其中也还有些问题。《史记·货殖列传》中只有蜀卓氏和齐刁间两人的传中提到奴隶问题,蜀卓氏"即铁山鼓铸"与"富至僮千人"中间没有直接的联系,是否这些奴隶都用之于冶铁生产,很难断定;齐刁间使奴隶"逐渔盐之利",是贩运渔盐,还是从事渔盐生产?单从这一句话来看,也不够明确,因此我们很难武断他们是使用奴隶生产。可是我们从另外一些史料中却可以证明西汉前期私家煮盐、冶铁以及铸钱等手工业中所使用的不是奴隶,而是流亡的人民。如《盐铁论·复古篇》说:

> 往者豪强大家,得管山海之利,采铁石鼓铸、煮盐,一家聚众或至千余人,大抵尽收流亡人民也。

《汉书·吴王濞传》也说:

> 吴有豫章郡(韦昭注:豫字误,当言章郡。《补注》引齐召南曰即丹阳郡也。)铜山,即招致天下亡命者盗铸钱,东煮海水为盐,以故无赋,国用饶足。

另据《汉书·食货志》记载:

> 今农事弃捐,而采铜者日蕃,释其耒耨,冶熔炊炭。

这些"冶熔炊炭"的劳动者当然是农民,这从贾谊向文帝建议令"采铜铸作者反于耕田"一语也可以得到证明。

当时也有使用佣工的,如《管子·轻重篇》(约文景时期作品)说:"孟春既至,北海之众,无得聚庸而煮盐。"这段记载说明了当时煮盐的佣工都是农民,他们利用农闲的时间,到盐场去做短工,这些受雇煮盐的农民数量一定很多,以致影响农业生产,因此政府才下令予以禁止。

又《汉书·景帝本纪》载后三年正月诏:"吏教民若取庸采黄金珠玉者,坐臧为盗,二千石不听者与同罪。"这个诏令也说明了当时役使人民或使用佣工采取黄金珠玉的人很多,以至使政府不得不颁布诏令禁止。

自从武帝实施盐铁官营以后，采矿、冶铁、煮盐等生产部门，大都凭借国家的权力，广泛地征调卒（农民）、徒（罪人）从事生产。《盐铁论·禁耕篇》：

> 故盐冶之处，大抵皆依山川，近铁炭，其势咸远而作剧，郡中卒践更者多不勘责，取庸代。

这说明当时官营盐铁事业中大量使用农民劳动的事实，以致农民苦于应付而不得不雇人自代。

元帝时国家经营的盐铁生产部门几乎全部使用卒徒生产。贡禹上书说："今汉家铸钱，及诸铁官，皆置吏卒徒，攻山取铜铁，一岁功十万人以上，中农食七人，是七十万人常受其饥也。"①卒徒不是奴隶，已见前说，而且从贡禹的话中也可以看出这10万卒徒大都是脱离农业生产的农民，否则就不会有"七十万人常受其饥"之说了，班固解释为"一岁十万人不耕"，是得其旨的。

最后我们再看看纺织工业部门的情形。据贡禹上书说："故时齐三服官，输物不过十笥，方今齐三服官，作工各数千人，一岁费数巨万……东西织室亦然。"②齐三服官和东西织室是西汉政府的主要纺织部门，元帝时规模比以前有所扩大，每个部门生产者增加至数千人，但是对于这些生产者的身份没有说明。另据《盐铁论·水旱篇》载：

> 卒徒工匠，以县官日作公事，财用饶，器用备。

可以旁证当时官营纺织工业中也不一定全部使用奴隶生产，如果把"工匠"作为奴隶来看待，那也只能说他们是掌握有一定技术的奴隶，这种奴隶和卒徒比起来在当时不会是多数。而且我们还应该估计到官府纺织手工业只不过是西汉时期纺织手工业中的一个组成部分而已，另外还有和农业结合的农民家庭纺织手工业，这种手工业一如汪洋大海般地普及广大农村中的各个家

---

① 《汉书·贡禹传》。
② 《汉书·贡禹传》。

庭，它是西汉纺织手工业的主流，是国家财政收入的一项重要来源。而这种家庭手工业生产通常都是由自由农民的妻女来担任的。

由此可见，奴隶不但几乎不用于农业生产，他们也不是手工业生产中的主要担当者。不过应该说明，我们并不否认奴隶也部分地参加手工业生产劳动，有明文记载的可得以下几条：

(1)《史记·外戚世家》："窦广国字少君，少君年四五岁时，家贫，为人所略卖，其家不知其处。传十余家，至宜阳，为其主入山作炭。寒。卧岸下百余人，岸崩，尽压杀卧者，少君独得脱。"这是奴隶被用于采矿的事例。但是除窦广国外，其余百余人是否也是奴隶抑或流亡的人民？史无明文解释，我们所能肯定的窦广国确是一名奴隶，而且曾经为其主人从事过采矿。至于他的主人是否专为生产商品抑或取得生活自给而驱使其奴隶入山作炭？则不得而知。因此窦广国也可能是一名家庭奴隶，作为一个家内奴隶而从事一些生产性劳动，这在西汉甚至以后的若干世纪中也是常有的事。如王褒《僮约》中所规定的一个家内奴隶的日常工作，其中就包括饲养家畜、栽植蔬菜乃至一些简单的日用器物的制造等等。

(2)《汉书·食货志》："大农置工巧奴与从事，为作田器。"这一条是奴隶参加制造铁器的例证。他们都是一些掌握精巧技术的奴隶，数目不会太多，在庞大的官奴婢中只占少数，更不能和卒徒的数量相比。

(3)《汉书·张安世传》："安世尊为公侯，食邑万户，然身衣弋绨，夫人自纺绩，家童700人，皆有手技作事，内治产业，累积纤微，是以能殖其货。"这是奴隶参加纺织及其他生产的例子，也是《史》、《汉》书中仅有的一条事例。因为像这样的一个"勤俭"的家庭，在当时贵族中间是罕见的，所以才被史家大书特书。不过在这里我应该提起大家的注意，就是有的同志看到张安世拥有家童七百人都从事生产，就认定他是大奴隶主，从而把这条材料不加分辨地拿来作为西汉是奴隶制社会的根据之一，这是很不妥当的。因为我们不应该忽略张安世的阶级实质是一位"食邑万户"的公侯，在其子延寿传里曾提到他家"租入岁千余万"。如果我们理解食邑封侯不仅有其政治意义而且还有经济意义的话，那么万户封邑和700名生产奴隶对他来说，孰重孰轻是很容易明白的。

总之，我们在上面所举的几个材料，奴隶参加手工业生产也只是少数甚至是个别的，如果和上述大量的流民、佣工、卒、徒所组成的劳动队伍比较起来，显然不是生产中的主流。有的同志可能会提出这样的问题：就是奴隶如果不从事于生产或者很少从事生产，那么西汉大量奴隶群的存在，究竟有何用途呢？这里首先应该明确的一个问题，即在《史》、《汉》书所记载的关于奴隶的数字，都不是同时的事，一些拥有奴隶的王公贵族豪富也都不是同时的人物，而是在西汉两百年左右的时间先后出现的，所以我们从这些数字中间不可能了解到某一确定时间内奴隶究竟有多少？另据《汉书·地理志》关于西汉户口的统计（户数：12233062；口数：59594978），其中一户5口的比例更以全国性的资料证实了"农夫五口之家"是全国人民的基本部分。因而奴隶的数量多少在这里是无足轻重的。

其次关于西汉奴隶的用途，除了部分地用于生产外，官府奴隶则大多从事杂役（说见前），私人奴隶则多数是家奴。后汉崔实《政论》说：一个百里的长吏"虽欲崇约，犹当有从者一人，假令无奴，当复取客"。这虽然是东汉时事，但在西汉也同样如此，因为对于贵族来说，奴婢以及类似奴婢的姬妾，正像甲第、车马、帷帐一样是不可缺少的装饰品，好像没有奴婢就不能衬托出一个贵族的身份。举两个著名的例子：王氏五侯"后庭姬妾各数十人，僮奴以千百数，罗钟磬，舞郑女，作倡优，狗马驰逐"[1]；史丹"僮奴以百数，后庭妻妾数十人，内奢淫，好饮酒，极滋味声色之乐"[2]。很显然这些"千百数"或"百数"的僮奴都不是从事生产劳动而是从事于歌舞、扈从以及家庭杂务的奴隶。这些奴隶由于长期脱离生产过程，长期生活在贵族官僚的腐败家庭之中，他们也往往沾染了很坏的习气，倚仗主势，为非作歹。如霍光秉政时，"诸霍在平阳，奴客持刀兵入市斗变，吏不能禁"[3]；又如霍光的奴客与人争道，"入御史府欲蹋大夫门，御史为叩头谢，迺去"[4]。像这样气势嚣张的"奴客"竟至于欺压在职官吏，我想在奴隶社会是不会有的，但在我国封建社会中却是常见的事。

总起来看，我完全同意翦（伯赞）老在这个问题上所作的结论，即西汉

---

[1] 《汉书·元后传》。
[2] 《汉书·史丹传》。
[3] 《汉书·尹翁归传》。
[4] 《汉书·霍光传》。

的奴婢和奴隶社会的奴隶不同，他们在社会的意义来说，不但不是社会生产的主要担当者，甚至变成了寄生者。他们从社会生产中主要从农业生产中被排除出来，游离于生产过程之外，日益更远地离开生产活动，变成了马克思所说的类似后来仆役一样只是"担任必要的服务或只充装饰的家庭奴隶"①。

最后剩下来的一个问题，就是西汉时的奴隶在法律上的地位及其待遇，比之奴隶制时代也有显著的不同。大约从秦时起，已经不能任意杀害奴隶，处死奴隶必须报官，得到官府批准才能执行，当时谓之"谒杀"。《史记·田儋列传》载："儋佯为缚其奴，从少年之廷，欲谒杀奴。"服虔注："古杀奴婢，皆当告官，儋欲杀令，故诈缚奴而以谒也。"谒而后杀，其意义就是奴隶所有者已经无权自由处死他的奴隶，而这在奴隶社会中也是没有的。

不过这种禁止私自处死奴婢的法律，在当时并没有发生很大的效力，而且一直到西汉依然存在着过去残留下的任意杀害奴婢的权力，所以汉武帝时董仲舒建议："去奴婢，除专杀之威。"对于这个建议是否被武帝所采纳，史无明文记载。郭（沫若）老在其所著《奴隶制时代》一书中列举了六项史料证明，在武帝以后，即使是诸侯王也都失掉了对自己所私有的奴隶任意杀害之权，任意杀害奴隶就可能因而丧失爵位、封邑甚至生命。有的同志对此曾提出反对意见，认为郭老所提出的六证，都是带有政治背景的案件，不足以证明西汉不得任意杀害奴隶的事实②。我认为这种看法是把私自杀害奴隶和法律禁止杀害奴隶二者混淆起来了，私自杀害奴隶不但在奴隶社会，即在封建社会也是司空见惯的事，所不同的是在封建社会这种行为已成了违法乱纪的行为。西汉那些封建贵族因杀奴而获罪恰好证明是有法律根据的，不管有没有其他政治因素。

以上援引的事实证明，奴隶的法律地位在西汉已有很大的改变，这一社会关系的变化，反映了旧的社会制度已被新的社会制度所代替，为奴隶主服务的法律已被封建主认为是不合法的了。自从武帝以后，在统治阶级中越来越频繁地提出了完全或部分地释放奴隶的建议和诏令，看来奴隶制残余似乎成为不能令人容忍的事了。以上我们一再提到的那个贡禹就曾向元帝建议

---

① 翦伯赞：《关于两汉的官私奴婢问题》，《历史研究》1954年第4期。
② 柯元礼：《对西汉不是奴隶社会的六个例证的意见》，《光明日报》1957年3月14日史学版。

释放 10 万多名官府奴隶。成帝和哀帝都下过禁止或限制蓄养奴隶的诏令。哀帝的诏书中并明确规定：诸侯王至多只能有 200 名奴隶，列侯公主 100 人，关内侯吏民 30 人，违者没入官府。同时这道诏令还放免了 50 岁以上的官奴隶。

王莽代汉以后，采取了进一步措施，他在公元 9 年，命令奴婢皆为私属，禁止买卖，显然王莽的企图是要完全消灭奴隶制残余。但是不久以后，王莽又自动废止了这道诏令。我认为王莽改制中所发布的许多诏令几乎全部是违反社会发展的乌托邦空想，这是他所以失败的根本原因，但只有这一项奴婢令，却是社会发展的产物。

现在问题已经是很明显了，许多事实都在证明着这样一个结论：即在西汉时期封建制度已经取得了统治地位，它在一切生产部门都保持着压倒的优势，而奴隶制经济尽管还起着一定的作用，但在这时已完全处于封建制度支配之下，只不过是作为一种过时之物被保存下来而已。

三

中国封建制度的第三个特征就是："不但地主、贵族和皇室依靠剥削农民的地租生活，而且地主阶级的国家又强迫农民缴纳贡税，并强迫农民从事无偿的劳役，去养活一大群国家官吏和主要地是为了镇压农民之用的军队。"[①] 毛泽东的这一论断同样可以作为探讨西汉社会问题的重要理论根据。

西汉国家为了强迫农民缴纳贡税，并强迫农民从事无偿的劳役，确立了一套相当严密的户籍制度。户籍制度的产生可以追溯到商鞅变法，如"令民为什伍而相司连坐"，"民有二男不分异者倍其赋"，"名田宅臣妾衣服，以家次"[②] 等等，经秦始皇十六年"令男子书年"，便固定下来。史载高祖入咸阳，诸将皆争夺金帛财物，唯萧何有远见，独收秦图书，以此高祖得知天下户口多少强弱之处。西汉建国以后，高祖命萧何依据秦律，作律九章，其中户律（户籍法）一章即是新加进去的，因此西汉以来，户口便可得而

---

① 《毛泽东选集》第二卷，人民出版社 1952 年版，第 594 页。
② 《史记·商君列传》。

详记。

依照户律规定，国家把所有民户都登记在户籍册上，人民家庭的情况如户主的姓名、年龄、籍贯、爵位以及户口多少、家庭成员和户主的关系，家里有多少田宅，有几头牲畜，共有多少财产等等在政府的户籍册上都登记得清清楚楚。居延汉简中就有这样的两个具体例子：

> 觻得、广昌里、公乘（爵位，属第八极）礼忠，年卅。小奴二人，值三万。大婢一人，二万。轺车一乘，值万。用马五匹，值二万。牛车二辆，值四千。服牛二，六千。宅一区，万。田五顷，五万。凡訾值十五万。（37·35）
>
> 居延、西道里、公乘、徐宗，年五十。妻一人。男同产二人。女同产二人。宅一区，值三千。田五十亩，值五千。用牛二，值五千。（24·1B）

国家就通过户籍来控制农民，把农民固定在土地上，无故不得迁徙[①]。国家征收租赋，征调兵役和徭役，迁徙人口，全凭户籍办事。这种用户籍固定起来的民户，就是史书上所常提到的"编户齐民"。商人另外有户籍，称为"市籍"，不在任何户籍的人，称为"无名数"。丢掉原来户籍而流亡的人，就称为"流民"。"无名数"和"流民"在西汉法律上是犯罪的。

由此可见户籍制度是西汉封建国家用来统治和剥削人民的有力工具，因此政府对全国户口变动的情况非常重视，规定于每年九月地方长官必须向中央汇报本地区内户口和田亩的增减数，租赋收入数，由皇帝和丞相评定等第。户口田亩和租赋增加的，皇帝给予升级或物质奖励，最好的叫作"最"；反之，皇帝给予降级或免职的处分，最差的叫作"殿"，这种制度，即是"上计制度"。用这个办法，皇帝可以完全控制地方官吏，使他们忠实地为皇帝服务，并且通过地方官之手掌握了全国的户口、田亩和租赋变动的情况。

国家掌握了全国的户籍，就可以按照规定征收农民的租赋、兵役和徭

[①] 《汉书·景帝本纪》元年正月诏："其议民欲徙宽大地者听之。"可以说明农民要想迁徙，必须得到政府的批准。

役。现在我们先从西汉的租赋制度谈起。西汉的租赋主要是田租（即土地税）和口赋（人口税），而口赋之中又包括口钱和算赋两项。

田租：汉初是十五税一，景帝以后改为三十税一，以供国家的行政开支和官吏俸禄。

口赋：民年七岁至十四岁，每年须交口钱二十三文供皇帝私人享用；十五至五十六，每年交纳算赋一百二十文，以充军费。

在诸侯王、列侯的封国中，田租和算赋由诸侯王列侯征收，但是他们每年必须交给皇帝一笔酬金和献费。酬金的数目据《后汉书·礼仪志》注500人以上须奉献黄金4两，献费也是按人口计算，"人岁六十三钱"。农民的劳动果实，就是这样无偿地被分配到以皇帝为首的各级贵族和官吏们的手中。

值得我们注意的是西汉租赋政策的性质。很明显，当时的田租是比较轻的，反之，口赋却相当重，这里有个秘密。我们知道，田租是按亩而税，口赋则计人口的多寡，西汉土地税减轻，固然对占有小块土地的自耕农民有些好处，但对地主阶级却更为有利，因为大部分土地都掌握在他们手中，减轻土地税不但使他们有累积财富的可能，而且使他们更有力量去继续劫夺农民的土地。特别是西汉中叶以后，土地兼并非常剧烈，造成土地大量集中的现象。大批农民失去土地，这时租率之低实际上只有地主阶级得到利益，农民则很少有什么好处。失去土地的农民，除了流亡乞食以外，则只有以"见税什五"的条件去租佃地主的土地。关于这一点，从董仲舒到王莽都指出这是一种弊政。荀悦在《汉纪》中更深刻地揭露了它的本质：

> 古者什一而税，以为天下之中正也。令汉氏或百一而税，可谓鲜矣，然豪强富人，占田愈侈，输其赋大半，官收百一之税，民输大半之赋，官家之惠，优于三代，豪强之暴，酷于亡秦，是上惠不通，威福分于豪强也。文帝不正其本，而务除租税，适足于资豪强耳。

西汉政府减轻田租，必然会影响国家的收入，因而不得不另想其他办法来弥补对地主的优待所造成的困乏，这就是西汉时期口赋所以特别加重的原因。贫无立锥之地的农民和田连阡陌的大地主交纳同等的人口税，这不正是反映了地主政权的实质吗？

但是另一方面，对于奴隶主和使用奴隶的商人，西汉政权却采取了压制的政策。西汉皇朝建立之初，高祖就下令："贾人不得衣丝乘车，重租税以困辱之。"①《汉书·惠帝本纪》注应劭曰："汉律人出一算，算百二十钱，唯贾人与奴婢倍算。"奴隶是失掉自由一无所有的人，他们本身就是主人的财产，所以奴隶倍算，实际上是由奴隶所有者来负担的。尤其是汉武帝元鼎三年雷厉风行的算缗和告缗令，对于商人奴隶主是一个严重的打击。《史记·平准书》记其事说：

> 诸贾人末作，贳贷买居邑稽诸物及商以取利者，虽无市籍，各以其物自占，率缗钱二千而一算。诸作有租及铸，率缗钱四千一算。非吏比者，三老北边骑士轺车一算，商贾人轺车二算，船五丈一算。匿不自占，占不悉，戍边一岁，没入缗钱，有能告者，以其半畀之……而杨可告缗徧天下，中家以上，大抵皆遇告，（廷尉）杜周治之，狱少反者，乃分遣御史、廷尉正监（廷尉属官）分曹往，即治郡国缗钱，得民财物以亿计，奴婢以千万数，田，大县数百顷，小县百余顷，宅亦如之，于是商贾中家以上大率破。

从上述材料可以看出，西汉的租税政策，是维护地主阶级利益的，是压制商人奴隶主的，至少是不代表他们的利益。

现在我们再来考察一下西汉的兵役和徭役。

汉初规定，民年23岁，就得开始服役直到56岁为止。人民达到服役的年龄，便由政府将其姓名分别注于役册之上，名之曰"傅"，政府就凭这种役册征发兵役和徭役②。景帝时略有更改，"令天下男子二十始傅"，这就是说人民一生服役期限又增加了3年。一直到昭帝即位以后才又恢复旧制，依然是23岁起开始服役③。不过例外情形，不在此限。

西汉农民从23岁起，即开始在本郡服兵役，称为"正卒"。按地方性

---

① 《史记·平准书》。
② 《汉书·高祖本纪》如淳注："律年二十三，傅之畴官……高不满六尺二寸以下为罢癃。"
③ 《盐铁论·未通篇》"今陛下（昭帝）哀怜百姓，宽力役之政，二十三始赋（傅），五十六而免"。

质分为骑士、车士、材官和楼船，训练一年，期满以后，还须轮流到京师或边郡屯戍一年，在京师屯戍称作"卫士"，在边郡屯戍称作"戍卒"，一年以后，可以回家，但遇战事仍须随时应征入伍，至56岁免役。

西汉农民除必须服兵役之外，每人每年还须轮流在本郡服劳役一个月，称为"更卒"，如不愿服役的要交纳钱2000（一说300），作为郡中雇人做工一月的费用，称为"雇更钱"。

农民在服役期间，衣食是完全自备的，政府不予供应，《汉书·贾谊传》说：

> 其吏民徭役往来长安者，自悉而补，中道衣敝，钱用诸费称此。

《汉书·匈奴传》也有类似的记载：

> 中行说穷汉使曰：而汉俗屯戍从军当发者，其亲岂不自夺温厚肥美赍送饮食行者乎？

而且农民的役期往往不依照国家法律的规定而被任意延长，所谓"过年之徭"、"逾时之役"，是通常的现象，这是西汉国家压在人民身上的最沉重的负担。

《史记》、《汉书》中保存了许多关于使用农民承担各种国家劳役的材料，如前所述，他们不仅被用之于农业生产也用之于官府手工业生产，而且他们还负担着筑城、修路、治河以及国家机关中的各种杂役。如汉惠帝三年、五年两次发长安600里内男女14万人筑长安城一月；武帝元光三年，河水决濮阳，氾郡十六，发卒10万救决河。《史记·河渠书》中多次提到发卒修治河渠事，并且指出每次往往达数万人。

大量史实证明：西汉时期，广泛地使用服役农民的劳动，由国家机关指挥他们来完成各项巨大的工程。

应该指出：西汉的更役，按照规定，人人都有服役的义务，虽丞相之子亦须戍边。表面上看来，似乎是很公平的，其实不然，汉律中有一套特殊的规定，第一，宗室、诸侯、功臣的后代可以免役[①]；第二，俸给六百石至

[①] 《汉书·高祖本纪》、《文帝本纪》、《宣帝本纪》中都载有此项规定。

二千石的官吏和都尉以上的军官可以免役①；第三，博士弟子甚至通一经的儒生也可以免役②；第四，民有车骑马以及入奴婢者，入粟者都可以免役③。事实上，举凡贵族、地主阶级中的人物都有权利不服役。正如《汉书·食货志》说：

> （武帝时）兵革数动，民（富人）多买复（免役），及五大夫、千夫，征发之士益鲜。

同书《元帝本纪》也说：

> 用度不足，民多复除，无以给中外徭役。

但是商人奴隶主却不在优待之列，恰恰相反，在西汉的兵役政策中，商人是和罪人、奴隶同等待遇的，如武帝天汉四年"发天下七科谪出朔方"，不但本人为商贾的和罪人、奴隶一样看待，即使是父母、大父母曾经做过商贾的也都算在罪人、奴隶之列，这又是西汉政权打击商人奴隶主的一个最明显的例证。

综合上述，已足够得出这样的结论：西汉国家通过户籍制度把农民牢固地束缚在土地上，强迫他们交纳各种赋税，并强迫他们担负兵役和各种徭役。这些农民不仅是国家赋税的主要担当者，他们还是保卫国家的武装力量，又是各种主要工程中的劳动大军。他们虽然自己占有一小块土地，有独立的经济，但实际上则是国家的依附农民。

从西汉的赋役政策中，很明显地可以看出，它代表的是封建地主阶级的利益，而不是奴隶主的利益。

---

① 《汉书·惠帝本纪》。
② 《汉书·儒林传》。
③ 《汉书·食货志》。

四

中国封建制度的第四个特征，就是：

> 保护这种封建剥削制度的权力机关，是地主阶级的封建国家。如果说，秦以前的一个时代是诸侯割据称雄的封建国家，那末，自秦始皇统一中国以后，就建立了专制主义的中央集权的封建国家；同时，在某种程度上仍旧保留着封建割据的状态。在封建国家中，皇帝有至高无上的权力，在各地方分设官职以掌兵、刑、钱、谷等事，并依靠地主绅士作为全部封建统治的基础。[①]

这一段话把秦以后的国家性质说得再明白也不过了。第一，这个国家是专制主义中央集权的封建国家；第二，这个国家在某种程度上仍旧保留着封建割据的状态。根据有关西汉国家的大量材料，我们可以完全断言，西汉国家正是这样性质的一个国家。

现在我们先从第一个问题谈起。

什么是专制主义中央集权的封建国家呢？毛泽东已作了简要而明确的解释，就是在这样一个国家中，"皇帝有至高无上的权力，在各地方分设官职以掌兵、刑、钱、谷等事，并依靠地主绅士作为全部封建统治的基础"。根据这样一个说明，然后我们再来考察一下西汉时期国家的具体情况。

秦始皇二十八年（即统一全国的第三年），在作为法典形式的琅邪台石刻中有这样两句话："六合之内，皇帝之土……人迹所至，无不臣者。"说明皇帝是全国土地的最高所有者，所有土地上的人民都是他的臣属，他是国家的唯一代表，所谓"朕即国家"就是从这时规定下来的。汉承秦制，西汉的皇帝同样拥有至高无上的权力，如前所述，他不仅以"公田"的名义直接垄断了全国的山林川泽陂池以及一切公共土地，而且他还有权没收任何私人所有的土地和随意把这些土地作为赏赐。皇帝的无限专制权威还表现在他对所

[①] 《毛泽东选集》第二卷，人民出版社 1952 年版，第 594 页。

有属于他的臣民都保持着生杀予夺的权力，对于这种权力，不但著为法典，而且也得到人们的公认，并形成为一种社会习惯力量，《汉书·杜周传》载周与客的一段对话可以帮助我们理解这个问题：

> 客有谓周曰：君为天下决平，不循三尺法，专以人主意指为狱，狱者固如是乎？周曰：三尺法安出哉！前主所是著为律，后主所是疏为令，当时为是，何古之法乎？

皇帝的意旨就是法律，这是中国封建法权的一个最鲜明的特征，它具体地体现出皇权的至高无上，这种至高无上的权力，就是"专制主义"。

皇帝之所以能够拥有这样至高无上的权力，以及如何来实现这种权利，都有赖于全部国家的统治机构。汉朝皇帝在中央和地方建立了一套系统而且相当严密的政权组织，中央的主要官吏有所谓"三公"、"九卿"，在地方上则设郡守、县令（长），县级以上直到中央各部都有一套庞杂的属佐人员，举凡兵、刑、钱、谷等事，各有专人负责。这些官吏都由皇帝任命，可以随时调动或免官。县级以下为乡，"乡有三老、有秩啬夫、游徼。三老掌教化，啬夫职听讼、收赋税，游徼循禁盗贼"①。"其乡小者，县置啬夫一人，皆主知民善恶，为役先后，知民贫富，为赋多少"②。乡以下设里，里有里正；里下为伍，伍有伍长。县以下还设有亭，亭有亭长，负责交通治安。这是西汉政权的最基层组织，统治者就通过它们来控制着广大农村。

西汉皇帝所组织的全部国家统治机构，是完全依靠整个地主阶级作为支柱的。秦时在选官制度中就有"贫而无行，不得推择为吏"③的规定。汉初承袭秦制，规定家有10万钱以上者始能做官，以后为了扩大官吏的来源，景帝后二年诏：凡有资4万也可做官，称为"訾选"④，但无訾者仍不得做官。除此之外，二千石以上的高级官员的子弟可以入为郎中，称为"荫任"；郡

---

① 《汉书·百官表》。
② 《续汉书·百官志》。
③ 《史记·淮阴侯列传》。
④ 《汉书·景帝本纪》后二年诏："今訾算十以上迺得官，廉士算不必众，有市籍不得官，无訾又不得官，联甚愍之，訾算四得官。"服虔曰："訾万钱算百二十七也。"应劭曰："限訾十算乃得为吏，十算，十万也。贾人有财不得为吏，廉士无訾又不得官，故减訾四算得官矣。"

中属吏，由郡守保举也可以入朝为官，称为"辟举"。总之，当时官吏的选用是被控制在少数高级官吏和豪富地主手中的。武帝时为了加强国家统治机构和中央集权，建立了正式的察举取士制度，确定了每年郡国举孝廉的新办法，即凡有特殊才能或特殊品德者都可以做官，其特被宠幸的还可以提拔为卿相。但是这些人仍多限于地主阶级，极少有下层贫民在内。

其次，汉朝任用官吏是把使用奴隶的商人排斥在外的，即使是以富訾选官，也不包括商人在内。如史籍所载，"孝惠高后时市井子孙不得仕宦为吏"①，"孝文皇帝时，贾人、赘婿、及吏坐赃者，皆禁锢不得为吏"②，景帝时"有市籍不得官"③。一直到汉末哀帝时在诏令中仍明确规定："贾人不得为吏。"④或者有人要问：汉武帝不是向商人开放政权吗？而且像东郭咸阳、孔仅、桑弘羊等都是当时政府中的重要官吏，如何能说汉朝政府限制商人做官？我认为要想解决这样一个复杂的问题，就不应当单纯停留在表面现象上，而应当透过这种现象去把握它的实质。因为第一，我们说一个政权依靠什么阶级和代表什么阶级的利益，是取决于这个政权所制定的各种政策是代表谁的利益，而不是取决于参加这个政权的个别人物。第二，也要对参加这个政权的个别人物进行具体分析，不是看他的阶级出身，要看他为哪一个阶级服务。事实很明显，汉武帝任用商人，正是利用他们来执行盐铁专卖以打击商人政策的，著名的大商人如东郭咸阳、孔仅、桑弘羊等都是已经背叛了商人的利益而成为忠实于汉朝皇室的代表人物。《盐铁论》中代表政府发言的桑大夫正是一位主张严厉打击商人的政治理论家。

由此可见，汉朝皇帝是"依靠地主绅士作为全部封建统治的基础"的，而不是别的，皇权和地主这种天然结合，就成为皇帝"至高无上"的专制主义的源泉。

汉朝是专制主义中央集权的封建国家，这是问题的一个方面；但是另一方面，这个国家在某种程度上还保留着封建割据状态。这种封建割据的存在，我认为有两个主要因素，这就是我们在史书上所常见的封君贵族和豪族

---

① 《史记·平准书》。
② 《汉书·贡禹传》。
③ 《汉书·景帝本纪》。
④ 《汉书·哀帝本纪》。

地主。封君和地主在本质上是一脉相通的，但在法律地位上还有一定程度的差别，为了论述方便，我们还是分开来谈：

（一）封君贵族

汉朝建国之初，高祖大封功臣、同姓、序爵二等，"大者为王，小者为侯"，当时高祖子弟同姓为王者9国，而功臣者百余人。诸侯王国"大者或五六郡，连城数十"，汉朝中央所能直接管辖的只有15郡，而且就在这15郡之中还有不少"公主列侯"的食邑，大侯万家，小者也有五六百户。

汉初诸侯王在自己的封国以内，有任命官吏、设置军队、征收租赋以及管理民政的权力，事实上他们都是独立的汉朝小朝廷，文帝时贾谊上疏说：

> 诸王制名为臣，实皆有布衣昆弟之心，虑亡不帝制而天子自为者，擅爵人，赦死罪，甚者或戴黄屋，汉法令非行也。[①]

诸侯王势力的强大，因而招来吴楚七国之变。汉景帝在这次叛乱平定以后，采取了一系列的措施来削弱诸王的势力。主要的措施是分割诸王的领地，其次是剥夺诸王的行政权，"令诸王不得复治国，天子为置吏"。武帝时又采纳主父偃的建议，令诸王推恩裂地分封其子弟，于是"齐分为七，赵分为六，梁分为五，淮南分三，及天子支庶子为王，王子支庶为侯，百有余焉……大国不过十余城，小侯不过数十里"[②]，这样就进一步分散了诸侯王的势力。

此外，若干列侯的领地也被没收了。据统计汉初功臣封侯的有143人，至武帝太初年间只剩下5人，其余皆坐法殒命亡国。武帝时因功封侯的有75人，终武帝之世，失侯的就有68人。采取推恩办法，诸侯王子弟封侯的有175人，至武帝末失侯的有113人。

这里有一个问题应该提起注意，就是我们不能把封君贵族和皇帝之间

[①] 《汉书·贾谊传》。
[②] 《史记·汉兴以来诸侯年表》。

的矛盾加以绝对化，必须看到，他们的根本利益是一致的，而且封君是皇权的有力支柱之一，只是当他们的势力过于强大因而危及皇帝的统治时，皇帝才以削封、绝国的手段来对付他们。武帝以后，诸侯王的势力一再削弱，皇权和封君的矛盾基本上已获得解决，封君虽然失掉其在封地上的统治权，但仍保持着经济上的支配权力。《汉书·诸侯王表》说：

> 景（帝）遭七国之难，抑损诸侯，减黜其官。武（帝）有衡山、淮南之谋，作左官之律，设附益之法，诸侯惟得衣食税租，不与政事。至于哀、平之际，皆继体苗裔，亲属疏远，生于帷墙之中，不为士民所尊，势与富室无异。

这里所说，"诸侯惟得衣食税租，不与政事"也并非是绝对的，因为封建贵族天然地便有政治特权，而且这种政治权力和经济权力往往是联系在一起的，不能把它分离，此处不过言其削弱到不如以前那样拥有足以和朝廷对抗的实权罢了。所以在西汉后期，诸王、列侯所占有的封地，虽然没有汉朝初期的广大，但是在社会关系中还起着巨大的作用，中央政权想继续加以削弱的企图，都没有收到什么效果。

（二）豪族地主

这一个集团不论是历史渊源和社会根基都很深远，他们是古代井田制瓦解和土地私有制出现以后的产物，因此他们的出现至少可以追溯到战国时代。我们在秦汉史籍中所见到的"豪猾"、"豪强"、"豪宗"、"豪右"、"右姓"、"大姓"、"大家"等等都是豪族地主。这个集团从战国秦汉一直到后代都相当巩固，他们通常不受政权变动的影响，只有农民起义的时候，他们的基础才一度发生动摇，这和封君贵族随着皇朝的兴衰而兴衰不同。其根基所以如此之巩固，我认为主要有两个原因：第一，他们占有大量的土地，这些土地主要是通过买卖或其他兼并的方式而取得的，不像封君那样获得封地主要是由于皇帝的赏赐。他们对于自己拥有土地，可以按照自己的意志出卖、赠予、遗传或典押，任意加以支配，而且在一定条件之下，这种支配权还受到国家法律的保护。但是封君的封地却不能自由买卖。

由于这种土地占有的性质也就决定了他们对农民的实际支配权力不仅大过于封君，而且有时还要凌驾于国家政权之上。第二，豪族地主除了有它的经济基础之外，还有其根深蒂固的社会基础，这就是毛泽东所说的"族权"。在广大农村中，农民被家族的血缘关系束缚起来，会聚于一定的乡曲或闾里，生死不离，他们在原始的男耕女织、长幼提携之下进行着农业和手工业生产劳动，而豪族族长则通过"地权"与"族权"结合的形式在他们的头上实行家长式的统治，这种关系实质上就是宗法封建关系。毛泽东说："宗法封建性的土豪劣绅，不法地主阶级，是几千年专制政治的基础。"① 毛泽东在这里把宗法封建并提，对帮助我们来理解汉代豪族地主的性质是有重大指导意义的。

西汉建国初期，六国的豪族地主凭借其历史传统在农村中仍保持相当大的势力，《后汉书·酷吏传》序中曾追述当时的情况说：

> 汉承六国之余烈，多豪猾之民，其并兼者，则陵横邦邑，杰健者则雄张闾里，且宰守旷远，户口殷大……

这说明豪族地主已成为严重的地方割据力量。举几个具体的例子，如：

> 济南瞷氏，宗人三百余家，豪猾，二千石（郡守）莫能制。②
> （颍川）郡大姓原褚宗族横恣，宾客犯为盗贼，前二千石莫能禽制。③
> 东海大豪郯许仲孙为奸猾，乱吏治，郡中苦之，二千石欲捕者，辄以力势变诈自解，终莫能制。④
> （涿郡）大姓西高氏、东高氏，自郡吏以下皆畏避之，莫敢与忤，咸曰：宁负二千石，无负豪大家。宾客放为盗贼，发辄入高氏，吏不敢追，浸浸日多，道路张弓拔刃，然后敢行，其乱如此。⑤

---

① 《毛泽东选集》第一卷，人民出版社1951年版，第17页。
② 《汉书·郅都传》。
③ 《汉书·赵广汉传》。
④ 《汉书·尹翁归传》。
⑤ 《汉书·严延年传》。

这些豪族大姓势力如此之大，使汉朝政令推行受到严重的障碍，这显然是和中央集权制不相容的。因此，从西汉皇朝一开始创立，统治者就十分注意豪族的问题。高祖九年十一月徙齐楚大族昭氏、屈氏、景氏、怀氏、田氏五姓于关中，以为强本弱末之术，此后"徙豪族"一事几乎成了西汉一代经常的措施。景帝开始对豪族采取镇压的办法，武帝时继续推行这一政策，任用了许多"酷吏"专门对付豪族。如派义纵为河内都尉，把河内的豪强穰氏等灭族。其后义纵为南阳太守，又惩治了南阳的豪强宁氏、孔氏、暴氏等。王温舒为河内太守，拘捕郡中豪强千余家，大者灭族，小者处死，至于流血十余里。此外，武帝又派出许多刺史赴各地进行考察，刺史以六条问事，头一条就是"强宗豪右，田宅逾制，以强凌弱，以众暴寡"。其他五条主要部分也是以豪族地主作为打击的对象。经过这些措施，豪族地主的势力暂时受到挫折。

但是，我们必须指出豪族地主既然在农村中有着雄厚的经济基础和社会基础，就不可能单凭政权的力量把他们消灭；而且专制皇帝要想控制广大的农村，在政治上也就不能不依靠他们作为有力的帮手，这是一个无法克服的矛盾。所以在汉武帝时期豪族的势力虽然遭受一时的打击，但是随后不仅他们又迅速地发展起来，并且在东汉政权中取得了支配的地位，这就是后来魏晋南北朝三四百年大分裂割据的根源所在。

根据上述材料，我们可以完全得出这样的结论：即西汉国家是一个"专制主义的中央集权的封建国家，同时，在某种程度上仍旧保留着封建割据的状态"，这一论断，已被大量事实证明是完全正确的。

五

最后，我还想谈一谈关于西汉社会阶级矛盾和阶级斗争的性质问题。我认为西汉社会的主要矛盾是农民阶级和地主阶级的矛盾。毛泽东说：

> 中国历代的农民，就在这种封建的经济剥削和封建的政治压迫之下，过着贫穷困苦的奴隶式的生活。农民被束缚于封建制度之下，没有人身的自由。地主对农民有随意打骂甚至处死之权，农民是没有任

何政治权利的。①

毛泽东认为"这种农民，实际上还是农奴"。

西汉的农民所受封建的经济剥削和政治压迫，在上述几个问题中，我们已经列举了许多材料加以说明；西汉农民的生活情况，我们从当时人如晁错、董仲舒、贡禹、王莽等的言论中也可以有一个大致的了解，这里不再论述。至于说到"地主对农民有随意打骂甚至处死之权"，可能有些人不同意这种说法，因为从法律上看，西汉时期的奴婢也还不能随意处死，何况是有着自由身份的农民。其实这种看法是错误的，封建制度有它成套的东西，不能单纯从法律条文上来看问题。事实上地主阶级对农民随意处死，这在西汉的历史上还是通常的现象。如《盐铁论·除狭篇》说：

> 今吏道壅而不选，富者以财贾官，勇者以死射功，戏车鼎跃，咸出补吏，累功积日，或至卿相……擅杀生之柄，专万民之命……或至锯颈杀不辜，而不能正，执纲纪非其道，盖博乱愈甚。

《后汉书·仲长统传》也说：

> 汉之初兴，分王子弟，委之以士民之命，假之以生杀之权。于是骄逸自恣，志意无厌，鱼肉百姓以盈其欲，报蒸骨血以快其情。

这里所指被专杀的"万民"、"百姓"都是农民。

毛泽东又说：

> 封建社会的主要矛盾，是农民阶级和地主阶级的矛盾。
> 地主阶级对于农民的残酷的经济剥削和政治压迫，迫使农民多次的举行起义，以反抗地主阶级的统治。②

---

① 《毛泽东选集》第二卷，人民出版社 1952 年版，第 594—595 页。
② 《毛泽东选集》第二卷，人民出版社 1952 年版，第 594—595 页。

农民阶级和地主阶级的矛盾斗争，贯穿在整个西汉历史之中，这种斗争往往迫使统治者不得不表示一定程度的妥协。从汉高祖起一直到西汉最末一个皇帝所颁布的若干重要诏令中都反映了这个问题。《西汉会要》辑录了许多这方面的材料，如"行水灾流民"、"举贤观风"、"举冤狱"、"戒贪吏"、"复除"徭役、"恤流民"、"假民公田"、"赐民租赋"、"释逋贷"、"大赦"等条，所有这些，我们都不应看作是皇帝的恩赐，而是农民阶级斗争的结果。

汉武帝以后，由于土地的高度集中以及政权的日益腐败，地主阶级所加在农民身上的经济剥削和政治压迫，更为沉重，使农民无法忍受，因而农民与地主阶级的矛盾常常发展为武装对抗的形式。仅在汉成帝统治时期（前30—前14年）今陕西、河南、四川、山东一带就爆发了6次规模较大的起义。[①] 在这些起义中，除了两次铁官徒（即罚作冶铁的罪人）起义之外，其余都是由流民组成的农民起义。

西汉末年最大的两支农民起义是湖北的绿林军和山东的赤眉军。绿林起义的领袖如王匡、王凤是从饥民群中涌现出来的人物，王常、成丹、马武等是亡命之徒，以后合并于绿林军的平林兵首领陈牧、廖湛也都是普通的农民。后来他们拥立汉朝后裔刘玄建立更始政权，有人说刘玄，"今公卿大位，莫非戎阵；尚书显官，皆出庸伍"[②]，也有人说刘玄"诸将皆庸人屈起"[③]。这说明绿林领袖很多都是出身"庸伍"或"庸人"的农民。

赤眉起义的领袖樊崇、逢安、徐宣、谢禄、杨音等都是所谓"以困穷为寇"的善良农民，其中只有徐宣曾做过县里的狱吏。后来赤眉军攻入长安，刘盆子设宴庆功，诸将因多不识字，在席前争先请人代写贺帖，以致一时秩序混乱，杨音气极了，骂道："诸卿皆老佣也，今日设君臣之礼，反更敽乱，儿戏尚不如此。"[④] 可见赤眉领袖中也有不少是在过去依靠佣耕为生的农民。

其余在河北的铜马等部也都是由本地贫困农民组成的起义军。

对于西汉末年到处发生的起义事件，《汉书·王莽传》中也有具体的分析：

---

① 汉成帝时6次起义事迹，分别见于《汉书·王尊传》、《成帝本纪》、《天文志》及《五行志》。
② 《后汉书·刘玄传》。
③ 《后汉书·邓禹传》。
④ 《后汉书·刘盆子传》。

> 初四方皆以饥寒穷愁，起为盗贼，稍稍群聚，常思岁熟，得归乡里，众虽万数，亶（但）称巨人、从事、三老、祭酒，不敢略有城邑，转掠求食，日阕而已。

这段话完全说明了西汉末年起义的性质，是广大农民在地主阶级及其政权压迫和剥削之下，因为"饥寒穷愁"而被迫举行的农民起义。

其次，我们再从当时官府对付起义的策略来看，同上书载：

> 天凤五年，以大司马司允费兴为荆州牧，见问到部方略。兴对曰：荆扬之民，率依阻山泽，以渔采为业。间者国张六筦，税山泽，妨夺民之利，连年久旱，百姓饥穷，故为盗贼。兴到部，欲令明晓告盗贼，归田里，假贷犁牛种食，阔其租赋，几可以解释安集。

费兴的建议，虽未被王莽采纳，但据此也可以说明西汉农民起义的性质。

根据上述材料，我们认为毛泽东对中国封建社会中阶级矛盾和阶级斗争的性质所作的分析，也完全适合于西汉历史的具体情况：西汉社会中的主要矛盾是农民阶级和地主阶级的矛盾，这种矛盾的尖锐化就导致多次的农民起义。毛泽东在论述中国农民战争的时候，把绿林、赤眉、铜马的起义都看作是农民的反抗运动，都是农民的革命战争，是有道理的。有些同志把西汉社会的主要矛盾说成是奴隶和奴隶主的矛盾，把历次农民起义说成是奴隶的起义，以便作出西汉是奴隶社会的结论，我们认为同样是徒劳无功的。

本文写到这里，算是初步告一段落。为了醒目起见，我再把上文的主要内容简单地归结为以下五点：

（一）西汉的经济基本上是属于自然经济，其所表现的主要形式是农业和家庭手工业的牢固结合，当时虽有商品交换的发展，但在整个经济领域中不起决定作用。

（二）西汉时期封建生产关系已经取得了统治地位，它在一切生产领域中特别是农业生产中，完全保持着压倒的优势；而奴隶制度则完全处于封建制度支配之下，只不过是一种过时之物被保存下来作为封建剥削的补充形式而已。

（三）西汉国家是地主阶级的国家，农民不但是国家赋税的主要担当者和国防上的守卫者，而且他们还是各种主要工程的建设者。他们虽然自己占有一小块土地，有着独立的个体经济，但实际上则是国家的依附农民或农奴。

（四）西汉国家是专制主义中央集权制的封建国家，但是在某种程度上仍旧保留着封建割据的状态。

（五）西汉社会中的主要矛盾是农民阶级和地主阶级的矛盾，这种矛盾的尖锐化，曾导致多次的农民起义。绿林、赤眉都是农民大起义，而不是奴隶的起义。

由此可见，毛泽东所指示的关于中国封建制度的几个基本特征，在西汉时期都已经具备，因此，我们认为西汉应该是封建社会，而不应该是奴隶社会。但是西汉作为一个社会发展阶段来说，还有它的一些特点：

第一，如前所述，在封建关系上，一方面农奴化还没有最后完成（中国封建社会没有典型农奴化，这是公认的事实，但是东汉以后农奴化的程度却比西汉大大前进了一步）；另一方面，残存的奴隶制经济结构仍在起着一定的作用。

第二，这一时期阶级斗争的特点，农民主要是反对封建国家的租赋徭役，争取起码的人身权和生存权，如赤眉起义至多提出过"杀人者死，伤人者偿创"的口号，并未触及大土地占有制的问题。

这应该是区别于封建社会发展时期的两个主要特点。也就是说，西汉还没有达到封建社会的发展时期，而只能是封建社会的初期或形成时期。

1959 年 9 月 18 日写毕
10 月 25 日修改

（原载《山东师范学院学报》1959 年第 5 期）

从西汉赋役制度看西汉农民生活

一、西汉的赋税与地租

西汉的赋税，大体上可分为两种，即土地税和人口税。

秦汉以前的土地税，还处于劳役地租到实物地租的过渡阶段，经过秦孝公时代的商鞅变法，才确定了实物地租为封建剥削的主要形式。《文献通考·田赋考》说："至秦人尽废井田，任民所耕，不限多少，而随其所占之田以制赋。"又《史记·秦本纪》记载孝公十二年初为赋，都是指这件事。不过当时的税率究竟是多少，因缺乏详细的记录，无法知道[1]。根据《汉书·食货志》说："至于始皇，遂并天下，内兴功作，外攘夷狄，收泰半之赋，发闾左之戍。"颜师古注："泰半，三分取其二。"这样就迫使"男子力耕不足粮饷，女子纺绩不足衣服"，农民无法生活下去，终于爆发了以陈胜、吴广为首的全国农民大起义。

汉初，统治者接受了这一历史教训，对农民采取了安抚政策，如高祖时"约法省禁，轻田租，什五而税一，量吏禄，度官用，以赋于民"[2]。这种"什五税一"的制度，在当时可能还没有彻底实行，所以到他的儿子惠帝继位时，又有"复什五税一"的措施。什五税一，比秦的三分取二要减轻得多，然而西汉土地税之减轻，并不限于此，据《汉书·文帝纪》载：文帝

---

[1] 据《汉书·食货志》引魏李悝及董仲舒的话，都说是什一之税，这可能是战国末年各国通行的税制。

[2] 《汉书·食货志》。

二年、十二年，诏减天下田赋之半，十三年又诏天下废除田赋。又据《汉书·食货志》载，景帝二年令民半出田租，三十而税一。自从景帝确定土地税三十税一以后，西汉一代似乎很少有变动。宋人周密在其《齐东野语》一书中，对西汉的土地税曾经这样说过：

> 自高、惠以来，什五税一。文帝再行赐半租之令二年、十二年。至十三年，乃尽除而不收。景帝元年，亦尝赐半租，至明年乃三十而税一，即所谓半租耳。盖先是什五税一，则三十合征其二，今乃止税其一，乃所谓半租之制也。自是之后，守之不易。……武帝南征北伐，东巡西幸，奢靡无度，大司农告竭。当时言利者析秋毫，至于卖爵、更币、算车船、租六畜、告缗、均输、盐铁、榷酤，凡可以佐用者，一孔不遗，独于田租，不敢增益，虽至季世，其意未泯。

西汉的土地税和历史上其他朝代比较起来，是很轻的，但西汉土地税的减轻，对谁更有好处呢？

我们知道，西汉的政权是建立在秦末农民起义胜利的基础上的，旧的统治政权被推翻了，依附于旧政权的地主阶级被扫荡了，大部分土地从地主手中解放出来成为无主的荒地。同时由于战争的破坏，农民死亡率增加，人口稀少，因此，当西汉政权建立时，失掉土地的农民可能获得一小块土地，自由垦殖。汉初统治者为了巩固自己的政权，不得不对农民表示宽惠，企图从减轻土地税方面来缓和阶级矛盾。这样，农民减轻了一部分负担，劳动情绪因之提高，从而社会生产力也得到迅速地恢复和发展，历代史学家所歌颂的"文景之治"，就是在这种情况下产生的。

西汉土地税的减轻，对农民虽然多少有点好处，但是这并不等于说西汉政府改变了代表地主阶级利益的实质。因为大部分土地掌握在新的贵族和大地主手中，西汉政府减轻土地税，不但使地主阶级有累积财富的可能，而且使他们更有力量去继续劫夺土地。特别到西汉中叶以后，土地兼并非常剧烈，因此土地高度集中，大批农民失去土地，这时土地税的税率低，实际上只有地主阶级得到利益，农民并无好处可言。失去土地的农民，除了到处流浪乞食以外，只有以"见税什五"的苛刻条件去耕种地主的土地，这正如王莽所说："汉氏减轻田租，三十而税一，常有更赋，罢癃咸出，而豪民侵凌，分田劫假，厥名三十税一，实什税五也。"①如果我们拿王莽的话和前面周密歌颂汉武帝"独于田租，不敢增益"的词句比较一下，不正暴露了地主政权剥削的本质吗？

西汉政府减轻了土地税，自然会影响到政府的收入，因而不得不另想解决的办法。这就是说，对土地所有者"薄敛"所造成的困乏，要从失去土地的农民身上得到补偿。这是西汉赋税制度的特点，也就是这一时期人口税特别繁重的基本原因。

西汉的人口税有两种，即口赋和算赋，虽赤贫亦不能免，不论男女、贫富，只要达到法定的纳税年龄，即须缴纳税金，农民土地少（或无地）人口多，地主土地多，人口少，贫无立锥之地的农民与田连阡陌的大地主缴纳同等的人口税，这是何等冠冕而实质上是赤裸裸地对农民的剥削制度！

口赋，亦即儿童税。《汉书·昭帝纪》如淳注引《汉仪注》："民年七岁至十四，出口赋钱，人二十三，二十钱以食天子，其三钱者，武帝加口钱以补车骑马也。"这大概是汉律的规定。不过据元帝时贡禹说："武帝征伐四夷，重赋于民，民产子三岁，则出口钱，故民重困，至于生子辄杀，甚可悲痛。"②把这两段材料结合起来看，就是说武帝时代，征收儿童税，在时间上提前了4年，在数目上又增加了3钱，当时的人民几乎一生下来就得交人口税，这对于贫苦的农民显然是一个繁重的负担，他们不得不堕胎杀婴，以逃避勒索。

算赋，亦即丁税。儿童税至14岁止，接着自15岁起就要缴纳算赋。算赋是汉高祖四年制定的。《汉书·高帝纪》如淳注引《汉仪注》："民年十五以上至五十六，出赋钱，人百二十，为一算，为治库兵车马。"惠帝时为了增加劳动人口，又规定："女子年十五以上至三十不嫁，五算。"应劭注："贾人与奴婢倍算。"③文帝时虽一度减算赋为40钱，但到武帝时却增加到120钱以上，还要加征30钱助边费。宣帝时曾减算赋为90钱。元帝时贡禹建议改15而算为"年二十乃算"，但是没有被采纳。至成帝时，因为贫民实在拿不

---

① 《汉书·王莽传》。
② 《汉书·贡禹传》。
③ 《汉书·惠帝纪》。

出算赋了，不得不把算赋减为 80 钱。总之，西汉的算赋，虽有时亦会减为 90 钱、80 钱，乃至 40 钱，但只是在特殊情况下实行的，通常规定，仍为 120 钱。

据史载西汉时农民一般是 5 口之家，其中成年人有 2 人，每人每年应交算赋即丁税 120 钱，合计 240 钱；未成年的儿童 3 人，每人每年应交口赋即儿童税 23 钱，合计 69 钱。一户农民总计每年要交人口税 309 钱。如果再加上正税以外的各种苛捐杂税[①]，这对贫无立锥之地的农民来说，应是一副难以承受的重担。

综上所述，我们知道，西汉的赋税减轻的是土地税，而加重的是人口税，如前所述，这样的办法实质上是照顾田连阡陌的大地主的利益。不仅如此，在征收的方式上，更是想尽办法来剥削农民，原来土地税是征收谷物的，而人口税却要缴钱。如文帝时谷价很贱，《史记·律书》说那时候天下殷富，粟每石不过十余钱，这正是便利了家累万贯的大地主，吃亏的又是手无分文的农民。昭帝元凤六年诏："今三辅、太常谷减贱，其令以菽粟当今年赋"，这恐怕是因为农民几乎把所有的谷物都变卖了，也缴纳不出人口税，所以才有以粟当赋的措施。其次，人口税缴纳的时间，规定在八月[②]，八月正是收获的时期，谷价正贱，农民为了缴纳人口税，不得不廉价出卖粮食，等到春荒时节，农民一无所有，不得不向地主借贷，而这时谷价却大大高涨起来。《风俗通义》引刘向的话，说文帝时谷价曾高涨到 500 钱，与前面《史记·律书》所记作一对比，表面上似乎有矛盾，而实际上问题的关键就在于此。所谓"当其有者半价而卖，无者取倍称之息"，这说明在贫富极端悬殊的情况下，地主阶级及其政府是怎样采取多种多样的方式向农民进行剥削的。

[①] 西汉的苛捐杂税，名目繁多，其与农民直接有关者，有以下四种：（一）牲畜税，见《汉书·翟方进传》："用度不足，奏请一切增赋，税城郭堧及园田过更，算马牛羊。"张晏注："牛马羊头数出税，算千输二十也。"这就是说，牲畜算千钱者就必须出 20 钱税。（二）禾稾税，见《汉书·贡禹传》"已奉谷租又出稾税。"又《汉官仪》："田租稾税以给经用。"是西汉时谷草也有税。（三）山泽园池市井之征，见《史记·平准书》："山川园池市井租税之入，自天子以至于封君汤沐邑，皆各为私奉养焉，不领于天下之经费。"（四）贪官污吏之额外榨取，见《汉书·陈咸传》：咸为南阳太守，"所居调发属县所出食物，以自奉养，奢侈玉食。"又同书《薛宣传》："会邛成太后崩，丧事仓卒，吏赋敛以趋办。"

[②] 《后汉书·皇后纪》："汉法常因八月算人。"

二、西汉的更役制度

　　西汉的更役制度是劳役剥削中最残酷的一种。汉初规定，民年23岁，就得开始服役，直到56岁为止。人民到达服役的年龄，便由政府将其姓名注于役册之上，名之曰"傅"，政府就凭这种役册征发徭役①。景帝时稍有更改，"令天下男子年二十始傅"。这等于说人民一生服役期限又增加了3年。以后因为徭役太重，特别是汉武帝时代，南征北伐，人民死亡率增高，以致影响到徭役的征发，所以到昭帝时又恢复旧制，依然是23岁起开始服役②。不过例外情形不在此限。

　　所谓更役，实际上包括兵役与力役两种。因为农民不能长期服役，必须按时更换，否则就会影响农业生产，因此称为更役。关于西汉的更役制度，三国魏人如淳曾做过详细的说明，他认为更有三品，有卒更、践更、过更之别。但是这种说法存在的问题很多，不足为据③。近人劳榦对此问题又作了进一步研究，写了《汉代兵制及汉简中的兵制》一文④，他认为西汉的更役制度，仍当以《汉仪注》及《汉书·食货志》引董仲舒的话为准，并归纳为以下三点：

　　（一）正卒：一生服役一年，按地方性质分为骑士、军士（按"军"字当为"车"字之误）、材官（步兵）和楼船（水军），服役期满以后，可以回家，但遇战事还须临时服役。自二十三岁起至五十六岁免。

---

①　《汉书·高帝纪》："发关中老弱未傅者悉诣军。"如淳注："律年二十三，傅之畴官……高不满六尺二寸以下为罢癃。"

②　《盐铁论·未通》："今陛下（昭帝）哀怜百姓，宽力役之政，二十三始赋（傅），五十六而免。"

③　见《汉书·昭帝纪》元凤四年诏，如淳注："更有三品，有卒更，有践更，有过更。古者正卒无常人，皆当迭为之，一月一更，是谓卒更也。贫者欲得雇更钱者，次直者出钱雇之，月二千，是谓践更也。天下人皆直戍边三日，亦名为更，律所谓繇戍也。虽丞相子亦在戍边之调。不可人人自行三日戍。又行者当自戍三日，不可往便还，因便住，一岁一更。诸不行者出钱三百入官，官以给戍者，是谓过更也。"近人李源澄著《汉代赋役考》（载《国立浙江大学文学院学刊》第一集一九四一·六）一文以为"三更之说，始于应劭，而如淳因之"。应劭，东汉人，其说见《后汉书·明帝纪》注引《前汉书·音义》，应说与如说略同，皆言"古正卒无常人，皆当迭为之"。由此可见，此说乃古制，似不应作为汉制。

④　见"中央研究院"《历史语言研究所集刊》第十本。括号中文字为作者所加。

(二) 戍卒：一生服役一年，一种是在京师屯戍，称作卫士；另一种是在边郡屯戍，称为戍卒。(此外，每人每年还要戍边三日，倘若不愿去的，可以出三百钱雇人替代。) 也是自二十三岁起至五十六岁免。

(三) 徭役：每人每年须替郡县服役一月。服役的年龄和正卒、戍卒相同，亦称为更卒。不愿服役的须到县缴纳二千钱，作为县中雇人作工的费用。

从这里，我们可以看出，西汉时每一个壮丁要对政府服三种役，即除服役两个一年以外，再每年服役一个月。服役期限自 23 岁起至 56 岁止。至于"戍边三日"之说，因路途遥远，时间短促，实际上是不可能的，只是国家利用这个名义加征的一种更赋而已。以上所述，只能说基本上符合《汉律》的规定，和当时实际情况相比，还是有很大出入的。事实上更卒每年服役时间不止一个月，正卒、戍卒的服役时间也不止一年，这从下面一段材料中可以看得很清楚：

> 古者无过年之繇，无逾时之役。今近者数千里，远者过万里，历二期(按照规定，服役满期以后，即当遣还，但是此处所说已经二期)，长子不还，父母愁忧，妻子咏叹，愤懑之恨，发动于心，慕思之积，痛于骨髓。①

至于服劳役的年龄，更没有按照规定执行，如《盐铁论·未通》说："今五十以上至六十，与子孙服挽输，并给徭役，非养老之意也。"即其实证。而服兵役的年龄，同样没有限制，据《居延汉简》所载，在 20 岁以下服兵役者，如：

昌里虞武彊年十三。(171·18)
昭武骑士并廷里苏宪年十四。(564·14)

---

① 《盐铁论·徭役》。

> 居延西道里张□年十七。(77·33)

其在 56 岁以上者，如：

> 上造王福年六十，长七尺二寸，黑色。(14·13)
> 觻得武安里黄寿年六十五。(284·12)

由此看来，古诗中所谓"十五从军征，八十始得归"之句应该说它是反映了一定的真实情况的。

最后应该指出，西汉的更役，按照规定，人人都有服役的义务，虽丞相之子亦须戍边，表面上看来，似乎是很公平的。但是西汉法律中却有一套特殊的规定：第一，宗室、诸侯、功臣的后代都可以免役①。第二，俸给 600 石至 2000 石的官吏和都尉以上的军官可以免役②。第三，博士弟子，甚至通一经的儒生也可以免役③。第四，民有车骑马以及入奴婢者、入粟者，都可以免役④。事实上，凡是统治阶级中的人物都有权利不服役，诚如《汉书·食货志》说：

> （武帝时）兵革数动，民（指富人）多买复（免役），及五大夫、千夫，征发之士益鲜。

又同书《元帝纪》也说：

> 用度不足，民多复除，无以给中外徭役。

那么，谁来服役呢？当然是贫无立锥之地的农民。

---

① 散见《汉书·高帝纪》、《文帝纪》、《宣帝纪》。
② 《汉书·惠帝纪》。
③ 《汉书·儒林传》。
④ 《汉书·食货志》。

三、西汉农民的生活

在租税和力役的双重剥削下,西汉农民的生活怎样呢?汉初大政论家晁错曾给我们一个概括的描述,他说:

> 今农夫五口之家,其服役者不下二人,其能耕者不过百畮(亩),百畮之收,不过百石。春耕夏耘,秋获冬藏,伐薪樵,治官府,给徭役,春不得避风尘,夏不得避暑热,秋不得避阴雨,冬不得避寒冻,四时之间,无日休息。又私自送往迎来,吊死问疾,养孤长幼在其中。勤苦如此,尚复被水旱之灾,急政暴虐,赋敛不时,朝令而暮改,当具有者半贾而卖,无者取倍称之息,于是有卖田宅鬻子孙以偿责者矣。①

晁错是文帝时人,上面所录文字,就是他向文帝上《贵粟疏》中的一段话,毫无疑问,他这一段话,是反映了当时的实际情况的。

由此可以看出,文帝时,一个普通的自耕农,每户每年的收入,除了负担政府的各项赋税以外,余下的根本无法糊口,当然更谈不上其他如衣服应酬之资了。如果是一个佃农,那么,他仅比自耕农减少什五抽一之税,却要缴纳给地主什五的田租,其他税赋与自耕农相同,其生活苦况更可想见。所以当时一般农民只能穿破短袄,吃糟糠藜藿,喝凉水充饥,甚至如董仲舒所说:"衣牛马之衣,食犬彘之食。"

我们知道,文帝时不仅是西汉史上的黄金时代,而且是中国整个封建社会史上比较兴盛的时期,当时农民的生活尚且如此,那么到了西汉中叶以后,随着政治日益腐败,统治阶级横征暴敛,农民生活的苦痛更是不言而喻。如《淮南子·本经训》说:

> 末世之政,田渔重税,关市急征,泽梁毕禁,网罟无所布,耒耜

---

① 《汉书·食货志》。

> 无所设，民力竭于繇役，财用殚于会赋。居者无食，行者无粮，老者不养，死者不葬，赘妻鬻子，以给上求，犹弗能赡。

这大概隐指汉武帝时代的情况。前面已经讲过，汉武帝为了筹措军费，加征儿童税，迫使人民堕胎杀婴，而这一时期，对外连年战争，兵役又特别繁重，农民壮丁差不多都被征去作战了，剩下的只有孤儿寡妇流浪街头。元帝时贾捐之追述当时的情况说：

> 至孝武皇帝……军旅数发，父战死于前，子斗伤于后，女子乘亭障，孤儿号于道，老母寡妇，饮泣巷哭。①

由于连年对外战争，农村主要劳动力都离开了田园，走上了战场，势必使生产限于停顿，如果加上自然灾害的侵袭，人民就要流亡、饿死，甚至发生人吃人的惨剧。宣帝时，欲褒扬他的曾祖父（武帝）开疆扩土的功勋，夏侯胜坚决反对，他的理由是：

> 武帝虽有攘四夷、广土斥境之功，然多杀士众，竭民财力，奢泰无度，天下尽耗，百姓流离，物故者半。蝗虫大起，赤地数千里，或人民相食，畜积至今未复。②

关于西汉农民饿死或人相食的情况，史书上记载得很多，如元帝初元元年关东大饥，民多饿死，琅邪郡人相食③。初元二年，关东饥，齐地人相食④。当时匡衡上书言事，曾直截了当地指出产生这种惨况的原因是："皆生于赋敛多，民所供者大。"⑤而皇家的仓库中却藏着83万万钱，坐视不救⑥！统治者

---

① 《汉书·贾捐之传》。
② 《汉书·夏侯胜传》。
③ 《汉书·食货志》。
④ 《汉书·元帝纪》。
⑤ 《汉书·匡衡传》。
⑥ 《汉书·王嘉传》："孝元皇帝奉承大业，温恭少欲，都内钱四十万万，水衡钱二十五万万，少府钱十八万万。"

的残暴由此可见！

到西汉末叶，农民的生活更是每况愈下，哀帝时鲍宣曾说当时的农民有七亡七死：

> 阴阳不和，水旱为灾，一亡也；县官重责，更赋租税，二亡也；贪吏并公，受取不已，三亡也；豪强大姓，蚕食无厌，四亡也；苛吏徭役，失农桑时，五亡也；部落鼓鸣，男女遮迣，六亡也；盗贼劫略，取民财物，七亡也。七亡尚可，又有七死，酷吏殴杀，一死也；治狱深刻，二死也；冤陷无辜，三死也；盗贼横发，四死也；怨愁相残，五死也；岁恶饥饿，六死也；时气疾疫，七死也。民有七亡而无一得，欲望国安诚难；民有七死而无一生，欲望刑措诚难。此非公卿守相贪残成化之所致耶！①

平帝时，申屠刚上书言事，不但指出了当时政治上的症结，老百姓疲不堪命，而且说明农民暴动已经如燎原烈火，以不可遏止的形势到处燃烧起来了。他说：

> 今（平帝）承衰乱之后，继重敝之世。公家屈竭，赋敛重数，苛吏夺其时，贪夫侵其财，百姓困乏，疾疫夭命。盗贼群辈，且以万数，军行众止，窃号自立，攻犯京师，燔烧县邑，至乃讹言，积弩入宫，宿卫惊惧，自汉兴以来，诚未有也。②

农民受了封建的剥削和压迫，到了忍无可忍的时候，就会英勇地站起来，向统治阶级作坚决的斗争。

（原载《汉史初探》，学习生活出版社1955年版，上海人民出版社1957年再版）

---

① 《汉书·鲍宣传》。
② 《后汉书·申屠刚传》。

战国至秦山东地方封建经济的发展和社会矛盾

从战国至秦，在山东地方史上是一个重要的时代。一是先进的封建制度代替了落后的奴隶制度，二是国家统一代替了诸侯割据。这两个变化尤其是前一个变化，对山东社会经济的发展起着明显的促进作用。但是封建制度仍然是一种剥削制度，而国家统一也是在地主阶级专政下的统一，因此，在社会经济迅速发展的同时，社会上的各种矛盾特别是农民与地主阶级的矛盾必然也有所发展，以至爆发农民反抗封建统治的武装起义。恩格斯说："由于文明时代的基础是一个阶级对另一个阶级的剥削，所以它的全部发展都是在经常的矛盾中进行的。"① 从山东这一个局部地区历史发展的情况来看，同样也证实了恩格斯的这一著名论断。

一、齐国变法与山东地方封建经济的飞跃发展

春秋时代，由于生产力的发展，旧的奴隶制的生产关系不仅不能适应新的生产力的要求，而且成了生产力发展的桎梏。奴隶主贵族对奴隶和平民的剥削越来越残酷，奴隶和平民的反抗也越来越激烈，奴隶反抗奴隶主的斗争，平民反对贵族的斗争，把中国的历史推进到了一个新时代；地主阶级利用人民的力量和奴隶主贵族进行了反复的较量，终于在一些诸侯国内登上了

---

① 《马克思恩格斯选集》第四卷，人民出版社1972年版，第173页。

政治舞台。

地主阶级掌握政权之后，必然要求进一步解除奴隶制度的各种束缚，从而建立保障和发展地主经济并为它服务的政治制度。同时各国的国君，在人民群众的反抗斗争压力下，为了保持自己的统治地位，为了在兼并战争中战胜敌国，以扩大自己的势力，也不得不在政治上进行一些改革，这样就形成了战国时代的变法运动。

处于山东的齐国，在春秋后期新旧势力斗争中，政权落到了代表新势力的田氏手里，公元前481年，田氏代齐，标志着地主阶级政权在齐国的建立。到齐威王（前357—前320）时，齐国也实行了变法。据说齐威王即位以后，"齐国不治，委政卿大夫，九年之间，诸侯并伐"[1]。齐威王为了改变这个局面，开始整顿吏治，他了解到即墨大夫治理即墨，"田野辟，民人给，官无留事，东方以宁"，而并不事奉国君的左右以求誉，于是赏了他万家的食邑。又了解到阿大夫治理阿，"田野不辟，民贫苦"，而用钱币贿赂国君的左右以求誉，便把阿大夫处了烹刑[2]。齐威王所采取的这一断然措施说明：第一，即墨、阿两地的大夫虽然还保留着大夫的职称，但已不是世袭贵族，而是郡县的官吏，其任免、奖惩大权直接操之于国君手中，奴隶主贵族的世袭制度已被废除，封建的中央集权的官僚制度已经确立。第二，视"田野辟，民人给"为行赏的依据，一方面说明齐威王关心农业生产；另一方面也反映了井田制的崩溃与土地私有制的发展，这和秦国商鞅的"废井田，开阡陌"有着同样的意义。第三，从这一简单的事实中，也反映了当时两种势力的斗争。一种势力是代表腐朽势力的执政卿大夫（包括所谓"左右"）和阿大夫；一种势力是代表新兴势力的即墨大夫。最初齐威王不亲政，把政权交给卿大夫，旧势力占了上风。后来威王看清了哪种势力对他有利，哪种势力于他有害，采取了断然措施，于是新势力取得了胜利。这件事告诉人们一个真理：在新旧社会交替中，腐朽的反动的旧势力是不甘心退出历史舞台的，它必然要作垂死的挣扎。新旧势力的斗争是长期的（在齐国至少经历了100多年），而斗争的结局，则是新势力取得最后胜利。

---

[1] 《史记》卷四十六《田敬仲完世家》。
[2] 《史记》卷四十六《田敬仲完世家》。

齐威王除了政治上打击旧势力，扶植新势力以外，又接受邹忌的建议，奖励臣民进谏，"能面刺寡人之过者受上赏"，以革新政治。制定法律，惩办"盗贼"，以巩固封建社会秩序。选任得力的大臣，坚守四境，一面招抚各国流亡，一面防备邻国进犯。同时又用军事家孙膑改革军事，规定士兵在战争中能"得一首则赐金一镒（8两）"，以加强军事力量。经过这些改革，齐国的局面焕然一新，已经不再是过去那样"九年之间，诸侯并伐，国人不治"，而是"齐国大治，诸侯闻之，莫敢致兵于齐二十余年"。"于是齐最强于诸侯，自称为王，以令天下"①。

封建制度的确立，使直接生产者从奴隶制的桎梏中解放出来，他们的劳动兴趣和生产积极性有了提高，社会经济很快呈现出空前繁荣的景象。

战国时代山东地区的农业生产有很大的发展，这一发展首先表现在当时的劳动人民已经广泛地使用了铁制生产工具。

《管子·海王篇》（战国时齐人作品）说："今铁官之数曰：……耕者必有一耒一耜一铫，若（如是）其事立。……不尔而能成事者天下无有。"当时有一个隐士许行，他主张回到原始社会去，孟子曾讥笑他说："许子以釜甑爨，以铁耕乎？"可见当时山东地区"铁耕"确已非常普遍，如果有人不用"铁耕"，已成为不近人情的事了。铁制农具为深耕细作创造了便利条件，亦即孟子所说的"深耕易耨"②。这对于提高农业生产力是起着重大的促进作用的。

水、土、肥是农业生产中的三宝。战国时代山东人民对于水利非常重视，齐国处于黄河下游，地势低下，黄河泛滥时，齐国受到很大灾害，因而齐国首先沿着黄河建筑了一条长堤，以防止河水泛滥。此外还沟通了济水、淄水，这道运河不但可以行船，也可以溉田。

对于肥料的使用，这时也很注意。孟子说："百亩之粪，上农夫食九人。"③又说："凶年，粪其田而不足。"④这些都足以说明施肥在农业生产上的重要意义。

---

① 《史记》卷四十六《田敬仲完世家》。
② 《孟子·梁惠王篇》。
③ 《孟子·万章篇》。
④ 《孟子·滕文公篇》。

据战国时代的著作《禹贡》所载，当时的兖州，土是黑坟（坟是膏肥的土），田是中下等；青州土是白坟，田是上下等；徐州（泰山和淮水之间）土是赤埴坟（埴是黏土），田是上中等。而那时长江流域的荆州、扬州的田都是列入下中、下下等的。这反映了山东的农民对于土壤的改造已经取得了很大的成绩。

由于广大劳动人民掌握了铁制劳动工具，注意了水利和施肥，改造了土壤，因此就能够种植和发展多种多样的农作物。据《周礼·职方氏》说，战国时代的几种主要农作物如麦、黍、稷、稻等，山东都有，而且在当时的青州还是北方产稻区的中心。

齐国的煮盐和冶铁业一向都是很发达的，过去由国家经营。战国时由于奴隶的不断反抗斗争，纷纷逃亡，因而迫使统治者改用抽税的办法让"民"去经营，但是这种"民"并非一般的农民和工商业者，而是一种豪民。当时山东曲阜有一个著名的巨富叫猗顿，他就是经营盐业而起家的豪民。这种情况一直到汉初还是如此。

齐鲁是战国时纺织手工业中心之一。齐国女红（工）的纺织技术名闻全国，生产出来的纺织物销路很广，司马迁称为"冠带衣履天下"。

这时农民的家内手工业也很发达。由于农业生产力的发展，妇女们能够抽出更多的时间以从事家内劳动，如养蚕、缫丝、治麻葛、纺织布帛，几乎成了每户农妇的经常工作。她们生产出来的布帛，主要是满足自己简朴生活的需要和应付国家的"布缕之征"，但也有一小部分带有商品性质，所以农妇所织的布帛和其他织物已有一定的规格。据说吴起使其妻（齐女）织"组"，因为"幅狭于度"，就把她赶走了。①

这时个体经营的手工业者也出现了。据《墨子·节用中篇》、《孟子·滕文公篇》记载，当时已有车工、皮革工、陶工、冶金工、木工等。他们把制成品放在肆上出卖，即所谓"百工居肆"。这些个体手工业者当时或称为"百工"，或称为"工肆之人"②。孟子曾说：如果不"通功易事"，就会"农有余粟，女有余布"；如果能相通，梓匠（木工）、轮舆（车工）便能得食。

---

① 《韩非子·外储说右上篇》。

② 《墨子·尚贤上篇》。

又说：农夫"以粟易械器"，陶（陶工）、冶（冶工）"以其械器易粟"，"百工之事，固不可耕且为也"①。足以说明这时个体手工业者和农民之间的关系是很密切的，农民所用的铁器、木器和车辆，都是依靠这些个体手工业者供给的；而个体手工业者也是主要依靠出卖生产品给农民以维持生活的。

大家知道在春秋以前，工商业者是没有独立的身份的，所谓"工商食官"，"商工皂隶，不知迁业"，他们的身份实际上就是官府的奴隶。到战国时代就不同了，由于春秋末工奴的不断反抗斗争，他们已取得了自由的身份而变成了独立经营的个体手工业者。《韩非子·说林上》有一段故事也可以说明这个问题："鲁人身善织屦，妻善织缟，而欲徙于越。或谓之曰：'子必穷矣。'鲁人曰：'何也？'曰：'屦为履之也，而越人跣行；缟为冠之也，而越人被发。以子之所长游于不用之国，欲使无穷，其可得乎？'"这虽然是一个寓言故事，但反映了战国时代山东地区手工业中生产关系发生了很大的变化，手工业者从奴隶的身份变为自由民，他们获得了迁徙居处和出卖自己产品的自由，这对于手工业生产的发展无疑是起着促进作用的。

司马迁说：齐国"具五民"。服虔注：五民即士农商工贾。工商业者即占其三。又说邹鲁人"好贾趋利"。这都说明山东商业的发达。

据《禹贡》记载：兖州有漆、丝、织文（染织品）。青州有丝、檿丝（檿是山桑，檿丝即野蚕丝）、枲（麻皮）、缔（细的麻织品）、盐以及各种海产物等，这些都是对外进行交换的商品。

由于生产力的提高，农民的"余粟"、"余布"以及手工业者所创造出来的农具、陶器、木器、车辆、皮革等都投入交换的领域，在这种情况之下，商人们为了"市贾（价）倍蓰"，也就不顾"关梁之难，盗贼之危"而奔走四方了②。

这时商人垄断市场的情况也出现了。据孟子说，最初商人垄断的情况是这样的：在田野间的临时市集上，商人爬登在"垄断"（横断而高的垄）上，临高望远，左看右望，见利就伸手，于是把市利完全网罗了③，这便是"垄断"一词的来源。实际上，这样垄断来的还不是大利，那些富商大贾的

---

① 《孟子·滕文公篇》。
② 《墨子·贵义篇》。
③ 《孟子·公孙丑篇》。

主要垄断办法是投机取巧和囤积居奇。

随着工商业的发展，山东地区出现了许多新兴的城市，其中以临淄、陶为最著名。

齐国的临淄在战国时代各国中，城市规模最大，也最繁华。苏秦曾描写临淄的繁华情况说："临淄之中七万户……不下户三男子，三七二十一万……临淄甚富而实，其民无不吹竽鼓瑟、弹琴击筑、斗鸡走狗、六博蹋鞠者。临淄之涂，车毂击，人肩摩，连衽成帷，举袂成幕，挥汗成雨。"①这是多么热闹的一个商业城市啊！当然这位策士的话显然有夸大的成分，可是在一定程度上也反映了临淄城市的繁华景象。

陶（山东定陶）在战国时属于宋国，居"天下之中，诸侯四通，货物所交易也"②，也是山东最繁华的城市之一。范蠡曾在这里"三致千金"。当时人们往往把宋的定陶和卫的濮阳作为富庶城市的代表。鲁仲连给燕将的信中就说："请裂地定封，富比陶卫。"③因为定陶是当时比较富庶的商业城市，工商业税比较多，便于统治阶级的搜刮，所以秦、齐、赵、魏等大国都想据为己有，以致引起一连串的争夺定陶的战争。

齐国在春秋初年管仲执政时期即已开始铸造钱币，以调剂物价。到春秋战国之际，由于商业的发展，商业城市的兴起，金属货币更广泛地流通起来。战国时齐所通行的全是刀币，现存的有"齐厺化"（法货，即法币，也有的作"齐之厺化"）、"齐建邦造厺化"两种，当是齐都临淄所铸，是齐国的通货。另外还有"节墨之厺化"、"安阳之厺化"等数种。"节墨之厺化"是即墨所铸，"安阳之厺化"是安阳所铸，安阳城原为鲁邑（今山东曹县东），公元前412年并于齐，以上几种都是齐国地方通货。齐国的刀币流通很广泛，在朝鲜境内也有发现，说明当时齐国与朝鲜也有了商业的来往。

除了铜铸货币以外，黄金也是一种通行的货币。《孟子·公孙丑篇》载"陈臻曰：前日于齐王馈兼金一百而不受，于宋馈七十镒（每镒24两）而受，于薛馈五十镒而受。"这种情况在当时并不是罕见的。

随着商品货币的发展，高利贷也活跃起来。齐孟尝君就是一个大高

---

① 《史记》卷六十九《苏秦列传》。
② 《史记》卷一百二十九《货殖列传》。
③ 《战国策·齐策六》。

利贷者，他曾在封邑薛地用高利贷的方式榨取农民的血汗来供养他的食客3000人，据说他一次向农民收的利息就多到10万①。

综合以上所述，战国时代山东地区的社会经济在各个方面都有了很大的发展，这是春秋以来奴隶和农民长期斗争的结果，也是劳动人民辛勤生产劳动的结果。但是在这里还必须进一步指出：

第一，战国时代山东社会经济的基本结构仍然是农业和手工业密切结合的自给自足的自然经济，农民不但生产自己需要的农产品，而且生产自己需要的大部分手工业品，地主贵族从农民身上剥削来的地租和布帛等等，也主要地是为了自己享用，而不是用于交换。这就是说社会生产主要是直接满足生产者或剥削者的需要，生产物的基本部分并不需要或很少需要通过市场来分配。所以在那时，商品经济虽然有很大的发展，它只不过是自然经济的补充，在整个经济中并不起决定作用。

第二，战国时代在山东兴起的城市的性质，基本上如同马克思所说："亚细亚的历史，这是一种城市和乡村不分的统一（在这里，大城市只能看作王公的营垒，看作在经济制度上一种真正的赘疣）。"② 像临淄、陶等城市正是这种性质的城市，它不仅在经济上掠夺农村，而且首先在政治上统治农村，它是作为"王公营垒"而存在的。但是它还有许多特点，主要在于它与土地和农业相结合，它有较发达的手工业和商业，并不完全是经济制度上的赘疣，在社会经济的发展中，还起着某些积极的作用。

第三，对于战国时代山东的商业和商品货币关系必须作出正确的估计，事实证明，当时的大商人在获得巨富之后，由于自然经济的限制，他们不能运用资金扩大再生产，除了尽量讲求生活的享受之外，则只有把积聚的钱用以经营高利贷和购买土地，于是商人、高利贷者、地主就结合为一体了。这说明战国时山东商业的发展受着封建经济的严重局限，它只能为封建经济服务，不可能有别的出路。

井田制崩溃以后，直接生产者获得了一小块私有土地，在身份上变为自由耕种的小生产者。《墨子·鲁问篇》记载鲁国的南边有个"鄙人"名叫

---

① 《史记》卷七十五《孟尝君列传》。
② 马克思：《资本主义生产以前各形态》，人民出版社1956年版，第15页。

吴虑，"冬陶夏耕，自比于舜"。这个自比于舜的"冬陶夏耕"的鄙人，显然是自耕农民。这种自耕农是普遍存在的，孟子常说：农民一户有百亩之田，8口之家就可以维持生活了，这就是指自耕农而言的。土地私有，在当时来说，是符合劳动人民愿望的，生产者有了自己的土地，劳动兴趣增加了，这对于农业生产力发展是起着积极作用的。

但是必须指出，农民有了自己的土地，有了比较自由的身份，这只是一个方面；而另一方面，农民仍要受国君、地主、商人的统治和剥削，他们只不过是由奴隶主贵族统治下的奴隶转变为地主阶级的依附农民罢了。孟子说："无君子莫治野人，无野人莫养君子。"这句话是为统治阶级的剥削作辩护，他所谓"君子"就是封建地主阶级，所谓"野人"，就是农民阶级。当时农民的负担是很沉重的。孟子说："有布缕之征、粟米之征、力役之征，君子用其一，缓其二，用其二而民有殍，用其三而父子离。"[1] 此外他们还要受高利贷的剥削。如齐国孟尝君的门客冯驩说："息愈多，急即以逃亡。"[2] 孟子也说："又称贷而益之，使老弱转乎沟壑。"[3]

小农经济的力量是很薄弱的，他们经不起官府的横征暴敛，商人高利贷的盘剥，再加上自然灾害和疾病死丧的侵袭，这时农民被迫不得不卖掉自己仅有的一小块土地。农民失掉土地的过程，也就是豪强地主兼并土地的过程。孟子主张要实行"仁政"，必须要使每户农民都能够保持"五亩之宅，树之以桑，五十者可以衣帛矣"。"百亩之田，勿夺其时，数口之家，可以无饥矣。""不饥不寒，然而不王者，未之有也。"[4] 这说明孟子的时代由于土地兼并，一般农民已经无法保有五亩之宅和百亩之田了。

在严重的封建剥削和土地兼并的情况下，农民的生活是十分困苦的。孟子说："今也制民之产，仰不足以事父母，俯不足以畜妻子，乐岁终身苦，凶年不免于死亡。"[5] 当时孟子曾把农民生活和封建统治阶级的生活作过一番对比，他说："庖有肥肉，厩有肥马，民有饥色，野有饿殍，此率兽而食人

---

[1] 《孟子·尽心篇》。
[2] 《史记》卷七十五《孟尝君列传》。
[3] 《孟子·滕文公篇》。
[4] 《孟子·梁惠王篇》。
[5] 《孟子·梁惠王篇》。

也。"①孟子把统治阶级比作一群凶恶的野兽在吞噬老百姓，确是道出了地主阶级的贪婪本性。

农民在地主阶级的残酷统治掠夺下，饥寒交迫，无以为生，因而出现大批逃亡的现象。在《孟子》一书中保存了大量的关于山东地区人口逃亡的记录，如在齐国齐宣王时"父子不相见，兄弟妻子离散"②。邹国邹穆公时，"凶年饥岁……民老弱转于沟壑，壮者散而之四方者，几千人矣"③。一个小小的邹国就有几千个壮年农民流亡四方，可见人口逃亡情况的严重。人口的大量逃亡，反映了阶级矛盾已经达到相当尖锐的程度了。

二、统一国家的出现和山东人民的反秦斗争

战国初年，山东地区除齐国、鲁国以外，还有莒、邹、杞、任、滕、薛等国。其中以齐国最大，其疆域有今山东省偏北的大部，兼有今河北省的东南部，东边靠海，南和莒国接界，北和燕接境，西和赵、魏交界，国都临淄（今山东临淄）。鲁国次之，有今山东的西南部，国都曲阜。其余诸国地面更小，如莒国在今山东省安丘、诸城、沂水、莒、日照等县之间，国都莒（今莒县）。邹国在今山东省费、邹、滕、济宁、金乡等县之间，国都邹（今邹县）。杞国约在今山东省安邱县东北地。任国约在今山东省济宁北部地。薛国约在今山东省滕县东南地。滕国约在今山东省滕县西南地。以上诸国后来大都为齐、楚两国所灭。

齐国自威王变法以后，开始强大起来。公元前354年魏进攻赵都邯郸，赵国向齐求援。次年，齐派田忌率兵救赵。田忌接受孙膑的建议，趁魏国国内空虚的机会，袭击魏都大梁。魏国不得不把围赵的魏军撤离邯郸回救本国，结果疲于奔命的魏军在桂陵（山东菏泽东北）被齐军打败。这就是历史上有名的围魏救赵之战。公元前342年魏攻韩，韩也向齐求救。齐派田忌为将，孙膑为军师，出兵攻魏救韩。魏派大将庞涓和太子申率兵10万迎战。孙膑深知魏兵强悍勇敢而轻视齐国，他就利用敌人的轻敌思想，采取了"退

---

① 《孟子·梁惠王篇》。
② 《孟子·梁惠王篇》。
③ 《孟子·公孙丑篇》。

兵减灶"、诱敌深入、歼灭敌人的战术。齐军在撤退的第一天造了 10 万个锅灶，第二天减少到 5 万个，第三天更减少到 3 万个。庞涓追了 3 天，以为齐军逃亡已超过半数，于是丢下步兵，只带一部分轻骑兼程追赶。孙膑计算魏军的行程，夜晚将到马陵（山东鄄城县东北），马陵道狭，地势险要，便夹道埋伏精练射手。庞涓果然按照孙膑预计的时间到达马陵，一时齐军万箭齐发，魏军大乱溃散，庞涓自杀。齐军乘胜尽破魏军，俘虏了魏太子申归齐。这就是历史上有名的马陵之战。经过这两次战役，东方各国皆为之震动，齐国一跃而成为东方的霸主。

公元前 314 年齐乘燕国内乱，出兵伐燕，齐兵不到两个月便攻破燕都，并继续占据了 3 年，最后才因诸侯的干涉而退出。"以万乘之国伐万乘之国，五旬而举之。"这虽是齐宣王自鸣得意的话，也说明齐国力量的强大。公元前 298 年，齐率领三晋和宋的军队合纵攻秦，秦国竟不敢出兵应战。自此以后，齐、秦在列国中便形成了东西二强对峙的局面。

公元前 286 年，齐举兵灭宋，接着又南割楚的淮北，西侵三晋，邹、鲁等小国的君主，个个震恐，向齐称臣。这是齐国的鼎盛时期。

但是齐国在上述的兼并战争中，国力也受到很大损耗，而其处境也日益陷于孤立。燕国看到齐国对外扩张为各国所忌，遂于公元前 284 年命大将乐毅率燕军并联合楚、赵、韩、魏之师攻打齐国，结果，齐军大败。楚、赵、韩、魏的军队在齐国大掠而去，燕军则乘胜继续前进，5 年之间，下齐 70 余城，除莒和即墨以外，都占领了，并且划为燕的郡县。此时，齐国濒于灭亡。不久由于燕国统治阶级内部发生矛盾，乐毅被免除职务，齐将田单乘机反攻，终于在人民的支持下恢复了齐国。但是恢复后的齐国，丧失了淮北、河南的土地，从此不能再和西方的秦国抗衡了。

战国末年，秦国不断进攻三晋燕楚，齐因远在海滨，得以暂时不被兵祸。但这时齐国政权已腐败不堪，而齐相后胜又被秦所收买，其门下宾客也多受秦贿赂，皆为秦反间，共劝齐王"去纵、朝秦，不修攻占之备，不助五国攻秦"。五国既亡，秦兵遂于公元前 221 年攻入临淄，齐亡。从此以后，山东就成为秦统一国家的一部分了。

公元前 221 年，秦灭齐，统一了中国，在山东地区设置了齐郡、琅邪郡、薛郡，另外还包括东郡的大部分以及东海郡的一小部分。

秦的统一，是符合历史发展要求的，广大人民也要求全国统一，拥护秦的统一。人民所以拥护秦的统一，是希望统一之后能够摆脱封建割据战争，减轻兵役徭役的负担，有一个比较安定的环境进行生产，来改善自己的生活。但是秦朝统治者并没有满足人民的这种愿望，恰恰相反，却给人民带来更多的灾难和痛苦，而山东地方的情形尤为严重。

处于山东的齐国是战国中最后被灭的诸侯国，秦朝中央政府在这个地区虽然设置了郡县，建立了地方政权，但是很不巩固，所以秦始皇对于这个地区非常重视，除采取一般的面向全国的巩固统一措施外，还特别注意加强对齐地的统治。

战国时齐国为了防备邻国入侵，曾在边境上修筑了一道长城，当时称为"长城巨防"①。秦统一以后，为了防止山东地区残余贵族势力的割据叛乱和人民的反抗，下令拆毁齐国的旧长城。并且以首都咸阳为中心，修筑了一条驰道，直达山东境内。这条驰道的建筑是很讲究的。路基筑得很高很结实，宽有50步（约合今69公尺），驰道两旁每隔3丈（约合今6.9公尺），种植青松一棵，路中央宽3丈，是专供皇帝用的，老百姓只能在两侧行走。拆毁城防，修筑驰道，便利于统一和交通。不过秦始皇的主观意图是在于能够使他的军队可以随时不受阻碍地开到山东镇压当地人民的反抗和贵族的叛乱。

秦朝统一以后，秦始皇曾经5次出巡全国，其中就有3次来到山东。

第一次是在公元前219年，即灭齐后的第二年，这次东巡，他曾先到邹的峄山（今山东邹县东南），在峄山树立了一块刻石，即所谓"峄山刻石"，刻石上歌颂了他"灭六暴强"、"壹家天下"的统一功绩。接着又到了泰山，在泰山上也树立了一块刻石，即所谓"泰山刻石"，刻石上歌颂了他统一后关心生产、从事建设和推行教化等方面的成就。

本来在战国时代，齐、鲁两国的儒生就有一套"封禅"的学说，他们把泰山看成最伟大的山，认为人间帝王应到泰山去祭祀上帝，祭名叫作"封禅"。"封"是泰山上的祭，"禅"是泰山下小山的祭。据说自古以来72代

---

① 齐长城大约西起今长清县的黄河崖，东到今胶南县的海滨，长达1000余里。据新中国成立后对齐长城遗址的实地调查，自淄博市神头镇凤凰山起，断断续续经黑山一带蜿蜒向东南尚能看到模糊的残迹。这是山东劳动人民在当时的一项伟大的建筑工程。

之君,在他们接受天命做天子以后,都要封禅泰山,否则便没有资格做皇帝①。显然,封禅说是迎合帝王意图而编造出来的。秦始皇为了表示自己是"真命天子",自然也要举行这个封禅典礼,于是他便到泰山举行了"封礼"又到梁父山(泰山下小山)举行了"禅礼"。封禅以后,他又到荣成山(今山东荣成县境)和芝罘山(今山东福山县东北海边),南登琅邪,在那里筑了琅邪台,竖立了刻石,即所谓"琅邪台刻石"。石上更全面地颂扬了他的统一事业;并强调"皇帝之明,临察四方。尊卑贵贱,不逾次行。奸邪不容,皆务贞良,细大尽力,莫敢怠荒"。要求人民安分守己,努力生产,老老实实地服从秦朝的封建统治。

秦始皇第二次出巡是在公元前218年,他又来到山东,再登之罘山,竖立了两块刻石,颂扬他的统一功德。随后又到了琅邪。第三次是在公元前210年,秦始皇巡视江南回来,渡长江后,又北上到琅邪,登荣成山、之罘山,渡河而西,至平原津(今山东平原县南)就生病了。他就是在这次巡游途中病死在河北的沙丘平台。

秦始皇三次巡视山东,封泰山,禅梁父,到处树立刻石,其目的当然不只是宣扬自己声威,同时他还要具体了解山东地区的情况,以加强对山东的统治。

秦始皇巡视山东,一切耗费都要山东人民来负担,尤其是秦始皇登封泰山,人民受的骚扰更是厉害,当时就有这样的传说:"始皇上泰山,为暴风雨所击,不得封禅,此岂所谓无其德而用事者邪!"②可以反映人民对他的讥讽和愤慨。

对于山东地区破坏较大的,是秦朝统治者强迫大批的人民脱离生产,去从事无休止的劳役,参加对外战争和充当运输夫役。据西汉初临淄人主父偃追述当时的情况说:"天下飞刍挽粟,起于黄腄、琅邪负海之郡,转输北河,率三十钟而致一石。男子疾耕不足于粮饷,女子纺绩不足于帷幕,百姓靡敝,孤寡老弱不能相养,道死者相望。"三十钟是多少呢?颜师古说:"六斛(十斗为斛)四斗为钟。计其道路所费,凡用百九十二斛乃得一石(秦制

---

① 《史记》卷二十八《封禅书》。
② 《史记》卷二十八《封禅书》。

石、斛相等）至。"①这个数字自然是夸大了的，但也反映了山东人民的负担是如何的沉重。

公元前211年，东郡有星陨落，有人在陨石上刻了"始皇帝死而地分"7个大字，这表示了山东人民对秦朝暴政的不满。秦始皇知道这件事以后，便派御史到陨石所在地挨户查问，结果什么也没有查到，最后竟下令把当地居民一律杀死，并销毁了陨石。

秦朝统治者对山东人民残酷的剥削压迫和屠杀，只能引起山东人民更大的愤怒和反抗，而这时齐国的旧贵族也在观望机会，准备复国，山东正处在一个暴风雨的前夕。

公元前209年的秋天，在蕲县大泽乡（今安徽宿州西南），爆发了以陈胜、吴广为领导的农民大起义。陈胜的起义对山东人民起了极大的鼓舞作用。在此以前，昌邑（今山东金乡）地方有一个渔民名叫彭越，"常渔巨野泽中，为群盗"。大泽乡起义的消息传来之后彭越也聚众数百人响应了陈胜的起义。他们攻占了附近一些地方，兵力很快发展到千余人。公元前208年9月刘邦领导的丰沛农民起义军从砀城北上，彭越率兵和刘邦联合进攻昌邑，昌邑没有攻下，刘邦引兵而西，彭越又退回巨野泽中，积极扩充军队。当刘、项入关的时候，彭越已拥众万余人，成为山东地方的一支强大的武装力量了。这一支农民军，后来在楚汉战争中，经常为汉游击楚的后方，绝楚粮道，供应汉食，最后与汉兵会师垓下。对于刘邦战胜项羽，统一中国，在军事上起了有力的配合作用。

在农民起义的风暴中，原来潜伏下来的齐国旧贵族田氏——田儋、田荣、田假等也纷纷乘机而起，企图利用人民的力量进行复国。他们的起兵，客观上对削弱秦的势力，支援农民军是有些作用的。他们一般都有些军事经验，并且在人民群众中有一定的号召力，本应该成为反秦的重要力量；可是他们的目的，在于割地称王，并不想出力攻秦，他们力图把人民的反秦斗争，引导向封建割据的道路，结果陷于失败。这是在秦末山东为什么没有发展成为大规模农民起义的一个重要原因。

在秦末农民起义中，还有一支反秦力量，就是以孔鲋为首的一批山东

---

① 《汉书》卷六十四上《主父偃传》及注。

儒生。孔鲋又名孔甲，是孔子的八世孙，做过秦朝博士。后来秦始皇"焚书坑儒"，他便隐居于嵩山之阳。当陈胜起义军攻入陈县时，他投奔了陈胜。据《史记·儒林传》说："陈涉之王也，而鲁诸儒持孔氏之礼器，往归陈王，于是孔甲为陈涉博士。"孔鲋以一介儒生，能够参加农民起义，比那个"抱经隐匿，窜藏土中"的济南伏生，显然是可贵的。他到陈县后的活动，不十分清楚。司马光《资治通鉴》卷七《秦纪》二记载他曾向陈胜提出过加强设防的建议①，这很值得重视。当时他看出了陈胜在胜利中有骄傲轻敌的情绪，他劝陈胜要重视章邯的军事力量，周文西征军不一定是章邯的对手，不要麻痹大意，要加强陈县周围的防御力量。他说："臣闻兵法，不恃敌之不我攻，恃吾不可攻。今王恃敌而不自恃，若跌而不振，悔之无及也。"可惜这个建议没有被陈胜采纳。后来周文西征军失败，虽然是由于整个战略上的错误，但假如陈胜能够听取孔鲋的建议，早为之备，那么陈县也许不至于很快就陷落于敌人手中。孔鲋虽然是一个儒生，但他由于痛恨秦朝暴政，参加了农民起义，而参加农民军后表现得还比较好。他的结局，据司马迁说是"死于陈下"②。又说"卒与（陈涉）俱死"。③有始有终地一直追随农民革命，是难能可贵的。

（原载《山东师范学院学报》1980 年第 4 期）

---

① 这条记载最早见于《孔丛子》，前人多以此书为晋王肃伪作。余以为即便是伪作，其所记事亦未必全属虚构，应作具体分析。《通鉴》引用此条，当有所本。
② 《史记》卷四十七《孔子世家》。
③ 《史记》卷一百二十一《儒林传》。

两汉时期山东的社会经济和农民问题

一

秦末农民战争推翻了秦皇朝，严重地打击了地主阶级，迫使汉朝统治者不得不采取一些"与民休息"的政策，来稳定自己的统治。

西汉初年，山东的大部分地区是刘邦的儿子齐悼惠王刘肥的封地，当时曹参为齐国相。曹参曾跟随刘邦参加过农民起义，并且在山东活动时间很久，对于山东的情况比较熟悉。他亲眼看到秦朝在山东的地方政权经不起农民革命风暴的一击，就完全被摧毁了，许多在过去骑在人民头上作威作福的地方官吏和豪强地主也大都被农民杀死或被赶跑了。为了稳定汉朝政权在山东的统治，他曾召集了当地的一些老人和学者，向他们征询关于如何能够"安集百姓"的问题。但是大家的意见很不一致，"言人人殊"。最后曹参在胶西找到了一位"善治黄老言"的盖公，盖公教给他"治道贵清静，而民自定"。曹参很重视盖公的意见，并且在齐国加以实行。据说"其治要用黄老术，故相齐九年，齐国安集，大称贤相"①。后来曹参到汉朝中央做丞相，仍继续推行这种"黄老术"。所谓"黄老术"，就是盖公所说的"贵清静"，也就是不过分打扰老百姓，不过分剥削和劳役农民，使人民能够在相对安定的环境中进行生产和建设，即所谓"与民休息"。汉初统治阶级接受了黄老思想的指导而推行"清静无为"、"与民休息"的政策，是广大劳动人民用自

---

① 《汉书》卷三十九《曹参传》。

己的鲜血和生命斗争得来的成果，在一定程度上保证了人民生活的相对安定和生产的正常进行，有利于社会经济的恢复和发展。

西汉初期，农业生产有着迅速的发展，一个突出的表现，就是农业劳动人口的增加。据《汉书·高惠高后文功臣表》记载：汉朝建立之初，"时大城名都，民人散亡，户口可得数，才十二、三。是以大侯不过万家，小者五、六百户"。到文帝、景帝时，情况就有了很大的变化，"列侯大者至三、四万户，小国自倍"。以山东的几个地区为例：如东武（郭荣封地，今山东诸城市）汉初有3000户，至景帝六年为10100户，约50年间增加3倍有余。曲成（虫达封地，今山东掖县东北）原有4000户，至文帝后二年为9300户，约40年间增加1倍有余。魏其（周止封地，今山东临沂县南）原有1000户，至景帝三年为3000户，约50年间增加2倍。高宛（丙猜封地，今山东博兴县）原有1650户，至武帝建元三年为3300户，约60年间增加1倍。从以上材料，可以看出西汉初期山东人口增加的情况。农业劳动人口的增加，不但是当时社会经济发展的反映，而且它同时又促进了社会经济的发展。

山东地区处于黄河下游，自古就经常受到河水泛滥的灾害，为了保证农业生产的丰收，山东劳动人民对黄河进行了长时期的斗争。西汉前期黄河不断决水，最严重的有两次：一次是在武帝元光三年（前132），黄河在东郡瓠子堤（今河南濮阳县南）决水，黄河改道南流，泛滥地区遍及十六郡，给人民带来巨大灾难。那时候，贵族田蚡为丞相，他的封地在鄃（今山东平原县西南），位于旧河道北岸，河水南流，鄃地不仅受不到水灾，而且他的收入还要增多，所以他力阻治理。治河工程被搁置了20余年之久，使山东南部年年歉收。一直到元封二年（前109）武帝始下令修治，经过山东和河南人民的共同努力，才把决口塞住。不久以后，黄河又在馆陶（今山东旧馆陶）决水，山东人民接受了上次治黄的经验，在决口处顺水势开凿了一条与黄河深宽相等的屯氏河，自馆陶向东北流入海中，因而解决了水患。直到宣帝黄龙元年（前49），60年之间，山东地区再也没有遭受大的水灾，从而保证了农业生产的发展。

与治河同时，山东各地区还大规模地兴修了水利灌溉工程，据《汉书·沟洫志》记载：武帝时，"用事者争言水利……东海引巨定（泽），泰山下引汶水，皆穿渠为溉田各万余顷"。由于水利灌溉事业的发展，使农产量有了很大的提高。如琅邪郡的稻县（今山东高密市西南）"蓄潍水溉田……旁有稻田万顷，断水造鱼梁，岁收亿万，号万疋梁"①。一个县内就有稻田万顷，岁收亿万，可能有些夸大，但是在一定程度上也反映了这个地区农业生产发展的面貌。琅邪郡在汉代号称东方的谷仓，绝非无因的。

山东的手工业最主要的就是煮盐、冶铁和纺织，这些手工业都有悠久的历史。

西汉初由于中央集权还不巩固，地方割据势力强大，对于盐铁事业采取了放任自流的政策，地方上的盐铁生产，多半由各郡国自行管理或豪民经营。潍县郭氏所藏封泥中有"琅邪左盐"、"齐铁官印"、"齐铁官长"、"齐铁官丞"、"临菑铁丞"封泥5枚（藏北京大学历史系），这些封泥是齐悼惠王、齐哀王时的遗物，相当于西汉高祖至文、景时代。当时齐国对于盐铁的管理，有长有丞，说明已建立了一套比较完备的组织。山东地区不仅是王国专擅盐铁之利，并且还出现了许多依靠盐铁致富的大商人。如《史记·货殖列传》载："鲁人俗俭啬，而曹邴氏尤甚，以铁冶起富至巨万（巨万即万万）。"又"齐俗贱奴虏，而刁间独爱贵之。桀黠奴，人之所患也，唯刁间收取，使之逐渔盐商贾之利。或连车骑，交守相，然愈益任之，终得其力，起富数千万。"这两个人都是当时名闻全国的大盐铁商，由此也可以看出山东盐铁事业的兴盛。

汉武帝时，为了加强中央集权，弥补对外战争的消耗，曾采取了许多办法来增加国家的收入，其中就有盐铁专卖一项。元狩三年（前120）武帝任用山东的大盐商东郭咸阳、河南的大冶铁商孔仅为大农丞，分别管理盐铁事务。以后又经过桑弘羊的大力整顿和发展，在许多郡县都设立了盐官和铁官，专门经营盐铁的生产和销售。当时全国共设立铁官48处，而山东就有12处，其地点为：

  千乘郡。济南郡东平陵、历城、泰山郡嬴。齐郡临淄。东莱郡东牟。琅邪郡。山阳郡。
  胶东国郁秩。城阳国莒。鲁国鲁。东平国。

---

① 《读史方舆纪要》卷三十六。

全国盐官共 35 处，山东有 11 处，计有：

> 千乘郡。北海郡都昌、寿光。东莱郡曲城、东牟、𦈡、昌阳、当利。琅邪郡海曲、计斤、长广。

这些盐铁官的数字，表明了当时山东盐铁生产在全国占有重要的地位。

山东的纺织手工业是举世闻名的，"号为冠带衣履天下"。临淄和东阿是汉代两个纺织手工业的中心，所谓"齐阿之缣"，就是当时著名的"贡品"。西汉政府为了满足各级贵族和官僚的服用，特别在临淄设立三服官。元帝时贡禹上书说："故时齐三服官，输物不过十笥；方今齐三服官作工各数千人，一岁费数巨万。"① 可见生产规模之大。

除了盐、铁、纺织三大手工业之外，其他的一些手工业也有了很大的发展。西汉政府在全国共设工官 8 处，而山东居其二，有泰山郡的奉高和济南郡的东平陵。新中国成立后，在山东发现了很多有价值的汉代文物。如在济南东平陵、曲阜、潍县和掖县等地发现的许多汉砖，砖上的花纹都很精细，有各种不同的花纹和风格。其中有几何纹的券砖、菱形砌砖以及刻有武士、人面、鹿山纹等的角道砖等。值得注意的是在曲阜灵光殿遗址中所发现的地下陶制水管。灵光殿是西汉景帝时鲁恭王所建，公元前 2 世纪在建筑上就懂得从地下排水，以保持地面上的清洁和保护建筑物，这是山东劳动人民的光辉创造。

随着农业和手工业生产的发展，商业也繁荣起来。临淄和陶这两个城市在商业上仍占据重要的地位，是商贾云集和四方货物集散之地。尤其临淄是一个全国性的商业城市。据当地人主父偃说："临淄十万户（比战国时增加了 3 万户），市租千金，人众殷富，巨于长安。"② 山东的鱼、盐、铁器、漆器、丝帛，特别是纺织品销行全国。东海出产的鱼盐，由临淄运至陶，再由陶运到楚地。这时的陶在商业上已成为临淄的附属城市。

商品交换的发展，促进了货币的流通。在汉武帝统一铸币以前，私铸

---

① 《汉书》卷七十二《贡禹传》。
② 《汉书》卷三十八《高五王传》。

之风很盛，币制也很紊乱，不仅王国诸侯、郡县官吏可以铸钱，一些豪民也可以铸钱。西汉前期郡国所铸的钱，现在尚能见到一部分。吴县蒋伯斧藏有"临菑四铢"、"阳丘四铢"、"骀四铢"、"东阿四铢"、"临朐四铢"、"姑幕四铢"6种，钱形或方或圆，字形或阴文或阳文，并无定式[①]。据《汉书·地理志》载，临淄、临朐皆属齐郡，阳丘、骀县属济南郡，东阿属东郡，姑幕属琅邪郡，这些地方都在今山东境内。这些钱大概是在汉文帝时，齐国仿照汉四铢钱名称自铸的钱。又《善斋吉金录·泉录》卷三著录四铢钱共101枚，皆为济南出土，有仅"四铢"二字，有加以"临菑"、"淳于"、"骀"丞等地名、姓氏或官名的，这也是齐地自铸的钱。与蒋伯斧所藏钱体制大致相同。《续封泥考略》卷一有"齐锺官长"印，按"锺官"即铸钱机构，可为齐国自行铸钱的确证。这些材料虽然很零星，但都能说明西汉时山东地方商品货币关系的发展情况。

商品货币关系的发展，是高利贷活动的温床。当时高利贷者被称为"子钱家"，利息一般是百分之百，有时高到百分之一千。上面提到的曹邴氏，不仅是个大铁商，而且还是一个大高利贷者。"贳贷行贾遍郡国"。所谓"布衣有朐邴（即曹邴氏），人君有吴王"[②]。曹邴氏与吴王刘濞相提并论，可见其经济势力之雄厚。但是另一方面也反映了劳动人民受高利贷剥削的严重情况。

二

西汉时期山东地区的经济发展，是广大山东人民长期辛勤劳动的成果。但这些成果绝大部分被地主、贵族兼并掠夺了去，甚至到后来连再生产也难以维持。汉武帝初年，强凌弱、富役贫、豪党兼并的现象就已经十分严重。董仲舒指出当时的情况是"富者田连阡陌，贫者亡立锥之地"；而农民则"常衣牛马之衣，而食犬彘之食"[③]。

在汉武帝统治的50多年中，几乎进行了40多年的战争，这些战争加

[①] 《古泉大辞典》下编补遗五一七页四铢条下。
[②] 《盐铁论·禁耕》。
[③] 《汉书》卷二十四《食货志》。

给人民的负担是极为沉重的。据《汉书·食货志》记载:"彭吴穿涉貊朝鲜,置沧海郡,则燕、齐之间靡然发动……又兴十余万人筑卫朔方,转漕甚远,自山东咸被其劳,费数十百巨万。"此外,汉武帝为了满足他的统治欲望,又听信齐人公孙卿等制造的"封禅可以成神仙"的谎话,多次封禅泰山。山东人民常常被迫放弃生产,为封禅预治宫室、修筑驰道;而一切人夫车马等的费用,自然也要由山东人民来负担。

广大农民在地主、贵族兼并、剥削之下,本来生活已经十分困难;再加上长期战争的折磨以及统治者无谓的铺张浪费,农民的生活更加恶化,阶级矛盾日趋尖锐。据《史记·酷吏传》记载,当时在山东泰山、琅邪一带就有徐勃领导的农民起义,他们"攻城邑,取库兵,释死罪,缚辱郡太守、都尉,杀二千石"。汉武帝虽然派遣专门使者发兵镇压,但是他们散而复聚,往往成群,扼守山川,而官军则无可奈何。

西汉后期,自元帝至哀帝约40年间,政治越来越腐败不堪,统治阶级对人民压榨也越来越严重。元帝时山东籍的官僚如琅邪(治东武,今山东诸城)人贡禹、东海承(应作丞,今山东峄城西北一带)人匡衡等在上书中都提到这种情况,贡禹说:"农夫父子暴露中野,不避寒暑,捽草杷土,手足胼胝,已奉谷租,又出藁税,乡部私求,不可胜供。"①匡衡也说:"今关东连年饥馑,百姓乏困,或至相食,此皆生于赋敛多,民所供者大。"②他们两人所说的情况,当然不限于山东,是带有普遍性的。此外,贡禹还谈到自己家庭的情况,他说在他没有做官以前,"家赀不满万钱,妻子糠豆不赡,短褐不完,有田130亩"。有不满万钱的家赀,或者有田百三十亩,在西汉是属于"小家",算得上比较富裕的农民,可是一家的吃饭穿衣问题还有困难。这段话是贡禹富贵之后对统治者感恩戴德的话,可能有些夸大之词,但借此来推测当时一般贫苦农民的生活,其困难程度也就可想而知了。

元帝以后,由于政治的腐败,重要的水利工程无人管理,水利失修,给西汉后期的山东农村经济带来了严重的灾害。这一时期由于连年水旱为

---

① 《汉书》卷七十二《贡禹传》。
② 《汉书》卷八十一《匡衡传》。

灾，史书上不断出现人吃人的记录①。农民起义的火焰在到处燃烧着。成帝河平三年（前26）东郡茌平（今山东茌平）人侯毋辟兄弟5人领导农民起义，他们焚烧官府，捆绑县令，夺取印绶，自称将军。永始三年（前14）山阳（今山东金乡）铁官徒苏令等228人起义，杀死东郡太守及汝南都尉，夺取库兵，自称将军，势力发展到19个郡国，连续进行了一年多的斗争。这些起义虽然都失败了，但都严重地打击了封建统治，统治阶级把他们比作"陈胜、项梁奋臂之祸"②，给不久以后的更大规模的农民起义作了准备。

在农民起义的风暴袭击之下，西汉政权发生了根本的动摇。汉哀帝死后，外戚王莽乘机攫取了政权，公元8年称皇帝，国号"新"。王莽为要巩固他的统治，实行了一系列的社会经济政策，如把私田一律改为王田，禁止奴婢买卖以及五均、六筦等等。在山东地方具体执行这些政策的人，就是著名的豪商、拥有家赀5000万的临淄姓伟。这个人很会求利，和官府勾结在一起，狼狈为奸，用种种办法鱼肉人民，因此"百姓愈病"。尤其是王莽无故对北方匈奴用兵，在山东地区大规模地征兵征粮，使者坐催，十万火急，给山东人民带来了严重的灾祸。

王莽天凤元年（14）以后，山东连续发生了大旱和蝗灾，青、徐地大饥，人相食。深受重重痛苦的山东人民忍无可忍，大起义的时机酝酿成熟了。

公元17年，琅邪郡海曲县（今山东日照）吕母领导数百人首先举起了义旗，攻入县城，杀死了县令。第二年，琅邪人樊崇又领导一批饥民在莒县起义。最初起义军只有百余人，但当起义的大旗树立起来的时候，青、徐等地的灾民立即响应，仅仅一年，起义军便发展到一万多人。樊崇的同乡逢安和东海人徐宣、谢禄、杨音等也都纷纷起义响应，共推樊崇为领袖。这时吕母已死，她的部众也归附了樊崇，于是这一支农民军便迅速地扩大成为十几万人的队伍了。

樊崇领导的起义军都是在地方官吏、豪强地主压迫和剥削之下为了求生存而奋起反抗的淳朴农民。起初，他们组织起来，只是为了便于向当地官府和地主索取粮食，以维持生活，并没有夺取政权的远大理想；他们还常常

---

① 《汉书》卷九《元帝纪》："初元元年九月，关东郡国十一大水，饥，或人相食。二年六月，关东饥，齐地人相食。"又《汉书》卷八十三《薛宣传》载成帝时"百姓饥馑，流离道路，疾疫死者以万数，人至相食"。

② 《汉书》卷八十五《谷永传》。

希望岁熟，重返故里。后来由于人数增多，他们才规定了口头约束："杀人者死，伤人者偿创。"没有什么旌旗、文书、号令，也没有什么正规的军事编制。他们的队伍里"最尊者号三老"，次"从事"，次"卒史"，这些都是地方上低级官吏的职称；他们彼此之间则互称为"巨人"。像这支农民军的淳朴行为，连封建统治阶级也都认为是十分怪异的事。

　　樊崇所领导的农民军，从莒县起义后，便转移到泰山一带活动。反动的统治阶级当然不能容许农民军的存在，王莽派大将田况率兵来镇压，在姑幕（今山东莒县东北）一战，农民军把田况打得大败。王莽恼羞成怒，于是在地皇三年（22）又派太师王匡和更始将军廉丹率领十几万官军到山东来镇压。樊崇领导的农民军为了避免在作战时和官军混淆不清，于是把眉毛染成红色，从此被称为"赤眉军"。王匡和廉丹的官军所到之处，烧杀掳掠，无所不为，所谓"官兵"，实同盗贼；而赤眉的军纪却非常严整。当时在山东流传着这样一首民歌："宁逢赤眉，不逢太师；太师尚可，更始杀我。"① 太师、更始，即指王匡和廉丹率领的官军。这首民歌生动地说明人民群众对王莽官军的深恶痛绝和对赤眉军的衷心爱戴。正由于赤眉军是农民自己的队伍，得到人民群众的支持，所以在鲁西南的反围剿战斗中，把十几万官军打得落花流水，并乘胜追到无盐（今山东东平县东 20 里），击毙廉丹，王匡狼狈逃窜。在这次胜利后，赤眉军也由防御转为进攻，先攻克东海，又西进连破楚、沛、汝南、颍川等地，复攻陈留，拔鲁城、濮阳。至此，今山东、苏北、皖北、河北、河南相连的地区，大部为赤眉军所控制。无盐追歼战，是农民军对官军具有决定意义的一战，大大推动了东方起义军的发展。

　　在赤眉起义的同时，南方也兴起了一支号称"绿林"的农民起义军，这支军队自南向北进攻。地皇四年（23）绿林军在昆阳（今河南叶县）也打了一场大的胜仗，这一仗摧毁了王莽的"百万"主力军（实际上是 40 多万），因而声势极为浩大。但这支农民军不久便被没落地主贵族分子刘玄钻了空子，篡夺了领导权。刘玄利用农民军，在天下百姓归心于农民军的形势下，迅速占领了洛阳，攻入长安。刘玄做了皇帝，号称"更始"。

　　除绿林军之外，其他地区也还有许多支农民起义军，其中较大的一支

---

① 《汉书》卷九十九《王莽传》下。

是河北的铜马军。后来这支起义军也被地主贵族分子刘秀所收编，成为刘秀争夺天下的一支重要武装力量。

当绿林军攻陷洛阳的时候，山东的赤眉军已发展到20万人，并向西进占濮阳和颍川。他们听到王莽政权已被推翻，刘玄已在洛阳建立了新政权，便由樊崇等亲去洛阳联络，表示对新政权的信赖和拥护。这时本来是两支兄弟农民队伍合并为统一力量的大好机会，但刘玄心怀疑忌，不愿和赤眉军合作，对赤眉大军不采取任何措施加以安置，只以空头的官爵笼络樊崇等人，同时却暗中派兵袭击赤眉军的后方。刘玄的倒行逆施，使樊崇等大为失望和不满。从此，赤眉军便和更始政权决裂了。

公元24年更始政权迁都长安以后，赤眉也开始分兵两路向西进攻：一路由樊崇、逄安率领，攻入长社，南击宛；另一路由杨音、徐宣、谢禄率领，攻下阳翟、汝南，两路大军沿途不断打败刘玄的军队。但是就在这个时候，赤眉军也暴露了他们的弱点，史称"赤眉众虽数战胜，而疲敝厌兵，皆日夜愁泣，思欲东归"[①]。这充分表现了农民小私有者的特点，他们非常眷恋着自己那块少得可怜的土地，尽管斗争取得胜利，却没有远大的政治眼光，总是想回家种地。当然，热爱生产劳动是农民的优良品质，但在革命尚未成功的时候，回到家乡是否就能够实现这种美好愿望？这一点，他们却很少考虑；但纷纷思家却造成了军心的涣散。

樊崇等农民领袖也看到了这一点，为了防止军队瓦解，他们决定继续西进，攻取长安。樊崇、逄安率领的军队攻入武关；杨音、徐宣、谢禄的军队攻入陆浑关。公元25年正月，两路大军会师于弘农。赤眉军迅速发展壮大起来，人数增加到30万，分为3营，每营置三老、从事各1人。在农民军到达华阴的时候，由于封建正统思想的影响，有人劝樊崇等拥立一个姓刘的人做皇帝，以为"西向帝城"的号召。于是他们便用"探札"（即抓阄）的方式在军中找出一个15岁的牧童刘盆子来做皇帝，年号"建世"，国号也称"汉"。但刘盆子年幼不能管理大事，而樊崇才真正是在群众中最有威信、最受群众爱戴的领袖。可是樊崇不识字，当时在赤眉将领中只有徐宣曾做过狱吏，是唯一有学问的人。因此，就以徐宣为丞相，樊崇为御史大夫，

[①] 《后汉书》卷四十一《刘盆子传》。

逢安、谢禄做了左右大司马，杨音以下都是列卿。就是这样模仿汉朝中央政府的形式初步组成了一个新的政权，指挥着农民大军继续向长安进攻。

刘玄得知赤眉军前来进攻的消息，准备迎战。但由于他生活腐化，脱离群众，绿林军的将领久已对他不满；而刘玄也对这些农民将领心怀猜忌，所以在赤眉军向长安进军之时，他们之间已先自分裂。刘玄竟借故把农民将领陈牧、成丹等杀死，又使其亲信地主分子李松、赵萌袭击王匡等部，王匡等力战不胜，投奔了赤眉。于是赤眉和绿林余部合作，共攻刘玄。公元25年农历九月赤眉大军胜利地进入长安，刘玄投降，汉朝200多年来统治劳动人民的政治中心长安，终于落入起义农民的手中。

赤眉军进入长安后，军纪非常严明，甚至封建史家也不得不承认农民军"各闭营自守，三辅翕然称天子聪明，百姓争还，长安市里且满"[1]。但农民军在长安却遭受了极大的困难，即严重的粮荒。其原因，一方面是刘玄在长安时肆意掠夺，当赤眉军进入长安时，人民生活已经十分困难；另一方面，长安周围的反动地主武装不仅筑坞据守，并且禁止粮食输入，妄图把赤眉军困死在长安。赤眉军为给养困难所迫，不得不撤离长安。他们听说长安以西土广人稀，物产丰富，于是决定继续西进。哪知长安以西早为刘秀部下邓禹的军队搜掠一空。因此，赤眉军到此之后，仍然不能解决粮食问题；而反动地主武装又不断袭击饥饿的农民军。当赤眉军到达番须谷（陕西陇县西北）时，又遭大雪，很多士兵冻饿而死。这些挫折迫使赤眉军只好再返回长安。这时，由于地主武装的破坏，长安一带的饥荒更严重了，"人相食，城郭皆空，白骨蔽野"[2]。赤眉军在饥荒的胁迫下，不能困守一无所有的长安城，至此，也只有回山东老家这一条路可走了。

这时候，刘秀已经占领了洛阳，在河南以逸待劳，趁机向赤眉军展开了猖狂的进攻。他一方面屯兵新安，阻止赤眉军东归之路；一方面驻兵宜阳，防止赤眉军南向；又命冯异、邓禹等迎击赤眉军，这样两面钳制、中间阻击，使赤眉军走投无路。但赤眉军仍然屡败邓禹的军队，迫使汉军不能撄其锋。公元27年春天，赤眉军出函谷关，在崤底遭到冯异的伏击，伤亡很

---

[1] 《后汉书》卷四十一《刘盆子传》。
[2] 《后汉书》卷四十一《刘盆子传》。

大，不得已退走宜阳，但到宜阳又落入刘秀大军的重重包围中。赤眉军由于饥荒和长期征战没有得到休整，早已疲惫不堪；更加兵士思乡心切，军心涣散，故而不能再战，只好向刘秀投降。同年夏，樊崇、逢安等曾再次起义，但是由于势孤力弱，不幸又被镇压下去了。这支起义于山东、经历10年、所向无敌、转战7省（山东、江苏、安徽、河北、河南、陕西、甘肃）的几十万农民大军，就是这样被地主阶级扼杀了。

赤眉起义虽然失败了，但在中国农民战争史上写下了光辉的一页。它和绿林等兄弟农民起义军一起以革命的暴力推翻了王莽的反动统治，严重地打击了地主阶级，进一步扫除了奴隶制度的残余，为历史的发展开辟了道路。只是由于历史条件和农民阶级条件的限制，赤眉和绿林农民起义军一样，都缺乏远大的政治理想和目标。在起义过程中都没有提出明确的政治口号；在建立政权以后，也没有采取适当措施恢复社会秩序，以巩固政权；他们又都受了封建正统思想的影响，分别拥立了姓刘的所谓"皇族"当皇帝，敌我界限模糊，甚至互相火并，自相残杀，终于被刘秀篡夺了农民起义的胜利果实。这些都是深刻的历史教训。

三

赤眉、绿林等农民起义，沉重打击了地主阶级，部分地改变了西汉以来土地占有和人身依附关系的状况，土地兼并的趋势有所缓和，不少农民重新获得了一小块土地，许多奴婢得到解放。阶级矛盾的暂时缓和与社会秩序的相对安定，使东汉前期社会生产又能在西汉的基础上继续向前发展。

在山东地区首先是水利建设。从西汉末年到王莽执政时期，由于政治腐败，水利失修，黄河经常决口，泛滥为灾。最严重的一次是王莽始建国三年（11）黄河在魏郡决口，河道南移，改由千乘（今山东利津）入海，河水大量浸入汴渠，黄河下游连年泛滥，淹没几十县。明帝永平二十年（69）卓越的水利工程家王景和他的助手王吴领导治河工程，山东、河南农民参加治河的有几十万人。《后汉书·王景传》记其事说："修渠筑堤，自荥阳东至千乘海口千余里，景乃商度地势，凿山阜，破砥碛，直截沟涧，防遏冲要，疏决壅积，十里立一水门，令更相回注，无复溃漏之患。"从这一段简单的记录中，可以看出这次治河的方法是：

第一，修成了长达千余里的大堤，并在险工处加意防护（防遏冲要）。

第二，疏浚古代河流分支，其中主要是汴水，以分泄部分洪水（疏决壅积）。

第三，设立许多泄洪闸和溢洪堰，作为分洪、滞洪、放淤或沉沙区（十里立一水门，令更相回注）。

由于这次治河采取了修堤、分洪、滞洪、放淤等综合措施，黄河下游自周秦以来第一次形成了统一的防洪工程。它的防御洪水能力是相当大的，在此后大约七八百年之间，黄河一直没有发生大的水患，对黄河下游地区的农业生产起着重要的保障作用。

冶铁技术也有很大进步。山东滕县宏道院藏有一幅东汉时冶铁和锻铁石刻画像，生动地刻画了当时冶铁工人生产的情形。在这幅画中值得注意的是多管鼓风橐的使用，这种新的鼓风设备，可以向炉内压送大量的空气，对提高炼炉温度和增加铁产量有很大作用。由于冶铁技术的进步，从战国以来在农业生产上一直沿用的V形犁铧也有很大的改进。例如东平出土的铁犁铧，刃端角度逐渐变小，比以前坚固耐用，不仅起土有力，而且可以深耕。随着铁犁的改进，牛耕的方法也进步了。西汉武帝时赵过所发明的牛耕方法，还是用二牛耦犁三人；但从滕县出土的东汉牛耕画像石来看，已经改成一人扶犁，一牛拉犁了，这样不仅耕作方便，而且也节省了人力和畜力。

如上所述，黄河水利工程的修建，冶铁技术的进步，生产工具和牛耕方法的改进，所有这些都有力地说明了东汉时期山东地区农业生产水平比西汉有了显著的提高。

纺织业也有很大的发展。王充《论衡·程材篇》引俗话说："齐郡世刺绣，恒女无不能。"反映了山东农民家庭纺织业的普遍化程度。从嘉祥武氏祠和肥城孝堂山东汉画像石中反映当时现实生活的曾母、孟母纺织图来看，东汉的织机已和后来的腰机相似，用这种腰机织布，大约每天可织出布一丈三尺左右[①]。

[①] 《太平御览》卷八二六引《古艳歌》："三日载匹，犹嫌我迟。"一匹为4丈，三天成匹，一天可织1丈3尺余。证之北魏张丘建《算经》所载一个善织的女子一月可织9匹3丈的记录大致符合。

山东的纺织品不仅生产数量多，而且质量也很高。就种类来说，有"冰纨、绮绣、纯丽之物"①。就花纹来说，有各种不同的图案。《急就篇》说："齐国给献素增帛，飞龙凤凰相追逐。"可见纺织手工的精巧。

山东的纺织品销路很广，不仅畅销全国，而且还远销国外。20世纪初英国人斯坦因（Stein）曾在敦煌发现任城亢父缣，上面还有题字："任城国亢父缣一匹，幅广二尺二寸，长四丈，重二十五两，直钱六百十八。"任城亢父在今山东济宁境内，任城国于东汉章帝元和元年由东平国分出，故亢父缣为东汉时的遗物。敦煌是汉代通西域的要道，可见亢父缣是一种外销的丝织品。

山东的其他手工业如制陶业、漆器制造业也有所发展。新中国成立后在潍县、定陶、菏泽、高唐等地都有不少的汉代陶器出土，其中有大量的陶厨、陶灶、陶俑、陶磨、陶马、陶鸡、陶狗等等。尤其是高唐县固河汉墓中出土的绿釉陶楼最为杰出，楼高140多厘米，共分4层，结构十分雄伟。在文登、掖县、莱西等地有大量的漆器出土。其中以莱西岱野汉墓中发现的一批漆器保存比较完整，有梳匣、圆匣、椭圆形匣、小方匣、镊匣、带环杯、耳杯等，这些漆器都是夹纻胎，并且大部分的底部都用银叶包镶，器内外花纹也极为精美。所有这些都说明山东的手工工人在工艺品的创作上已达到很高的水平。

东汉时期，山东地区的劳动人民用自己的血汗创造了大量的社会财富，但这些财富绝大部分都被豪族地主及其政权掠夺了去。因此，从东汉建立后阶级矛盾就呈现出日益激化的趋势。

东汉政权是在豪族地主的支持下、在镇压农民起义的血泊中建立起来的，它必然代表并从各个方面来满足豪族地主的利益。根据许多史料记载，都说明这个时期山东地方豪族势力有了更大的发展。

山东地方的豪族发展情况，可以分为以下几种类型：

一种是以经学起家的世家大族。这个集团是以累世经学、封建礼法为招牌，长期在政治上、社会上占据着特殊的地位。自从西汉武帝尊崇儒术以来，儒生的政治出路便宽广起来，往往由此获得高官厚禄。如西汉时鲁国邹

---

① 《汉书》卷二十六《地理志》。

人韦贤因通晓经学而位至丞相,他的儿子韦玄成也以明经历位至丞相,所以邹鲁一带有这样的谚语:"遗子黄金满籝,不如一经。"①这样到东汉时,便形成了许多以经学起家的豪族。如鲁国孔氏、泰山羊氏、琅邪伏氏都是世代官僚地主。孔昱"七世祖霸,成帝时历九卿,封褒成侯。自霸至昱,爵位相系,其卿相牧守五十三人,列侯七人"②。羊续"其先七世,二千石卿校"③。伏湛九世祖伏胜,即有名的传《尚书》的济南伏生,其父伏理也是当代名儒,曾为汉成帝师、高密王太傅。湛兄弟子侄,在东汉时皆位至卿相④。像这类的大地主在山东地区还很多,不能一一列举。他们是当时社会上的一个重要势力。

另一种豪族就是宦官和依附于宦官周围的一些豪强地主。《后汉书·侯览传》载:"小黄门段珪,家在济阴,与览并立田业,近济北界,仆从宾客,侵犯百姓,劫掠行旅。"据东部督邮张俭所揭发,宦官侯览"前后请夺人宅三百八十一所,田百一十八顷,起立第宅十有六区,皆有高楼池苑,堂阁相望,饰以绮画丹漆之属;制度重深,僭类宫省。又豫作寿冢,石椁双阙,高庑百尺,破人居室,发掘坟墓,虏夺良人,妻略妇子"。又《后汉书·范康传》载,范康为"泰山太守,郡内豪姓多不法,康至,奋威怒,施严令,莫有敢犯者,先所请夺人田宅,皆遽还之。是时山阳张俭杀常侍侯览母,案其宗党宾客,或有进匿泰山界者。康既常疾阉宦,因此皆穷相收掩,无得遗脱"。这些记载说明当时山东地区宦官集团的势力是很大的,他们可以任意强占人民的田宅,霸占人民的妻子,甚至拦路抢劫。虽然一度遭到张俭、范康等人的打击,但结果他们却受到侯览及当地土豪朱并等人的迫害,张俭被迫亡命,受牵连"伏重诛者以十数,宗亲并殄灭,郡县为之残破"⑤,而范康也被流徙日南。

还有一种是由经营商业和放高利贷起家的豪族地主,他们拥有巨量的财富和占有广大的土地以及成千上万的劳动人口。虽然在政治上他们没有上

---

① 《汉书》卷七十三《韦贤传》。
② 《后汉书》卷九十七《孙昱传》。
③ 《后汉书》卷六十一《羊续传》。
④ 《后汉书》卷五十六《伏湛传》。
⑤ 《后汉书》卷九十七《张俭传》。

述世族、宦官集团那样特殊的地位，但是自东汉中期以后已经发展成为一种强大的社会势力。山阳高平（今山东金乡、邹县一带）人仲长统曾以他目睹的情况作过以下两段介绍：

> 豪人之室，连栋数百，膏田满野，奴婢千群，徒附万计。船车贾贩，周于四方；废居积贮，满于都城。奇赂宝货，巨室不能容；马牛羊豕，山谷不能受。
>
> 井田之变，豪人货殖，馆舍布于州郡，田亩连于方国。身无半通青纶之命，而窃三辰龙章之服。不为编户一伍之长，而有千室名邑之役。荣乐过于封君，势力侔于守令。财赂自营，犯法不坐，刺客死士为之投命。①

仲长统的记述，可能有些夸大，但在很大程度上还是比较真实地反映了这些豪族的威势的。他们不仅占有遍及郡国的田产，而且还占有成千的奴婢，上万的徒附（即投靠依附于豪族地主的农民）。他们虽然不做官，无半纸任命状，甚至连伍长的资格都没有；但是他们却敢于穿着高级贵族的特制服装，过着比封君还要荣乐的生活。他们的势力和地方上的郡守县令一样大，可以随意奴役成千家的城乡人民，而不受法律的约束；并且还有刺客、死士充当他们的打手，替他们卖命。这些豪族俨然是一方的土皇帝。

这里应该指出：以上三类豪族地主，尽管在发展的道路上有所不同，社会身份有些区别，但是在本质上都是大土地所有者，都控制着众多的依附人口。这些人口有各种各样的名称，有"宗党"、"宾客"、"徒附"、"奴婢"、"僮客"、"刺客"、"死士"等等，他们在人身上都隶属于豪族，和东汉政府几乎不发生什么关系。我们知道在西汉时，除私有奴婢外，所有的人口都是封建国家的"编户齐民"，都有向封建国家纳租税，服徭役、兵役的义务（经过皇帝特许赦免的例外），就是"或耕豪田之田"的私家佃客，也只是为地主耕地纳租，他们在身份上仍是属于封建国家的领民。但是到东汉时就不同了。这种隶属关系的变化，说明这时封建依附关系已有了进一步发展，为魏

---

① 《后汉书》卷七十九《仲长统传》。

晋之际士族门阀制度的形成奠定了基础。

在豪族地主的统治压榨下，劳动人民过着牛马不如的生活，"被穿帷败，寄死不敛，冤枉穷困，不敢自理"。而豪强之家则是"妖童美妾填乎绮室，倡讴妓乐列乎深堂；宾客待见而不敢去，车骑交错而不敢进；三牲之肉臭而不可食，清醇之酎败而不可饮；睇盼则从其目之所视，喜怒则人随其心之所虑"①。剥削者和劳动者生活相比，无疑是天堂和地狱。这一切都充分反映了当时阶级矛盾的尖锐程度。

四

东汉中叶以后，由于豪族地主势力的发展，宦官外戚专政下的政治腐败，以及因水利失修而导致的各种自然灾害的侵袭，山东地区的广大农民都陷于贫困破产的境地，有的地方甚至连续发生人相食的悲惨景象。在这种情况下，山东农民为了争取生存，向统治阶级不断地进行着英勇的斗争。安帝永初三年（109），山东沿海一带的人民在张伯路领导之下举行了武装起义，连续转战沿海 9 郡的地方，声势浩大。第二年，张伯路又联合了渤海、平原一带的刘文河、周文光领导的农民军，进攻厌次（今山东乐陵）杀死了县令。接着又转入高唐，焚烧官府，释放囚犯，其首领皆称将军。

桓帝永兴二年（154），泰山琅邪一带又爆发了以公孙举、东郭窦领导的农民起义，杀死地方官吏，拥众 3 万余人。东汉统治者为了便于镇压农民起义，专门设置了"泰山琅邪都尉"。桓帝永寿二年（156），农民军分头攻青、徐、兖 3 州，屡败官军。

桓帝延熹三年（160），在泰山地区又有劳丙和叔孙无忌领导的农民起义。

以上几次农民起义，由于规模较大，对统治阶级打击沉重，所以才引起封建史学家的重视，加以口诛笔伐，因而保存下来一点零星的史料。这个时期山东农民起义不见于记载的还很多，统治阶级的官修史书上所谓山东"多盗"、"多寇盗"、"盗贼纵横"，对农民起义大肆污蔑，这些记录都反映

---

① 《后汉书》卷七十九《仲长统传》。

了山东人民持续不断的反抗斗争情况。

东汉政府对山东农民起义进行了残酷的镇压,地方上的一些豪族地主武装也经常配合官军对起义军进行血腥的屠杀。肥城孝堂山汉画像石有一幅"杀俘头献贵族地主图",就是地主阶级屠杀人民的血腥罪证。

在东汉政府官军和豪族地主武装联合镇压下,英勇的山东人民并没有屈服,他们屡仆屡起,最后终于和全国农民兄弟一道举行了轰轰烈烈震动8州的黄巾大起义。

在黄巾起义前的10多年间,山东地区连年发生灾荒,饥饿的农民离开了家乡,到处流亡。那时候,各地又流行着很厉害的传染病,人民死亡很多。农民无钱求医服药,穷困死亡迫使他们向鬼神求助。这样,带有迷信色彩的宗教组织便在人民群众中间迅速地发展起来。当时,在山东最流行的就是太平道。

太平道大约起源于东汉中叶。据《后汉书·襄楷传》记载:"顺帝时,琅邪宫崇诣阙,上其师于吉于曲阳泉水上所得神书百七十卷,皆缥白素、朱介、青首、朱目,号《太平清领书》。其言以阴阳五行为家,而多巫觋杂语。有司奏崇所上妖妄不经,乃收藏之。后张角颇有其书焉。"《太平清领书》就是太平道的经典,也是太平道得名的来源。最先得到这部书的是于吉。于吉,据《江表传》说,他是琅邪人,其弟子宫崇也是琅邪人。桓帝时襄楷又"上琅邪宫崇受于吉神书",这个上书的襄楷是平原隰阴(今山东临邑县西)人。他们三个人的籍贯都在山东,这些都说明《太平清领书》的传授和太平道的活动在山东民间已有了深厚的社会基础。以后由山东传到了河北,巨鹿人张角就利用它来作为组织和号召农民起义的有力工具。

黄巾大起义是一次有组织有准备的规模巨大的农民起义,开始于灵帝中平元年(184),前后持续了20余年之久,参加的人数不下数百万,活动地区包括青、徐、幽、冀、荆、扬、兖、豫8州之地。山东农民在这次起义中起着巨大的作用,特别是黄巾主力失败后,山东成为农民革命的中心区域。

当张角号召8州"三十六方"黄巾起义时,扬州和荆州黄巾军的一部约有数万人已事先北上,和幽、冀两州的黄巾军会合,四州联军统归张角亲自指挥,集中在魏郡。豫州的黄巾军由波才等率领,集中到东郡。荆州黄巾军由张曼成等率领，集中到南郡。兖州黄巾军由卜己等率领，集中到东郡。对东汉的京师洛阳采取了四面包围的形势。因为黄巾军缺乏作战经验，在东汉官军和各地豪族地主武装联合进攻下，6 州黄巾军都先后失败。这时，只有青、徐两州黄巾军还保存着原有的实力，成为后期黄巾军的主力部队。

公元 184 年以后，青州成为黄巾军的集结点。徐州黄巾军因遇到徐州刺史陶谦的攻击，全部转入青州，和青州黄巾军会师，所以当时有"青徐黄巾"之称。大概在这个时期，其他各州郡的黄巾军在主力瓦解以后，也有前来会合的。他们转战于冀、青、兖三州之间，经过较长时期的斗争，锻炼成为继张角之后的一支坚强的黄巾军。到公元 190 年，袁绍等组织的关东联军和董卓相持的时候，他们更得到了发展的机会。正如后来曹丕在《典论自叙》中所说："黄巾盛于海岳，山寇（指黑山起义军）暴于并冀，乘胜转攻，席卷而南，乡邑望烟而奔，城郭睹尘而溃。"那时青州（治临淄）刺史焦和是一个昏庸无能的家伙，他的军队虽然兵器很利，人数很多，但是等不到农民军到来，就望风而逃，不敢交战。焦和天天"祈祷群神，求用兵必利"，又"欲作陷冰丸沉河"，妄图阻止农民军渡河[1]。当然这种愚蠢的行动是阻挡不住农民军的，因而黄巾在那里可以从容地组织群众和整顿部队。那时候，孔融正任北海（治剧，今山东寿光东南 31 里）相，孔融是一个好空谈而不会打仗的书生，黄巾军张饶等率 20 万众，从冀州还攻北海，把孔融打得大败，孔融逃到都昌（今山东昌邑），又被黄巾军管亥部所包围，好不容易请刘备派兵来援救，方才解围[2]。到公元 191 年农历 11 月，青州黄巾军 30 万人进攻泰山郡，和太守应劭的军队多次交战，损失"辎重两千辆"[3]。接着黄巾军又想通过渤海地方和正在东进的黑山起义军会师。当时以太行山为根据地的黑山起义军，声势也很浩大，其实力和青州黄巾军相当。这两支起义军是全国起义军中最坚强的部队，如果能够会合起来，统一指挥，那么，当时整个战争局势将会大大有利于起义军。因此，青州黄巾军北上和黑山起义军会师的计划，在战略上具有重大的意义。可是青州军 30 万人通过渤海地区的急行军中缺乏戒备，在东光（今河北东光）附近遇到公孙瓒出其不意的袭

---

[1] 《三国志·魏志》卷七《臧洪传》注引《九州春秋》。
[2] 《后汉书》卷一百《孔融传》。
[3] 《后汉书》卷七十八《应劭传》。

击，牺牲 3 万余人，丧失辎重数万辆。当他们渡黄河北上时，又遭到公孙瓒的截击，死者数万，被俘生口 7 万余人，损失车甲财物，不可胜数①。这是青州黄巾军遭遇的一次重大挫折，从此就"军无辎重"了。到公元 192 年农历 4 月，部队经过整顿后，他们决定转向兖州进攻，在东平（今山东东平）附近粉碎了兖州刺史刘岱的主力军，杀死刘岱，一时农民军的声势又旺盛起来。

当青州黄巾军活跃于兖州一带的时候，却遇到了一个劲敌，这个敌人就是曹操。这时，曹操刚任东郡太守不过一年，听说刘岱战死，就派人劝说兖州官吏拥戴他做兖州牧。接着，曹操就带兵和青州黄巾军在寿张交战。当时的形势是：黄巾军有 30 多万，久经战斗，斗志昂扬，所谓"数乘胜，兵皆精悍"。而曹操只有几千人，"旧兵少，新兵不习练，举军皆惧"。从双方兵力和士气上来看，黄巾军胜过曹操。初交战时，曹操认为黄巾军"恃胜而骄，欲设奇兵挑击之"。他和济北相鲍信，率领步骑千余人进攻，遭到黄巾军的迎头痛击，死者数百人。鲍信"殊死战"，以救曹操，曹操"仅得溃围而出"，鲍信被当场击毙②。曹操是一位出色的军事家，熟习《孙子兵法》；但在久经战斗的强大的农民军面前，他的兵法就失灵了，"奇兵"也不奇了，反而陷入了重围，几乎把命送掉，由于鲍信的拼死救助，"仅得溃围而出"。《三国志·魏志·武帝纪》改为"仅而破之"，显然是回护之词。

黄巾军作战虽然勇敢，可是在当时却面临着一个严重的困难。黄巾军因为经过公孙瓒的袭击，尽丧其辎重，资财受到严重损失，补充给养困难，所谓"群辈相随，军无辎重，唯以钞掠为资"③。而且起义军的根据地青州，又被袁绍部下臧洪占据，臧洪正尽力镇压起义军，所谓"洪在州二年，群盗奔走"④。黄巾军男女百余万口已不可能回到老根据地去安定下来生产，这样随军移动，需要大批给养，又有很多不便。曹操就抓住了农民军的这个弱点，指挥官军乘间向黄巾军袭击，避免和黄巾军正面冲突，以困扰黄巾军。在这种情况下，黄巾军一面向济北退却，一面对曹操发出一道檄书，说：

---

① 《后汉书》卷一百三《公孙瓒传》。
② 《三国志·魏志》卷一《武帝纪》注及卷十二《鲍勋传》注引《魏书》。
③ 《三国志·魏志》卷一《武帝纪》。
④ 《三国志·魏志》卷七《臧洪传》。

昔在济南,毁坏神坛,其道乃与中黄太一同,似若知"道",今更迷惑。汉行已尽,黄家当立,天之大运,非君才力所能存也。①

檄书中提到曹操过去做济南相时"毁坏神坛"一事,曹操这种措施,在黄巾看来,和他们的"中黄太一"的"道"相合,因而误认为曹操似乎是一个懂"道"的人。这说明黄巾军的阶级意识是十分模糊的,他们受了宗教的蒙蔽,辨认不出阶级敌人,竟错误地把曹操当成了"同道",并幻想劝说曹操不要"迷惑",不要和黄巾为敌。曹操也就将计就计,利用所谓"同道"的关系,对正处在困境中的青州黄巾军进行诱降,即所谓"数开示降路"。就是这样,双方一边交战,一边谈判,经过了好几个月的酝酿,至初平三年(192)的冬天,这一支强大的山东农民武装终于在所谓"宽待"的条件下接受了曹操的收编。曹操收编了黄巾军30余万,男女百余万口,选拔精锐,重加编制,号为"青州兵"。从此,"青州兵"就成为曹操的主力部队和他争夺天下的工具。轰轰烈烈的山东黄巾农民革命运动至此完全失败了。

青州黄巾军起义是继张角失败以后在山东地区爆发的一次大规模的农民革命运动,起义虽然以失败而告终,但是在历史上却发生了巨大影响。至少有两点比较明显:

第一,青州黄巾军是佐助曹操完成北方统一的重要力量。关于这一点,连曹操本人也无法否认。他在类似自传的《让县自明本志令》中说:当初被举为孝廉时,只是想当一名郡守,博取一个清官的好名声。做典军校尉后,便想着为国家讨贼(指割据金城的边章、韩遂)立功,希望死后在他的墓碑上写上"汉故征西将军曹侯之墓",这就是他的生平之志。不久,又起兵讨伐董卓,他的志向也还是有限的。等到"后领兖州牧,破降黄巾三十万",情况就不相同了,遂有"平天下"之志。② 曹操所以能够统一北方,收编青州黄巾确是一个极为重要的关键。从分裂割据走上统一,这在当时是符合历史发展要求的,也是符合人民利益的。

第二,青州黄巾起义,不仅沉重地打击了腐朽的东汉政权和山东地方

---

① 《三国志·魏志》卷一《武帝纪》注引《魏书》。
② 《三国志·魏志》卷一《武帝纪》注引《魏武故事》。

豪族地主的势力，而且也教训了曹操，迫使他为了完成北方统一巩固自己的统治而不得不实行一系列缓和社会矛盾发展生产的措施，其中最重要的一项就是设置屯田。曹操设置屯田，不仅依靠了原来农民军"男女百余万口"及其随身携带的耕牛和生产工具作为基本劳动力和生产资料，而且也吸取了青州黄巾军的且耕且战的经验，曹操所谓效法汉武帝屯田西域故事，只不过是门面话而已。曹魏屯田，对恢复和发展农业生产乃至北方统一都起着极为重要的作用。从这个意义上说，青州黄巾军的功绩也是不应忽视的。

（原载《山东师范学院学报》1979年第4期）

论"游侠"

——读司马迁《史记·游侠列传》

两千年前伟大的史学家司马迁曾写过一篇《游侠列传》，这是第一次出现在中国史书记载中的一篇关于记述社会下层人物事迹的传记。在这篇传记中，司马迁提醒了我们注意：即对于游侠的活动在中国封建社会中所起的实际作用，是研究中国史所不可忽略的一个重要问题。

一、游侠产生的社会基础及其与墨者的关系

战国至西汉时代的游侠活动，是当时历史上一个相当突出的现象，以后在整个封建社会中，这种现象一直存在着，并且有着巨大的影响。

战国时期，是我国社会发展史上一个变革时代，它是由奴隶制解体向着封建化过渡的一个历史阶段。在这个时期，土地国有的井田制逐渐崩溃，而土地私有制则迅速发展，鲁宣公"初税亩"，就是意味着土地私有制合法性的存在。至秦商鞅变法，则是正式地确定了地主经济制度。由于土地所有制的改变，社会各阶级也有着与之相适应的变化。

第一，奴隶主贵族开始走向没落，代之而起的则是田连阡陌的封建地主阶级。

第二，从事农业生产的劳动者，也由奴隶的身份而逐渐转变为对地主有着一定程度的人身依附关系的半自由人——农民、佃农或者是雇农。

第三，工商业者逐渐脱离了奴隶主国家的豢养而成为独立经营的手工业者和自由商人。同时伴随着工商业的解放，也出现了专门靠金钱从事剥削的高利贷者。

与以上三种基本情况紧密相联系着，在当时还出现了这样一群人，那就是大批的既没有掌握生产资料而又脱离劳动生产的一群流浪者。这些流浪者多半是在战争中被奴隶主弄得破产了的农民和手工业者，也有一小部分人是在政治经济上失败的贵族分子。他们从土地上和作坊中被排挤出来，到处流亡。有些人为了生活所迫，就不得不铤而走险，从事"攻剽椎埋，劫人作奸"的活动。他们每到一处，就形成一个势力集团，甚至千里遥远的地方，彼此也都有联系。这些人中间的领袖分子就是"慷慨悲歌"的游侠之士。游侠的一个共同特点是：讲义气，守信用，扶困济危，借交报仇，"不避法禁，走死地如鹜"①。

游侠出身于社会下层，先天地赋予他们以正义感和反抗强暴的精神，这一点很容易理解。但是还必须指出这个阶层乃是一个不稳定的阶层，其中的个别分子，也往往会爬升为上层统治阶级，或者成为统治者的帮凶帮闲。

在战国时代，游侠的活动，从很多方面来看，都和当时风行一时的墨家传统有着极密切的联系，这是由于墨家的学说和游侠的社会基础在一定程度上有相通之处，而墨家的实践和兼爱的精神就会很自然地为游侠所接受，而成为游侠活动的理论指导原则。关于这个问题，我们只要举几条墨家的语录就可以得到证实：

> 士损己而益所为也。②
> 有力者疾于助人，有财者勉以分人。③
> 言必信，行必果，使言行之合，犹合符节也。④

这几条原则，正是游侠在生活实践中去努力实现的不可动摇的信条，

---
① 《史记·货殖列传》。
② 《墨子》经上。
③ 《墨子·尚贤下》。
④ 《墨子·兼爱下》。

谁要是不遵守这个信条，那么就会立即失去群众对他的拥护，而难以立足。

但是也有人曾经怀疑：墨家的行谊有些近于任侠是实在的，但不能就认为任侠即出于墨家。我认为这种怀疑是没有必要的，因为事实上游侠不但受着墨家的影响，而且还有不少人曾经出于墨子的门下，我们可以举出两条记载来证实这一点：

> 《吕氏春秋·尊师篇》："高何、县子石，齐国之暴者也，指于乡曲，学于子墨子。索卢参，东方之钜狡也，学于禽滑黎。"

禽滑黎是一个什么样人物呢？同书《当染篇》回答了这个问题："禽滑釐（黎）学于墨子。"①

这两条记载，已经给我们指出游侠之中确有一部分人如高何、县子石、索卢参等曾经师事过墨子，或者师事过墨子的门徒，我想这种情况决不是偶然的。

自战国末年以后，随着封建地主阶级统一政权的建立，墨学在专制统治压迫之下逐渐消亡，而墨派的孑遗则转入民间，以"游侠家"的形式存在着。墨派和游侠的合流，这是中国古代思想史上的一个重要问题，还有待于深入的研究。不过，我们应知道，后来的游侠，对于墨者思想的继承性则是十分明确的，并且他们在实践中进一步发挥了墨家的精神传统。

游侠既出身于游民无产阶层，而又接受了墨家的兼爱传统，这样就决定了游侠的社会实践带有二重性质，而往往在不同的历史条件下和不同的环境中有很大的差异，需要我们根据具体情况，运用阶级分析的方法，去寻求一个正确的估价，这对于深入了解中国的封建社会是有很大帮助的。

二、游侠的阶级性及其历史作用

自战国至秦汉时代，由于土地兼并的日益加剧，游民阶层也随之逐渐扩大，并形成社会上一个重要的力量，游侠就是这一些人中间最活跃的领袖

---

① 并见《吕氏春秋·公输篇》。

分子。

战国时代，诸侯国与国之间的兼并战争，以及各国内部的政治斗争，都非常剧烈，各国的统治阶级为了战胜敌人竞相延揽人才，用以扩大自己的势力。据司马迁在山东的实地调查，仅是齐孟尝君门下就招致了任侠之士6万余家，其他可想而知。他们或为"刺客死士"，或为"鸡鸣狗盗之徒"，成为统治阶级斗争中的有力工具。

西汉初，虽然完成封建的统一，但事实上封国割据的形势依然存在，如吴王刘濞、淮南王刘安，皆招致天下亡命之徒，作为自己的政治羽翼，以与中央集权相对抗。东汉以后，地方豪族势力兴起，他们为了保护自己的财产，加强对农民的统治和掠夺，也都拥有"刺客死士为之投命"。

很显然，所有的投靠在封建贵族地主阶级的门下，而充当其家奴或者保镖的一些游民，都是欺压在人民头上的恶棍，而为人民所切齿痛恨，汉乐府羽林郎中描写霍光家奴冯子都如何仗势欺压善良人民，公开持刀抢劫和调戏酒家妇女，正是这种事实的反映。但是我们还不能一概而论，譬如战国时代的专诸、豫让、聂政和荆轲等，虽然他们同是为统治阶级所利用，为知己报恩复仇，但是他们的大胆反抗强暴而慷慨牺牲的精神，人民却把他们当作反抗强暴的典型看待而给予极大的赞叹和同情。

从历史上看，游侠的活动是有两种出路的，一种是卷入了统治阶级，参与统治集团内部的斗争，作为他们进行某种政治活动的工具，由上述事实可以证明；一种是隐埋在民间，或行侠于乡里，或参加广大人民反对统治阶级的斗争，这种事实也是存在的。在这里，我只举汉代大侠朱家和郭解两个例子。如朱家"诸所尝施，唯恐见之，振人不赡，先从贫贱始。家无余财，衣不完采，食不重味，乘不过軥牛，专趋人之急，甚己之私"。郭解"更折节为俭，以德报怨，厚施而薄望……既已振人之命，不矜其功"①。因此他们都受到人民的拥护和爱戴。提起他们的名字，千里遥远的人都知道。后来连汉武帝都震惊郭解的名字，怕他在地方上作乱，强迫其迁徙茂陵。郭解家里本来很穷，但是地方上人士集资送行，就送了千余万。最后，郭解终被武帝族诛。

---

① 《史记·游侠列传》，以下引文不再注。

汉武帝天汉二年,关东地区不断爆发农民起义,"南阳有梅免、白政,楚有殷中、杜少,齐有徐勃,燕赵之间,有坚卢、范生之属,大群至数千人,擅自号,攻城邑,取库兵,释死罪,缚辱郡太守都尉,杀二千石"①。就在这一年的十一月间,武帝曾亲手写给关都尉一条诏令,说:"今豪杰多远交依东方群盗,其谨察出入者。"从这里我们可以了解,当时的豪侠之士,已不止于以一介"匹夫布衣"和强暴的统治者对抗,而且还直接支持和参加了广大的被压迫人民的反抗斗争。

在秦汉末年两次大规模的农民战争中,我们若予以详细的观察,在南方和北方的起义队伍里,同样也有不少的游侠活动,而且有的还是农民起义的组织者和领导者。我现在仅举一个著名的例子,就是西汉末的绿林军。绿林军起事的经过,据《后汉书·刘玄传》说:"王莽末,南方饥馑,人庶群入野泽掘凫茈而食之,更相侵夺。新市人王匡、王凤为平理诤讼,遂推为渠帅,众数百人。于是诸亡命马武、王常、成丹等往从之,共攻离乡聚,藏于绿林中。"这一段叙述,很简要指出,绿林军的首领,大都是"亡命"之人,具有"为平理诤讼"的侠义作风,受到群众的拥护而为农民军的领袖。很显然,他们决不是普通的田间农民,应是仆仆风尘、具有丰富的社会斗争经验的游侠人物。因此这一支绿林军后来发展的路线,也和同时起义的东方赤眉军不同。赤眉军可以说是一支纯粹由农民组成的队伍,从起事到失败,转战9年纵横河南、山东,给予地主阶级以有力的打击,同时在革命斗争过程中也充分暴露出农民的各种特点。然而绿林军则不然。绿林军的领袖,都有丰富的斗争经验,较明确的政治目标,从他们攻城略地、开仓赈贫,后来逐渐发展为一支强大的队伍、拥立刘玄称帝这一系列的活动来看,他们的气派和号称三老的赤眉领袖樊崇完全不同。东汉建立以后,王匡等人在统治集团内讧中被杀,马武、王常等都成了东汉统治阶级上层人物,甚至充当刘秀镇压农民军的帮凶。我以为这并不是农民的变节,而正是游侠的阶级特性所决定了的。隋唐以后,流行江湖的游侠,多以"绿林豪杰"自况,这是有他的历史传统的。

毛泽东在《中国社会各阶级的分析》一文中最后提到:"还有数量不小

---

① 《史记·酷吏列传》。

的游民无产者，为失了土地的农民和失了工作机会的手工业工人，他们是人类生活中最不安定者。……处置这一批人，是中国的困难的问题之一，这一批人，很能勇敢奋斗，但有破坏性，如引导得法，可以变成一种革命力量。"毛泽东这段话，是指近代旧中国社会而言，当然和古代的封建社会在一定程度上有所区别，但是封建时代的游民阶层及其领袖人物游侠，却同样也具有这样的二重性质，因为"这个阶层，是动摇的阶层，其中一部分容易被反动势力所收买，其另一部分则有参加革命的可能性"。根据上述史实，即完全证明了这一点。不过在当时还没有而且不可能有像工人阶级的政党——共产党这样伟大的领导力量，因此，游侠虽然在某种历史条件下参加了农民的阶级斗争，但是其结局也往往被反动统治阶级所利用，而出卖了革命，成为农民起义的叛徒。

　　但是当我们对游侠活动作出二重性质的结论的时候，我们决不能忽略封建时代所给予游侠的特定作用。尽人皆知，在封建社会中，人民所受的封建剥削与压迫是非常严重的，也是无穷无尽的，人民在无可奈何之中，总是希望出现一个好皇帝来减免他们一点痛苦。这正如斯大林提到俄国农民革命时所说："他们都是皇权主义者，他们反对地主，可是拥护好皇帝。"①然而这种希望，又往往在现实的政治面前归于幻灭。因此广大的受压迫的人民在有冤难伸、有苦无处诉的环境里，将会很自然地把希望寄托于能够除奸诛恶，代表正义的"乡曲之侠"。所以游侠的活动，在两千年的封建社会中，一直为广大人民所喜闻乐道，而且还把他们搬进戏曲和小说里。例如有名的京剧《三岔口》中的焦赞和《秦香莲》中的韩奇，一个是除奸诛恶，一个是舍生取义，虽然他们都曾为统治阶级所利用，但是在人民面前都表现了高度的正义感，人民从他们的身上接受了教育，承继并发展了中华民族的爱好正义和平的优秀传统和高贵品质。

　　人民所以爱讲游侠，正是因为他们那种侠义精神，强调救人之急，同情被压迫者，不怕牺牲，反抗强暴，成为广大人民在封建压迫下的一种支持力量。

---

① 《斯大林全集》第十三卷，人民出版社1956年版，第100页。

三、对《史记·游侠列传》的评价

司马迁所写的《游侠列传》，在《史记》一书中占着很重要的地位，因为这篇传记不仅较全面地表达了司马迁对各种游侠人物的看法，而且更主要的是它最有代表性地反映了司马迁的现实主义和人民性的思想。

司马迁在《游侠列传·序言》中就已明确地提出了他对游侠的看法，他以为游侠这一类人物，既和战国时代贵族公子们如齐孟尝君、楚春申君、赵平原君、魏信陵君等"皆因王者亲属，藉于有土卿相之富厚，招天下贤者"那种慷慨好客的气派有所不同，更和那些"朋党宗强比周，设财役贫，豪暴侵凌孤弱，恣欲自快"的土豪恶霸欺压人民有天渊之别。他认为游侠是这样一种人："其行虽不轨于正义，然其言必信，其行必果，已诺必诚，不爱其躯，赴士之阸困。既已存亡死生矣，而不矜其能，羞伐其德。"在这里，司马迁对于"仁义"二字也有所解释，他引用了民间的一句俗话："何知仁义？已飨（享）其利者为有德。"司马迁从这个标准出发，对于游侠下了这样一个评语："救人于厄，振人不赡，仁者有乎？不既信，不倍言，义者有取焉。"[①]在这个问题上，不论其自觉的意识如何，实际是包含着一种阶级对立的看法。他一方面否定了封建统治阶级的一套假仁假义；另一方面则肯定了游侠的救人之急宁愿牺牲自己的真正道德。司马迁在《游侠列传》中所记载的朱家、郭解等人，正是符合这个标准的人物。

司马迁这样极力歌颂游侠，如果和他的时代联系起来看，将会对司马迁有更深刻的了解。

司马迁所处的历史时代，正是汉武帝统治时期，而《游侠列传》则是司马迁后期的作品，约在汉武帝晚年。汉武帝以前的70年间，由于紧接秦末农民大起义之后，统治者采取了对农民让步政策，所以这一时期阶级矛盾比较缓和，社会也比较安定。广大的勤劳的中国人民在社会相对稳定的局面下，恢复并发展了生产，增长了社会物质财富，封建统治阶级在人民的血汗灌溉中也日益壮大起来。在这个基础上，汉武帝才能表现他的"雄才大

[①] 《史记·太史公自序》。

略",一面在国内实现他的专制集权主义的统治,一面继续不断地对外扩大疆土,在中国历史上形成了伟大的统一皇朝。不可否认,汉武帝在某种程度上是起着一定积极作用的。但是随着统一国家的出现和地主政权的发展,同时封建地主阶级的剥削与压迫也日益严重。农民一方面要负担着国家繁重的赋税和徭役,而同时还要遭受贵族、官僚以及豪强地主的土地兼并和高利贷的剥削,这样就必然要造成广大农民破产失业,失业的农民无法谋生,则只有离开农村到处流亡。据《史记·石奋传》载:仅元封四年,关东就有流民200万口,无名数者(无户籍的流民)40万。这种流民队伍的扩大,同时也就必然会扩大游侠活动的社会基础。武帝末年,游侠纷纷而出,其原因即在于此。司马迁写《游侠列传》,正是反映了这个社会现实,亦即反映了这一时期封建地主阶级与被压迫的广大人民的尖锐矛盾。因而司马迁大胆地歌颂游侠,不但揭露了这个黑暗现实,而且也歌颂了广大人民反抗强暴压迫的愿望。

司马迁在《游侠列传》中所反映的人民性是可以肯定的,也是最突出的。然而这种人民性思想内容也不是凭空而来的。首先是和司马迁的创作实践,更具体地说是和司马迁深入民间了解游侠的活动熟悉社会下层及人民的痛苦和希望分不开的。例如他写《郭解传》,司马迁不仅亲自见到过郭解本人,而且还从人民口中搜集了很多有关郭解的故事。据他自己回忆说:"吾视郭解,状貌不及中人,言语不足采者,然天下无(论)贤与不肖,知与不知,皆慕其声,言侠者皆引以为名。"由于司马迁对郭解有深刻的认识和了解,所以在他笔下的郭解,便觉栩栩如生,使人读起来如见其人,如闻其声,有着极大的感染力。其次一点,有连带关系的,就是在天汉二年李陵案中,司马迁因替李陵解说而触怒了汉武帝,被判处了宫刑。按照当时的惯例,他若能花一笔钱,是可以赎罪的,但他是一个穷士:"家贫,财赂不足以自赎,交游莫救,左右亲近不为一言。"他在狱中时,"交手足,受木索,暴肌肤,受榜箠,幽于圜墙之中。当此之时,见狱吏则头抢地,视徒隶则心惕息"[1]。饱受了狱吏的折磨和侮辱,并被迫接受了可耻的腐刑。在这种境遇中,司马迁一面伤心于世态炎凉,一面又痛恨专制的残暴统治,因此他更加

---

[1] 《汉书·司马迁传》。

亲身感到那些"专趋人之急,甚己之私"而且能够仗义挺身和暴力对抗的侠客,确是一些难能可贵的人物。所以司马迁认为过去没有人来记载他们的言行事迹,以致让"自秦以前,匹夫之侠,湮灭不见"而表示"余甚恨之"!这样,司马迁就破天荒第一次为这种社会下层人物写下了一篇详细的传记。

由此可见,司马迁大胆地歌颂游侠,竟至于否定了传统的封建道德,这是和他的丰富的生活实践以及不幸的遭遇直接相联系着的。封建正统史家班固抓住这一点,批评"其是非颇谬于圣人",而恰恰在这一点上正是代表了司马迁的思想人民性的最突出而且最可贵的一面。

最后有几点说明,作为本文结束。

本文所引用的史实,多半限于战国至秦汉时代,而且经过了大量的删减,成为现在提纲式的东西。因此就使得某些问题不够十分具体,而且也很不全面。

由于这种原因,也就使得这篇东西存在着一个很大缺陷,那就是有关游侠在中国封建社会各个时期所表现的诸特点,没有得到应有的说明:例如在秦汉以后,由于儒家的正统思想占着支配地位,游侠在一些封建史家的笔下出现,则往往被蒙上一层忠臣义士的色彩。宋元时代,阶级斗争与民族斗争的交织,很多游侠人物都变成了草莽中的民族英雄。明清之际,社会矛盾更加复杂化,社会下层的秘密结社和团体纷纷涌现,游侠中有不少人物就是这些团体中的领袖分子,有的成为抗清的民族英雄,也有的被清统治者所收买利用。因此,我认为游侠是中国封建社会中的一个不可忽视的力量,他们曾支配了社会的一面。关于这些问题,还值得我们作进一步研究。

附记:

本文为1956年10月在山东师范学院科学报告会上所作的报告,后编入报告会论文选集,今已不存。承蒙张鹤云先生以所藏本复印一份相赠,谨此致谢。

二、关于秦汉经济史研究

睡虎地秦墓竹简所反映的秦代农业经济

恩格斯说:"农业是整个古代世界的决定性的生产部门。"①我国自古以来就是以农业立国,因此,要研究中国古代的历史,就不能不涉及农业这个"决定性的生产部门"。

过去的一些历史学家和农业学家对中国历代农业经济的研究,曾做过不少工作,并作出了一定的成就。但是对秦代的农业经济却很少有人问津,可以说是至今还是一个空白。造成这种状况的原因有多种,其中一个重要的原因,就是有关秦代的历史资料的极端贫乏。

1975年年底,湖北云梦睡虎地秦墓竹简的发现,给我们提供了一批研究秦代历史也包括秦代农业经济的重要资料,再结合有关文献记载,互相参证,这样,就使我们有可能描绘出秦代农业经济的基本面貌。

一

铁器的铸造和使用,是古代农业生产力发展的一个重要标志。《诗经·秦风》有"驷鐵孔阜",是秦襄公时的诗。鐵,即古写铁字。用铁来形容马的颜色,说明在西周末年,秦国立国之时,就已经发现了铁。战国时代,随着冶铁业的发展,有不少诸侯国都设立了铁官,秦国也有铁官的设置。《史记》的作者司马迁的先人司马昌就曾做过秦的铁官。当时的铁官大

---

① 《马克思恩格斯选集》第四卷,人民出版社1972年版,第145页。

概负有两重任务，一是负责向私营冶铁业收取铁税，一是直接管理官营采铁和冶铁。秦简中有"右采铁"、"左采铁"，当是属于后者的铁官。按照秦律规定，对于采铁，每年要考课一次，如果被评为下等，主管人要受到处罚（《秦律杂抄》）。另外，秦律对官府铁器的供应和使用也有具体的规定，如果铁器损坏，就要根据具体情节，分别加以处理（参见《厩苑律》、《金布律》、《司空律》）。这一切都说明封建国家对铁器的重视和铁器在生产上的广泛使用情况。当时在农业生产中所使用的主要工具是耕田用的耜和除草用的耨①。有了这样的农具，才有可能"深耕易耨"②。

在农业生产中以畜力代替人力，也是一个巨大的进步。用牛耕田大约始于春秋末，《国语·晋语》曾提到祭祀宗庙的牛，可以用作"畎亩之勤"，这是晋国始用牛耕的记载。《战国策·赵策一》记载赵豹对赵王说："秦以牛田、水通粮，其死士皆列之于上地，令严政行，不可与战。"这段话是指秦昭王时事。过去学者对这段话有不同的理解，有的人以"牛田水"连续为一词，也有的以"牛田"为地名。徐复《秦会要订补》则认为"秦以牛田"，即秦用牛耕田。秦简一再提到"田牛"、"其以牛田"等词，证实了秦昭王时用牛耕田的事实。

铁器和牛耕的使用，为垦辟荒地、深耕细作、兴修水利、发展农业生产，提供了方便的条件。秦简中把"根（垦）田人邑"、"沟渠水道"列为官吏的日用杂字，足见垦田与水利事业所占地位的重要。《商君书·徕民篇》说："今秦之地，方千里者五，而谷土不能处（什）二。"意思是说，现在秦国的土地有五个方千里，而种庄稼的土地还不到十分之二。可是到秦始皇即位时，这种状况就有了很大的改变，秦的主要统治地区关中和蜀汉，都是"膏壤沃野千里"。秦国的水利事业在战国时代各诸侯国中最为发达，蜀郡的都江堰和关中的郑国渠都是当时著名的水利工程。都江堰不仅解决了岷江泛滥成灾的问题，而且修建了120个渠堰的灌溉系统，受益农田达100万亩，"于是蜀沃野千里"，"天下谓之'天府'"③。郑国渠沟通泾水和北洛水，长300余里，灌溉农田400多万亩，"于是关中为沃野，无凶年，秦以富强，

---

① 《吕氏春秋》、《任地》、《辩土》。
② 《孟子·梁惠王上》。
③ 《华阳国志·蜀志》。

卒并诸侯"①。

耕作技术也有很大的进步。秦简中有一条律文提到："种：稻、麻亩用二斗大半斗，禾（谷子）、麦一斗，黍（黄米或黏米）、荅（小豆）亩大半斗，叔（菽，大豆）亩半斗。利田畴，其有不尽此数者，可殹（也）。其有本者，称议种之。"②这说明当时人们已经知道合理种植，根据不同的农作物规定每亩播种数量。但也可以灵活掌握，只要有利于种植，用种数量还可以少于此数；如果田中原有其他农作物，用种数量还可以斟酌处理。现存的《吕氏春秋》一书，是秦始皇的相国吕不韦主编的一部杂家著作，其中有《上农》、《任地》、《辩土》、《审时》4篇，涉及农业生产中的一些根本问题，如怎样识别土性，改造土壤，因地制宜，实行种植；并且重视间苗、除草、治虫、施肥，讲究深耕细作和生产季节等等，这些都应是关中一带劳动人民生产实践经验的总结。

农作物的种类也增加了，《吕氏春秋》一书中所提到的稻、麻、禾、麦、黍、叔等农作物都已经在秦简律文中出现。此外，在《仓律》中，还把大米分为粲（精米）、糯（糯米），小米分为黄、白、青三种。总之，后世所有的主要粮食作物，在当时都已具备了。

从单位面积产量，也可以看出秦的农业生产发展水平。战国初期魏国是一个农业比较发达的诸侯国。据李悝估计，那时魏国每亩田一般可以生产粟一石半，最好的年成能增产三倍，即6石，在最坏的年成则只能收3斗③。而在秦国，沿郑国渠旁的400多万亩土地，每亩皆可收一钟，即6石4斗④，估计靠近都江堰的田地亩产量也不会低于此数。按秦亩制240步为1亩，魏国亩制百步为一亩，较秦亩为小，即使这样，也可以推测秦国的一般亩产量还是有可能超过魏国的。战国时代的作品《禹贡》把雍州（秦的统治区）的土地列为上上等，应当说是有一定根据的。

粮食加工技术的研究，跟农业生产的发展、粮食产量和粮食品种的增多有直接的联系。《仓律》对每一种粮食可以加工成品粮多少，都有比较具

---

① 《史记·河渠书》。
② 《仓律》。
③ 《汉书·食货志》。
④ 《史记》、《河渠书》及《平准书》注。

体的规定，如"[粟一]石六斗大半斗，舂之为糲（粝）米一石；糲（粝）米一石为鑿（繫）米九斗；九[斗]为毁（毇）米八斗"。又"为粟廿斗，舂为米十斗；十斗粲，毁（毇）米六斗大半斗，麦十斗，为麱（麸）三斗。叔（菽），荅、麻十五斗为一石"。

有关粮食储藏、保管和使用的《仓律》、《效》律等律文，在秦律中占有相当大的篇幅，对这一部分资料进行重点整理和研究，也是我们了解秦代农业经济的一个重要方面。

首先，从律文中可以看出，凡谷物入仓、出仓，都要严格履行登记、封印、上报等手续，并注明仓库管理人员的姓名，以便检验。如《仓律》规定："入禾稼、刍稾，辄为廥籍，上内史。"《效》律规定得更为详细，凡谷物入仓，必须登记上："廥禾若干石，仓啬夫某、佐某、史某、稟人某。是县入之，县啬夫若丞及仓、卿（乡）相杂以封印之，而遗仓啬夫及离邑仓佐主稟者各一户，以气（饩）入。其出禾，有（又）书其出者，如入禾然。"

为了建立和健全岗位责任制，《仓律》和《效》律对于管理仓库的新旧官吏的更替，谷物的移交、开仓、出仓，都规定有严格的交接班制度。每一环节，都有专人负责，责任分明，谁出了差错，就由谁承担罪责。如《效》律规定：

> 实官佐、史被（罢）免徙，官啬夫必与去者效代者。节（即）官啬夫免而效，不备，代者[与]居吏坐之。故吏弗效，新吏居之未盈岁，去者与居吏坐之，新吏弗坐；其盈岁，虽弗效，新吏与居吏坐之，去者弗坐。它如律。

《仓律》规定：

> 啬夫免，效者发，见杂封者，以隄（题）效之，而复杂封之，勿度县（悬），唯仓自封印者是度县（悬）。出禾，非入者是出之，令度之，度之当隄（题），令出之。其不备，出者负之；其赢者，入之。杂出禾者勿更。

秦律对粮食的安全保卫工作也十分重视，并制定了一系列防火、防盗、防虫、防家禽糟蹋粮食等有效措施：

> 有实官高其垣墙。它垣属焉者，独高其置刍廥及仓茅盖者。令人勿靳（近）舍。非其官人殴（也），毋敢舍焉。善宿卫，闭门辄靡其旁火，慎守唯敬（儆）。有不从令而亡、有败、失火，官吏有重辠（罪），大啬夫、丞任之。(《内》)
>
> 实官户关不致，容指若扶，廷行事赀一甲。(《法律答问》)
>
> 实官户扇不致，禾稼能出，廷行事赀一甲。(《法律答问》)
>
> 长吏相杂以入禾仓及发，见屡（疑读为蝼）之粟积，义（宜）积之，勿令败。(《仓》)
>
> 畜鸡离仓。(《仓》)

养鸡要远离仓库，以防止糟蹋粮食。

管理仓库的官吏因玩忽职守而使粮食败坏和遭受损失的，则根据情节轻重给予不同的处罚。如《效》律规定：

> 仓扁（漏）朽（朽）禾粟，及积禾粟而败之，其不可食者，不盈百石以下，谇官啬夫；百石以上到千石，赀官啬夫一甲；过千石以上，赀官啬夫二甲；令官啬夫、冗吏共赏（偿）败禾粟。禾粟虽败而尚可食殴（也），程之，以其耗（耗）石数论负之。

最有意思的是《法律答问》中有一条关于在仓库内发现老鼠洞的规定：

> 仓鼠穴几可（何）而当论及谇？廷行事鼠穴三以上赀一盾，二以下谇。鼷穴三当一鼠穴。

一旦发现主管仓库的官吏隐瞒不报、弄虚作假或私自挪用公粮等不法行为，即治以重罪。其上级官吏知情而不论处，与犯人同罪。如《效》律规定：

> 禾、刍、稾积㔉，有赢、不备，而匿弗谒；及者（诸）移赢以赏（偿）不备，群它物当负赏（偿）而伪出之以彼（贩）赏（偿），皆与盗同灋（法）。大啬夫、丞智（知）而弗辠（罪），以平辠（罪）人律论之，有（又）与主㔉者共赏（偿）不备。

为了保证军粮的供应，秦律对于军用粮仓的官吏更为重视，如发现私自买卖军粮，不论军民人等，一律治罪。如《秦律杂抄》规定：

> 军人买（卖）禀禀所及过县，赀戍二岁。……军人禀所、所过县百姓买其禀，赀二甲，入粟公；吏部弗得，及令、丞赀各一甲。

以上是我们从秦律中摘引的一部分有关粮仓管理制度的资料，这些资料，说明秦代地主阶级国家对粮食的高度重视。为了控制和保护粮食，防止和减少粮食储存过程中的贪污和损耗等现象，制定了一系列具体而详细的法令。透过这些法令，使我们看到秦代从中央（内史）到地方（县）都有粮仓的设立。有一条律文中还具体规定了每一积粮食的数字："栎阳二万石一积，咸阳十万石一积。"栎阳是秦献公时故都，咸阳是秦孝公以后的新都，新建粮仓规模之大，是很惊人的。其他地区粮仓的规模可能要小些。但总的来说，秦代封建国家积粟的丰富，则是无可争辩的事实。这一点，从后来的一些片断的文献记载中，也可以找到证据。

公元前207年，刘邦进兵关中，过陈留，郦食其见刘邦说："陈留者，天下之据冲也，兵之会地也，积粟数千万石，城守甚坚。臣素善其令，愿为足下说之；不听臣，臣请为足下杀之，而下陈留，足下将陈留之众，据陈留之城，而食其积粟，招天下之从兵，从兵已成，足下横行天下，莫能有害足下者矣。"[1]以后刘邦攻下陈留，果"得秦积粟"，"留出入三月，从兵以万数，遂入破秦"[2]。至南阳，陈恢也说刘邦："宛，大郡之都也，连城数十，人民众，积蓄多。"[3]这里所谓"积蓄"，主要也是指粮食的储备。公元前203年，

---

[1] 《史记·郦生陆贾列传》。
[2] 《史记·高祖本纪》。
[3] 《史记·高祖本纪》。

楚汉相争的最后阶段，彭越攻下昌邑旁20余城，"得谷10余万斛，以给汉王食"。① 这十余万斛粮食，也应是秦代粮仓原来的储存。

秦代最有名的粮仓还是建于荥阳、成皋间的敖仓。公元前205年，楚汉彭城大战，刘邦大败，数十万人几乎全军覆灭，后来到荥阳收拾残兵，萧何也发来关中戍卒，"筑甬道属之河，以取敖仓粟"②，于是兵势复振，并在这个地区与项羽相持一年之久。其中一个重要原因，就是刘邦控制了敖仓的粮食。以后由于"项羽数侵夺汉甬道，汉王乏食，恐，请和"③，不成，于是不得不设计突围，南走宛、叶。这时，刘邦打算放弃成皋以东，以巩、洛一带设防拒楚。郦食其表示反对，他的主要理由还是敖仓的粮食问题。他说："夫敖仓，天下转输久矣，臣闻其下乃有积粟甚多。楚人拔荥阳，不坚守敖仓，乃引而东，令适卒分守成皋，此乃天所以资汉也……愿足下急复进兵，收取荥阳，据敖仓之粟。"④ 刘邦听从了郦食其的建议，"复守敖仓"，与项羽反复战斗，不断消弱项羽的实力，壮大自己的力量，最后终于取得了胜利。一直到公元前196年，英布叛汉，还有人估计他如果"据敖仓之粟，塞成皋之口，胜败之数，未可知也"⑤。秦亡汉兴十几年间，敖仓的粮食始终取用不竭，其储粮之多，可想而知。

秦的统治中心关中地区，从战国后期到秦汉，农业生产始终处于领先地位，是全国经济的重心。《汉书·地理志》说："故秦地，天下三分之一，而人众不过什三，然量其富，居什六。"关中是秦的粮食重要产地，那里的粮食储备当更加丰富。《史记·高祖本纪》记载，刘邦入关，秦民犒劳义军，刘邦不受，表示说："仓粟多，非乏，不欲费人。"这虽然是刘邦有意笼络关中人心的话，但咸阳存粮足够军队食用，应该是事实。正因为如此，在楚汉战争中，萧何才能"转漕关中，给食不乏"⑥，有力地支援了刘邦统一全国的斗争。

秦代封建国家粮仓的普遍建立和积粟的丰富，当然都是剥削广大农民

---

① 《史记·彭越列传》。
② 《史记·项羽本纪》。
③ 《史记·项羽本纪》。
④ 《史记·郦生陆贾列传》。
⑤ 《史记·黥布列传》。
⑥ 《史记·萧相国世家》。

的劳动果实，但也从一个重要的侧面反映了秦代农业经济的繁荣。

二

秦代农业经济的发展，起决定作用的当然是广大劳动人民；同时，也是和秦代新兴地主阶级长期坚持重农政策分不开的。

自商鞅变法开始，秦国采取一系列措施，如"废井田"、"制爰田"，由国家授给农民土地，承认土地私有以及种种"殴民归农"的办法①。对促进农业的生产发展作出了很大的成绩，"民以殷盛，国以富强"②，为秦的统一奠定了物质基础。

商鞅死后，"秦法未败"，他的重农政策在秦国继续推行。在这方面，睡虎地秦墓出土的竹简给我们提供了非常生动而具体的资料。

首先，在土地问题上，秦律对保护和发展封建土地所有制有着明确的规定：

盗徙封，赎耐。可（何）如为封？封即田千（阡）佰（陌）。顷半（畔）封殴（也），且非是？而盗徙之，赎耐，可（何）重也？是，不重。③

所谓"封"就是田界，不论是私有土地还是国有土地的田界，都应受到法律的保护。如果有人"盗徙之"，即私自迁移田界，就是侵犯他人的土地所有权，要受到严厉的处罚。

授田制度仍然继续推行：

入顷刍稾，以其受（授）田之数，无垦（垦）不垦（垦），顷入刍三石、稾三石。④

---

① 见《商君书·垦令篇》及《史记·商君列传》。
② 《史记·李斯列传》。
③ 《法律答问》。
④ 《田律》。

实行这种授田制度，目的当然是为了剥削，但是却从法律上承认了农民对土地的占有，而且在客观上也有督促农民积极耕种土地的意义。

秦始皇统一全国后，又下令"使黔首自实田"①，让地主与有地农民自报占有土地的数量，确定其土地私有权，并相应地向封建国家缴纳赋税，于是封建土地私有制在全国范围内获得了法律上的承认和保护，进一步适应了农业生产力，促进了封建经济的发展。

为了保证农业生产上足够的劳动力，在战时不影响生产，《戍律》曰：

> 同居勿并行，县啬夫、尉及士吏行戍不以律，赀二甲。

为了保证农时，不误生产，《司空律》规定：

> 居赀赎责（债）者归田农，种时（莳）、治苗时各二旬。

对于从事官田劳动的"隶臣"，在二月到九月的农忙季节，提高其口粮供应标准，使他们有足够的体力以从事农业生产。《仓律》规定：

> 隶臣妾其从事公，隶臣月禾二石，隶妾一石半；其不从事，勿禀……隶臣田者，以二月月禀二石半石，到九月尽而止其半石。

对于那些"率民不作，不治室屋"的"叚（假）门逆吕（旅）"，即脱离农业生产不务正业的游惰之民，则严令禁止，不仅"勿令为户，勿鼠（予）田宇"，而且强令"从军"（附抄魏《户律》和《奔命律》），以示惩罚。其目的也是警告那些不安心务农的人"归心于农"。

为了发展农业生产，秦律非常重视对牛耕的保护、饲养和繁殖。定期进行考课，饲养好的，予以奖励；饲养不好的，予以处罚。如《厩苑律》规定：

---

① 《史记·秦始皇本纪》，并见三十一年注。

> 以四月、七月、十月、正月肤田牛。卒岁，以正月大课之，最，赐田啬夫壶酉（酒）束脯，为旱（皂）者除一更，赐牛长日三旬；殿者，谇田啬夫，罚冗皂者二月。其以牛田，牛减絜，治（笞）主者寸十。有（又）里课之，最者，赐田典日旬；殿，治（笞）卅。

《牛羊课》对于厩苑所畜养的牛，都规定有一定的繁殖率，如果达不到规定的指标，主管其事的官吏要受处罚。

> 牛，大牝十，其六毋（无）子，赀啬夫、佐各一盾。

《法律答问》中还有一条对于偷盗耕牛的规定：

> 甲盗牛，盗牛时高六尺，繫（系）一岁，复丈，高六尺七寸，问甲可（何）论？当完城旦。

依据秦律，男子身高6尺5寸为成年①。此处律文中提到甲偷牛时身高6尺，即还不到成年，不到成年就不能定罪，怎么办？本来应该释放，但因他是犯了偷牛的罪，就让他先坐监狱，等到成年时，再定他的罪。这就是说，凡是偷牛的人，不管是否够得上定罪的条件，总要想方设法定他的罪。汉律有"盗牛者加"②一条，即偷牛的人要加重处罚，两者精神是一致的，其意义都在于"重本"。

为了搞好田间管理，保护农作物的生长，秦律也作了若干规定。例如《田律》规定：

> 雨为澍（澍），及诱（秀）粟，辄以书言澍（澍）稼、诱（秀）粟乃豤（垦）田畼毋（无）稼者顷数。稼已生后而雨，亦辄言雨少多，所利顷数。早（旱）及暴风雨、水潦、螽（蝝）蚰群它物伤稼者，亦辄言

---

① 据秦简《仓律》："隶臣、城旦高不盈六尺五寸，隶妾、舂高不盈六尺二寸，皆为小。"可知秦代男子身高6尺5寸即为成年。秦6尺5寸约合今1.5米。

② 《盐铁论·刑德》。

其顷数。近县令轻足行其书,远县令邮行之。

这就是说,地方官在下雨之后,要及时向上级报告雨量多少和田地受益顷数;遇到干旱、暴风雨、水灾、虫灾及其他灾害,也要报告受灾顷数,以便采取相应措施。

又如《徭律》规定:

> 其(这里指禁苑)近田恐兽及马牛出食稼者,县啬夫材兴有田其旁者,无贵贱,以田少多出人,以垣缮之,不得为繇(徭)。

由于禁苑邻近农田,为了防止动物及马牛出来吃掉庄稼,法令要求禁苑邻近有田地的人,不分贵贱,都要按田地多少出人,为禁苑修补垣墙,以保护农作物的生长。

对于其他妨害农事的活动,秦律也有具体的规定:

> "春二月,毋敢伐材木于山林及雍(壅)隄水。不夏月,毋敢夜草为灰,取生荔、麛䴠(卵)𪚥,毋……(原缺六字)毒鱼鳖,置阱罔(网),到七月而纵之。唯不幸死而伐绾(棺)享(椁)者,是不用时。"[①]

春季是万物生长、繁殖的季节,所以法律规定不许到山林砍伐木材、割草和捕捉幼兽、幼鸟,不许到川泽毒害鱼鳖。这一措施,不仅有利于保护山林池泽和自然生态环境,增加国家的副业收益,而且也防止了那些不务正业的人在农忙季节脱离农业生产,有利于农业经济的发展。

此外,秦律还严禁酗酒。例如《田律》规定:

> 百姓居田舍者,毋敢𧖕(酤)酉(酒)。田啬夫、部佐谨禁御之,有不从令者有辠(罪)。

[①] 《田律》。

这一条规定，不仅可以减少封建国家的粮食消耗，而且又可使农民不致因为嗜酒而影响农业生产。

总之，从以上所引律文可以看出，商鞅的重农政策，其基本精神直至某些具体措施，都在秦律中得到反映，并且有所发展。秦律对促进和发展农业生产作了如此具体而详细的规定，充分体现了处于上升阶段的地主阶级关心农业、发展生产的积极进取精神。当然，我们还应该看到，秦律毕竟是地主阶级的法律，具有不可避免的阶级和历史的局限性。地主阶级所以重视农业生产，是因为他们的阶级利益和农业生产直接联系在一起，在当时的历史条件下，只有把农业生产搞上去，地主阶级及其国家才有可能从农民身上剥削更多的劳动果实。事实上，秦代农业经济的发展，大量的粮食储积，就是依靠剥削广大劳动人民的血汗而获得的。"生产的每一进步，同时也是被压迫阶级即大多数人的生活状况的一个退步。"[1]这是历史上一切剥削制度所必然带来的后果，秦代当然也不会例外。举一个最简单的例子来看，秦代的国都咸阳囤积了那么多的粮食，可是秦二世时，咸阳300里以内的劳动人民却"不得食其谷"[2]。建立在"一个阶级对另一个阶级的剥削"基础上的全部文明史就是这样"在经常的矛盾中进行的"[3]！

不过，有一点应该着重指出的是：秦自商鞅变法以后，经历六世，直至秦始皇，都把农业作为"治国之要"，所谓"勤劳本事"、"上农除末"，想尽一切办法，采取一切措施，来促进农业生产的发展，因而富国强兵，终于完成统一的大业。从这个意义上来说，却是值得我们重视的一条历史经验。

（原载《秦汉史论丛》第一辑，陕西人民出版社1981年版）

---

[1] 《马克思恩格斯选集》第四卷，人民出版社1972年版，第173页。
[2] 《史记·秦始皇本纪》，并见三十一年注。
[3] 《马克思恩格斯选集》第四卷，人民出版社1972年版，第173页。

关于西汉农业生产的几个问题

一、关于农业生产劳动力的问题

现在，有些史学家认为西汉的社会还停留在奴隶制阶段，这是因为他们看到西汉社会中还存在着相当数量的奴隶。我们不否认这一事实，但是要了解西汉社会的性质，还必须进一步研究西汉的奴隶是以残余的形态存在的，还是以社会生产的主要担当者出现的。本文对此问题，只是顺便提出，在此不拟做进一步的讨论。但很明显，西汉农业生产中基本的劳动力是拥有小块土地或者是被固定在土地上对土地所有者有人格依附关系的农民。而当时的奴隶多半是贫农的化身，虽然也有一部分参加生产，但是在生产中不占主要地位。由此可以反证，西汉的社会性质并不能肯定是奴隶制社会。以下就是我对这一问题的初步分析。

我们从文、景诸帝的诏书中可以看出西汉初年在农村中占大多数的是拥有小块土地的自耕农，这是秦末农民起义，广大农民牺牲奋斗的结果。汉初的统治者曾不止一次地下令减田租，或十五而税一，或三十而税一，而几位大政论家如贾谊、晁错等也上书建议轻赋税、免徭役，这都是根据自耕农的实际情况出发的。由此可见，当时自耕农是被剥削的主要对象。

据史载，西汉的自耕农，每户约有100亩土地，生活是相当困苦的。文帝时晁错曾谈过下面一段话：

> 今农夫五口之家，其服役者不下二人，其能耕者不过百亩，百亩

之收,不过百石。春耕夏耘,秋获冬藏,伐薪樵,治官府,给徭役,春不得避风尘,夏不得避暑热,秋不得避阴雨,冬不得避寒冻,四时之间,无日休息。又私自送往迎来,吊死问疾,养孤长幼在其中。勤苦如此,尚复被水旱之灾,急政暴虐,赋敛不时,朝令而暮改,当具有者半贾而卖,无者取倍称之息,于是有卖田宅鬻子孙以偿责者矣。①

元帝初年,自耕农出身的官僚贡禹在上书中有一段自我介绍,这是史书记载西汉自耕农情况的一则实例:

臣禹年老贫弱,家资不满万钱,妻子糠豆不赡,裋褐不完,有田百三十亩。②

贡禹家有田130亩,比较晁错所说的每户不过百亩,应该说是自耕农中比较富裕的,然而妻子尚且"糠豆不赡,裋褐不完",其余概可想见。

自耕农终年辛苦,只能勉强维持最低的生活,如果遇到"水旱之灾",加上"赋敛不时"以及高利贷的剥削逼迫,就难免要"卖田宅鬻子孙以偿债"了。例如武帝时,山东、河南等地连年水灾,加上对外战争需要负担军饷,从事战役,并需供给宫廷中的无限挥霍浪费,农民已经被压得喘不过气来;而商人高利贷者更于此时"滞财役贫",趁火打劫,一致向农民围攻,这样就把许多自耕农迅速地送上破产的道路,于是出现了"富者田连阡陌,贫者无立锥之地"的严重局面。大量的农民被迫离开土地,自耕农的数量逐渐减少,农村无产者也就日益增加。

农民失去了耕地,就不得不以"见税十五"的苛刻条件去租借地主的土地,这一类型的农民就是佃农。关于西汉佃农的具体情况,史书不多见,据《汉书·宁成传》说:

(宁成)乃贳贷陂田千余顷,假贫民役使数千家。

---

① 《汉书·食货志》。
② 《汉书·贡禹传》。

这里的"贳贷"和"假"都是租借的意思,宁成"贳贷"陂田"假"与平民,这正是租赁和转佃的行为,这数千家贫民大约都是宁成的佃户。又《张汤传》说:"关东富人益众,多规良田,役使贫民。"这些占有大量良田的关东富人,不管他们是商人或是豪民,总之,他们都是地主,而被地主役使的贫民当然就是佃户。如果此种推测不错的话,那么西汉时的租佃制度已经普遍地发展。

根据历史记载,西汉的皇室掌握着大量的私有地,此种属于皇室的私有地,在当时称之为公田。如全国各地之山陵、陂泽、湖沼以及所有的无主荒地,都在公田的名义下归皇室所有。这些公田,由政府招徕大批流民(即失去土地的农民)耕种,并设农官管理,或收米粟,或课租税,因而这些耕种公田的农民,实质上就是国家的佃户,这种佃农在西汉农民中占相当大的数目。

另外还有一部分农民,他们既没有自己的耕地,也没有办法租到地主的土地,就只好出卖自己的劳动力,替地主耕种,然后从地主那里取回一些极低的代价,来维持生活。这一类型的农民,就是雇农。雇农的身份,看来好像是比较自由的,如果双方条件不合,任何一方都有决定去留的权利。其实不然,因为雇农往往为饥寒所迫,不得已而接受地主的最苛刻的剥削条件,所以雇农身受的痛苦,远过于以上两种农民,因之雇农也就往往成为农民革命的积极参加者。例如秦末农民起义就是由雇农出身的陈涉(即陈胜)发动起来的。据《史记·陈涉世家》记载:"陈涉少时常与人佣耕,辍耕之垄上,怅恨久之,曰:'苟富贵,勿相忘。'佣者笑而应曰:'若为佣耕,何富贵也?'"陈涉以及和他一起的"佣者",都是以出卖劳动力为生的雇农,可知在秦代已经出现了雇农[①]。

西汉中叶以后,土地兼并日益加剧,农村阶级成分的分化也加速了,自耕农大量破产,沦为佃农或雇农,因之,雇农在农村中也占了一定的数目。如《汉书·匡衡传》说:"匡衡,字稚圭,东海承人也。父世农夫,至衡好学,家贫,庸作以供资用。"又如在《扬雄方言》一书中也有关于雇农

---

① 《韩非子·外储说》左上:"夫卖佣而播耕者,主人费家而美食,调布而求易钱者,非爱佣客也,曰:'如是,耕者且深,耨者熟耘也。'"由此可见,雇农这一个阶层,早在战国时代就已经出现,秦汉时期应该是农村中普遍存在的一种社会成分。

的记载："僮、𠊄，农夫之贱称也，南楚凡骂佣贱谓之田僮，或谓之辟。"由此可见，西汉时，农村中到处流行雇佣制度，甚至在西北边远地区也有这种制度。《居延汉简》载：

> 出钱四千七百一十四，赋僦人表是万岁里吴成三两半，已入八十五石，少二石八斗三升。（505·15）
> 沈广年廿五，庸南关里。（515·26）

根据《居延汉简》所示，所谓"庸"，所谓"僦人"，都是佣工。在《居延汉简》中，我们虽然还看不出这类佣工和农业有什么密切关系，但汉代在农业生产上有佣工应该是事实。

农民经常为徭役、地租、高利贷所压迫，为饥寒所迫，不得已而"卖田宅鬻子孙"，这在西汉文献中记载得较多，所谓"置奴婢之市，与牛马同栏"。奴隶买卖制度，在西汉几乎是完全合法的[①]。因此，西汉的地主阶级都拥有大量的奴隶。如"（蜀卓氏）富至童八百人，田池射猎之乐，拟于人君"[②]。又如"茂陵富人袁广汉藏镪巨万，家僮八九百人"[③]。所谓"童"、"家僮"，都是奴隶，这种奴隶，主要是供家内役使之用的。当然也有用在农业生产方面的，例如《后汉书·樊宏传》说：

> 父重字君云，世善农桑，好货殖……课役童隶，各得其宜……乃开广田土三百余顷。

樊重是东汉光武帝的外祖父，也是西汉末年南阳的大地主，他所拥有的"童隶"，大半是为他耕田的奴隶。在西汉瓦当上面也往往刻着"牛马繁，奴隶生"的字样。但是必须指出，这种奴隶只是封建社会的副产物，在生产上并

[①] 《汉书·食货志》："高祖乃令民得卖子就食蜀汉。"贾谊上书文帝时也说："岁恶不入，请卖爵子。"哀帝时师丹上书限田以后，"田宅奴婢，价为减贱"。及王莽改制，亦特别提出"奴婢曰私属，皆不得卖买"一条。以上事例，皆足以说明西汉时代奴隶买卖之合法性。

[②] 《汉书·货殖传》。

[③] 《西京杂记》。

不占主要地位。

此外，在西汉从事农业生产的，还有田卒和刑徒。田卒大都是农民应徭戍而参加公田耕作的，刑徒是因"犯罪"而罚做苦力的，这两种人，都是政府派往边远地屯垦区的开荒者，是封建统治者赤裸裸地进行剥削的对象。据史书记载，汉武帝在公元前111年（元鼎六年）一次发往北边屯田的兵士就有60万。刑徒也不少，仅居延一处就有400余名[1]，其他如郑吉屯田渠犁，赵充国屯田金城，也都使用了大量的刑徒[2]。

综上所述，我们可以看出：土地高度集中和残酷的封建剥削，促使农村阶级迅速分化，这种分化的过程，也就是劳动人民的土地为豪强地主所兼并的进程。因为在封建社会中，农民是离不开土地的，他们被迫离开自己所占有的土地后，必然要到别人的土地上去做佃户或佃农，这样一部分被收容在政府的公田上，一部分就被吸收到豪强地主的庄园中去，地主和代表地主阶级利益的政府就是这样一方面瓜分农民的劳动成果，另一方面他们内部又在不断进行争夺土地和劳动力的斗争。所以西汉武帝以后，政府经常提出的"齐众庶，抑兼并"的政策，我们不应该把它看作政府对农民的"恩惠"，而应该把它看成统治者为了扩大剥削范围增加国库收入所采取的必要手段。

二、关于农业生产上所使用的工具问题

根据可靠记载，我国在公元前7世纪（春秋时代）即已经出现了铁器。到了西汉，经过了500余年的发展，铁器的使用更为普遍，特别是在农业生产上，铁制农具已成为最主要的生产工具，故当时的"铁器，民之大用也，器用便利，则用力少而得作多，农夫乐事劝功；用不具，则田畴荒，谷不殖，用力鲜，功自半。器便与不便，其功相什而倍也"[3]。

西汉的铁制农具，种类很多，现在从当时的文献中摘录几段有关的材料，借以窥见一斑：

---

[1] 见《居延汉简》34·9，34·8A。实际恐不止此数。
[2] 《汉书·西域传》。
[3] 《盐铁论·水旱》。

> 今夫繇者揭钁臿，负笼土。高诱注：钁，斫也；臿，铧也。青州谓之铧，有刃也，三辅谓之𨨅也。①
> 后世为之耒耜耰锄（鉏），斧柯而樵，桔皋而汲。②
> 刈钩，江、淮、陈、楚之间谓之钩，或谓之鎌，或谓之锲。③
> 犀铫利鉏，五穀之利，而间草之害也。
> 非患铫耨之不利，患其舍草而去苗也。④

汉朝的铁制农具，现在很多已经出土。

这许多种铁制生产工具，在农业生产上都是非常重要的。但由于当时铁器价值昂贵，购买不易，而买到的铁器又间或不能适用，因此，贫苦的农民往往只能使用木制的农具，甚至只能用双手从事劳作，如《盐铁论·水旱》所载：

> 今县官作铁器，多苦恶，用费不省……盐铁价贵，百姓不便，贫民或木耕手耨，土耰淡食。

总之，西汉时，在农业生产上，铁制农具已普遍使用，是一种不可缺少的生产工具，但在某种情况下，有些贫苦的农民，买不起铁器，只好"木耕手耨"，这当然也是事实。

铁器的普遍使用和牛耕是有连带关系的，据《汉书·食货志》说："晦（亩）五顷，用耦犁，二牛、三人。"当时耕种是以两犁、二牛、三人为一组的，二牛各挽一犁，二人执犁，一人在前导牛，两犁平行而进，故曰"耦犁"。当时三人之力，用二牛两犁，可耕种5顷田。5顷，即500亩，平均每人可耕种160亩以上，这就大大地超过了以前5口之家耕种百亩的水平。

汉武帝时，由于南征北战，大部分的耕牛都被征为军用，如李广利征大宛，一次就带去牛10万头。耕牛减少了，而军粮的需要却增加了，在这

---

① 《淮南子·精神训》。
② 《淮南子·氾论训》。
③ 《方言》。
④ 《盐铁论·申韩》。

种情况下，为了解决生产上的困难，武帝时搜粟都尉赵过便发明了新的耕种方法，"其法：三犁共一牛，一人将之，下种挽耧，皆取备焉，日种一顷"①。

据《农政全书》说：这种三犁共一牛的犁和后来的三脚耧差不多，"耧之制不一，有独脚、两脚、三脚之异"，其形式，"两柄上弯，高可三尺，两足中虚，阔合一垅，横桄四匝，中置耧斗，其所盛种粒，各下通足窍，旁挟两辕，可容一牛，用一人牵傍，一人执耧，且行且摇，种乃自下。"（按：此处系指两脚耧而言）

由此看来，西汉时，犁的构造已经非常精巧，使用这样的犁，一面可以耕地，一面又可以播种。《汉书·食货志》称"其耕耘、下种，田器皆有便巧"，大概就是指这种耧犁而言。耧犁的发明，既节省了人力、物力，又提高了耕作的水平，这是西汉农业生产上的一大进步。

西汉时，在农业生产上使用牛耕和使用铁制农具同样重要。根据史书记载，从中原到边疆，特别是西北边疆，在农业上都已经采用牛耕的办法②。文帝时，南粤王赵佗曾不惜发动战争来夺取马、牛、羊和金铁田器，可见当时南粤一带，也已知道牛耕③。由此，又说明西汉时牛耕可能尚未普及于江南。同时由于牛的缺乏，中原的若干地区还有用人力耕田的情形，如《汉书·食货志》说："民或苦少牛，亡以趋泽"，可见牛耕在农业生产中何等的重要。

总之，西汉时，牛耕已是一种主要的耕作方法，但在耕牛缺乏的情况下，还经常使用人力耕田的办法，不过用人力比用牛耕，工作效率显然要低得多，故人民对牛非常重视，所谓"杀罢牛（老弱之牛）可以赎良马之死，莫之为也"④。

三、关于农业生产技术的改进问题

西汉时，农业生产的技术也有很大的改进，其最显著的有下列几个

---

① 《齐民要术》。
② 见本书《西汉的西北屯垦》一文。
③ 《汉书·南粤王传》。
④ 《淮南子·说山训》。

方面：

（一）赵过发明代田法

据《汉书·食货志》说：

> （武帝时）以赵过为搜粟都尉，过能为代田，一晦三甽，岁代处，故曰代田。……广尺深尺曰甽，长终晦，一晦三甽，一夫三百甽，而播种于三甽中，苗生叶以上，稍耨陇草，因隤其土，以附苗根。……比盛暑，陇尽（即陇上之土尽隤于甽中）而根深，能（耐）风与旱。

所谓"一晦三甽"制，就是将一晦地六等分，以三分为甽，三分为垄，甽垄相间，故曰三甽。农作物即种于甽内。但是此种甽垄，必须每年更换，今年为甽，明年就为垄。换句话说，今年的甽，就是明年的垄，今年的垄，就是明年的甽。甽和垄逐年更换，以休息土地，故曰代田。代田法的好处有三点：第一，以前需要休耕一年或两年的土地，即所谓"一易之地"或"再易之地"，现在一变而为局部的休耕，可以使地尽其利。第二，苗长得茎粗根深，能耐风耐旱。第三，提高了土地的单位面积产量，每晦的产量约超过普通田地一斛以上，有时甚至加倍。

赵过发明的代田法，起初试行于京师附近的公田，成绩良好。后来逐渐推广到全国各地，直至西北边疆。据《汉书·食货志》说："过试以离宫卒，田其宫壖地，课得穀者多其旁田，晦一斛以上，令命家田三辅公田，又教边郡及居延城，是后边城河东、弘农、三辅、太常民皆便代田，用力少而得穀多。"《居延汉简》中也有关于代田法的记载①，这说明代田法在当时确已为西北地区所采用。这对于西北农业的发展，是一个很大的推动力量。

（二）氾胜之发明区种法

氾胜之是成帝时的议郎。他发明的方法，据《齐民要术》说：

---

① 见本书《西汉的西北屯垦》所引《居延汉简》有关代田之遗文。

以晦为率，今一晦之地长十八丈、广四丈八赤（尺），当横分十八丈五町，町间分为十四道，以通行人。道广一赤五寸，町皆广一赤五寸，长四丈八赤。赤直横凿町作沟，沟一赤，深亦一赤，积穰于沟间，相去亦一赤。尝悉以一赤地积穰不相受，令弘作二赤地，以积穰种禾黍于沟间，夹沟为两行，去沟二边各二寸半，中央相去五寸，旁行相去亦五寸。一沟容四十四株，一晦合万五千七百五十株。

此种区种法只是大概的原则，事实上，当时的土地所有者不可能把自己的土地完全划成这样整齐的长方形，其间难免夹杂着别人的土地，或因山陵川泽，土地不可能这样整齐划一，但一般町、道、沟、畔的长短宽狭以及农作物的种植方位，则可能和上面所述接近。

关于农作物的种植方法，因种类不同，其栽种的距离及覆土的厚度也不相同。在这一方面，氾胜之也有相当的研究。他说：

种禾黍，令上有一寸土，不可令过一寸，亦不可令减一寸。凡区种麦，令相去二寸一行，一沟容五十二株，一晦凡四万五千五百五十株，麦上土，令厚二寸。凡区种大豆，令相去一赤二寸，一沟容九株，一晦凡六千四百八十株。区种荏，令相去三赤，胡麻相去一赤。区种，天旱常溉之，一晦常收百斛。①

关于区种耕耘的时间和程序，氾胜之说：

凡耕之本，在于趋时和土，务粪泽，早锄早获。……凡麦田，常以五月耕，六月再耕，七月勿耕，谨摩平以待种时。五月耕一当三，六月耕一当再，若七月耕五不当一。……得时之和，适地之宜，田虽薄恶，收可亩十石。②

---

① 《齐民要术》。
② 《齐民要术》。

由此可见，适当地掌握耕作时间，不仅可以节省很多人力，而且直接影响农作物产量。其所以要在五六月耕田，而不在七月，这个道理很明显，因为四月割麦以后，五六月间麦根尚未死，就翻耕之，使没入泥土中，腐化而为肥料，这样薄恶之田，每亩亦可收10石。若七月耕田，则麦根枯槁，已经不能分泌肥料，所以说"七月耕五不当一"。

另外氾胜之的施肥方法也值得加以介绍。他说：薄田不能粪者，可先用蚕矢拌种，这样长出来的禾苗可以免受虫害。他又说：用马骨碎片煎成汁，滤去其渣，以附子5枚投入汁中，经过三四日，把附子取出，以汁和蚕矢、羊矢各等份搅和在一起，使成为稠粥状，用来拌种。如无马骨，可用雪水代替，如此治种，"则收常倍"①。

氾胜之曾著《农书》18篇，对于农事叙述甚详，惜已失传，现在只能从贾思勰《齐民要术》一书所引佚文中略窥其梗概。总之，氾胜之和赵过都能很好地总结劳动人民的生产经验，并且用来改进生产方法，提高农业生产水平，这是值得我们推崇的。

（三）对于水利的开发

有的学者引孔子"禹'尽力乎沟洫'"的话，认为在夏禹时，可能已经有原始的灌溉工程②。不过这只是一种推断。中国水利灌溉工程究竟始于何时，尚待研究，但根据可靠记载，我们知道最晚当不迟于春秋时期③。

到了战国末期，水利灌溉已甚普遍，并有不少的水利专家出现，如秦蜀守李冰筑都江堰，用以溉田；楚相孙叔敖于庐江起芍陂稻田，溉万顷；以后，秦国又大规模地发展水利，用韩水工郑国开渠引泾水自中山西抵瓠口，并北山东注洛水300余里，溉舄卤地4万余顷。这是秦以前水利开发的大概情况。到西汉时，水利事业在原有的基础上又有了新的发展。例如文帝时，

---

① 《齐民要术》。
② 范文澜：《中国通史简编》修订本第一编，人民出版社1953年版，第19页。
③ 《左传》襄公十年："(郑)子驷为田洫，司氏、堵氏、侯氏、子师氏皆丧田焉。"子驷所开田洫，其规模制度虽不可考，但由司氏、堵氏、侯氏、子师氏因此而皆丧田一语，亦可以想见其规模之大。以后仅隔20年，子产当政，复承子驷遗规，使民"田有封洫"，行之3年，民得灌溉之利，为之歌曰："我有田畴，子产殖之。"由是知当时水利事业已有一定程度的发展。

蜀守文翁穿湔江口，溉田1700顷①。武帝时，更重视水利建设，穿漕渠，引渭水起长安，并南山，下至河，长300里，溉田万顷；穿河东渠，引汾水溉皮氏、汾阴，引河水溉汾阴、蒲坂；又穿六辅渠，以益溉郑国渠旁高仰之地。当时最大的水利工程则为龙首渠，这是一条引洛水至商颜（陕西大荔县北）的灌溉渠，共发动了1万余人，修了10余年才完成。以后赵中大夫白公又建议穿渠引泾水，首起谷口，尾入栎阳，注渭水，长200余里，这条渠修成以后，就称为白渠。白渠的作用很大，溉田凡4500余顷，附近的居民皆蒙其利，故为之歌曰：

　　田于何所？池阳谷口。郑国在前，白渠起后。举臿为云，决渠为雨。泾水一石，其泥数斗。且溉且粪，长我禾黍。衣食京师，亿万之口。②

由这首歌可以看出，水利灌溉在农业生产上所发挥的巨大作用。

以上所述，只是几处比较大的工程，当时水利的兴建，实际并不限于此。如《汉书·沟洫志》所载："用事者，争言水利。朔方、西河、河西、酒泉皆引河及川谷以溉田；而关中灵轵、成国、湋渠引诸川；汝南、九江引淮；东海引钜定；泰山下引汶水。皆穿渠为溉田，各万余顷。它小渠及陂山通道者，不可胜言也。"

西汉时，劳动人民为了向自然灾害作斗争，除大规模地穿渠引水灌田以外，还根据不同的地理条件，采用掘堰③、凿井④、筑堤⑤等方法来开辟水源和调节水量，以进行人工灌溉。至于当时所使用的汲水工具，多半是桔槔。

---

① 《华阳国志·蜀志》。
② 《汉书·沟洫志》。
③ 《文献通考》引《公非集·刘氏七庙记》说："予为泸州从事，始以事至舒城，观所谓七门三堰者，问于居人，其田溉几何，曰'凡二万顷。'考于图书，则汉羹颉侯信始基，而魏扬州刺史实修其废。"
④ 《汉书·沟洫志》载，穿龙首渠时"自徵引洛水至商颜下，岸善崩，乃凿井，深者四十余丈，往往为井，井下相通行水，水隤以绝商颜。东至山岭十余里间，井渠之生自此始"。
⑤ 《汉书·循吏传》载召信臣为南阳太守，"好为民兴利，务在富之。躬耕劝农，出入阡陌，止舍离乡亭，稀有安居。时行视郡中水泉，开通沟渎，起水门提阏，凡数十处，以广灌溉，岁岁增加，多至三万顷，民得其利，畜（蓄）积有余。"

最近我们在全国出土文物展览会上看到一种汉代陶制的灌溉井的模型，井呈椭圆形，汲水绳索的两端各系一桶，上下取水，非常便利，这样在灌溉上就节省了不少的劳动力。

（四）垦田概况与生产量之蠡测

由于铁制农具的广泛使用、牛耕方法的推广以及生产技术的不断改进，西汉时，土地的单位面积产量已大大提高，据史书所载，战国时代每亩产量不过一石半[1]，汉初每亩只是一石左右[2]，然后到西汉中叶以后，这种情况就逐渐地改变了。例如代田"一岁之收，常过缦田畮（亩）一斛以上，善者倍之"[3]。"故恶地，诚即得水，可令亩十石。"[4]"若有渠溉，高田五倍，下田十倍。"[5]如耕种及时"田虽薄恶，收可亩十石"[6]。

西汉时，石、斛大小略等，1石约当现在2斗[7]，汉亩合今亩5分2厘。西汉时最高产量每亩可达10石，约合现在每亩4石，已经接近新中国成立前农村中一般的生产水平，这不能不使我们惊叹西汉农业的发达，特别是西汉农民所创造的辉煌的生产成绩！

西汉的农民不但能发挥土地效能，提高产量，并且能想办法改造自然，使许多不能耕种的土地出产粮食。那时，不但中原一带的荒地渐次开垦，就是边疆许多穷荒不毛之地，如陕、甘以西至塔里木盆地也被开发出来，因而增加了耕种面积。据《汉书·地理志》所载：平帝时，已有"提封田一万万四千五百一十三万六千四百五顷，其一万万二百五十二万八千八百八十九顷，邑、居、道路、山川、林泽，群不可垦，其三千二百二十九万九百四十七顷，可垦不可垦；定垦田，八百二十七万五百三十六顷"（按：此处记载西汉提封田与不可垦、可垦及定垦田之总数稍有出入，疑《地理志》传写有误）。像这样庞大的垦田数字，正是西汉农业生产技术提高和农民辛勤劳动

---

[1] 《汉书·食货志》。
[2] 《汉书·食货志》。
[3] 《汉书·食货志》。
[4] 《汉书·沟洫志》。
[5] 《汉书·沟洫志》。
[6] 《齐民要术》。
[7] 见吕思勉《秦汉史》，上海古籍出版社1983年再版，第532页。

的结果。

　　综上所述,我们知道西汉时代农业生产技术已有很大的改进和提高,农业生产已普遍地发展。自关西至巴蜀、汉中,所谓"九州膏腴"、"沃野千里"的地方,且不去说它,就以山东为例,虽然赶不上关中,但从每年漕运京师的数字来看,汉初不过数十万石,到了武帝元封年间,已激增至600万石[①]。这也足以证明关东农业发展的盛况。不但如此,甚至像遥远荒凉的西北一带,在当时,也成了比较繁荣的农业区域。所有这些事实说明西汉的农民在生产过程中所发挥的作用是巨大的。但是在封建统治下,农民被迫把大部分甚至全部生产成果毫无代价地奉献给地主、贵族、皇室,因此当时虽然农业生产相当发达,而农民自己还是不得不过着贫穷困苦的奴隶式生活。

　　(原载《汉史初探》,学习生活出版社1955年版,上海人民出版社1957年再版)

---

① 《史记·平准书》。

西汉的西北屯垦

屯田边塞，据文献记载，秦时已开其端。《史记·匈奴传》云：

> 秦灭六国，而始皇帝使蒙恬将十万之众北击胡，悉收河南地，因河为塞，筑四十四县城临河，徙适戍以充之……又度河据阳山北假中。

汉初，匈奴南侵，边郡不胜其害，因而仍沿用秦法，遣戍卒备边，其后又募民就边地垦田，实行长期守卫的政策。《汉书·晁错传》云：

> "陛下（文帝）幸忧边境，遣将吏发卒以治塞，甚大惠也。然令远方之卒，守塞一岁而更，不知胡人之能，不如选常居者家室田作，且以备之。……要害之处，通川之道，调立城邑，毋下千家，为中周虎落。先为室屋，具田器。乃募辠（罪）人及免徒、复作令居之。不足，募以丁奴婢、赎辠及输奴婢欲以拜爵者。不足，乃募民之欲往者，皆赐高爵，复其家，予冬夏衣廪食，能自给而止。……其亡夫若妻者，县官买予之。"上从其言，募民徙塞下。

守塞之卒，一岁而更，往来调发，道远不便，匈奴即可乘虚而入。且边塞费用浩繁，仍须仰赖京师以及各郡国的供给，其运输尤为困难，"率以数十倍而致其一"[①]。

[①] 《史记·平准书》："率十余钟致一石。"裴骃引《汉书音义》曰："钟，六石四斗。"

募民屯田可以因田致谷，因地为粮，因民为兵，因屯为守，不仅解决了戍卒的费用和运输的困难等问题，而且可以长期守边。

武帝时，设置田官吏卒开发西北，并迁徙大量贫民到边地进行垦殖。据《汉书·武帝纪》载：

> 元朔二年，募民徙朔方十万户。
>
> 元狩四年，关东贫民徙陇西、北地、西河、上郡、会稽凡七十二万五千口。
>
> 元狩五年，又徙天下奸猾吏民于边。
>
> 元鼎六年，分武威、酒泉郡置张掖、敦煌郡，徙民以实之。

《史记·平准书》亦载：

> 初置张掖、酒泉郡，而上郡、朔方、西河、河西开田官，斥塞卒六十万人戍田之。

武帝而后，迄于昭、宣之际，屯垦制度有了新的发展，屯垦地区远及西域。如公元前85年（始元二年），发习战射士赴朔方，调原地故有将吏屯田张掖①。又以扜弥太子赖丹为校尉将军，田轮台②。公元前77年（元凤四年），遣大司马1人、吏士40人，田伊循③。公元前68年（地节二年），遣侍郎郑吉、校尉司马憙，将免刑罪人，田渠犁，积谷，以攻车师。以后匈奴益弱，不得近西域，乃置戊己校尉屯田居车师故地④。公元前61年（神爵元年），遣赵充国至金城，率吏士万人，自临羌至浩亹间，垦羌人故田以及公田2000余顷⑤。

汉人在西北屯垦的情况，除见于文献记载以外，从居延发掘的汉简中

---

① 《汉书·昭帝纪》。
② 《汉书·西域传》。
③ 《汉书·西域传》。
④ 《汉书·西域传》。
⑤ 《汉书·赵充国传》。

也可以找到一些宝贵的材料：

> 延寿乃太初三年中，又以负马田敦煌，延寿与父俱来，田事已。(303·39)
>
> 马长史即有吏卒民屯士亡者，具署郡、县、里、名、姓、年、长物、色、所、衣服、赍操、初亡年月日、人数、白报与病已。谨案属丞始元二年戍田卒千五百人，为骓马田官穿泾渠，乃正月己酉淮阳郡(513·17)

以上两简，前一简为武帝中期以后之简，后一简为昭帝初年之简。昭帝时，在居延屯田，仅淮阳郡就派遣田卒1500人，其他地区概可想见。

至于当时屯田的组织大约可分为两种，一种属于军屯性质，一种属于民屯性质。

在军屯方面，据汉简所示，可以推知以下六事：

（一）农场劳动力，主要为田卒。凡田卒皆有名籍，载其姓名、年龄、籍贯，以备随时考察。

> 田卒大河郡、平富西里、公士昭遂年三十九。庸举里、严德年三十九。(303·13)
>
> 田卒大河郡、瑕丘、襄成里、王胜年三十八。(498·11)
>
> 田卒淮阳、新平、常昌里、上造柳道年二十三。(11·2)
>
> 田卒昌邑国、邴灵里、公士朱广年二十四。(513·35)

（二）屯田区设有田官，管理屯田事务。

> 骓马田官元凤六年三月辟除。(187·16)（此可与《史记·平准书》、《匈奴传》互相印证）

（三）田卒的食粮和使用的农具概由官府供应。

出麦五百八十石八斗八升,以食田卒剧作六十六人五月尽八月。(303·24)

更钱五千具□从农田具。(135·36)

(四) 垦田的收获必须送交官仓。

第十部吏一人载谷三十斛致官。(95·12)

入粟十二石,增廪五千二百二十五石,合五千二百三十七石受城仓。(112·21)

(五) 仓设仓长管理,并有仓丞、仓曹辅助管理。

三月丙午,张掖长史延行太守事,肩水仓长汤兼行丞事。(10·33)

建平三年闰月辛亥朔丙寅,福禄仓丞敞移肩水金关居延坞长王戎,所乘用马各如牒,书到出,如律令。(15·18)

出吞远士吏平四月奉 四月庚戌,令史博付仓曹孙卿偿具丽卒陈。(279·17)

(六) 在这些官仓中还有一种代田仓。

始元二年十一月戊戌朔戊戌,第二亭长舒受代田仓监□,都丞延寿临。(273·24)

始元三年正月丁酉朔丁酉,第二亭长舒受代田仓监□。(148·47)

代田仓的出现,说明当时边地屯垦已经采用了代田法。代田法和使用牛耕是分不开的,可见当时边地农业也一定进入了牛耕的阶段。《汉书·昭帝纪》说:

非丞相御史所请,边郡受牛者勿收责。应劭注:武帝始开三边,徙民屯田,皆与犁牛。

采用代田法和使用牛耕是西北农业上的一大进步。

当时田卒耕地的面积，大约每人20亩（汉亩合今亩五分二厘，见万国鼎《中国田制史》第142页）。《汉书·赵充国传》载：

> 田事出，赋人二十亩。

据《淮南子·主术篇》"一人跖耒而耕，不过十亩"，两者比较一下，就可以了解汉代西北的屯垦区不仅在耕作技术上有了很大的提高，而且田卒的劳动强度也是相当惊人的。

在民屯方面，和军屯一样，他们所耕之田也是政府经营的公田。据《汉书·食货志》载：

> （武帝时）山东被水灾，民多饥乏，于是天子遣使虚郡国仓廪以振贷；犹不足，又募豪富人相假贷；尚不能相救，乃徙贫民于关以西及充朔方以南新秦中七十余万口。衣食皆仰给于县官，数岁贷与产业，使者分部护，冠盖相望，费以亿计。

迁来的贫民皆分部领护，并由政府贷与衣食产业，这就等于政府招来一大批佃户。在这里和农民直接对立的，"不是土地私有主，而是国家，以土地所有主资格同时又以君主资格出面的国家。……那么，地租与地税就相符合，或者，更正确些说，那时便没有什么与这种地租形态不同的地税。"[①] 下面的一则简文就是有力的证据：

> 右第二长官处，田六十五亩，租二十六石。（303·7）

在西汉，普通每亩田的产量不过1石[②]，而边塞种植，一般说来，比较粗放，故每亩至多不会超过1石。准此，则简文说：65亩，收租26石。也就是说，

---

① 《马克思恩格斯论中国》，人民出版社1953年版，第15页。
② 《汉书·食货志》。

租额已达到了百分之四十。这和董仲舒所说"耕豪民之田，见税什五"的剥削程度已相去不远。从这里我们可以看出，在屯垦区，无论田卒或是徙去的贫民，他们的生活都是很艰苦的。田卒不仅在耕作上要提供劳动力，同时在军事上还要负守边的责任。而垦田的农民一方面负担着苛重的租税，一方面还必须参加边地的劳役。此外，他们还要担负治河穿渠、兴建水利等工作，这类工作是相当繁重的，但也是屯垦区的首要工作。

恩格斯在《反杜林论》中谈到东方古代社会的特点时曾说："在波斯印度等国，昌盛一时而后趋于衰落的许多前后相继的东方专制皇朝，每个都很好地知道自己首先是江河流域上灌溉事业的总的经营者，在东方如没有灌溉，那么农业是不能进行的。"[1]中国自古即以农立国，因此，水利灌溉，在中国古代史上，同样占了很重要的地位。

根据《史记·河渠书》、《汉书·沟洫志》和《循吏传》记载，西汉的水利灌溉规模是相当大的。如水利工程修建，动辄发卒数万人，施工期间，短则数年，长则十余年，这是以前任何一个时代所没有的。这一方面说明了西汉统治者对农田水利的重视，一方面也说明了汉代劳动人民和大自然作艰苦斗争的精神。西汉时，西北屯垦区水利事业有很大的发展，我们必须了解当时西北的水利情况，才能更好地了解西北的屯垦情况。

从西北的地理形势来看，可以推测西北在古代是一个天然的灌溉区域。例如西汉的安定、朔方、五原、北地、云中、定襄、西河等郡，正处于黄河的河套一带，河水自上游流经此处，回环曲折，支流甚多，水势已被减杀，而所挟带的泥沙，又大多为西北黏土高原的积污，故有"河水浊，清澄一石水，六斗泥"之谚。因此靠黄河两岸的土地，都可以引水灌溉，不仅无干旱之虞，而且可以肥田。所以汉时在这一带屯垦，仅朔方一处，即有数万人参加穿渠的工作，费用达10万万之巨[2]。从这一点，可以想见西汉政府对于河套水利是如何的重视。

在河西，据《汉书·地理志》说："地广人稀，水草宜畜牧，故凉州之畜，为天下饶。"这里不但"宜畜牧"，而且宜于农业，其主要河流有谷水（即

---

[1] 恩格斯：《反杜林论》，三联书店1954年版，第224页。
[2] 《汉书·食货志》。

今白亭河)、弱水（删丹水）、呼蚕水（白大河）和南借端水（疏勒河）。这些水，大部分源出于祁连山，每年夏季，山顶积雪一经融解，即分别流入诸水，水或东北流，或西南流，利于溉田。故汉代在张掖、居延屯垦的田卒中间就专门有一种"河渠卒"来担负溉田的工作（《居延汉简》140·15）。

在西域，有塔里木河横贯其间，由四周高山下注之大小河川，多至数千，汉时田乌垒、轮台、渠犁等地，就是利用塔里木河之支流进行灌溉。自轮台以东至渠犁，约有溉田5000顷以上①。

关于屯垦区溉田的具体情况，史书很少记载，从斯坦因②在楼兰故城所发现的晋简中可以找到部分参证：

1. 将尹宜溉北河田一顷，六月二十六日剌。
2. 将张金部见兵二十一人，大麦二顷，已截二十亩。下床九十亩，溉七十亩。小麦三十七亩，已截二十九亩。禾一顷八十五亩，溉二十亩，米锄五十亩。
3. 将梁襄部见兵二十六人，大麦六十六亩，已截五十亩。下床八十亩，溉七十亩。小麦六十三亩，溉五十亩。禾一顷七十亩，锄五十亩，溉五十亩。

晋时在西域的屯田，几乎全部是溉田，这种情况，应当和汉代相差不致太远。马克思于《英国在印度的统治》一文中说：

气候和土壤条件，特别是广阔的沙漠地带，由撒哈拉经阿拉伯、波斯、印度及蒙古，绵延到亚洲高原——这些情形曾使利用水道及水利工程来实行人工灌溉的办法，成为东方农业底基础。③

中国的西北地区正处于广阔的沙漠地带，雨量稀少，气候干燥，如不采用人

---

① 《汉书·西域传》。
② 斯坦因，英国人，原籍匈牙利，考古学家。他曾依仗英国印度殖民政府的势力，于1901年至1916年，在我国及中亚，以考古为名，劫走我国许多古代珍贵文物。
③ 《马克思恩格斯论中国》，人民出版社1953年版，第22页。

工灌溉的方法,是不能使农作物很好地生长的,而且屯垦区多靠近河流,也利于饮水溉田。如果我们设想那时登在祁连山的顶巅,纵目远眺,以河西走廊为起点,东望曲折的河套,西极塔里木盆地,我们就可以看到在广阔的沙漠中,一片一片的绿洲点缀其间,也可以看到成千成万的士卒在这些绿洲上面进行各种各样的劳动,于是你就会感到也只有他们才真是历史的创造者。

由此可见,西汉在西北进行大规模的屯垦,对西汉农业的发展提供了必要的条件,第一,内地失去土地的大量流民,被吸收到边塞荒地上去。仅武帝元狩四年一次移民的数字,就达 70 余万,充分地保证了屯垦区的农业生产劳动力。第二,扩大了耕地面积。自陕、甘以西到塔里木盆地一带的处女地被开辟出来了,使得国内一部分失去土地的农民满足了土地的要求。这样一方面缓和了国内阶级矛盾,巩固了边防;另一方面由于内地的农民带去了进步的生产技术,使得西北的农业从此进入了新的阶段。

现在我国的西北地区是比较荒凉的。然而我们从历史上看,西北逐渐趋向荒凉是汉、唐以后的事情,在西汉,西北的河西和朔方可以说是相当繁荣的农业区域。为什么变化如此之大?这正如马克思所说:"从前曾是良好田园,现在都成了不毛之地。这一点也足以解释下述的事实,就是只须一次破坏战争,就使国家在数百年内杳无人烟,并消灭它的全部文明。"[①]我国的西北地区,从西汉到现在,所经受的战争何止数百千次,虽然历代皇朝的初期,皆有所恢复,但是恢复赶不上破坏,特别是宋、明以后,几乎等于把这一地区完全放弃,任其荒凉下去。

新中国成立以后,在毛主席和共产党的领导下,全国各地正在大力发展水利事业,开垦荒地,提高农业生产量。西北地区也没有例外,并且已经或正在准备开辟大规模的国营农场。西北不仅可以很快地恢复以往的繁荣,而且将要开辟成为一个富饶的农业区。

(原载《光明日报》1954 年 2 月 20 日;后收入《汉史初探》,学习生活出版社 1955 年版、上海人民出版社 1957 年再版)

[①] 《马克思恩格斯论中国》,人民出版社 1953 年版,第 23 页。

西汉农官的建置及其作用

一

汉初，为了促进地主政权的巩固和发展，统治者不仅对农民采取了一些安抚政策，而且对于农业生产的组织管理也是相当注意的。例如公元前168年（文帝十二年）诏令地方按户口率设置三老、孝弟力田为常员，公元前143年（景帝后元元年）改治粟内史为大农令，这都说明当时统治者对于农业生产是相当重视的，并企图使用政治力量去鼓励和推动农业生产。

经过汉初70余年的休养生息，国家已经积累了大量的财富，国库已经非常充实。武帝即位以后，对内加强中央集权，对外不断地进行战争，建立起一个空前的大帝国。然而与此同时，隐伏的社会矛盾，也已经明显尖锐化。当时的基本情况是：第一，由于连年对外战争中的军事征发和供应，以致民穷财尽，国库日渐空虚；同时很多农民因战争而脱离生产，造成了生产萎缩的现象。第二，在商人地主的高利贷盘剥下，土地兼并迅速地进行着，大量农民因破产而到处流亡，据《汉书·石奋传》记载，仅公元前107年（元封四年）关东就有流民200万口，其中无名数者（无户籍者）40万。第三，自然灾害不断侵袭，如河内、平原和渤海等地区，数被水灾，方数千里，统治者坐视不救，以至父子相食。第四，官逼民反，农民暴动不断爆发，甚至波及京师，"守尉不能禁，城邑不能止"。像这样严重的局面，统治者不得不采取紧急的措施。首先是兴算缗之法，算即征税，120钱为1算，缗钱即商人的本钱。算缗钱即是向商人抽资产税。算缗之法一方面沉重地打击了商人，一方面又充实了政府的经济实力。资产由商人自报，呈报不实，即没收其资产。如别人告发，即以没收资财的一半赏给告发人。商贾大多不遵守法令据实呈报自己的资产，因此算缗法实行以后，据《史记·平准书》载："杨可告缗（告发商人呈报不实）遍天下，中家以上大抵皆遇告。……得民财物以亿计，奴婢以千万数；田，大县数百顷，小县百余顷，宅亦如之。于是商贾中家以上大率破（破产）。"因为很多田地没入了官府，于是，"水衡、少府、太仆、大农各置农官，往往即郡县比没入田田之。"

为了充实国库，汉政府又大量设置农官，广开公田。据《盐铁论·复古》说："孝武皇帝攘九夷，平百越，师旅数起，粮食不足。故立田官，置钱，入谷射官，救急赡不给。"同书《园池》也说："诸侯以国为家，其忧在内。天子以八极为境，其虑在外。故宇小者用菲，功巨者用大。是以县官开园池，总山海，致利以助贡赋，修沟渠，立诸农，广田牧，盛苑囿。太仆、水衡、少府、大农，岁课诸入，田牧之利，池篽之假，及北边置任田官，以赡诸用，而犹未足。今欲罢之，绝其源，杜其流，上下俱殚，困乏之应也。"

同时，由于汉武帝对外战争的胜利，又扩大了疆土，因此，很多流民可以从事屯垦，据《汉书·武帝纪》载：

元朔二年，募民徙朔方十万口。

元狩四年，关东贫民徙陇西、北地、西河、上郡、会稽凡七十二万五千口。

元鼎六年，分武威、酒泉地置张掖、敦煌郡，徙民以实之。

最后一次徙民数目虽不知道，但仅前两次已达 80 余万，数目甚为惊人。既有大量的农民在边地垦田，势必有农官来管理其事。此外，又有数十万备边的戍卒和驻防西域诸国的吏卒，亦多从事垦田，以充军饷，自然需要大量地设置农官。据《史记·匈奴传》载：

汉度河，自朔方以西至令居，往往通渠，置田官吏卒五六万人。

又《史记·平准书》亦称：

> 初置张掖、酒泉郡，而上郡、朔方、西河、河西开田官，斥塞六十万戍田之。

如上所述，西汉的农官，大部分是为适应耕种内地公田和边塞屯垦的需要而设置的。

二

西汉农官的数目很多，而且大都是因时制宜或因地制宜，没有一定的规制，且史书记载简略，难以具述其端委，正如叶奕苞《金石录补汉冯焕碑阴》一文中所说："两汉太守皆得自置僚佐，缘事增止，而边郡所置尤滥，即官名亦不必尽出于官制。"所谓官名不必尽出于官制，确是实在情形，而农官之建置亦然。据田雨飐所辑《印索》一书（陈簠斋印）第十六册汉印部分即有"彭城田长"、"梁菑农长"、"代郡农长"等官，顾名思义，都是农官无疑，彭城、梁、菑、代郡，均系地名，以地名官，当不止此三处。又前齐鲁大学国学研究所所藏汉印中有"都田"印一颗，铜质，状似指环，印作长方形。可知汉代农官中尚有"都田"一官，"都田"印之形状，与县尉印相似，可能是县中所设的农官，然而这些官职都是史书中所不曾看到的。现在仅就手头所有的资料，画出西汉农官建置的一个大概轮廓，或者对治汉史者有点帮助。

（一）直属中央的农官

关于西汉的农官，首先应述及大司农，这不仅因为大司农负责管理整个国家的财务和负有安抚农民、开垦公田以及劝助农业生产等任务，而且各地设置的农官都直接或间接属它管辖，大司农无疑是汉代农业管理部门的首长。

大司农，在秦代本叫治粟内史，汉初因旧名。公元前143年（景帝后元年）改为大农令。公元前104年（武帝太初元年）始改为大司农，秩中二千石，下设太仓、均输、平准、都内、籍田五部门，各部门设主管1人，职员若干人。此外，凡郡国诸仓、农监、都水65官长丞，亦属它管辖。大司农之下直属官是大司农丞，或称中丞，有2人。①公元前110年（元封元年）曾于大司农下设大农部丞数十人，据《汉书·食货志》载，"（桑弘羊）迺请置大农部丞数十人，分部主郡国"。公元元年（平帝元始元年）又置"大司农部丞十三人，人部一州，劝农桑"②。由此可见，大农部丞或大司农部丞，名为大司农属官，其实是中央派往各州郡督课农桑的专使。

与大司农几乎相平行的尚有搜粟都尉（或称治粟都尉），据《汉书·百官公卿表》说："搜粟都尉，武帝军官，不常置。"遇有大司农缺时，搜粟都尉可以兼领大司农，桑弘羊即其一例。故当时大司农亦往往称为搜粟都尉，如公元前86年（昭帝始元六年）杨敞时任大司农，而燕王旦使人上书则云，"大将军长史（即杨敞）无功劳为搜粟都尉"③。此外，上官桀、赵过也都做过搜粟都尉，赵过就是在搜粟都尉的任内推行了代田法和耧耕法的。

武帝时，大司农和搜粟都尉对当时的社会经济曾起过相当重要的作用，故《盐铁论·轻重》云："上大夫君（桑弘羊）与（以）治粟都尉管领大农事，灸刺稽滞，开利百脉，是以万物流通，而县官富实。"

此外和大司农部丞性质相近的，还有劝农使者和劝农谒者。据《汉书·食货志》载："蔡葵以好农，使劝郡国，至大官。"又《汉书·武帝纪》："元狩三年，遣谒者劝有水灾郡种宿麦，举吏民能假贷贫民者以名闻。"由此可见，劝农使者和劝农谒者，都是由中央直接派到地方去的劝农专使。昭帝时，又置稻田使者，见《汉书·昭帝纪》"故稻田使者燕苍先发觉"。如淳注："特为诸稻田置使者，假与民，收其税入也。"可见稻田使者就是代替皇帝经营公田的农官。

上述农官，或由中央设置，或由中央派遣，大多见于史籍，至于名称无可考者，如《盐铁论》所载大司农、水衡、少府、太仆所置的农官，往往遍于郡县，尤其值得注意。

---

① 散见《汉书·宣帝纪》、《成帝纪》、《律历志》、《食货志》、《陈汤传》、《萧望之传》、《循吏传》、《酷吏传》。
② 《汉书·平帝纪》。
③ 《汉书·苏武传》。

（二）郡县农官

除中央有直属的农官以外，郡县也有农官的设置，例如劝农掾，就是属于郡县的农官。据严耕望《两汉郡县属吏考》一文云："汉世最重农桑，而劝民农桑又为守相重要职责，则郡国或置专吏以便劝农，自意中事，其见于载籍者，《隶续》二一某残碑南阳有南、北、中三部劝农是也。"又云，"县有廷掾、监乡部，春夏则为劝农掾"，可知劝农一官郡县皆置之，盖为常员，不容省罢，即便在边地，通常也有设置，这我们可以从《居延汉简》中找到参证：

> 五年正月癸未，守张掖居延都尉旷行丞事，骑司马敏告兼劝农掾、兵马掾
> 书到到宣考察有无四时言如守府治所书律令。（16·10）

此处的劝农掾，就是属于居延的农官。和劝农掾性质相似的还有田曹，《淮南子·天文训》云："何谓五官，东方为田，南方为司马，西方为理，北方为司空，中央为都。"又《五曹算经》亦云："一为田曹，地利为先。"他们都把田曹列为五曹之首，由此亦可以想见田曹在郡县属吏中是占了怎样的位置。

地方上所设置的农官，除了劝农掾、田曹以外，还有从乡里中选出的三老、孝弟力田，公元前105年（汉高祖二年）"举民年五十以上有修行能帅众为善，置以为三老，乡一人，择乡三老一人为县三老，与县令丞尉，以事相教"；公元前187年（高后元年）"初置孝弟力田二千石者（各）一人"；公元前168年（文帝十二年）"以户口率置三老、孝弟力田常员，令各率其意以道民焉"。自是而后，遂成为西汉一代的定制。三老、孝弟力田虽无实际职责，但是在农村中却起了很大的作用。据《汉书·食货志》云：

> 大农置工巧奴与从事，为作田器，二千石遣令长三老、力田及里父老善田者受田器，学耕种养苗状。

由此可知，他们不但要"帅众为善"，而且还要学习耕作技术和使用新的生

产工具,来指导农民耕作,这样,他们就成了农业生产的实际指导人。因此,凡被举为三老、孝弟力田者,均可以免除徭役,三老还可以与县令丞尉平行,"以事相教"。这就说明了,无论在政治上或经济上,三老、孝弟力田都是统治者在农村中的代理人,统治者就是通过他们直接控制广大农村的。

(三) 边塞农官的设置

汉武帝开拓疆土,移民屯垦,在边郡也设置农官,可考见者,有农都尉、属国农都尉、护田校尉等。据《汉书·叙传》"上河农都尉"条下师古注云:"农都尉者,典农事也。"又《地理志》张掖、番和为农都尉治所,由是知农都尉多置于边郡,为典农之官。《居延汉简》中有关农都尉之文字很多,兹录其一简,以资考证:

> 守大司农光禄大夫臣调昧死言,守受簿丞庆前以请诏使护军屯食守部丞武
> 以东至西河郡十一农都尉官二调物钱谷漕转糴为民困乏调有余给不(足)。(214·33A)

按《汉书·百官公卿表》,公元前 42 年(元帝永光二年),光禄大夫非调为大司农,当与此处简文所载上书言事的大司农光禄大夫臣调为一人。由是可知,在元帝时候,由于内地人民困乏,调边郡十一农都尉之余谷以自给,这就说明了农都尉之设置对于西北农业的开发是有重大作用的。

至于属国农都尉,亦多置于西北边郡,据《汉书·武帝纪》载:

> 元狩二年,匈奴昆邪王杀休屠王,并将其众合四万余人来降,置五属国以处之,以其地为武威、酒泉郡。

自此边塞遂增置属国都尉一官,如陇西属之南部都尉,酒泉属之北部都尉、东部都尉、西部都尉,敦煌属之中部都尉,及《田广明传》中之受降都尉等皆是。史书记载虽无属国农都尉一官,而在《居延汉简》中却有如下一条:

> 三月丙午，张掖长史延行太守事，肩水仓长汤兼行丞事，下属国农都尉小府县官承书从事下当用者如诏书。（一〇、三三）

此处属国农都尉，系属张掖，顾名思义，大约是少数民族地盘的农官，除了负责屯垦以外，或者还有政治上的羁縻作用。

护田校尉，亦见于《居延汉简》：

> 二月戊寅，张掖太守福库丞承熹兼行丞事，敢告张掖农都尉、护田校尉府卒入谓县律曰，臧它物非钱者，以十月平贾计，案戍田卒受官袍衣物贪利贵贾贳予贫困民，吏不禁止浸益多，又不以时验问。（4·1）

此处护田校尉与农都尉平行，其职位大致相同，不过农都尉为郡中典农事之官，而护田校尉即为统领保护屯田之官。护田校尉不仅设置于边郡，而在西域屯田区亦有设置，据《汉书·西域传》云：

> 于是自敦煌西至盐泽，往往起亭，而轮台、渠犁皆有田卒数百人，置使者校尉领护。师古注：统领保护公田之事也。

这大概是因为边郡和西域地近匈奴，为了抵御匈奴之侵袭，故有护田校尉的设置。

最后值得特别提出的，就是在西域屯田地区也有农官的设置。据《汉书·西域传》载："遂以车师故地与匈奴，车师王得近汉田官。"汉武帝初通西域时，匈奴的势力尚未完全退出西域，因此汉在西域屯田，一则地近匈奴，时刻受到匈奴的威慑，一则西域诸国与汉之关系亦若即若离，故所置田官大都兼具军事性质，平时率士卒耕种，一旦有警即准备作战，如屯田校尉，即属此种性质的农官。《汉书·西域传》云：武帝初通西域，置校尉屯田渠犁。又云：至宣帝置都护，"匈奴益弱，不得近西域，于是徙屯田田于北胥鞬，披莎车之地，屯田校尉始属都护"。宣帝时，郑吉破车师，降日逐，都护西域36国。其所以如此，主要是仰赖于屯田校尉积谷以为军饷，故能收指臂之效。由此看来，屯田校尉的设置，实际上就是为了西汉驻防国外军队的军饷供应。

三

综上所述，西汉农官的建置，特别在汉武帝时代，确是一件大事。无论在政治上或经济上，它都直接或间接地起了积极的作用。约而言之，可得以下四点：

第一，充实了国家经费。由于农官的经营，在国内及边疆开辟了大量的公田，从而增加了国库的收入。据史载：汉初漕转关东粟，岁不过数10万石，到了武帝元封年间，就改变了这种情况："诸农各致粟山东，漕益岁六百万石，一年之中，太仓、甘泉仓满，边余谷诸物，均输帛五百万匹，民不益赋，而天下用饶。"① 所以到昭帝时，有人提出罢公田、取消农官的意见，桑弘羊极力反对，认为是绝其源、杜其流，使上下蒙受困乏的下策。

第二，帮助了当时所进行的对外战争。如前所述，由于农官的经营、国库的岁收增加，这给武帝时代的对外战争提供了优越的物资条件。后来张敞谈到当时的情况说："昔先帝（武帝）征四夷，兵行三十余年，百姓犹不加赋而军用给。"② 这虽然是夸大之词，但部分是符合事实的。其次，设置农官不仅保证了军粮的供应，而且直接关系着战争的胜负，例如《汉书·郑吉传》记载："宣帝时，吉以侍郎田渠犁积穀，因发诸国兵，攻破车师。"按车师在今新疆吐鲁番地，为通天山南北的孔道，如匈奴得之，可以控制南疆，威胁汉使；如汉得之，不仅可以阻遏匈奴之南侵，且可出北庭，攻其右部，所以汉与匈奴在西域之争夺战，以在车师为最多。郑吉在这次远征中所以能够取得胜利，事实上是和渠犁田官的积极支援分不开的。

第三，缓和了阶级矛盾。由于公田的开辟、一部分商人土地的没收以及对外战争的胜利，扩大了疆土，并派遣大批农官经营垦殖，于是大量的流民能够回到土地上从事耕作，这样，社会基本矛盾得到了暂时的缓和。据

---

① 《史记·平准书》。

② 《汉书·萧望之传》。

《汉书·王䜣传》载：武帝时"军旅数发，郡国盗贼群起"。天汉年间，农民暴动的火焰虽曾一度烧到京师，但没有爆发成为大规模的农民起义，这和上述原因也是有关系的。

第四，发展了农业生产。农官的建置是和农业生产有密切关系的，特别是西北一带，例如汉河西四郡，不仅是当时丝绸之路上中西交通的门户，而且是一个相当繁荣的农业区，我们从居延所发现的汉简中就可以看出。直到汉元帝时，内地人民困乏，还需要西北十一农都尉的积谷救济。而且在简文中还可以看到代田法在居延实行的踪迹，参照《汉书·食货志》记载，更证明了这种进步的生产技术也是由农官传过去的。

（原载《光明日报》1954年5年27日，后收入《汉史初探》，学习生活出版社1955年版、上海人民出版社1957年再版）

算缗与告缗

——评西汉抑商制度

算缗是西汉武帝时封建国家向商人征收的一种财产税，告缗是当时反商人瞒产漏税的一种强制办法。这两项法令，实际上都是秦和汉初以来抑商政策在新的历史形势下的继续和发展。

中国古代是以农立国，一向就有重农轻商的传统，把农看作是本事，把商看成是末业。到秦汉大一统的时代，建立在农业经济基础上的封建地主阶级政权，更是不能容许商业的畸形发展。因为商人剥削的主要对象是农民，尤其是富商大贾，肆意兼并农民，使农民贫困化，这样就破坏了封建国家赖以存在的经济基础。因此，先秦以来的一些地主阶级思想家、政治家，大都主张重农抑商，并进一步形成秦汉两代的重农抑商政策。这种政策的基本精神，就在于巩固地主阶级的政权。

秦始皇就是主张"上农除末"的。这里的"除末"，就是"抑商"，并把它刻在琅邪台的一块石头上，公布于天下。西汉皇朝建立之后，仍然承袭秦代的抑商政策。汉高祖刘邦曾下令禁止商人衣丝乘车，禁止商人及其子孙做官，并规定商人要交纳加倍的人口税，从政治上经济上给商人以打击。文帝、景帝时，一些政治家如贾谊、晁错等，都提出过压抑商人的主张；而在统治者的一些诏令中，也贯穿着重农抑商的精神。但是，这种抑商政策，并没有压抑住商人势力的发展。相反，当时社会上流传着这样的话："用贫求富，农不如工，工不如商；刺绣文不如倚市门。"① 由于经商能发财致富，所以"舍本逐末"、弃农经商的人仍不断增多。再加上社会经济生活的客观需要，汉初统治者有时也不得不对商人放宽政策，"开关梁，弛山泽之禁，是以富商大贾周流天下，交易之物莫不通"②。这些商人的活动范围很广，经营的种类也很多。那时候，通邑大都之中，至少有三十几种行业。每一种行业的大商人，每年的收入差不多可以和食邑千户的"封君"相比，而一般的"封君"甚至还要向他们"低首仰给"③。至于广大的农民，更是商人掠夺的主要对象。

一般商人掠夺农民的主要办法，是在买贱与卖贵之间进行勒索。一方面，小农经济薄弱，经不起任何风浪，国家的急征暴敛、私人的债务，以及婚丧、疾病、凶荒等等，都强迫他们把自己的产品"半价而卖"。而另一方面，当农民迫于饥寒，急需粮食、种子、衣服之时，商人又以加倍之利售予。所谓"高下在口吻，贵贱无常"④，正反映当时商人任意控制价格的情况。而"商则长诈，工则饰笃（弄虚作假）"⑤，又说明在买卖过程中进行欺骗，也是商人剥削农民而获利的重要手段之一。

囤积商和高利贷商人剥削农民更是厉害。有人说："鬻棺者欲民之病疾也，畜粟者欲岁之荒饥也。"⑥ 生动地刻画了囤积商人唯利是图的本质。高利贷商人往往兼有两重身份，他们在市场上是商贾，到农村又变成了地主；放高利贷是他们剥削农民最残酷的一种方式，利息至少是"倍称之息"，即1倍，有时可以高达10倍。农民一旦落入高利贷的罗网中，往往被迫卖掉自己的田宅和子女。这正如晁错所说："此商人所以兼并农人，农人所以流亡者也。"⑦ 这种情况必然要激化农民阶级和地主阶级的矛盾。

另外，还有一种垄断盐铁生产的手工业主兼商人。盐铁是人民生产生活的必需品，谁控制了这种营业，谁就能变成豪富。例如临邛卓氏以冶铁起家，有僮（奴隶）千人，田池射猎之乐，可以和皇帝相比。临邛还有程郑，

---

① 《史记·货殖列传》。
② 《史记·货殖列传》。
③ 《史记·平准书》。
④ 《盐铁论·禁耕》。
⑤ 《盐铁论·力耕》。
⑥ 《淮南子·说林训》。
⑦ 《汉书·食货志》。

亦以冶铸致富，其家产和卓氏相等。南阳孔氏以冶铁致富数千金（汉代1金即黄金1斤，值万钱）。而鲁人曹邴氏以冶铁富至巨万（即万万），不但是个大冶铁业主，而且还是个大高利贷者，其赊贷的范围遍于全国。以煮盐致富，较为著名的则有齐人刀间。他利用奴隶生产，富至数千万。这一类大工商业主剥削的主要对象依然是农民，所谓"以末致财，用本守之"①，就是说他们通过工商业赚来的钱，大量兼并农民的土地而变成地主。他们占有土地的情况十分严重，"大者倾都，中者倾县，下者倾乡里者不可胜数"，大商人秦扬即以"田农"而富"盖一州"②。无怪乎晁错早就有"今法律贱商人，商人已富贵矣；尊农夫，农夫已贫贱矣"③的感叹！"商人兼并农人"，长期以来就是严重的社会问题，而且有些工商业主还使用奴隶生产，保存着浓厚的奴隶制残余。因此，他们和封建国家之间，不但在剥削农民方面存在着矛盾，而且还存在着奴隶制残余和封建制的矛盾。

汉武帝即位以后，由于对匈奴进行长期的频繁的战争，再加上各项水利、土木工程的兴建，以及统治者的挥霍浪费，损失了巨大的人力和物力。汉初六七十年间"休养生息"的积蓄，像流水般消耗殆尽；不过二十几年，便出现了"县官（即官府）大空"④，财政濒于崩溃的危机。广大农民由于天灾人祸而陷于绝境，元狩四年（前119）山东（太行山以东）发生水灾，70余万饥民无以为生，到处流亡，阶级矛盾大有一触即发之势。而一些富商大贾拥有大量资财，过着奢侈无度的豪华生活。他们不但"不佐国家之急"⑤，而且还趁火打劫，大发国难财，严重地破坏了地主经济的基础。这就使汉朝地主政权面临着危机四伏的局面。

汉武帝看到了这一问题的严重性。为了解决财政危机，巩固封建统治，加强对匈奴的防御和反攻力量，他开始重用"兴利之臣"，并决定首先向商人开刀。这就是元狩四年，武帝根据御史大夫张汤和侍中桑弘羊的建议，颁布了打击富商大贾的算缗令和告缗令。

---

① 《史记·货殖列传》。
② 《史记·货殖列传》。
③ 《汉书·食货志》。
④ 《史记·平准书》。
⑤ 《史记·平准书》。

据《史记·平准书》的记载，这两项法令包括了四个方面的内容：

（一）凡属工商业主、高利贷者、囤积商等，不论有无市籍（汉代商人另立户口册，叫作市籍），都要据实向政府呈报自己的财产数字，并规定凡 2 缗（1 缗为 1000 钱）抽取 1 算，即 120 文（一说 200 文）。而一般小手工业者，则每 4 缗抽取 1 算。这叫作"算缗"。

（二）除官吏、三老（乡官，掌教化）和北边骑士外，凡有轺车（即小马车）的，1 乘抽取 1 算；贩运商的轺车，1 乘抽取 2 算；船 5 丈以上的抽取 1 算。

（三）隐瞒不报或呈报不实的人，罚戍边 1 年，并没收他们的财产。有敢于告发的人，政府赏给他没收财产的一半，这叫作"告缗"。

（四）禁止有市籍的商人及其家属占有土地和奴婢，敢于违抗法令的，即没收其全部财产。

《史记·平准书》在论述以上内容时，前面还有这样一句话："异时算轺车、贾人缗钱皆有差，请算如故。"说明在此以前曾经实行过车税和缗钱。算缗不知始于何时，车税则始于武帝元光六年的"初算商车"①。这次重新制定详细条文，重新颁布施行，肯定和以前有很大的不同。比较明显的是：第一，以前只限于有市籍的商人，而这次制订商税，不管有无市籍，凡是从事工商业和高利贷活动的人，一概依法纳税，把征税的范围扩大了。第二，汉代赀算通常是以 1 万钱为计算单位，每万钱抽取一算，而这次新税法规定商人 2000 钱就要出 1 算，数量一下子增加了 5 倍。第三，以前虽有过算缗令，可能因遇到重重阻力而没有实行得通，而这次又制定了严厉的告缗法令，以保证算缗令的推行。第四，值得特别注意的是在新税法中，征收的对象和数量有明显区别，工商业主所纳的税要比小手工业者和普通百姓增加一倍。西汉政府这样处理，显然是经过慎重考虑的。其意义在于既打击了不法工商业主，增加了商税的收入，同时又不太妨害正常的社会生产和社会生活，尤其是禁止商人占有土地和奴婢，对于缓和土地兼并，打击奴隶制残余，巩固封建经济基础，有着重要的作用。

总之，这些法令对那些拥有巨资的大工商业主是不利的，因此，遭到

---

① 《汉书·武帝本纪》。

他们的激烈反对。《史记·平准书》说，算缗令公布之后，"富豪皆争匿财"，与政府相对抗。但是正在这时，却有一个人表现了与众不同的态度。这个人的名字叫卜式。

卜式是河南（今洛阳）一个经营畜牧业发家的商人。最初他只有羊百余头，十几年间，增殖10倍，置买田宅，成为豪富。其时，汉与匈奴正在进行战争，卜式慨然上书，自愿捐出家财的一半，输作边用。武帝对此事颇为惊异，派遣使者问卜式："欲官乎？"式回答道："臣少牧，不习仕宦，不愿也。"使者又问："家岂有冤，欲言事乎？"式答："臣生与人无分争。式邑人贫者贷之，不善者教顺之，所居人皆从式，式何故见冤于人。"使者又问："苟如此，子何欲而然？"卜式则表示："天子诛匈奴，愚以为贤者宜死节于边，有财者宜输委，如此而匈奴可灭也。"① 使者将此事报告了汉武帝。武帝问丞相公孙弘，公孙弘认为卜式矫情立异，动机不正，不可许。于是，这件事就无形中搁置了下来。几年以后，政府由于安置匈奴降人，大徙贫民，开支浩繁，把库存的东西全部拿出来，仍不能满足供应。元狩四年，卜式又捐出20万钱，交给河南守，以接济移民经费。河南守上报富人名籍，武帝见有卜式的名字，因此记起前事，并联想到算缗令公布之后所遇到的阻力，对卜式特别嘉许，即召拜卜式为中郎，赐爵左庶长（第十级爵），田10顷，布告天下，以示百姓。从此，卜式平步青云，七八年间，赐爵关内侯（第十九级爵），进位御史大夫。

武帝本来想以卜式为榜样，借以推行算缗令，但是事与愿违，卜式这个带头羊，并没有起什么作用。《史记·平准书》说："天子既下缗钱令，而尊卜式，百姓终莫分财佐县官。"武帝的意图完全落空了。因此，不久之后，便掀起了一个自上而下的由杨可主持的告缗运动。

武帝元狩六年（前117）冬，杨可主持告缗。这时，义纵为右内史（治理京师的长官），他可能被商人收买，借口告缗的人都是乱民，而加以搜捕。由于义纵的阻挠，告缗令难以推行。武帝发现此事后，大为恼怒，乃使杜式治其事，认为义纵有意阻挠破坏政府的法令，将他处以死刑。

到元鼎三年（前114），即桑弘羊以侍中出任大农丞的第二年，为了把

---

① 《史记·平准书》。

告缗坚持下去，又重申了告缗令①。这道告缗令持续推行了3年之久。于是告缗遍天下，中等以上的商贾之家，大都被告发了，没收了上亿的财产以及成千上万的奴婢。没收的田地更多，大县有几百顷，小县百余顷，不少中等以上的商贾因而倾家荡产。而政府的收入却大大增加了，国库也稍稍充实起来，皇家上林苑里充满了没收的财物，并专设水衡官来管理其事。

实际上，告缗是西汉政府凭借政权的力量，把大工商业主和高利贷者从农民身上剥削来的财物收归国有，这是一次历史上空前的抑商运动。经过这次告缗运动，增加了国家收入，打击了奴隶制的残余，缓和了土地兼并，有利于封建经济基础的巩固。但是也因此一度出现"商者少，物贵"②的现象，迟滞了商品经济的发展。

（原载中华书局《文史知识》1982年第11期）

---

① 《汉书·武帝本纪》。
② 《史记·平准书》。

三、关于秦汉政治和政治制度史研究

从睡虎地秦墓竹简看秦统一的原因

秦始皇灭诸侯，置郡县，建立了我国第一个中央集权的多民族的封建统一国家。毋庸置疑，这是历史上的一个巨大进步。但是在战国时代，诸侯割据，"七雄"并争，为什么只有秦能够统一？对于这个大家所熟知的问题，过去由于史书记载语焉不详，我们只能知道一个大概的情况。现在我们通过湖北云梦睡虎地秦墓出土竹简的整理研究，至少是对秦的一方有了较多的感性认识。

一

秦的统一，是历史发展的必然趋势，起决定作用的当然是广大劳动人民。但有一点也不容忽视，秦国和东方六国相比，它在统一的准备和进行过程中，确是发挥了较大的主观能动作用。这一点在秦律中有着充分的体现。

秦律是地主阶级制定的法律，其剥削压迫劳动人民、保护地主阶级利益的性质是十分明显的。但是当时的地主阶级正处于上升时期，因此秦律的内容也还含有一种朝气蓬勃、富于进取的革新精神。

耕战政策，是秦的基本国策。"国之所以兴者，农战也。"[1] 从商鞅到秦始皇，秦国的地主阶级始终坚持了这一政策。广大劳动人民在这种政策下，努力从事耕战，从而使秦国国富兵强，为秦始皇的统一准备了雄厚的物质基础。

---

[1] 《商君书·农战》。

秦简中保留了不少有关重农政策的法律条文。例如《田律》规定：地方官在时雨之后，或连受旱、涝、虫、风等自然灾害时，必须及时向上级报告得益和受灾面积，以便上级掌握农业生产情况，采取相应措施。山林材木、禽兽鱼鳖，也是《田律》保护的范围。法令要求人们在春季除了因死人伐木做棺椁以外，一律不准入山砍伐林木；不到夏季，禁止捕捉幼小禽兽、打捞鱼鳖，至七月解除禁令。这不但有利于这些生物的自然成长和生态环境的保护，以增加山林池泽的收益；而且也防止人们在农忙季节脱离农业生产，有利于农业经济的发展。《厩苑律》、《牛羊课》对官府的牲畜饲养和繁殖，都规定了奖惩办法：如饲养耕牛好的，奖田啬夫1壶酒、10条干肉，赐牛长30日劳绩，免除饲养人1期（30天）更役；饲养不好的，田啬夫要受斥责，并罚饲养人服徭役两个月；如果牛减膘，则笞打主事者（牛长）。这些规定，对农牧业的发展也能起到促进作用。

由于当时战争频繁，为了保证有足够的农业生产劳动力，《戍律》规定："同居毋并行。"即一户不得有两人同时戍边。县啬夫、尉及士吏征发戍役时，如果违反这一规定，要罚二甲。《司空律》还规定：以劳役抵偿罚金的人在农忙季节可以"归田农，种时（莳）、治苗，时各二旬"。

《仓律》在秦律中占了相当大的篇幅，从粮食的收藏到加工、使用都制定了详细的法令。例如粮食入仓，"辄为廥籍"，即登记石数，并注明仓啬夫、佐、史、廪人等仓库管理人员的姓名，共同加以封印。粮食出仓，也要经过同样手续。如果出现亏空，隐匿不报，或者移赢补亏，与盗窃同罪。如因保管不善使粮食损坏而无法食用，不满百石以下，斥责官啬夫；百石以上到千石，罚官啬夫一甲；过千石以上，罚官啬夫二甲，令官啬夫、冗吏共同补偿腐败禾粟（《效律》）。不但大量粮食亏损要受到惩罚，即使少量耗损也不行。如果仓库里有三个以上老鼠洞，就要罚一盾（《法律答问》）。严密的仓库保管制度减少了粮食储藏过程中的贪污和损耗现象。封建国家有没有足够的粮食，不仅关系到农业经济的发展，而且也影响到地主阶级政权的巩固，《仓律》正是从这一个侧面反映了秦统治者的重农思想。另外，在《金布律》、《效律》等律文中，对统一货币、统一度量衡、限制商人的投机倒把活动等也作了若干规定，这些规定对加速封建经济的发展也起了重要的作用。史称："关中之地，于天下三分之一……然量其富，什居其六。"①这当然是关中人民努力发展生产的结果,但和秦的重农政策也是分不开的。

秦自商鞅变法以来就实行军功爵制度,用重赏鼓励人民在战争中杀敌立功。"能得甲首一者,赏爵一级,益田一顷,益宅九亩。"②《封诊式》中有"夺首"、"争首"两个案例,生动地反映了秦执行军爵制度的情况。秦简中的《军爵律》规定"从军当以劳论及赐",即按功劳行赏。《秦律杂抄》也规定战死者有赏,"论其后",即把死者的爵位赏给他的后人。如果临阵逃亡,则罚"以为隶臣"。由于实行了这种严格的赏罚制度,因而秦国之民遇有战事,"父遗其子,兄遗其弟,妻遗其夫,皆曰:'不得无返。'是以三军之众,从令如流,死而不旋踵"③。这样就使秦国的军队在七国之中成为战斗力最强的部队。

秦律对军队训练和武器装备也非常重视。如《秦律杂抄》规定:发弩啬夫射不中目标,罚二甲,免除其职务。驾驺被任命4年,不能驾驭,要补偿四年的徭戍,并罚教者1盾,免除其教练职务。发给士卒的兵器不完善,罚丞、库啬夫、吏二甲,撤销其职务,永不叙用。秦律对于违反各种法令和制度的人往往罚以"赀"若干甲或盾,这也和统一战争需要大量武器装备有关。另外,律文还规定:凡是骑兵都是先赋马,然后再选拔从军者。参军之后,还要进行课试,如果马被评为下等,令、丞、司马都要受罚。有了这样严格的考核制度,自然会收到兵强马壮的效果。《史记·张仪列传》载:"秦马之良,戎兵之众……不可胜数也。"联系到陕西临潼始皇陵出土的大批秦兵马俑威武雄壮的形象,使我们对于李白"秦皇扫六合,虎视何雄哉"的诗句,有了更具体的了解。

二

秦律能不能有效地发挥它的作用,秦的耕战政策能不能贯彻执行,在很大程度上取决于各级官吏能不能忠实地执行地主阶级的法律。法家向来认

---

① 《史记·货殖列传》。
② 《商君书·境内》。
③ 《商君书·画策》。

为"治民"要先"治吏"。为了强调这个问题，韩非甚至说："明主治吏不治民。"①秦简《为吏之道》列举了吏有"五善"、"五失"。所谓"五善"，一曰中（忠）信敬上，二曰精（清）廉毋谤，三曰举事审当，四曰喜为善行，五曰龚（恭）敬多让。五者毕至，必有大赏。所谓"五失"，一曰见民倨（倨）敖（傲），二曰不安其朝（朝），三曰居官善取，四曰受令不僂，五曰安家室忘官府。②《语书》更明确提出了"良吏"与"恶吏"的问题。所谓"良吏"，就是"明法律令"，有办事能力，廉洁忠实而"好佐上"，出于"公心"，能团结下属，正身守法，不喜争功的人。"恶吏"则与之相反，《语书》不但给他们勾画了一副弄虚作假、招摇撞骗的丑恶脸谱，而且提出严重警告，"如此者不可不为罚"；对其中作恶多端的人，还要"志千里使有籍书之"，即记录在案，通报全国各地，作为"恶吏"的典型。在秦律中保存了大量有关官吏的任免、升迁和赏罚的条文，这些条文都贯穿着一个基本精神，即以是否通晓和能否执行地主阶级的法律作为考核官吏的主要标准。

商鞅一派法家认为"法令者，民之命也，为治之本也"③。由于法令是地主阶级的生命，是治理国家的根本，所以秦律十分强调法治，并首先要求各级官吏必须知法、依法、执法，不得违法。例如《法律答问》专门有一条解释什么叫"犯令"、"废令"的问题："律所谓者，令曰勿为而为之，是谓犯令；令曰为之，弗为，是谓法（废）令殴（也）。"简单地说，违背法律的禁令就是"犯令"，法律所规定的而不遵守执行就是"废令"。凡是犯令或废令的官吏都要依法惩办。"法（废）令犯令，逮免徙不逮？逮之。"逮即逮，是及的意思。这就是说废令、犯令的官吏即使免职或调任，也要加以追论。《除吏律》还规定："为（伪）听命书，法（废）弗行，耐为侯（候）。""命书"是国君颁发的重要官方文书，为了使封建中央政权的各项政策法令能够及时和准确地下达，并保证贯彻执行，对那些阳奉阴违、拒不执行的官吏，必须严加惩办。

《行书律》甚至规定"行命书及书署急者，辄行之；不急者，日觱（毕），勿敢留。留者以律论之"。这就是说，凡是"命书"和急件，必须立即执行；不是急件，也要当天处理完毕，不得拖延，拖延者依法论处。

---

① 《韩非子·外储说右下》。
② 按《为吏之道》叙述吏的"五失"有三种，此录其一。僂：鞠躬，引申为恭敬。
③ 《商君书·定分》。

法家历来主张"任官使能"。《为吏之道》中有这样的话："审民能，以赁（任）吏，非以官禄史（使）助治。不赁（任）其人，及官之瞖岂可悔？"意思是说任用官吏必须选贤举能；如果任非其人，等到吏治败坏，就后悔莫及，也就是说将会给地主阶级政权带来无法挽救的危害。因此，秦律非常重视各级官吏的选择和任用。例如《置吏律》规定：任用"吏尉"等官吏，如果任用了不该任用的人，未经上级审批，擅自让其到职视事或加以派遣，就要依法论处。《除吏律》、《内史杂》更明确规定："任法（废）官者为吏，赀二甲。""侯（候）、司寇及群下吏毋敢为官府佐、史及禁苑宪盗。""废官"是被免官永不叙用的人，"下吏"是被交付法庭审判的人，这两种人除少数是属于不称职的以外，有相当部分可能就是《语书》中所谓的"恶吏"。秦律禁止任用这些人为吏或担任禁苑的治安保卫工作，对于巩固封建地主阶级政权有重大的意义。

为了提高官府的行政效率，严防官吏违法乱纪，秦律还十分强调官吏的责任制和实行对官吏的考核制度。《效律》规定"同官各有所主殹（也），各坐其所主"。坐是坐罪的意思，这就是说，官吏各有自己的职责，如果失职，就要受处分。《为吏之道》列举了当时县级政权机构的职责范围，它们不但要执行最高统治者所颁布的各种命令和诏书，征发赋税、徭役和兵役；而且要管理农田水利、官府手工业、仓库、苑囿等事，总共不下二三十项。每一项都有专人负责，并且制定有专门的制度和法律。如果官吏玩忽职守，消极怠工，就要按法律治罪；已造成的损失，还要依情节轻重勒令其赔偿。对于欺骗上级、作奸犯科的官吏，更是严惩不贷。《法律答问》明确提出"吏为诅伪，赀盾以上，行其论，有（又）法（废）之"。意思是官吏弄虚作假，其罪在罚盾以上，不仅要依法论处，而且要撤职永不叙用。又说："啬夫不以官为事，以奸为事，论可（何）殹（也）？当迁（迁）。"意思是啬夫不努力为官府办事，尽干坏事，如何论处？应当流放。另外，秦律对于官吏滥用权势、假公济私、伪造命令、盗用官印、私自挪用公款以及破坏耕战等等，也都分别列有惩治的条例。

总之，从秦律可以看出，封建国家力图通过法律的保证，使各级官吏成为地主阶级政权得心应手的工具。因为只有秦的各级官吏都能忠实地履行自己的职责，地主阶级的国家机器才有可能发挥它应有的作用。这正如韩非所说："圣人之治也，审于法禁，法禁明著，则官治；必于赏罚，赏罚不阿，则民用。民用官治则国富，国富则兵强，而霸王之业成矣。"① 韩非的这一治国思想，在秦律中得到了充分的发挥。韩非的老师荀况曾周游列国，以后入秦，秦丞相范雎问他："入秦何所见？"他回答说："其百吏肃然，莫不恭俭敦敬，忠信而不楛（恶劣）……观其士大夫，出于其门，入于公门，出于公门，归于其家，无有私事也，不比周（不阿附权贵），不朋党（不结党拉帮），倜然莫不明通而公也……观其朝廷，其朝闲，听决百事不留（处理一切公事不拖延），恬然如无治者……故四世有胜，非幸也，数也。"② 荀况认为秦国是当时列国中治理得最好的诸侯国，已接近"治之至也"的境界，并希望秦国再接再厉，以期"令行于天下"。果然不出荀况所料，秦始皇即位以后，只用了10年时间，就灭掉六国，完成了统一中国的大业。

三

秦的统一战争也不是一帆风顺的，中间还有一个曲折的过程。秦简《编年记》记载了从秦昭王元年（前306）到秦始皇二十三年（前224）80多年间，秦对三晋和齐、楚的一系列战争。可以看出，秦昭王三十八年（前269）以前，由于在穰侯魏冉远攻近交的错误政策指导下，虽然战争频繁，但秦的实际得益甚小。例如昭王三十七年魏冉"越韩、魏而攻齐纲寿（今山东东平县西南）"，范雎就指出："少出师则不足于伤齐，多出师则害于秦"，"战胜攻取则利归于陶（魏冉封地），国弊御于诸侯；战败则结怨于百姓，而祸归于社稷。"③《编年记》在记录这次战役时，则直书为"寇刚"，显然《编年记》的作者也是反对这种打法的。秦昭王三十九年以后，形势发生了很大变化。由于采用了范雎的远交近攻的正确政策，把战争的目标集中到邻近的三晋，而于三晋之中又以韩为首攻的对象，所以没有几年，就先后攻占了魏的怀、邢丘和韩的少曲、高平、野王。这几次战役对削弱韩、魏，加强秦的势力，创造随时可以出击的态势，具有重要的战略意义。特别是秦昭王四十七年（前260）著名的

---

① 《韩非子·六反》。
② 《荀子·强国》。
③ 《史记·范雎列传》。

长平之战的胜利，歼灭了赵的有生力量，从此三晋再也无力和秦国对抗了。

公元前231年秦始皇亲政以后，继续推行远交近攻政策，预计进程是先灭韩，次灭赵、魏及楚、燕，最后灭齐。在统一战争期间，六国的封建割据势力越是临近末日，越是要作垂死的挣扎，统一与分裂的斗争达到了空前激烈的程度。《编年记》对这个情况也有一定的反映。如秦始皇十九年（前228）"南郡备敬（警）"，"廿年，韩王居山"，"廿一年，韩王死"，这些都不见于史籍记载。按秦始皇十九年，为灭韩的第三年，刚刚打开统一战争的局面。南郡原是楚的故都郢所在地，秦昭王二十九年取郢以为南郡，南郡的北境紧靠故韩国的南境。《史记·秦始皇本纪》："二十一年新郑反。"新郑为韩都，故韩亦称郑。这条记载和秦简《编年记》十九年、二十年、二十一年记事联系起来看，就可以看出，韩国灭亡以后，韩国的贵族并不甘心失败，仍在企图复辟，并发动叛乱。而秦国也在时刻警备韩国贵族的复辟叛乱活动。①"新郑反"和"韩王死"发生在同一年，不是偶然的，说明这次韩国贵族一旦发动叛乱，迅即遭到秦的镇压并陷于失败，而韩王也落了个身首异处的下场。

《编年记》又记："廿三年，兴，攻荆，□□守阳□死。四月，昌文君死。"这条记载则又和秦镇压楚的反扑有关。《史记·秦始皇本纪》载二十三年"楚将项燕立昌平君为荆王，反秦于淮（一作'江'）南"。二十四年"王翦、蒙武攻荆，破荆军，昌平君死，项燕遂自杀"。这两条记载为同一件事，昌平君应为秦简中昌文君之讹，简中另一个死者或即项燕。秦始皇在统一六国之后也曾提到此事："荆王献青阳（今长沙）以西，已而畔约，击我南郡，故发兵诛，得其王，遂定荆地。"②这次以项燕、昌文君为首的楚国贵族公然在江南打出反秦的旗帜，但结果也不过一年，就遭到全军覆没的命运，昌文君死，项燕自杀。

以上记载，都说明秦的统一，到这时已成为不可抗拒的历史潮流。再过两年，即公元前221年，秦灭齐，中国的历史终于出现一个大统一的局面。

（原载《历史论丛》第三辑，齐鲁书社1983年版）

---

① 一说"南郡备警"是备楚。还有一说，秦简中"南郡备敬"的"敬"字非警的假借字，乃是恭敬的意思。备敬即准备迎接秦始皇到南郡巡视。书缺有间，这些都还有待于今后考古资料的验证。

② 《史记·秦始皇本纪》。

秦汉专制主义中央集权政治体制略论

毛泽东同志在论述中国封建社会的主要特点时指出："如果说，秦以前的一个时代是诸侯割据称雄的封建国家，那么，自秦始皇统一中国以后，就建立了专制主义的中央集权的封建国家；同时，在某种程度上仍旧保留着封建割据的状态。"①作为一种国家政权形式，或者说是一种政治制度，放在世界史中去考察，这种专制主义的中央集权制，确是中国封建社会的主要特点之一。这一特点是秦朝开始，汉朝逐渐完善的。

按照国内一些学者的看法，我国从战国时代开始进入封建社会。中国封建社会一个最主要最基本的特点，就是封建地主土地所有制。尽管在中国封建社会中，国有土地、地主土地和自耕农土地三种所有制形式同时并存，但秦以后地主土地所有制一直是占着支配的地位。这种土地制度的形式不同于欧洲的封建领地制，欧洲的封建领主不但能够世袭地稳定地占有领地，而且能够世代占有领地上的劳动者——农奴；他们不但具有固定的等级身份，而且在领地上直接握有行政权、司法权、财权和军权，领主不需要另设一套官僚机构，便可以对农奴进行统治，因此专制主义中央集权制度也无从产生。中国的情况则不同。在地主土地所有制下，土地可以自由买卖或土地兼并，这样就造成了土地所有权的流动性较大，个别地主对土地的占有和经营也比较分散，不能同政治上的统治权力和统治范围紧密地结合在一起。因此，在经济上既不能形成较完整的封建庄园制经济体系，在政治上地主和佃

---

① 《毛泽东选集》第二卷，人民出版社1952年版，第587页。

农也不能形成像欧洲那样封建领主和农奴之间的牢固的封建隶属关系。我国的封建地主一般是采取租佃制的形式剥削佃农的，由于地主对土地占有不稳定，对佃农的占有也不稳定，而且地主在他们的土地上也没有行政和司法等权力，特别是游离于地主经济范围以外的大量自耕农，更非个别地主的力量所能控制。在这种情况下，地主阶级为了有效地控制农民，镇压农民的反抗和起义，以保证他们对土地的占有和保护封建剥削，就需要一个凌驾于社会之上，集中代表全国地主阶级利益的政治权力，这种权力就表现为专制主义的中央集权制度。可见，从战国的诸侯封建割据到秦汉专制主义中央集权制封建国家的形成，并不是偶然的，而是由封建地主土地所有制这一经济基础所决定的。

其次，秦汉时期所形成的专制主义中央集权制的封建国家，也是历史发展的必然趋势。

战国以来，在地主经济发展的基础上，工商业也有了很大的发展，人们通过商品交换，接触愈来愈频繁，各地区之间的经济和文化联系也加强了。《荀子·王制篇》记载说："北海则有走马吠犬焉，然而中国（指中原地区，下同）得而畜使之。南海则有羽翮、齿革、曾青、丹干焉，然而中国得而财之。东海则有紫紶鱼盐焉，然而中国得而衣食之。西海则有皮革、文旄焉，然而中国得而用之。故泽人足乎木，山人足乎鱼，农夫不斫削、不陶冶而足械用，工贾不耕田而足菽粟。"照荀子的说法，当时不仅中原地区的泽人与山人、农夫与工贾有着密切的经济联系，而且和边远地区所谓"北海"、"南海"、"东海"、"西海"也有着经济上的联系，所以他认为"四海之内若一家"。全国经济联系的加强，与各地彼此孤立的割据状态是不相容的。

我国自古以来就是一个多民族的国家，在夏、商、周三代，各族人民之间的联系已不断加强，中原地区的各族除了个别以外，已逐渐融合成为华夏族，以后的汉族即在此基础上进一步融合的结果。春秋以来，特别是战国后期，华夏族又和周围的一些少数民族进行了更大规模的融合。这样，就在中国辽阔的疆域内，各民族不仅具有共同的经济、文化生活，而且在很大程度上具备了共同的文化和心理状态。在这种情况下，也只有消灭封建割据，实现全国统一，才能促使历史进一步发展。

广大劳动人民是统一的最有力的支持者，因为封建割据以及由此引起的几百年的纷争，给人民带来难以忍受的痛苦和负担。工商业者也渴望统一，因为封建割据，关卡林立，限制了工商业的进一步发展。地主阶级也热衷于统一，因为只有统一，才能建立一个集中代表地主阶级利益的专制主义的中央集权制的封建国家。

总之，国家的统一，是大势所趋，人心所向。那时，除了一小部分顽固保守的旧贵族势力以外，各阶级、各阶层人民都在不同立场、不同程度上要求统一。战国时代的百家争鸣，学派虽然不同，但大多数人都主张统一。如梁襄王问孟子："天下恶乎定？"孟子对曰："定于一。""统一"的思潮反映了社会发展趋势，为统一的事业做了舆论准备。但是如何完成统一？保障统一？在当时的历史条件下，只能通过统一战争，建立一个中央集权的封建国家，才能担负起这样一个历史任务。秦始皇顺应了这个历史发展趋势，完成了这个历史任务。汉朝建立以后，仍承袭秦制，但也颇有所改，使这样一个国家政权形式得到了进一步巩固和发展。秦汉以后，将近两千年的封建社会中的各个封建皇朝，不论其政权的组织形式如何发展变化，基本上都是秦汉专制主义中央集权制度的演变和发展。

什么是专制主义的中央集权制度呢？简要地说，就是"皇帝有至高无上的权力，在各地方分设官职以掌兵、刑、钱、谷等事，并依靠地主、绅士作为全部封建统治的基础"[①]。这段话实际包括两个内容：一个是皇帝独裁，亦即君主专制；一个是以皇权为中心，以地主阶级为基础的封建官僚制度。

中国封建君主专制制度，创始于秦始皇，而健全于汉代。这种制度的内容很复杂，但主要是名位和职权。据《史记·秦始皇本纪》记载：始皇二十六年，"秦初并天下，令丞相、御史曰：'……寡人以眇眇之身，兴兵诛暴乱，赖宗庙之灵，六王咸伏其辜，天下大定。今名号不更，无以称成功，传后世。其议帝号。'丞相绾、御史大夫劫、廷尉斯等皆曰：'……今陛下兴义兵，诛残贼，平定天下，海内为郡县，法令由一统，自上古以来未尝有，五帝所不及。臣等谨与博士议曰：古有天皇，有地皇，有泰皇。泰皇最贵。臣等昧死上尊号，王位泰皇。命为制，令曰诏，天子自称曰朕。'王曰：'去泰著皇，采上古帝位号，号曰皇帝，他如议。'制曰：'可。'"

[①] 《毛泽东选集》第二卷，人民出版社 1952 年版，第 587 页。

汉因秦之名号，而又有所修定和补充。据蔡邕《独断》云："秦承周末，为汉驱除，自以德兼三皇，功包五帝，故并以为号。汉高祖受命，功德宜之，因而不改也。"又云："汉天子正号曰皇帝，自称曰朕。臣民称之曰陛下。其言曰制诏，史官记事曰上。车马衣服器械百物曰乘舆。所在曰行在所，所居曰禁中，后曰省中。印曰玺。所至曰幸，所进曰御。其命令一曰策书，二曰制书，三曰诏书，四曰戒书。"由于皇帝名号的确定，于是其亲属亦均有尊号，如皇帝父曰太上皇，母曰皇太后，妻曰皇后，子曰皇太子、皇子，女曰公主，孙曰皇孙，等等。此类名号，或汉因秦制，或为汉所制①。终两千年封建专制时代，可以说没有变更。

独一无二的名号本身，就意味着皇帝有至高无上的权力。秦汉时代皇帝的权力是无限的，除了有时因皇帝年幼、庸弱而受制于母后、外戚、宦官、权臣或地方诸侯之外，在通常情况下，一切行政、立法、司法、财政、军事大权，无不由皇帝毕综；一切任免、赏罚、生杀、予夺的大权也无不属于皇帝。如《史记·秦始皇本纪》云："天下之事无小大皆决于上，上至以衡石量书，日夜有呈，不中呈不得休息。"汉武帝时，董仲舒又发展了儒家的君权神授说，给君权披上了一层神秘的外衣。君权与神权的结合，更加强了君权不可侵犯的神圣性。当时一般的社会意识，莫不认为皇帝就是天子，是秉承天命统治人民的。如《白虎通义》卷一《爵》称："王者，父天母地，为天之子也。"《汉书·鲍宣传》也说："天下乃皇天之天下也。陛下上为皇天子，下为黎庶父母，为天牧养元元。"总之，皇帝的权力是独尊无二的，所以皇帝又称为"至尊"。除了一个虚无缥缈而人格化了的天之外，再也没有超越皇帝权力之上的任何东西了。

皇帝虽然拥有至高无上的权力，但是单凭"孤家"、"寡人"的力量，是无法统治中国这样一个封建大国的；况且他的这种权力，如果没有一大批人的支持和辅助，也是无从发挥出来的，于是遂有以皇帝为中心、以地主阶级为基础的封建官僚制度的建立。

秦汉时代，适应大一统封建统治的需要，已经建立起一个庞大的封建官僚机构，这个机构包括中央和地方上下两级。在中央政府内，主要的官吏

---

① 《汉书·高帝纪》下，《外戚传》。

有所谓三公、九卿（这种说法不确切）。旧说三公是：

> 丞相，辅助皇帝处理全国政务，所谓"掌丞天子助理万机"①；
> 太尉，协助皇帝总领全国军事，所谓"掌武事"②；
> 御史大夫，掌监察并帮助丞相处理政务，所谓"掌副丞相"③。

在这三公之下有所谓九卿，九卿是：

> 奉常（后改为太常），掌管宗庙礼仪；
> 郎中令（后改为光禄勋），掌管宫廷警卫；
> 卫尉，掌管宫门屯卫；
> 太仆，掌管宫廷车马；
> 廷尉，掌管司法；
> 典客（后改为大行令，又更名大鸿胪），掌管诸侯、各少数民族事务及外交；
> 宗正，掌管皇族事务；
> 治粟内史（后改为大农令，又更名大司农），掌管封建国家财政；
> 少府，掌管皇帝私人财政，包括山海池泽之税。

此外，还有与以上地位完全相当或稍次的列卿，如：

> 中尉（后改为执金吾），掌管京师治安；
> 将作少府（后改为将作大匠），掌管宫廷修建。

所有这些官吏，都由皇帝任免和调动，概不世袭。并且，在这些大官僚的下面，还有一大批属官掾史为助理，以奉承皇帝命令分别执行各项政务。这就是秦汉中央政府的主要机构。

---

① 《汉书·百官公卿表》。
② 《汉书·百官公卿表》。
③ 《汉书·百官公卿表》。

以上所说中央机构并不是一成不变的，随着历史的演变，其组织和政权都不断随之扩大。例如，以丞相为首的三公权力的发展和变化就很大。丞相等官本是助理皇帝行政的，但在发展中反而变成了君权的障碍。西汉前期，选举、任免、考课、赏罚、监察种种职权，无不总归丞相、御史二府，丞相、御史大夫成为中央政府的最高长官，有时候甚至以其权势凌驾于皇帝之上。太尉的权位，自诛诸吕之后，也有很大的提高，以致使皇帝也时常感到威胁。至汉武帝时，为了加强君权，于是重用侍从近臣，把丞相、御史大夫的职权逐渐收归尚书或中书；又罢太尉，改置大司马，大司马为无印绶的加官，太尉的职权实际上转归大将军。这样，在朝官中便有了"中朝"（或称"内朝"）和"外朝"之分。由大将军、尚书等官组成的中朝，成为实际的决策机关；而以丞相为首的外朝，则逐渐变成了执行一般政务的机关。成、哀年间，丞相转官司徒，御史大夫转官司空，太尉转官司马，于是秦和汉初的丞相、御史大夫、太尉的实职一变而成为司徒、司空、司马的三公虚位。三公协理阴阳，坐而论道，职位虽高，并无实权。实权则归于中朝的尚书。

尚书，在西汉时，或用士人，或用中人，于是有尚书令、中书令之别；或专用，或并置，因职事相连而官名互见。参议尚书事者，或曰平，或曰视，或曰领，或曰录。中朝自大将军以下至前后左右将军、车骑将军、奉车都尉、光禄大夫、太中大夫等官，皆可以充任。至于尚书的组织，在秦与西汉初，已有左右曹，自武帝以后至成帝之世，始发展为侍曹、二千石曹、户曹、主客曹、三公曹 5 曹。总之，在西汉时，尚书的名称、组织乃至职权也处在不断的发展变化之中。至东汉光武之后，因鉴于王莽篡政，为进一步强化君主集权，尚书台正式成了总理国家政务的中枢。尚书令专用士人，参议尚书者由太傅专录，或间与太尉同录，尚书台的组织则扩大为 6 曹（分客曹为南主客曹和北主客曹），加上主官尚书令、尚书仆射，称为尚书八座。尚书诸曹在九卿官职没落之后，又代之而为分管行政事务的机关。后代的吏、户、礼、兵、刑、工六部尚书，即由汉代的尚书诸曹发展而来。

此外，还有侍中、中常侍、给事中等亦为中朝官。其中，中常侍，西汉初多引用士人，元帝时渐用宦官，东汉光武以后（当在和熹邓太后时）悉用阉人，不复杂调他士。这些人均得出入禁中，侍从皇帝左右，参预朝政，而为皇帝心腹之臣。

中朝的形成，显示了统治权力的高度集中。但是皇帝把权力集中后，即使本人再有能力，也无法大权独揽，最后还是不得不委任其近侍诸臣；如果皇帝年幼或低能，那就势必大权旁落。东汉的皇帝从和帝以后，几乎都是幼年即位，因皇帝年幼，总是由皇太后临朝称制，而年轻的皇太后要掌握统治权力，只能依靠她的娘家父兄，即外戚。范晔在《后汉书·后纪序》中写道："东京皇统屡绝，权归女主，外立者四帝，临朝者六后，莫不定策帷帘，委事父兄，贪孩童以久其政，抑明贤以专其威。"最著者如和帝时的窦宪，顺帝时的梁冀，均以中朝大将军录尚书事，权倾内外。等到皇帝长大以后，为了夺回权力，就依靠身边的奴才——宦官，消灭专权的外戚。外戚消灭之后，宦官又由此得势，而出现宦官专权的局面。"案汉故事，中常侍参选士人。建武以后，乃悉用宦者。自（殇帝）延平以来，浸益贵盛，假貂珰之饰，处常伯之任，天朝政事，一更其手，权倾海内，宠贵无极。"[①]汉末的十常侍擅权，达到了宦官专政的顶峰。外戚、宦官反复斗争，交替执政，成了东汉政治的一个特点，也是东汉乱亡的一个重要原因。究其根源，则在于君主专制制度，因为不论是什么人，只要控制了皇帝，就等于掌握了全国的最高统治权力。

所谓专制主义中央集权制，不仅表现为中央政权集中于皇帝，而且还表现为地方权力集中于中央，这样中央和地方关系的组织形式，就是郡县制度。

春秋战国时期，郡县制即逐步取代封国制而有了普遍的发展，至秦始皇统一中国而最后完成。秦分天下为36郡，后又增至40余郡，每郡置郡守，掌管全郡事务，是一郡的最高行政长官，直接受中央政府节制。郡守之外，置郡尉以辅佐郡守，分管全郡军事。又置监御史，掌管监察，为中央在地方上的耳目。一郡之内分若干县（少数民族聚居区则称为道），万户以上的县设县令，不满万户的县设县长，掌管全县事务，受郡守节制。县令、长之下设县尉（有的县设两个尉），辅佐令、长掌管全县军事。设县丞，作为县令、长的助理并监管司法。一县之内设若干个乡，乡设三老掌教化，啬夫掌司法和税收，游徼掌管治安。乡以下还有里，里有里正。里以下便是什伍组

---

① 《后汉书·朱穆传》。

织。另外，县以下还有亭一级组织，亭有亭长，协助地方治安，同时也兼管民事。这样，从上到下建立了一套由中央层层控制的严密的地方统治机构。

汉兴，一方面承袭秦以来的郡县制度，另一方面又惩戒秦孤立而亡，于是列爵封土，大封同姓，以镇抚天下。这样，在实行郡县制的同时，又建立了许多诸侯王国，因而汉初的地方行政制度是郡国并行制。汉初建立诸侯王国，本来的目的是拱卫中央，加强中央集权；但是后来的发展却适得其反。诸侯王依恃其政治、经济、军事势力和中央对抗，并进而觊觎皇帝的宝座，以致造成对中央的严重威胁。文帝即位后6年之间，反者两起；景帝时有七国之乱；武帝时有淮南、衡山之谋。汉中央为了削弱诸侯王国，采取了一系列政策。七国之乱后，景帝令诸侯王不得复治国，中央为之置相治民，职如太守。武帝时又施行"推恩令"，设左官之律，立阿党附益之法。至此，诸侯王唯得衣食租税，虽有王国之名，而实则与汉之郡县无异。

东汉初，光武在位时期的所谓建武制度，基本上仍继承武帝时抑制诸侯王国的精神，王国封土狭小，限制又多，其势已远不足为中央之患。不过，随着王国问题的解决，州郡牧守的权力又起。秦时有郡监之制，汉兴，每郡不再置监，只派侍御史出察，谓之监御史。后以监御史多不奉法，又以丞相史出刺，谓之刺史。至武帝元封元年，御史止不复监。元封五年，初分十三部（州），每部置刺史一人，假印绶，以六条巡察郡国。其所察范围，自黑绶（秩比600石以上，即县令以上）以上至两千石守相。最初刺史所察不过诏条，但后来便逐渐以其权势侵渔守相职权；而中央有时也因地方的实际需要，赋予刺史以六条以外的任务。这样，因故事累积与习惯相沿既久，刺史遂握有民政、军政、财政、司法以及人事等实权。在东汉时期，无论由刺史更为州牧，或由州牧复为刺史，实际上都凌驾于郡国之上。刺史最初犹传车周流，无一定治所，无掾史属吏；自西汉末至东汉，刺史也有了固定的治所和庞大的下属组织。于是刺史正式成了地方政府中的最高行政长官，地方行政组织也由郡县二级制变成了州、郡、县三级制了。与此同时，守、相的职权也有所发展。在秦代，郡置守、尉、监，郡守虽名义上总揽一郡之大权，但军事则由郡尉分管，郡监则司监察，郡守实际上主要负责民政。汉兴，每郡虽不复置监，但民政与军政，仍系守、尉分治。又其时，郡守、尉夹杂于诸侯王国之间，权势亦小。自武帝时王国势力削弱之后，为进一步加强中央集权,于是逐渐加重地方守相两千石之任。宣帝时,此种趋势已很明显。西汉末期,且有守、尉互兼之事例。至东汉,边郡虽犹见有都尉的设置,然而大部分郡国则已废都尉而并其职于守、相。这种军政、民政合并于守、相的趋势,与刺史职权发展的趋势,同时并行。东汉中叶以后,由于社会矛盾的激化,朝廷大都委派刺史、太守领兵,以镇压农民和少数民族的起义。这样,刺史、太守便握有了一方军、民、财、政诸权。又由于这时中央宦官、外戚的斗争,削弱了本身的力量,对地方已无力控制,于是由刺史、州牧、守、相专兵擅政而逐渐演变成汉末军阀封建割据的局面。

以上简略地谈了秦汉时代中央和地方行政制度的发展变化,主要是中央和地方官制的发展变化,但无论怎样发展变化,万变不离其宗,都是"依靠地主绅士作为全部封建统治的基础"。秦汉时代,任用官吏就有一条明确的规定,即"家贫不得仕"。如韩信"始为布衣时,贫无行,不得推择为吏"[1];王溥,安帝时"家贫不得仕"[2],可知秦汉时做官均有财产方面的限制。景帝时曾放宽限制,"訾算四得宦"[3],即有家资4万钱就可以获得做官的资格。在汉代,拥有4万钱的家产,仍不失为一个小地主[4]。由此可见,汉代绝大部分官吏都是来自地主阶级。从汉武帝以后,随着封建经济的发展,地主阶级队伍不断扩大,他们要求在政治上取得地位;以皇帝为首的最高统治集团,为了加强专制主义中央集权,也必须广泛地从地主阶级各个阶层中选拔人才,这样就逐渐形成了一套比较完整的选用官吏以及相应的各项制度。大致说来,凡是比较有作为的皇帝,都能够注意选拔和任用人才,因而政治就比较清明,国家就昌盛,封建的经济、文化就能够得到发展。汉武帝时代,文治武功,盛极一时,我国开始以一个高度文明和富强的国家闻名于世界,得人之众是其重要原因之一。但是这种选用官吏的制度,也不可避免地带有历史和阶级的局限,其根本的缺陷,就是选用人才的大权掌握在封建皇帝和少数高级官吏的手里,自然要产生许多弊病,尤其是昏君在位、邪臣当道的时候,不论是对官吏的选用,还是考核、升降、赏罚,大都是依据个人的好

---

[1] 《史记·淮阴侯列传》。
[2] 王嘉:《拾遗记》。
[3] 《汉书·景帝纪》。
[4] 见《秦汉官制史稿》下册第三编,任用制度一章的附注。

恶,"任人唯亲",考核不实,赏罚不当。在这种情况下,吏治必然要败坏,人民必然要遭殃,国家必然要衰亡,桓、灵之世就是一个典型实例。

总之,封建官僚制度是专制主义中央集权封建国家的支柱,如果这个制度比较健全而又治理得当,专制主义中央集权的封建国家也能起到一定的积极作用;否则,如果制度遭到破坏,选官失人,吏治败坏,就必然要造成极端腐败黑暗的专制统治和对人民极端残酷的剥削和压迫。这样,专制主义中央集权的封建国家在历史上又起着极大的反动作用。一部秦汉官制史即可充分证明这个问题。

(原载《秦汉官制史稿》绪论,齐鲁书社1984年版)

秦汉的丞相制度

一、秦丞相制度的确立

秦朝在建立封建专制主义中央集权的官僚组织中，一个重大的措施就是在中央政府内确立了丞相制度。虽然秦以前就有辅佐君主的官；但是，丞相这个名称，及其"掌丞天子，助理万机"[①]的特殊地位（可以说是一人之下，众人之上）却是秦朝确立的。

先从名称说起。《汉书·百官公卿表》说："相国、丞相，皆秦官。"这就引起了古往今来许多不同的看法：有的认为"相国、丞相皆六国时官"（《汉官仪》）；有的又说"始皇始置相国"（《通典》）；有的还断定，丞相和相国为两个官名，并且"相国在丞相之上"（《历代职官表》）。究竟怎样看待这个问题？

我们认为：丞相，是正式的官名，而且是从秦国开始，在秦朝确立的；相国，是人们对丞相，也是对其他名称的宰辅（如楚之令尹）的尊称（犹如后世之称国老、阁老）；相，既是丞相、相国的简称，也是宰辅之职的泛称，有时它还做动词用，如相秦、相齐等等。

刘师培在《论历代中央官制变迁》一文中曾经指出："相之义，仪徵阮氏释为辅相之义，与赞襄之襄相同。相之本义，《说文》训为省视，而古代

[①] 《汉书·百官公卿表》。

复有相术。丞相之相盖兼此二义。"① 这是就来源讲的。因为相有赞助之意，所以西周、春秋时在诸侯国之间交往中有所谓傧相，"出接宾曰摈（同傧），入赞礼曰相"②。如《左传》定公十年，公会齐侯于夹谷，"孔丘相"，杜预解释是："相会仪也。"历代的考证大都认为，孔丘相，是傧相之相③。到战国初年，相逐渐成为名誉职务，如苏秦佩六国相印。这样的相，任务着重是办外交（类似现今美国的国务卿），以国君的亲信出使他国，订立盟约等等，所以常常出现甲国派代表到乙国为相的事，如张仪相秦时又代表秦国到魏国为相。

把内政总理职务的官吏称之为相，当是战国后期的事。战国后期开始，人们心目中都认为"相也者，百官之长也"④。所以在汉以及汉以后的人，往往都把首辅大臣泛称为相。这一点顾炎武曾指出过：

> 《管子》曰：黄帝得六相。《宋书·百官志》曰：殷汤以伊尹为右相，仲虺为左相。然其名不见于经，唯《书·说命》有爰立作相之文，而《左传》定公元年，薛宰言，仲虺居薛，以为汤左相。《礼记·月令》：命相布德和令。注：相谓三公，相王之事也。《正义》曰：案《公羊》隐公五年传曰：三公者何？天子之相也。……至六国时，一人知事者，特谓之相……杜氏《通典》曰：黄帝六相，尧十六相，为之辅相，不必名官。是则三代之时，言相者皆非官名。（原注：相者在王左右之人。《书》曰，相被冕服，凭玉几。高宗立傅说为相，而曰王置诸其左右，亦此意也。）如孟子言：舜相尧，禹相舜，益相禹，伊尹相汤，周公相武王。《礼记·明堂位》周公相武王之类耳。……⑤

他列举了许多事实，并且从事实中作了分析，说明相是泛指那种辅佐君主的主要人物。同时，他又列举了《左传》上许多相字做动词的例子，如相某

---

① 《国粹学报》第三年，第二册。
② 参阅《周礼》、《春官·大小宗伯》、《秋官·司仪》。
③ 《日知录》卷二十四。
④ 《吕氏春秋·举难篇》。
⑤ 《日知录》卷二十四。

公、相某国之类。甚至还有"哀公十七年，右领差车与左史老，皆相令尹、司马以伐陈"的例子，"是相二官，而非相楚王"。又原注："《论语》，今由与求也相夫子，是相季氏而非相鲁君。"①

比较"相"字而言，"相国"二字的意义没有那么广泛，起源也要晚一些，但也是战国时（特别是后期）人们比较通行的一种称谓，即把那种处于百官之长地位的人尊称为相国。最能说明这一问题的例子是《荀子·尧问篇》的一段记载：

> 缯丘之封人，见楚相孙叔敖曰：……今相国有此三者而不得罪楚之士民何也？孙叔敖曰：吾三相楚而心愈卑。……

众所周知，楚国宰辅官的名称是"令尹"，至少孙叔敖为令尹这是完全肯定的，可是《荀子》既把"令尹"写成"相"，又在记述对话时写作"相国"，这决不是什么疏忽或差误，而是说明称令尹为"相"和"相国"，是当时尽人皆知的习惯称谓。《战国策·楚策四》的记载也是如此：

> 朱英谓春审君曰："君相楚二十余年矣，虽名为相国，实楚王也。"

前面的"相"字是动词，后面的"相国"是尊称，并没有什么记载证明当时楚国已改"令尹"为"相"或"相国"，而《史记·楚世家》却明明写道：

> 考烈王以左徒为令尹，封以吴，号春申君。

但是在《春申君列传》中，又左一个"以黄歇（春申君）为相"，右一个"春申君相楚"。这都说明，即使正式的官名是"令尹"，也可泛称为"相"或者"相国"。

其他所有记载中的"相国"二字，都可以作这样的理解："相国"是人们对百官之长的尊称（或习惯称谓），既可在用第二人称时使用，当面尊称

---

① 《日知录》卷二十四。

之为"相国";也可在叙述第三人称时使用,说相国如何如何。

再者,"相国"一词在战国时也叫"相邦"。王国维在《匈奴相邦印跋》中说:

> 六国执政者均称相邦。秦有相邦吕不韦(见戈文),魏有相邦建信侯(见剑文),今观此印,知匈奴亦然矣。史家作相国者,盖避汉高帝讳改。①

这个论断是可以同意的:第一,邦和国虽然意义相同,但汉以前邦字用得更多②。第二,现在见到的文字材料,多是汉人的记载,或者是经过汉人传抄和整理过的。

只有"丞相"才是一个正式官名,而且是秦独创的一个官名。当然秦的创造也不是凭空而来,一方面它利用了已经为大家公认的"相也者百官之长也"这种看法,另一方面又新加上一个"丞"字,这个"丞"本身有辅佐之意,同时与"承"字相通,有承受之意。《史记·秦本纪》《集解》引应劭曰:"丞者,承也;相者,助也。"这个官虽然是"百官之长",更重要的是上承天子的命令"助理万机"。这就和那些有三卿或者六卿执政的诸侯国显然不同。所以《史记·秦本纪》中关于武王"二年,初置丞相,樗里疾、甘茂为左右丞相"的记载,基本上是可信的。不过,在秦国本身也有一个形成过程③,《宋书·百官志》云:

> 秦悼武王二年始置丞相官。丞,奉;相,助也。悼武王子昭襄王始以樗里疾为丞相,后又置左右丞相。

这条记载当有所据,因为《史记·秦本纪》还在另一处写道:"昭襄王元年,

---

① 《观堂集林》卷十八,《史林》十。
② 《诗经·大雅·皇矣》:"王此大邦。"此当国字讲。《书经·蔡仲之命》:"乃命诸王,邦之蔡。"此当封国讲。《周礼·秋官·大行人》:"凡诸侯之邦交,岁相问也,殷相聘也,世相朝也。"邦交乃国与国之交。《说文》以邦国互训,段玉裁引《周礼》注曰:"大曰邦,小曰国,邦之所居亦曰国。"实际上先秦用邦多,用国少。
③ 《七国考》引《物原》说:"诸臣称丞,自秦献公置丞相始。"没有其他材料证明,录此以备一说。

严君疾为相。"《史记会注考证》认为严君疾即樗里疾,《樗里子列传》上说秦惠王时"封樗里子,号为严君"。

又,秦自武王以后,一般都设二丞相,如《全秦文》卷一所载秦刻石,多列有"丞相隗林(《史记》作状)、丞相王绾"或"丞相臣斯·丞相去疾"的署名,上列二丞相,实即左右丞相。《史记·秦始皇本纪》载始皇三十七年"始皇出游,左丞相斯从,右丞相去疾守",即其明证。按秦以左为上,左右丞相即是正副丞相。有时以中官宦者为丞相,则又有中丞相之称,如秦二世时以赵高为中丞相。"中"为宫中宦官之称,宦官也叫中人,因赵高是宦官,故在丞相之上冠以"中"字。中丞相与丞相实为一官而异名。

总之,丞相这个官是秦国开始设置的。战国时其他诸侯国,称相和相国的不少,如上所述,那都是泛称。称丞相的则很少见,常见到的两三处都是很可疑的:一处是《战国策·魏策二》上面苏代当说客的一段话:

> 莫如太子之自相。是三人皆以太子为非固相也,皆将务以其国事魏,而欲丞相之玺。(《史记·魏世家》同)

这"丞相"二字是否有误不能断定,即便不误,也不在秦设置丞相之前。另一处也见于《战国策·赵策三》:

> 建信君曰:文信侯之于仆也,甚无礼。秦使人来仕,仆官之丞相,爵五大夫,文信侯之于仆也,甚矣,其无礼也。

如果这建信君即相邦建信侯的话,"仆官之丞相,爵五大夫"当作何解?文义不通,丞相二字肯定有误。同样退一步说,即使赵国此时官名是丞相,也是在秦设丞相之后。或者,赵、魏两国后期,在秦的影响下,也把"百官之长"叫作丞相了。不过我们认为,在战国后期,人们习惯了,丞相和相邦已经通用了。没有人注意它们之间的区别,容易混淆。而各国宰辅的名称,随着各国的灭亡,自然也被淘汰了,以后更没有人注意它。这应该是战国后期、秦以及汉的各种书籍中记载不一的主要原因。

下面再说秦丞相的职权和属官。

秦丞相的职权，《汉书·百官公卿表》说是"掌丞天子，助理万机"。就是说，他承受天子的命令，辅助天子管理整个国家的事情。但是，秦代（包括统一前的秦国）丞相的地位和权力，在不同时期不同人的身上，表现有较大的差别。一般说来，以列侯任丞相之职的，地位很高①，权力也大，如昭王时的丞相穰侯魏冉、应侯范雎，庄襄王和秦始皇时的丞相文信侯吕不韦等人就很明显，真是"贵极富溢"，权倾一时；反之，没有被封侯的地位就较低，如琅邪刻石上的署名次第：

> 至于琅邪，列侯武城侯王离、列侯通武侯王贲、伦侯建成侯赵亥、伦侯昌武侯成、伦侯武信侯冯毋择、丞相隗状、丞相王绾、卿李斯、卿王戊、五大夫杨樛从，与议于海上。②

很明显，没有加封侯爵的丞相，位次就排得相当后。因此在秦国历史上，有些无所作为、地位不高的丞相，史书上仅一笔带过，如昭王时的向寿、楼缓、寿烛等，甚或也有连姓名都没留下的。

丞相虽然"总统"一切，但各方面的具体工作似乎由丞相以下的诸卿分管，如汉初左丞相陈平答文帝问，所谓"问决狱，责廷尉，问钱谷，责治粟内史"③，各有主其事者。所以史书上没有明确记载秦丞相的属官，这一点和后来汉代的情况颇不相同，这说明秦虽然确立了丞相制，但在组织上还不是那么完备。孙楷的《秦会要》列丞相的属官有："侍中"、"尚书"、"舍人"。舍人不能当作属官，它只是丞相府里侍从、宾客之类的一种称呼，《史记·秦始皇本纪》上说：

> 吕不韦为相……招致宾客游士，欲以并天下。李斯为舍人。《集解》引文颖曰：主廊内小吏官名；或曰侍从宾客，谓之舍人。

---

① 《汉官旧议》："列侯为丞相、相国，号君侯。"汉初与秦基本相同，并且更固定化。公孙弘任丞相后才加封为侯，这是汉武帝时的新制。
② 《史记·秦始皇本纪》。
③ 《史记·陈丞相世家》。

李斯所为之舍人，显然是后者。因此，舍人泛指一般侍从宾客，不是一个正式官名。

《史记·李斯列传》又写道：

> 李斯求为秦相文信侯吕不韦舍人，不韦贤之，任以为郎，因以得说（秦王）。

由此也可见，一般舍人不是国家正式官吏，因为李斯"贤"，才给一个"郎"的官职；因为他有了正式官吏身份，才得以进入朝廷，有"说"秦王的机会。尚书，看来也不是丞相的属官，孙楷的根据是《战国策·秦策五》上有"文信侯相秦，臣事之为尚书"一句话，认为"言事之，则是相之属官也"。这个推论是靠不住的，注解已指出，尚书，"秦官，属少府"，《汉官仪》也说：

> 初，秦代，少府遣吏四，一在殿中，主发书，故号尚书，尚，犹主也。

《战国策》所言"事之"是好理解的，因为文信侯大权独揽，一切事务皆决于他，朝廷的任何官吏都可称为"事之"，决不能因此二字即看作是丞相的属官。唯有"侍中"也许是丞相的秘书之类的角色，可以算作属官，《汉官仪》说：

> （侍中）本秦丞相史，往来殿中，故谓之侍中，分掌乘舆服物，下至亵器虎子之属。

《宋书·百官志》也说：

> 侍中本秦丞相史也，使五人往来殿内，东厢奏事，故谓之侍中。

从后一条看，还有点像行政事务秘书，从前一条看，又像是生活秘书，地位低下得很，不仅招呼车辆，拿衣服，还要提便壶。

总之，在秦代，丞相之下是可以说没有什么属官的，办事靠各级各类官吏，例如在统一之前，战争频繁，军事上用人多，所以《史记·秦始皇本纪》记载"吕不韦为相"下，除了"李斯为舍人"之外，就是"蒙骜、王齮、麃公等为将军"，这些将军可以说是吕不韦任命的，但决不是他的属官。另外，吕不韦家里养着许多宾客也是事实，除了像李斯那样有贤才的人授予官职之外，大部分是养在家里，其中有一些在吕不韦领导下著书立说，编成了《吕氏春秋》，还有一些是吃闲饭的，各种各样的人都有。这些养在家里（或者丞相府里）的人不能算作正式的属官，是可以断言的。

最后，说一说确立丞相制度的意义：

秦开创和确立丞相制度，完成了战国以来政治制度方面的一个重要转变：

第一，彻底废除了"世卿世禄"制，再不是鲁国三桓、晋国六卿那样的世袭制了，丞相不但不是世袭的，而且不是终身的，在秦的历史上，魏冉、范雎、蔡泽以及吕不韦、李斯等著名丞相，虽然都曾权倾一时，实际上功劳也很大，但是没有一个是老死于相位的，这决不是偶合现象，这是丞相制度本身决定的必然结果。还有一点秦与其他各国的不同之处值得注意，宋代的洪迈曾指出：

> 六国所用相，皆其宗族及国人，如齐之田忌、田婴、田文，韩之公仲、公叔，赵之奉阳、平原君，魏王至以太子为相。独秦不然，其始与谋国以开霸业者，魏人公孙鞅也，其他，若楼缓赵人，张仪、魏冉、范雎皆魏人，蔡泽燕人，吕不韦韩人，李斯楚人，皆委国而听之不疑，卒之所以兼天下者，诸人之力也。[①]

虽然其他国也有少数类似情况，但秦国与六国的区别是很显然的。据此，我们可以认为，这也是与传统的"世卿世禄"制以及与此有关的"宗法制"彻底决裂的一种反映。

[①] 《容斋随笔》卷第二，《秦用他国人》。

第二，权力进一步集中。和春秋时那种三卿或六卿共掌国政相比，掌权的人数少了，开始虽有左、右两个丞相，实际是一正一副，有时甚至只有一个，权力更加集中。在秦国历史上，吕不韦的权力算是登峰造极。丞相的权力很大，所谓"百官之长"、"无不总统"、"助理万机"；但更重要的是，他必须是上"承天子"。这正是"丞相"二字的含义所要求的，或者说是因为有君权集中的要求，才选定了这么一个名称。丞相的任免之权，完全操于王手，秦始皇之前的好几个秦王，想任命谁就任命谁，想废除谁就废除谁，毫无顾忌和阻碍，秦始皇更是如此。吕不韦那么大的势力，处于秦王"仲父"的特殊地位，秦始皇一声令下就免去了丞相职务，再给他一封书，就不得不"饮鸩而死"。这就从根本上杜绝了西周、春秋以来那种"政出私门"的现象，"三分公室"、"四分公室"的历史不能重演了。丞相制度的建立，反映了君权的加强，秦始皇时表现得最为明显，正如当时侯生、卢生所说那样：

> 丞相诸大臣皆受成事，倚办于上……天下之事，无大小皆决于上。①

因此，丞相制度的确立，是专制主义中央集权制度中的重要一环。其利弊，无论在当时或是对后世的影响，都是很显然的，用不着再多说了。

二、汉丞相制的发展变化

汉承秦制，也实行丞相制度，但有发展和变化。

首先说人数和名称的变化。秦代基本上设左右丞相，西汉前期基本上是设丞相一人，西汉后期和东汉的三公皆为宰相，东汉末有一段时间又是一丞相。

关于西汉前期的情况，《汉书·百官公卿表》说：

> 高帝即位，置一丞相。十一年更名相国，绿绶。孝惠、高后置左

---

① 《秦始皇本纪》。

右丞相。文帝二年，复置一丞相。①

这里没有说武帝及其以后的情况。武帝曾一度欲置左右二丞相，然右丞相始终没有任命，故丞相虽有左右，而实则仅左丞相一人。《汉书·刘屈氂传》载武帝征和二年诏云：

"其以涿郡太守屈氂为左丞相，分丞相长史为两府，以待天下远方之选。"师古曰："待得贤人当拜为右丞相。"

刘屈氂为左丞相不到一年就被下狱腰斩了，所以我们说西汉前期基本上是置一丞相。并且左右丞相也与秦有所不同，"秦以左为上，汉以右为尊"②。《史记·陈丞相世家》也明言右为第一：

于是孝文帝乃以绛侯勃为右丞相，位次第一。平徙为左丞相，位次第二。

成帝时设置三公官：大司空、大司马、丞相，而丞相官名仍旧。哀帝元寿二年改丞相为大司徒。东汉光武帝建武二十七年诏令去"大"，只称司徒，又改大司马为太尉。献帝即位，董卓由太尉进位相国，而司徒一官并存不废。献帝建安十三年，复置丞相，以曹操为丞相。《通典》卷十九叙述两汉丞相名称的变迁说：

汉置丞相，尝置相国，或左右丞相，寻复旧。成帝改御史大夫为大司空，与大司马、丞相是为三公，皆宰相也。哀帝改丞相为大司徒，亦为宰相。后汉以太尉、司徒、司空为宰相。献帝复置丞相。

从表面上看，这种变化，只不过是名称的改变，或由一分为二、三，或

---

① 《史记·曹相国世家》有"高祖三年，拜为假左丞相"的记载，看来是在局势尚未稳定时，因秦丞相制而采取的一种临时措施，上面还加了一个"假"字。此百官表说"置一丞相"，那就是萧何。

② 《玉海》卷一二〇，官制，汉丞相条注。

二、三合为一；然而事实上，丞相的实权也随着职称的变化，前后有很大的不同。

丞相就是宰相，但宰相不一定是丞相，所以严格说来，真正的丞相制，是实行于秦和西汉前期。这一点还可以从下面叙述丞相的职权与官属及其变化中看出来。

西汉前期，尤其是武帝以前，丞相多由功臣出身，位极尊隆，为人臣中的最高级官吏，总领百官，协理万机，一切国事皆归其管辖。《史记·陈丞相世家》记陈平的话说：

> 宰相者，上佐天子，理阴阳，顺四时，下育万物之宜，外镇抚四夷，内亲附百姓，使卿大夫各得任其职焉。

《汉书·黄霸传》载宣帝的话说：

> 夫宣明教化，通达幽隐，使狱无冤刑，邑无盗贼，君（丞相）之职也。

《汉书·王商传》成帝诏：

> 盖丞相以德辅翼国家，典领百僚，协和万国为职，任莫大焉。

在立三公之后，丞相尚未改名之前，《汉书·孔光传》载哀帝诏仍然这样说：

> 丞相者，朕之股肱，所与共承宗庙，统理海内，辅朕之不逮，以治天下也。

据上所引文看来，丞相的职权真是无所不统，无所不包，上自天时，下至人事，都是丞相的职责范围。不过这还都是一些虚文，其具体职权，根据有关史料所载，大体有以下几个方面：

（一）丞相有选用官吏之权

秦时丞相任用官吏之权是很大的，如范雎说秦昭王曰：

> 今自有秩以上至诸大吏，下及王左右，无非相国之人者。①

汉朝丞相也是如此。《汉书·田蚡传》：

> 当是时丞相入奏事，语移日，所言皆听，荐人或起家至二千石，权移主上。上（武帝）乃曰："君除吏尽未？吾亦欲除吏。"

这说明丞相几乎掌握了全部用人之权。正因为其权过于膨胀，所以才引起皇帝的不满。

由于丞相有任用官吏之权，故董仲舒劝丞相公孙弘说：

> 仲舒窃见宰职任天下之重，群心所归。惟须贤佐以成圣化，愿君侯大开萧相国求贤之路，广选举之门。既得其人，接以周公下士之意。即奇伟隐世异伦之人，各思竭愚，归往圣德，英俊满朝，百能备具。②

其后，公孙弘遂开东阁宾馆，以招天下之士。

（二）丞相有劾案百官与执行诛罚之权

武帝时田蚡为丞相，劾灌夫骂坐不敬；后又以灌夫家在颍川，横行不法，民苦之，请案验，武帝曰："此丞相事，何请？"③这说明丞相有劾案百官之权。文帝时申屠嘉为丞相，文帝宠臣邓通对其怠慢无礼，申屠嘉即以不敬丞相之罪，正式行文召邓通至丞相府欲杀之，文帝派使者营救，才将其

---

① 《史记·范雎列传》。
② 《全汉文》卷二十八。
③ 《汉书·田蚡传》。

释放①。又，内史晁错有罪，申屠嘉奏请诛错，未准。罢朝后，因谓长史曰："吾当先斩错以闻，乃先请，固误。"② 此二事均证明丞相有自行诛罚之权。

（三）丞相有主管郡国上计与考课之权

丞相主管郡国上计与考课，并根据官吏治绩的好坏，奏行赏罚。《汉书·匡衡传》云：

> （丞相）衡位三公，辅国政，领计簿，知郡实，正国界。

又《汉书·丙吉传》：

"岁竟，丞相课其殿最，奏行赏罚。"这种职权是从萧何开始的，刘邦入关时，"何独先入收秦丞相、御史律令图籍藏之……汉王所以具知天下阨塞、户口多少、强弱之处、民所疾苦者，以何具得秦图书也。"③

由于这项工作十分重要，丞相府并设有专人来掌管郡国上计事。《汉书·张苍传》：

> 萧何为相国，而苍乃自秦时为柱下御史，明习天下图书计籍，又善用算律历，故令苍以列侯居相府，领主郡国上计者。

因张苍以列侯居相府总领计簿，故时人号为"计相"。在这里我们还可看到汉与秦不同之处，《张苍传》开头明明说"秦时为御史，主柱下方书"，方书即四方文书，秦时是御史管，汉从萧何起就归丞相府管了，丞相的具体职权显然比秦时扩大了。

有时丞相也委托其他官员代受计簿，询问地方情形。《汉书·黄霸传》：

> 窃见丞相请中二千石、博士杂问郡国上计长史、守丞，为民兴利除害、成大化，条其对。

---

① 《汉书·申屠嘉传》。
② 《汉书·晁错传》。
③ 《史记·萧相国世家》。

丞相还常使掾史考察地方情形。《汉书·魏相传》：

> 相敕掾史案事郡国，及休告从家还至相府，辄白四方异闻。或有逆贼、风雨、突变，郡不上，相辄奏言之。

丞相府又是京畿各郡的上诉机关。《汉书·薛宣传》：

> （宣）为左冯翊……奸轨绝息，辞讼者历年不至丞相府。

此因薛宣治理左冯翊有成绩，故辞讼者历年不至丞相府，恰好反证，在过去诉讼者是常到丞相府的。

（四）丞相有总领百官朝议与奏事之权

秦汉时，凡遇重大的事情，皇帝常召集百官朝议，或者群臣上议，谓之集议，由丞相主持。集议的内容很广泛，如立君、立储、封赠、赏功、罚罪、食货、选举、民政、法制、礼制、边事等等，皆可议论。集议结果，由丞相领衔奏事，天子与丞相决之。如秦始皇二十六年初并天下，令丞相议帝号，由丞相王绾等与博士集议后，领衔上奏[1]。西汉初迎立代王刘恒，"群臣上议"，则由丞相陈平领衔上奏。[2] 汉景帝即位，诏丞相、列侯、中二千石、礼官议孝文庙乐舞，亦由丞相主持并领衔上奏。[3] 即使后来丞相总领百官朝议与奏事之权被剥夺，但仍保留虚衔。如昌邑王被废时，掌握实权的霍光与群臣连名奏王，尚书令读奏曰："丞相臣敞、大司马大将军臣光……"[4] 犹以丞相领衔。可见自秦至西汉，总领百官奏事与参议之权，莫不归于丞相。

（五）丞相有封驳与谏诤之权

丞相对于皇帝的诏令有不符合法律、制度者，有封驳谏诤之权。如景

---

[1]《史记·秦始皇本纪》。
[2]《汉书·文帝纪》。
[3]《汉书·景帝纪》。
[4]《汉书·霍光传》。

帝欲封皇后兄王信为列侯,与丞相周亚夫商议。亚夫曰:

> 高帝约:非刘氏不得王,非有功不得侯,不如约,天下共击之。今信虽为皇后兄,无功侯之,非约也。上默然而沮。①

周亚夫反对景帝封侯,因为刘邦有约在先,而且是事前谏阻。哀帝时丞相王嘉竟将皇帝已下的命令封还不行。《汉书·王嘉传》:

> (哀帝)下丞相、御史益封(董)贤二千户,及赐孔乡侯、汝昌侯、阳信侯国。嘉封还诏书。

哀帝为此大怒,曾召丞相王嘉诣尚书切责。但是责问的却不是封还诏书的罪,只能责以他事,借以发泄其忿而已。有时皇帝不听谏阻或所议不行,便是丞相的失职,这时丞相只好向皇帝申请辞职。如景帝欲封匈奴降者为侯,丞相周亚夫又加以谏阻。"上曰:丞相议不可用,乃悉封徐卢等为列侯。亚夫因谢病免相。"②

从以上简略的叙述中可以看到,丞相的职权主要在两个方面:一是用人,二是出谋定策。郡国上计和考课虽然比较具体,但此事亦与用人有关。这两个方面无疑是为政的要害。千头万绪的政事都和这两个方面有关,其职事繁重,自不待言,所以卫宏《汉旧仪》卷上说:

> 丞相典天下诛讨赐夺,吏劳职烦,故吏众。

西汉前期,丞相府的组织日益庞大,发展到武帝时,已有"吏员三百六十二人。"(同上)

丞相的属官,重要的是司直、长史,此外即是诸曹掾属。兹分述如下:

---

① 《汉书·周勃传》。
② 《汉书·周勃传》。

1. 长史

汉朝初年，虽承秦制，但一切属于草创，丞相府的建制也不完善。《汉旧仪》写道：

> 汉初置相国史，秩五百石。后罢，并为丞相史。

看来开始丞相或相国只有史，而没有设立长史。所以《汉书·百官公卿表》说：

> 文帝二年，复置一丞相，有两长史，秩千石。

这"秩千石"的长史是文帝以后的事。《汉书·张汤传》又有三长史的记载，师古曰：

> 《百官表》丞相有两长史。今此云三者，盖以守者，非正员也。
> 东汉"长史一人，千石"[1]，《后汉书》集解引李祖楙曰：前书丞相有两长史。孝武改置司直，秩比二千石。哀帝改丞相为司徒，司直仍旧。中兴因之。建武省司直置长史。

以上这些说明，长史设置的变化，是随着丞相制的变化而变化的。长史类似相府的总管，故《通典》卷二一说，长史"盖众史之长也，职无不监"。丞相有事，常交付长史办理。《汉书·袁盎传》：

> 丞相曰：使君所言公事，之曹与长史掾议之，吾且奏之。

《汉书·田蚡传》：

> （丞相田蚡）召长史曰：今日召宗室有诏，劾灌夫骂坐不敬。

---

[1] 《后汉书·百官志》。

观此可知长史为佐助丞相，署理诸曹之职。

事实上，长史的活动不限于丞相府内，《汉书·黄霸传》：

> （黄霸）守丞相长史，坐公卿大议庭中，知长信少府夏侯胜非议诏书，大不敬，霸阿从不举劾，皆下廷尉。师古曰：大议总会议也，此庭中谓朝廷之中。

则是长史可以出席朝廷会议。又《汉书·王嘉传》载：

> 初，廷尉梁相，与丞相长史、御史中丞及二千石，杂治东平王云狱。

这或者是代表丞相参与其事，也是丞相府以外之事。又据《汉书·成帝纪》，阳朔三年六月颖川铁官徒申屠圣等起义，永始三年十一月山阳铁官徒苏令等起义，在这两次铁官徒起义中，朝廷都曾派遣丞相长史会同御史中丞前往镇压。这说明丞相长史有时还要奉诏干预地方上的事务。

2. 司直

司直是丞相府中的最高属官，但它是从汉武帝时候才开始有的。《汉书·百官公卿表》说得很清楚：

> 武帝元狩五年，初置司直，秩比二千石，掌佐丞相，举不法。

司直的职责主要是主管监察检举，特别是"助督录诸州事"[1]。《后汉书·马严传》说：

> 故事州郡所举，上奏司直，察能否以惩虚实。

司直这方面的权力很大，位在司隶校尉之上，有所会，居中二千石前。《汉

---

[1] 《后汉书·百官志》。

书·鲍宣传》载宣上书有云：

> 龚胜为司直，郡国皆慎选举，三辅委输官不敢为奸，可大委任也。

《汉书·翟云进传》亦云：

> 故事：司隶校尉，位在司直下，初除，谒两府，其有所会，居中二千石前，与司直并迎丞相、御史。

司直在丞相属官中地位最高，当然可以指挥丞相府的其他属官。《汉书·孙宝传》载，孙宝为丞相司直时，南郡太守李尚"怀奸罔上，狡猾不道"，孙宝"遣丞相史按验发其奸"。

东汉光武即位，依武帝故事，置司直居丞相府，助督录诸州事。建武十一年省[1]。以后献帝建安八年复置司直，则不属司徒，掌督中都官，不领诸州。九年诏司直比司隶校尉，坐同席，在上，假传，置从事三人，书佐四人[2]。王先谦《后汉书》《集解》考证说：

> 建安二十三年，丞相司直韦晃谋诛操，不克，死。《魏志》同是司直，仍属丞相。此献帝复置之证，惟不属司徒句误。

总之，司直主要是汉武帝至东汉初设置的，不如长史存在的时间长，从其职权看，也没有代替过长史。

3. 诸曹掾属

丞相府的属官，汉初和以后不相同，西汉与东汉也不同。汉初和以后的不同，据《汉旧仪》的记载：

> 丞相初置吏员十五人，皆六百石。分为东西曹，东曹九人，出督

---

[1] 《后汉书·百官志》。
[2] 《后汉书·百官志》注引《献帝起居注》。

州为刺史。西曹六人，其五人往来白事东厢，为侍中。一人留府，曰西曹，领百官奏事。

武帝元狩六年，丞相吏员三百八十二人（实为三百六十二人）。史二十人，秩四百石；少史八十人，秩三百石；属百人，秩二百石；属史百六十二人，秩百石。

这是人数上的很大不同，又：

或曰：汉初掾史辟，皆上言，故有秩皆比命士，其所不言，则为百石属。其后，皆自辟，故通为百石云。

这里说得不很肯定，其后也不知从何时开始。大体上应该是丞相府吏员增多以后的事。

以上诸曹掾属，均系相府幕僚，他们由丞相自行辟除，其与丞相的关系也很特殊：

掾史见礼为师弟子白录，不拜朝，示不臣也。听事阁曰黄阁，无钟铃。掾有事当见者，主簿至曹请，不传召。掾见，脱履，公立席后答拜。百石属不得白事，当谢者，西曹掾为谢。①

《汉书·丙吉传》说，丙吉为丞相时，

于官属掾史，务掩过相善。吉驭吏耆酒数逋荡，尝从吉出，醉欧丞相车上，西曹主吏白欲斥之，吉曰："以醉饱之失去士，使此人将复何所容？西曹地忍之，此不过污丞相车茵耳。"遂不去也。

对于驭吏这种酒醉失态丙吉都能容忍，除了说明他宽宏大量之外，也说明掾史和丞相关系之密切。

---

① 《汉旧仪》卷上。

丞相府吏员众多，名目也不少，见于《汉书》者有：丞相徵事（见《昭帝纪》①）、丞相史（见《沟洫志》）、丞相少史（见《昭帝纪》）、东曹、西曹（见《丙吉传》）、奏曹、集曹（见《匡衡传》）、议曹（见《翟方进传》）、侍曹（见《陈遵传》）、主簿、从史（见《匡衡传》）、大车属（见《郑崇传》）等等。又，《宋书·百官志》："汉仪有丞相令史，令史盖前汉官也。"

诸曹掾史，各有分工。例如，上述驭吏醉欧丞相车一事，就有"西曹主吏白欲斥之"；边郡有警，则"召东曹案边长史，琐科条其人"。由此可见东、西曹之分工。又，既有西曹主吏，则西曹当还有其他掾属。《汉仪注》云："东西曹掾比四百石，余掾比三百石，属比二百石。正曰掾，付曰属。"驭吏当也是属于西曹的。又如郡国上计一事，就有不少曹掾管理，《汉书·匡衡传》记载郡国上计之事，即牵涉到主簿、奏曹、集曹掾、从史等各种属官："主簿陆赐，故居奏曹习事，晓知国界，署集曹掾"，又"遣从史之僮收取所还田租谷千余石，入衡"。因为管上计的掾史多，所以还有"计室"。《汉旧仪》写道：

> 郡国守丞（续汉志补注引无丞字）长史（史或作吏）上计，事竟，遣，君侯出坐庭上，亲问百姓所疾苦，计室掾吏一人大音者读敕毕，遣。

诸曹掾史因为分工不同，职权大小，地位高下也有很大的区别。

至东汉时，由于丞相转官司徒，丞相的职权被分割而缩小，其属官大都划归太尉府，故其掾属减员至30余人②。东汉末曹操为丞相，府掾又复增多，然其性质与前此已大不相同，所谓丞相府，实则是一个小朝廷。

最后，我们再从总的方面谈谈丞相地位的变化。

秦至西汉，丞相权位既重，礼遇亦隆。凡居相位者多为列侯，武帝时，公孙弘起自布衣，为丞相后始封侯，其后遂为定制。《汉书·公孙弘传》云：

---

① 注引张晏曰："《汉仪注》徵事比六百石，皆故吏二千石不以臧罪免者，为徵事，绛衣奏朝贺正月。"

② 《后汉书·百官志》。

> 元朔中，公孙弘代薛泽为丞相。先是汉常以列侯为丞相，唯弘无爵，上于是下诏曰：……其以高成之平津乡户六百五十，封丞相弘为平津侯。其后以为故事。至丞相封侯，自弘始也。

又《汉书·外戚恩泽侯表》亦云：

> 至乎孝武，元功宿将略尽。会上亦兴文学，进拔幽隐，公孙弘自海濒而登宰相，于是宠以列侯之爵。……自是之后，宰相毕侯矣。

东汉初年，丞相封侯之制尚存，但不久即废。《东汉会要》卷十七说：

> 汉初，丞相选用列侯。至武帝用公孙弘，起自疏远，未有爵邑，于是封平津侯。丞相封侯自此始。光武中兴，尚仍前制。伏湛代邓禹为大司徒，封阳都侯。湛免，以侯霸代之，止封关内侯，凡历九年而薨。帝使下诏曰："汉家旧制，丞相拜日，封为列侯……"因追封霸为则乡侯，其比西京之制。虽未镌削，亦淹缓矣。自是之后，位三公者，皆不复有茅土之封。唯灵帝初，陈蕃为太傅录尚书事，窦太后复优诏封为高乡侯，蕃固辞不受。由是宰相封侯之制遂废。

汉时，丞相封侯，不仅表示尊荣，而且表示丞相与皇帝的密切关系。如非列侯的公孙弘为丞相，史称其"起自疏远"，但加封为侯之后，公孙弘和皇帝的关系便亲近了。

汉时，对丞相的礼遇十分优厚，如丞相萧何，特赐剑履上殿，入朝不趋，奏事不名。此种殊礼，其后往往成为权臣僭越的一种礼制。又，皇帝为了表示对丞相的礼敬，丞相进见皇帝，"御坐为起，在舆为下"。"丞相有疾，皇帝法驾亲至问候，从西门入。即薨，移居第中，车驾往吊，赐棺、棺敛具、赐钱、葬地，葬日，公卿以下会葬焉。"①

由于丞相过于尊贵，在汉代便形成"将相不辱"和"将相不对理陈冤"

---

① 《汉书·翟方进传》及注。

的习惯。凡是诏召丞相诣廷尉狱,不论有罪与否,受诏后即须自杀,不得出庭接受审问。哀帝时,丞相王嘉自认无罪,不遵惯例,受诏即往廷尉狱,"上闻嘉生自诣吏,大怒,使将军以下至五二千石杂治"①。王嘉气愤不过,呕血而死。

有时丞相有罪,皇帝为了顾全大臣体面,不明令斩杀,只遣使赐酒 10 石,牛 1 头,受赐的丞相便须自杀,所赐之物便是令丞相死的仪式。如成帝赐丞相翟方进册曰:"使尚书令赐君上尊酒十石,养牛一,君审处焉。"方进即日自杀②。

丞相地位既尊,权力又大,必然要和君权发生冲突,秦时如此,汉朝亦然。萧何是西汉第一任丞相,功劳最大,然仍不免遭到刘邦的疑忌。我们读《史记·萧相国世家》,就有三处记载他们君臣之间的矛盾关系,几乎占了大部分篇幅。一次是:

> 汉三年,汉王与项羽相距京索之间,上数使使劳苦丞相。鲍生谓丞相曰:"王暴衣露盖,数使使劳苦君者,有疑君心也。为君计,莫若遣君子孙昆弟能胜兵者,悉诣军所,上必益信君。"于是何从其计,汉王大悦。

这一次是萧何把自己的亲属送往军中做人质,这才使刘邦对镇抚关中的萧何放了心。

又一次是:

> 汉十一年,陈豨反,高祖自将,至邯郸未罢。淮阴侯谋反关中,吕后用萧何计,诛淮阴侯。……上已闻淮阴侯诛,使使拜丞相何为相国,益封五千户,令卒五百人,一都尉为相国卫。诸君皆贺,召平独吊。……召平谓相国曰:"祸自此始矣,上暴露于外,而君守于中,非被矢石之事,而益君封置卫者,以今者淮阴侯新反于中,疑君心矣。

---

① 《汉书·王嘉传》。
② 《汉书·翟方进传》及注。

> 夫置卫卫君，非以宠君也，愿君让封勿受，悉以家财佐军，则上心悦。"相国从其计，高帝乃大喜。

这一次是刘邦尊萧何为相国，相国佩金印绿绶，汉时太傅、太师、太保等官都不过是金印紫绶，这已显示出相国地位最高；而且又益封置卫，可谓尊崇已极。但实际上是刘邦对萧何更加不放心，直至萧何让封不受，并倾家助军，才使刘邦"心悦"。

第三次是：

> 汉十二年秋，黥布反，上自将击之，数使使问相国何为？相国为上在军，乃拊循勉力百姓，悉以所有佐军，如陈豨时。客有说相国曰："君灭族不久矣，夫君位为相国，功第一，可复加哉？然君初入关中，得百姓心，十余年矣，皆附，君常复孳孳得民和，上所为数问君者，畏君倾动关中。今君胡不多买田地，贱贳贷以自污，上心乃安。"于是相国从其计，上乃大悦。

尽管萧何和刘邦是老朋友，功最大，而且对刘邦如此忠心，但刘邦对他仍然怀疑，时刻加以提防，以至逼得萧何不得不自坏名誉以取悦刘邦之心。这不单纯是刘邦秉性多疑，而是决定于皇权和相权之间无法消除的矛盾。萧何以后，曹参继任为相国，"举事无所变更，一遵萧何约束"，而他自己则是"日夜饮醇酒"，"不事事"①。这固然是一种无为而治，但未始不是有意消除幼主惠帝对他的疑忌。吕后时，王陵为右丞相，陈平为左丞相。王陵因反对吕后封王诸吕，迁为太傅，实不用陵。陈平表面上顺从了吕后的意旨，被徙为右丞相。"陈平为相，非治事，日饮醇酒，戏妇女。""吕后闻之，私独喜。"这样就使吕后对他放了心，并且当着她妹妹吕媭的面，叫陈平"无畏吕媭之谗"。及诛诸吕，立孝文帝，陈平又表示"欲让（周）勃尊位"，装病在家，终于把位次第一的右丞相让给了周勃。周勃为右丞相，一问三不知②，实际

---

① 《史记·曹相国世家》。
② 《史记·陈丞相世家》。

只是挂名。周勃自知能力不如陈平，主动请求免相，陈平专为一丞相。由于陈平处处行韬晦之计，表示与世无争，才得以"善始善终"老死于相位。

秦汉的统治者设立丞相制度，本来的目的是加强中央集权，提高皇权；但是由于丞相地位的崇高和权力的增大，必然要和君权发生冲突，而专制皇帝为要加强自己的权力，也必然想方设法削减丞相的权力。汉初的几任丞相都是功高望重，而且多能深自贬抑，故君臣之间的矛盾还比较缓和，然而这并不是从根本上解决矛盾的办法。真正从制度上削弱相权，则始于武帝，中经成帝的改制，最后完成于东汉光武帝。

从武帝开始，丞相的权力便逐渐转归中朝尚书，而丞相的地位也随之降落。《汉书·公孙弘传》说：

> （公孙弘以后）李蔡、严青翟、赵周、石庆、公孙贺、刘屈氂继踵为丞相。自蔡至庆，丞相府客馆丘虚而已，至贺、屈氂时，坏以为马厩、车库、奴婢室矣。唯庆以惇谨，复终相位，其余尽伏诛云。

《盐铁论·救匮篇》也有类似的记载。这些记载可能有夸大之处，但也不是毫无根据。从相府客馆衰败的景象中，也可看出这个时期丞相权力的缩小和地位的下降。同时，从汉武帝对丞相的态度也能看出这个问题，汉武帝改变了过去皇帝见丞相礼貌甚恭的态度，如"丞相（公孙）弘宴见，上或时不冠"[①]。丞相稍不如意，就要受到当面斥责，甚至动辄被治罪处死。自公孙弘后，任丞相的6人中，获罪自杀的2人（李蔡、严青翟），被下狱处死的3人（公孙贺、赵周、刘屈氂）。而丞相在相位中被处死的现象，在公孙弘以前任职的17人中从未出现过。由于上述情况，所以有人视任相职为畏途，诚惶诚恐，不敢接任。如公孙贺被任为丞相时，"不受印绶，顿首涕泣"[②]。有的人担任丞相后，虽然终老相位，也只是空有其名。如石庆为丞相时，"九卿更进用事，事不关决于庆，庆醇谨而已，在位九岁，无能有所匡言"[③]。即使如此，石庆也险些被逼自杀。所有这些和汉朝前期相比，丞相地位变化之

[①] 《汉书·公孙弘传》。
[②] 《汉书·公孙贺传》。
[③] 《汉书·石奋传》。

大，是很明显的。

昭帝时，霍光以大司马大将军录尚书事，掌握了中朝的全部政务，"政事一决于光"[①]。前后两任丞相，一个车千秋"终不肯有所言"[②]，一个杨敞"徒唯唯而已"[③]。有一次丞相车千秋召中二千石、博士于公车门会议，这本是丞相职权范围以内的事，而霍光竟以千秋擅召中二千石以下，欲致其罪。丞相权力的下降，于此可见一斑。

成帝时，置三公官，丞相职权一分为三。至哀帝时，连丞相之名也被废掉，改为大司徒。东汉光武时，尚书台正式成为中央的最高权力机关，这时的丞相（即司徒）更是有名无实，有职无权，所谓论道之官，备员而已。至于东汉末曹操为丞相，其本身便是政权的主体，非复人臣之职，这种情况，当另作别论。

（本文与熊铁基合作，原载《山东师范大学学报》1982年第5期）

---

① 《汉书·霍光传》。
② 《汉书·车千秋传》。
③ 《汉书·杨敞传》。

论"汉家制度"

一、从三代礼制到"汉家制度"的确立

夏商周三代以礼治国。礼是一种"自天子出"①的制度。最初是用来祈福祛灾的。《说文解字》:"礼,履也,所以事神致福也。"在甲骨文中,礼的写法是两块玉石放在一个器皿中,象征人向鬼神有所奉献。这与《说文解字》的释义是相同的。殷墟出土物,大都可以归到"巫鬼"这个主题之下。孔子"殷人尊神"一语②,在考古学上得到印证。商人在子虚乌有的鬼神面前诚惶诚恐,毕恭毕敬。然而,商朝最终还是不免于灭亡。商人自诩天之骄子,为什么上天却一改初衷,让虔诚的信徒灭亡?从这些思考中,周人悟出一个道理:事神敬天之外,更要注意人民的力量。于是,在周礼中,伦理性被强化。这便是为儒家所称道的"制礼作乐"的主题思想。

礼治是一种具有中国特色的治国方式:用制度化的伦理道德来治理国家。礼治具有很强的等级性和教化性,主要表现为道德规范。"礼者禁于将然之前,而法者断于已然之后。"③刑法是对违礼行为的制裁。这就是所谓的"德主刑辅"。

在夏商周三代,礼治是一种行之有效的治国方式。入春秋后,礼崩乐坏。礼的崩溃,一个重要的、然而常常为人们所忽略了的内容,是上层建筑

---

① 《论语·季氏》。
② 《礼记·表记》。
③ 《汉书·贾谊传》。

的变革。欧阳修是为数不多的洞察到这一重大变革的先贤之一,他说:

> 由三代而上,治出于一,而礼乐达于天下。由三代而下,治出于二,而礼乐为虚名……其朝夕从事,则以簿书、狱讼、兵食为急,曰:"此为政也,所以治民。"至于三代礼乐,具其名物而藏于有司,时出而用之郊庙、朝廷,曰:"此为礼也,所以教民。"此所谓治出于二。①

从"治出于一"到"治出于二",是中国古代上层建筑的一场重大变革,政治、法律、军事制度脱出礼的窠臼,成为独立的形态。抽去了这些内容,礼剩下的就只是揖让周旋的仪式和那些用来行礼的器物了。一个叫女叔齐的晋国大夫敏锐地意识到了这一点,晋平公盛赞鲁昭公精通礼乐,他不以为然,直言:"是仪也,不可谓礼。"②礼徒具形式,失去了"经国家,定社稷"③的政治功能,于是整个社会出现了无序和混乱的状态。原来的"礼乐征伐自天子出",可是现在的情况完全颠倒过来了,礼乐征伐不仅自诸侯出,甚至自大夫出了,而陪臣竟可以执国命。正如司马迁在《史记·太史公自序》中所说:"春秋之中,弑君三十六,亡国五十二,诸侯奔走不得保其社稷者不可胜数,察其所以,皆失其本也。"所谓"失其本"就是礼已失去其维护统治的政治功能。

进入战国,如何恢复统治秩序,如何治理国家,这是摆在每一个政治家、思想家面前的一个重要课题。诸子百家的思想言论,其中大部分内容都涉及这个问题。例如儒家认为"仁者无敌",所以主张实行仁政德治;法家认为"一民之轨,莫良于法",故主张"法令为治之本";道家认为"为无为,则无不治",主张无为而治,等等。百家争鸣的结果,法家思想在秦国占了上风。秦孝公用商鞅变法,使秦国富强;秦王嬴政又采用了法家韩非的法治理论,最后统一中国。但是法家学说固然有助于秦的统一,而如何巩固统一,法家也暴露了它的弱点。中国古代法家的所谓"法治",实际上是"刑治"。法家的严刑峻法、重赋繁役,恰恰成了秦统治者谋求长治久安的

---

① 《新唐书·礼乐志》。
② 《左传》昭公五年。
③ 《左传》僖公十一年。

致命伤。

德治与刑治的作用是不同的。西汉初年，被誉为"汉家儒宗"的叔孙通说过这样一句话："夫儒者难与进取，可与守成。"① 儒家尚德，这里说的"守成"也就是德治。乱世尚刑，治世尚德。在诸侯争霸之时，道德说教是软弱无力的。但天下统一以后，就不能纯用刑治了。贾谊在《过秦论》中谈到秦亡的原因时说：

> 秦以区区之地，千乘之权，招八州而朝同列，百有余年矣。然后以六合为家，崤函为宫，一夫作难而七庙堕，身死人手，为天下笑者，何也？仁义不施而攻守之势异也。②

在贾谊看来，秦始皇的一个重大失误就是没有认识到"攻守之势异"，在天下统一以后，新的历史形势下，没有及时地改变政策，推行仁义，即实行德治。

秦泗上亭长出身的刘邦深受秦朝政治、经济、文化的影响，看不起儒生。陆贾在他面前谈论《诗》、《书》，他张口就骂："乃公居马上得之，安事《诗》、《书》！"陆贾道："马上得之，宁可以马上治乎？"③ 又讲了一番打天下与治天下不同，治天下必须以仁义道德为先的道理。刘邦有所感悟，让陆贾把他想说的话全部写出来，刘邦赐其书名为《新语》。刘邦62岁那年，回到故乡沛县，置酒大宴父老。酒酣，刘邦击筑而歌：

> 大风起兮云飞扬，威加海内兮归故乡，安得猛士兮守四方。④

当此之时，最后一个怀有不臣之心的异姓诸侯王英布已被消灭，刘邦手下将士如云，他忧心忡忡地希望得到的"猛士"，绝非纠纠武士，而是治国安邦的人才。在回京城的路上，他特地绕道去了曲阜，以隆重的太牢之礼祭祀孔

---

① 《史记·叔孙通列传》。
② 《史记·秦始皇本纪》。
③ 《汉书·陆贾传》。
④ 《史记·高祖本纪》。

子，开中国历史上皇帝祭孔之先河。此举非同寻常！刘邦年事已高，身体多病，不久前征讨英布所受的箭伤还没有痊愈。此番不辞劳苦祭祀孔子，看来陆贾的《新语》已对他发生了作用。

回长安不久，刘邦病逝，汉惠帝即位。其时由于秦末农民战争威力的影响，社会经济残破，为了巩固汉朝统治，亟须休养生息，因为"清静无为"的黄老之学更适合统治者的需要。当时朝廷虽也重视儒学，承认儒学的学术地位和政治地位，但实际上指导政治的则是黄老之学，熟悉黄老学渊源的司马迁就说过："乐臣（一本作'巨'）公善修黄老之言，显闻于齐，称贤师。""乐臣公教盖公，盖公教于齐高密、胶西，而为曹相国师。"① 曹相国就是曹参。曹参师事盖公，"盖公善治黄老言"，教导曹参"治道贵清静而民自定"。史称曹参为齐相，"其治要用黄老术，故相齐九年，齐国安集，大称贤相"。惠帝二年，汉相萧何卒，曹参代为汉相，"清静极言合道，然百姓离秦之酷后，参与休息无为，故天下俱称其美矣"②。此后，终高后、文、景之世，汉朝在政治上执行的都是黄老无为之治。到汉武帝君临天下时，社会经济已呈现出一片繁荣的景象。亲眼目睹过这一盛况的司马迁以无比激越的心情追忆道：

> 至今上即位数岁，汉兴七十余年之间，国家无事，非遇水旱之灾，民则人给家足，都鄙廪庾皆满，而府库余货财。京师之钱累巨万，贯朽而不可校。太仓之粟陈陈相因，充溢露积于外，至腐败不可食。③

统治者已有条件可以大有作为了。黄老无为思想的历史使命至此结束。另一方面，黄老无为思想也造成了若干弊端：纵容诸侯王骄横不法，听任豪强地主兼并不轨，忍受匈奴人不时入侵，等等。时局迫使汉武帝必须要有所作为。而武帝"多欲"④，"雄才大略"⑤，也有意图、有能力大有作为。改弦更

---

① 《史记·乐毅列传》。
② 《史记·曹相国世家》。
③ 《史记·平准书》。
④ 《汉书·汲黯传》。
⑤ 《汉书·武帝纪赞》。

张,已是势在必然。于是,元光元年(前134),汉武帝接受了董仲舒的建议,罢黜百家,独尊儒术。

董仲舒的儒学,已不同于先秦儒学,它已从其他各家各派思想中吸取新的内容来充实自己,以适应封建统治阶级的需要。其思想的核心之一,就是"刑者,德之辅"[①],也可以说是儒法并用,德主刑辅。从汉武帝开始,逐步确立了一套"霸王道杂之"的"汉家制度"。

二、"霸王道杂之"是"汉家制度"的典型特征

"汉家制度"一词,概指汉朝的典章制度。《汉书·张汤传》说张汤之孙张纯,"恭俭自修,明习汉家制度故事"。这是较早的一条材料。此后"汉家制度"一词屡见于文献记载,如《汉书·食货志上》、《后汉书·公孙述传》、《隋书·礼仪志》(一、五)等,皆指汉朝的典章制度。我们在此论述的"汉家制度"是指汉代"霸王道杂之"的治国方略。《汉书·元帝纪》:

> 孝元皇帝,宣帝太子也。……壮大,柔仁好儒。见宣帝所用多文法吏,以刑名绳下,大臣杨恽、盖宽饶等坐刺讥辞语为罪而诛,尝侍燕从容言:"陛下持刑太深,宜用儒生。"宣帝作色曰:"汉家自有制度,本以霸王道杂之,奈何纯任德教,用周政乎!且俗儒不达时宜,好是古非今,使人眩于名实,不知所守,何足委任!"乃叹曰:"乱我家者,太子也!"

所谓"霸王道杂之"的"汉家制度",即出于此。霸、王一词早在春秋时即已出现,不过这时的霸乃指诸侯霸主,王指周天子,没有政治路线的含义。在中国历史上首先提出霸与王作为治国之道的是战国时的孟子。他说过:"以力假仁者霸,霸必有大国;以德行仁者王,王不待大。"所谓霸道就是"以力服人";王道就是"以德服人"[②]。孟子提倡王道,反对霸道,他认

---

① 《春秋繁露·天辨在人》。
② 《孟子·公孙丑上》。

为只有实行王道才能统一天下。荀子认为王、霸虽有差别，但也可以相通。"故用国者，义立而王，信立而霸"，"上可以王，下可以霸"①，霸道可以补充王道。这就为后来儒家所倡导的德主刑辅提供了张本。法家商鞅因景监见秦孝公，说以王道，孝公昏昏欲睡，弗听；商鞅复见孝公，说以霸道，孝公大悦，语数日不厌。

> 景监曰："子何以中吾君？吾君之欢甚也。"鞅曰："吾说君以帝王之道比三代，而君曰：'久远，吾不能待。且贤君者，各及其身显名天下，安能邑邑待数十百年以成帝王乎？'故吾以强国之术说君，君大悦之耳。然亦难以比德于殷周矣。"②

商鞅向秦孝公所说的"强国之术"也就是"霸道"。商鞅是法家的代表人物，因此，"霸道"又被视为法家的治国之道。

关于"霸道"与"王道"的差别，令狐德棻曾向唐高宗作过较为明晰的解释：

> 时高宗初嗣位，留心政道，尝召宰臣及弘文馆学士于中华殿而问曰："何者为王道、霸道？又孰为先后？"德棻对曰："王道任德，霸道任刑。自三王已上，皆行王道。唯秦任霸术，汉则杂而行之。魏、晋已下，王、霸俱失。如欲用之，王道为最，而行之为难。"③

汉宣帝所说的"霸王道"，也就是令狐德棻所说的"王道任德，霸道任刑"；"霸王道杂之"的"汉家制度"，就是德、刑并用。《汉书·宣元六王传·淮阳宪王刘钦》中的一段文字，可以补充说明"霸王道杂之"的内涵：

> （淮阳宪王刘钦）母张婕妤有宠于宣帝。霍皇后废后，上欲立张婕妤为后。久之，惩艾霍氏欲害皇太子，乃更选后宫无子而谨慎者，乃

---

① 《荀子·王霸》。
② 《史记·商君列传》。
③ 《旧唐书·令狐德棻传》。

立长陵王婕妤为后，令母养太子。后无宠，希御见，唯张婕妤最幸。而宪王壮大，好经书法律，聪达有材，帝甚爱之。太子宽仁，喜儒术，上数嗟叹宪王，曰："真我子也！"常有意欲立张婕妤与宪王，然用太子起于微细，上少依倚许氏，及即位而许后以杀死，太子早失母，故弗忍也。

可见，"霸王道杂之"的"汉家制度"就是法家的刑治与儒家的德治并用。事实上，从刘邦取天下即开始兼用霸、王之道。据皇甫谧《帝王世纪》云：

> 《礼》称："至道以王，义道以霸。"观汉祖之取天下也，遭秦世暴乱，不偕尺土之资，不权将相之柄，发迹泗亭，奋其智谋，羁英雄鞭驱天下。或以威服，或以德致，或以义成，或以权断，逆顺不常，霸王之道杂焉。

以后下至惠帝、高后、文、景之世，皆实行黄老无为之治，至汉武帝"罢黜百家，独尊儒术"，始最后确定儒学为汉朝的统治思想，同时也为此后两千多年历代封建皇朝奠定了思想统治的模式。

自孔子以后，儒家有"内圣"与"外王"之分，孟子一派属于"内圣派"，荀子一派属于"外王派"。《公羊传》属于"外王派"，重视从制度上实现儒家主张，这也是《公羊传》为汉武帝所青睐的原因之一。汉武帝在典章制度上强化德治的措施，一是察举孝廉制度，二是《春秋》决狱。举孝廉为官，自汉惠帝始，其制度化则在汉武帝时期。元光元年（前134）初令郡国各举孝廉一人。元朔元年（前128）又下令："不举孝，不奉诏，当以不敬论。不察廉，不胜任也，当免。"[1]孝子与廉吏，成为清流之目，为官吏进身之正途。《春秋》决狱即以《春秋》作为断案的依据，如董仲舒弟子吕步舒奉旨办理淮南王刘长一案，"以《春秋》之义正之，天子皆以为是"[2]。《春秋》决狱开儒家经典法律化之先河。

---

[1] 《汉书·武帝纪》。
[2] 《史记·儒林列传》。

不过汉武帝也特别重视刑罚的作用。在"罢黜百家,独尊儒术"不久,由于征伐"四夷",百姓负担加重,铤而走险者骤增:

> 及至武帝即位,外事四夷之功,内掩耳目之好,征发繁数,百姓贫耗,穷民犯法,酷吏击断,奸轨不胜。①

在这种情况下,元光五年(前130)七月,汉武帝重用张汤、赵禹条定法令。程树德《九朝律考》云:"汉萧何作《九章律》,益以叔孙通《傍章》18篇,及张汤《越宫律》27篇,赵禹《朝律》6篇,合60篇,是为《汉律》。"实际上,张汤、赵禹制定的不仅《越宫律》、《朝律》,《汉书·刑法志》:

> 张汤、赵禹之属,条定法令,作见知故纵、监临部主之法,缓深故之罪,急纵出之诛。

这些律令的特点是以严刑峻法督责官吏严格执法。此外,汉武帝时期还制定了《腹诽法》、《沉命法》等。汉武帝一朝是继刘邦之后汉代立法的第二个高峰期。经过这次修订,法网更密:

> 律令凡三百五十九章,大辟四百九条,千八百八十二事,死罪决事比万三千四百七十二事。文书盈于几阁,典者不能遍睹。②

汉初约法省禁,漏网吞舟的局面一去不复返了,此时不仅法令严密,且量刑偏重:

> 上招延士大夫,常如不足;然性严峻,群臣素所爱信者,或小有犯法,或欺罔,辄按诛之,无所宽假。③

---

① 《汉书·刑法志》。
② 《汉书·刑法志》。
③ 《资治通鉴》卷19《汉纪十一》。

汉武帝还重用酷吏,以杀罚立威。《汉书·酷吏传》中立传的酷吏计14人,汉武帝一朝便独占9人。然而,沉重的赋役负担,繁法严刑,使民不堪于命,天汉二年(前99)前后,从燕赵到江汉,百姓蜂起:

> 南阳有梅免、白政,楚有殷中、杜少,齐有徐勃,燕赵之间有坚卢、范生之属。大群至数千人,擅自号,攻城邑,取库兵,释死罪,缚辱郡太守、都尉,杀二千石,为檄告郡县具食;小群以百数,掠卤乡里者不可胜数也。①

北伐匈奴,也接连受挫。有鉴于此,征和四年(前89),汉武帝颁布了中国历史上第一个皇帝罪己诏——《轮台诏》。在此诏书中,汉武帝宣布实行政策的改变:统治方式上,从严刑峻法转向宽松温和;在百姓负担上,从横征暴敛转向轻徭薄赋;在经济措施上,从垄断财利转向力农富民;在对外关系上,从战略进攻转向战略防御。至此,德、刑方趋适中。

昭、宣两朝的大政方针是武帝《轮台诏》厘定的。当汉宣帝继承帝位时,在思想教育界占统治地位依然是"公羊学"。宣帝乃刘据之孙,刘据对《公羊传》与《穀梁传》的态度影响了宣帝:

> 宣帝即位,闻卫太子好《穀梁春秋》,以问丞相韦贤、长信少府夏侯胜及侍中乐陵侯史高,皆鲁人也,言《穀梁子》本鲁学,《公羊氏》乃齐学也,宜兴鲁学。②

在宣帝的直接支持下,《穀梁传》被立为官学,"由是《穀梁》之学大盛。"③

汉宣帝对儒家"穀梁学"的支持是由于祖父的缘故,他更重视刑罚的威慑作用。《汉书·盖宽饶传》:

> 是时上方用刑法,信任中尚书宦官,宽饶奏封事曰:"方今圣道浸

---

① 《史记·酷吏列传》。
② 《汉书·儒林传》。
③ 《汉书·儒林传》。

废，儒术不行，以刑余为周召，以法律为《诗》《书》。"

宣帝大怒，下盖宽饶狱，盖宽饶举刀自刭。皇太子刘奭为盖宽饶鸣不平，劝谏汉宣帝重用儒生，也惹得汉宣帝大怒，差点褫夺了他的太子之位。

刘奭即位，是为元帝，开始重用儒生。儒学不仅在思想界，而且在政治上也占据了统治地位。德治压倒刑治，成为治国的主要方式。

三、"汉家制度"的历史影响与现实意义

唐朝人封德彝认为，"霸王道杂之"的"汉家制度"并没有给汉朝社会带来长治久安。《旧唐书·魏征传》：

> 帝尝叹曰："今大乱之后，其难治乎？"……封德彝对曰："三代之后，浇诡日滋。秦任法律，汉杂霸道，皆欲治不能，非能治不欲。征书生，好虚论，徒乱国家，不可听。"

这种观点是不符合历史事实的。从汉武帝确立的"霸王道杂之"的"汉家制度"，是一种行之有效的治国方略。德、刑并用，二者不仅不可偏废，且需适中。从汉惠帝至景帝，德、刑基本上是适中的；汉武帝元光五年（前130）至征和四年（前89），德、刑失衡，汉武帝欲用严刑峻法威慑天下，而民不畏死，群起反抗。征和四年，汉武帝颁布《轮台诏》，德、刑又趋适中。昭、宣两朝的治国方略是汉武帝《轮台诏》厘定的，德、刑也较为适中，从而出现了"昭宣中兴"的局面。

那么，德、刑怎样才算适中？我们可以以"孝宣之治"为例来说明之。从上引《汉书·元帝纪》及《宣元六王传·淮阳宪王刘钦》等文献记载来看，似乎宣帝偏爱刑罚，实际不然。宣帝比较好地把握了德、刑适中问题。班固《汉书·宣帝纪》赞曰："孝宣之治，信赏必罚，综核名实，政事文学法理之士咸精其能。"宣帝任用循吏便是一个例证。颜师古注解"循吏"曰："循，顺也，上顺公法，下顺人情也。"循吏能够恰当地处理"公法"与"人情"的关系，这其中也包括刑与德的关系。例如，黄霸为颍川太守，"力

行教化而后诛罚"①。颜师古注曰:"力犹劝也。言先以德教化于下,若有弗从,然后用刑罚也。"《汉书·地理志》:

> 颍川,韩都,士有申子、韩非刻害余烈,高仕宦,好文法,民以贪遴争讼生分为失。韩延寿为太守,先之以敬让;黄霸继之,教化大行,狱或八年亡重罪囚。

韩延寿也是宣帝朝的循吏。宣帝一朝,循吏辈出,《汉书·循吏传》记载的16位循吏,宣帝一朝独占11位,"汉时良吏,于是为盛,称中兴焉"②。

因此,所谓的德刑适中,是指德治与刑治并用,德以扬善,刑以惩恶,以德治为主,辅之以刑罚。秦始皇的最大失误之一,就是没有重视德治的作用,过分依重刑罚。

到汉元帝时,德刑又出现失衡的现象。据《汉书·元帝纪》记载,太子刘奭劝谏汉宣帝应重用儒生,汉宣帝申明了"汉家制度"的原则后叹曰:"乱我家者,太子也!"宣帝意欲废掉刘奭,另立"明察好法"的淮阳宪王刘钦为太子,只是看在曾与他共患难、后被霍氏杀害的刘奭生母的分上,才保留了他的太子之位。元帝好儒,重用儒生,班固《汉书·元帝纪》赞曰:

> (元帝)少而好儒,及即位,征用儒生,委之以政,贡、薛、韦、匡迭为宰相,而上牵制文义,优游不断,孝宣之业衰焉。然宽弘尽下,处于恭俭,号令温雅,有古之风烈。

在汉昭帝始元六年(前81)召开的"盐铁会议"上,由地方推选的贤良文学就盐铁官营、法治与德治等问题与以御史大夫桑弘羊为代表的政府当局进行了激烈的辩论,贤良文学要求废除盐铁官营,让利于民;要求约法省禁,实行德治。贤良文学的要求当时未能实现,昭、宣两朝继续奉行汉武帝确立的大政方针。贤良文学的愿望到汉元帝时得到实现。"上好儒术文辞,颇改

---

① 《汉书·循吏传·黄霸》。
② 《汉书·循吏传》。

宣帝之政。"① 其改革的主要方面，一是重用儒生，强调德治，降低刑罚的威慑作用：

> 至孝元帝初立，乃下诏曰："夫法令者，所以抑暴扶弱，欲其难犯而易避也。今律令烦多而不约，自典文者不能分明，而欲罗元元之不逮，斯岂刑之中意哉！其议律令可蠲除轻减者，条奏，唯在便安百姓而已。"②

二是部分地放弃盐铁等官营政策，如初元五年（前44），"罢角抵、上林宫馆希御幸者、齐三服官、北假营田、盐铁官、常平仓"③。

汉时人把元帝朝视为西汉衰落的开始，事实也确实如此。

在古代中国，"霸王道杂之"的"汉家制度"是一种行之有效的统治方式，为后世所称颂和遵循。《后汉书·胡广传》："汉承周、秦，兼览殷、夏，祖德师经，参杂霸轨，圣主贤臣，世以致理。"唐李贤注"参杂霸轨"引"宣帝曰：'汉家自有制度，本以霸王道杂理之。'"自汉以后，中国古代各皇朝的统治者都不同程度地借鉴"汉家制度"的经验教训，以强化其统治。如唐太宗谓群臣曰："朕虽以武功定天下，终当以文德绥海内。文武之道，各随其时。"④宋太宗谓宰相曰："治国之道，在乎宽猛得中，宽则政令不成，猛则民无所措手足，有天下者，可不慎之哉！"⑤明太祖则主张"为天下者，文武相资，庶无偏颇"⑥。清雍正也说过："自古为政者，皆当宽严相济。所谓相济者，非方欲宽而杂之以严，方欲严而杂之以宽也。唯观乎其时，审乎其事，当宽则宽，当严则严而已。"⑦以上诸帝所谓"文武之道"、"宽猛得中"、"文武相资"、"宽严相济"，都是讲的王霸之道。可见，"霸王道杂之"的"汉家制度"已成为历代统治者治国的主要方略。

---

① 《汉书·匡衡传》。
② 《汉书·刑法志》。
③ 《汉书·元帝纪》。
④ 《旧唐书·音乐志》。
⑤ （宋）江少虞：《宋朝事实类纪·祖宗圣训·太宗皇帝》。
⑥ 《明太祖治国圣训》。
⑦ 《大清世宗皇帝实录》卷81。

"霸王道杂之"的"汉家制度",所谓"德刑并重"或"德主刑辅",都有其阶级局限性和历史局限性,但这种治国方式对当今社会也有一定的借鉴意义。在依法治国、建设社会主义法治国家的同时,必须强化以德治国,二者互为表里,缺一不可。法律规范是一种外在的强制力量,对人们的行为来说只是一种"外律",只有借助道德才能使其内化,变外律为自律,把外在的行为规范升华为内在的自律准则。没有德治支持的法治,是没有根基的;没有法治支持的德治,也是空谈无力的。德治离不开法治,法治离不开德治,二者相辅相成,互相促进。这应是历代治国的一条基本的历史经验。

(本文与刘德增合作,原载《光明日报》2002年9月3日,略有增删)

汉代的官箴

官箴是古代君主治吏的准绳，也是官吏行事的准则及施政的依据，因此，和吏治有密切的关系。各级官吏能否恪守官箴，不仅对政风有深刻影响，也关系到吏治的好坏。汉代的官箴已经制度化、法律化及社会化，从皇帝诏书、官府律令文书到民间的作品，有些都含有官箴的内容。本文概括为官员所遵守的道德规范和法律规范两个方面加以说明。

箴，原为谏诫之意。所谓"箴谏之兴，所由尚矣。圣君求之于下，忠臣纳之于上"[①]。据《左传》襄公四年载："昔周辛甲之为大史也，命百官，官箴王阙。"注："使百官各位箴辞戒王过。"疏："大史号令百官，每官各为箴辞。虞人掌猎，故以猎为箴也。汉成帝时扬雄爰《虞箴》，遂依仿之，作十二州二十五官箴。后亡失九篇，后汉崔骃、骃子瑗、瑗子实世补其缺，及临邑侯刘騊駼、太傅胡广各有所增，凡四十八篇，广乃次而题之，署曰《百官箴》，皆仿此《虞箴》为之。"以上所载，便是汉代《官箴》的由来。

扬雄等人写的《官箴》48篇，从中央的三公九卿到地方上的郡守、边都尉，共48个官，都有类似诗的箴辞，箴辞讲到每一个官的性质、职掌，有的还总结了历史的经验教训。如《尚书箴》："是机是密，出入王命。王之喉舌，献善宣美。""昔秦尚权诈，官非其人。符玺窃发，而扶苏陨身。一奸怼命，七庙为墟。"《大司农箴》："时维大农，爰司金穀。""秦收大半，二世不瘳。"《少府箴》："实实少府，奉养是供。""民以不扰，国以不烦。""嗜不

[①] 胡广：《百官箴叙》，载严可均《全汉文》。

可不察，欲不可不图。未尝失之于约，常失于奢。"《执金吾箴》："如虎有牙，如鹰有爪。国以自固，兽以自保。""秦政暴戾，播其威虐。亡其仁义，而思其残酷。猛不可重任，威不可独行。"《将作大匠箴》："侃侃匠作，经构宫室。""秦筑骊阿，嬴姓以颠。"《郡太守箴》："有嬴驱除，焚典纪旧。荡灭藩畿，罢侯置守。秦发闾左，陈涉奋威。"《东观箴》："洋洋东观，古之史官。三坟五典，靡义不贯。""卫巫蛊谤，国莫敢言。狐突见斥，淖齿见残。焚文坑儒，嬴反为汉。巫蛊之毒，残者数万。吁嗟后王，曷不斯鉴。"扬雄等人写的《官箴》，今散见于《艺文类聚》、《初学记》、《古文苑》、《太平御览》等类书中，清人严可均把它作为一种文体辑入《上古三代秦汉三国六朝文》一书。这里仅摘其数例，以见一斑。

官箴是官僚制度的产物。随着封建专制主义中央集权官僚制度的形成和发展，作为维护这一制度的官箴也逐渐充实完备。1975年，在湖北云梦睡虎地秦墓发现了一批秦代竹简，其中有五十一简记载的是《为吏之道》。该文列举了吏有"五善"、"五失"。所谓"五善"，一曰中（忠）信敬上，二曰精（清）廉毋谤，三曰举事审当，四曰喜为善行，五曰龚（恭）敬多让。所谓"五失"，一曰见民（倨）敖（傲），二曰不安其朝（朝），三曰居官善取，四曰受令不偻，五曰安家室忘官府。实际上这就是秦代的官箴。汉代官箴更加制度化、法律化、社会化，社会习惯认为凡对官吏之规诫，皆视为官箴，如为官不善，即谓之有玷官箴。汉代官箴内容十分丰富，除扬雄等人为部分官吏写的箴辞外，诸如皇帝的诏书、官府的律令文书中，都含有官箴的内容。概而言之，大体包括官德和官纪两个方面，亦即官吏从事政治活动时应遵守的道德规范和法律规范。

一、官德——道德规范

（一）忠君

官德中首要的一条，即忠君。前引秦简"为吏之道"，即把忠君列为"五善"之首。在汉代，以至在整个中国封建社会，君主是封建国家至高无上的代表，是国家的化身，所谓"朕即国家"。因此忠君是所有官吏必须遵守的思想和行为规范。而维护君主不可动摇的政治地位和不可侵犯的权威，又是忠君的基本政治原则。汉律中有"不道"、"不敬"罪，即是为此而设的。如"谋反"、"首匿反者"、"祝诅上"、"诽谤"、"妖言"、"僭上"、"诬罔主上"、"迷国罔上"等，都是要动摇君主崇高的政治地位、侵犯君主的绝对权威，汉律谓之"不道"，轻则处死，重则灭族。对君主"亏礼废节"，如"不朝不请"、"就位不敬"、"酎宗庙不敬"、"非所宜言"等，汉律谓之"不敬"，或免官夺爵，或处以死刑。在统治阶级内部斗争中，官吏要绝对忠于君主，不得有二心。如汉武帝征和二年卫太子起兵，时任安为北军使者护军受太子节，闭城门不出。武帝曰："是老吏也，见兵事起，欲坐观成败，见胜者欲合从之，有两心。"下安吏，诛死。[1]"有善归主，有恶自与"，也是忠君的一个原则，如汉高祖刘邦宣布相国萧何的罪名时说："吾闻李斯相秦皇帝，有善归主，有恶自与。今相国多受贾竖金，而为民请吾苑，以自媚于民，故系治之。"[2]

以上所述，忠君不仅是一种官德，而且写进汉律，这正是君主专制制度在官箴中的反映。

（二）治民

汉惠帝在即位的诏书中说："吏所以治民也，能尽其治则民赖之。"[3]治民包括官吏的两种职能。镇压人民的反抗，维护以皇帝为首的封建统治阶级利益，是作为封建国家的政治代表官吏应尽的责任。但是另一方面，在正常情况下，官吏还有保护再生产条件的职能，从一定意义上讲，就是保护人民的职能。所谓"民为邦本，本固邦宁"。这是维护人类社会的存在和发展的客观条件所决定的，也是统治者根本利益之所在。所谓"能尽其治则民赖之"，正是指后一种职能。为了使官吏能"尽其治"，皇帝还赋予他们"禁暴止邪"即除暴安良的任务。如武帝元封五年初置刺史部十三州，以六条问事，第一条就是打击"强宗豪右，田宅逾制，以强凌弱，以众暴寡"[4]。东汉

---

[1] 《史记·田叔列传》。
[2] 《史记·萧相国世家》。
[3] 《汉书·惠帝纪》。
[4] 《汉书·百官公卿表》注引《汉官典职仪》。

建立之初，也把打击豪强作为一项重要政策。《汉书·刑法志》云："自建武永平……政在抑强扶弱，朝无威福之臣，邑无豪杰之侠。"封建国家的官吏，当然是统治阶级利益的代表。但在一定条件下，抑制统治阶级中一部分人或集体的政治和经济势力，以保护人民的利益，从而保证国家的长治久安，这也是官吏应尽的义务和责任。历史上所谓"清官"，大都是这方面的典型人物。

（三）忠于职守

这也是对所有官吏的基本要求。汉景帝后二年诏："其令二千石各修其职，不事官职耗乱者，丞相以闻，请其罪。"①建武六年，光武帝刘秀初平天下不久，即发布诏令："有司修职，务遵法度。"②这都是要求各级官吏按照法律的规定履行自己的职责。汉律中有许多罪名，如"任人不善"、"选举不实"、"亡印绶"、"被灾害"、"课殿"（考课末等）、"毁坏亡失官钱物"、"逗留畏懦"、"失期"、"亡军"、"乏军兴"、"乏徭"、"门禁失阑"等，都是失职罪，轻则免官，重则处死。

（四）廉洁守法

汉代统治者认为"廉吏，民之表也"③。因此将察廉作为选拔、考核官吏的一个重要科目，而对于犯了"赃罪"，不能廉洁奉公的官吏，则给予免职、禁锢直至处死等处分。明法守法，也是官德的一项内容。汉文帝二年诏："法者，治之正，所以禁暴而卫善人也。"④把法作为"治之正"，即官吏进行政务活动时的准绳。景帝并且批评"吏或不奉法令，以货赂为市，朋党比周，以苛为察，以刻为明"⑤的严重违法乱纪现象。这些都是有玷官箴的行为，一旦被发现，就要受到严厉的刑事处分。

---

① 《汉书·景帝纪》。
② 《后汉书·光武帝纪》。
③ 《汉书·文帝纪》十二年诏。
④ 《汉书·刑法志》。
⑤ 《汉书·景帝纪》中五年诏。

（五）服从命令

主要是服从皇帝的命令。如平定吴楚七国之乱时，景帝曾命令"敢有议诏及不如诏者，皆腰斩"①。武帝并规定了"不奉诏当以不敬论"②。汉代有"废格"罪。何谓"废格"？如淳曰："废格天子文法，使不行也。"③如"淮南王安拥阏奋击匈奴者雷被等，废格明诏，当弃市"④。"杨可方受告缗，（义）纵以为此乱民，部吏捕其为可使者。天子闻，使杜式治，以为废格沮事，弃纵市。"⑤与此同时，汉律中还有"擅为"罪。"擅为"罪即官吏脱离皇权控制而独断专行的行为。如"擅发兵"、"擅弃兵"、"擅征捕"、"擅杀"、"擅兴徭役"、"擅出界"、"擅去职"、"擅为苛暴"、"擅相假印绶"等，在汉律中都属于重罪，视情节轻重，轻则免官，重则处死，如系擅发兵谋反，甚至要受到族诛之刑。

（六）善于处理同级与上下级关系

在汉代，由于行政长官往往兼有司法长官的职责，所以上级官员在法律上对下级官员有定案、拘捕、审讯和执行刑罚的权力，但这种权力被限制在法律所许可的范围之内，即不能越过皇权。因为所有的官吏，首先要对君主负责，而不是首先对他们的上级负责。换句话说，不能容许上级官员对下级官员的法律权力构成一种附庸关系，而形成对皇权的威胁。如朱晖为临淮太守，"坐考长吏囚死狱中，州奏免官"⑥。这说明上级官员对下级官员的权力是受到法律制约的，如果超过了这个限制，就要受到刑事或行政处分。

同级官员之间，要顾全大局，团结合作，不允许有争权夺利、互相攻讦的行为，否则要除以严厉的刑罚。如周阳由"为河东都尉，时与其守胜屠公争权，相告言罪，胜屠公抵罪，义不受刑，自杀，而由弃市"⑦。显然，争

---

① 《汉书·吴王濞传》。
② 《汉书·武帝纪》元朔元年诏。
③ 《汉书·食货志》注。
④ 《史记·淮南衡山王列传》。
⑤ 《史记·酷吏列传》。
⑥ 《汉书·朱晖传》注引《东观记》。
⑦ 《史记·酷吏列传》。

权是二人的主要罪行。

下级官员要尊重上级官员，不得无故侵犯。如司隶鲍宣因没入丞相府车马，"摧辱丞相，事下御史中丞、侍御史至司隶官，欲捕从事"[1]。丞相为百官之首，无论哪一级官员侵犯了他，都要受到法律的追究。因为封建专制主义中央集权制度本质上是一种自上而下的统治方式，破坏了这一等级层次的秩序，势必要引起整个国家机器的混乱。

（七）为民表率，倡导教化

汉景帝中六年诏："夫吏者，民之师也。"官吏就是人民的老师。不仅要以身作则遵行国家的法律规章制度，还要在日常生活的行为上为人师表。为此，景帝甚至规定了各级官员相应的车驾衣服制度，凡是"车骑从者不称其官衣服，下吏；出入闾巷无吏体者"[2]，也要受到惩处。"无吏体"亦曰"失官体"，即是其行为举止不符合一个官吏的标准。官吏不仅要处处以身作则，为民表率，还要对人民施行教化。如武帝元朔元年诏："公卿大夫，所使总方略，一统类，广教化，美风俗也。……二千石官长纪纲人伦，将何以佐朕烛幽隐，劝元元，厉蒸庶，崇乡党之训哉？"[3]元帝建昭四年诏："相将九卿，其帅意勿怠，使朕获观教化之流焉。"[4]教化，用现在的话来说，就是对人民进行思想教育，使之潜移默化，心悦诚服，以达到巩固封建统治的目的。

以上所举官德，只是最主要的几条，本来这都是官吏应该遵守的自觉行为。但是在很多场合下，却成了法律强制性的政治原则，这是封建官僚制度本身不可避免的弊端。

二、官纪——法律规范

如果说官德是官吏必须具备的政治素质的话，那么，官纪就是官吏从事政治与社会活动所必须遵守的纪律了。这些纪律主要包括：

---

[1]《汉书·鲍宣传》。
[2]《汉书·景帝纪》。
[3]《汉书·武帝纪》。
[4]《汉书·元帝纪》。

(一) 不得擅离岗位，玩忽职守

汉代官吏未经上级批准，擅自离开职守，叫作"去署"或"去职"，对此往往要处以严厉的惩罚。如居延汉简有一条记载：

> 隧长侯京、侯长樊隆，皆私去署隧，报刺史，毋状，罪当死。叩头死罪死罪，敢言之。①

此事因为与边境防务有关，擅自离开防务，所以犯了死罪。又《后汉书·杨伦传》：

> （杨伦）为清河王傅。是岁，安帝崩，伦辄弃官奔丧，号泣阙下不绝声。阎太后以其专擅去职，坐抵罪。

杨伦弃官奔帝丧，虽情有可原，但因擅离职守，触及法律，也要抵罪。

汉法除不准官吏随便离开工作岗位外，对玩忽职守的官吏，也要视情节轻重追究法律责任。上文所举官吏失职罪，几乎涉及国家政治、经济、军事、法律各个方面，对于这些罪行，都要详细记录在案。有时为了惩前毖后，还发布檄书，通报玩忽职守的事例及处罚，以儆效尤。居延汉简所载《侯史广德坐不循行部檄》即其一例：

> 侯史广德坐不循行部、涂（修葺）亭、趣具（急需的设备）诸当所具者，各如府都吏所举，部糒（干饭）不毕，又省官檄不会会日，督五十。②

檄书接着还列举了"亭不涂（修葺）"、"毋牛马矢（屎）"、"表（烽火信号）弊（损坏）"、"毋深目（瞭望孔）"等失职行为，对于这些失职行为，则给

---

① 薛英群、何双全、李永良注：《居延新简释粹》，兰州大学出版社1988年版，第55页。
② 薛英群、何双全、李永良注：《居延新简释粹》，第124页。

予杖责五十的处分。

（二）不得利用职权谋取非法利益

汉律一方面要求官吏廉洁守法，另一方面又禁止官吏利用职权谋取非法利益。如《史记·萧相国世家》载："上罢布军归，民道遮行上书，言相国贱强买民田宅数千万。上至，相国谒，上笑曰：夫相国乃利民！"

这说明汉代官吏即使是相国那样的高位，也不得利用职权以"利民"，即侵犯人民的利益。不久，萧何又因"多受贾人财物"，请上林苑空地的罪名被系下狱。当然这里有刘邦猜忌萧何的政治背景，但也说明汉代在这方面的禁令是很严格的，如相国犯禁也不能免罪。

汉代官吏以权谋私的罪名很多，如"主守盗"（监守自盗）、"行言许受财"（受财枉法）、"请赇"（贿赂）、"受所监饮食财物"、"受故官送"、"恐猲（吓）受财"等，如犯有上述罪名，都要处以相应的惩罚。

（三）不得培植私人势力

西汉政权建立后，实行郡国并立制度，因此防止官吏与诸侯王结党营私，就成为国家法律的一个重要内容。汉景帝三年平定吴楚七国之乱后，"稍夺诸侯权，左官附益阿党之法设"[①]。东汉建立后，于建武二十四年又"诏有司申明旧制阿附蕃王法"[②]。至东汉后期又有"婚姻之家及两州人士不得交互为官"的三互法[③]。总而言之，汉代为防范官吏结党营私培植私人势力，在制定有关法律方面作了很大的努力。

（四）不得诬陷或提供伪证

汉代严禁官吏打击报复、诬陷他人的行为。汉律中有"诬罔罪"，所谓"诬罔君臣，使事失实"[④]，基本上概括了罪名的内涵。如《汉书·景十三王传》载：

---

① 《汉书·高五王传》。
② 《后汉书·光武帝纪》。
③ 《后汉书·蔡邕传》李贤注。
④ 《周礼·秋官·士师》"为邦诬"注："诬罔君臣，使事失实。"《辑证》云："盖汉律语。"

（广川缪王）齐数告言汉公卿及幸臣所忠等，又告中尉蔡彭祖捕子明，骂曰："吾尽汝种矣！"有司案验，不如王言，劾齐诬罔，大不敬，请系治。

汉武帝时的"三长史案"，更典型地说明了汉代如何用严刑峻法来防止官吏打击报复、诬陷他人。时张汤为御史大夫，朱买臣、王朝、边通为丞相长史，"汤数行丞相事，知此三长史素贵，常凌折之"。于是，三长史合谋诬告张汤"且欲为请奏，（田）信辄先知之，居物致富，与汤分之"。张汤被逼自杀。汤死后，"家产直不过五百金，皆所得奉赐，无它赢，昆弟诸子欲厚葬汤，汤母曰：'汤为天子大臣，被恶言而死，何厚葬为！'载以牛车，有棺而无椁。上闻之，曰：'非此母不生此子！'乃尽按诛三长史，丞相（庄）青翟自杀"[1]。

（五）不得弄虚作假，隐瞒真相

汉代所以将弄虚作假、隐瞒事实真相和打击报复、诬陷他人一样，都列为官吏必须严格遵守的纪律，是因为这类行为将会使君主对实际情况判断失误，是非不分，赏罚不明。不仅影响对官吏的任用以及政策的制定和施行，甚至导致朝廷的混乱。因此法律设有"选举不实"、"度田不实"、"增首不以实"（虚报斩敌首级）、"以闻不实"、"故以不实"、"上计谩"、"上书谩"、"奉使欺谩"等罪名，如有违犯，即处以严厉的刑罚。

（六）不得泄露国家机密

汉代规定官吏不得泄露国家公务机密，汉律中有"漏泄省中语"罪。省中为宫禁之地，漏泄省中语，即漏泄君主之语，或臣下向君主奏事之语，皆属漏泄国家机密。可见漏泄罪正是为了保护专制君主"独断"地位而设的，所以其罪重。如汉元帝时，待诏贾捐之、魏郡太守京房，都是因"漏泄省中语坐弃市"[2]，京房一案，甚至累及妻子徙边。由于省中语，涉及君主秘

---

[1] 《汉书·张汤传》。
[2] 俱见《汉书》本传。

密，所以受到君主特别重视。成帝时，孔光历任尚书、尚书令、诸吏、光禄大夫、给事中、领尚书事，凡典枢机十余年，"沐日归休，兄弟妻子燕语，终不及朝省政事。或问光：'温室省中树皆何木也？'光嘿不应，更答以它语，其不泄如是"。因此孔光受到重用，"凡为御史大夫、丞相各再，一为大司徒、太傅、太师，历三世，居公辅位前后十七年"[①]。

三、官箴——君主治吏的准绳，吏治的镜鉴

我们从上述官德、官纪中可以看到几乎所有的原则规定，都是把维护君权放在头等重要的位置，这样整个官僚机构就成了君主的御用工具，而每个官吏都必须按照君主的意志办事。汉武帝时，杜周为廷尉，客有谓周曰："君为天下决平，不循三尺法，专以人主意指为狱，狱者固如是乎？"周曰："三尺法安出哉？前主所是著为律，后主所是疏为令，当时为是，何古之法乎？"[②]

这就是说，君主的意志就是法律，必须遵守，不可动摇。用现在的观点来看，这是很不合理的，但是在历史上有时却是合理的。因为在中国这样一个幅员辽阔、民族众多，各地区政治、经济、文化发展极不平衡，而古代通讯手段又极其原始的条件下，要维护国家的统一，是很困难的。秦始皇帝结束了春秋战国长达数百年之久的诸侯割据局面，完成了国家的统一；汉朝诸帝又在此基础上对巩固和发展国家统一作了种种努力，从而出现了汉朝盛世，成为当时世界上先进的文明大国之一。在这一特定历史条件下，官吏对皇权的维护，也就是维护了国家的和平统一，这是一种历史的进步。

官箴既是君主治吏的准绳，又是吏治的一面镜鉴，其中对各级官吏官德、官纪的规定，形成了封建国家正确处理君臣关系、各级官吏之间关系、官吏与人民之间的关系以及官吏个人操守、工作效率等一系列原则。这些原则对调整缓和各种各样的社会矛盾、维护国家机器的正常运转、保持长治久安起了重要作用。《汉书》、《后汉书》中的《循吏传》所列的官吏，都是

---

① 《汉书·孔光传》。
② 《汉书·杜周传》。

恪守官箴的代表人物。汉宣帝常称之曰："庶民所以安其田里而亡叹息愁恨之心者，政平讼理也。与我共此者，其唯良二千石乎！"如黄霸、朱邑、龚遂、召信臣等"所在民富，所去见思，生有荣号，死见奉祀，此禀禀庶几德让君子之遗风矣"①。这些人物不仅在当时，也为后世树立了楷模。

由此可见，官箴与吏治有着密切的关系。各级官吏能否遵守官箴，不仅标志着吏治的好坏，而且取决于具体的政治条件和官吏本身的素质。任何官箴都不可能从根本上防止政治的腐败，政治腐败有其深刻的社会原因。不过，官箴既是官吏从事政治活动的准则，又是人们追求向往的目标，从这个意义上说，汉代官箴体现了汉代政治积极的向上精神。尽管史学家从许多方面批评汉代官吏的种种腐败现象，但却不能不从理论上和实践上承认汉代官箴与循吏的积极的历史经验和现实意义。

(原载台湾《历史月刊》1998年第124期)

---

① 《汉书·循吏传》。

四、关于秦汉思想文化史研究

齐文化与黄老之学

世界上任何一种文化，都有它的地域性和时代性，齐文化也不例外。顾名思义，齐文化就是齐国的文化，这种文化可以追溯到西周初年姜太公始建齐国，中经春秋战国之际的田氏代齐，而延续到汉代齐的封国，大体相当于今以淄博为中心的山东东部和北部地区，这就是它的地域性。所谓时代性，是指这种文化并不是固定不变的，而是随着时代的推移不断发展变化的。如果说这种文化始创于姜太公治齐，那么至春秋齐桓公时期管仲相齐而逐渐形成自己的文化系统和特色，至战国威、宣时期的稷下学获得进一步发展，再到西汉中期武帝时儒学春秋公羊学派代替汉初黄老之学而居于统治地位，这就是齐文化发展的一段历史过程。在这个历史过程中，黄老之学曾经在历史舞台上扮演过十分重要的角色，统治了汉初思想界长达60余年。

一

1973年，长沙马王堆三号汉墓中出土了一批帛书，在《老子》乙本卷前，有《经法》、《十大经》、《称》、《道原》四种古佚书，唐兰先生认为这四种佚书就是《汉书·艺文志》中的《黄帝四经》[①]。帛书把《黄帝四经》和《老子》抄在一起，合黄老为一册，这样对于历来所说的黄老之学，作为历史上的一个专用名词，便有了确切的实物根据。

---

① 《马王堆出土〈老子〉乙本卷前古佚书的研究》，载《考古学报》1975年第1期。

黄老之学是齐国土生土长的学派。这个把黄帝与老子结合的学派，因和原始道家有着渊源关系，而又不同于原始道家，所以被学者们称为新道家。黄老学派大约形成于战国齐威、宣时期。代替姜氏政权的田氏政权，为了维护其合法的统治地位，进一步争霸天下，需要寻求其历史根据和思想武器，于是便把黄帝抬了出来，宣称黄帝是田氏的始祖。有一件青铜器铭文《陈侯因𬭚敦》中说得很明白："其唯因𬭚，扬皇考昭统，高祖皇帝，迩嗣桓文。"据郭老（沫若）考证，陈侯因𬭚就是齐威王[①]。齐威王在这里表示要以始祖黄帝为榜样，继承齐桓、晋文之霸业。黄帝既是田氏的祖先，而姜氏又是炎帝的后裔，这样传说中黄帝战胜炎帝的故事变成了田齐代替姜齐的历史根据。又据《史记·老子韩非列传》记载："老子者，楚苦县厉乡曲仁里人也。"《索隐》按："苦县本属陈，春秋时楚灭陈，而苦又属楚，故云楚苦县。"苦县春秋时曾属陈国，而田氏的祖先陈公子完正是由陈国迁到齐国的，因此田齐政权便很自然地选择了出自陈国的老子学说，并将其和当时流行的伪托黄帝学说结合起来，以黄老之学作为自己的思想武器。当然，黄老之学所以能受到齐国统治者的青睐而成为稷下学中的一个最大的学派，除了上述的历史渊源外，还有它本身所具备的一些内在条件。

黄老之学产生的那个时代，儒、墨两家已成显学，法家在各国变法改革中也显示出了自己的优势，其他如阴阳家、名家等也已形成各自的学派。齐国稷下学者要想发挥自己在学术、政治领域中的作用，只能根据齐国的具体国情，借重老子的道家学说，另谋出路。这在当时各家各派互相斗争的形势下，应该说是一种明智的抉择。但是对老子的学说绝不能原封不动地照搬，必须进行一番改造，才能适应现实政治斗争的需要，才能和其他学派相抗衡。其中最明显的是对老子学说中的最高范畴——"道"作了新的解释，这在黄老学派的重要著作《管子》、《心术》上下、《白心》、《内业》、《枢言》、《宙合》等篇中均有所反映。如《内业》说："凡道，无根无基，无叶无荣，万物以生，万物以成，命之曰道。"而《枢言》则说："道之在天者，日也；其在人者，心也。故曰：有气则生，无气则死，生者以其气。"又说："爱之利之，益之安之，四者道之出，帝王者用之，而天下治矣。"从这里可以看

[①] 见《十批判书·稷下黄老学派批判》。

出，黄老之学虽然继承了老子的"道"这个范畴，但却赋予它以新的不同的内容。老子的"道"本来是用以表示一种远离物外的绝对精神现象，是一种不可言说、玄之又玄的神秘观念；而黄老之"道"则是一种"万物以生，万物以成"的物质实体——"气"，是整个客观世界的物质基础。老子的"道"在不少地方表现为一种逃避现实的消极无为思想，而黄老之"道"则是积极为现实服务的帝王治天下之术。这是黄老之学对老子学说的重大发展。

黄老之学不仅继承和发展了老子的学说，而且还利用稷下百家争鸣的有利形势，不断吸收各家各派的思想营养来充实自己，力图建立一个以道家为主体的兼有百家色彩的思想体系。齐威、宣时期稷下的一些著名人物如慎到、田骈、环渊、接子等，"皆学黄老道德之术，因发明序其指意。故慎到著十二论，环渊著上下篇，而田骈、接子皆有所论焉"[1]。今以目前仅存的《慎子》七篇为例，如其中的《君臣篇》说："为人君者不多听，据法倚数，以观得失。无法之言，不听于耳；无法之劳，不图于功；无劳之亲，不任于官。官不私亲，法不遗爱，上下无事，唯法所在。"《威德》篇又说："明君动事分功必由慧，定赏分财必由法，行德制中必由礼。"这说明慎到既主张法家的法治，又主张儒家的明德，他把儒法两家的思想都吸收过来了。《汉书·艺文志》把《慎子》列入法家，实际上应是"因道全法"或"以道变法"[2]的道法家。上述马王堆汉墓出土的黄老帛书内容更是庞杂，其中既有法家"是非有分，以法断之"[3]的法治学说、墨家"兼爱无私则民亲上"[4]的兼爱学说以及名家的名实之辩[5]；也有阴阳家"凡论必以阴阳大义"[6]之说和儒家的"先德后刑以养生"[7]之说，等等。黄老之学的这种对百家兼收并蓄的态度，大大丰富和发展了自己的学说，随着历史的发展，到汉初遂达到了它的鼎盛阶段。

信奉道家黄老之学的西汉太史公司马谈在其所著《论六家要旨》中说："夫阴阳、儒、墨、名、法、道德，此务为治者也。直所从言之异路，有省

---

[1] 《史记·孟子荀卿列传》。
[2] 《慎子》佚文。
[3] 《经法·名理》。
[4] 《经法·君正》。
[5] 《经法·论》。
[6] 《称》。
[7] 《十大经·观》。

不省耳。"这就是说阴阳、儒、墨、名、法、道德六家，都是务为治世之道的学派，道德即道家，亦即黄老学派。他们都在努力探索如何治国平天下的方法，目的是一样的，只不过是道路有所不同，有省与不省而已。司马谈是崇尚道家的，他说："道家使人精神专一，动合无形，赡足万物。其为术也，因阴阳之大顺，采儒墨之善，撮名法之要，与时迁移，应物变化，立俗施事，无所不宜，指约而易操，事少而功多。"他在同一篇文章中论阴阳、儒、墨、名、法各有褒贬，独于道家有褒无贬，而且肯定了道家能够吸取众家之长，而去其短，故能适应形势的发展变化，而为当世所用。这就很清楚地说明了黄老之学发展到了西汉初，已和原始道家的学说有很大的不同，而是以道家为主体、兼采阴阳、儒、墨、名、法之长，并能适应汉初统治需要的一个新的学派了。

二

西汉初年，统治者慑于秦末农民战争的威力，鉴于秦朝二世而亡的教训，又面对社会经济残破、国家匮乏、人民困穷，外有北方匈奴骚扰，内有诸侯王国威胁的严重形势，他们认识到必须力反秦之弊，实行缓和社会矛盾、与民休息的政策，只有这样，才能恢复和发展生产，稳定统治，以应付内外交困的局面。而黄老之学经过前一个时期的发展和完善，恰好适应了当时的客观形势和统治者的需要，于是这个学派在汉初便得到了广泛的传播，并成了当时统治阶级的指导思想。根据《史记》等有关文献记载，汉初统治阶级中好黄老之学者甚众，著名的人物有汉文帝、窦太后、陈平、曹参、汲黯等。这些人中最早采用黄老之学实行无为政治的应首推曹参。楚汉战争结束后不久，汉高帝刘邦即封其长子刘肥为齐王，以曹参为齐相国。参到任后，曾召集当地长者诸生100余人，"问所以安集百姓"。这些人各说一套，都没有提出好的办法。以后曹参听说胶西有一位盖公，善治黄老言，便把他请来向他求教。盖公对他说："治道贵清静而民自定。"曹参接受了这个建议，"其治要用黄老术"，相齐9年，齐国大治，号称贤相。萧何死后，吕后把他调到中央，继萧何为相国。他"举事无所变更，一遵萧何约束"。正如当时一首民间歌谣所说："萧何为法，顜若画一，曹参代之，守而勿失。

载其清静，民以宁一。"① 黄老之学和无为之治，经高后、惠、文、景四朝，到武帝"罢黜百家，独尊儒术"，60余年之间，对汉初社会政治的稳定，经济的恢复和国力的增强，都起了积极的促进作用。

如前所述，汉初黄老之学，已不同于先秦道家，它是在汉初特定的历史条件下，适应封建统治者的需要，吸取了各家各派之长，对自己进行了一番改造，而形成的一个新的学派。对这个学派所呈现出来的若干特点，张维华先生概括为"虚"、"因"、"静"三个字②，我认为是很有道理的。

所谓"虚"，司马谈在《论六家要旨》中曾指出黄老之学"以虚无为本"。又说"虚者，道之常也"。"虚"是黄老之学的根本，又是"道"之常，可见"虚"在黄老之学中地位之重要。它表现在政治实践上，就是减嗜欲、去奢侈、尚节俭，一切顺其自然。史称孝文帝"即位二十三年，宫室苑囿狗马服饰无所增益，有不便，辄弛以利民……上常衣绨衣，所幸慎夫人，令衣不曳地，帏帐不得文绣，以示敦朴，为天下先。……专务以德化民，是以海内殷实，兴于礼义"③。这就是黄老之学"虚"的政治实践和社会效果。

所谓"因"，司马谈在《论六家要旨》中说："其术，以虚无为本，以因循为用。"又说："因者，君之纲也。"司马谈把"因"与"虚"并举，并视为君之纲，亦可见"因"在黄老之学中的重要地位。"因"表现在政治实践上，就是因时制宜，因故守法。曹参的施政就是一个典型的例子。《史记·曹相国世家》记载，曹参继萧何为汉相国，日夜饮醇酒，不治事。惠帝问其故？他回答说："高帝与萧何定天下，法令既明，今陛下垂拱，参等守职，遵而勿失，不亦可乎？"《汉书·曹参传赞》也说："天下既定，因民之疾秦法，顺流与之更始……遂安海内。"班固和司马迁都认为秦行苛法，使人民备受苦难，只有遵循高帝、萧何之成法，因民之欲而与民休息，才能造成海内安定的局面。这就是黄老之学"因"的政治实践和社会效果。

所谓"静"，在黄老之学中也占有很重要的地位。曹参为齐相国，向盖公请教治理齐国的方法，盖公只告诉他一句话，就是"治道贵清静而民自定"。换句话说，清静乃是黄老之学治国安民之道。汲黯为东海太守，亦以

---

① 《史记·曹相国世家》。
② 张维华：《西汉初年黄老政治思想》，《中国社会科学》1981年第5期。
③ 《史记·孝文帝本纪》。

清静为主,卧而治之,不出闺阁,而东海大治。西汉初年一系列省刑法、薄税敛、宽徭役等不过分扰民的政策,都是"静"在政治上的实践,从而取得积极的社会效果。总之,黄老之学是汉初统治者制定政策的理论根据和指导思想,在汉初政治生活、经济生活中起到了一定的积极作用。

三

马克思说过:"理论在一个国家的实现程度,决定于理论满足这个国家的需要的程度。"① 黄老之学所以能成为汉初的统治思想,就在于它满足了汉初封建国家的需要;但当它一旦不能满足这个国家需要时,它便走上了没落的道路。汉朝经过60多年的休养生息,到汉武帝即位时,社会经济已得到恢复和发展,国内政治基本统一,国力强盛,适合于汉初社会那一套黄老清静无为的统治办法,已不再适合好大喜功的统治者的需要了。这时的儒家在遭受秦始皇焚书坑儒的沉重打击之后,经过一番自我改造,终于又重新抬起头来,并在西汉统治者周围不断扩大其影响。为了争夺学术上、政治上的支配地位,它们同黄老学派进行了一系列斗争。所谓"世之学老子者则绌儒学,儒学亦绌老子"②。到景帝时,这种斗争愈演愈烈。有一次《诗》博士齐人辕固生与道家黄生辩论汤、武革命问题。辕固生据经义,说汤、武放桀诛纣,立为天子,是得民心的正义行为;黄生则引黄老学说,认为帽子虽然破还得戴在头上,鞋子再新也要穿在脚下,意思是汤、武虽是圣人,到底不该以臣弑君。两人的说法各有道理,以故争持不下。按照辕固生的说法,汉朝代秦是正义的;按照黄生的说法,则是肯定了现实汉朝君臣关系是天经地义的,新的封建秩序是不可改变的。汉景帝最后下判断说:"食肉不食马肝(有毒),不为不知味。"意思是不要他们再争论汤、武革命的是非,实际上是不赞成汤、武革命。景帝的母亲窦太后是笃信黄老的,有一次窦太后召见辕固生,问他《老子》书如何?辕固生很轻蔑地说:"此是家人言耳。"③太后大怒,竟把他送到野猪圈里让他与野猪搏斗,多亏景帝给他一把利剑,刺死

---

① 马克思:《〈黑格尔哲学批判〉导言》。
② 《史记·老子韩非列传》。
③ 《史记·儒林列传》。

野猪，方免于难。不久，景帝拜辕固生为清河王太傅，使其远离京师长安，以避开是非之地。这件事说明景帝虽信奉黄老，同时也开始重视儒家。

　　武帝即位以后，儒家的势力继续得到发展。当时有一个兰陵（今山东峄县东）人王臧，武帝为太子时，他曾做过太子少傅，是以传《诗》闻名的儒家大师鲁人申公的学生。另外还有一位御史大夫赵绾，也是申公的学生。他们想在长安建立一座太学，以弘扬儒学。两人联名向武帝上书，推荐其师申公来主持此事。于是武帝专门派遣使者携带厚礼，用安车驷马把申公迎到长安。可是这件事被窦太后知道了，她把武帝责备了一番，又逼使王臧、赵绾自杀，申公也被免归。直到建元六年（前135），黄老学派的后台窦太后死去，儒家才真正在朝中得势。"及窦太后崩，武安侯田蚡为丞相，绌黄老刑名百家之言，延文学儒者数百人，而公孙弘以《春秋》白衣为天子三公，封以平津侯。天下之士靡然向风矣。"①后来公孙弘（薛人，《集解》徐广曰："薛县在蓟川"）又建议立学官，规定能通一经以上皆可以做官，并著之功令。"自此以来，则公卿大夫士吏斌斌多文学之士矣。"②至此，儒家学派终于借着政治力量取黄老学派的地位而代之。但是应当指出，这时的儒学已分为齐学与鲁学两派，在政治上得势的仍属于齐学，更具体地说是齐学中的春秋公羊学派③。

　　严格说来，作为一种思想意识形态或一个学派，是不可能单纯依靠一纸命令加以禁绝的。事实上，在武帝独尊儒术之后，黄老之学仍在流行，不过在理论上它已无法和儒家继续抗衡，转而朝着神仙方术与宗教迷信的方向发展。神仙方术也是齐文化的一个重要组成部分，它与黄老、阴阳同源于殷周巫史之学，共同构成了稷下学派的特色，所以黄老之学失势之后极容易向这方面发展。到东汉时，黄老方术已紧密结合一起在社会上广为流传。如桓帝"事黄老道，悉毁诸房祀"④。这时黄老道在民间更为盛行，甚至被用来组织农民起义。据《后汉书·襄楷传》记载："顺帝时，琅邪宫崇诣阙，上其师于吉于曲阳泉水所得神书百七十卷，皆缥白素、朱介、青首、朱目，号

---

① 《史记·儒林列传序》。
② 《史记·儒林列传序》。
③ 说见拙作《两汉儒学与山东》，载《文史知识》1987年第10期。
④ 《后汉书·循吏王涣传》。

《太平清领书》。其言以阴阳五行为家，而多巫觋杂语。有司奏崇所上妖妄不经，乃收藏之。后张角颇有其书焉。"《太平清领书》应是黄老道的经典，最先得到这部书的人是于吉。据《江表传》说，他也是琅邪人。这说明黄老道的传布在齐地已有了深厚的社会基础，以后由山东传到了河北，成了张角组织和号召农民起义的舆论工具。史称张角"自称大贤良师，奉事黄老道，蓄养弟子……十余年间，众徒数十万"[①]。这数十万黄老道徒便成了黄巾起义的基本队伍。张角起义失败之后，黄巾又崛起于青州，拥众百万，成了后期黄巾的主力。青州黄巾也是信奉黄老道的，他们与曹操交战时，曾发出一道檄书，说曹操"昔在济南，毁坏神坛，其道乃与中黄太一同，似若知'道'，今更迷惑。汉行已尽，黄家当立，天之大运，非君才力所能及也"[②]。檄书中提到曹操过去做济南相时"毁坏神坛"一事，在黄巾看来，和他们信奉的"中黄太一"即黄老道的"道"相合，因而误认为曹操似乎也是"同道"的人，并说曹操不要迷惑，不要和黄巾为敌。于是曹操也就将计就计，利用这一层"同道"关系，收编了青州黄巾之众，号为"青州兵"，变成了他的主力部队和争夺天下的工具。魏晋之际，道家思想虽然因时乘势，再度流行，但已趋于空谈，不切实用。这一点，精通道家思想的葛洪看得很清楚。他说："道家之言，高则高矣，用之则弊，辽落迂阔。"[③]经过葛洪对道家一番系统的改造，道家作为一种理论上的学派已完全蜕变为一种宗教，即道教，而黄老之学从此也和齐文化一样成为一个历史名词了。

（原载《文史知识》1989年第3期）

---

① 《后汉书·皇甫嵩传》。
② 《三国志·魏志·武帝纪》引《魏书》。
③ 《抱朴子·用刑》。

汉代山东儒学

儒家学说，在我国两千多年的封建社会中留下了深刻的影响，这种影响甚至在今天的现实生活中还可以看到它的痕迹。研究和清理这一问题，无疑对于认识昨天的中国和今天的中国，都将有重要的意义。不过这个问题很大，不是几句话所能说清楚的，本文仅就两汉时期山东儒学的兴起和发展做一些初步的探讨。

一

山东是儒家学派的发祥地，从春秋时代孔子删订六经，聚徒讲学起，作为我国古代的一个重要学派就建立起来了。但是这个学派，由于它的理论内容和政治态度的基本倾向是保守的，不能适应历史发展的要求，所以它在春秋末期的政治生活中只能是失败者。到了汉代，时变境迁。儒家学派本身又经过了一番改造，才开始在思想上、政治上取得了支配的地位。

孔子死后，儒家学派继续发展。战国时代，山东的孟派儒学与墨家并称显学。孟子虽然给儒学输进不少新内容，但基本上仍然承袭孔子，在实际政治斗争中，他那一套"仁政"、"德治"的说教，终究敌不过崇暴力、讲功利、任刑罚的法家学说。所以孟派儒学在讲求实效的各国统治者心目中仍然被看作是迂腐之论，而得不到重视。

秦始皇崇尚法家，实行焚书坑儒，只许士人学习秦朝法律制度，以吏为师，虽然在中央政府内也任用70位儒生做博士官，但是他们都是"备员弗用",有职无权。秦始皇以为这样就可以整齐学术,统一思想,统一整治,完成和巩固"大一统"的局面,但实际结果并不如此。法家学说固然有助于秦的统一,而如何巩固统一?在这个问题上,法家也暴露了它的弱点。法家的严刑峻法,重赋繁役,恰恰成了秦统治者谋求长治久安的致命伤。秦朝的残暴统治,不仅激起了广大劳动人民的反对,也遭到了儒家学派的反对。

当陈胜、吴广领导农民起义攻入陈县的时候,以孔子八世孙孔鲋(一名甲)为首的一批山东儒生纷纷参加了革命队伍,孔鲋做了陈胜的博士。他在当时看出了陈胜在胜利中有骄傲轻敌的思想,曾经力劝陈胜要加强陈县外围的军事防御,不要麻痹大意。如果陈胜能够听取孔鲋的建议,早为之备,也许陈县不至于很快陷落到敌人手中,也许陈胜不至于很快就遭到失败。至于孔鲋的结局,据司马迁说是"死于陈下",又说"卒与涉俱死"。[①]作为封建时代的一个知识分子能够自始至终地追随农民革命,应当说是难能可贵的。山东的另一批儒生,有的归服了项羽,如鲁诸儒,一直到项羽败死,还准备"为其守礼义,为主死节"[②]。有的投奔了刘邦,如薛人叔孙通及其率领的100多个儒生。叔孙通原是秦朝博士,他是先投奔项羽,而后又归附刘邦的。刘邦不喜儒,叔孙通儒服,刘邦很不高兴,乃变其服,服楚制短衣,这才得到刘邦的欢心。在楚汉战争中,叔孙通为刘邦出谋划策,并且荐举了许多"斩将搴旗之士",对促进统一有一定贡献。此外,山东还有一批儒生,如传《诗》的浮丘伯(齐人,齐即临淄)、申公(鲁人,鲁即曲阜),传《尚书》的伏胜(济南人,汉代济南在今历城东),传《易》的田何(齐人),传《礼》的高堂生(鲁人),他们都隐藏民间,埋头教书,对于保存古代典籍、传授文化起了一定的作用。

秦亡汉兴,汉高祖是一个马上皇帝,他原来是不事诗书、不喜儒者的。他看不惯儒者的装束,甚至常把儒生的帽子摘下来,往上面撒尿,来取笑他们。可是刘邦做了皇帝以后,也深深感到了"马上得天下,不能马上治之"的苦闷。从一件小事上就可以说明这个问题。当时有一批武臣,他们大都是和刘邦一同起兵的亲戚故旧,他们凭仗着汗马功劳,根本没有把新皇帝放在

---

① 《史记》卷四十七《孔子世家》,卷一百二十一《儒林传》。
② 《史记》卷七《项羽本纪》。

眼里，依然和以往一样和刘邦胡闹；并且时常在朝廷上喝酒，喝醉了就发酒疯，拿着佩剑到处乱砍。刘邦对此很苦恼，但是毫无办法。后来，还是叔孙通率领着一批儒生帮助他制定了一套朝仪，有了君臣之礼，这样才制伏了那批武人，安定了朝廷秩序。刘邦对这件事很满意，他说："吾乃今日知为皇帝之贵也。"① 从此以后，刘邦对儒生的态度有很大的转变。他曾两次过鲁，一次在南宫亲自接见儒学大师浮丘伯和他的学生申公；一次用太牢祭祀孔子，按礼，天子诸侯卿大夫，用牛羊豕凡三牲曰太牢。这些都说明刘邦对山东诸儒的重视。

但是在西汉初年，由于农民战争威力的影响，"清静无为"的黄老（即道家）之学更适合当时统治者的需要。因此，朝廷虽也立儒学博士，承认儒学的学术地位和政治地位，但实际指导政治的则是黄老之学。司马迁对这一点看得很清楚，他说："孝惠吕后时，公卿皆武力有功之臣，孝文时，颇徵用，然孝文帝本好刑名之言，及至孝景，不任儒者，而窦太后又好黄老之术，故诸博士具官待问，未有进者。"②这说明在西汉初，儒学还是不得势的，得势的是黄老之学。

提起黄老之学，和山东也有密切的关系。战国时，齐国稷下学宫是百家争鸣的场所，全盛时期，约有学者数千人，各家各派的代表人物都有，其中最大的一个学派就是黄老学派。知名的有慎到（赵人）、田骈（齐人）、接子（齐人）、环渊（楚人），"皆学黄老道德之术，因发明序其旨意。故慎到著十二论，环渊著上下篇，而田骈、接子皆有所论焉"③。自此以后，黄老学便在山东这个地方滋生和发展起来。熟悉道家渊源的司马迁就说过："乐臣（一本作'巨'）公善修黄老之言，显闻于齐，称贤师。""乐臣公教盖公，盖公教于齐高密、胶西，而为曹相国师。"④曹相国就是曹参。从曹参治齐，一直到为汉相，12年之久，在政治上始终是推行黄老之学的。

几十年后，随着社会经济的发展和封建制度的巩固，儒家的势力逐渐抬起头来。他们在西汉统治者周围的影响扩大了，为了争夺学术上和政治上的支配地位，同道家进行了一系列的斗争。所谓"世之学老子者则绌儒学，

---

① 《史记》卷九十九《叔孙通传》。
② 《史记》卷一百二十一《儒林传》。
③ 《史记》卷七十四《孟荀列传》。
④ 《史记》卷八十《乐毅传》。

儒学亦绌老子"①。到汉景帝时，这种斗争愈演愈烈。有一次《诗》博士辕固生（齐人）与道家黄生辩论汤、武革命的问题。辕固生据经义，说汤、武放桀诛纣，做天子，是得民心的正义行为；黄生则引道家学说，认为帽子虽破还得戴在头上，鞋子再新也要穿在脚下，汤、武虽是圣人，到底不应该以臣弑君。两人的说法各有其道理，按照辕固生的说法，汉朝代表秦是正义的；按照黄生的说法，则肯定了汉朝的君臣关系是天经地义的，新的封建统治秩序是不可改变的。汉景帝最后下判断说，吃肉不吃马肝（有毒），不算不知味。意思是说不要他们再争论汤、武革命的是非，也就是不赞成汤、武革命。景帝的母亲窦太后是笃信黄老的，她甚至逼迫着景帝及太子、诸窦都要学黄老之术。有一次窦太后召见辕固生，问他老子如何？辕固生很轻蔑地说："此是家人言耳。"②太后大怒，竟把他送到野猪圈里让他和野猪搏斗，幸亏景帝暗中给他一把利剑，刺死野猪，方免于难。不久，景帝拜辕固生为清河王太傅。这件事说明景帝虽信奉黄老，同时也是重视儒家的。儒家和道家的斗争，连太后和皇帝也牵连到里面了。

　　武帝即位以后，儒家的势力继续得到发展。当时有一个兰陵人王臧，武帝为太子时，他曾做过太子少傅，是以传《诗》著名的儒学大师申公的学生。另外还有一位御史大夫赵绾，也是申公的学生。他们想在长安建立一座太学，两人联名向武帝上书，推荐其师申公来主持此事。于是武帝专门派遣使者携带厚礼，用安车驷马把申公迎到长安。可是这件事让窦太后知道了，她把武帝责备了一番，又逼使王臧、赵绾自杀，申公也被免归。建元六年（前135）窦太后死，儒家的势力才重新抬起头来。

　　西汉皇朝到汉武帝统治的时候，已经过了将近70年的休养生息，这时封建国家经济繁荣，全国政治统一，适合于汉初社会的那一套黄老清静无为的统治办法，已不再合乎统治者的需要了。为了巩固封建统治，加强君主集权，汉武帝需要更强有力的思想武器。同时，自秦焚书坑儒以后，儒家的面貌也有了很大的变化，它不断从其他各家各派思想中吸取的内容来充实自

---

① 《史记》卷六十三《老庄申韩列传》。
② 《史记》卷一百二十一《儒林传》。"家人"有数解，徒隶之属、编户之人、宫人无位号者，皆谓之"家人"。此处家人应指农家之人。"家人言"本意似为村妇之语，不可以治国。窦太后出身农家子，故怒，怒其有意以此相讥也。

己，以适应封建统治阶级的需要。这样看来，汉武帝时儒家终于取道家的地位而代之，就是势所必然的了。

元光元年（前134），汉武帝召集全国儒生，亲自出题考试，并且亲自阅卷，选取了儒学大师董仲舒、公孙弘等为首列，非儒学的诸子百家一概被罢黜，于是适合封建专制统治的儒学便从此取得了独尊的地位。

公孙弘，薛人，和叔孙通是同乡，他是一个以狱吏起家的儒生。汉武帝为了提倡儒学，于元朔五年（前124）擢升他为丞相，封平津侯。在此以前，做丞相的人照例是列侯功臣贵族，公孙弘出身寒士（曾牧豕海上），五六年间，竟得封侯拜相，可见儒学的地位在当时是何等重要！自此以后，无论士人或官吏，没有特殊原因，都必须要学习和通晓儒家经典，才能做官或升迁，儒家思想就是这样借着政治的力量得到广泛的传播。故《汉书·儒林传》说："公孙弘以治《春秋》为丞相封侯，天下学士，靡然乡风矣！"

两汉是山东儒学发展的黄金时代。我们看西汉的五经八师，除了传《诗》的韩婴（燕人）、传《公羊春秋》的董仲舒（赵人）以外，传《尚书》的伏胜（济南人），传《易》的田何（齐人），传《诗》的申公（鲁人）、辕固生（齐人），传《礼》的高堂生（鲁人），传《公羊春秋》的胡母生（齐人）6人都是齐鲁的大儒。东汉时设置的十四博士，山东儒生就占了8家，即：东海兰陵人孟喜、琅邪诸（今山东诸城西南）人梁丘贺所传的《易》，千乘（今山东广饶）人欧阳和伯、东平人夏侯胜和夏侯建所传的《尚书》，薛人颜安乐所传的《公羊春秋》以及申公和辕固生所传的《诗》。我们再翻一下两汉书《儒林传》，在《汉书·儒林传》中单独立目者有27人，山东儒生占17人，除了上面提到的孟喜、梁丘贺、伏胜、欧阳和伯、夏侯胜、申公、辕固生、胡母生、颜安乐，还有费直（东莱人）、林尊（济南人）、周堪（鲁人）、孔安国（鲁人）、王式（东平新桃人）、后苍（东海郯人）、江公（瑕丘，今山东滋阳西）、房凤（琅邪不其人，不其在今即墨西南）。在《后汉书·儒林传》中单独立目者有42人，属于山东籍的儒生有12人，即：孙期（济阴城武人）、欧阳歙（乐安千乘人）、牟长（乐安临济人）、张驯（济阴定陶人）、孔僖（鲁人）、高诩（平原般人，般今乐陵西南）、魏应（任城人，任城即今济宁）、伏恭（琅邪东武人，东武即今诸城）、丁恭（山阳东缗人，东缗即今金乡）、周泽（北海安丘人）、甄宇（北海安丘人）、何休（任城樊人，樊在今滋阳西南）。此外，附见于《儒林传》或有其他原因未被载入《儒林传》的还有很多，约而记之，当不下 100 人。

值得注意的是，当时山东的一些名儒，同时也是经学大师，他们都拥有很多学生。如西汉传《诗》的大师申公，"弟子自远方至，受业者百余人"①。东汉时聚徒讲学之风更盛，如琅邪东武（今诸城县治）伏湛以《诗》"教授数百人"，其子伏隆"以《大夏侯尚书》教授门徒数百人"②；东海兰陵王良以《小夏侯尚书》"教授诸生千余人"③；琅邪姑幕（今诸城西南）徐子盛"以《春秋》经授诸生数百人"④；北海安丘郎顗以《京氏易》"延致学徒常数百人"⑤；薛人曹褒以《庆氏礼》"教授诸生千余人"⑥；北海高密郑玄"客耕东莱，学徒相随，已数百千人"⑦；山阳瑕丘檀敷"立精舍教授，远方至者常数百人"⑧；乐安千乘欧阳歙传《伏生尚书》，"在郡教授数百人"，济阴曹曾从歙受《尚书》，"门徒三千人"⑨；乐安临济牟长少习《欧阳尚书》，"诸生讲学者，常有千余人，著录前后万人"，其子纡"又以隐居教授门生千人"⑩；鲁人孔僖次子季彦"守其家业，门徒数百人"⑪；任城魏应习《鲁诗》，"徒众常数百人"，"弟子自远方至，著录数千人"⑫；山阳东缗丁恭习《公羊严氏春秋》，"教授常数百人"，"诸生自远方至者，著录数千人"⑬；北海安丘周泽"少习《公羊严氏春秋》，隐居教授，门徒常数百人"⑭；北海安丘甄宇习《严氏春秋》，"教授常数百人"，其孙承"讲授常数百人"⑮。根据以上记载，可以想见山东儒学之盛，也反映出两汉时代山东地区在文化上的重要地位。

---

① 《史记》卷一百二十一《儒林传》。"百余人"，《汉书》作"千余人"。
② 《后汉书》卷二十六《伏湛传》。
③ 《后汉书》卷二十七《王良传》。
④ 《后汉书》卷二十七《承宫传》。
⑤ 《后汉书》卷三十下《朗顗传》。
⑥ 《后汉书》卷三十五《曹褒传》。
⑦ 《后汉书》卷三十五《郑玄传》。
⑧ 《后汉书》卷六十七《党锢檀敷传》。
⑨ 《后汉书》卷七十九上《儒林欧阳歙传》。
⑩ 《后汉书》卷七十九上《儒林牟长传》。
⑪ 《后汉书》卷七十九上《儒林孔僖传》。
⑫ 《后汉书》卷七十九下《儒林魏应传》。
⑬ 《后汉书》卷七十九下《儒林丁恭传》。
⑭ 《后汉书》卷七十九下《儒林周泽传》。
⑮ 《后汉书》卷七十九下《儒林甄宇传》。

二

自从汉武帝尊崇儒学以来，传经者日众。弟子跟定老师学习，能通一经就可以做官，经学的传授逐渐有了师承。凡是被立为博士的经学大师的经说，便成为师法。弟子们按照师法讲经，就叫作守家法。但是由于各地经师对经书的理解不同，讲授的方言也有差异，于是山东儒学在师承传统上又分立出齐学与鲁学两大学派。不过一旦形成学派，只要讲经见解相同，就可看作同派，不再受地域观念的限制了。如传《公羊春秋》的大师董仲舒是赵人，但仍属齐学。齐学虽是鲁学派生的，但两派并不相同，鲁学近于好古，而齐学则近于趋时。如属于齐学的叔孙通就是一位善于迎合世务的人物，他替刘邦制定朝仪时，曾约请鲁儒生到京城共同商议，有两个儒生不肯去，并且斥责叔孙通说："今天下初定，死者未葬，伤者未起，又欲起礼乐，礼乐所由起，积德百年而后可兴也。吾不忍为公所为，公所为不合古，吾不行，公往矣，无污我。"叔孙通笑道："若真鄙儒也，不知时变。"①鲁两生和叔孙通正表现出鲁学和齐学两种学风的不同。由于学风不同，表现在政治上，鲁学也就不及齐学善于顺应时势；因而在当时学术上、政治上占优势的也往往是齐学。如叔孙通被誉为当时的"圣人"、"知当世之要务"，公孙弘由布衣而至卿相，号称"汉代孔子"的董仲舒也是属于齐学的。齐学对汉代政治有较大影响。不过鲁学源远流长，势力也很不小。汉宣帝在石渠阁大会群儒，亲自主持评论经学，属于鲁学的《春秋》穀梁派跟属于齐学的《春秋》公羊派进行辩论，结果穀梁派取得胜利，《穀梁春秋》被立为官学，即其例证。大体说来，宣、元以前，齐学盛于鲁学；以后，鲁学尊于齐学。两派对立发展，到西汉末，又出现了经学上今古文之争。

在此以前，尽管经学上有齐学、鲁学的分派，但当时各家所传经书都是用汉代通行的隶书写的，本子都差不多，这就是后人所说的"今文经"。西汉大体上保持了今文经的系统，因而齐学和鲁学分歧还不很大。到汉哀帝时，儒者刘歆在整理国家图书时，又发现了一批经书，其中有一部《春秋左

---

① 《史记》卷九十九《叔孙通传》。

氏传》、一部《毛诗》、一部《逸礼》、一部《尚书》,这些书都是用先秦古文字写成的,所以又称为"古文经"。刘歆所提倡的古文经虽然一度遭到今文经博士的反对,但是不久以后,随着王莽专政和废立,古文经被王莽利用为巩固其统治的工具,古文经学借着政治的力量也被立为官学。经学到这时遂又分为今文与古文两大学派。

今文经和古文经,不只是书写文字不同,而且由于经师传授的源流不同,对文字的训诂和内容的解释也有很大差异,表现着不同的政治观念和历史观念,形成两种不同的思想体系。今文经久已被立为官学,在当权的统治阶级的直接扶植下,要求儒家经典更紧密地服从统治阶级的政治目的和教育目的,因此今文经学夹杂着大量的谶纬迷信成分,带有较浓厚的宗教神学色彩。古文经长时期没有设立学官,多由私人在民间传授。古文经学派最初把儒家经典堪称古代的历史材料,以为孔子是"述而不作,信而好古",他只是整理了这些历史材料,而不是创作,宗教迷信成分较少。但是古文经学派要求效法古代社会、古代政治制度,并把那些制度理想化,这种复古主义和趋时的今文经学一样,本质上都不是进步的。

鲁学和齐学传授的都是今文经,和古文经本来没有什么关系。但是鲁学好古,多守旧说;齐学趋时,喜立新意。就这两派学风的特点而言,鲁学容易演化为古文学派,齐学则容易演变为今文学派。到东汉时,齐学鲁学之争,实际已成了今古文之争了。

经学是维护封建地主阶级利益的学术,经学上派别的斗争,实质上反映了当时地主阶级内部在政治上一部分得势者与不得势者的斗争;但是作为地主阶级统治人民思想的工具来讲,并没有什么根本的区别。所以到东汉末年阶级矛盾日趋尖锐并发展为黄巾起义时,地主阶级便联合起来一齐向农民起义军进攻;而作为地主阶级思想统治工具的儒家今古文学派,也随着解除门户之见,走上古今综合的道路。具体担任这个任务的就是儒学大师郑玄。郑玄,字康成,北海高密人,北海高密属青州,所以郑学又称为"青州学"。

郑玄最初受业于太学,师事京兆第五元,始通《京始易》、《公羊春秋》、《三统历》、《九章算术》,以后又从东郡张恭祖受《周官》、《礼记》、《左氏春秋》、《韩诗》、《古文尚书》。以山东无足问者,乃西入关,师事扶风马融。马融是当代著名的古文经学大师,门徒400余人,有资格升堂听讲的只有50余人。玄在门下三年不得见，只能间接从高业弟子学习，日夜攻读，从不怠倦。适逢马融会集诸生考论图纬，闻玄善算，乃召见于楼上。从此以后，郑玄才得以当面向马融质疑问难。后玄辞归，融对其门人叹道："郑生今去，吾道东矣！"郑玄是一位古文经学大师，他不但精通古文经学，也精通今文经学。当时任城（济宁）有一位今文经学大师何休，曾用17年工夫作《春秋公羊解诂》，是继董仲舒之后的最大的《公羊》学者。他为了抬高《公羊》，贬抑《左氏》、《穀梁》，著《公羊墨守》、《左氏膏肓》、《穀梁废疾》。郑玄针对这种言论向何休提出驳难，"发墨守，箴膏肓，起废疾"，逼得何休没有办法反驳，叹息说："康成入吾室，操吾戈，以伐我乎！"[①]可见兼通今古文学比固守今文经学确实要高明得多。郑玄遍注群经，能够打破今古文经学门户之见，不墨守一家之说，而善于采取各家之长，再加他寿数高（127—200）、门徒众、著述多（100余万字），因此郑学成为当时"天下所宗"的儒学。《后汉书》的作者范晔在《郑玄传》后评论说："自秦焚六经，圣文埃灭。汉兴，诸儒颇修艺文。及东京学者，亦各名家，而守文之徒，滞固所禀，异端纷纭，互相诡激，遂令经有数家，家有数说，章句多者或乃百余万言，学徒劳而少功，后生疑而莫正。郑玄括囊大典，网罗众家，删裁繁诬，刊改漏失，自是学者略知所归。"魏晋以后的经学主要就是郑学。在经学的发展史上，郑玄确是起到承前启后的作用。

但是郑玄也和其他经学家一样，他对今古文经的整理，是时代的产物，也是阶级斗争的产物。他注释经书的许多论点，都是用来维护封建制度的。郑玄所注的《三礼》（《周礼》、《仪礼》、《礼记》）是他的代表作，其中所讲的各种丧服仪式，道德规范，为后来士族门阀制度的发展，在思想上提供了理论根据。又郑玄的《三礼注》多以汉代制度解经，也是我们研究汉代社会制度不可缺少的参考资料。

三

两汉时代，山东儒学不仅在当时思想界占有重要的地位，而且对于政

[①] 《后汉书》卷三十五《郑玄传》。

治、经济、文化各个方面也都发生了很大的影响。

汉武帝以后，非通经学，不能做官，因此汉廷官吏大都是出身儒生，而这些儒生又多是山东人。如西汉时代，自武帝用公孙弘为丞相以后，共计丞相27人，属于山东籍的就占了12人，他们是公孙弘（薛人）、田千秋（齐人）、王䜣（济南人）、韦贤（邹人）、魏相（定陶人）、丙吉（鲁人）、于定国（东海郯人）、韦玄成（邹人）、匡衡（东海承人，承应写作丞，今山东峄城西北）、薛宣（东海郯人）、孔光（鲁人）、马宫（东海戚人，戚在今滕县南）。其余任三公九卿郡守县令者，更是不计其数。而邹人韦贤、韦玄成父子二人竟都是以明经历位至丞相，这在历史上也是很少见的。无怪乎当时邹鲁一带有这样的谚语："遗子黄金满籝，不如一经。"① 山东儒生既和汉代政治有如此密切的关系，其影响之大可想而知。

这些以经学起家的儒生，他们不仅本人官居要职，而且大多是世代相袭，历久不衰。有了政治特权，自然也就有了经济势力；同时，他们又凭借着文化知识、封建礼法为招牌，长期在社会上占有特殊的地位。这样，到东汉时便形成了许多以经学起家的世家豪族。如鲁国孔氏、太山羊氏、琅邪伏氏都是世代官僚地主。孔昱"七世祖霸（孔安国孙），成帝时历九卿，封褒成侯。自霸至昱，爵位相系，其卿相牧守五十三人，列侯七人"②。羊续"其先七世，二千石卿校"③。伏湛九世祖即传《尚书》的伏胜，其父理也是"当世名儒"，曾为汉成帝师、高密王太傅。湛官至大司徒，封阳都侯，其子孙在东汉时皆位至卿相④。汉魏以后的士族门阀制度，就是在这个集团的基础上形成和发展起来的。

由于山东诸儒传经立说，广聚生徒，一家经师多至数百千人。这些生徒分散在全国各地，东北到辽东，西南至四川，西至山、陕，南到越南，都留下了他们的影响。例如《后汉书·儒林传》属于四川籍的就有任安（广汉绵竹人）、任末（蜀郡繁人）、景鸾（广汉梓潼人）、杜抚（犍为武阳人）、杨仁（巴郡阆中人）、董钧（犍为资中人）等6人，而且他们之中有的也拥

---

① 《汉书》卷七十三《韦贤传》。
② 《后汉书》卷六十七《党锢孔昱传》。
③ 《后汉书》卷三十一《羊续传》。
④ 《后汉书》卷二十六《伏湛传》。

有成百上千的学生。又如乐安盖（今沂水西北）人国渊"笃学好古，在辽东常讲学于山岩，士人多推慕之，由此知名"①。北海朱虚（今临朐东）人邴原"在辽东，一年中往归原居者数百家，游学之士，教授之声不绝"②。最知名的是东汉末做交趾（治龙编，今越南河内）太守的士燮，其先本鲁国汶阳人，王莽时，避乱交州。燮少时游学京师，学习《左氏春秋》。东汉末统率交趾七郡，"中国士人往依避难者以百数"③。这对越南来说，是一次大规模的文化输入。山东诸儒"桃李满天下"，对于文化知识的广泛传播，无疑地起了巨大的作用。

汉代山东儒学在历史上的地位和作用，是值得研究的一个课题；对于儒学的评价，更是一个很复杂的问题。我们既要看到多数阿世取容的鄙俗之儒，也应看到少数同情人民的正直儒者。当然，儒学都是为封建统治阶级服务的；但也有一些忠实于儒家学说的儒者，往往能为人民发出诉疾苦、申冤抑的言论，或者为人民作出除祸害、救灾难的事迹，甚至不惜破家杀身，对君主犯颜直谏，要求改善政治。翻一下《史记》和前后《汉书》可以找到不少这样的事例。这些儒者不愧是封建统治阶级的忠臣，他们懂得"民为邦本，本固邦宁"的意义，为爱邦而不得不顾及邦本。因此，在儒家的思想体系里，除了大量的封建毒素外，还多少带有一些民主性的东西。"剔除其封建性的糟粕，吸取其民主性的精华"，可以大大丰富中国人民的精神生活和文化生活。儒学是中国古代文化的一个重要组成部分，如果对它弃置不顾，或轻易地一笔抹杀；那么，毛泽东同志一再教导我们，要批判地继承中国古代文化遗产，岂非大半成了空话?!

（原载《山东师范学院学报》1979 年第 5 期，另载《文史知识》1987 年第 10 期）

---

① 《三国志·魏志》卷十一《国渊传》。
② 《三国志·魏志》卷十一《邴原传》。
③ 《三国志·吴志》卷四十九《士燮传》。

论汉代齐学与鲁学

汉武帝独尊儒术,不仅是汉代历史上也是中国历史上的一件大事,其历史意义及影响之深远,前人多有论述,本文仅就汉代儒学中的齐学与鲁学谈几点粗浅的看法。

一

"齐学"一词,始见于汉宣帝初年。《汉代·儒林传》:

> 宣帝即位,闻卫太子好《榖梁春秋》,以问丞相韦贤、长信少府夏侯胜及侍中乐陵侯史高,皆鲁人也。言《榖梁子》本鲁学,《公羊氏》乃齐学也,宜兴鲁学。

《公羊氏》即《春秋公羊传》。属于"齐学"的,除《公羊传》外,还有《齐诗》和《齐论》,这三部书都是"齐学"的经典著作,而且都成书于西汉初年。

《汉书·艺文志》谓《公羊传》为齐人公羊高所撰,徐彦《春秋公羊传疏》引戴弘《序》说,公羊高是子夏的学生。但自古以来论者便谓此不可信①。戴弘说《公羊传》开始是口耳相传,到汉景帝时始著之于竹帛。何休

---

① 《四库全书总目提要·春秋公羊传注疏》。

也如是说①。杨伯峻据此认为：所谓汉景帝时始著之于竹帛，也就是《公羊传》成书的时间②。

《齐诗》的作者，应劭说是后苍③。但《汉书·儒林传》说后苍"事夏侯始昌"，同书《夏侯始昌传》又说夏侯始昌以"《齐诗》、《尚书》教授"。据此，《齐诗》必不出于后苍。按《儒林传》，夏侯始昌是齐人辕固的弟子，又说："汉兴……言《诗》，于鲁则申培公，于齐则辕固生，燕则韩太傅（婴）。"《鲁诗》、《韩诗》的作者即申培、韩婴，《齐诗》的作者当即辕固，辕固"以治《诗》孝景时为博士"。

《齐论》不知出自何人之手，唯知传习者有王吉、宋畸、贡禹等人。但《齐论》成书于西汉初年则是无疑的，《汉书·艺文志》说，《论语》之学，"汉兴，有齐、鲁之说"。

"齐学"的三部代表作《公羊传》、《齐诗》和《齐论》都是在西汉初年完成的。它们的完成标志着"齐学"的形成。

"齐学"是儒学传入齐地后产生的一种地域变体。从传播学的角度看，文化传播有两种不同的方式。在某一文化区产生的文化并在该文化区内传播，是文化传播的第一种方式：区内传播。一旦这种文化传入另一个文化区，便出现文化传播的第二种方式：跨区传播。在同一文化背景下进行的文化区内传播，传播过程中文化较少发生变异。在不同文化背景下发生的跨区传播，将不可避免地导致传播中的文化的变异。因为，跨区传播是一个双向交流的过程，甲地文化传入乙地，势必受到乙地文化的影响、同化而发生变异。

齐文化与鲁文化是两种不同风格的文化，如齐文化开放，鲁文化守成；齐文化尚功利，鲁文化崇伦理；齐文化重革新，鲁文化尊传统等等。儒学是鲁国传统文化的产物。儒学传入齐地，即受到齐文化的影响而发生变异。齐地儒学——"齐学"呈现出这样一个特征：崇尚权变。这在《公羊传》中有充分的表现。

《公羊传》是"齐学"三部经典著作中最重要的一部著作。东汉大儒贾

---

① 《公羊传》隐公二年何休注。
② 《〈公羊传〉和〈穀梁传〉》，载《经书浅谈》，中华书局1984年版，第86—97页。
③ 《汉书·艺文志》注。

逵指出："《公羊》多任于权变。"① 它评判人事往往以"权变"为尺度：懂得"权变"的是贤人智者，不懂得是愚者迂夫。例如公元前 701 年，郑庄公死，继立者当为庄公长子忽。宋庄公欲立郑庄公少子突，乘郑国执政祭仲去留（今河南开封东南）路经宋国时诱捕了他，要他废长立少，祭仲屈从。孔子作《春秋》，仅用一句话述说此事："宋人执政祭仲。"②《穀梁传》道："宋人者，宋公也。其曰人何？贬之也。"③释义是合乎《春秋》经文的，指斥宋庄公诱执胁迫祭仲废长立少、祭仲屈从都是不道德的，而属于"齐学"的《公羊传》却作了另一番不同的解释：

> 祭仲者何？郑相也。何以不名？贤也。何贤乎祭仲？以为知权也。……庄公死，已葬，祭仲将往省于留，涂出于宋，宋人执之，谓之曰："为我出忽而立突。"祭仲不从其言，则君必死，国必亡；从其言，则君可以生易死，国可以存易亡。④

把屈从于宋庄公淫威而废长立少的祭仲誉为"贤"者，盛赞他"知权"。

齐地儒生的言行也凸现了"齐学"崇尚权变的特征。如属于"齐学"的薛人叔孙通就是一位崇尚权变善于迎合世务的人物，他替刘邦制定朝仪时，曾约请鲁儒生到京城共同商议，有两个儒生不肯去，并且训斥叔孙通说："今天下初定，死者未葬，伤者未起，又欲起礼乐，礼乐所由起，积德百年而后可兴也。吾不忍为公所为，公所为不合古，吾不行，公往矣，无污我。"叔孙通笑道："若真鄙儒也，不知时变。"⑤鲁两生和叔孙通表现出"鲁学"和"齐学"两种不同的学风。由于学风不同，表现在政治上，"鲁学"也不及"齐学"善于顺应时势，因而在汉代学术上、政治上占优势的也往往是"齐学"。如叔孙通被誉为当时的"圣人"，"知当世之要务"；公孙弘由布衣而至卿相封侯；号称"汉代孔子"的董仲舒也是属于"齐学"的。"齐

---

① 《后汉书·贾逵传》。
② 《春秋》桓公十一年。
③ 《穀梁传》桓公十一年。
④ 《公羊传》桓公十一年。
⑤ 《史记·叔孙通列传》。

学"对汉代政治有较大的影响。

"齐学"的第二个特征,是带有浓厚的神秘性。

姜尚治齐,对齐地习俗多因循而少变革。《史记·齐太公世家》:"太公至国,修政,因其俗,简其礼。"其后的统治者大都遵循他这一治国方针,"与俗同好恶"①。这样,在齐文化中就较多地保留了原始宗教的因素。在北方各地,齐地巫风尤盛,"齐巫"名声很响;阴阳家、方士也活跃于齐地。

孔子创立的儒学是重人事而轻鬼神的。但当儒学传入齐地后,却不可避免地染上了神秘色彩。"齐学"的代表作《公羊传》即多神秘性。经学大家何休《公羊传注自序》道:"其中多非常异义可怪之论。"经学史家皮锡瑞也说:"《公羊春秋》多言灾异。"②董仲舒的《天人三策》,更是以阴阳灾异解经,故被称为"天人之学"③。

二

当"齐学"形成之时,居统治地位的黄老无为思想已走到了穷途末路。

黄老无为思想统治的前提,是汉初承战乱之后,经济残破,亟须休养生息。到文、景之时,社会经济恢复并发展起来,黄老无为思想已初步完成了它的历史任务。《史记·外戚世家》:

> 窦太后好黄帝、老子言,帝及太子诸窦不得不读《黄帝》、《老子》,尊其术。

据此,在最高统治层,黄老无为思想的推行已十分勉强。这位窦太后成为黄老无为思想的最后一位监护人。

到武帝君临天下时,社会经济已呈现一片繁荣的景象。亲眼目睹过这一盛况的司马迁以无比激越的心情追忆道:

---

① 《史记·管晏列传》。
② 《经学历史·经学极盛时代》,中华书局1959年版。
③ 《经学历史·经学极盛时代》。

> 至今上即位数岁，汉兴七十余年之间，国家无事，非遇水旱之灾，民则人给家足，都鄙廪庾皆满，而府库余货财。京师之钱累巨万，贯朽而不可校。太仓之粟陈陈相因，充溢露积于外，至腐败不可食……①

统治者已有条件可以大有作为了。黄老无为思想的历史使命至此结束。

另一方面，黄老无为思想也造成了若干弊端：纵容诸侯王骄横不法，听任豪强地主兼并不轨，忍受匈奴人不时入寇，等等。时局迫使武帝必须要有所作为。而武帝"多欲"②，"雄才大略"③，也有意图有能力大有作为。改弦更张，已是势在必然。

儒学乘机而动，试图取代黄老无为思想。不过，这次尝试是由"鲁学"一派发动的。

汉初的儒学基本上分为"齐学"和"鲁学"两大派。"齐学"与"鲁学"虽同属儒家学派，但两派的思想观念有很大的差异。前面所举叔孙通与鲁两生对制订汉仪的两种截然不同的态度即是最好的说明。

"鲁学"以《穀梁传》、《鲁诗》和《鲁论》为其经典著作。《汉书·艺文志》说《穀梁传》出穀梁子之手，但穀梁子的名字、生活的时代，班固都没有交代。唐人杨士勋说："穀梁子名俶，字元始，鲁人。一名赤。受经与子夏，为经作传，故曰《穀梁传》。"④颜师古则说穀梁子名"喜"⑤。这都是"后代传闻"⑥，不足为据。《穀梁传》虽未必出自穀梁俶或穀梁喜，但在"鲁学"经典中，却是最早产生的。陆贾《新语》二次征引《穀梁传》，表明在高祖刘邦时，《穀梁传》就已在社会上流传开了。不过，这时的《穀梁传》还是"口说"，未有成书。据杨伯峻考证，《穀梁传》成书稍晚于《公羊传》，因为《穀梁传》往往反驳或引申《公羊传》的观点⑦。《鲁诗》的作者是鲁人申培，他在文帝时被拜为博士，传《鲁诗》："文帝时，闻申公为《诗》最

---

① 《史记·平准书》。
② 《汉书·汲黯传》。
③ 《汉书·武帝纪》赞。
④ 《春秋穀梁传序·疏》。
⑤ 《汉书·艺文志》注。
⑥ 陆德明：《经典释文·序录》。
⑦ 《〈公羊传〉和〈穀梁传〉》，载《经书浅谈》，中华书局1984年版，第86—97页。

精，以为博士。……申公始为《诗》传，号《鲁诗》。"①《鲁论》不知出自何人，唯知传习者有龚奋、夏侯胜、韦贤等人。《鲁论》成书大致与《齐论》同时，也在汉初。

"鲁学"形成约与"齐学"同步，就连"鲁学"一词也是与"齐学"在宣帝时由韦贤、夏侯胜、史高等人同时提出的。

鲁是儒学的发祥地，儒学在鲁地传播属"区内传播"，较少变异。故此，"鲁学"贴近儒学传统。以《穀梁传》为例，清人唐晏指出："《穀梁》出于鲁儒，其说最为有本。"②再如《鲁诗》，远比《齐诗》、《韩诗》接近《诗经》的本义，因此班固说：三家《诗》中，"鲁最近之"③。

"鲁学"率先崛起。"鲁学"中的《鲁诗》在文帝时被立于学官。但入景帝朝后，情形大变，"齐学"后来居上。景帝朝任博士可考者四人，其中有三人属"齐学"派，即治《齐诗》的辕固，治《公羊传》的董仲舒和胡母生，另一人是张生，他治《尚书》是济南伏生传授的，也应属"齐学"范畴。

但是，第一次取代黄老无为思想的尝试却是"鲁学"一派发动的，组织策划人是王臧和赵绾。

王臧，兰陵（今属山东苍山）人，"鲁学"大师申培的弟子，景帝时，他一度做过皇太子刘彻的老师——太子少傅。赵绾，代（今河北蔚县东北）人，也是申培的弟子。武帝初即位，即建元元年（前140），王臧便被任命为九卿之一的郎中令。而赵绾，则被拜为御史大夫。当时任丞相的是魏其侯窦婴，他是窦太后的娘家侄儿；任太尉的是武安侯田蚡，他是武帝母后王娡的同母异父弟，史称"婴、蚡俱好儒术"④，他们的思想都倾向儒家。于是"魏其、武安、赵绾、王臧等务隆推儒术，贬道家言"⑤。朝廷亲信大臣中，儒家占了绝对优势。

为了壮大声势，王、赵又抬出了老师申培，武帝遂以"素帛加璧，安

---

① 《汉书·楚元王传》。
② 唐晏：《两汉三国学案·春秋》。
③ 《汉书·艺文志》。
④ 《史记·魏其武安侯列传》。
⑤ 《史记·魏其武安侯列传》。

车以蒲裹轮,驾驷"的殊礼①,把申培请到长安。武帝召见他,请教治乱之事,他说:"为治者不在多言,顾力行何如耳。"②这本是孔子遗教,所谓"君子欲讷于言而敏于行"③。"鲁学"恪遵孔子教诲。然而,申培此话却戳了武帝的痛处。听了申培的谏言,武帝很是扫兴。史载:

> 是时上方好文辞,见申公对,默然。然已招致,即以为太中大夫,舍鲁邸,议明堂事。④

这个官封得很勉强,已暗示申培及"鲁学"的命运不妙。

但王臧、赵绾不甘心就此罢手,又提出了按儒家说教行丧服、遣列侯就国等事。他们的行为激怒了窦太后。这位以黄老无为思想监护人自居的太皇太后两眼虽早已失明,然两耳不聋。王、赵等人的尊儒活动,她时有耳闻。那些列侯中,多有尚公主者,堂邑侯陈午便是窦太后的掌上明珠馆陶长公主的夫婿,他们谁也不愿离开繁华的京师,必然要极力反对。王臧、赵绾也担心窦太后坏了他们的大事,经过密谋之后,决定先下手为强,由赵绾出面,奏请"毋奏事太皇太后",一切由皇上自行决断。窦太后闻讯大怒,在她的指示下,武帝不得不把王臧、赵绾投进死牢,二人自杀;窦婴、田蚡被免职;申培也被遣回老家。这是建元二年(前139)的事。

尊儒的首次尝试就这样失败了。这虽然可以归咎于守旧的窦太后,但申培的食古不化,不识时务,也是一个重要原因。即使窦太后不施加压力,"鲁学"也难以引起武帝的兴趣。如何取代黄老无为思想,使儒学成为统治思想,保守的"鲁学"是无能为力的。这一重任自然要落到能够迎合时变的"齐学"身上。

---

① 《汉书·儒林传》。
② 《汉书·儒林传》。
③ 《论语·里仁》。
④ 《论语·里仁》。

三

建元六年（前135）五月，窦太后死去。22岁的武帝亲豫国政。怎样才能把国家治理好？正是这位年轻的皇帝经常思考的问题。元光元年（前134）五月，武帝诏贤良对策，即是为探讨和解决这一问题而发的。

应征参加对策的贤良很多，其中有广川（今河北景县）人董仲舒。关于董仲舒对策的年代，历来有不同的说法，其中主要有两种。一是建元元年（前140）说。司马光《资治通鉴》将董仲舒对策系于此年，此后，论者多从之。二是元光元年（前134）说。南宋洪迈在《容斋随笔》续卷六《汉举贤良》中力主此说，附和者也不少。《汉书·礼乐志》："至武帝即位，进用英隽，议立明堂，制礼服，以兴太平。会窦太后好黄老言，不说儒术，其事又废。后董仲舒对策言：'王者欲有所为，宜求其端于天。……'"由此可见，董仲舒对策必不在建元元年。而元光元年说根据较充分，《汉书·武帝纪》说元光元年五月诏贤良，"受策察问，咸以书对"，"于是董仲舒、公孙弘等出焉"。班固把董仲舒对策定在元光元年，应是有其依据的[1]。

董仲舒是广川人，却是个"齐学"家。"齐学"一旦成为一个学派，它的划分便不仅仅以地域——齐地——为限，外地人热衷"齐学"，接受它的观点、主张，也就成为"齐学"中人物。就连鲁地也有一些人成为"齐学"的信徒，如夏侯始昌，"鲁人也"[2]，但他却是"齐学"大师辕固的弟子。董仲舒亦然，他不仅是"齐学"中治《公羊传》的大家，且是"齐学"的一代宗师。

"鲁学"虽然在首次尝试中受挫，但仍寄希望于这次对策。参加这次对策的"鲁学"家江公，是"鲁学"宗师申培的弟子，不仅学过《鲁诗》，还研习过《穀梁传》。

"鲁学"与"齐学"为争夺思想统治地位而相互辩难。《汉书·儒林传》：

---

[1] 一说武帝诏举贤良文学，事在建元元年；6年后，元光元年策问。见陈苏镇《董仲舒对策年代考》，载《历史科学与理论建设》，北京师范大学出版社1999年版。

[2] 《汉书·夏侯始昌传》。

> 武帝时，江公与董仲舒并。仲舒通《五经》，能持论，善属文。江公呐于口，上使与仲舒议，不如仲舒。

"鲁学"再次败下阵来。从《儒林传》来看，似乎与江公不善言谈有关。实际上，这不是根本原因。武帝"内多欲而外施仁义"①，"鲁学"作为儒学"正宗"，恪守仁义，因循守成，不合武帝口味，引不起他的兴趣。"齐学"崇尚权变，使武帝可以在仁义的外衣笼罩下，灵活地实施其"多欲"政治；齐学的神秘性，不仅有利于神化皇权，而且符合武帝求仙、追求长生不老的幻想。而董仲舒的《天人三策》则是对"齐学"的观念做了最充分的发挥，使之更合乎封建统治的需要。"齐学"、特别是"齐学"中的《公羊传》博得了武帝的青睐：

> 于是，上因尊《公羊》家，诏太子受《公羊春秋》，由是《公羊》大兴。②

因此，武帝"独尊儒术"所尊崇的实际上是儒学的地域变体"齐学"，"齐学"中又格外垂青《公羊传》。儒学是借助"齐学"才登上中国历史统治舞台的。

应当指出："齐学"虽然受到尊崇，却未能完全垄断思想界。对学术思想，武帝采取了一种较宽松的政策。《史记·龟策列传》：

> 至今上即位，博开艺能之路，悉延百端之学。通一伎之士，咸得自效。绝伦超奇者为右，无所阿私。

在武帝一朝，诸子百家并没有绝迹，仍相当活跃，如韩安国、张汤、杜周等都是法家者流，主父偃、严安、徐乐乃纵横家者流，而汲黯、郑当时则是黄老无为思想的信徒。

---

① 《汉书·汲黯传》。
② 《汉书·儒林传》。

不过在儒学内部,"齐学"仍处于重要地位。武帝设置五经七家博士,《诗》有齐、鲁、韩三家,《书》、《易》、《礼》、《公羊传》各一家。七家中,除《齐诗》、《公羊传》外,《书》传之济南伏生,《易》传之齐人田何,也应属于"齐学"。

四

黄老无为思想被排挤,"齐学"取得统治地位,思想界的斗争由儒学与黄老之争,变为儒学内部同室操戈——"鲁学"和"齐学"的争斗。

两派的争斗不仅发生在思想界,且波及宫廷,引起了武帝与太子刘据之间的分歧。

刘据是卫皇后所生,武帝29岁时始得此子,极为喜爱,刘据7岁即被立为皇太子。武帝好《公羊传》,命刘据研习。然刘据"性仁恕温谨"[1],不喜欢崇尚权变、多神秘性的《公羊传》,而《穀梁传》讲仁义道德,很适合刘据的性格,刘据便私下拜江公为师,学习《穀梁传》。这样,刘据的思想越来越倾向于"鲁学",仁恕宽厚,持重守成,从而与以"齐学"为治国理念的武帝发生分歧:

> 太子每谏征伐四夷,上笑曰:"吾当其劳,以逸遗汝,不亦可乎?"[2]
> 上用法严,多任深刻吏;太子宽厚,多所平反。[3]

武帝越来越不喜欢他这个儿子,"嫌其材能少不类己"。刘据失宠,又迫于江充的诬陷,遂铤而走险,举兵抢夺帝位,兵败自杀。这不仅是刘据的失败,也是"鲁学"又一次败北。

汉宣帝是刘据的嫡孙,刘据自杀时,他还在襁褓中,赖廷尉监丙吉等人的保护而幸免于难。他即位后,听说祖父好《穀梁传》,便问丞相韦贤、长信少府夏侯胜和侍中史高,他们都是"鲁学"一派的,自然是贬低"齐

---

[1] 《资治通鉴》卷二十二《汉纪十四》。
[2] 《资治通鉴》卷二十二《汉纪十四》。
[3] 《资治通鉴》卷二十二《汉纪十四》。

学"，尊崇"鲁学"。于是，宣帝便命治《穀梁传》的"鲁学"家蔡千秋与治《公羊传》的"齐学"家辩论，宣帝倾向于"鲁学"，"善《穀梁》说"①，擢蔡千秋为谏大夫给事中。

宣帝意欲抬高"鲁学"，然"鲁学"长期受"齐学"压抑，势微，很难与"齐学"抗争。于是，宣帝便让《穀梁传》大师蔡千秋、江公、周庆、丁姓教授培训一批弟子，历时10余年，终于造就了一批"鲁学"人才。

甘露三年（前51），宣帝驾临未央宫的石渠阁，诏"齐学"与"鲁学"两大派讲《五经》异同。《公羊》学家严彭祖、申挽、伊推、宋显等与《穀梁》学者尹更始、刘向、周庆、丁姓等进行了激烈论辩。宣帝倾向《穀梁传》，《公羊》受挫，结果《穀梁传》被立为官学，"由是《穀梁》之学大盛"②。

在这次较量中，《穀梁传》因宣帝的偏爱、支持而取得胜利。

"齐学"和"鲁学"一方面相互争斗，另一方面又相互吸收。一些大儒往往"齐学"、"鲁学"双修，如：

> 萧望之，字长倩，东海兰陵人也，徙杜陵。家世以田为业，至望之，好学，治《齐诗》，事同县后仓且十年。以令诣太常受业，复事同学博士白奇，又从夏侯胜问《论语》、《礼服》，京师诸儒称述焉。③

后仓，《汉书·儒林传》作"后苍"，《齐诗》大家。夏侯胜，东平（今山东东平东）人，《鲁论》学家。萧望之初习"齐学"，后修"鲁学"，一身而兼两学。

正是这种一身兼通数经，"齐学"与"鲁学"双修，促使"齐学"与"鲁学"合流。到汉成帝时，两派终于开始融合，其标志是张禹的《张侯论》。

张禹是轵县（今河南济源南）人，他先师从夏侯建研习《鲁论》，后又师从王吉、庸生学习《齐论》。他做过汉成帝的师傅，讲授《论语》，为此

---

① 《汉书·儒林传》。
② 《汉书·儒林传》。
③ 《汉书·萧望之传》。

特地编写了一部《论语章句》，因他受封为安昌侯，故又名《张侯论》、《安昌侯说》。《张侯论》乃以《鲁论》为主，融合《齐论》而成：

> 张禹本授《鲁论》，晚讲《齐论》，后遂合而考之，删其烦惑，除去《齐论》《问王》、《知道》二篇，从《鲁论》二十篇为定，号《张侯论》，当世重之。①

《张侯论》一出，便极受推重，"最后出而尊贵"。诸儒为之语曰："欲为《论》，念张文。"②这不仅是因为张禹拜相封侯，地位高贵，更重要的是《张侯论》兼采《齐论》、《鲁论》之长。《张侯论》一出，《齐论》、《鲁论》渐渐不传，"学者多从张氏，余家浸微"③。今本《论语》即《张侯论》。

从《张侯论》受宠亦可看出："齐学"、"鲁学"等经学派别合流，已成为新的发展趋势。

自哀帝朝刘歆奏请设置古文经博士起，今、古文经之争成为经学的焦点。"鲁学"与"齐学"同属今文经，遂联手反对古文经：

> （刘歆）欲建立《左氏春秋》及《毛诗》、《逸礼》、《古文尚书》皆列于学官。哀帝令歆与《五经》博士讲论其义，诸博士或不肯置对，歆因移书太常博士，责让之……其言甚切，诸儒皆怨恨。是时名儒光禄大夫龚胜以歆移书上疏深自罪责，愿乞骸骨罢。及儒者师丹为大司空，亦大怒，奏歆改乱旧章，非毁先帝所立。④

这位"名儒"龚胜，楚人，《鲁诗》学家；而"儒者"师丹，鲁人，《齐诗》大家匡衡的弟子。他们共同对付古文经，使"齐学"、"鲁学"进一步合流。

及至东汉，经学各派别合流的趋势更为明显。东汉名儒大多兼通数经，为各派合流提供了条件。到东汉末年，终于出现了"括囊大典，网络众家"

---

① 《隋书·经籍志》。
② 《汉书·张禹传》。
③ 《汉书·张禹传》。
④ 《汉书·楚元王传附刘歆传》。

的郑玄。他在《张侯论》的基础上，参照《齐论》和在孔子旧宅墙壁中发现的《古论》，作《论语注》；在《毛诗》的基础上，兼采鲁、齐、韩三家《诗》，作《毛诗传笺》。于是，出现了这样的局面：

> 郑《论语注》行而齐、鲁《论语》不行矣。
> 郑《诗笺》行而鲁、齐、韩之《诗》不行矣。①

至此，"齐学"和"鲁学"仅剩《公羊传》和《穀梁传》没有合流。"齐学"和"鲁学"作为两大派别，已不复存在。

上面对汉武帝独尊儒术与齐学的历史做了初步考察，从中我们可以得出这样几点认识：

第一，"齐学"能够登上思想统治地位，关键是"齐学"崇尚权变、多神秘性的特征合乎汉武帝时期的社会需要。马克思指出："理论在一个国家的实现程度，决定于理论满足于这个国家的需要的程度。"②"齐学"登上思想统治地位，但又不能垄断思想统治，同样也是由汉武帝时期的社会需要决定的。

第二，"齐学"之所以能够代替黄老无为思想而取得思想统治地位，除了因为"齐学"是儒学的一个地域变体，受齐文化的影响、同化外，还取决于"齐学"自身的不断发展、完善，特别是董仲舒的"新《公羊》学"，起了关键的作用。

第三，"齐学"登上了思想统治地位后，为了维系自己的既得权益，竭力与"鲁学"争斗，而自身的建设、发展近乎停止，再也没有产生像辕固、董仲舒那样的思想巨匠。在与"鲁学"的争斗中失利，不仅是因为宣帝偏向"鲁学"，与"齐学"的自身弱点也有一定的关系。"齐学"只有和"鲁学"结合互补，扬长避短，相辅相成，才能在中国思想发展史上保持自己的一席地位，并作出应有的贡献。

---

① 皮锡瑞：《经学历史·经学中衰时代》，中华书局1959年版。
② 《马克思恩格斯选集》第一卷，人民出版社1972年版，第10页。

附　记

　　这是近日我和刘德增合写的一篇汉史论文。德增是我的研究生，也是张先生的再传弟子，现为山东省教育学院年轻的教授，几年来对秦汉史研究多有创获。张先生于1957年曾在上海人民出版社出版过《论汉武帝》一书，时过40年，我和德增于去年又合写了一部《汉武帝传》，即将出版（本文即该书的一节加工修改而成）。续貂之作，不敢自诩；但足以说明，薪火相传，后继有人。今值张先生逝世10周年忌辰之际，谨献此小文以告慰先生在天之灵。

　　（本文与刘德增合作，原载《张维华纪念文集》，齐鲁书社1997年版；另载《秦汉史论丛》第七辑，中国社会科学出版社1998年版）

齐鲁博士与两汉儒学

两汉博士见于史书记载的共183人，籍贯可考者139人。其中，齐鲁籍的博士有67人，将近半数。齐鲁博士对两汉儒学影响极大，左右着两汉儒学发展的方向。现就齐鲁博士与两汉儒学之关系，略述如下。

一

"博士"一词，由来已久。在现代是学位名称，而在中国先秦时期则是对一般博学者的通称。战国末，齐国始置博士官。至秦汉，博士就成了一种官称。

最初，博士的人选唯看学问渊博与否，不问学派出身。至迟自秦代起，在众博士中，儒家学派就占了多数。《史记·秦始皇本纪》两次提到始皇时有博士70人，其姓名今可考者有6人，学派可考者4人，儒家就占了3人，即淳于越、李克、伏胜。还有一位方士卢敖，很可能就是那个为始皇寻找长生不老药的燕人卢生，当时方士和儒生往往被视为同类，没有严格的区分。卢生和侯生对始皇的抨击，惹怒了始皇，遂有"坑儒"之举。此事使博士或死或亡，到秦二世君临天下时，博士员数仅剩30余人，其姓名今可考者仅2人，学派可考者仅儒家叔孙通1人。秦朝博士还有4人姓名可考，只是他们做博士是在秦始皇时还是在秦二世时，今已难以确指。这4人中，学派今可考者3人，儒家有2人，分别是园公和羊子。总计秦朝博士学派可考者凡8人，儒家学派独占6人。

秦亡汉兴,"帝王称号,官府制度,皆袭秦故"①。博士亦然。从高祖到惠帝,博士今可考者仅叔孙通、随何、孔襄3人,全是儒家。到汉文帝时,博士员数又达到70余人。此时,依旧不问学派师承,凡博学之士,皆可为之。儒家学派依旧占据优势,在今可考的5人中,晁错、申培、韩婴3人都是儒家人物。入景帝朝,儒家的优势更为明显,今可考的博士辕固、张生、董仲舒、胡母生4人,全系儒家。

从秦始皇到汉景帝,在机会均等的情况下,儒家在博士的角逐中始终独占鳌头,这表明,在学问渊博方面,其他学派都无法与儒家匹敌。后来汉武帝"罢黜百家,独尊儒术",固然是因为儒家思想最适合封建统治的需要,但儒家长期以来在学术文化上形成的优势,也是一个不可忽视的因素。自"罢黜百家,独尊儒术"以后,博士被儒家垄断,其他学派再也不能染指。

博士一职,除了由儒家占据优势到完全垄断这个发展趋势外,还有一个特点,即从地域上看,大多出自齐、鲁。

从秦始皇到汉景帝80余年间,今可考的博士凡24人,儒家独占16人次(叔孙通在秦汉两次担任博士);儒家16人次中,籍贯今可考者13人次,齐、鲁两地就有8人次。其中,齐地4人,他们是淳于越、伏胜、辕固、胡母生等;鲁地4人次,分别是叔孙通、孔襄和申培。从西汉武帝到东汉献帝退位360余年间,博士是清一色的儒家,今可考者计171人,其中籍贯可考者128人,齐、鲁两地多达60人。其中,鲁地41人,齐地19人②。

博士多出自齐、鲁,原因很简单,就是这两个地区乃当时儒学最兴盛的地区;齐、鲁两地中,又以鲁地最盛。

鲁地是儒学发祥地,自孔子以降,鲁地便是儒学传播的中心,形成了深厚的传统,即使在危难之际,鲁地儒生也不曾中断他们的学业:

> 陈涉之王也,鲁诸儒持孔氏礼器往归之,于是孔甲为涉博士,卒与俱死。……何也?以秦禁其业,积怨而发愤于陈王也。及高皇帝诛

---

① 欧阳修:《策问七首》,《宋文鉴》卷一百二十四。
② 张汉东:《论秦汉博士制度》,附录于安作璋、熊铁基《秦汉官制史稿》,齐鲁书社1984年版,第409—491页。

项籍,引兵围鲁,鲁中诸儒尚讲诵习礼,弦歌之音不绝,岂非圣人遗化好学之国哉?①

鲁地不仅儒学名家辈出,在黎民百姓中间,儒学的影响也极为深远。"鲁人皆以儒教"②,"好儒"成为鲁地风俗③。武帝"罢黜百家,独尊儒术"以后,通经入仕成为士人博取功名富贵的终南捷径,这在鲁地的表现尤为明显,"邹鲁谚"云:"遗子黄金满籯,不如一经。"④在营造这种氛围过程中,博士起了重要作用。曾做过博士的鲁人夏侯胜时常告诫弟子:"士病不明经术;经术苟明,其取青紫如俯拾地芥耳。"⑤功名利禄的诱惑,进一步刺激了鲁地儒学的发展。

齐、鲁毗邻,就儒学传播的广度与深度来看,齐仅次于鲁。《史记·儒林列传》:"天下并争于战国,儒术既绌焉,然齐鲁之间,学者独不废也。"像鲁地一样,儒学在齐地也形成了深厚的传统,且名师大家辈出。西汉初年,曹参出为齐相,召集当地耆宿,请教治国理民之道,前来参加会议的大儒,"以百数"⑥。齐地儒学之盛,于此可窥见一斑。

在汉代,"齐鲁"成为儒学造诣最高的代名词,《汉书·循吏传·文翁》中的一段文字可以为证:

蜀地辟陋有蛮夷风,文翁欲诱进之,乃选郡县小吏开敏有材者张叔等十余人亲自饬厉,遣诣京师,受业博士……蜀地学于京师者比齐鲁焉。

正是由于齐鲁儒学的兴盛,才造就了众多的博士。

---

① 《汉书》卷八十八,《儒林传》。
② 《史记》卷一百二十四,《游侠列传》。
③ 《史记》卷一百二十九,《货殖列传》。
④ 《汉书》卷七十三,《韦贤传》。
⑤ 《汉书》卷七十五,《夏侯胜传》。
⑥ 《史记》卷五十四,《曹相国世家》。

二

早在孔子之时，孔门弟子的思想倾向就有差异，子夏与子张、子游与子夏、曾子与子张、有若与曾子几位孔门高足之间，思想和主张都不尽一致。孔子死后，儒家遂分化为若干派系，《韩非子·显学》：

> 自孔子之死也，有子张之儒，有子思之儒，有颜氏之儒，有孟氏之儒，有漆雕氏之儒，有仲良氏之儒，有孙氏之儒，有乐正氏之儒。

儒家不止分为八派，《荀子·非十二子》还指斥过"子夏氏之贱儒"、"子游氏之贱儒"。故柳诒徵说："若合荀卿之言计之，当曰'儒分为十'。"[1]

处于相同文化氛围中的儒家派系，思想和主张比较接近，如鲁地的"子思之儒"和"孟氏之儒"，思想倾向一致，故又被称为"思孟学派"。从战国后期起，同一文化氛围中的儒家派系的融合，成为儒学一个新的发展趋势。入汉以后，形成了几个区域性的儒学派别，其中势力最大的就是"鲁学"和"齐学"两派。泰山南、北的这两大区域儒学，构成了西汉儒学的主体，并影响着东汉儒学的发展。它们的形成，进一步丰富、发展了儒学。

在"鲁学"、"齐学"形成过程中，两地的博士起了主导作用。

"鲁学"的经典著作有《穀梁传》、《鲁论》和《鲁诗》等。《穀梁传》的作者穀梁子的名字及其生活的时代，今已难以确指。《鲁论》成书于西汉初年，只是作者也已不可考。《鲁诗》的作者是申培，他的生平简历见于《史记·儒林列传》和《汉书·儒林传》。申培潜心于《诗》的研习，精通三百零五篇，成为造诣最高的《诗》学家，被文帝征拜为博士。在任博士期间，他撰著了《鲁诗》："文帝时，闻申公为《诗》最精，以为博士。元王好《诗》，诸子皆读《诗》。申公始为《诗》传，号《鲁诗》。"[2] 三家《诗》中，以申培《鲁诗》成书最早，且最为有本。

---

[1] 《中国文化史》上册，中国大百科全书出版社1983年版，第249页。
[2] 《汉书》卷三十六，《楚元王传》。

三家《诗》中的《齐诗》，是"齐学"的经典著作之一，出自齐地博士辕固之手："汉兴……言《诗》，于鲁则申培公，于齐则辕固生，燕则韩太傅（婴）。"①"齐学"还有两部经典著作，一是《公羊传》，一是《齐论》。《公羊传》相传系子夏的弟子、齐人公羊高所撰，但自古以来论者便谓此不可信，究竟系何人所作，今已不可考。《齐论》成书于西汉初年，著者也已不可考。

申培和辕固是汉代"鲁学"和"齐学"的宗师。

"鲁学"和"齐学"经典著作的成书，仅仅完成了两大学派理论体系的架构。作为学术门派，仅有理论体系是不够的，还要有信徒才行。这一步主要是由两派博士完成的。

从现有材料来看，文帝时，《鲁诗》、《韩诗》已设置博士，分别由申培、韩婴担任。景帝时，文献上又出现了《齐诗》、《公羊传》、《尚书》博士，担任这三个职务的分别是辕固、董仲舒和胡母生、张生。到汉武帝时，设置了五经七家博士：《诗》，齐、鲁、韩三家；《书》、《易》、《礼》、《春秋》，各一家。不久，又为五经七家博士各置弟子，传经授业。武帝一朝，五经七家博士今可考者计有21人，其中5人经说不可考，另外16人中，《鲁诗》独占7人，《韩诗》2人，《书》3人，《易》、《礼》、《公羊传》各1人，《五经》1人。7名《鲁诗》博士是鲁赐、徐偃、周霸、夏宽、缪生、阙门庆忌、大江公，全是申培的弟子，他们已形成了一个势力强大的学派。《公羊传》博士今可考者仅公孙弘1人，但是，在五经七家博士中，《公羊传》最受武帝青睐，其地位赫然居各经之上。相比之下，其余各经各家，势单力薄，难与《鲁诗》、《公羊传》抗衡。儒学从此裂变为"鲁学"和"齐学"两大学派。

一旦形成学派，"齐学"和"鲁学"就突破了地域的限制，走向全国。虽然"齐学"、"鲁学"传播的中心仍在齐、鲁两地，但是，其他郡国皈依"齐学"或"鲁学"者，亦大有人在，且涌现出一批造诣高深的博士。如两汉《鲁诗》博士今可考者24人，其中籍贯可考者计21人，鲁地14人，其余7人出自梁、沛、楚、陈留、平原、扶风6个郡国；《公羊传》博士今可考者14人，齐地6人，其余8人分布在信都、鲁、东海、山阳、南阳、河内、扶风7个郡国。在两汉儒学中，"齐学"和"鲁学"是两个全国性的学

---

① 《汉书》卷八十八，《儒林传》。

派，而领导这两大学派的，则是两派的博士。

两派博士对两汉儒学作出了不同的贡献。

"鲁学"一派乃孔门嫡传，"鲁学"博士以继承发扬孔子遗教为己任，他们不论在什么时候什么场合，都恪守孔子教诲，不敢越雷池一步。申培是个典型的例子。他在京城做了多年博士，年老以后，退居家教，武帝以"束帛加璧，安车以蒲裹轮，驾驷"的殊礼把他请到长安，请教治国之道。其时，武帝正热衷于文辞，东方朔、司马相如之辈侍从左右，备受青睐，红极一时。对此，申培早有耳闻，当武帝向他请教时，他便直言不讳："为治者不在多言，顾力行何如耳。"① 这本是孔子遗教，《论语》中此类教诲颇多②。然而，申培此言却犹如当头一盆冷水，让年轻的皇帝难以接受："是时上方好文辞，见申公对，默然。然已招致，即以为太中大夫，舍鲁邸，议明堂事。"③ 申培的弟子，为人处世和从政，也都恪遵孔子教诲，身体力行：

> 弟子为博士十余人，孔安国至临淮太守，周霸胶西内史，夏宽城阳内史，砀鲁赐东海太守，兰陵缪生长沙内史，徐偃胶西中尉，邹人阙门庆忌胶东内史，其治官民皆有廉节称。④

不独这些弟子如此，第二代、第三代弟子亦然。如申培的高足大江公的弟子韦贤，"为人质朴少欲，笃志于学"。继承父学的韦玄成，"谦逊下士"，"守正持重"⑤。"鲁学"中最盛的便是申培《鲁诗》；三家《诗》中，也以《鲁诗》为盛，两汉《鲁诗》博士今可考者24人，《韩诗》博士7人，《齐诗》博士只有6人。

"鲁学"可谓两汉儒学的"正统派"或"道德派"，在继承和发扬孔子遗教方面，功绩最大。这一派的缺点是因循守成，甚者食古不化。"齐学"是儒学传入齐地以后，受齐文化的修订、同化而形成的地域变体，崇尚权变

---

① 《汉书》卷八十八，《儒林传》。
② 《论语·子路》："刚、毅、木、讷近仁。"《论语·里仁》："君子欲讷于言而敏于行。"
③ 《汉书》卷八十八，《儒林传》。
④ 《汉书》卷八十八，《儒林传》。
⑤ 《汉书》卷七十三，《韦贤传》。

与功利,多神秘性,可谓两汉儒学的"权变派"或"功利派"。关于"鲁学"和"齐学"的这些差异,我们在《汉武帝独尊儒术与齐学》、《论汉代齐学与鲁学》①两文中已有较详细的论述,不再赘言。

最能代表"齐学"特征的是《公羊传》。第一批《公羊传》博士是董仲舒和胡母生,他们两人在景帝朝就成为博士。董仲舒治《公羊传》,重在阐发《春秋》的微言大义;胡母生重在阐明《春秋》条例。贡献最大的是董仲舒,他从阐发《公羊传》的义理出发,建构起一整套神学唯心主义思想体系,他的"新儒学"更符合封建统治的需要,从而博得了汉武帝的青睐,遂有"罢黜百家,独尊儒术"之举。武帝独尊儒术,独尊的实乃"齐学"中的《公羊传》:"于是,上因尊《公羊》家,诏太子受《公羊春秋》,由是《公羊》大兴。"②儒学是借助"齐学"中的《公羊传》代替了清静无为的黄老之学,登上中国思想统治舞台的。这是"齐学"在两汉儒学乃至中国儒学史上的最大贡献,而这一贡献又主要归功于《公羊传》博士董仲舒。

"鲁学"与"齐学",一个恪守孔子遗教,成为儒学"正宗";一个迎合时代的需要,最终把儒学推上了思想统治舞台。两汉儒学,派系林立,经说不同,影响不等,贡献最大的就是"鲁学"和"齐学";"鲁学"和"齐学"对儒学的贡献,又归功于两派博士。

三

取代黄老无为的尊儒活动最初是由"鲁学"一派发动的,策划人是王臧和赵绾,他们都是申培的弟子。但是,崇尚仁义道德、因循守成的"鲁学"未能引起武帝的兴趣,再加上窦太后的干预,遂告失败。儒学是借助崇尚权变与功利、多神秘性的"齐学"才得以取代黄老之学而登上思想统治舞台的。儒学独尊,"齐学"大盛,《公羊传》煊赫一时。但是,"齐学"的势力不足以整齐儒学各门派,一统江山;"鲁学"与"齐学"分庭抗礼,相互攻讦,构成了西汉儒学内部斗争的主线。"鲁学"与"齐学"的争斗主要是

---

① 分别载于《秦汉史论丛》第七辑,中国社会科学出版社1998年版;《张维华纪念文集》,齐鲁书社1997年版,第88—101页。

② 《汉书》卷八十八,《儒林传》。

在两派博士中进行的。

《公羊传》得到武帝垂青,"鲁学"便转而争取皇太子刘据。刘据,卫皇后所生,武帝 29 岁始得此子,对他极为喜爱。刘据其人"性恕温谨"[①],不喜欢尚权变、言灾异的《公羊传》;《穀梁传》重仁义、崇道德,很适合刘据的思想性格,刘据便私下拜《鲁诗》博士小江公为师,研习《穀梁传》。小江公,瑕丘(今山东兖州东北)人,他的祖父大江公是申培的弟子。在小江公的教导下,刘据的思想越来越倾向于"鲁学",仁恕宽厚,持重守成,从而与以"齐学"为治国理论、好大喜功的武帝发生龃龉,武帝越来越不喜欢他。刘据失宠,又遭江充诬陷,遂举兵反,兵败自杀。

刘据之死,是"鲁学"一大损失。不过,"鲁学"的努力也并非徒劳无功。

刘据的嫡孙刘询幸免于难,昭帝无子,他死后,刘询即位,是为宣帝。"鲁学"先前在刘据身上的投入终于得到回报。《汉书·儒林传》:

> 宣帝即位,闻卫太子好《穀梁春秋》,以问丞相韦贤、长信少府夏侯胜及侍中乐陵侯史高,皆鲁人也,言《穀梁子》本鲁学,《公羊氏》乃齐学也,宜兴《穀梁》。

宣帝意欲提高《穀梁传》的地位,经过充分准备,甘露三年(前151),召开了著名的"石渠阁会议"。

参加会议的是五经七家博士中的代表人物及部分身居官位的经学名流,今可考者有:

《易》:施雠,《易》博士;梁临,黄门郎。

《书》:欧阳地余,《尚书》博士;周堪,译官令;张山拊,《尚书》博士;假仓,谒者。

《鲁诗》:韦玄成,淮阳中尉;张生,《鲁诗》博士;薛广德,《鲁诗》博士。

《齐诗》:萧望之,太子太傅。

---

① 《资治通鉴》卷二十二,《汉纪》征和二年。

《礼》：戴圣，《礼》博士；闻人通汉，太子舍人。

《公羊传》：严彭祖，《公羊传》博士；申挽，侍郎；伊推，侍郎；宋显，侍郎。

《穀梁传》：尹更始，议郎；刘向，待诏；周庆，待诏；丁姓，待诏。

他们都是各经各家的精英人物。会议的议题本是评议五经异同，但是，宣帝召开这次盛会的目的是要抬高《穀梁传》的地位，贬低《公羊传》。故此，会议的中心议题是："平《公羊》、《穀梁》同异。"① 于是，参加会议的人员明显地分成"齐学"和"鲁学"两派，双方进行了激烈的辩论。宣帝的意图，众人都很清楚，与会人员大都倾向于《穀梁传》，"鲁学"明显占了上风。"齐学"一派不甘心失败，要求增加人员再作较量。于是，双方各增加5人，"齐学"一派新增加人员可考者是侍郎许广，"鲁学"一派新增加人员可考者也仅中郎王亥1人。论战的结果，还是"鲁学"得势。宣帝乘机下诏，立《穀梁传》于学官，周庆、丁姓等人被拜为《穀梁传》博士。

"石渠阁会议"是"齐学"与"鲁学"的一次正面冲突，由于宣帝偏爱，"鲁学"获胜，《穀梁传》跻身学官。不过，在整个学术思想界，占优势地位的依旧是"齐学"。

当"鲁学"与"齐学"互相争斗时，儒学内部还存在另一种势力——古文经学。

最初，古文经学被排斥于官学之外，仅在河间流传。河间献王刘德，景帝之子，喜好古文经，重金搜集了大批古文经著作，设博士官研习、传授，河间成为古文经学的中心。河间之外，鲁地也是古文经学传播的一个重要地区，曲阜孔氏，世传《古文尚书》。

"鲁学"与"齐学"同属今文经学。但是，在学风上，"鲁学"与古文经学有某些相似之处。古文经学重名物训诂，"鲁学"亦然。申培就是一例。《汉书·儒林传》："弟子自远方至受业者千余人，申公独以《诗经》为训故以教，亡传，疑者则阙弗传。"颜师古注"亡传"云："口说其指，不为解说之传。"故此，古文经学攀附"鲁学"，研习古文经者大都兼习"鲁学"，以"鲁学"为进身之阶，而以古文经学为个人私好。

---

① 《汉书》卷八十八，《儒林传》。

例如《古文尚书》是孔氏家学，西汉《古文尚书》的宗师是孔子第十三代孙孔安国。因《古文尚书》未立于学官，孔安国便拜《鲁诗》宗师申培为师，研习《鲁诗》。自孔安国以后，孔氏后裔皆是《古文尚书》与《鲁诗》双修。

再如《左传》，西汉自贾谊始，传授的世系是：

贾谊—贯公—贯长卿—张禹—尹更始—$\begin{bmatrix}尹咸\\翟方进\\胡常—贾护—陈钦\end{bmatrix}$刘歆

从尹更始开始，兼习《穀梁传》。而胡常不仅是《左传》的传人，还是孔氏《古文尚书》的传人，他又拜在《穀梁传》博士江公门下，最终以明《穀梁传》而为博士，官至刺史。

当然，古文经学攀附"鲁学"，仅发生在部分古文经学家身上。及至哀帝时，古文经学试图独创江山，刘歆上书，要求立博士官传授，揭开了今、古文经学之争的序幕。刘歆不仅贬斥"齐学"，也贬低"鲁学"：

> 歆以为左丘明好恶与圣人同，亲见夫子，而公羊、穀梁在七十子后，传闻之与亲见之，其详略不同。①

从此，古文经学与"鲁学"分道扬镳。当刘歆奏请设置古文经博士时，遭到了众博士官的反对，刘歆移书责让，引起众博士的愤恨，"鲁学"与"齐学"两派反对尤烈：

> 诸儒皆怨恨。是时名儒光禄大夫龚胜以歆移书上疏深自罪责，愿乞骸骨罢。及儒者师丹为大司空，亦大怒，奏歆改乱旧章，非毁先帝所立。②

龚胜是楚人，《鲁诗》学家；师丹，鲁人，《齐诗》大家匡衡的弟子，元、成

---

① 《汉书》卷三十六，《楚元王传附刘歆传》。
② 《汉书》卷三十六，《楚元王传》。

两朝曾两次担任博士。

此后,儒学内部斗争的焦点便由"鲁学"与"齐学"之争演变为今、古文经学之争。在这场斗争中,"鲁学"与"齐学"结成联盟,联手反击古文经学。在他们的反对、抵制下,古文经学除了在王莽时代一度得势外,始终在政治上没有占据什么地位。

鉴于各派各有所长亦各有所短,从西汉后期起,一些儒生开始兼收并蓄各派学说。如东海兰陵人萧望之,先是拜同乡、《齐诗》名家后苍为师,研习《齐诗》近10年,后又拜在东平人夏侯胜门下,研修《鲁论》。尤其值得注意的是:他这种打破门户的行为得到了京城众儒的赞同,"京师诸儒称述焉"[①]。这表明,融会各家学说,消除儒学内部纷争,已成为有识之士的共识。到汉成帝时,终于出现了融《鲁论》、《齐论》于一体的《论语章句》,作者张禹,成帝的老师:

> 禹为师,以上难数对已问经,为《论语章句》献之。始鲁扶卿及夏侯胜、王阳、萧望之、韦玄成皆说《论语》,篇第或异。禹先事王阳,后从庸生,采获所安,最后出而尊贵。[②]

夏侯胜、扶卿、萧望之、韦玄成是《鲁论》一派的,而王阳(即王吉)、庸生则是《齐论》一派的。张禹爵封安昌侯,他的《论语章句》又名《张侯论》、《安昌侯说》,计21篇,以《鲁论》为主,兼采《齐论》。时人对他这部著作评价很高,以致传为歌谣:"欲为《论》,念张文。"[③]《论语章句》流传以后,《鲁论》、《齐论》逐渐式微。

入东汉后,兼修诸经,博采众说,成为一时风气,如:

> 任安字定祖,广汉绵竹人也。少游太学,受《孟氏易》,兼通数经。[④]
> 何林字邵公,任城樊人也。……休为人质朴讷口,而雅有心思,精

[①]《汉书》卷七十八,《萧望之传》。
[②]《汉书》卷八十一,《张禹传》。
[③]《汉书》卷八十一,《张禹传》。
[④]《后汉书》卷七十九,《儒林传》。

研《六经》。①

许慎字叔重，汝南召陵人也。性纯笃，少博学经籍，马融常推敬之，时人为之语曰："《五经》无双许叔重。"②

蔡玄字叔陵，汝南南顿人也。学通《五经》。③

贾逵字景伯，扶风平陵人也。……弱冠能诵《左氏传》及《五经》本文。④

马融字秀长，扶风茂陵人也。……著《三传异同说》。注《孝经》、《论语》、《诗》、《易》、《三礼》、《尚书》。⑤

不过，这些大儒注经还没有打破门户之见，如："杜、郑、贾、马注《周礼》、《左传》，不用今说；何休注《公羊传》，亦不引《周礼》一字。"⑥与众不同的，唯有郑玄。

郑玄，字康成，北海高密人，不乐为吏，笃志经学，从他诵习经书起，就无门户之见：

造太学受业，师事京兆第五元先，始通《京氏易》、《公羊春秋》、《三统历》、《九章算术》。又从东郡张恭祖受《周官》、《礼记》、《左氏春秋》、《韩诗》、《古文尚书》。以山东无足问者，乃西入关，因涿郡卢植，事扶风马融。⑦

第五元先是今文经学家，张恭祖乃古文经学家，而马融则是当时古文经学宗师。郑玄先习今文经，后通古文经，不偏信任何一派：

郑君博学多师，今古文道通为一，见当时两家相攻击，意欲参合

---

① 《后汉书》卷七十九，《儒林传》。
② 《后汉书》卷七十九，《儒林传》。
③ 《后汉书》卷七十九，《儒林传》。
④ 《后汉书》卷三十六，《贾逵传》。
⑤ 《后汉书》卷六十，《马融传上》。
⑥ 皮锡瑞：《经学历史·经学中衰时代》，中华书局1959年版。
⑦ 《后汉书》卷三十五，《郑玄传》。

其学，自成一家之言，虽以古学为宗，亦兼采今学以附益其义。①

于是，郑玄博采众家之长，遍注群经，儒学从此统一于郑学：

  于是郑《易注》行而施、孟、梁丘、京之《易》不行矣；郑《书注》行而欧阳、大小夏侯之《书》不行矣；郑《诗笺》行而鲁、齐、韩之《诗》不行矣；郑《礼注》行而大小戴之《礼》不行矣；郑《论语注》行而齐、鲁《论语》不行矣。②

"郑学"是西汉后期以来儒学各派合流的必然产物。

初平三年（192），徐州刺史陶谦领衔致函车骑将军、河南尹朱㒞，推他为盟主，联兵讨伐李傕、郭汜，在上面具名的除陶谦外还有10人，最后一位是"博士郑玄"③。据此，郑玄曾为博士官，但他是哪一家之博士，今已不可考。

两汉儒学的分裂与统一，都与博士官、特别是齐鲁博士有密切关系。

四

博士是一种官职，其职掌不仅仅是传经布道，在两汉内政外交的重大活动与决策中也起着不可替代的作用。其中，齐鲁籍博士或齐鲁学派的博士，对两汉政治影响最大。

第一，两汉礼仪，是齐鲁博士厘定的。

西汉一代礼仪，乃鲁籍博士叔孙通首创，班固称他"一王之仪"，颜师古注曰："创汉代之礼，故云一王之仪也。"④叔孙通厘定的汉礼，影响深远，后世奉为蓝本，沈约《宋书·礼志》云："叔孙创汉制，化流后昆。"东汉中兴，礼仪阙略，重订礼仪者，乃鲁籍博士曹充："充，持《庆氏礼》，建武中为博

---

① 皮锡瑞：《经学历史·经学中衰时代》，中华书局1959年版。
② 皮锡瑞：《经学历史·经学中衰时代》，中华书局1959年版。
③ 《后汉书》卷七十一，《李傕传》。
④ 《汉书》卷四十三，《叔孙通传》及注。

士,从巡狩岱宗,定封禅礼,还受昭议立七效、三雍、大射、养老礼仪。"①

第二,在议政方面,齐鲁博士作出了重要贡献。

备顾问,议政事,是博士的主要职掌。具体说来,形式有二:一是与公卿大夫共同议政。据统计,见诸《史记》、《汉书》和《后汉书》这种形式的议政凡43例②。二是以个人身份上书言政治得失,仅《齐博士奏议》一书就收录23人95篇③。除此之外,齐鲁博士还参与了其他一些政事活动,且成绩突出。如孔子第十四代孙孔光,"成帝初即位,举为博士,数使录冤狱,行风俗,振赡流民,奉使称旨,由是知名"④。

第三,儒学成为统治思想,归功于齐鲁博士。

在这个方面贡献最大的,首推《公羊传》博士董仲舒,他的《天人三策》赢得了武帝的青睐,遂有"罢黜百家,独尊儒术"之举。孔、孟以来300余年间,诸儒梦寐以求的理想至此实现。这不仅是中国儒学史上的里程碑,也是汉代乃至整个中国历史的一大转折点。

齐鲁博士在两汉政治上的作用是多方面的,以上三点,仅是其荦荦大者。

博士秩比六百石,品秩不高,地位却极尊荣。《汉旧仪》云:"卿大夫、尚书、二千石、博士冠两梁,两千石以下至小吏冠一梁。"《晋书·职官志》注曰:"博士秩卑,以其传先王之训,故尊而异之,令服大夫之冕。"博士升迁也快,往往一跃而为两千石。深厚的儒学修养使齐鲁博士在仕途上飞黄腾达,下面一组数字,即可为证(下面用的"齐鲁"一词,指齐鲁籍的博士和属于"齐学"、"鲁学"的博士):

两汉博士官至三公者计17人,齐鲁独占11人;

两汉博士官至九卿者计16人,齐鲁独占9人;

两汉博士官至太子太傅、太子少傅者计7人,齐鲁独占5人;

两汉博士官至郡守、州牧及王国太傅、相、内史等地方长官者计39人,

---

① 《后汉书》卷三十五,《曹褒传》。
② 张汉东:《论秦汉博士制度》,附录于安作璋、熊铁基《秦汉官制史稿》,齐鲁书社1984年版,第409—491页。
③ 李伯齐主编,齐鲁书社1998年出版的《齐文化丛书》之一种。
④ 《汉书》卷八十一,《孔光传》。

齐鲁独占25人。

不论是在中央还是在地方做官，齐鲁博士大都能廉洁自律，恪守职责，成为一代名臣，如丞相公孙弘、韦贤、匡衡、孔光、翟方进，御史大夫贡禹，司徒鲁恭，司空师丹、伏恭、刘弘，太常叔孙通、桓荣，郡国守相董仲舒、孔安国等等。

齐鲁博士，门徒众多，如《鲁诗》博士申培门下弟子千余人，《公羊传》博士丁恭门下弟子达数千人。他们的弟子中，位至卿相、牧守者颇众，官拜三公者就有赵绾、韦玄成、王骏、张禹、平当、贡禹、萧望之、马宫、欧阳歙、丁鸿、周泽等十几人。

齐鲁博士及其弟子，通经入仕，在不同程度上实践着儒家的思想学说，从而给两汉社会以巨大影响。其中，最为重要的一点，是对皇太子的影响。太子乃储君，历朝历代都特别重视对太子的培养。齐鲁博士及其弟子以其博学多才、品行端正而成为太子太傅、少傅的最佳人选，从宣帝一朝起，太子的师傅几乎被他们垄断。如宣帝为太子刘奭选定的师傅今可考者有夏侯胜、萧望之、周堪三人。夏侯胜，鲁人，以治《尚书》为博士，兼治《鲁论》。萧望之，兰陵人，先拜《齐诗》博士后苍为师，后又师从夏侯胜研习《鲁论》。周堪，齐人，也是夏侯胜的弟子。夏侯胜、萧望之先后出任太子太傅，周堪是太子少傅。除他们三人外，《尚书》博士、鲁人孔霸也以太中大夫的身份教授过刘奭；《尚书》博士、千乘人欧阳地余也以太子中庶子的身份给刘奭讲授家传《尚书》。他们对刘奭的影响极大。后来，刘奭在一道褒扬萧望之的诏书中说："国之将兴，尊师而重傅。故前将军望之傅朕八年，道以经术，厥功茂焉。"①《汉书·元帝纪》云："八岁立为太子。壮大，柔仁好儒。"刘奭热衷儒学，是几位师傅教导的结果。宣帝死后，刘奭即位，是为元帝，公卿之位，多委儒生：

元帝尤好儒生，韦（玄成）、匡（衡）、贡（禹）、薛（广德），并致辅相。自后公卿之位，未有不从经术进者。②

---

① 《汉书》卷七十八，《萧望之传》。
② 皮锡瑞：《经学历史·经学中衰时代》，中华书局1959年版。

如韦玄成，邹人，治《鲁诗》，官至丞相；匡衡，承人，曾为《齐诗》博士，官至丞相；贡禹，琅琊人，曾是《公羊传》博士，官至御史大夫；薛广德，沛人，治《鲁诗》为博士，官至御史大夫。可见，元帝重用的儒生又大都是"齐学"、"鲁学"两派的人。元帝为太子时，即曾建议宣帝"宜用儒生"，受到宣帝的批评，曰："汉家自有制度，本以霸王道杂之，奈何纯任德教，用周政乎！且俗儒不达时宜，好是古非今，使人眩于名实，不知所守，何足委任！"乃叹曰："乱我家者，太子也！"[1]汉代儒生治国，是从元帝一朝开始的，这是两汉政治的一个转折点，而促成其事的，则是齐鲁博士及其弟子。

齐鲁博士及其弟子纷纷跻身公卿牧守之列，在政治上形成了一股强大的势力。

《汉书·地理志》说："汉兴以来，鲁、东海多至卿相。"特别是从宣帝朝起，鲁籍人位至卿相者颇多，仅以丞相论，从宣帝到平帝，18位丞相中，属于鲁籍的就占了10人。10人中，有6人是鲁籍博士或鲁籍博士的弟子，他们是韦贤、魏相、韦玄成、匡衡、孔光、马宫。这一历史现象，归根结底正是鲁地深厚的儒学传统造就的，而鲁籍博士则起了很大作用。

(本文与刘德增合作，原载《史学月刊》2000年第1期)

---

[1] 《汉书》卷九，《元帝纪》。

说 "孝"

——兼论"汉以孝治天下"

一

"孝"作为一种伦理道德观念,在中国有悠久的历史渊源和深厚的社会基础。它首先是原始社会末期父系家长制的产物,也是人类社会家族血缘关系在伦理观念上的反映。商代甲骨文和周代金文中"孝"字已屡有出现。几千年来,随着社会的发展,其内容也不断得到丰富和发展。以汉代为例:史称"汉以孝治天下",即把"孝"作为统治国家的思想武器。汉代皇帝除西汉高帝刘邦、东汉光武帝刘秀外,自西汉惠帝、东汉明帝以下,历朝皇帝的谥号无不冠以"孝"字,如孝惠帝、孝明帝等,以表示对"孝"的尊崇。汉代一项重要的选官制度,即是察举孝廉。孝武帝以后,从中央到地方各级政府官吏多为孝廉出身,当时被视为仕宦之正途。宋徐天麟说:"(汉)得人之盛,则莫如孝廉,斯亦后世之所不能及。"[①]对广大农村的孝弟、力田者,则采取赐爵、赐帛或复其身(即免除徭役)的优抚政策,以提倡孝道。武帝时立五经博士,以后又增《论语》、《孝经》为七经,作为从京师到各郡、县、乡各级各类学校中的必修课和必读教材,无论贵族官僚还是平民百姓,都要接受"孝"的教育。统治者之所以提倡"孝",是和"忠"联系在一起的。

---

① 《东汉会要·选举》。

"其为人也孝悌，而好犯上者鲜矣。"① 在家国同构一体的封建社会中，孝于亲者必忠于君。汉初陆贾就强调"孝"是"忠"的前提，"在朝者忠于君，在家者孝于亲"②。《孝经·扬名章》也说："君子之事亲孝，故忠可移于君。"同书《士章》又说："以孝事亲则忠。"《后汉书·韦彪传》引《孝经纬》："事亲孝，故忠可移于君，是以求忠臣必于孝子之门。"所有这些都说明一个问题，即君臣关系犹如父子关系，"忠臣之事君，犹孝子之事父也。子之事父，焉得不尽其情？"③ 这就是汉代以"孝"治天下的公开秘密，也是中国古代政治思想和政治理论的一大特色，对后世政治有很大影响。两汉皇朝绵延 400 余年之久，为中国历史上最长的朝代，恐怕也和以"孝"为治国之道有一定关系。

二

从历史上看，不论"孝"的内容有多么大的发展变化，但其基本内涵仍不外《说文》对"孝"字的解释："孝，善事父母者。"所谓"善事父母"，有的学者归纳为养、敬、谏、顺四个字。④ 我以为最主要的还是前面的两个字：第一是"养"，即对父母要尽赡养义务。《孝经·庶人章》："谨身节用，以养父母。"孟子把"孝"更具体化了，他说："世俗所谓不孝有五：惰其四肢，不顾父母之养，一不孝也；博弈好饮酒，不顾父母之养，二不孝也；好财货，私妻子，不顾父母之养，三不孝也；从耳目之欲，以为父母戮，四不孝也；好勇斗狠，以危父母，五不孝也。"⑤ 孟子所举的五不孝中，有三项是关于奉养父母的，可见，他强调子女赡养父母是孝的重要内容。东汉杨震"少孤贫，独与母居，假地种殖，以给供养"，"乡里称孝"⑥。江革"少失父，独与母居……常采拾以为养"，或"行佣以供母"，"乡里称之曰江巨孝"⑦。董永"肆力田亩"供养老父，卒至"卖身葬父"，被视为孝子的楷模（见山东嘉祥武氏祠石刻），

---

① 《论语·学而》。
② 《新语·至德》。
③ 《后汉书·傅燮传》。
④ 刘泽华：《中国的王权主义》，上海人民出版社 2000 年版，第 252 页。
⑤ 《孟子·离娄下》。
⑥ 《后汉书·杨震传》注引《续汉书》。
⑦ 《后汉书·江革传》。

对后世产生了深远的影响。反之,如果不养父母,就要受到社会舆论严厉指责。如西汉丞相薛宣有不养母之名,即被人弹劾而被罢官。我国古代历朝法律如秦律、汉律、唐律、大明律、大清律中都有"不孝"的罪名,唐律明确规定,对父母"供养有缺",即是犯有"十恶"大罪。严重的甚至要处以死刑。这样就使"孝"不仅成为人们道义上应尽的义务,而且也是必须履行的一种法律责任。总而言之,子女必须尽自己的能力赡养父母,这是子女对父母尽孝最基本的要求。民间所说的"养儿防老"在很大程度上体现了这层含义。第二是"敬",即对父母要尊敬。作为子女,仅仅奉养父母是不够的,同时还要尊敬父母,敬老是"孝"的一个重要方面。孔子说:"今之孝者,是谓能养。至于犬马,皆能有养。不敬,何以别乎?"①《孝经·孝行章》特别规定:"孝子之事亲也,居则致其敬。"西汉万石君石奋家,"子孙胜冠者在侧,虽燕必冠,申申如也"②。东汉樊宏在家中,"子孙朝夕礼敬,常若公家"③。在当时都号称为孝敬的模范家庭。"敬"是指子女在态度上对父母要恭敬,让父母在精神上得到最大的快慰。如果说"养"是表现在物质方面的"孝",而"敬"则是表现在精神方面的"孝",二者缺一不可。这应是传统的"孝"中属于精华的内容。

三

但是在这里也要指出:传统的"孝"在发展过程中也掺杂有不少的封建性糟粕,其中最重要的便是愚孝。先秦时期,儒家在讲"孝"时,往往将慈孝并举,如孔子说:"慈孝则忠。"④父慈子孝是双向关系,既强调子女对父母要"孝",又强调父母对子女要"慈",这是一种很淳朴的家庭伦理关系。而法家则不然,只片面强调子事父,并推及臣事君、妻事夫的单向关系,如韩非所说:"臣事君,子事父,妻事夫,三者顺则天下治,三者逆则天下乱,此天下之常道也。"⑤汉儒董仲舒吸收发展了法家学说和阴阳五行学说,以为

---

① 《论语·为政》。
② 《汉书·石奋传》。
③ 《后汉书·樊宏传》。
④ 《论语·为政》。
⑤ 《韩非子·忠孝》。

"君臣父子夫妇之义,皆取诸阴阳之道","君为阳,臣为阴;父为阳,子为阴;夫为阳,妻为阴","阳尊阴卑",从而提出了"王道之三纲可求于天"①。所谓"三纲",即"君为臣纲,父为子纲,夫为妻纲"②,而且把这种上了纲的伦理关系都说成是上天的意志。大概自秦汉始,原来的父子双向关系便逐渐向单向转化,只片面强调子孝,而不重视父慈,实际上是强化了家长的权力。正如《汉书·韦贤传》说:"孝莫大于严父,故父之所尊,子不敢不承,父之所异,子不敢同。"尤其是宋明理学昌盛时期,孝的观念和孝行更加被神化,把"孝"视为"天理",进一步强化了父权和君权。"人伦者,天理也。"③"君臣父子,定位不移,事之常也。"④"父有不慈,子不可以不孝;君有不明,臣不可以不忠。"⑤甚至有"父要子死,子不敢不死;君要臣亡,臣不敢不亡"之说。这是对"孝"的观念和孝行的严重歪曲,是"孝"的畸形发展。史载秦二世矫始皇帝诏说:"扶苏为人子不孝,其赐剑以自裁。"扶苏欲自杀,蒙恬怀疑其中有诈,劝扶苏请示皇帝,以便弄清真伪。扶苏说:"父而赐子死,尚安复请!"⑥遂自杀。扶苏之冤死,说明此种不平等的父子关系早已深入人心,并得到世人的极大同情。其实这正是愚孝所造成的悲剧,也是传统的"孝"中的糟粕和最消极的部分。

在封建统治者的倡导下,除了愚孝以外,还出现了伪孝即假孝子现象。如前所述,汉代对孝子实行了一系列奖励制度和优待政策,一旦被推举为孝子,有的人就可以做官升官,有的人可以免除兵役徭役等等。有了这些好处,所以很多人都争当孝子,其中难免真伪混杂,甚至多为欺世盗名之徒。东汉时乐安有一个名叫赵宣的人,为其亲行服20余年,乡里称孝。当太守陈蕃问其妻子情况时,其五子皆丧服中所生,一时传为笑谈。⑦又颍川人甄邵为邺县县令,当迁为郡守,会母亡,邵埋尸于马屋,先受封,然后乃

---

① 《春秋繁露·基义》。
② 三纲具体条文,始见于西汉末成书的《礼纬》。
③ 《二程集·河南程氏遗书》卷7。
④ 《朱子文集》卷14。
⑤ 《朱子语类》卷79。
⑥ 《史记·李斯列传》。
⑦ 《后汉书·陈蕃传》。

发丧，也为世人所不齿。后被人弹劾"贪官埋母"，废锢终身。① 还有一种伪孝，在父母生前，不予供养，而死后却大加厚葬，以造成孝子的假象，欺世盗名，以便从中获取种种好处。据西汉桓宽《盐铁论·散不足篇》引"贤良"曰："今，生不能致其爱敬，死以奢侈相高；虽无哀戚之心，而厚葬重币者则称以为孝，显名立于世，光荣著于俗。"东汉学者王符曾亲自目睹这种虚伪现象："今京师贵戚，郡县豪家，生不极养，死乃崇丧。或至金缕玉匣，檽梓楩柟，多埋珍宝偶人车马，造起大冢，广种松柏，庐舍祠堂，务崇华侈。"② 不独王符等有见于此，当时的民间歌谣也有"察孝廉，父别居"③之语，这都说明伪孝还是一个比较普遍的现象。

五四运动以来，对包括"孝"在内的封建礼教进行了长期而激烈的清算和批判，这是近百年来中国人民思想上的一次大解放，推动了社会的巨大变革和进步。但由于形而上学和极左思想的干扰，也产生了一些负面的消极的影响。即在批判传统文化中封建糟粕的同时，也简单粗暴地抛弃了其中精华的部分，以至社会道德水平不断下降，孝的观念逐渐淡化，子女不孝甚至歧视、虐待、遗弃老人的事件时有发生。这些现象破坏了家庭的和谐，削弱了社会的凝聚力，败坏了社会风气，不利于社会的发展和国家的稳定，应当引起我们足够的重视。

四

总而言之，我认为传统的"孝"，其合理性最突出地表现在对父母的"养"和"敬"两方面。人之初生主要是靠父母的供养、教育才能长大成人。在长期的共同生活和潜移默化中，子女对父母必然会产生依赖、信任、尊敬和感激之情。以"养"和"敬"为主要内容的"孝"，包含着人类的自然心理和起码的道德准则。父母的养育之恩、抚育之情，人们是永远不应该忘记的。这也是人类社会持续发展的需要。劳动人民正是从这个角度接受"孝"的道德规范的。传统的中国家庭比西方家庭有着更强的凝聚力和更多的天伦

---

① 《后汉书·李固传》。
② 《后汉书·王符传》引《潜夫论·浮侈篇》。
③ 葛洪：《抱朴子·外篇·审举》。

之乐，这与"孝"的道德观念深入人心是分不开的。

传统的"孝"对现代家庭也有重要的现实意义。如前所述，对其中愚昧落后的因素，我们必须彻底清除，对其中合理的因素特别是养老敬老的道德规范还是应该继承和大力发扬的。据不完全统计，现时中国60岁以上老年人口已超过1.3亿，占全国总人口的10%以上。平均10人中至少有一位老人。另据有关资料预测，20年后，即到2025年，中国老年人口将达到2.8亿，约占全国总人口的20%。这个数字相当于美国的总人口，相当于日本总人口的两倍。因此，如何妥善解决养老问题，将是21世纪我们面临的一个严重社会问题。鉴于我国几千年来已形成以家庭养老为主的传统养老模式和现有客观条件的限制这一实际情况，今后为人子女的一个重大责任便是照顾好父母的晚年生活，特别是当父母年老体弱或失去劳动能力和生活能力的时候，子女必须尽赡养义务，保证父母的生活需要。另一方面，还要尊敬父母。他们一生操劳，为子女为社会为国家作出了很大贡献，年老之后，理应受到尊敬。子女不仅在物质上而且要在精神上满足父母的身心需要。我们不能让《墙头记》这一类悲剧在现实社会中继续重演。父母与子女之情是人间最自然最持久最深厚的感情。试想，一个人如果连生他养他育他的父母都不孝敬，那就很难想象他会真心实意地爱其他人、全心全意为人民服务。有人说，要判断一个人品德如何，只要看其对父母的态度即可大致了解。所谓"百行孝为先"，这不免夸大其词，但也不无一定道理（在特定历史情况下，"忠孝不能两全"，甚或"大义灭亲"，另当别论）。从社会意义上讲，传统的"孝"中的合理因素对现代家庭的稳定也可起到积极作用，而家庭是国家和社会的基本细胞，国家与社会的稳定在很大程度上依赖于家庭关系的和谐和稳定，家齐而后国治，国治而后天下平。总之，"孝"在中国有几千年的传统，我们对它不能简单地认为是封建遗孽而加以全盘否定。要"剔除其封建性的糟粕，吸收其民主性的精华"，总结历史经验教训，结合现实，既要大力发扬其中养老敬老的传统美德，又要强化法律对不孝的制约，这对于增强现代家庭的凝聚力，促进社会和国家的稳定；对建设社会主义精神文明，进而全面建设和谐的小康社会都具有积极的意义。

（原载《济南日报》社会特刊，1995年10月26日，《山东师范大学学报》2003年第5期增刊）

五、关于秦汉少数民族与中外关系史研究

关于"徐福文化"的思索

中国历史上英杰辈出,但时过境迁,能够名垂青史、对当今时代仍有巨大影响的,就寥寥无几了。徐福便是其中之一。2200多年过去了,中国人民没有忘记他,日本人民也在纪念他,随着中日经济文化交流的发展,"徐福热"还将进一步升温。在中国特别是在日本,徐福已不是一个"个体的人",而是一种文化现象了。说到"徐福文化",不能不涉及"徐福思想和方士文化—齐文化—秦时中国文化"这几个层面的内容。

徐福的思想是"徐福文化"的重要内容之一。以往人们关注的焦点是徐福有无其人,有无其事,以及徐福的里籍、徐福东渡等问题,近年来这方面的研究确有突破性的进展。遗憾的是徐福的思想却很少有人问津。但是,若缺了徐福的思想这一方面,"徐福文化"就很难成为一种文化。

徐福是一个方士,他具有方士的一般特征。也就是说,方士的思想是徐福思想的主要构成。所谓方士即有方术之士,《史记·秦始皇本纪》云:"悉召文学方术士甚众,欲以兴太平,方士欲练以求奇药。"奇药即长生不死之药。现在看来,求长生不死之药,这种思想是荒唐可笑的。但是,作为一种对宇宙和人生奥秘的探索精神,也有其一定的积极意义。

另一方面,作为一名方士,徐福又有自己的特点或者说个性。例如,在找不到仙人和仙药、面临秦始皇惩罚的情况下,卢生、侯生等方士把秦始皇诽谤了一通,然后逃走,结果激怒了秦始皇,遂有"坑儒"之举。"坑儒"罪在秦始皇,但是引发这一恶性事件,却是卢生、侯生等人。而徐福则不然,他没有把找不到仙人和仙药归咎于秦始皇的专横残暴,而是在想方设法取得秦始皇的信任，积10年之功，大举向海外移民，重建家园。这种深谋远虑、勇于开拓、坚韧不拔、不达目的不止的大无畏创业精神，是值得后人发扬光大的。一个人的思想不可能是单一的，方士亦然，在他们思想中，不仅有阴阳五行家的思想，还有道家、儒家等思想。徐福的思想更为复杂，研究徐福的思想，也还需要揭示阴阳家、道家、儒家等思想流派的影响。

徐福是齐人，他的思想必然受到齐文化的影响。齐文化作为一种区域文化，有自己的特点。对此，《史记·货殖列传》和《汉书·地理志》都有精辟的表述。如《汉志》云："初太公治齐，修道术，尊贤智，赏有功，故至今其士多好经术，矜功名，舒缓阔达而足智。"在徐福身上，正是体现了齐俗中这种"矜功名，舒缓阔达而足智"的特色。所以研究"徐福文化"还必须把它放在齐文化这一背景下去考察。

秦统一中国，在经济、政治、文化诸方面都采取了统一的措施。于是战国时代不同地域的文化，如三晋文化、齐鲁文化、燕齐文化、荆楚文化、吴越文化、巴蜀文化包括秦文化在内都在不同程度上互相交流渗透，最终融合为多元一体的新型的中国文化，而秦时的中国文化已是当时世界上最先进的封建文化。徐福是秦统一下的一位著名的方士，因此研究"徐福文化"也就不能不研究秦代中国的文化。

人是文化的载体。徐福等大批中国移民东渡日本，带到日本去的不仅仅是史书中记载的"五谷种"和"百工"等农业和手工业生产的技术，方士的方术（包括医药知识、天文、气象、航海知识等）和方士思想中所吸收的阴阳家、道家、儒家等思想，崇尚功利、开放、革新的齐文化和秦代中国先进的封建文化，也必然一同带去了日本。当时的日本还处在石器时代的原始社会，而秦时先进的中国封建文化的传入，极大地推动了日本社会的发展，日本正是在这个时期迅速跃进到以使用金属工具，种植水稻为特征的"弥生文化时期"。

正是由于"徐福文化"本身所具有的这种巨大价值，才引发了"徐福热"或者"徐福文化热"。这一文化现象的产生和发展，其原因和现实意义在于：

第一，是徐福在中日文化交流中所作出的巨大贡献。日本曾是"中国文化圈"的成员国之一，在当今日本文化中，儒家文化的遗存仍然十分厚重。而在中日文化交流史上，徐福是一位开先河的人物。尽管在他之前，儒家文化早已传入日本，但是规模最大而又有姓名可考者，最早的只有徐福一人，故徐福是当之无愧的中日文化交流的"第一使者"。日本人——至少是其中一部分人已把徐福奉为"祖神"，把中国尊为"母国"，自认为是秦代中国移民的后代，这绝不是偶然的。

　　第二，直到今天，徐福仍是连接中日两国人民友谊的一条纽带。对于这一点，是毫无疑问的，并且随着中日经济文化交流的进一步发展，这条纽带的作用也将越来越大。研究徐福和"徐福文化"，继承和发扬其中有价值的历史遗产，必将有利于进一步促进中日朝韩等东亚各国经济与文化交流。

　　徐福和"徐福文化"热方兴未艾。广泛深入地研究徐福和"徐福文化"，是时代赋予我们的光荣使命。

（原载于《联合日报》1994 年 11 月 30 日）

徐福东渡及其历史意义

徐福东渡是秦始皇帝统治时期中外关系史上影响最大的历史事件，这一事件至今仍然令中外学者，尤其是中、日、韩等国学者倍加关注，不仅其事实真相有待于进一步考察清楚，而其在中外文化交流史上的意义也有待于更加深入的认识。

记载徐福东渡的文献资料很多，最具权威性、真实性的当首推司马迁的《史记》。该书有三处明确记载了徐福东渡的事迹：《秦始皇本纪》二十八年（前219）、三十七年（前210）和《淮南衡山王列传》。此外，还有《汉书·郊祀志》、《三国志·吴书·吴主传》以及假托西汉东方朔作品的志怪小说《十洲记》，而五代后周的义楚和尚所作的《义楚六帖》则最早明确指认徐福所到之初为日本。

自此之后，虽然对徐福所到之处学术界仍有数种不同观点，但多数学者对徐福东渡之地为日本，并途径韩国的济州岛这一事实，已深信不疑，而且作了较为有说服力的论证。

尽管关于徐福籍贯学术界有多种说法，但司马迁《史记》记载他是"齐人"，不会有错。根据各种文献、传说和遗迹推断，其故里当在今之山东省龙口市一带。就目前现有资料来看，多数学者认为这一论证最为可靠，他们对此已从五个方面作了充分而明确的表述。[①]

徐福东渡具有重大的历史意义，产生了极其深远的影响。

[①] 见1991年10月23日《光明日报》"学术信息"栏："徐福故里当在黄县（今龙口市）一带"。

徐福东渡不仅是中国航海史上的壮举，也是世界航海史上的壮举。历史学家一致推崇地中海是人类航海事业的摇篮，埃及、腓尼基、迦太基与古罗马等都在世界航海史上留下了辉煌的业绩。相比而言，徐福在公元前3世纪东渡时，其所使用航船的吨位、航海的技术水平、航海的规模之大等诸多方面都处于当时世界的最前列；而西方著名的航海家如哥伦布、达·伽马、麦哲伦等也都比徐福东渡晚了1000多年。徐福作为一位伟大的航海家，将与他领导的东渡一起名垂史册。

徐福东渡的成功是中外文化交流史上的里程碑，是有文献记载的中国文化的第一次大规模的跨海传播。徐福将先进的中国文化带到日本列岛和朝鲜半岛，极大地促进了日本和朝鲜、韩国的社会发展。特别是地下发掘的大量文物，给徐福东渡后的中国文化对日、朝、韩文化的影响提供了确凿的实物佐证。

跟随徐福东渡的数千中国人以及前后渡海而来的华夏儿女，带着中国先进的文化在日本列岛、朝鲜半岛落地生根，繁衍后代，并逐渐融入日、朝、韩的民族。直到今天，日本、朝鲜和韩国还有不少姓氏家族，自称为"渡来人"或"秦人"的子孙，有的径直认为就是徐福所率领的童男童女的后代。

徐福东渡在中、日、朝、韩等国人民中间播下了友谊的种子，得到了后世各国人民的尊敬与怀念，日本、朝鲜、韩国许多地方都有徐福东渡的纪念遗迹，并受到当地人民世世代代的祭祀。例如不知唱了多少代的《金立神社五十年大祭之歌》，就是日本人民祭祀徐福的赞歌。中国人民也永远怀念这位中日友好的先行使者与文化传播者，不少政治家和诗人如北宋欧阳修的《日本刀哥》、明太祖朱元璋和日本僧人绝海中津的熊野诗、近代黄遵宪的《日本杂事诗》等都表达了对徐福的深切怀念。

总之，不管徐福东渡是出于什么目的，也不论他的活动有多少神秘色彩，他的东渡都应是远东乃至世界航海史上的空前创举，而此一壮举将永远作为中、日、朝、韩友谊的佳话为这些国家的人民世世代代所铭记。

因此，我建议：

应当大力宣传徐福不畏艰险、克服困难、敢于率先走出国门、闯出一片广阔天地的开创精神、大无畏精神、团结协作精神、自强不息精神和厚德载物、睦邻友好的精神，作为社会主义精神文明建设和宣传教育的主要内容。

应当借助徐福文化研究，为地方经济文化建设服务。中国国际徐福文化交流协会和龙口市的各级领导在这方面已经做了大量的工作，并取得了很大的成绩。今后要继续不断努力，不断写出新的篇章。

应当进一步把徐福文化推向世界，扩大对外文化交流的范围。不仅要在日本、朝鲜、韩国、港台地区宣传徐福，而且要在全世界华人文化圈中宣传徐福，以促进祖国统一和增强全世界华人的凝聚力。

不久前，中国加入世贸组织。现在我们研究徐福、宣传徐福，更具有现实的意义。

（原载于《徐福文化交流》2002 年）

徐福东渡与中、日、朝、韩关系

徐福实有其人，为齐方士；"徐福东渡"，也实有其事。这一切都见于两千多年前西汉司马迁所写的《史记》。"徐福东渡"所至之处，最早明确指认为日本的是五代后周时期的《义楚六帖》。虽然至今仍有少数学者对此持存疑态度，但根据文献、考古资料和中日两国民间保存的大量遗迹和口碑，确认徐福"止王不来"的地方是日本，在众多说法中不失为最有说服力的结论。而"徐福东渡"日本，途经韩国济州岛，不仅有留下的遗迹可资证明，而且至今有些岛上居民仍自称是"徐福"或"徐福东渡"集团的后裔。"徐福东渡"不仅是中国航海史上的壮举，也是世界航海史上的壮举。以徐福东渡集团为代表的中国海外移民在中国、日本、朝鲜和韩国的友好交往和经济文化交流中产生了特别深远的影响。

一、关于徐福其人与东渡问题

在秦始皇统治时期，秦朝的对外关系中影响最大的事件是徐福东渡。这一至今仍然令中外学者，尤其是中、日、朝、韩等国学者倍加关注的历史事件，不仅其事实真相有待进一步破解，而且其在中外文化交流史上的意义也有待于更深入的认识。

记载徐福东渡的文献资料较多，最具真实性、权威性的首推两千多年前西汉司马迁写的《史记》。该书有三处记载了徐福东渡的事迹。《史记·秦始皇本纪》：

二十八年，始皇东行郡县……南登琅邪，大乐之，留三月。……作琅邪台，立石刻，颂秦德，明得意。……既已，齐人徐市等上书，言海中有三神山，名曰蓬莱、方丈、瀛洲，仙人居之。请得斋戒，与童男女求之。于是遣徐市发童男女数千人，入海求仙人。

三十七年十月癸丑，始皇出游。……十一月，行至云梦……还过吴，从江乘渡。并海上，北至琅邪。方士徐市等入海求神药，数岁不得，费多，恐谴，乃诈曰："蓬莱药可得，然常为大鲛鱼所苦，故不得至，愿请善射与俱，见则以连弩射之。"始皇梦与海神战，如人状。问占梦，博士曰："水神不可见，以大鱼蛟龙为候。今上祷祠备谨，而有此恶神，当除去，而善神可致。"乃令入海者赍捕巨鱼具，而自以连弩候大鱼出射之。自琅邪北至荣成山，弗见。至之罘，见巨鱼，射杀一鱼。遂并海西。

《史记·淮南衡山王列传》：

又使徐福入海求神异物，还为伪辞曰："臣见海中大神，言曰：'汝西皇之使邪？'臣答曰：'然。''汝何求？'曰：'愿请延年益寿药。'神曰：'汝秦王之礼薄，得观而不得取。'即从臣东南至蓬莱山，见芝成宫阙，有使者铜色而龙形，光上照天。于是臣再拜问曰：'宜何资以献？'海神曰：'以令名男子若振女与百工之事，即得之矣。'"秦始皇大说，遣振男女三千人，资之五谷种种百工而行。徐福得平原广泽，止王不来。

《汉书·伍被传》有关于徐福的事迹显系抄自《史记·淮南衡山列传》，而《汉书·郊祀志》的记载稍异于《史记》：

自（齐）威、宣、燕昭使人入海求蓬莱、方丈、瀛洲。此三神山者，其传在渤海中，去人不远。盖尝有至者，诸仙人及不死药皆在焉。其物禽兽尽白，而黄金银为宫阙，未至，望之如云，及到，三山反居水下，水临之。患且至，则风辄引船而去，终莫能至云。世主莫不甘心焉。及秦始皇至海上，则方士争言之。始皇如恐弗及，使人赍童男女入海求之。船交海中，皆以风为解，日未能至，望见之焉。

《三国志·吴书·吴主传》：

  （黄龙）二年春正月……遣将军卫温、诸葛直将甲士万人浮海求夷洲及亶洲。亶洲在海中，长老传言秦始皇遣方士徐福将童男童女数千人入海，求蓬莱神山及仙药，止此洲不还。世相承有数万家，其上人民，时有至会稽货布，会稽东县人海行，亦有遭风流移至亶洲者。所在绝远，卒不可得至，但得夷洲数千人还。

假托西汉东方朔作品的志怪小说《十洲记》，记载了徐福去祖洲采药的故事："祖洲在东海之中，去西岸七万里，上有不死之草。秦始皇乃使使者徐福，发童男女五百人，率摄楼船入海寻祖洲一遂不返。"范晔撰著的《后汉书·东夷传》抄录了《三国志·吴书·吴主传》的有关徐福的资料，附于倭奴国之后。唐代诗文中亦有不少记载徐福东渡之事，但也没有点明他所去之处为日本。最早明确指认徐福所到之地为日本的是五代后周时期的义楚和尚。他在《义楚六帖》之《城郭·日本》一章中言之凿凿：

  日本国亦名倭国，在东海中。秦时，徐福将五百童男、五百童女止此国，今人物一如长安。……又东北千余里，有山名富士，亦名蓬莱……徐福止此谓蓬莱，至今子孙皆曰秦氏。

自此之后，虽然对徐福所去之地学术界仍有数种不同观点，但有相当多数的学者对徐福东渡之地为日本已深信不疑并且做了较有说服力的论证。

  显然，徐福东渡是一个史有明文的事实，但对于此一事件的记载却是将事实与传说，真实与神怪杂糅在一起，使之笼罩在云山雾海之中，平添了许多扑朔迷离之感。

  尽管关于徐福的籍贯学术界有多种说法，但司马迁记载他是"齐人"不会错。根据各种文献、传说和遗迹推断，其居住地当在今之山东龙口市一带。

春秋战国时期，滨海的齐、燕两国产生了一批方士，他们到处宣扬能找到海外的蓬莱、方丈、瀛洲等仙山，能找到那里的仙人与不死药。这对当时的各国国君和达官贵人自然产生了无比强烈而持久的吸引力。这类方士之中，虽然不乏借机敛财的骗子，但也有一些真诚相信海外有仙山、仙人和不死药的探索者，他们与企求长生不老的帝王和达官贵人们组成了一个锲而不舍的自欺而又欺人的群体，从而使对仙山、仙人和不死药的探求旷日持久地继续下去，而在战国、秦与西汉时期达到了高潮。秦始皇是一个文治武功都彪炳史册的伟大帝王，面对统一后的美好江山和臣子们洋洋盈耳的颂赞，面对不断花样翻新的锦衣玉食和倾城倾国、灿如云霞的众多美女，他自然企望将这种人间享受永远保持下去，因而对于方士们的说教心有灵犀，一点即通。当然，他对仙人与不死药的笃信并不是绝对的。因为常识告诉他：长生不老的实例一个也没有。所以，他一面命人督率数十万刑徒工匠大修骊山陵墓，为自己准备最后的归宿，一面又不断指令方士们竭尽全力寻获仙山、仙人和不死药。秦始皇二十八年（前219），他遣徐福"入海求仙人"，三十二年（前215），他"使燕人卢生求羡门、高誓"，又"使韩终、侯公、石生求仙人不死之药"。三十五年（前212），听信卢生说教，自谓"真人"，隐匿行踪。三十七年（前210），他再次听信徐福说教，指派徐福最后一次出海寻找仙人与不死药。① 正是由于秦始皇对仙人与不死药的痴迷，使徐福等人的活动得到持久的助力。秦始皇倾国家之力资助徐福等人的远航，是徐福数次东渡成功的重要原因。徐福作为一个著名的方士，他可能也是一个仙人与不死药的痴迷者。尽管他的前辈寻找仙人与不死药的努力留下的是失败的记录，但他痴心不改，满怀期望几代方士的追求在自己手上取得成功。所以，在秦始皇东巡至琅邪之时，徐福立即前去兜售他那一套渡海寻仙之说。得到秦始皇的支持后，他带领庞大的船队开始了中国历史上一次空前的远航。从情理推断，他感谢秦始皇的知遇之恩，真心实意地为他服务，甘冒生命危险为他寻找仙人与仙药，力图尽早把不死药献到秦始皇的面前。经过10个年头（前219—前210）的努力，不知经历过多少狂风恶浪和九死一生的考验，徐福成熟了，可能也清醒了：世界上根本不存在仙山、仙人和不

---

① 《史记·秦始皇本纪》。

死之药，他的努力只能是自欺欺人的活动。明白了自欺，他自然更意识到欺人，尤其是欺骗秦始皇这样一个具有生杀予夺大权的帝王究竟意味着什么。因而，徐福最后一次东渡就打算不再返回。这不仅因为他意识到逼近自己的危险，害怕重蹈两年前（前212）被坑儒生的覆辙，而且他也不会不发现秦皇朝面临的危险，与他10年前第一次东渡时的情况相比，秦始皇与他的朝廷已经坐在火山口上，哀鸿遍野，人心思乱。此时避祸的最好办法是顺着自己熟悉的水路再来一次冒险的远航。如果说，徐福10年前的第一次东渡，是一次寻找仙人和不死药的真诚的行动；那么，他最后一次的东渡则是欺骗秦始皇的避祸之旅。

虽然徐福东渡之地为何处直到千年之后才有人认定为日本，因而至今仍有学者对此持存疑态度，但根据文献、考古资料和中日两国保存的大量民间传说，确认徐福"止王不来"的地方是日本的结论在众多说法中不失为最有说服力的结论。

齐鲁地区是我国最古老的文明发祥地之一，史前的东夷文化已经达到相当高的水平。夏、商、西周时期，由于东夷文化广泛吸收了中原文化，初步形成了具有强大生命力的齐鲁文化。西周初年由姜尚建立的齐国，地跨胶东半岛和泰沂山脉以北的广阔原野，土地肥沃，森林矿产资源丰饶，特别是面临大海，极富鱼盐之利。从远古时代起，这里的居民即开始海上航行，逐步积累起较丰富的航海知识与航海经验。到秦朝时期，沿海岸已经可以航行较远的距离了。据有的学者研究，当时由齐地到日本的航线分五段：第一段琅邪港——成山头——芝罘港；第二段芝罘——蓬莱——庙岛群岛——辽东南端老铁山；第三段老铁山——鸭绿江口——朝鲜半岛西海岸——朝鲜半岛东南部海岸（釜山——巨济岛—线海岸）；第四段朝鲜半岛东南沿岸——对马岛——冲岛——大岛——北九州沿岸；第五段北九州沿岸——关门海峡——濑户内海——大阪湾——和歌山、新宫町、熊野滩。[①] 应该说，在当时的技术条件下，这是一条比较安全的航行路线。在此之前，估计非官方的航行在中日之间通过朝鲜半岛早已开始。因为中国与朝鲜之间不仅有一江之

---

① 孙光圻：《以徐福为代表的秦人大规模东渡日本》，载《徐福研究》，青岛海洋大学出版社1991年版。

隔的陆上通道，还有沿海的水上航线，而朝鲜至日本间虽有较宽阔的海峡，但利用海峡间的几个岛屿做航标，加上有利的风向，由朝鲜至日本的航行还是有较大的安全系数。所以，民间的航行肯定已有较长的历史。至徐福东渡时，在齐地寻觅一批曾经到过日本的水手不是很难的事，这就为徐福远航提供了技术上的保证。

方士产生于齐燕之地，中国最早记载的官方远航的领袖人物是齐人方士徐福，这一切都不是偶然的。齐燕地处华北大平原，北靠起伏的燕山山系，西靠绵延的太行山脉，东临浩瀚的大海，很早就开发海洋，以鱼盐之利作为农业经济的补充。长期生活于海边的燕齐之民，面对一天四时潮起潮落的大海，目睹四季殊异的海上风光和变幻莫测的海市蜃楼，非常容易产生种种遐想，萌生探索海洋奥秘的激情与理想，激发出富于冒险的精神。战国时期，齐国稷下学派的邹衍创造了"大九州"的概念：

先列中国名山大川，通俗禽兽，水土所殖，物类所珍，因而推之，及海外人之所不能睹。称引天地剖判以来，五德转移，治各有宜，而符应若兹。以为儒者所谓中国者，于天下乃八十一分居其一分耳。中国名曰赤县神州。赤县神州内自有九州，禹之序九州是也，不得为州数。中国外如赤县神州者九，乃所谓九州也。于是有裨海环之，人民禽兽莫能相通者，如一区中者，乃为一州。如此者九，乃有大瀛海环其外，天地之际焉。①

"大九州"观念的产生自然离不开邹衍"以小验大"的推理，但显然也与燕齐之人较早就开始的航海业不无关系。航海之民远航的经历与见闻对邹衍突破中国九州即是整个世界的观念肯定具有很强的启迪意义。"大九州"的观念显示了战国时代中国人地理观念的变化特别是世界视野的扩大。这种扩大的视野一定能够刺激人们的探险意识，进一步促进远航的发展。徐福是在齐文化的陶冶下成名的方士，在齐燕一代有很大影响，因而能说动秦始皇。尽管10年之间他动用朝廷大量人力物力而一无所获，仍然能使秦始皇

---

① 《史记·孟子荀卿列传》。

保持对他的信任。特别是在秦始皇实行"焚书坑儒",方士的活动已经遇到严重的信任危机之后,他照样能够蒙蔽秦始皇,批准他进行了最后一次不归的远航,这表明徐福是一个很有本事的人。他不仅有过人的聪明才智,而且有一具如簧之舌,以自己的滔滔宏论折服秦始皇,使之全力支持了自己的远航。他的审时度势和随机应变的能力在10年的考验中得到了最大限度的发挥。以当时的航海条件和航海技术,敢于航海特别是敢于远航的人,必须具有把生死置之度外的冒险精神和不达目的决不罢休的坚韧品格。徐福的冒险精神和坚韧品格表现在10年间的不倦追求和一以贯之的顽强努力。不过,徐福的远航又不是盲目的冒险。他充分考虑到远航的困难和风险,在远航前做了周到的设计和安排。他首先乘秦始皇迷恋不死药达到如醉如痴的时候适时进言,争取到他对远航的支持,从而使远航有了国家这一强大的后盾,获得了巨大的人力、财力和物力的支持。这种支持如此巨大而长久,成为他远航能够长期进行并获得成功的重要原因。其次,徐福为远航做了精心周密的准备。他通过秦始皇征调了数千童男童女,这些人不仅是开拓新土的劳动力,而且是大量繁衍后代的生力军。他带去了五谷的种子,可以在新的地方继续进行农业生产;他带去了百工,能够在新的地方制造生产工具和生活用具。可见他设想之周到和用心之良苦:他已经为自己的活动准备了最后的退路,既可以返回,也可以永住不归。当时奉命为秦始皇寻找仙人和不死药的方士何止徐福一人?其中的大多数都是在骗术暴露后被秦始皇送上了断头台,而只有徐福能使秦始皇在极易生疑的时候未生疑,反而全力支持他进行了最后一次远航,而正是这次远航使他全身而退,在海外开拓出一片新天地。这一事实表明,徐福是方士中的佼佼者,他的胆识、智慧、才能和开拓精神是其他方士无可比拟的。

二、徐福东渡的历史意义

徐福东渡具有重大的历史意义,产生了极其深远的影响。

徐福东渡不仅是中国航海史上的壮举,也是世界航海史上的壮举。历史学家一致推尊地中海是人类航海事业的摇篮,埃及、腓尼基、迦太基与古罗马等都在世界早期航海史上留下了辉煌的业绩。在亚洲,只有中国的航海史能与以上诸国媲美。而徐福在公元前3世纪的东渡，其所使用航船的吨位、航海的技术水平、航海的规模之大等诸多方面，都不比地中海沿岸国家逊色。徐福的东渡，证明中国当时的航海技术处于世界的最前列。徐福作为一个伟大的航海家，将与他领导的东渡一起名垂史册。

徐福东渡的成功是中外文化交流史上的里程碑，是有文献记载的中国文化的第一次跨海传播。徐福将先进的中国文化带到日本列岛，极大地促进了那里的社会发展。先秦时期的日本正处于绳纹文化时代，也即原始社会的石器时代，以渔猎经济为主，原始农业还处在萌芽状态。秦汉时期，日本进入弥生文化时代，与绳纹文化时代相比，社会呈现飞速的发展。如原始农业大大发展并成为日本人民主要的衣食之源。日本人此时种植的大量农作物，如粳稻、大麦、粟、荞麦、大豆、小豆、豌豆、蚕豆、瓜、梅、桃、杏等，都是从齐鲁地区传过去的。另外，弥生文化时代出现了金属工具，这显然也是自齐鲁传入的。特别是日本地下发掘的大量文物给徐福东渡后中国文化对日本文化的影响提供了确凿的实物佐证。如中国制陶技术传入日本，使其深形器皿逐渐改变为浅形器皿；中国的纺织技术传入日本，使其有了精致的纺锤、卷轴、木梭等，并能给纺织物染色，大大提高了纺织品的质量；中国货币传入日本，促使其产生了商业活动。《三国志·倭人传》记载日本"国国有市，交易有无"。在弥生文化时代的遗址中不仅发现了战国末年各国制造的明刀币、安阳布货，还发现多枚海贝饰品，说明商业交换活动的存在与发展。尤其重要的是，弥生文化取代绳纹文化标志了母系氏族社会向父系氏族社会的转化，并开始了贫富分化与阶级分化，从而促进日本列岛加速了由原始社会进入文明社会的步伐。

跟随徐福东渡的数千中国人以及前后零星渡海而来的华夏儿女，带着先进的中国文化在日本列岛落地生根，繁衍后代，并逐步融入日本民族。自此以后，中日之间的经济文化交流日益发展，官方来往也更加频繁。中国文化成为明治维新前对日本影响最大的文化系统，极大地加速了日本的文明进程，使日本成为东亚文化圈亦即儒家文化圈的重要一员。至东汉时期，日本已达到较高的文明程度，建立了国家，制定了法律，有了较严格的等级制度。《后汉书·东夷传》记载的此时日本社会状况，较真实地反映了徐福东渡200年后那里的发展水平：

倭在韩东南大海中，依山岛为居，凡百余国。自武帝灭朝鲜，使驿通于汉者三十许国，国皆称王，世世传统。其大倭王居邪马台国……土宜禾稻、麻纻、蚕桑，知织绩为缣布。出白珠、青玉。其山有丹土。气温腄，冬夏生菜茹。无牛马虎豹羊鹊。其兵有矛、楯、木弓、竹矢，或以骨为镞。男子皆黥面文身，以其文左右大小别尊卑之差。其男衣皆横幅结束相连。女人被发屈紒，衣如单被，贯头而著之；并以丹朱坋身，如中国之用粉也。有城栅屋室。父母兄弟异处，唯会同男女无别。饮食以手，而用笾豆。俗皆徒跣，以蹲踞为恭敬。人性嗜酒。多寿考，至百余岁者甚众。国多女子，大人皆有四五妻，其余或两或三。女人不淫不妒。又俗不盗窃，少争讼。犯法者没其妻子，重者灭其门族。其死停丧十余日，家人哭泣，不进酒食，而等类就歌舞为乐。灼骨以卜，用决吉凶……建武中元二年，倭奴国奉贡朝贺，使人自称大夫，倭国之极南界也。光武赐以印绶①。安帝永初元年，倭国王帅升等献生口百六十人，愿请见。桓、灵间，倭国大乱，更相攻伐，历年无主。有一女子名曰卑弥呼，年长不嫁，事鬼神道，能以妖惑众，于是共立为王。侍婢千人，少有见者……居处宫室楼观城栅，皆持兵守卫。法俗严峻。

以上记载，反映了在汉文化的影响下日本社会自秦朝以后的发展进步。

徐福东渡在中日两国人民中播下了友谊的种子，得到了后世中日两国人民的尊敬与怀念。日本许多地方都有徐福的纪念遗迹，他世世代代受到日本人民的祭祀。中国人民也永远怀念徐福这位中日友谊的先行者与播种者，不少政治家和诗人都为他献上了深情的颂歌，北宋文学家欧阳修有《日本刀歌》：

　　　　　　传闻其国居大岛，土壤沃饶风俗好。
　　　　　　其先徐福诈秦民，采药淹留丱童老。
　　　　　　百工五种与之居，至今器玩皆精巧。
　　　　　　前朝贡献屡往来，士人往往工词藻。

---

① 此"汉委奴国王"印已于日本天明四年（1784）在日本九洲福冈县志贺岛叶崎村出土。

徐福行时书未焚，逸书百篇今尚存。
令严不许传中国，举世无人识古文。

明朝初年，倭寇骚扰我国沿海，明太祖朱元璋君臣十分怀念徐福，希望中日两国尽快化干戈为玉帛，恢复传统友谊。明太祖有和日本僧人绝海中律诗：

熊野峰高血食祠，松根琥珀也应肥。
当年徐福求仙药，直到如今更不归。

明朝大臣、学者宋濂有诗《日东曲》：

红云起处是蓬瀛，十二楼台白玉京。
不知秦民童男女，还有儿孙跨鹤行？

近代著名学者、诗人黄遵宪曾任清朝驻日本外交官。他写了一组《日本杂事诗》，其中有一首：

避秦男女渡三千，海外蓬瀛别有天。
镜玺承传笠缝殿，尚疑世系出神仙。

看来，不管徐福东渡是出于什么目的，也不管他的活动有多少神秘的色彩，他的东渡都不失为远东乃至世界航海史上的空前壮举，而此一壮举将永远作为中日友谊的佳话为中日两国人民世世代代所铭记。

与中国仅以一江之水相隔的朝鲜半岛很早就有人类繁衍生息，大约在公元前4000年已进入新石器时期。公元前1000年进入青铜时代，出现了大大小小的以城邑为中心的部落国家。"貊兴起于鸭绿江中游地区，古朝鲜兴起于辽河和大同江流域，临屯兴起于东北沿海的咸兴平原，真番兴起于黄海道，而汉江以南则出现了辰国。"[①]由于朝鲜半岛与中国东北山水相连，因而

---

① [韩] 李基白：《韩国史新论》，国际文化出版公司1994年版，第15页。

两国的经济文化交流很早就开始了。公元前4世纪，中国的铁器传入朝鲜，大大促进了它的经济与社会的发展。在朝鲜的传说中，古朝鲜有一个"檀君王俭"，是统一国家的君王。据中国文献记载，古朝鲜是殷人箕子的封地："其后六国时，见周衰，燕自称为王，欲东略地。朝鲜亦自称为王，欲兴兵遂击燕以尊周室。其大夫礼谏之，乃止。使礼西说燕，燕止之不攻。后子孙骄弱，燕乃遣将秦开攻其西方，取地二千余里，至满潘河为界，朝鲜遂弱。及秦并天下，使蒙恬筑长城到辽东。时朝鲜王否立，畏秦袭之，服属秦，不肯朝会。否死，箕子准立二十余年而陈、项起，天下乱，朝鲜遂成为避难地云。"① 显然，秦朝的势力已达朝鲜北部，因为蒙恬修筑的长城在东部的起点即在今日平壤西北的大海边。不过，此时的古朝鲜仅在名义上臣属于秦，经济文化的联系固然十分密切，"中国的官、商、军人来来往往，为数甚多"②，但还不属于秦的行政管辖范围。秦末大乱时，燕人卫满与大量秦朝的难民进入朝鲜，将箕准赶下王位，自立称王，建立了卫氏朝鲜，大大扩展了统治地域，与西汉皇朝建立了更加密切的经济文化交流关系。

在今之朝鲜半岛的汉江之南，两汉时期出现了以三韩命名的数以百计的小国，由于三韩与秦朝有着千丝万缕的联系，有必要在此加以论述。《后汉书·东夷传》载：

> 韩有三种：一曰马韩，二曰辰韩，三曰弁辰。马韩在西，有五十四国，其北与乐浪，南与倭接，辰韩在东，十有二国，其北与濊貊接。弁辰在辰韩之南，亦十有二国，其南亦与倭接。凡七十八国，伯济是其一国焉。大者万余户，小者数千家，各在山海间，地合方四千余里，东西以海为限，皆古之辰国也。马韩最大，共立其种为辰王，都目支国，尽王三韩之地。其诸国王先皆是马韩种人焉。

马韩人已经会种田养蚕，作绵布。"邑落杂居，亦无城郭"，"不知跪拜，无长幼男女之别"，又敬天事鬼，带有较浓厚的原始社会的遗风。辰韩

---

① 《文献通考·四裔考》引《魏略》。
② [韩] 李基白：《韩国史新论》，国际文化出版公司1994年版，第18页。

是自秦朝流徙而来的秦民建立的国家，与中国文化的联系最为密切。《后汉书·东夷传》这样记载：

> 辰韩，耆老自言秦之亡人，避苦役，适韩国，马韩割东界地与之。其名国为邦，弓为弧，贼为寇，行酒为行觞，相呼为徒，有似秦语，故或曰名之为秦韩。有城栅屋室。诸小别邑，各有渠帅，大者名臣智，次有俭侧，次有樊秖，次有杀奚，次有邑借。土地肥美，宜五谷。知蚕桑，作缣布。乘驾牛马。嫁娶以礼。行者让路。国出铁，濊、倭、马韩并从市之。凡诸贸易，皆以铁为货。俗熹歌舞饮酒鼓瑟。……弁辰与辰韩杂居，城郭衣服皆同，言语风俗有异……而刑法严峻。

在中外关系史上，朝鲜和韩国是与中国最早开始经济文化交流的国家，也是最早开始民族间互相融合的国家。自远古以来，特别是殷周、春秋、战国和秦、汉之际，一批又一批的华夏儿女因种种原因迁徙朝鲜半岛，也有不少朝鲜族人迁至我国东北地区。两个民族间经济文化频繁的双向交流大大密切了彼此的关系，形成了我中有你、你中有我的双向渗透，朝鲜文化的传入丰富了中国人民的物质文化生活，中国文化的传入则在丰富朝鲜民族物质文化生活的同时，大大促进了朝鲜经济的发展和社会的进步，从而使朝鲜的古代社会在中国的政治经济制度、思想价值观念影响下不断前进。可以毫不夸张地说，古代中国社会每一次大的政治变动、社会改革、思想文化的变异与更新，都会影响到朝鲜民族，给朝鲜和韩国的历史打上鲜明的印记。

徐福率数千童男女东渡日本，经过韩国济州岛，此地至今仍保留许多遗迹和传说。例如他们在济州岛北岸登陆时，曾祭祀太阳神，并留下刻有"朝天石"三字的刻石。在济州岛南端的正房瀑布、滨海石崖上刻有篆体"西市过此"四字，西市即徐福。现在岛上的高、良、夫三姓居民犹自称是当年徐福东渡在此经过时留下的童男童女的后裔，而徐姓更直接认为是徐福的后代。秦民大量向朝鲜半岛的迁徙，可以视为中国较早的海外移民活动。当然，在此之前，中国居民也由于种种原因向中国的周边国家和地区迁移，但在规模和数量上都不能与秦代的海外移民相比。中外经济文化交流的内容和形式是多种多样的，如生产工具、生产技术的交流，物种的引进，政治经济制度的移植，人口的迁移，语言文字的传译，思想文化典籍的输入，生活习俗的模仿，等等，其中以人口的迁移影响最为深巨。因为迁移人口与本地人口的融合，特别是互相婚配，可以实现优良遗传基因的互补和重新组合。移民不仅带去新的生产工具和生产技术，而且也带去新的物种，特别是能够带去新的制度、新的生活方式和与之相适应的思想观念，其对当地经济与社会发展的影响将是全方位的。以徐福东渡为代表的海外移民对日本、朝鲜与韩国产生的影响之特别深远与明显，即是历史的见证。

（本文与孟祥才合作，原载《秦始皇帝大传》，中华书局2005年版，略有补充修改；又载《徐福东渡国际学术研讨会论文集》，韩国济州岛徐福学会印，2006年9月）

张骞出使西域

张骞（？—前114）是我国古代杰出的旅行家和探险家，同时又是一位伟大的地理学家。早在公元前2世纪，他奉命出使寻找西迁的大月氏，发现了辽阔的西域，从而开辟了举世闻名的丝绸之路。这条道路把以往互相隔绝的东方与西方联系起来，引起了古代世界生活各个领域的深刻变化。张骞的卓越贡献，使他在中外历史上居于突出的地位。

一、张骞西使的历史背景

秦汉之际，中原大乱，战争局面一直持续8年之久。这时游牧于北部蒙古草原的匈奴强大起来，并已形成一个部落奴隶制国家。匈奴贵族为了掠夺奴隶和财物，乘中原动乱之机，进入河套以南，并继续向南扩展。汉五年（前202），刘邦击败项羽，建立汉朝。次年，匈奴冒顿单于即引兵南下，攻占代都马邑（今山西朔县），随后又入侵太原，兵临晋阳（今山西太原），前锋直抵铜鞮（今山西沁县南），离洛阳仅有400余里，局势十分紧张。汉七年（前200）冬，刘邦亲率32万大军反击匈奴。在平城（今山西大同）东南10余里的白登，陷入匈奴的包围，7个昼夜以后，刘邦才用陈平之计脱身逃回。这次战役，史称"白登之围"。

白登之败说明深受战争创伤的中原汉族政权尚无力消除北边匈奴之患。此后，汉初的几代统治者，对匈奴采取了"和亲"政策。所谓"和亲"，就是汉朝把宗室的女儿作为公主嫁给匈奴单于，同时每年送给匈奴大宗财物礼品，汉匈约为兄弟，互不侵犯。但"和亲"并没有换来北部边境的和平与安宁。如文帝前十四年（前166），匈奴单于率14万骑兵侵入汉西北边境，杀吏民，虏畜产，侦骑直抵雍（今陕西凤翔）、甘泉（今陕西淳化附近），并烧毁一座行宫，战争恐怖威胁着汉都长安。文帝调兵遣将，准备还击，匈奴却又闻风而去。匈奴利用其骑兵的优势，有利则进，无利则退，进退自如，汉军无可奈何。因此"匈奴日以骄，岁入边，杀略人民甚众"①。面对匈奴的骚扰，当时虽有一些大臣主张反击，但终因条件不成熟，朝廷下不了反击决心，所以汉初数十年与匈奴的关系一直是"和亲"不和平的局面。

这种局面直到景帝后三年（前411）武帝即位以后才发生了变化。武帝即位时，汉朝已经建立60余年。人民经过比较长期的休养生息，公私财富都有了充足的积累，社会经济空前繁荣，正如《汉书·西域传》所说："天下殷富，财力有余，士马强盛。"这些条件再加上武帝的雄才大略，就促成汉朝改变"和亲"政策，用战争反击匈奴的决心。

改变先帝一直奉行的政策，用战争对付强大的匈奴，这对于刚即帝位不久而又年轻的武帝来说，不得不采取极为慎重的态度。为了熟悉敌情，他亲自审问过许多匈奴降者，在匈奴人的口供中，一致证实了一桩20多年前②发生的与匈奴有关的民族悬案：在敦煌（今甘肃敦煌）、祁连（今甘肃青海间祁连山）之间，曾经有一个名叫月氏的部落，不断受到匈奴的进攻，老上单于杀死月氏王，并以其头骨做了酒器；月氏人被迫抱恨西迁，无时不想东向报仇雪耻，只因势力单薄，无法实现这个愿望。这一口供，引起了武帝的高度重视，决定遣使西联月氏，共同进攻匈奴。

秦及汉初的西部疆域，仅至陇西（今甘肃临洮）郡一带。陇西以西，是匈奴和羌人活动的地方。从地理形势上看，出陇西向西：是一条东南西北走向的狭长地带，这就是河西走廊。它南有祁连山，北有合黎山、龙首山和大沙漠，是当时通往西方的咽喉。它的西部尽头，即后来设置的敦煌以西的玉门关，西出玉门关，就进入了塔里木盆地。这个大盆地南有昆仑山脉，北

---

① 《汉书·匈奴传》。
② 桑原骘藏《张骞西征考》（商务印书馆民国二十三年版）对月氏西迁年代考证颇详，以为"月氏之移转，必发生于孝文帝之前八年（前172年）至老上单于死年即孝文帝之后三年（前161年）或后四年（前160年）之间"。

有天山山脉，中央是塔克拉玛干沙漠，塔里木河由西向东穿沙漠注入蒲昌海（一名盐泽，今罗布泊）。由于塔里木河的支流灌溉，沙漠南北有许多肥美的草地和农田，汉初这里散居着一些城邦小国。天山以北、阿尔泰山以南是准噶尔盆地，这里也散居着一些小国。大盆地西枕葱岭（今帕米尔），越葱岭向西，巴尔喀什湖以南也有一些小国。汉代所谓西域，就是指这些国家及其以西的广大地域①。当时，不仅河西走廊控制在匈奴手中，就是葱岭以东的西域诸国，由于分散势弱，没有形成统一的力量，也屈服于匈奴统治之下，匈奴设置"僮仆都尉"，经常领数千骑兵往来于焉耆（今新疆焉耆）、危须（今新疆焉耆东北）和尉犁（今新疆库尔勒）等地，监视西域各族，向他们征收沉重的赋税。

武帝要西联月氏进攻匈奴，但对西域的情况并不了解。那时汉人心目中的陇西以西河西走廊一带，是羌人活动和匈奴控制的地方，那里崇山峻岭，古木丛生，野兽出没，与中原不同。至于再往西，就不清楚了。先秦著作中虽然有零星记载，但只鳞片爪，微乎其微，而且夹杂着一些荒诞不稽的神话传说。民间或许有人去过西方，但官府并不掌握情况。而且，月氏西迁是20多年前的事了，究竟迁到了何处？也不得而知。这一切，都要求所派的使节必须是一个忠心耿耿、坚毅不拔、胆大心细、智勇双全的人物。武帝认为大汉朝英才济济，定会有合适人选，就采取公开招募的办法，于是张骞应募。这就是张骞出使西域的由来。

二、张骞第一次出使西域

张骞，汉中成固（今陕西城固）人。他的早期经历史书失载②，不过从他

---

① 西域是张骞西使以后出现的名词，顾名思义即西方地域，并没有具体的界线。狭义地讲，指玉门关以西、巴尔喀什湖以东以南的地区，这是宣帝始设西域都护府所管辖的地区；广义地讲，包括整个西方，《汉书》、《后汉书》之《西域传》记有中亚、西亚、北非和欧洲等国家。

② 张骞故里民间传说，张骞父亲张灵灵，母亲张王氏。张骞在孝文帝五年（前175）二月初一出生于城固白崖村，武帝元鼎三年（前114）三月十五病故于京都长安，享年61岁。张骞墓在今城固县城西7里处。流传至今的白崖村张氏门宗祭扫先祖张骞的习俗，每年不固定时日，若清明在二月，则二月初一祭坟；若清明在三月，则三月十五祭坟，称为"生死祭"。从这一习俗来看，关于张骞生卒年月的民间传说似较可信。

自动应募出使和后来出使过程中的种种表现来看，可知他年轻时就是一个胸怀大志、抱负非凡的人。武帝即位后，他做了郎官，充任皇帝侍从。当武帝公开下诏招募使节的时候，他认为这是一个施展才智的大好机会，所以欣然应募。

建元二年（前139），张骞率领100多个随从由长安出发。随从中有一个名叫甘父的胡人，应募前是堂邑氏的奴隶，他的箭术很好，后来成为张骞西行探险中的得力助手。这支队伍一出陇西郡，进入匈奴控制的河西地区，就被匈奴人扣留，转送到单于王庭（约今呼和浩特一带）[1]。匈奴单于虽然不知汉使去月氏的目的，还是扣留了张骞，不许他去月氏，并妻以胡女[2]，想诱降张骞，遭到张骞的拒绝。张骞困于匈奴10年，已经生子，但他"持汉节不失"，仍念念不忘朝廷使命，等待时机，继续西征。他"居匈奴西"[3]，时间一久，匈奴监视"益宽，骞因与其属亡向月氏，西走数十日至大宛"[4]。这段路线，张骞是取道于姑师（今新疆吐鲁番）进入塔里木盆地，再沿天山南麓经由焉耆、龟兹（今新疆库车东）、疏勒（今新疆喀什）等地，然后越葱岭而至大宛（今苏境费尔干纳盆地）[5]。这一条道山高路险，沙漠浩瀚，不仅有风沙袭击，野兽威胁，而且经常缺食断水，只能靠甘父的箭术射取禽兽充饥，以渡过险关。这种情况至大宛以后才稍有好转。大宛王热情地接待了张骞，并为他发遣向导和翻译，送至康居（今乌兹别克与塔吉克境内）。康居又转送至大月氏。张骞一行，历尽艰辛，终于到达了出使的目的地。

原来这时大月氏已迁到妫水（乌浒水，今阿姆河）流域，并臣服了大夏（阿富汗北部）。这一带土地肥美，人民安居乐业。20多年前与匈奴的旧仇，

---

[1] 《史记·大宛列传》："出陇西，经匈奴，匈奴得之，传旨单于。"其行走路线有二说：（一）张骞由陇西出发，先到湟水流域，然后北上，过俄博、扁都口，进入河西地区，被占据张掖地区的匈奴浑邪王部所俘获。（二）张骞是由今天水一带西北行，经景泰县境，沿腾格里沙漠南侧，绕过休屠泽（猪野）。然后沿阿拉善山坦地南，龙首山、合黎山北的夹道西过弱水，直至西域；但中途被与陇西相邻的匈奴右部所俘。参见王宗维《张骞出使西域的路线》(《西北大学学报》1984年第4期）。

[2] 据民间传说，张骞胡妻名叫佳桑。

[3] 《汉书·张骞传》。

[4] 《史记·大宛列传》。

[5] 张骞由匈奴去大宛之路，一说去昆仑山北麓，一说走天山北麓（参见桑原骘藏《张骞西征考》及黄文弼《张骞使西域路线考》，黄文载《西北史地论丛》）。前说恐难成立，后说则有一定道理。《后汉书·西域传》云："(车师）后部西通乌孙。"出乌孙南境即可到大宛。又王宗维认为：张骞从阴山西北逃出，经河西走廊北侧到达酒泉、敦煌间，然后沿阿尔金山绕过盐泽，再经婼羌北上，顺天山南麓经龟兹、姑墨等地向西进入大宛国（1986年汉中城固张骞学术讨论会论文未刊稿）。

已经时过境迁；月氏王又考虑到汉朝遥远，无意与汉缔结联盟。张骞到月氏的属国大夏考察了一段时间。前后逗留一年多，还是得不到月氏要领，只好返回汉朝。

为了躲避匈奴，张骞决定沿南山（昆仑山）北麓东进，由羌族地区进入汉境。元朔元年（前128），张骞率部东归，他们由月氏起程，翻越葱岭，经过莎车（今新疆莎车）、于寘（今新疆和田）、扜弥（今新疆于田）、鄯善（今新疆婼羌）等地，大概在河西走廊西部的羌人地区，又为匈奴所捕①。张骞再次困于匈奴。

一年多以后，即元朔三年（前126），单于死，匈奴发生争夺单于位的斗争，张骞趁混乱之机，携带胡妻和甘父逃回了汉朝。当初的100多人仅剩下张骞与甘父2人。这时，距张骞启程西使已有13年了。13年杳无音信的外交使节突然回来，在当时无疑是一件了不起的大事。武帝拜张骞为太中大夫②，赐甘父以奉使君的爵位。于是张骞向武帝做了关于西域的翔实汇报。

张骞这次西使，"身所至者大宛、大月氏、大夏、康居，而传闻其旁大国五、六"③。其报告全文如下：

> 大宛在匈奴西南，在汉正西，去汉可万里。其俗土著，耕田，田稻麦，有蒲陶酒。多善马，马汗血，其先天马子也。有城郭屋室。其属邑大小七十余城，众可数十万。其兵弓矛骑射。其北则康居，西则大月氏，西南则大夏，东北则乌孙，东则扜罙、于寘。于寘之西，则水皆西流，注西海；其东水东流，注盐泽。盐泽潜行地下，其南则河源出焉。多玉石，河注中国。而楼兰、姑师邑有城郭，临盐泽。盐泽去长安可五千里。匈奴右方居盐泽以东，至陇西长城，南接羌，鬲汉道焉。
>
> 乌孙在大宛东北可二千里，行国，随畜，与匈奴同俗。控弦者数万，敢战。故服匈奴，及盛，取其羁属，不肯往朝会焉。
>
> 康居在大宛西北可二千里，行国，与月氏大同俗。控弦者八九万

---

① 或以为张骞回归路线是越阿尔金山，经青海柴达木盆地（即"羌中"），复为匈奴所得。桑原骘藏、黄文弼均主是说。

② 太中大夫，秩比千石，掌议论。

③ 《史记·大宛列传》。

人。与大宛邻国。国小，南羁事月氏，东羁事匈奴。

奄蔡在康居西北可二千里，行国，与康居大同俗。控弦者十余万。临大泽，无崖，盖乃北海云。

大月氏在大宛西可二三千里，居妫水北。其南则大夏，西则安息，北则康居。行国也，随畜移徙，与匈奴同俗。控弦者可一二十万。故时强，轻匈奴，及冒顿立，攻破月氏，至匈奴老上单于，杀月氏王，以其头为饮器。始月氏居敦煌、祁连间，及为匈奴所败，乃远去，过宛，西击大夏而臣之，遂都妫水北，为王庭。其余小众不能去者，保南山羌，号小月氏。

安息在大月氏西可数千里。其俗土著，耕田，田稻麦，蒲陶酒。城邑如大宛。其属小大数百城，城方数千里，最为大国。临妫水，有市，民商贾用车及船，行旁国或数千里。以银为钱，钱如其王面，王死辄更钱，效王面焉。画革旁行以为书记。其西则条枝，北有奄蔡、黎轩。

条枝在安息西数千里，临西海。暑湿。耕田，田稻。有大鸟，卵如瓮。人众甚多，往往有小君长，而安息役属之，以为外国。国善眩。安息长老传闻条枝有弱水、西王母，而未尝见。

大夏在大宛西南二千余里妫水南。其俗土著，有城屋，与大宛同俗。无大君长，往往城邑置小长。其兵弱，畏战。善贾市，及大月氏西徙，攻败之，皆臣畜大夏。大夏民多，可百余万。其都曰蓝市城，有市贩贾诸物。其东南有身毒国。

……身毒在大夏东南可数千里。其俗土著大与大夏同，而卑湿暑热云。其人民乘象以战。其国临大水焉。①

从这篇报告可以看出，张骞对西域各国的地理考察是深入细致的。报告简明扼要而又相当全面，包括了山川形势、自然气候、地理方位、城邑物

---

① 张骞报告载于《史记·大宛列传》。报告中的康居（今乌兹别克斯坦与塔吉克斯坦境内），即俄国史上的花剌子模；奄蔡（里海北部一带），伊兰种族所建之国；安息（今伊朗一带），即亚洲史上的阿尔萨息（Arsace）王朝；黎轩（意大利），汉人又称大秦，即罗马帝国；条枝，即卡尔提阿（Chaldaea），安息西部蜀国；大夏（今阿富汗境内），即吐火罗（Tochari），塞人所建；身毒即印度。其他诸国，汉宣帝时置西域都护府，均纳入了汉朝版图。

张骞出使西域路线图

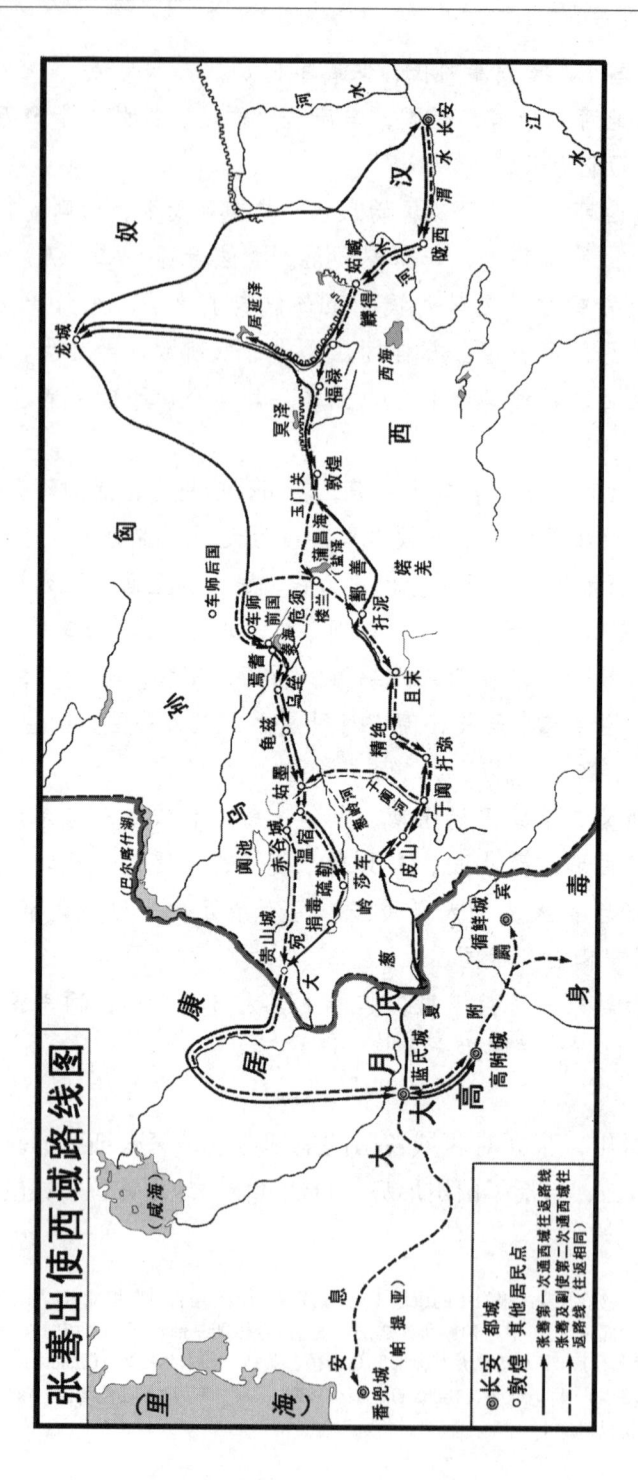

产、商业贸易、人口兵力、国际关系、民族历史、风俗习惯以及神话传说等方面，可谓传世瑰宝。首先，它大大开阔了汉人的地理视野，为后来汉朝经营西域提供了翔实的地理资料。其次，它发凡起例，为后人撰写西域史地创出了体例。第三，它不仅成为两千多年前中国与中亚人民友好往来的历史见证，同时也成为研究中西交通史以及亚洲一些国家和地区的珍贵资料。例如，关于大宛、康居、乌孙、大夏等国的早期历史，文献资料就几乎全部依靠张骞的报告。又如，在公元1、2世纪，雄踞于广大中、南亚地区的贵霜王朝，曾一度东逾葱岭，西败安息，对整个亚洲产生了广泛深刻的影响。但如果不是张骞西行考察月氏的来龙去脉而载之于史册，那么建立这一庞大帝国的贵霜人的来历就会成为千古之谜。

三、张骞探寻去身毒的新路和第二次出使西域

张骞向武帝报告后，建议朝廷继续遣使，打通西域的道路。他认为对西域诸国"诚得而以义属之，则广地万里，重九译，致殊俗，威德遍于四海"①。武帝好大喜功，欣然同意张骞的建议，决定经营西域；同时，西北的军事形势也促使武帝下了这个决心。原来，在张骞出使的第七个年头（元光二年，前133），武帝便用王恢之计，引诱匈奴入侵马邑，试图一举歼灭其主力，结果计划失败，汉匈关系彻底破裂，转入战争状态。在张骞回国的前一年（元朔二年，前127），汉将卫青已经收复河套地区，于是匈奴对汉的主要威胁，由北部转到了河西地区。为了解除西部威胁，彻底击败匈奴，所以武帝十分重视经营西域问题。

元朔六年（前123），张骞以校尉从大将军卫青出征，北出定襄（今内蒙和林格尔），深入匈奴。这次出征，张骞担任了军事地理顾问的角色。他运用自己丰富的地理知识，寻找水源草地，指明方位道路，使汉军出师顺利，因功封为"博望侯"。但河西走廊仍未打通。

如何打通西行之路？张骞根据他出使西域的见闻，向武帝提出了开辟"西南夷"以通西域的建议。他说：

---

① 《史记·大宛列传》。

臣在大夏时，见邛竹杖、蜀布。问曰："安得此？"大夏国人曰："吾贾人往市之身毒"……以骞度之，大夏去汉万二千里，居汉西南。今身毒国又居大夏东南数千里，有蜀物，此其去蜀不远矣。今使大夏，从羌中，险，羌人恶之；少北，则为匈奴所得，从蜀宜径，又无寇。①

他认为在当时的军事形势下，由河西走廊通往西域，一时难以成功；如果从西南夷中找到那条通往西南的国际商路，经营西域就会方便得多。武帝同意张骞的分析，就委任他带领使者到西南夷去探寻通往身毒的新路。

西南夷是指散居在我国西南地区的一些少数民族。西南地区（今四川西南部及云南贵州一带）群山陡峻，江河湍急，丛林茂密，气候无常，自然地理相当复杂；而西南夷各族的语言、风俗和生活习惯又各不相同，大多还处于野蛮时期。这一切，都给张骞探索新路造成巨大困难。

元狩元年（前122），张骞由蜀郡（今四川成都）和犍为郡（今四川宜宾）组织使节队伍赴西南探险。为了找到那条通往西南的国际路线，他把使节分为四路：一路出駹（今四川茂汶），一路出徙（今四川天全）、莋（今四川汉源），一路出邛（今四川西昌），一路出僰（今四川宜宾）②。这四路队伍分头向西南进发，各行一二千里，因西南夷"杀略汉使，终莫得通"③；南路使者行程稍远，也仅到达昆明（今云南大理）而已。西南夷"杀略汉使"，民间商贾却通行无阻，"设使当年汉武帝有锲而不舍之忍耐心，未始不可越缅甸抵印度境也"④，因为张骞的判断是准确的。但"终莫得通"，实乃一件憾事。

西南探险既然失败，张骞再次参与了对匈奴的战争。元狩二年（前121），张骞以卫尉⑤与李广出右北平（今辽宁凌源）合击匈奴。这次出征，

---

① 《史记·大宛列传》。
② 《史记·大宛列传》云："四道并出，出駹，出冄，出徙，出邛、僰。"《汉书·张骞传》云："出駹、出莋、出徙、邛、出僰。"《史记》有冄无莋，邛、僰为一；《汉书》有莋无冄，徙、邛为一。按《后汉书·南蛮西南夷传》："自巂东北有莋都国，东北有冉駹国。"故冄駹应为一路。莋处徙、邛之间而近徙，徙、邛不可能为一路，似徙、莋应为一路。邛为一路，僰偏左而独为一路。
③ 《史记·大宛列传》。
④ 张星烺：《中西交通史料汇编》第四册，中华书局1978年版，第13页。
⑤ 卫尉，九卿之一，秩中二千石，掌宫门警卫。

张骞担任将军独当一面。由于行军误期，致使李广受匈奴重兵围困，损失惨重。张骞被革职削爵。

张骞被免职的当年，汉军收复了河西地区，匈奴右部浑邪王降汉，自是以后"金城、河西并南山至盐泽空无匈奴"①，河西走廊畅通无阻。可是西域仍控制在匈奴手中。武帝经营西域方针既定，所以多次询问张骞有关西域情况。张骞困于匈奴时，听说乌孙王号昆莫，其父为匈奴所杀，本人却是单于养大，他成人以后，率父余部西迁复国，不再向匈奴朝贡，匈奴出兵出击没有取胜，从此两国关系破裂。于是张骞又向武帝提出联合乌孙的建议：

> 今单于新困于汉，而昆莫地空。蛮夷恋故地，又贪汉物，诚以此时厚赂乌孙，招以东居故地，汉遣公主为夫人，结昆弟，其势宜听，则是断匈奴右臂也。既连乌孙，自其西大夏之属皆可招来而为外臣。②

武帝批准这一建议，拜张骞为中郎将③，命他第二次出使西域。

元鼎二年（前115）④，张骞率部出发。这是一支规模宏大的队伍，由300人组成，每人配备马两匹，并携带牛羊万头以及价值数千巨万的金币丝帛。其中有不少持节副使，准备分头出使西域的其他国家。由于河西走廊已经打通，所以使团行进比较顺利。他们西出敦煌，经由鄯善、焉耆、龟兹而至温宿（今新疆乌什），再由温宿径向西北，越巴达里山口而至乌孙的赤谷城（今伊什提克）⑤。

张骞至乌孙时，恰值乌孙政局不稳。乌孙王昆莫年老，太子早死，昆莫立长孙岑娶为太子，中子大禄拥兵反对，昆莫只得分予太子一部兵众自卫。这样，乌孙国兵力一分为三，昆莫的专制权力大大削弱。当张骞说明来意，提出汉朝愿与乌孙联盟时，昆莫顾虑重重，犹豫不定。不过，鉴于汉使礼物丰厚，他决定派向导翻译护送张骞回国，并派出一个几十人组成的使

---

① 《史记·大宛列传》。
② 《史记·大宛列传》。
③ 中郎将，秩比两千石，掌领郎官宿卫。汉出征将领或冠以中郎将职衔。
④ 据《资治通鉴》卷二十，武帝元鼎二年。
⑤ 据《汉书·陈汤传》，汤两路出兵康居，一路"从南道逾葱岭径大宛"，另一路则"发温宿国，从北道入赤谷，过乌孙，涉康居界"。汉军由温宿径至赤谷的路线，当为使节通行之路。

团，携带乌孙好马数十匹，随张骞到汉朝表示答谢，以增进相互了解。

张骞从乌孙分别向大宛、康居、大月氏、大夏、安息、身毒、于窴、扜弥等国派遣了副使，考虑到一时还不能和乌孙正式结盟，就在当年和乌孙使团一同返回长安。

张骞回复使命后，武帝拜他为大行①。不久他便去世了②。张骞死后一年多，他派往西域诸国的副使都携带其国使节返汉。从此，汉与西域诸国的友好关系日益密切。

四、张骞在地理学史上的地位及其评价

远古的人类社会，是被自然地理切割成碎块的，随着历史的发展，这些碎块才逐渐地连接起来，成为一个又一个整体。可见，人类社会的前进过程，同时也是民族之间、国家之间、地区之间相互发现、相互影响、相互交流的发展过程。向先进文明的民族、国家或地区靠拢，很大因素取决于这种发现。15世纪哥伦布发现了美洲新大陆。所谓"发现"，那主要是对欧洲而言，广义地说，是对以前与美洲隔绝的地区而言；对美洲土著居民来说，就不是什么"发现"。公元前2世纪张骞发现西域新地理，当然也主要是对东亚而言。所以中外学者有人把张骞通西域和哥伦布发现美洲相提并论。二者时代不同，动机不同，效果不同。但从历史地理学的观点来说，新的地理发现有益于人类社会的发展，在这一点上，意义是相同的。不过张骞发现西域新地理比哥伦布发现美洲新大陆要早十几个世纪。这说明两千多年前的中国古代地理学家，就已经掌握了相当丰富的自然地理知识，并具有勇敢顽强的探险精神和毅力。作为一位伟大的地理学家，张骞不仅在中国地理学史上，而且在世界地理学史上都有显著地位。

张骞在发现西域新地理后，不仅扩大了汉人的地理视野，改变了传统的地理观念，同时也初步形成了他自己的朦胧的欧亚大陆地理观。他的"西域考察报告"就证实了这一点。

---

① 大行，当为大行令，九卿之一，秩中两千石，掌外交及民族事务。
② 张骞卒年当为武帝元鼎三年，即公元前114年。

> 奄蔡……临大泽，无崖，盖乃北海云。

这个"无崖"的"大泽"，即是黑海或里海，他误以为是大陆的北部海洋。

> 条枝……临西海……有弱水、西王母，而未尝见。

"弱水"与"西王母"是汉人所谓"日所入"处，已至人间西尽头，他认为条枝临西海，已是大陆的西部边沿。

> 身毒……卑湿暑热……其国临大水焉。

卑湿暑热的地理气候，与汉的南部沿海略同，所谓"大水"，当指海洋，张骞认为就是与汉朝南海沟通的水域。汉土临东海，古人皆知，毋庸多言。东西南北四海之内，包含着一个东西长、南北宽的类似长方形的大陆，而汉朝则居于大陆的东南隅。（其图如下）

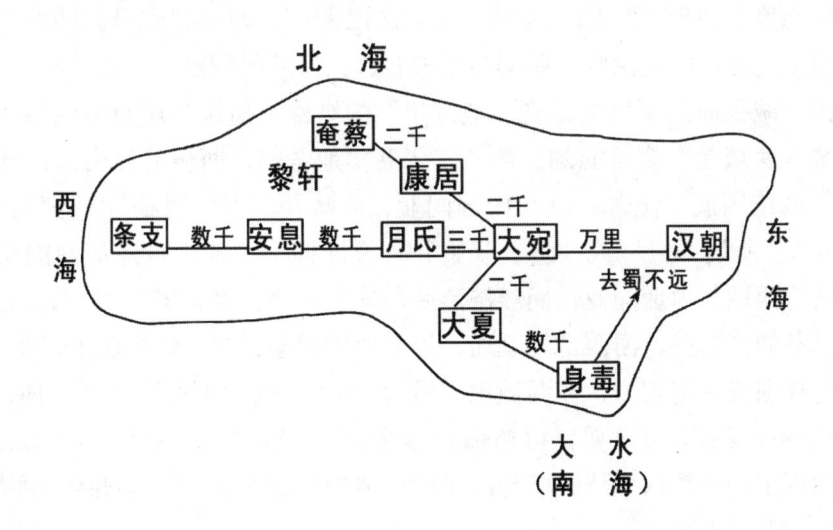

```
                        北  海

                  奄蔡 ─二千
              黎轩     康居
                            ─二千
       西  条支─数千─安息─数千─月氏─三千─大宛─万里─汉朝   东
       海                                 ─二千    去蜀不远        海
                                    大夏
                                        ─数千
                                         身毒

                        大  水
                       （南  海）
```

这就是张骞朦胧的大陆地理观。它与大陆实况略有类似之处，说不上多么准确。但它出现在两千多年前，应该说是很了不起的事。另外，它把大汉朝挤向东南一隅，打破了汉人狭窄的地理观念，再也不是四海之内中国居中了。

张骞在西域"穷河源",又是第一位载于史册的黄河探源者。他报告说:"(于寘)东,水东流,注盐泽。盐泽潜行地下,其南则河源出焉。"这一"黄河重源说"并不科学,曾长期影响了古代探索河源的地理学者,但却"表达了我国古代探求河源的先驱者对祖国河川的热爱,也反映了他们试图探索河源的强烈愿望,并起到了开路先锋的作用"①。

汉初的西疆在陇西郡,武帝时期逐渐向西伸展,到宣帝时设置西域都护府②,巴尔喀什湖以东以南广大地区正式纳入汉朝版图。从此,古代中国的西部疆域就基本上固定于巴尔喀什湖一带。早在两千多年前西域这块地方就归依祖国怀抱,大大丰富了祖国各民族的社会生活内容,促进了各民族的发展。这是中国历史上的一件大事。在这一历史进程中,张骞是先行者,并发挥了重大作用。他不仅发现了西域新地理,同时也是他向汉朝政府提出了经营西域的建议。他的建议立足于他的民族统一的地理观。而其地理观则是在他自己与西域各民族接触的亲身体会中和实地考察中形成的。

第一,史称张骞"为人强力,宽大信人,蛮夷爱之",所以"其后使往者皆称博望侯,以为质于外国,外国由此信之"③。张骞对西域各族人民的真诚友好态度,换取了他们的爱戴,后来的汉使都打着张骞旗号以博取信任,则说明了这种友谊的深厚。张骞与西域各族人民肝胆相照,互相信赖,所以才得出"诚得而以义属之,则广地万里"的结论。他认为从西域民情上看,汉朝统一西域是完全可能的。第二,张骞实地考察了西域的社会经济状况,发现西域诸国或"土著,颇与中国同业,而兵弱,贵汉财物","蛮夷俗贪汉财物"。所谓"贵"或"贪"汉财物,亦即仰慕汉朝先进经济的同义语。张骞认为西域与内地同业,而经济落后,仰慕内地,汉朝统一西域的经济条件是具备的。第三,河西走廊既通,汉与西域毗连,在这种情况下,张骞提出,乌孙国有一定实力,在西域中"最为大国",政治上可以西联乌孙,"既连乌孙,自其西大夏之属皆可招来而为外臣"。这就是说乌孙以东西域诸国就是内臣了。张骞认为从西域与汉毗连的地理位置上看,对汉朝统一西域也

---

① 《黄河源头考察文集》,青海人民出版社 1982 年版,第 71 页。
② 西域都护府,治所设于乌垒城(今新疆轮台县),辖巴尔什湖以东以南、昆仑山以北、敦煌以西广大地区。都护秩二千石,相当于郡守。郑吉为第一任都护。
③ 《史记·大宛列传》。

是非常有利的。

张骞的建议后来陆续实现。他第二次出使西域，虽然没有达到与乌孙联盟的目的，但不久以后，即元封六年（前105），乌孙王昆莫便主动遣使送良马千匹与汉达成联姻。此后汉势力逐步渗透西域，到宣帝设置西域都护府，乌孙（巴尔喀什湖一带）以东以南的西域地区，便归入了汉朝的版图。

张骞两次出使西域，他亲自走过的道路，在葱岭以东有沿天山南麓而行的所谓"北道"和沿昆仑山北麓而行的所谓"南道"；在葱岭以西，有由大宛经康居、大月氏而至大夏的路线。他派遣的副使，把西行之路又延伸到安息与身毒。此后这条道路不断向西延伸，一直通到意大利的威尼斯。这就是誉满全球的丝绸之路。

丝绸之路的开辟，无论在中国历史上还是在世界历史上，都是一件了不起的大事。它打破了中西隔绝的沉闷状态，在世界历史的长河中出现了中西经济文化交流的新局面。

张骞死后，汉朝使者踏着张骞的足迹，源源不断地向西行去，他们"相望于道，一辈大者数百人，少者百余人"，"远者八九岁，近者数岁而返"，"所赍操大仿博望侯时"[1]。这些携带重资的使团，实际上多是政府的对外贸易团体。同时，西去的民间商贾也为数很多。而西域商人，也不远万里纷纷来到中国内地。史称"驰命走驿，不绝于时月；商胡贩客，日款于塞下子"[2]。反映了中西商业贸易的盛况。

当时中国的丝绸在西方负有盛名。大量的丝和丝织品沿丝路西运，经安息等地转至罗马，深受罗马贵族珍爱。随着丝绸的西传，中国的养蚕术也传到西域。养蚕需要植桑，内地的桑树、杏树、桃树等植物品种也就相继移植西域。其他方面，如铁与冶铁术、纸与造纸术以及汉代诸文明也都先后向西方流传，这些都促使西域各地经济文化生活发生了巨大变化。西域对中国内地的影响也很大。西域输入中国内地的植物品种有葡萄、石榴、苜蓿、红蓝花、胡（芝麻）、胡桃（核桃）、胡豆（蚕豆）、胡瓜（黄瓜）、胡蒜（大蒜）、胡萝卜等；动物品种有名马、骆驼、狮子、大雀（鸵鸟）等；文化方面

---

[1] 《汉书·张骞传》。
[2] 《后汉书·西域传》。

有音乐、舞蹈、魔术与杂技等；其他还有珍贵皮毛与毛织品以及夜光璧、明月珠等奇珍异宝。可谓"殊方异物，四面而至"，这些都给内地的社会生活增添了许多新内容。

这条古老的丝绸之路，为中西各国人民立下了不朽功绩，大大丰富了各国人民的物质文化生活，推动了各国经济文化的发展，促进了东方和西方人民之间的相互学习与相互了解，增强了各国人民之间的深厚友谊。今天，世界各国人民在回顾东西交通的历史时，当然不会忘记，正是张骞，开辟了这条充满友谊的古代文明之路。

（本文与张汉东合作，原载谭其骧主编《中国历代地理学家评传》，山东教育出版社1990年版）

班超出使西域

一、东汉初的西域形势和班超出使西域

早在公元前2世纪的汉武帝时期，伟大的探险家张骞就开辟了中国内地通往西域的道路。到宣帝神爵二年（前60），西汉政府在西域设置都护，巴尔克什湖以东以南的广大地区，都划归汉朝版图。此后半个多世纪，西域地区基本上处于和平安定时期。"是时边城晏闭，牛马布野，三世无犬吠之警，黎庶无干戈之役。"①汉的西北边境到处呈现一片太平景象。

新莽时期，统治者倒行逆施，引起全国各族人民的不满，同时也恶化了中央政府与西域的关系。于是匈奴乘机而入，策动西域起兵反抗。始建国五年（13），焉耆（今新疆焉耆）杀死都护但钦。天凤三年（16），王莽发兵出征西域，大败而归，都护李崇收其余众退保龟兹（今新疆库车），不久死去，从此西域与内地隔绝不通。

西域地广人稀，民族差异性很大，他们各自为政，不能形成统一力量，既与内地脱离关系，必然要重新受匈奴控制。所以，西域与内地隔绝以后，"并复役属匈奴，匈奴敛税重刻，诸国不堪命，建武中，皆遣使求内属，愿请都护"②。可见，西域各族已经把自己看作与汉朝不可分割的部分，不愿再离开祖国的怀抱。但当时东汉政府正忙于巩固政权，无暇西顾，因此对西域

---

① 《汉书·匈奴传》。
② 《后汉书·西域传》。

诸国的多次请求都未答应；对鄯善（今新疆若羌）王请求都护的上书，光武帝明确回复："今使者大兵未能得出，如诸国力不从心，东西南北自在也。"①东汉朝廷这种不负责任、任其自然的态度，把西域地区完全推到了匈奴一边。

匈奴既得西域，就以西域作为右方基地，利用其人力物力，不断入侵汉朝的西部地区，到明帝时，河西一带甚至城门昼闭。东汉政府要解除西北边患，打退匈奴，就必须效法西汉，开通西域，这时东汉建立已四五十年，政权业已巩固，经济完全恢复，已经有足够力量出击匈奴和解决西域问题，所以汉明帝决定对匈奴用兵。永平十六年（73），东汉政府派窦固、耿忠等统军讨伐匈奴。为了切断匈奴右臂，汉朝的使节又一次出现在西域，这次使节领袖就是和张骞齐名的班超。

班超（32—102），字仲升，扶风平陵（今陕西咸阳西）人。建武八年（32）出生于一个儒学世家。其父班彪是著名的历史学家，曾续补《史记》，作《后传》60余篇；兄班固继承父业，修撰了西汉断代史巨著《汉书》；妹班昭亦博学多才，曾补作《汉志》。班超的理想和情操就是在这样一个家庭中形成的。班超勤奋好学，博览书传，汉史上那些立功异域的英雄人物深深吸引了他；而当时汉与匈奴、西域三方面之间的复杂和紧张的局面，正需要张骞、傅介子一类的英雄。所以班超的注意力逐渐移向西域，并产生了收复西域的宏大志愿。

明帝永平五年（62），班氏一家蒙受一场飞来横祸。当时班固正在家中编撰《汉书》，有人上书明帝，告他私改国史。班固被捕入狱，《汉书》手稿也被搜去。班超唯恐他哥哥在严刑拷打之下，不能自明，因此急忙赶到洛阳上书，为兄辩冤，"具陈固不敢妄作，但续父所记汉事"②。明帝阅读了班超的上书，又审查了班固的手稿，知道班固确实冤枉，就下令释放班固，并任他为兰台令史，专修《汉书》。同年，班超与母亲随兄移居洛阳。班固所任兰台令史官职低微，所得薪俸不足以养家糊口。为了赡养母亲，班超常为官府抄写文书。那时匈奴不断侵扰汉的边境，西域不通，他非常气愤，曾投笔叹息说："大丈夫无它志略，犹当效傅介子、张骞，立功异域，以取封侯，

---

① 《后汉书·西域传》。
② 《后汉书集解》引《东观记》。

安能久事笔砚间乎！"①

当永平十六年（73）窦固率军征讨匈奴时，班超42岁，正当壮年，他终于有机会开始戎马生涯、酬其壮志了。窦固率军向天山东麓进军，"以超为假司马，将兵别击伊吾。战于蒲类海，多斩首虏而还"②。伊吾（今新疆哈密）是匈奴通往西域的要道，也是汉军这次出征的重点夺取目标。汉军攻取伊吾后，设置了宜禾都尉，屯田留守。班超在这次战争中初次显露了他的军事才干，受到窦固赏识，于是便派遣他出使西域。

班超的出使任务，是联络西域各地君长亲附汉朝，孤立匈奴。他和随从36人，首先到达塔里木盆地东边的鄯善。当时鄯善王广慑于汉军攻取伊吾的胜利，开始对班超一行"礼敬甚备"，但为时不久，鄯善王的态度却又忽然变得冷淡起来。足智多谋的班超，立即作出了匈奴使者也到达鄯善的准确判断。他诈问招待汉使的鄯善侍者，从侍者口中掌握了匈奴使者的全部情况。班超当机立断，召集从吏36人计议说："不入虎穴，不得虎子。"遂部署夜间火攻，一举全歼匈奴使团，一百数十人无一漏网。班超的果敢精神和行为，迫使动摇不定、依违两可的鄯善王广不得不表示愿纳侍子，归附汉朝。班超出使西域，初步取得了成功。

二、班超在西域的三十年

窦固把班固的功绩上奏明帝，明帝很赏识班超的胆略，就升他为司马，让他继续完成收复西域的功业。窦固要给班超增加兵力，班超婉言谢绝，认为原来的30多人就够了。于是就在同年，他又率原班人马由南道西进。这一去，直到和帝永元十四年（102）才返回洛阳，在西域整整度过了30年之久③。

当时，南道东部的鄯善已附属于汉，中部的于寘（今新疆和田）驻有匈奴使者，是南道实力较强的亲匈政权，如果降服了于寘，南道其他地区就会

---

① 《后汉书·班超传》。
② 《后汉书·班超传》。
③ 《后汉书·班超传》："超在西域三十一年。"按班超出塞参战初使西域为永平十六年（73），返归洛阳为永元十四年（102）八月，实际尚不满30周年。汉人记虚年，《传》云三十一年，当系从永平十五年（72）冬超随窦固出屯凉州算起。

倒向汉朝，所以班超首先来到于窴。于窴王广德对班超一行不仅怠慢无礼，而且听信巫人鬼话，向班超索马祭神。班超佯装应允，而令巫自来取马。巫至，班超即斩其首送与广德，并对他进行了义正词严的责备。广德素闻班超在鄯善的声威，遂杀匈奴使者，归附汉朝。鄯善、于窴两地归汉，南道地区的形势就大体安定下来。

位于塔里木盆地西边的疏勒（今新疆喀什），是南北两道的会合点，也是汉逾葱岭西行的交通要道。当时疏勒控制在位于北道中部的龟兹手中，而龟兹则是匈奴的傀儡。龟兹杀疏勒王，另立龟兹贵人兜题为王统治疏勒。兜题在匈奴、龟兹支持下，残酷剥削压迫疏勒人，引起疏勒人的极大不满。班超知道疏勒民心可用，就于永平十七年（74）率部从小路深入疏勒，令从吏田虑单人匹马驰见兜题，相机行事，出其不意活捉了兜题。班超因立疏勒故王兄子忠为王，解除了龟兹对疏勒的奴役，疏勒举国欢欣，归附了汉朝。

同年，窦固又率军西出玉门关，夺取了匈奴控制西域的咽喉车师（今新疆吐鲁番）。至此，西域形势大为改观，除北路中部焉耆等地尚未打通外，整个塔里木盆地基本上转入汉朝之手。于是汉朝重新在西域设置都护负责西域行政；设置戊校尉屯田车师后部金满城（今新疆奇台西北）①，设置已校尉屯田车师前部柳中城（今新疆吐鲁番东南），负责控制车师咽喉要地。至此，东汉使节可以安然西行，中断了60余年的汉与西域交通又得以恢复。

但匈奴并不甘心退出天山南麓，失去车师，势所必争。永平十八年（75）春，匈奴集中2万余骑兵，夺取车师，并包围了金满城和柳中城。八月，明帝死，朝内无暇派遣援兵，于是形势急转直下。受匈奴操纵的焉耆等国杀死都护陈睦，龟兹、姑墨（今新疆温宿）等国则进攻疏勒。班超与疏勒王孤军奋战，坚持了一年多。次年，章帝决定放弃西域，封闭玉门，派兵接回屯田将士，并诏令班超回朝。班超奉命准备东撤，引起南道各国的极大恐慌，他们害怕一旦汉使撤走，匈奴必来报复，所以纷纷劝阻班超。班超离开疏勒时，疏勒都尉黎弇曰："汉使弃我，我必复为龟兹所灭耳。诚不忍见汉使去。"悲痛之极，竟至引刀自刭。班超行至于窴，于窴王侯以下皆号泣

---

① 金满城，《后汉书·耿恭传》作金蒲城。

曰：“依汉使如父母，诚不可去。”①抱住班超的马足苦苦挽留，不肯放行。班超见南道地区可以利用，又想完成未竟之业，再加上当地官吏百姓的苦苦挽留，就决定留在西域，继续奋战，于是调转马头，率部重返疏勒。

这时，疏勒已有两城投降龟兹，并与尉头（今新疆阿合奇一带）联兵叛乱。班超一到疏勒，就捕斩了叛乱分子，并立即组织兵力，击破尉头，重新安定了疏勒。从此，疏勒便成了班超经营西域的一个重要据点。

尉头以东的姑墨是龟兹的属国。章帝建初三年（78），班超统领疏勒、康居、于寘、拘弥（今新疆于田）等国1万余人的兵力，攻破了姑墨石城，斩首700级。班超想乘势东进，攻取龟兹。但龟兹乃北道强国，班超兵力不够，便派部下回朝请兵。他在《请兵疏》中说：“若得龟兹，则西域未能服者百分之一耳。”②章帝阅读班超上疏，方知封闭于关外的班超仍在坚持收复西域的大业，而且颇见功效，于是决定派兵增援。建初五年（80），假司马徐干率兵千人支援班超，恰值疏勒都尉番辰反叛，遂与班超合兵击斩番辰，再定疏勒。元和元年（84），东汉政府又派假司马和恭等统兵800人西赴疏勒以接应班超。这时班超部下共有汉兵1800人，是他在西域活动的基本武装力量。

位于南道西部的莎车（今新疆莎车），在东汉政府下令从西域撤兵时，投降了龟兹。班超出击龟兹条件尚不成熟，便挥戈南向，进攻莎车。莎车暗中买通疏勒王忠叛乱，班超腹背受敌，只好回师平叛。半年后，疏勒王忠引来康居精兵援救。班超使用外交手段，通过大月氏说服了康居退兵；又将计就计，处死疏勒王忠，三定疏勒。章和元年（87），班超发于寘等国兵25000人再次向莎车进攻，而龟兹王也发北道温宿、姑墨、尉头等国兵50000余人救援莎车。班超施计调离龟兹、温宿援兵，奇袭莎车军营，莎车大败，投降汉朝。北道诸国各自退散，于是南道遂通。

班超在西域的节节胜利，促成了东汉政府再度对匈奴用兵、彻底收复西域的决心。永元元年（89）至永元三年（91），窦宪等统率汉军，连续三次对匈发动大规模攻击，夺回了伊吾和车师。永元二年（90）在汉军第二次

---

① 《后汉书·班超传》。

② 《后汉书·班超传》。

374　秦汉史研究文集

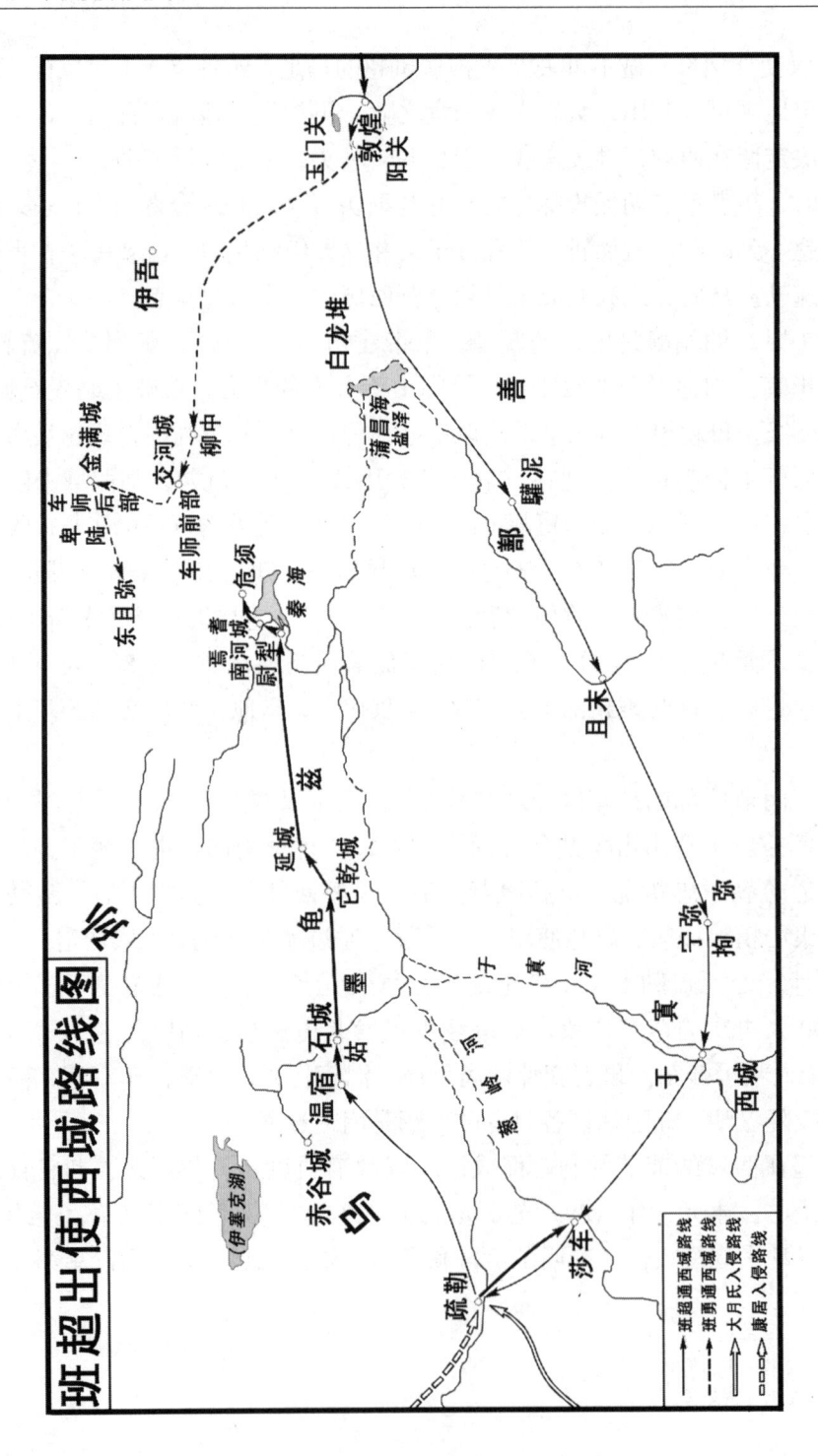

征伐匈奴之际，班超又大败大月氏人入侵西域的7万大军。这样，龟兹等位于北道中部的亲匈地区，便处于班超与窦宪两路汉军东西夹击、孤立无援的境地。永元三年（91），龟兹率姑墨、温宿投降班超。同年，汉朝恢复西域都护府，以班超为都护，驻于龟兹它乾城（今新疆库车西南）；以徐干为长史，屯于疏勒；并恢复了车师的屯田校尉。这时西域大局已定，唯有焉耆、危须、尉黎（均在今新疆焉耆附近）因曾杀都护陈睦，心怀疑虑，尚未降服。永元六年（94），班超采用军事威逼和政治诱降的手段，双管齐下，于是三地皆降，而北道遂通。

焉耆降后，"西域五十余国悉皆纳质内属"①。自明帝永平十六年（73）班超以假司马从征西域起，至和帝永元六年（94）平定焉耆，其间凡22年之久，经过20余年的艰苦斗争，班超终于完成收复西域的大业。次年，班超以功封为定远侯。此后，班超的活动，主要是安抚西域诸国，并努力发展对外关系。《后汉书·西域传》云：

和帝永元九年（公元97年），都护班超遣甘英使大秦，抵条支。大海，欲渡，而安息西界船人谓英曰："海水广大，往来者逢善风，三月乃得渡；若遇迟风，亦有二岁者，故入海人皆赍三岁粮。海中善使人思土恋慕，数有死亡者。"英闻之乃止。

又云：

自安息西行三千四百里至阿蛮国（今哈马丹），从阿蛮西行三千六里至斯宾国（即太西丰或克忒斯芬），从斯宾南行渡河（即底格里斯河与幼发拉底河），又西南至于罗国（即条支）九百六十里，安息西界极矣。自此南乘海，乃通大秦。

文中提到的大秦，即东罗马帝国。条支，就是安息西界极西的一个地方，即卡尔提阿（Chaldaea），乃是当时安息在西部所营建的一所新都。汉

---

① 《后汉书·班超传》。

使甘英到达条支之后，再从此向南由波斯湾航海，就可通大秦，可惜为安息船人所阻，未能到达目的地罗马。但是中国的外交使节之出现在波斯湾头，甘英却是有史以来的第一人。

三、班超的历史功绩和西域地理观评价

和帝永元十二年（100），班超以久在绝域，年老思土乃上疏求归内地，言词恳切，内中有云："臣不敢望到酒泉郡，但愿生入玉门关。"① 超妹班昭也上书陈请。和帝感其言，乃征超还。永元十四年（102）八月，班超回到洛阳。亲见故土家人，不免过于伤感，九月即病卒，享年71岁。

班超对历史的主要功绩，是恢复了祖国的统一和中西交通。他的成功，主要是依靠了东汉军事力量的强大和西域各族人民希望摆脱匈奴的苛重剥削、奴役而对班超的支持；同时也由于他在政治、军事和外交上所具有的卓越才智；而他在建立功业中所表现出的高贵的精神品质，则是尤为重要的因素。为了收复西域，他出生入死，备遭艰险，戎马奔波30年，献出了毕生精力。班超的可贵精神，首先是意志坚强和吃苦耐劳的精神。他在青少年居家之时就"常执勤苦，不耻劳辱"②，这虽属有志者应具备的基本条件，但并非人人都能做到，而班超则把这种精神贯注于一生。其次是英勇无畏和身先士卒的精神。班超在西域尖锐复杂的斗争中，多次表现出惊人胆略：玉门关封闭，他敢于留驻绝域；月氏重兵压境，他敢于以少击众；至于火烧匈奴使者，手斩于窴巫人等，更是毫不犹豫，坚决果断。而"每有攻战，辄为先登，身被金夷，不避死亡"③ 的身先士卒精神，则促成了部下以及西域各族人民的同心同德、同仇敌忾。第三是宽宏大量、容人之过的精神。初降鄯善时，与班超同行的从事郭恂实未参与其事，而欲分班超之功，班超为团结同僚，就爽快地表示绝不独擅其功。卫侯李邑初到于窴，正值龟兹攻疏勒，恐惧不敢前，反而无端诽谤班超"拥爱妻，抱爱子，安乐外国，无内顾心"。章帝知超忠，把李邑交给班超处理，班超却借故派遣李邑安然返回京师。当

---

① 《后汉书·班超传》。
② 《后汉书·班超传》。
③ 《后汉书·班超传》。

时有人劝班超："邑前亲毁君，欲败西域，今何不缘诏书留之？"超曰："是何言之陋也！以邑毁超，故今遣之。内省不疚，何恤人言！快意留之，非忠臣也。"[①]不记私仇，容人之过，实在难能可贵。班超这些高贵的精神品质已经载入史册，同时也作为珍贵的精神财富留与后人。

班超青年时期即有志于收复西域，那时他已经开始了对西域史地的研究。明帝永平十六年（73）他42岁出使西域时，已经掌握了相当丰富的西域地理知识。进入西域以后，班超由东向西，由南向北，"逾葱岭，迄县度"，数经反复，足迹几乎遍及西域，所到之处，他都尽可能地做了实地勘察。进入西域的第六个年头，他在《请兵疏》中说："自孤守疏勒，于今五载，胡夷情数，臣颇识之。"数年之内，班超已对西域的情况了如指掌，可见，当他在收复西域风尘仆仆30年回归洛阳时，已经是一个地地道道的西域通了。正是由于他对西域地理有深入的考察研究，所以他在收复西域的斗争中才能得心应手，随机应变，无往而不胜。可惜这位西域地理专家，没有留下任何地理专著，实在是一件憾事。班超遗文，仅有《请兵疏》和《请归疏》两篇，收于《后汉书》本传。从这两篇遗文和本传所载的班超事迹中，我们尚可粗略看到班超的一些西域地理思想。

第一，班超的西域风土观。班超出使西域，首先注意到西域的民族风俗与内地不同，同时也注意到西域各族之间的差异。他根据多年考察研究，认为西域各族"怀鸟兽之心，难养易败"，就是说西域民心分散，难以统一而容易分裂。这和他们所处的地理环境有关。西域各族人民为数不多，却分布于辽阔区域，由于自然地理条件的限制，风俗习惯不同，利害不同，心理状态也不完全一样，这样就构成上述西域总的风土人情。班超特别重视各族间的这些差异，例如他说："兜题本非疏勒种，国人必不用命。"又断言："姑墨、温宿二王，特为龟兹所置，既非其种，更相厌苦，其势必有降反。"他在西域的军事斗争中，杀巫人、擒兜题、平叛乱，就是灵活地运用了这些民俗风情。至于上疏求归，虽因思土心切，但"常恐年衰"，"损国家累世之功"，这与"蛮夷之俗，畏壮侮老"之风也不无关系，这一点，班超可谓有自知之明。

---

① 《后汉书·班超传》。

鉴于西域这些特殊的地理民俗，班超制定了"荡佚简易，宽小过，总大纲"的不同于内地的民族政策。推行这一政策的确也收到了"得远夷之和，同异俗之心"的良好效果：西域各族"莫不向化，大小欣欣，贡奉不绝"，"问其城郭小大，皆言倚汉与依天等"。继任的都护任尚，不懂这一政策来源于班超30年的亲身实践，有其可靠的依据，反而讥笑其所言"平平"，不予理睬，终于搞得西域大乱。

第二，班超的西域军事地理观。班超非常注重对西域军事地形的考察，凡山川道路、河流深浅、地势要塞等无所不通，并且多次运用于军事斗争中。例如，由于寘至疏勒，他能找到一条"间道"，突然出现在疏勒王面前，使其毫无准备；在疏勒与龟兹的辽阔区域内，他能准确地选择伏兵地点，遮杀前往龟兹求援的月氏人；在山环水匝、地势险厄、有苇桥之险、易守难攻的焉耆，他也能"从它道厉度"，出其不意地逼近王城。班超对西域军事地形的掌握和运用，可谓达到了得心应手的程度。这仅是从具体的战斗战术中略举一二例而已。

至于班超的战略方针，则来源于西域宏观的军事地理形势。昆仑山与天山之间的盆地，中央是"进去出不来"的大沙漠，盆地西有葱岭，东为河西走廊，西域各族主要分布于沙漠四周的盆地边沿。班超认为，对于这个盆地里的事情，从外部无论如何都不易插手，因此提出了"以夷狄攻夷狄，计之善者也"的收复西域的战略方针。就是说，依靠西域人解决西域问题。例如他考察了西域的经济状况，指出："莎车、疏勒，田地肥广，草木饶衍，不比敦煌、鄯善间也；兵可不费中国，而粮食自足。"从经济上看，依靠西域人解决西域问题也是可行的。早在班超谢绝窦固增兵，仅带36人重返西域时就是本着这个方针去的。月氏人大兵压境，他稳坐钓鱼台，同样是从地理形势出发："月氏兵虽多，然数千里逾葱岭而来，非有运输，何足忧邪！但当收谷坚守，彼饥穷自降，不过数十日决矣。"后来的结局果如班超所料。他在《请兵疏》中，一直打算借助乌孙、康居等兵力进入盆地攻夺龟兹，也是基于这一观点。他认为，只要这些国家与汉联盟，又有内应，"则葱岭可通；葱岭通，则龟兹可伐"。

班超的战略路线也是从同一观点出发。因为北路靠近匈奴，亲匈势力雄厚，而南路离匈奴较远，匈奴势力薄弱，所以他的战略路线是由东向西首先打通南路，然后再依靠南路力量由西向东打通北路，最后与车师的屯田汉军东西夹攻，在焉耆一带会合。后来尽管出现许多曲折，但班超原定的战略路线并没有改变，而且终于取得巨大的成功。

班超的西域地理观，比较合乎西域历史地理的实际。但有两点必须指出：第一，他在表述自己的思想观点时，措辞多有不雅，如"怀鸟兽之心，难养易败"、"以夷狄攻夷狄"等，这主要是受儒家正统思想的影响。第二，由于他未留下任何地理专著，他的西域地理观反映得不太完整，也不很清楚。作为一个卓越的地理学家，没有著述是个缺点，但对于一个立功绝域戎马一生的人来说，也许是一种苛求吧。

四、班勇再通西域

任尚接任西域都护后，对于班超行之有效的西域民族政策不以为然，果以行事峻刻引起各族人民的反对。延平元年（106），各地起兵攻击任尚，西域大乱。这时，内地的社会矛盾也日趋尖锐，各族人民的起义不断爆发，尤其是羌族人民的起义，隔断陇道，檄书不通。东汉政府已无余力再顾及西域的问题，遂决定放弃西域。次年，派班超长子班雄和少子班勇率兵接回了都护和屯田吏卒，西域再次不通。当东汉军队撤退以后，匈奴的残余势力又插手西域，占领伊吾等地，并不断入寇河西，于是西域问题又提到了汉廷的议事日程。当时，多数大臣都主张封闭玉门关，放弃西域，唯有一人力排众议，主张再通西域。此人就是饶有父风的班勇。

班勇（约80—？），字宜僚，大约公元80年出生于西域[①]。他出生于西域，长于西域，班超一死，他自然成了汉朝首屈一指的西域专家。班勇总结了武帝以来经营西域的历史经验教训，仍然主张实行班超的"以夷狄攻夷狄"的方针。根据当时情况，他提出两项措施：第一，置护西域副校尉，领屯军300人，驻守敦煌。第二，遣西域长史，将屯军500人，驻守楼兰（即鄯善）。"西当焉耆、龟兹径路，南强鄯善、于寘心胆，北悍匈奴，东近敦

[①] 公元100年班勇东归洛阳，携带其父《请归疏》，内有"及臣生在，令勇目见中土"一语，可见班勇生于西域，前此尚未归省内地。公元83年李邑攻击班超"抱爱子"，当指班勇。年过5岁，不可曰"抱"。以是观之，班勇首次回洛阳时，年当20岁左右。

煌。"①东汉政府采纳了班勇的建议，但未出关屯守楼兰。其后匈奴果然与车师连兵，屡侵边境，河西大受其害。安帝延光二年（123），敦煌太守张珰上书言事："臣在京师时，亦以为西域可放弃，及亲临此地，始知失西域则河西不能自存。"②于是安帝遂决定采纳张珰的主张，以班勇为西域长史，将兵500人出屯柳中。

延光三年（124），班勇率兵进入鄯善，鄯善归附。龟兹王白英经班勇争取，也率姑墨、温宿归降。于是班勇发诸国兵力万余人，击走匈奴伊蠡王，收复车师前部。

延光四年（125），班勇又发敦煌、张掖、酒泉三郡6000骑兵和鄯善、疏勒、车师前部兵力，向车师后部进攻，俘虏了后部王军就和匈奴使者。

永建元年（126），班勇的军队又进入天山以北，诛东且弥（今新疆乌鲁木齐）王。至此，车师六国悉定③。其冬，班勇又发诸国兵出击呼衍王，其众2万余人皆降。此后，单于西遁，车师一带匈奴绝迹。

永建二年（127），班勇联合西域兵力4万余人向焉耆进军，同时东汉政府又遣敦煌太守张朗将河西四郡兵力3000人配合行动。

兵分两路，班勇从南道，张朗从北道，约期会师焉耆。由于张朗有罪，欲邀功自赎，竟违约先期到达，及班勇按期赶到，焉耆已经投降。至此，整个塔里木盆地全部归汉。

焉耆之役，政府不明真相，张朗免罪，而班勇却以"后期"征还下狱。后来班勇虽然获释，但才华未能尽展，默默死于家中。

班勇继承父业，再通西域，正值东汉皇朝转入衰弱时期，由于受历史条件的限制，他的功绩不如班超；但东汉后期中西交通重开，他是关键人物。此外，他还留下了一部关于西域的地理专著《西域记》，弥补了其父班超的不足。

---

① 《后汉书·班勇传》。
② 《资治通鉴》卷五十安帝延光二年。
③ 《后汉书·西域传》："前后部及东且弥、卑陆（今乌鲁木齐东北）、蒲类（巴里坤湖东南）、移支（巴里坤湖西北），是为车师六国。"

五、《西域记》述评

班勇的《西域记》，范晔把它全部收入《后汉书·西域传》，并且说明："今撰建武以后其事异于先者，以为《西域传》，皆安帝末班勇所记云。"《西域记》是班勇根据实地调查或亲身见闻所记，故材料真实可靠。其书大体沿用《史记·大宛传》所载张骞的"西域考察报告"和班固《汉书·西域传》的体例，记录内容较广，包括交通距离、聚落方位以及气候、地势、人口、物产、风俗等。重点在于"其事异于先者"，也就是补充《汉书》的缺失。故凡属东汉时期被并灭之国及其风土人情已详备于《汉书》者，或略而不载，或附见于他条。

《西域记》共著录24个国家和地区。

葱岭以内有13个地区：南道有拘弥、于寘、西夜（又称漂沙，今新疆叶城南）、子合（今新疆叶城西南）、德若（今新疆叶城西南、叶儿羌河东岸）、莎车；北道有疏勒、焉耆；山后地区有蒲类、移支、东且弥、车师前王、车师后王。其中德若、移支即《汉书》中的依耐和蒲类后国；而西夜、子合，《汉书》则误以为一国。

对东汉以来这些地区的变化情况，《西域记》都有所交代。在记事方面，因莎车在西域中最强，故从王莽时期一直到班超攻破莎车的历史，言之最详。对户口兵力变动，《西域记》也做了翔实记录。例如：于寘，《汉书》为户3300，口19300，胜兵2400；《西域记》为户32000，口83000，胜兵30000。疏勒，《汉书》为户1510，口18647，胜兵2000；《西域记》为户21000，胜兵30000余。焉耆，《汉书》为户4000，口32100，胜兵6000；《西域记》为户15000，口52000，胜兵20000余。其户口兵力，均超过原来数据乃至10倍左右，说明这三国已经由弱变强。对某些地区的地形及物产，《西域记》也做了补充。例如：记录焉耆地形云："其国四面有大山，与龟兹相连；道险厄易守。有海水曲入四山之内，周匝其城三十余里。"记录蒲类云："庐帐而居，逐水草，颇田作。有牛、马、骆驼、羊畜。能作弓矢。国出好马。"同时也追述了蒲类的建国历史。记录西夜云："地生白草，有毒，国有煎以为药，傅箭镞，所中即死。"所有这些，均不见于《汉书》。

葱岭以外有 11 个国家：乌弋山离、条支、安息、大秦、大月氏、高附、天竺、东离、粟弋、严国、奄蔡。其中东离、粟弋和严国不见于《汉书》，而载于《汉书》的其他 8 国，《西域记》均补充了新的内容。

乌弋山离[①]　《汉书》言风土物产甚详。《西域记》则补记了其国面积与通行路线："自皮山西南经乌秅，涉悬度，历罽宾，六十余日行至乌弋山离国，地方数千里，时改名排特。"

条支　始见于张骞报告，《汉书》未补，《西域记》补记了条支城的地形及物产："条支国城在山上，周回四十余里，临西海，海水环其南及东北，三面路绝，唯西北隅通陆道。土地暑湿，出师子、犀牛、封牛、孔雀、大雀。"

安息[②]　始见张骞报告，《汉书》补记了武帝时与中国互通使节的情况，《西域记》则着重补充了东汉时期的三次互通使节："章帝章和元年，（安息）遣使献师子、符拔。符拔形似麟而无角。""和帝永元九年，都护班超遣甘英使大秦，抵条支……""十三年，安息王满屈复献师子及条支大鸟。"

大秦[③]　《史记》和《汉书》均未详载，《西域记》则对其地理物产、城郭建筑、风土人情、政治制度以及商业贸易、邮传距离等，均有详细记录。例如记录其政治制度云：

> 城中有五宫……其王日游一宫，听事五日而后遍。常使一人持囊随王车，人有言事者，即以书投囊中，王至宫发省，理其枉直。各有官曹文书。置三十六将，皆会议国事。其王无有常人，皆简立贤者。国中灾异及风雨不时，辄废而更立，受放者甘黜不怨。

其中所谓"三十六将会议国事"和"其王无有常人，皆简立贤者"，就把古代罗马的民主政治反映出来了。《西域记》所记的大秦事迹，对今天研

[①] 乌弋山离，今巴基斯坦俾路支（Baluchistan）地。一说为阿富汗南部，见岑仲勉《汉书西域传地里校释》（中华书局 1981 年版，第 169 页）。

[②] 安息，即阿尔萨息（Arsacc）王朝，今伊朗一带。东汉中叶以后，内部已趋向分裂，日益衰败。

[③] 大秦一名，史载不一，《史记·大宛列传》作黎轩，《汉书·西域传》作犁靬，《张骞传》作犛轩，《地理志》作骊靬，《后汉书》又作犁鞬或海西国。其国位置，也有不同说法，冯承钧《大秦考》（见《景教碑考》90—96 页）征引中外学者之说颇详，结论是"大秦确为罗马帝国"。

究古代罗马史提供了极其宝贵的资料。

又据《西域记》记载，汉使甘英虽未到达大秦，但是当时中国人已经知道从安息到大秦有水路两条道路可通：水路"自此（安息）南乘海，乃通大秦"；陆路"从安息陆路绕海北行出海西至大秦"。而且就在东汉末，大秦的使节便远渡重洋来到中国。"桓帝延熹九年（166），大秦王安敦遣使自日南徼外献象牙、犀角、瑇瑁，始乃一通焉。"此处所指大秦王安敦即罗马皇帝马克·奥勒略·安敦尼阿斯（在位年代 161—180），这条记载成了中罗外交关系史上最早的也是最宝贵的记录，已引起西方各国罗马史家的高度重视。

大月氏　《史记》、《汉书》均有著录，《西域记》则着重叙述了大月氏后来通过分合变迁而强盛的历史。先是月氏臣服大夏，分大夏为五部翕侯。后贵霜翕侯丘就郤攻灭其他四翕侯，自立为王，国号贵霜。它侵安息，取高附，又灭濮达、罽宾，尽有其地。丘就郤死后，其子阎膏珍继位，又灭天竺，自此以后，月氏成为最强盛的国家。诸国称之曰"贵霜王"，汉本其故号，仍称为大月氏。

高附[①]　始见《汉书》，误以为大夏五翕侯之一，且言之不详。《西域记》记录其国在大月氏西南，民俗类似天竺，善于经商，常辗转依附天竺、罽宾、安息三国，未尝属月氏。并特别指出："《汉书》以为五翕侯数，非其实也。""后属安息。及月氏破安息，始得高附。"

天竺[②]　始见于张骞报告，《汉书》未补，《西域记》补录了天竺的疆域、割据状态以及物产、商业等，并特别补记了天竺的佛教及其传入中国的情况。这一点，无论是始通西域的张骞还是久留西域的班超，均未给予注意。

东离[③]　始见《西域记》，在天竺东南，风土物产与天竺同，列城数十，各自有王，并臣属月氏。

栗弋[④]　始见《西域记》，属康居，出产马、牛、羊，而葡萄酒特别

---

① 高附，今喀布尔（Kabul），其地属阿富汗。
② 天竺，一名身毒，即印度。
③ 东离，《魏略》作车离，一名礼惟特，一名沛隶。《后汉书》之东离，似为车离之讹。其地当在今之科罗曼德（Coromandel）海岸。
④ 栗弋，《北史》作粟特。

有名。

　　严国　始见《西域记》，在奄蔡北，属康居，出产鼠皮。

　　奄蔡①　始见张骞报告，《汉书》未补。《西域记》补云："奄蔡国改名阿兰聊国，居地城，属康居。土地温和，多桢松、白草。"

　　班勇的《西域记》，作为一本地理专著，尚失之过简，但对其伯父班固的《西域传》多有补充更正，不仅是我国历史地理学的一部卓越著作，就是从世界史看，其史料价值也是不可低估的。一方面，《西域记》所记西方国家的一些情况，在西方文献中大都是失载的，这就弥补了外国历史记载的不足。例如关于条支国都，在西方史料中就没有这样详细具体的记录，它引起国外许多学者的注意，并进行研究探索，目前虽然尚无最后定论，但问题却是日趋明确了；另一方面，《西域记》所记西方的一些情况，虽然有一些在西方文献中也有记录，但二者对比，可以互相印证。例如，西方古典作家第一个记载"丝绸之路"的希腊学者托勒密（Ptolemy，90—168）所著《地理志》一书，详述了"自幼发拉底河口，经美索不达米亚、米地亚、爱克巴塔那（阿蛮）、帕提亚（安息）、赫克桐皮罗斯（和椟）、马嘉那·安梯俄齐亚（木鹿）、巴克特拉（大夏）、石塔，进入中国的路线和方位"②与《西域记》所记"丝路"南道甚相吻合。二者互证，使这条路线的面貌更加清楚无误。《西域记》对西方记事的补充和印证，充分表现了它对世界史的研究价值。近百年来，随着中西交通史研究的深入开展，它的史料价值越来越受到中外学者的重视。

　　（本文与张汉东合作，原载谭其骧主编《中国历代地理学家评传》，山东教育出版社1990年版）

---

　　① 奄蔡，里海北部一带，伊兰种族所建之国。

　　② 莫任南：《中国和欧洲的直接交往始于何时》，《中外关系史论丛》第1辑，世界知识出版社1985年版。

西域都护的建置及其作用

一、都护建置的由来

西汉初年，最大的边患就是北方匈奴侵扰。汉武帝为了讨伐匈奴，曾详细地了解匈奴周围的形势，他想利用匈奴与其周围国家间的矛盾，组成一个强大的反匈奴的联合阵线，于是早在进攻匈奴的前六年（前139，即武帝建元二年），即遣张骞西行以通西域。不过这时汉与西域的交通线还掌握在匈奴的手中，直到公元前121年（元狩二年），匈奴昆邪王投降，汉始打通河西走廊，取得通西域的道路，从此汉和西域才正式建立密切关系。

那时，汉虽通西域，然而西域诸国对待汉使仍然抱着怀疑、观望甚至对抗的态度，而对于匈奴则颇畏服。"故匈奴使持单于一信到国，国传送食，不敢留苦；及至汉使，非出币物不得食，不市畜不得骑。"① 尤其如楼兰（鄯善）、姑师（车师）等国，"数为匈奴耳目，令其兵遮汉使"②。大宛也常"攻杀汉使，取其财物"③。在这种情况下，西汉政府要想达到联络西域、割断匈奴右臂的目的，几乎完全不可能。所以在公元前108年（元封三年），武帝派大将王恢攻楼兰，掳楼兰国王，夺取了敦煌、西域间的交通要道，接着又在公元前102年（即太初三年）派遣李广利率兵伐大宛，扬国威于西域。从

---

① 《汉书·西域传》。
② 《汉书·西域传》。
③ 《汉书·西域传》。

此"西域震惧,多遣使来贡献"①。但是仅靠武力是不可能持久的,当西汉的大兵一旦退出西域,匈奴的骑兵便会跟踪而来,西域诸国一定会倒戈相向,去听匈奴的指挥,如楼兰既投降于汉,"后复为匈奴反间,数遮杀汉使"。那么西汉政府对于这个反复变化的局面采取怎么样的对策呢?如继续发大兵进攻西域,也不如想象那样容易。例如伐大宛一役,历时四年,"天下骚动",人力物力消耗太大,这样的战争势难再举。因此西汉政府要想凭借西域牵制匈奴,就必须有一个长远的计划。武帝的心腹参谋搜粟都尉桑弘羊曾提出屯田轮台的建议,他想在轮台以东建立一个自给自足的军事根据地,以便逐渐控制西域,并进一步东向与匈奴争衡。这的确是汉经营西域的一个重要步骤,可惜这项计划因限于当时人力物力困乏,没有被武帝采纳。直到昭帝时,始将这项计划付诸实施,派遣扜弥太子赖丹为校尉将军屯田轮台。赖丹虽为扜弥人,但留汉已久,且为政府所派遣,即等于西汉的使臣,故赖丹屯田轮台,事实上也就是西汉政府经营西域的前哨。但是这一措施马上遭到龟兹的反对,不久赖丹为龟兹人所杀。由此可见,西汉在西域的势力直到昭帝时还没有得到充分的发展,然而汉在西域建置官职,应推赖丹为第一人。

赖丹虽然在经营西域的过程中丧命,但是却替后继者开辟了一条道路。到公元前68年(宣帝地节二年),又有郑吉屯田渠犁之事。据《汉书·西域传》说:

> 地节二年,汉遣侍郎郑吉、校尉司马熹将免刑罪人田渠犁,积谷,欲以攻车师。

这项记载说明了两个问题:第一,这次郑吉屯田渠犁,很明显的是接受了赖丹的经验教训。渠犁在轮台的东面,距汉河西田官较近,西汉的势力便于控制,可以避免发生危险。同时,以渠犁为根据地,还可以逐渐向西发展。据徐松《西域水道记》卷二载:

> 玉古尔者,汉轮台地。……庄南四十里,有故小城。又南二十里,

---

① 《汉书·西域传》。

有故大城。又南百余里，尤多旧时城郭，田畴阡陌，畎陇依然，直达河岸，疑田官所治矣。

这一段话证明西汉屯田的范围后来确已发展到轮台，这是和郑吉稳步前进的方针分不开的。

　　第二，郑吉屯田渠犁的目的非常明确，就是屯田积谷以为军饷，准备向车师进攻。渠犁距离车师较近，屯田渠犁为实现此项计划提供了有利条件。

　　在这里应该指出，郑吉所以向车师发动攻势，不仅因为车师王勾结匈奴，邀遮汉使，而主要是军事地理上的关系。车师在今新疆吐鲁番盆地，自古为通天山南北的重要孔道，分前后两王国：前国在这段山路的南谷口，故称前王庭；后国在这段山路的北谷口，故称后王庭。从前王庭向北，山行500里，可以达后部的务涂谷（即东汉金满城，今阜康县东境济木萨地），南出，西南行835里，可达焉耆，自后王庭北出，西行300里，达乌鲁木齐，东行700余里，可达蒲类泽，即匈奴右部之南边缘。匈奴控制南疆诸国，就是从右部南出前后庭，再自前庭达于焉耆的，据《汉书·西域传》说：

　　　　西域诸国，大率土著，有城郭田畜，与匈奴、乌孙异俗，故皆役属匈奴。匈奴西边日逐王置僮仆都尉，使领西域，常居焉耆、危须、尉犁间，赋税诸国，取富给焉。

匈奴设僮仆都尉于焉耆、危须、尉犁之间，就是凭借地理上的优势，一方面北接前后庭，以达其右部；一方面向南可以直接控制南疆，使西汉的势力不得进入西域。如果西汉取得车师，不仅可以排除匈奴在西域的势力，而且可以出车师后庭，进一步袭击匈奴的右部。因此汉与匈奴在西域的争夺战，以在车师者为最多[①]。而郑吉屯田渠犁，以图进攻车师，也是把握了汉代经营

---

　　① 汉与匈奴争夺车师，始于汉元帝元丰年间赵破奴的西征，当时虽曾一度击破车师，但不能坚守其地。天汉二年又遣匈奴降者开陵侯将楼兰兵击车师，不利而还。征和四年复遣开陵侯发楼兰、尉犁、危须6国兵再击车师，车师乃降。武帝时代与匈奴在车师的争夺战，前后共三次。昭帝时，匈奴发骑兵4000，田车师，车师又归匈奴。宣帝初，遣五将伐匈奴，击破匈奴右谷蠡王，匈奴由车师退出，车师复

西域的最重要环节。

从公元前68年（地节二年）秋天，郑吉第一次向车师发动进攻起，到公元前62年（元康四年）止，这7年是汉与匈奴争夺车师最激烈的时期。前后经过多次战争，汉得其地者再，失其地者再。这时匈奴的势力虽已日渐削弱，但由于车师形势重要，匈奴不愿轻易放弃。正如当时匈奴统治集团所说："车师地肥美，近匈奴，使汉得之，多田积谷，必害人国，不可不争也。"①因此，匈奴虽屡失其地，仍不时集中力量，以谋恢复。双方相持不下，结果西汉政府采取坚壁清野的办法，尽徙车师人于渠犁，空其地以与匈奴。

使西汉政府得以最后夺取车师，并进而完成西域统一的关键，就是匈奴日逐王的投降。自从公元前72年（宣帝本始二年）汉遣五将征伐匈奴以后，匈奴的势力即逐渐衰微，"于是丁零乘弱攻其北，乌桓入其东，乌孙击其西"②。匈奴四面受敌，形势日非。在这时候，匈奴内部又发生了分裂，日逐王和新立的单于握衍朐鞮因争夺权力，不能合作。终于在公元前60年（神爵二年），日逐王背叛单于，投降汉朝。日逐王的领地，在匈奴右部南边缘，匈奴控制西域，乃假日逐王之手，换句话说，日逐王就是匈奴单于统治西域的代理人。日逐王来降，匈奴失去右臂，汉唾手而得车师，匈奴才被迫放弃西域。故《汉书·西域传》说：

>其后日逐王叛单于，将众来降……僮仆都尉由此罢，匈奴益弱，不得近西域。

从此西汉的实力始达于山后诸国，进一步在西域树立起全面的统治。自武帝通西域起，70余年来，西汉政府联络西域、切断匈奴右臂的计划终于为郑吉所实现了。这在当时，可以说是历史上的一件大事。《汉书·郑吉传》记

归于汉。车师属汉以后，匈奴不自安，因与车师王乌贵勾结，时时切断汉与乌孙的交通，以阻止西汉势力西进。于是在地节二年汉遣郑吉田渠犁，积谷，以攻车师。以上为郑吉田渠犁以前汉与匈奴争夺车师的大概情况。见《史记·大宛传》、《汉书·西域传》。

① 《汉书·西域传》。
② 《汉书·匈奴传》。

其事说:

> 神爵中，匈奴乖乱，日逐王先贤掸欲降汉，使人与吉相闻，吉发渠犂、龟兹诸国五万人，迎日逐王。口万二千人，小王将十二人，随吉至河曲，颇有亡者，吉追斩之。遂将诣京师。汉封日逐王为归德侯。吉既破车师，降日逐，威震西域，遂并护车师以西北道，故号都护。都护之置自吉始焉。上嘉其功效，乃下诏曰："都护西域骑都尉郑吉，拊循外蛮，宣明威信，迎匈奴单于从兄日逐王众，击破车师兜訾城，功效茂著。其封吉为安远侯，食邑千户。"吉于是中西域而立莫（幕）府，治乌垒城，镇抚诸国，诛伐怀集之。汉之号令班西域矣。

由于日逐王的投降与车师的平定，西域形势为之一变，西汉政府即任命郑吉为都护，以统治西域诸国①，这就是西域第一任都护的由来。自此以后，西域就在都护统治之下，直到王莽末都护李崇没于西域为止，共80余年。据《汉书》所载，历任都护凡18人，可考见者仅得10人，为郑吉、韩宣、甘延寿、段会宗、廉褒、韩立、郭舜、孙建、但钦和李崇。

---

① 关于西域都护建置的年代，据《汉书·百官公卿表》载："西域都护，加官，宣帝地节二年初置，以骑都尉谏大夫使护西域三十六国。"这里说都护的建置始于地节二年（前68），正是郑吉初田渠犂的时候，与文中所引《郑吉传》的记载颇有出入。又《汉书·郑吉传》赞说："自元狩之际，张骞始通西域，至于地节，郑吉建都护之号。"此说与《汉书·百官公卿表》相合，亦不同于本传。《居延汉简考释释文》卷一收录的一条有关郑吉之遗简说："元康四年二月己未朔乙亥，使鄯善以西校尉吉、副卫司马富昌、丞庆、都尉宣建都□□。元康二年五月癸未，以使都护檄书，遣尉丞赦将弛刑士五十人送致将车□发（118·17）。"据此，则元康二年（前64）已有都护的称号。如以汉简为据，都护之号，至迟当不晚于元康二年。

按：郑吉于公元前68年（地节二年）出使西域，屯田渠犂，目的在于建立根据地，以图车师，并进而控制西域，或即于此时建都护之号，以威临西国，故《汉书·百官公卿表》系此事于地节二年，于理似无不合。但郑吉在当时，官为侍郎，职位低微，尚不足以任此重秩，故虽建都护之号，而仅以"使鄯善以西校尉"加官，简文"以使都护檄书"者，当指郑吉以校尉之职兼行都护之事而言。郑吉由校尉而正式升任为都护，乃在日逐王归降与车师平定以后，一方面，郑吉在西域已树立相当威望，另一方面又因功迁骑都尉，骑都尉秩比二千石，都护则秩为二千石，二者职位相近，故宣帝实授郑吉以"都护西域骑都尉"的称号，并使其开府置吏，以统治西域诸国。因此，我们不妨这样说，西域都护的建号，在公元前68年郑吉初田渠犂之时，而都护开府，正式形成汉统治西域的行政中心，则在公元前60年（神爵二年）统一西域以后。

二、都护府的组织及其所属范围

　　神爵以后，都护既成为西汉驻西域的最高长官，那么，都护以下必有一套行政人员，以担任各项工作。《汉书·郑吉传》说："吉于是中西域而立莫府，治乌垒城。"由此可知，都护有一定的治所，称为都护府。西域中部的乌垒城，就是都护府的所在地。据《汉书·西域传》载，乌垒有户百一十，口千二百，在西域诸国中的地位甚低。为什么都护府要设立在这个地方呢？为什么不设立在较强大的国家如和汉关系最密切的乌孙呢？这里有个原因。我们打开西域地图看一看就可以知道，乌垒东去鄯善1785里，西去疏勒2210里，东北去车师1800里，其地正处于西域中心，这对于全面地统治西域是十分有利的。其次，西汉屯田的中心是渠犁，也就是说，渠犁是都护的仓库，乌垒与渠犁均处于今天山南麓策特尔及车尔楚之间，渠犁居其南，乌垒居其北，相去仅330里，容易取得联系。由此可以看出都护府设置在乌垒，是经过缜密考虑的。

　　至于都护府的组织情形怎样呢？都护是一种特使，其本职为骑都尉，都护乃其加衔。《汉书·百官公卿表》说："西域都护，加官……以骑都尉谏大夫使护西域三十六国。"西汉的第一任都护郑吉，即是"西域都护骑都尉"，自此以后，历任都护，其本职皆为骑都尉①，这是西域官制的一项特别的规定。

　　西域都护的任期是有一定的，《汉书·段会宗传》说："西域敬其威信，三岁更尽还。"又说："会宗更尽还，以擅发戊己校尉之兵，乏兴，有诏赎论。"《传》中又载谷永致会宗书说："愿吾子因循旧贯，毋求奇功，终更亟还。"颜师古注引如淳曰："边吏三岁一更。"由此可知，都护有一定的任期，三年以后期满，即另由他人代替。但如有特殊情况，亦得临时变通，或延长或缩短，不尽以三年之制为限。

---

① 例如《汉书·甘延寿传》说："车骑将军许嘉荐延寿为郎中谏大夫，使西域都护骑都尉。"《段会宗传》说："竟宁中，以杜陵令五府举为西域都护骑都尉、光禄大夫。"《百官公卿表》成帝阳朔三年有护西域骑都尉韩立子渊为执金吾，皆为以骑都尉都护西域。王国维《流沙坠简》尼雅城北古城所出晋简跋谓："前汉时本以骑都尉都护西域，后遂略称西域都护。"此说是符合事实的。

都护以下，设有属官，《汉书·百官公卿表》说："有副校尉，秩比二千石，丞一人，司马、候、千人各二人。"

副校尉为都护副贰，如果说都护为政府派驻西域的使臣，那么副校尉就是副使。副校尉由政府直接任命，如《汉书·陈汤传》说："（汤）数求使外国，久之，迁西域副校尉，与（都护）甘延寿俱出。"副校尉既由政府直接任命，故不为都护的直属人员，其职权仅次于都护。例如陈汤矫制擅发西域诸国兵及戊己校尉、屯田吏士伐郅支单于，而都护甘延寿却不敢禁止，可知副校尉的权限是相当大的。

丞，类似管理文书的官吏，秩比六百石，其地位不甚重要，可以由他人兼摄。《汉书·陈汤传》有假丞杜勋，即其一例。

司马，或称都护司马，《汉书·西域传》说："前车师前王为都护司马所杀。"又说："是时，莽易单于玺，单于恨怒，遂受狐兰支降，遣兵与共寇车师，杀后城长，伤都护司马。"司马为武职，其地位相当于军中的司马，故或称军司马。而其代理司马之职者，则称为假司马。司马之秩，应为比千石[①]。

候，《汉书·西域传》说："匈奴不敢前，吉、熹即留一候，与卒二十人，留守王。"候亦称军候，前述假丞杜勋，其本职就是军候，秩比六百石[②]。

千人，亦官名，《汉书·百官公卿表》说："有两丞、候、司马、千人。"又说："武帝元狩二年，昆邪王降，复增属国，置都尉、丞、候、千人。"可见千人也是一个带兵的小头目，其职大约相当于军中的屯长，秩比二百石[③]。

以上所列，皆为都护府的官吏，除副校尉外，其余均为都护的属官，由都护直接任命或撤换。都护除直接领有都护府的属吏以外，并兼领屯田区的田官。

西汉在西域的屯田区，最初为轮台，以后由轮台转移到渠犁。到日逐王投降，车师地归汉所有，西汉政府为了加强对山后诸国的统治，屯田中心

---

① 《后汉书·百官志》说："大将军营五部，部校尉一人，比二千石；军司马一人，比千石。"都护相当于大将军以下的部校尉，故都护司马亦当秩比千石。

② 杜勋既以军候而摄丞之职，丞既为比六百石，而军候之秩，亦当为六百石。《后汉书·百官志》说："部下有曲，曲有军候一人，比六百石。"也可以证明。

③ 《后汉书·百官志》说："军候下有屯，屯长一人，秩比二百石。"都护所属千人既在军候以下，可能也是秩比二百石的官。

也由渠犁逐渐向车师转移。据徐松《西域传补注》说："至元帝时，屯田车师前王庭，方罢渠犁之屯。"元帝时既罢渠犁的屯田而移屯车师，故又在车师设戊己校尉，以统领屯田事务①。戊己校尉的设立，据《汉书·百官公卿表》说，是在元帝初元元年，即公元前48年。

戊己校尉为车师屯田区的最高长官，秩比二千石②，相当于副校尉。它虽属都护节制，却仍保留半独立的性质，亦得开府置吏。戊己校尉府即在车师交河城，其属官，据《汉书·百官公卿表》载："有丞、司马各一人，候五人。"

戊己校尉后来随着实际情况的变化，有时也可设置两人。如东汉明帝永平七年"以（耿）恭为戊己校尉屯后王部金蒲城（《西域传》作金满城），谒者关宠为戊己校尉，屯前王柳中城，屯各数百人"③。

戊己校尉又有副二，称之为史，《汉书·西域传》说："时戊己校尉刁护病，遣史陈良屯桓且谷备匈奴寇。史终带取粮食。"据此传戊己校尉有史二人。都护有副二，戊己校尉亦得有副二，《汉书·百官公卿表》略而不记，大概因为是边区属吏并非常制的缘故。

都护为驻西域的最高长官，秩二千石，其属吏，位尊者不过千石，低者仅百石。由此可知，都护等于内地的郡守，而其属官，也只是县令长丞之类。然而都护总摄西域，西域诸国无论大小莫不俯首听命，何以都护的职位在汉朝反而如此低微，实令人难以理解。当时西汉政府主观上可能已把西域诸国视同南粤、西南夷等地。不过那些地方都已成为西汉直属的郡县，而西域则不是西汉的直属郡县，所以不设郡守而设都护。这样都护的地位势必不能高于郡守。

附：都护组织系统表

都护——副校尉——丞——司马——候——千人
　　　——戊己校尉——史——丞——司马——候

---

① 戊己校尉是以干支名官。毫无疑义，这是受了当时阴阳五行思想的影响。戊己属土，校尉为屯田田官，故以戊己为名；又西域在西为金，匈奴在北为水，戊己属土，土生金而制水，故戊己校尉实含有厌胜的意义。

② 参见黄文弼《罗布泊考古记·释官》。

③ 《后汉书·耿恭传》。

西域都护管辖的范围，哀帝建平四年扬雄上书中曾提及，他说："往者图西域，制车师，置城郭都护三十六国。"①《汉书·百官公卿表》说："西域都护，以骑都尉谏大夫使护西域三十六国。"以上均指宣帝建置都护时的情况，故都护初建时，统治的范围是36国。徐松《西域传补注》曾列出西域36国之数，兹抄录于下：

> 考此传所载，凡国五十二，附见之国，如条支、奄蔡、黎靬、天笃不与焉。传言三十六国在乌孙之南，则乌孙不在数中。又言宣帝时破姑师，分以为车师前后王及山北六国，则孝武时有姑师国而无车师前后国及山北六国。车师都尉国、车师后城长国、乌贪訾离亦建国元帝时。罽宾、乌弋山离、安息、大月氏、康居五国不属都护。捷枝、轮台，皆汉所灭。小金附国，汉不禁车师之伐，不属汉可知。皆所不数。盖三十六国者，婼羌国、楼兰国、且末国、小宛国、精绝国、戎卢国、扜弥国、渠勒国、于阗国、皮山国、乌秅国、西夜国、子合国、蒲犁国、依耐国、无雷国、难兜国、大宛国、桃槐国、休循国、捐毒国、莎车国、疏勒国、尉头国、姑墨国、温宿国、龟兹国、尉犁国、危须国、焉耆国、姑（车）师国、墨山国、劫国（当作乌孙）、狐胡国、渠犁国、乌垒国也。

徐松所举属都护统治的西域36国，大体可信，不过把乌孙国摒弃于36国以外，尚待商榷。他的主要根据是《汉书·西域传》"三十六国……皆在乌孙之南"一语，他因为36国与乌孙并称，故不把乌孙列入36国以内。如《西域传》又说："西域诸国大率土著，有城郭田畜，与匈奴、乌孙异俗。"《汉书·匈奴传》载左伊秩訾的话，说："今汉方盛，乌孙城郭诸国皆为臣妾。"同传载扬雄的话也说："置城郭都护三十六国，岁费以大万计者，岂为康居、乌孙能逾白龙堆而寇西边哉！"以上记载，都将乌孙与西域城郭诸国并举，显然，乌孙不在城郭36国以内。这似乎是和松《注》完全一致，但是揆诸当时的实际情况，则此说并不可靠。第一，自从武帝元封年间公主细君和乌

---

① 《汉书·匈奴传》。

汉西域都护属国图

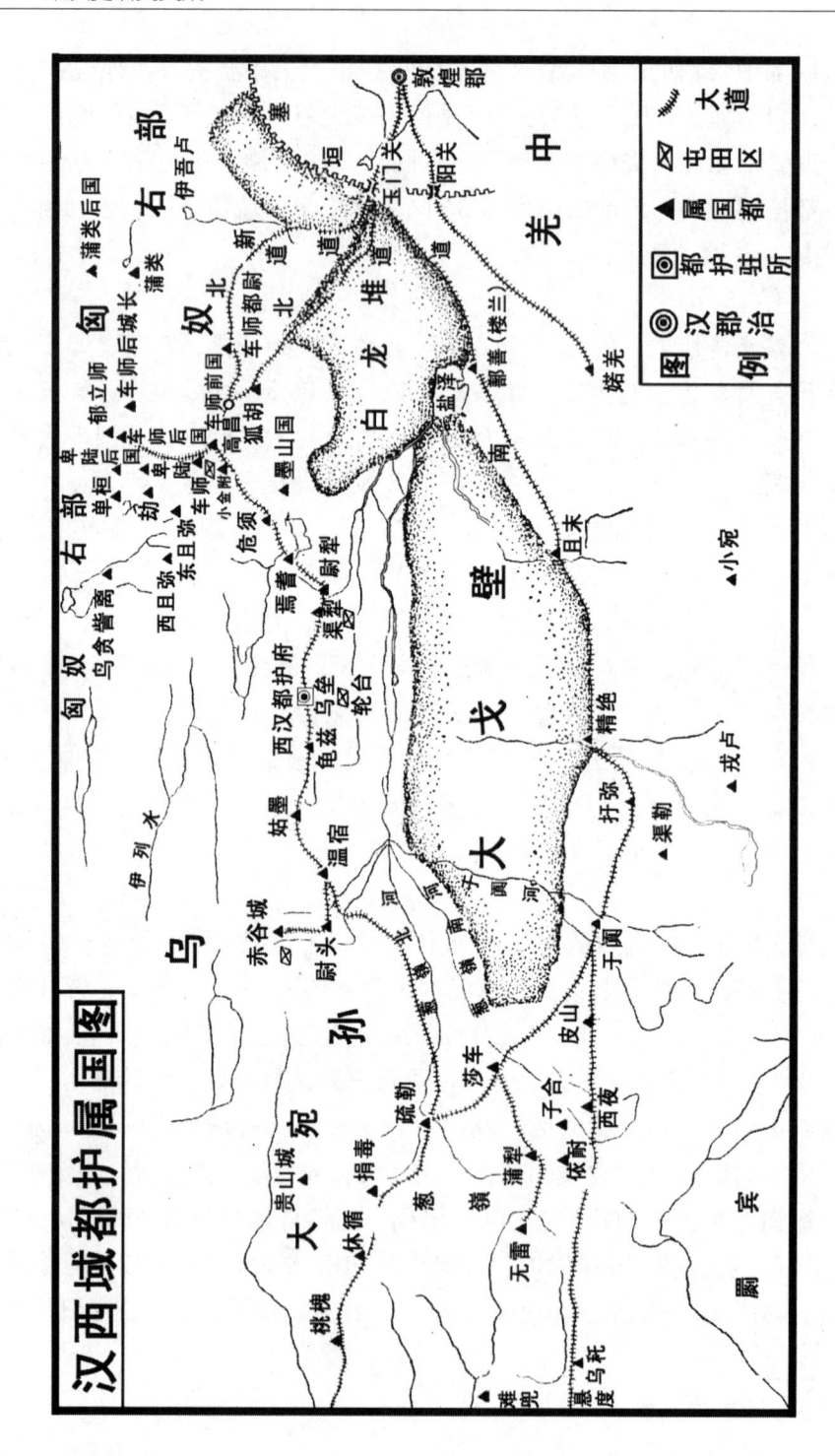

孙王通婚以后，汉与乌孙的关系即日趋亲密，似无不属都护之理。第二，宣帝时，楚主及魏和意、任昌等被围于赤谷城（乌孙国都）时，都护郑吉发诸国兵往救，亦足表示乌孙在都护统治范围以内。第三，初置都护时，所属诸国皆在天山以南，乌孙亦在山南①，何以都护独将乌孙摒弃于隶属以外，亦不可解。第四，《汉书》叙述西域诸国时，也将乌孙包括在都护统治范围以内。据此，则乌孙似不应列在 36 国之外。而西汉时，有些人将 36 国与乌孙并举，或者由于他们对西域的地理知识比较模糊，因此采取了比较笼统的说法。又如所谓城郭 36 国的说法，其实在当时，有些国家如婼羌②、西夜③、休循④、捐毒⑤、尉头⑥等都是游牧国家，焉得有城郭？这是因为当时属都护统治的 36 国大部分皆有城郭，故混称为城郭 36 国。因此，如果有人以为乌孙不是农业定居的国家，不应列入城郭诸国以内，这种说法也是值得考虑的。其次也可能是乌孙在西域诸国中比较大，它和汉的关系又很密切，故时人对它较为重视，因而把它特别提出，遂使乌孙与 36 国并列，这种可能性也不是没有的。总之，对于古人记述，不可完全拘于文字之间，而忽略了实际情况。

　　乌孙既列入 36 国以内，那么徐松所举的 36 国为什么没有乌孙呢？假使把乌孙包括在内，岂不是成了 37 国吗？36 国之说，又将怎样解释呢？按初置都护时，所属 36 国都在天山以南，山后诸国不算在内。山后诸国是在日逐王投降以后才逐渐归汉统治的。徐松所举 36 国中的劫国，其位置在卑陆国以西⑦，故属山后诸国，其归属于汉，为时必晚，似不应列入 36 国以内。所以所谓西域 36 国，应该在徐松所讲的 36 国中间去劫国而增入乌孙。以上乃是宣帝初建都护时西域属国的大概情况。

---

① 据《汉书·西域传》说："大昆弥治赤谷城。"徐松《西域传补注》以为赤谷城在南道，"乌孙旧治赤谷城，神爵中，分为大小昆弥，别为部，大昆弥仍其旧治。《后魏书》云：居赤谷城，后西徙葱岭中，是乌孙在山南之证。今阿克苏城北盐山，土色纯赤，疑是其地。"《汉书·西域传》又载：楚主及卫司马魏和意、副候任昌等谋刺乌孙狂王，狂王伤，惊与诸翎侯俱去北山中。徐松《西域传补注》以为北山即今冰岭以东至博罗图山，所谓天山，以在乌孙北，故曰北山。此又乌孙在山南之证。

② 《汉书·西域传》：婼羌国"随畜逐水草，不田作"。

③ 《汉书·西域传》："西夜与胡异，其种类羌、氐行国，随畜逐水草往来。"

④ 《汉书·西域传》：休循国"民俗衣服类乌孙，因畜随水草，本故塞种也"。

⑤ 《汉书·西域传》：捐毒国"衣服类乌孙，随水草，依葱岭，本塞种也"。

⑥ 《汉书·西域传》：尉头国"田畜随水草，衣服类乌孙"。

⑦ 《汉书·西域传》：卑陆后国"西与劫国，南与车师接"。

自宣帝以后，至于哀、平之间，汉在西域的属国日渐增多，据《汉书·西域传》说："其后稍分至五十余。"师古注引司马彪《续汉书》说："至于哀、平，有五十五国。"所谓 55 国，除原有 36 国和不属都护的罽宾、乌弋山离、安息、大月氏、康居 5 国以外，又加入山后诸国——车师后国、车师后城长、车师都尉、乌贪訾离、卑陆、卑陆后国、郁立师、单桓、蒲类、蒲类后国、西且弥、东且弥、劫国 13 国，共计 54 国。还有一国，《汉书》未详载，据《汉书·西域传》，车师旁有小金附国，其地在今吐鲁番胜金口，为山南小国，车师平定后，归降于汉，似应列入，那就有 55 国了。此 55 国是指通使于汉者而言，其应属于都护统治者，则仅 50 国，故《汉书·西域传》说：

> 最凡国五十，自驿长、城长、君、监、吏、大禄、百长、千长、都尉、且渠、当户、将、相至侯王，皆佩汉印绶，凡三百七十六人，而康居、大月氏、安息、罽宾、乌弋之属，皆以绝远，不在数中。

三、都护的作用

《汉书·西域传》说：都护的职务是"督察乌孙、康居诸外国动静，有变以闻，可安辑，安辑之；可击，击之"。这就是说，都护是汉廷驻西域的耳目，而且有权便宜行事。从宣帝神爵年间任命郑吉为西域都护起，到王莽末年都护李崇没于西域止，都护统治西域的时间，凡 80 余年。这在 80 余年中，他们和西域的关系，或者说他们在西域的活动，史书给我们提供的材料并不多；但是都护地位的重要还是可以从其他材料中找到说明的。我们只要从西域各族人民的长远利益来看，就可以知道，汉朝在西域设都护，是起着相当的积极作用的。为了明确这一点，首先应该了解都护建置以前的西域形势。

据史载西域诸国在公元前 1、2 世纪时，就已有许多国家拥有相当发达的农业、手工业和商业。例如婼羌国"山有铁，自作兵，兵有弓矛、服刀剑甲"；鄯善"能作兵与婼羌同"；龟兹"能铸冶"；难兜国"种五谷、蒲陶诸果，有银铜铁作兵"；大宛、疏勒、莎车、焉耆、危须等国皆从事农业，并可以将多余的粮食供应给其他国家。大宛、疏勒等国的商业也相当繁荣,他们都希望和汉朝建立贸易关系。此外像罽宾、乌弋山离、大月氏、安息等国在工业、农业、商业各方面都已经达到了相当高的水平[1]。当时西域诸国最大的敌人,不是他们的东邻汉朝,而是雄踞蒙古高原的匈奴。匈奴自冒顿单于兴起以后,即发展为部落奴隶制国家[2],它用暴力征服了西域以后,就把西域各族人民强制地置于奴隶主统治之下,并劫掠被征服者的一切资源和财富。

关于匈奴对西域人口的掠夺,虽然史书缺乏记载,但是我们从《后汉书·西域传》中还可以寻得一点踪迹。据《蒲类国条》说:

> 蒲类,本大国也,前西域属匈奴,而其王得罪单于,单于怒,徙蒲类人六千余口,内之匈奴右部阿恶地,因号曰阿恶国。南去车师后部,马行九十余日,人口贫羸,逃亡山谷间,故留为国云。

从这项记载中,我们可以看出匈奴对于西域进行人口掠夺,规模是很大的,一次就抢劫蒲类人6000余口,一个国家都几乎被消灭。而且从奴隶的纷纷逃亡这一点来看,我们也不难想象匈奴奴隶主是如何虐待蒲类人民的。

匈奴这样大规模的掠夺人口,在当时,西域当有很多国家的人民成为匈奴的奴隶。关于这一点,《三国志》注引鱼豢《魏略》中也有反映:

> 赀虏,本匈奴也。匈奴名奴婢为赀。始建武时,匈奴衰,分去,其奴婢亡匿在金城、武威、酒泉北、黑水、西河东西,畜牧逐水草,抄盗,凉州郡落稍多,有数万,不与东部鲜卑同也。其种非一,有大胡,有丁零,或颇有羌杂处,由本匈奴奴婢故也。

这里所谓大胡,即是西域胡,当时匈奴奴隶逃往甘肃走廊的就有数万,其中西域胡一定不在少数。这虽然是东汉初年的事情,然而对于以前匈奴掠夺西

---

[1] 见《汉书·西域传》。
[2] 参见马长寿《论匈奴部落国家的奴隶制》,载《历史研究》1954年第5期。

域人口的情形，却可以借此看到一个大概的轮廓。

匈奴为了发展奴隶制度，对被征服的西域采用了掠夺人口的办法，以补充奴隶的来源，这点已毫无疑问。但是根据当时的客观形势，匈奴的奴隶主还不可能把西域所有的人口全数驱入蒙古草原，变成他们直接管理下的奴隶。譬如说人口是可以迁徙的，一部分物资是可以搬运的，但是土地、牧场、森林、商业以及其他生产资料则不可能迁移。匈奴的最高奴隶主为了同时占有这些生产资料，就不得不让这些被征服国家的人民留在原地，按照他们原有的生产方式进行生产，而匈奴对于他们则进行一种特殊的奴隶制剥削。所以《汉书·西域传》说：

> 西域诸国，各有君长，兵众分弱，无所统一，虽属匈奴，不相亲附，匈奴能得其马畜旃罽，而不能统率与之进退。

这一部分被匈奴征服的国家人民，虽然侥幸不被迁徙，但是仍然不能逃避匈奴奴隶主的奴役和剥削。如前所述，匈奴在西域所设置的僮仆都尉，正是专门负责执行这项任务的。

僮仆都尉是匈奴的高级军官，领有数千骑，受右日逐王节制。《汉书·西域传》说僮仆都尉责在"赋税诸国"，可惜缺乏具体的说明。据《后汉书·班勇传》说：

> 会间者羌乱，西域复绝。北虏（匈奴）遂遣责诸国，备其逋租，高其价值，严以期会。鄯善、车师，皆怀愤怨，思乐事汉，其路无从。

由"遣责诸国，备其逋租，高其价值，严以期会"看来，可以推知僮仆都尉对西域诸国征收赋税，并没有一定的税额，而是以最大的剥削率所谓"高其价值"来进行剥削。同时僮仆都尉不仅坐收赋税，而且有权随时征调西域人民从事战争或参加奴隶主所需要的一切工作。所谓"严以期会"就是严格规定期限，非执行匈奴奴隶主所宣布的命令不可。这些事实都足以说明，匈奴的奴隶主对西域诸国不仅仅占有其生产资料，而且直接占有其生产工作者，他们的关系显然是一种奴隶主和奴隶的关系。

自从匈奴的冒顿单于征服西域以后，一百多年来，西域各国人民就是这样在匈奴奴隶制压迫和剥削下过着苟延残喘的奴隶式的生活。但是西汉都护在西域建立统治权以后，情况就有了根本的变化。

从此，西域各国人民不但脱离了匈奴的奴役和压迫，而且经济文化各方面受到汉族人民的影响，日益进步。同时西域也成了沟通东西经济文化的桥梁。在这方面，西域都护是起了相当重要作用的。

（一）都护的使命，首先就是团结西域各国，共同抵制匈奴。都护对匈奴所采取的策略主要有两方面：第一，是武装防御。都护除了在西域南北道重点设防外，还帮助西域各国分别组织防胡的军事机构，如鄯善、焉耆有却胡侯，疏勒、龟兹、危须有击胡侯，龟兹有却胡都尉、却胡君，危须、焉耆有击胡都尉，危须、尉犁有击胡君，焉耆有击胡左右君等。第二，是武装进攻。如都护郑吉率领城郭诸国兵与匈奴连年争夺车师等。以后随着日逐王的投降与僮仆都尉的撤销，匈奴不得不放弃西域。匈奴失去西域，不仅失去右臂，更重要的是被切断了奴隶制经济的命脉。我们知道匈奴这个部落奴隶制国家，是依靠对部落奴隶进行超经济剥削而存在和发展的。这些部落奴隶脱离了匈奴奴隶主的羁绊以后，这个奴隶制国家便逐渐走向衰亡和瓦解的道路。公元前68年（宣帝地节二年）蒙古草原又大饥，匈奴人民牲畜死亡十之六七。这样，就加速了匈奴内部的矛盾和分裂。公元前57年（宣帝五凤元年），匈奴五单于争立，互相攻战，内部发生分裂。公元前52年（甘露二年），呼韩邪单于降汉，郅支单于西迁，入康居，继续侵略乌孙、大宛等国。直到公元前36年（元帝建昭三年），西域都护甘延寿、校尉陈汤发西域诸国兵，远征康居，杀郅支单于，传首京师，从此西域的大患才算根除。西域人民的生命和财产，在都护统治期间，是取得了一定保障的。

（二）西域诸国虽然在都护统治之下，但仍保持相对独立，而且西汉政府对于他们也采取比较平等的政策，这方面的事例不胜枚举。如《汉书·西域传》载："都护韩宣奏乌孙大吏、大禄、大监皆可以赐金印紫绶，以尊辅大昆弥，汉许之。"按汉制唯太师、太傅、太保、丞相、太尉、列将军、列侯得用金印紫绶，丞相以上则为诸侯王，得用金印鳌绶。汉既以乌孙大吏、大禄、大监比丞相、太尉，则当以昆弥比诸侯王。这种办法固然是汉对西域诸国所实行的一种羁縻政策，但也说明西汉政府在一定程度上还是尊重他们的。又如鄯善王尉屠耆归国的时候，汉"为刻印章，赐以宫女为夫人，备车骑辎重，丞相、将军率百官送至横门外，祖而遣之"①。一个被征服国家受到这样的待遇，恐怕不是在匈奴统治时代所能想象的。西域都护执行了汉朝对西域各国的正确政策，如段会宗为西域都护，"西域敬其威信"，"城郭亲附"。又如都护"廉褒以恩信称，郭舜以廉平著"。这些都足以说明西汉都护和匈奴的僮仆都尉是有根本区别的。

（三）都护统治西域 80 余年，对于西域诸国经济文化的发展也起了一定的作用。在农业方面，汉在西域的屯田区，计有渠犁、轮台、伊循、乌孙、车师等地，管理和保护屯田是都护的重要职责之一。虽然屯田区只是几个点，规模也不十分大，但是西汉先进的农业生产技术，无疑地通过屯田区而广泛地传播到城郭诸国去。如在灌溉技术方面，当时，沙漠地区使用井渠法即为显著的例子②。在工业方面，如《汉书·西域传》说："自宛以西至安息国……不知铸铁器。及汉使亡卒降，教铸作它兵器。得汉黄白金，辄以为器，不用为币。"这就是说，今日伊朗等地人民的冶铁技术，最初还是由中国传过去的。

同时，应该着重指出，西域诸国商业的发展，都护曾给予大力的支持和帮助。如前所述，设置都护的目的，除了联合西域诸国共同抵制匈奴外，就在于保护汉朝与中亚各国的商路即丝绸之路。当时中国和中亚各国的商人就以西域为桥梁，进行国际贸易。都护对于这些商人都予以保护，如《西域传补注》说："若康居贡献，则都护吏至其国；罽宾奉献，则送其使。"所谓"贡献"、"奉献"，就是商业交换的一种方式，这是封建时代弱国对强国、小国对大国通商的一种特殊形式。例如杜钦说大将军王凤云：罽宾"奉献者皆行贾贱人，欲通货市买，以献为名"③。这些外国商人就通过"贡献"，将汉朝所"赏赐"的物品带到中亚各地去，甚至远达欧洲的罗马。

同样，中国的商人也借政治使节的名义，进行对外贸易。如《汉书·张骞传》说，自骞以后，前赴西域的使者"相望于道，一辈大者数百

---

① 《汉书·西域传》。
② 王国维：《观堂集林西域井渠考》。
③ 《汉书·西域传》。

人,少者百余人"。一年之中"使者多者十余(辈),少者五六辈"。这些数以千计的使者,实际上是变相的商队。所以《张骞传》说他们"皆私县官赍物,欲贱市以私其利"。西汉的商人就是这样利用政府的资本、货物做买卖来中饱私囊的。但是都护对于他们不仅沿途予以保护,而且负有供应食宿的责任。

在文化交流方面,一个最明显的例子,就是《汉书·西域传》中所载,汉宣帝元康元年(前65),龟兹王绛宾来朝贺,"王及夫人皆赐印绶,夫人号称公主,赐以车骑旗鼓,歌吹数十人,绮绣杂缯琦珍凡数千万。留且一年,厚赠送之。后数来朝贺,乐汉衣服制度,归其国,治宫室,作徼道周卫,出入传呼,撞钟鼓,如汉家仪。外国胡人皆曰:'驴非驴,马非马,若龟兹王,所谓赢(骡)也。'绛宾死,其子丞德自谓汉外孙,成、哀帝时往来尤数,汉遇之亦甚亲密。"类似这些情况,不仅说明汉与西域的亲密关系,而且西域中有些国家对汉朝和汉文化甚至达到了十分向往和崇敬的程度。

欧、亚商路即丝绸之路的交通枢纽——西域,在都护的保护之下80余年间畅通无阻。随着国际贸易的开展,塔里木盆地成了中西经济文化的传递站,同时西域人民的物资、文化生活也大大地改变了。这一点,我们只要翻一下斯坦因《西域考古记》中所记载的地下发掘出来的各种实物,便可以找到充分的说明。

(四)都护是汉朝驻西域的耳目,对所属诸国的种族类别、政治制度、户口军备、山川物产乃至风俗习惯、道里远近等等,都必须进行详细的调查记录,然后始能根据实际情况处理各国间的复杂事物。都护向西汉政府汇报工作,西汉政府检查都护工作,也都是依据此种记录文册进行的。这样,从客观上来看,古代西域各族人民的活动状况能够被很好地记录下来,都护是起了一定作用的。正如《汉书·西域传》所说:"自宣、元后,西域服从,其土地山川,王侯户数,道里远近翔实矣。"所谓宣、元以后,也就是指都护建置以后的情况。《汉书·西域传》给我们今天研究西域少数民族史提供了珍贵的资料,如果追溯一下它的来源,很可能是采自都护府的记录。

综上所述,我们可以看出,西域都护执行汉朝政府的政策,在80余年中，对于西域各族人民是有不少贡献的。王莽以后，西域诸国曾一度脱离汉朝，再度沦入匈奴之手，"匈奴敛税重刻，诸国不堪命"。这样前后一对比，就使得西域人民不能不留恋都护时代的生活，所以到了东汉初"皆遣使求内属，愿请都护"①。根据上述情况，我们也就可以知道都护在西域的作用了。

（原载《汉史初探》，学习生活出版社 1955 年版，上海人民出版社 1957 年再版）

---

① 《后汉书·西域传》。

汉武帝时期汉与匈奴战争中的阵法

——方阵与圆阵

在综合国力上，匈奴远不及汉。但是，鏖战塞外大漠，匈奴不仅占了天时、地利，且单兵格斗的能力与技艺也远胜汉军。而对兵力进行有机的配备，协同作战，发挥阵法的巨大威力，匈奴则远远不如汉军。这一点，是汉军战胜匈奴的重要法宝。

司马迁《史记·匈奴列传》开篇就说："匈奴，其先夏后氏之苗裔也。"这就是说，匈奴族和以汉族为主体的华夏族属于同一个祖先，汉族和匈奴族的关系原是兄弟关系，历史上汉与匈奴，无论是和亲还是战争，都是兄弟内部的是非问题。时至今日，匈奴故地，今内蒙古自治区，早已是祖国领土的一部分，蒙古族和汉族都是中华民族大家庭的成员。这是我们今天研究、讨论、评价汉匈历史问题的基本前提。

本文仅就汉武帝时期汉与匈奴战争中的阵法问题谈几点不成熟的看法，请专家指正。

一

在战争中，阵法的威力是巨大的。西方著名军事家拿破仑曾对比过骑术不精但注重协同作战的法国骑兵与最擅长单兵格斗但不讲求协同作战的马木留克兵的战斗力：

2个马木留克兵绝对能打赢3个法国兵，100个法国兵与100个马木留克兵势均力敌；300个法国兵大都能战胜300个马木留克兵，而1000个法国兵总能打败1500个马木留克兵。①

对兵力进行有机的配备，协同作战，则战斗力弱的军队可以发挥强大的威力，1+1＞2；单兵作战，逞匹夫之勇，战斗力仅是1+1=2。

这便是阵法的巨大作用。故此，中国历史上的军事家无不注重阵法。

从今本《孙子兵法》来看，号为"历代谈兵之祖"的孙武很少谈论阵法，13篇中仅三两处提及列阵，也极为简略。但是，不能据此断言孙武不重视阵法。《汉书·艺文志》："《吴孙子兵法》八十二篇，图九卷。"这"图"可能就是阵图，东汉人郑玄就说八阵阵法始创于孙武②。《隋书·经籍志》著录《孙子八阵图》一卷，当即《汉书·艺文志》所云"图九卷"的一部分。

与《孙子兵法》相比，《孙膑兵法》更注重阵法。《孙膑兵法》30篇，有4篇是专讲阵法的：《八阵》讲8种阵法的意义和原则；《十阵》讲各种阵法的运用；《十问》讲破敌军阵法的方法；《官一》讲八阵的变通。其余各篇也屡屡涉及阵法。《孙膑兵法·十阵》列举了八种阵法，这八阵是：

1. 方阵，"所以刭也。""刭，细割切肉貌，引申为粉碎敌人。"
2. 圆阵，"所以槫也。""槫，借为团，有环形防御的意思。"
3. 疏阵，"所以吴也。""吴，疑同吷，虚张声势的意思。"
4. 数阵，"为不可掇。""掇，疑为剟，有割取、击破的意思。"
5. 锥形之阵，"所以决绝也。""决绝，突破而分割之。"
6. 雁行之阵，"所以接射也。""接射，指用弓弩射击。一说，接通捷、便利的意思。"
7. 钩形之阵，"所以变质易虑也。""质，本。指目的、企图。虑，指作战的方针、计划。全句意思是钩形之阵是用以应付情况变化，随机应变的。"
8. 玄襄之阵，"所以疑众难敌也。"③

自孙膑以后，对阵法愈加讲求，又出现了一些新的阵法，但习惯上仍

---

① 恩格斯《骑兵》引拿破仑语，《马克思恩格斯全集》第14卷，人民出版社1965年版，第320页。
② 见《周礼·春官·车仆》注。
③ 邓泽宗：《孙膑兵法注译》，解放军出版社1986年版，第65页。

以"八阵"来概说之。于是,"八阵"成为阵法的统称。

在"八阵"中,最基本的阵法是方阵、圆阵。

方阵是把士兵分为五队,按前、后、中、左、右配置。中央一队叫"中军",是指挥机关,主将之所在,号为全军中坚。"凡军事,中军将最尊,居中以坚锐自辅,故曰中坚也。"①中军兵精而少,战斗之士主要配置在外围四队,所谓"方阵之法,必薄中而厚方"②。主将居中,便于指挥外围四队,又可以外围四队为屏藩,以确保指挥机关的安全。接敌的是外围四队。作战时,外围四队既可互为屏藩,又可根据战斗需要,变换主攻方向。

从文献记载来看,这种方阵出现于公元前541年。是年,晋国大夫魏舒在与狄人的一次遭遇战中,鉴于战场地形险隘,战车无法展开,便弃车把甲士和步卒混编成一个严密的军阵:

> 为五阵以相离:两于前,伍于后,专为右角,参为左角,偏为前拒,以诱之。③

此后,这种军阵成为一种常见的攻击型阵法。

当敌人从四面八方压迫、包围时,方阵便收缩成圆阵。顾名思义,圆阵就是把全部将士组成一个严密的防御圈。曾公亮《武经总略》曰:"圆阵无角,利以坚守。"圆阵在实战中也是常见的阵法。当年,项羽逃至东城(今安徽定远东南)被汉军包围,"于是,引其骑因四山隤而为圆阵外向"④。

方阵与圆阵是两种最基本的阵法,其他阵法大都是从二者演变而来的,故《李靖问对》有诸阵法"皆起于度量方圆"之说。

二

秦有一种叫作"乘之"的讲武礼,汉因而未改。王沈《魏书》云:

---

① 《后汉书·光武帝纪》李贤注。
② 《孙膑兵法·十陈》。
③ 《左传·昭公元年》。
④ 《汉书·项籍传》。

四时讲武于农隙。汉承秦制，三时不讲，唯十月都试车马，幸长水南门，会五营士，为八阵进退，名曰乘之。①

或谓之"都肄"。王先谦说："都，大总也，肄，试习也。若今军营云'大操'矣。省言之，则但曰'都'。"②阵同陈，古"陈"、"乘"双声，"其训曰乘"③，"乘之"也即"阵之"，是讲习阵法。

　　长水，"出杜县白鹿原，其水西北流，谓之荆溪"④。俗谓"浐水"，郦道元以为非是。长水流经长安东南。西汉置长水校尉，"掌长水、宣曲胡骑"⑤。长水校尉有屯兵之地，汉瓦中有"长水屯"瓦⑥，应为长水校尉屯兵处所用之瓦。"南门"何在，今不明，长安十二城门无此门，不过，我们大致可以确定："乘之"是在长安东面或东南举行的。然翻检《史记》、《汉书》，有时"乘之"不在"长水南门"举行，而在东都门。《三辅黄图》卷一："长安城东出北头第一门曰宣平门，民间所谓东都门。"今人犹持此说。实际上，东都门非宣平门之别称，而是东郭门，位于宣平门以东约10里的广明亭。《汉书·武五子传·昌邑哀王》：

　　昭帝崩，无嗣，大将军（霍）光征王贺典丧。……旦至广明东都门，（龚）遂曰："礼，奔丧望见国都哭。此长安东郭门也。"贺曰："我嗌痛，不能哭。"至城门，遂复言，贺曰："城门与郭门等耳。"

东都门非宣平门，于此甚明。于东都门举行"乘之"，见于《汉书·霍光传》：

　　燕王上书，言："光出都肄（孟康曰：'都，试也；肄，习也'。师古曰：'谓总阅试习式备也。'）郎羽林，道上称跸，太官先置。"

---

① 《三国志·魏志·武帝纪》裴松之注引。
② 《汉书补注·霍光传》。
③ 《周礼·地官·稍人》郑注。
④ 《水经注·渭水》。
⑤ 《汉书·百官公卿表》。
⑥ 罗振玉：《秦汉瓦当文字》卷一。

> 上曰："将军之广明，都郎属耳，调校尉以来未能十日，燕王何以知之？"

从王沈《魏书》"幸长水南门"之"幸"来看，是皇帝亲临检阅。但这次都肄当朝天子汉昭帝未去，而由权臣大司马大将军霍光阅视。可能是因为昭帝年幼，仅15岁，尚未亲政之故。4年后，"帝加元服"①，才举行成年礼。

那么，"乘之"讲习的"八阵"是哪些阵法？

1978年，考古工作者在青海大通县上孙家寨一座西汉晚期墓中发现了一批极其珍贵的木简，简文涉及汉代的军队编制、军事训练与演习、军事法规等内容②。其中有数枚关于阵法的木简，如：

> 方陈（阵）为将车。
> 以从为园（圆）之法。
> 牡陈（阵）：冲方之□。
> □为浮苴之法，校。
> 以横为兑武之法，左部前曲步而前□□。

简文记载的阵法有方阵、圆阵、牡阵、浮苴（通"沮"）阵、兑武阵。据此，汉代又出现了一些新的阵法。

三

与匈奴作战，汉军特别重视阵法。《汉书·匈奴传》赞云：

> 文帝中年，赫然发愤，遂躬戎服，亲御鞍马，从六郡良家材力之士，驰射上林，讲习战阵。

---

① 《汉书·昭帝纪》。
② 释文见国家文物局古文献研究室大通上孙家汉简整理小组：《大通上孙家汉简释文》，《文物》1981年第2期。

北伐匈奴，汉军大多采取进攻型的方阵。

元光二年（前133）六月"马邑之谋"失败后，元光六年（前129）春，汉军分四路北进。《汉书·卫青霍去病传》：

> 元光六年，拜为车骑将军，击匈奴，出上谷；公孙贺为轻车将军，出云中；太中大夫公孙敖为骑将军，出代郡；卫尉李广为骁骑将军，出雁门。军各万骑。①

四路大军在东西千里的战线上，同时发起进攻。卫青挥兵北上，深入匈奴腹地，一直打到龙城（今内蒙古锡盟西乌珠穆沁附近）。公孙敖却被匈奴打得大败，10000骑兵损失了7000多。李广被匈奴活捉，在押送见军臣单于的路上，夺得一马逃回。公孙贺一路没寻得匈奴人，徒劳而返。此后，汉、匈攻战，互有胜负。元朔二年（前127），武帝调整了战略，决定先夺取"河南地"（今内蒙河套南伊盟一带）。这一重任又交给了卫青，他率李息等将从榆谿塞（今陕西榆林东北）北上，抵达云中，突然挥师西进，攻占了高阙（今内蒙临河西北石兰计山口），切断了驻牧"河南地"的匈奴楼烦王、白羊王与匈奴的联系。接着，卫青移师南下，大败楼烦、白羊二王。匈奴决不肯轻易放弃"河南地"。匈奴政权分三部，单于居中，统领全族；东为左贤王，管领东部；西为右贤王，管领西部。"河南地"在右贤王的辖区，右贤王竭力想夺回这块风水宝地，攻势最烈。武帝决定组织一次大的战役，打垮右贤王。

元朔五年（前124）春，汉军兵分五路北进，兵力部署如下：

> 令青将三万骑出高阙，卫尉苏建为游击将军，左内史李沮为强弩将军，太仆公孙贺为骑将军，代相李蔡为轻车将军，皆领属车骑将军，俱出朔方。②

---

① 《汉书·卫青霍去病传》。
② 《汉书·卫青霍去病传》。

值得注意的是，这次北伐，汉军收缩战线，五路大军皆从朔方北进。汉军大胜，匈奴右贤王携爱妾在数百名亲兵的扈从下溃围北逃。

不久，定襄（郡治成乐，今内蒙和林格尔西北）一带又频频告急，匈奴屡屡犯边。元朔六年（前123）春二月，汉军再次兵分五路北伐，兵力部署如下：

> 大将军卫青出定襄，合骑侯敖为中将军，太仆贺为左将军，侯赵信为前将军，卫尉苏建为右将军，郎中令李广为后将军，左内史李沮为强弩将军，咸属大将军，斩首数千级而还。①

这里的"中将军"、"左将军"、"前将军"、"右将军"、"后将军"不仅仅是个官名，且是兵力上的部署，即五路大军按前、后、中、左、右部署，呈进攻型的方阵。

夏四月，汉军再次分五路出击。匈奴屡遭败绩，伊稚斜单于决定撤兵漠北。

北撤，的确是个良策。因为，汉军决意消灭匈奴主力，匈奴南下攻掠，正好撞在汉军的矛头上。撤至漠北，汉军要寻找匈奴主力决战，长途跋涉，兵马劳乏，而匈奴则可以逸待劳。不过，伊稚斜北撤，也给了汉武帝一个时机，他决定乘北部边塞无患之际，腾出手来，发动河西之役。元狩二年（前121）春三月，河西之役开始。汉兵在霍去病的指挥下从陇西出发，一路冲杀，打到了焉支山（在今甘肃山丹东南，接永昌界）以西，行程千余里，还缴获了休屠王的祭天金人。

从此，河西走廊无匈奴踪迹。接下来，武帝要解决漠北匈奴主力了。

元狩四年（前119）漠北之役开始。这次军事行动的兵力是这样部署的：

> 朗中令李广为前将军，太仆公孙贺为左将军，主爵赵食其为右将军，平阳侯襄为后将军，皆属大将军。②

---

① 《汉书·卫青霍去病传》。
② 《汉书·卫青霍去病传》。

这次军事进攻的兵力部署，是以李广为先锋，公孙贺居左，赵食其在右，曹襄殿后，公孙敖居中，主帅卫青与中军一同行动。出塞后，卫青从俘虏口中获悉匈奴单于所在，想得头功，遂命李广所部与赵食其的右军合并，自己指挥公孙敖的中军攻击。卫青一路穿越大漠北上，行进1000余里，但见伊稚斜已摆好了阵势，待汉军来攻。卫青立即下令"武刚车自环为营"，即用战车围成一个圆形防御圈，稳住阵脚，然后派一支5000人的骑兵直扑伊稚斜的大营；伊稚斜命10000骑兵出营迎战。此时，夜幕四合，大风骤起，沙砾扑面，对面不见人。卫青见状，又派出两支人马，从左、右两翼包抄上去。伊稚斜自知难以取胜，带了数百名精骑，突围而去。卫青率领大军追击，一直追到寘颜山（今蒙古国杭爱山南面）脚下的赵信城。霍去病一路深入漠北2000里，遇上了匈奴左贤王的大军。霍去病挥兵攻击，左贤王大败。

这次漠北会战，伊稚斜的主力丧失殆尽，不敢再战。

方阵作为一种攻击型阵法，其威力于此可略窥一斑。

在北伐匈奴战役中，圆阵也发挥了重要作用。

元狩二年（前121），李广出击匈奴，危急时刻使用了圆阵。

> 广以郎中令将四千骑出右北平，博望侯张骞将万骑与广俱，异道。行数百里，匈奴左贤王将四万骑围广，广军士皆恐……为圆阵外向，胡急击，矢下如雨。汉兵死者过半，汉矢且尽。广乃令持满勿发，而广自以大黄射其裨将，杀数人，胡虏益解。会暮，吏士无人色，而广意气自如，益治军（师古注曰："巡部曲，整行阵也"）。军中服其勇也。明日，复力战，而博望侯军亦至，匈奴乃解去。①

汉军能在十倍于己的匈奴军的包围下，力战两日，并最终击退了敌军，李广的镇定自若，士兵的英勇奋战，援军的到达，固然都是重要因素，但圆阵所起的作用也是不可低估的。

上述元狩四年（前119），卫青率军出击匈奴，危机时刻也使用了圆阵。

天汉二年（前99）夏五月，武帝派贰师将军李广利统兵3万北伐，武

---

① 《汉书·李广传》。

帝命李陵负责押运粮草。李陵是李广之孙,骁勇善战,他不愿做粮草官,要求去冲锋陷阵。武帝说没有马匹了,李陵道,"臣愿以少击众,步兵五千人涉单于庭!"①武帝壮而许之。李陵麾兵北上。这时,李广利正与匈奴右贤王鏖兵于天山脚下。李陵从居延遮虏障出发,急行军30天,直至浚稽山,在山间安营扎寨。且鞮侯率30000精骑来袭,李陵及5000步兵被包围,李陵列阵御敌:

陵至浚稽山,与单于相直,骑可三万围陵军。军居两山间,以大车为营。陵引士出营外为阵,前行持戟盾,后行持弓弩。②

所谓"以大车为营",当如卫青"令武刚车自环为营",这个军阵也应是圆阵。

四

北伐战争虽然未能彻底征服匈奴,但匈奴也元气大伤,从此一蹶不振,再也难以对汉构成大的威胁了。

就综合国力来讲,匈奴远不如西汉。《三国志·魏书·王朗传》:"孝武之所以能奋其军势,拓其外境,诚因祖考畜积素足,故能遂成大功。"但是,就军队的战斗力来讲,却各有长短。晁错曾说:

今匈奴地形技艺与中国异。上下山阪,出入溪涧,中国之马弗与也;此匈奴之长技也。若夫平原易地,轻车突骑,则匈奴之众易扰乱也;劲弩长戟,射疏及远,则匈奴之弓弗能格也;坚甲利刃,长短相杂,游弩往来,什伍俱前,则匈奴之兵弗能当也;材官驺发,矢道同的,则匈奴之革笥木荐弗能及也;下马地斗,剑戟相接,去就相薄,则匈奴之足弗能给也:此中国之长技也。以此观之,匈奴之长技三,中国

---

① 《汉书·李广传附李陵传》。
② 《汉书·李广传附李陵传》。

之长技五。①

但是，鏖战塞外大漠，匈奴不仅占了天时、地利，单兵格斗的能力与技艺也远胜汉军。《汉书·匈奴传》：

> 儿能骑羊，引弓射鸟鼠，少长则射狐兔，肉食。士力能弯弓，尽为甲骑。其俗，宽则随畜田猎禽兽为生业，急则人习战以侵伐，其天性也。
>
> 其攻战，斩首虏赐一卮酒，而所得卤获因以予之，得人以为奴婢。故其战，人人自为趋利。

匈奴骑兵犹如恩格斯论述的马木留克兵，擅长单兵格斗但不讲求协同作战。对兵力进行有机的配备，协同作战，发挥阵法的威力，匈奴远不如汉军。诚如晁错所说："坚甲利刃，长短相杂，游弩往来，什伍俱前，则匈奴之兵弗能当也。"在对匈奴作战中，汉军将领无不重视阵法。《汉书·李广传》：

> 程不识故与李广俱以边太守将屯。及出击胡，而广行无部曲行阵，就善水草顿舍，人人自便，不击刁斗自卫，莫府省文书，然亦远斥侯，未尝遇害。程不识正部曲行伍营阵，击刁斗，吏治军薄至明，军不得自便。不识曰："李将军极简易，然虏卒犯之，无以禁，而其士亦佚乐，为之死（《史记》作咸乐为之死）。我军虽烦扰，虏亦不得犯我。"是时汉边郡李广、程不识为名将，然匈奴畏广，士卒多乐从，而苦程不识。

这只是说李广在行军过程中，士兵队列不整；在宿营时，戒备不够森严。在战斗中，李广同样重视阵法，如元狩二年（前121），他以4000人的圆阵击退了40000匈奴骑兵的包围。

反观匈奴，在与汉军较量过程中，没有什么阵法。《汉书·匈奴传》在

---

① 《汉书·晁错传》。

叙述匈奴用兵时说:"善为诱兵以包敌。"在战术上,诱敌深入,然后包围之。匈奴惯用的就是包围战,如汉高祖七年(前200)十月,冒顿单于以30余万骑兵包围刘邦统率的32万步兵于白登山;天汉二年(前99)夏五月,且鞮侯以30000精骑包围李陵的5000步兵,等等。除此之外,未见匈奴使用什么阵法。

将兵力进行有机的配备,协同作战,发挥阵法的巨大威力,是汉军战胜匈奴的重要法宝。

(本文与刘德增合作,为中国秦汉史研究会第十届年会及国际学术讨论会论文,2005年8月)

东汉后期羌族问题

羌族最初散布在甘肃、青海、西康、西藏一带的山区，他们"所居无常，依随水草，地少五谷，以产牧为业。其俗氏族无定，或以父名母姓为种号"①。大约在殷周时期，羌族还停留在氏族社会阶段。

周秦之际，羌族其中的一部分和中原发生了关系，中原的农耕技术传给了羌人，从此，羌族才开始有了农业，而种族也逐渐繁殖起来，分布于广大的中国西部。②后来秦始皇统一中国，筑万里长城，西起临洮，和羌人隔绝。西汉景帝时，原住在青海东北的研种羌，则分化为封养、牢姐诸族进入甘肃的西南，封锁了中国的西门。这时，匈奴强盛，诸羌常遭受匈奴的奴役，匈奴进攻汉军，羌人就成为匈奴的仆从，后来武帝征伐匈奴，开拓西北，汉始建立"护羌校尉"来统治他们。宣帝时，为了争夺黄河上游和湟河之间的土地，诸羌联合反抗，集兵攻打金城（今甘肃兰州），以后为赵充国所破，设置"金城属国"以处降羌。至元帝时，彡姐等7种羌，曾一度进攻陇西，结果也被冯奉世镇压下去。从此，这一部分羌族就在甘肃一带和汉人

---

① 《后汉书·西羌传》。
② 前揭书："羌无弋爰剑者，秦厉公时，为秦所拘执，以为奴隶，不知爰剑何戎之别也。后得亡归，而秦人追之急，藏于岩穴中得免。羌人云：爰剑初藏穴中，秦人焚之，有景象如虎，为其蔽火，得以不死。既出，又与劓女遇于野，遂成夫妇，女耻其状，被发覆面，羌人因以为俗。遂俱亡入三河间。诸羌见爰剑被焚不死，怪其神，共畏事之，推以为豪。河湟间，少五谷，多禽兽，以射猎为事。爰剑教之田畜，遂见敬信，庐落种人，倚之者日益众。……其后子孙，分别各自为种，任随所之。或为牦牛种，越嶲羌是也；或为白马种，广汉羌是也；或为参狼种，武都羌是也。忍及弟舞（爰剑曾孙）独留湟中，并多娶妻妇，忍生九子为九种；舞生十七子为十七种，羌之兴盛，从此起矣。"

杂居，西汉政府有时征发他们当兵，有时也强迫他们做奴隶。

王莽时，曾利用政治手段，从羌族手中骗取了西海之地（青海东北）置西海郡。到了王莽末年，统治势力衰微，于是诸羌复夺得西海，并据有金城所属诸县。后来隗嚣据陇西，招怀诸羌酋长，利用羌族的力量，和光武相持于西北。

东汉初年，先零羌与诸羌相结，曾两度进攻陇西、金城等地，先后为大将来歙、马援所败，以后将他们迁徙到天水、陇西、扶风三郡，从此羌族才开始进入内地。明帝时，在羌族中间最强大的一支为烧当羌，公元58年（永平元年）中郎将窦固、捕虏将军马援等率兵进攻烧当羌酋长滇吾于西邯，滇吾大败，远引而去，乃徙其余众7000余口，分置三辅（即京兆、冯翊、扶风三郡，其地均在今陕西境内）并设护羌校尉，屯驻甘肃狄道，后来移驻在青海西宁。章帝时，烧当羌酋长迷吾（滇吾之弟）等复联结诸部，以湟河、大通河之间为根据地，和东汉政府对抗。公元87年（章和元年）迷吾率领诸羌步骑7000人攻入金城塞，与陇西太守张纡会战于木乘谷，迷吾兵败走，不得已赴临羌县请降。纡设兵大会，因施毒于酒中，诸羌饮醉，纡亲自指挥伏兵杀死迷吾等酋长800余人，又纵兵山谷间，搜杀羌人400余，俘掠生口2000余人。东汉统治阶级的这种阴谋和血腥的手段，引起了羌族人民的强烈愤恨。于是迷吾子迷唐及其种人联合烧何、当煎、当阗等羌，将5000余人，大举进攻陇西塞，并招引北方属国诸胡，羌族势力大盛。这一次羌族的反抗，继续10余年才被镇压下去，东汉政府又迁徙羌人6000余口，分置汉阳、陇西、安定诸郡，并设立"金城西部都尉"，屯驻龙耆（今青海乐都县南）沿河建立屯田34部。

羌族的部落很多（据《后汉书》记载有150种），分布地区也很广，大部落有数万人，小部落亦有数千，各有酋长，没有统一的组织和指挥，彼此之间时常发生战争。东汉政府抓住这一个弱点，一方面用强大的兵力，对羌人大加屠杀，逼迫屈服的羌人迁居内地，置于政府直接监视之下；另一方面又利用财物收买，阴谋离间，使他们不能团结起来一致对汉，如当时的护羌校尉邓训、居延都尉贯友等对付羌族都是使用的这种办法。①

---

① 前揭书：邓训为护羌校尉"稍以赏赂离间之，由是诸种稍解"。贯友"以迷唐难用德怀，终于叛乱，乃译使构离诸种，诱以财货，由是解散"。

羌族被迫迁入内地以后，和汉人杂居，经常遭受地方官吏和豪强地主的歧视和欺侮。从安帝永初元年起到灵帝建宁二年止（107—169）近70年间，他们为了求得解放，不断地掀起反抗东汉统治的武装斗争。为了叙述方便起见，兹分为下列三个主要的历史阶段。

第一阶段

居住于西北一带的羌族，平时"皆为吏人豪右所徭役，积以愁怨"①，他们早就要反抗，只要时机到来，就会马上掀起一个大规模的暴动，永初元年的大征发，就是此次暴动的导火线。

公元107年（安帝永初元年）因为远征西域，派遣骑都尉王弘发金城、陇西、汉阳羌用以补充军队，诸羌被迫出征，他们不愿远离家乡，又不能忍受残酷的虐待，行至酒泉附近，便纷纷逃还，于是东汉政府就在各地发兵，邀截羌人归路，甚至把羌人的住屋捣毁，于是激起了羌族若干部落如勒姐、当煎、滇零与钟羌等的联盟反抗。这时羌族由于长期在东汉统治之下，他们没有兵器，也没有其他武装配备，但是种族仇恨和阶级仇恨鼓舞着他们，他们拿着竹竿木棍，以代戈矛，"或负板案以为盾；或执铜镜以象兵"，当时的诸羌就是这样揭竿截木而起。他们第一仗在冀（今甘肃甘谷县西南）西打败了怯懦的汉将邓骘的围剿部队，杀死1000多人，第二仗又在平襄（今甘肃通渭县）打败了任尚的部队，杀死8000余人。次年羌族的首领滇零自称天子，召集沿陕甘边区各种族，到处攻掠。他们的势力以陕甘一带为中心，东至山西平原以及河北边境，南入四川，这时陕甘的交通完全断绝，"湟中诸县，粟石万钱，百姓死亡不可胜数"②。怯懦的统治阶级束手无策，只好用坚壁清野的办法，将边境郡县迁入内地，但是边境的人民却因此蒙受着极大的灾难。据《后汉书·西羌传》云：

> 羌既转盛，而二千石令长，多内郡人，并无战守意，皆争上徙郡

---

① 《后汉书·西羌传》。
② 《后汉书·西羌传》。

县，以避寇难，朝廷从之。遂移陇西徙襄武；安定徙美阳；北地徙池阳；上郡徙衙。百姓恋土，不乐去旧，遂乃刈其禾稼，发彻室屋，夷营壁，破积聚，时连（年）旱蝗、饥荒，而驱蹙劫略，流离分散，随道死亡，或弃捐老弱，为人仆妾，丧其大半。

当时有一位政论家王符说：人民害怕迁徙，比受死刑还厉害，因为死刑，每家不过1人，迁徙则大多有灭门之祸。① 这正是当时的实际情况。边郡人民不堪忍受官吏的骚扰，纷纷起来反抗，天水一带的人民在杜琦、杜季贡兄弟和王信等领导之下都参加了羌人的起义，和羌族人民一道向东汉统治阶级进行斗争，这样就使得民族斗争和阶级斗争汇合成一股巨大的洪流，斗争转入了一个新的阶段。

公元112年（永初六年），羌族的领袖滇零死，子零昌即位，同种狼莫帮助他，为他策划一切，一面任命汉人杜季贡为将军，以巩固羌汉联盟；一面派出精锐的骑兵，乘有利时机，袭击东汉的军队。这些骑兵出没无常，"来如风雨，去如绝弦"，使汉兵疲于奔命，羌族人民就是这样顽强地坚持了长期的武装斗争。

公元115年（元初二年），东汉政府派遣司马钧为征西将军率领关中郡兵共8000余人进攻零昌，同时又令护羌校尉庞参率领羌胡兵7000余人，与司马钧的军队分道并进。但是庞参所率领的羌胡军行至勇士（甘肃榆中县东北东部），即被杜季贡击退，而司马钧的队伍也在丁奚城（宁夏灵武）附近中了杜季贡的埋伏，陷入重围，东汉的军队，自将官以下到士兵被杀死的有3000余人，司马钧狼狈而逃，这一次东汉向羌人的大举进攻，又在羌族和汉族人民的联合反攻之下被粉碎了。但是东汉政府并不甘心失败，除了坚壁清野，给羌族占领区以经济封锁以外，一方面利用南匈奴的骑兵继续进攻；一方面又采用了最卑劣的手段，利诱羌族内奸，行刺起义领袖。公元117年2月，护羌校尉任尚派当阗种羌榆鬼刺杀杜季贡；同年9月，任尚又唆使效功种羌号封刺杀零昌；次年，狼莫也为内奸全无种羌雕何等刺死。自从杜季贡、零昌、狼莫相继被刺死之后，陕北诸羌失去了领导，始被迫解散。而甘

---

① 《潜夫论·实边》第廿四。

肃诸羌，则直至顺帝永建元年（126）才被马贤镇压下去。

这一次羌族人民的反抗继续 10 余年之久，虽然暂时被镇压下去，但是在东汉方面"军旅之费，转运委输，用二百四十余亿，府帑空竭，延及内郡，边民死者，不可胜数，并凉二州，遂至虚耗"[1]。

第二阶段

上距第一次羌族人民的反抗不过 15 年，由于地方官吏的刻剥暴虐[2]，又激起了羌人第二次武装反抗。公元 140 年（顺帝永和五年）的夏天，且冻、傅难种羌，起兵进攻金城，并与西塞及湟中诸羌联合，大举进入三辅，杀害官吏。汉以马贤为征西将军，率领左右羽林五校士及诸州郡兵 10 万人进剿，次年春与且冻羌战于射谷山，贤军大败，这个镇压甘肃羌族起义的刽子手连同他的两个儿子，皆在此次战役中阵亡。统治者为了他前次镇压羌人有功，赐布 3000 匹，谷千斛，封贤孙光为舞阳亭侯，每年收租百万。由此可见当时的东汉政府对羌族问题是如何的重视！他们不惜以高官厚禄的办法来鼓励屠杀羌族人民的"刽子手"。

羌人既打败了马贤的军队，声势更盛，于是东西两部羌人大会师，入陇西，攻关中，焚烧皇陵，杀伤官吏，并且连续给予东汉进剿部队以沉痛打击。武威太守赵充与北地太守贾福联兵和羌人作战，屡战屡败。统治者无计可施，只好一方面采取老办法，迁徙郡县，"于是复徙安定居扶风，北地居冯翊"[3]；另一方面以赵充为护羌校尉，专门对付羌人。赵充接受了以往的教训，改用了剿抚并施的手段，前后共杀死羌人 6000 余名，纳降羌 30000 余户。但是赵充本人也在后来追击叛羌的战役中为羌人伏兵所杀。直到公元 145 年（冲帝永嘉元年）汉阳太守张贡继赵充为护羌校尉，与左冯翊梁并，用怀柔手段招诱诸羌，于是离湳狐奴等 50000 余户请降，陇右诸羌才被平定。

---

[1] 《后汉书·西羌传》。
[2] 《资治通鉴·汉纪·顺帝纪》："永和五年，朝廷以来机为并州刺史，刘华为凉州刺史，机等天性虐刻，多所扰发。"
[3] 《后汉书·西羌传》。

这一次羌族的反抗，在东汉政府方面"费用八十余亿，诸将多断盗牢禀，私自润入，皆以珍宝贿赂左右，上下放纵，不恤军事，士卒不得其死者，白骨相望于野"①。而在羌族方面，由于残酷的斗争，损失亦颇巨，除人口大量被屠杀以外，仅被汉军掠去的牲畜（包括牛马羊驴）即达40余万头，从此，羌族人民的生活，更进一步陷入悲惨的境地。

第三阶段

羌族人民的反抗，虽然又被残酷地镇压下去，但是他们并没有屈服。公元159年（桓帝延熹二年）烧当等八种羌又在甘肃西部联合起兵反抗。公元161年零吾、先零、沈氏、牢姐诸种并力进攻并、凉二州及三辅等地。次年沈氏诸羌复攻张掖、酒泉。鸟吾种攻汉阳、陇西、金城。同年冬滇那等攻武威、张掖、酒泉。公元167年（永康元年）东羌岸尾等连续进攻三辅，当煎羌进攻武威，于是羌族人民的反抗斗争又进入了一个高潮。

当时东汉西北将领中有名的3个人皇甫规、张奂、段颎，他们的意见不一致，东汉政府最初用段颎为护羌校尉，段颎除了采用"猛攻猛打"的办法以外，又想出了一个"以夷制夷"的策略，就是利用湟中义从胡（月氏种）去对付羌人，可是义从并不愿和羌人作战，结果都临阵逃归，段颎因此得罪下狱。以后又换了皇甫规，皇甫规的对策，是用怀柔手段，以招抚羌人。他一方面招降了先零羌10余万；另一方面又将贪污滥杀降羌不守法的地方官吏100余人处死或免职，借以缓和民族间的矛盾，因此羌人投降的很多。不过皇甫规在招抚羌人的过程中，用去不少钱币，又加上他和内廷宦官绝不来往，以及因羌事弹劾了很多官吏，于是内外合谋，诬陷他靠金钱收买羌人，将他调回中央，宦官又向他索取贿赂，他置之不理，于是将他下狱，按以"除寇不绝"的罪名，免职处分。以后东汉政府又起用段颎为护羌校尉，张奂为护匈奴中郎将，分别主持羌事。在凉州方面，段颎与西羌进行激烈的战争，大败西羌，率兵穷追，辗转山谷间，自春至秋，无日不战，斩杀俘掠数万人，被迫投降的有万余落，后来这一部分投降的羌人又一度企图联合东羌

---

① 《后汉书·西羌传》。

重新揭起反抗的旗帜，但是结果又被段颎镇压下去。这时另一位主持羌事的张奂，他主张剿抚并用，但是羌族并未被彻底征服，段颎认为只有屠杀，才能制止羌人的反抗。于是东汉政府又命令段颎征伐东羌，他在陕西北部穷追羌人，张奂建议招抚，段颎根据他的经验说：羌人"狼子野心，难以恩纳，势穷虽服，兵去复动，唯当长矛挟胁，白刃加颈耳"①。从这几句话中，不仅暴露了统治阶级的狰狞面目，而且也可以想见羌族人民的斗争意志是如何的坚决。他们虽然在大兵的压力下，暂时的被征服，可是当汉兵一旦离去，他们又会继续起来反抗。因此段颎的这种穷追屠杀的政策，得到了东汉政府的同意和支持。于是颎屯驻凡亭山（《通典》作瓦亭山）为根据地，分兵于穷山深谷之中，到处追击羌人，最后把羌人包围在射虎谷（甘肃天水县西）中，大规模地进行屠杀，于是东羌也被镇压下去。

杀人魔王段颎和羌人作战，前后凡180余次，杀死羌人有38000余，俘掠牲畜40余万，费用44亿（这仅是军费，其他并不在内），时间延长到11年之久（159—169）。这次羌族的反抗，在东汉的血腥镇压下，又告失败。以后一部分羌人和汉人在陕西、甘肃一带杂居，一部分则被迫远徙青海河首积石山中和西藏高原。

综合上述，东汉末叶，近70年间，羌族人民在陕甘边区不断地武装暴动，应该肯定，这是在东汉统治阶级残酷压榨和奴役之下，羌族人民所进行的正义性的反抗斗争。东汉初，司徒掾班彪就已经指出："羌胡披发左衽，而与汉人杂处，习俗既异，言语不通，数为小吏黠人，所见侵夺，穷困无聊，故致反叛。"②而在当时参与镇压羌人的皇甫规在上疏中也说：

> 夫羌戎溃叛，不由承平，皆因边将失于绥御。乘常守安，则加侵暴；苟兢小利，则致大害。微胜则虚张首级；军败则隐匿不言。军士劳怨，困于猾吏，进不得快战以邀功，退不得温饱以全命。饿死沟渠，暴骨中原。徒见王师之出，不闻振旅之声。酋豪泣血，惊惧生变，是以安不能久，叛则经年，臣所以搏手叩心而增叹者也。③

---

① 《后汉书·段颎传》。
② 《后汉书·西羌传》。
③ 《后汉书·皇甫规传》。

以上两段记载，不但指出了羌人起义的原因，而且也说明了起义之后，东汉政府又不能采取适当的措施，民族矛盾不但没有缓和，而且更加扩大，发展为长期的武装斗争。

不过在这个问题上，还有一点分歧的意见，就是有人认为羌族在最初为了不堪忍受汉朝的统治和压迫，起兵反抗，当然这是一种自卫性质的战争，但是后来打败了汉朝的围剿部队，一直进攻到陕西、山西、河南、河北，到处烧杀掳掠，这难道不是侵略行为吗？因此，结论是：这时羌人所进行的战争已由自卫战争转变为侵略战争了。不过我的看法则与此相反，它还是自卫性质的战争，可以说是自卫战争的继续。嵇文甫先生在中国史学会河南分会的讲话中有一段话说得很好，他说：

> 战争不是一下子就能解决的，我们不能就每次战役上说主动进攻，就是侵略；被动迎击，就是自卫，如果根本上是为自卫而战，敌人打来，迎击是自卫；就是敌人败了，我们穷追，也还是自卫，是自卫战争的继续。所谓自卫与侵略，应从战争的整个发展上看，不能单从一个战役的迎击与进攻来看，因为迎击与进攻是纯军事性质，不能决定战争的性质的。①

在这里有一个最根本的问题，就是"有各种各样的战争。必须弄清楚，该战争是由什么样的历史条件造成的，是由哪些阶级进行的，是为了什么而进行的。不弄清这些，我们关于战争的一切谈论，都是纯粹的空谈，都是字面上和没有结果的争论。"②事实证明，东汉和羌人的战争，无论从战争的整个发展上看，或是从战争的政治目的来看，毫无疑义的一直是羌族人民在东汉统治阶级的残暴统治之下，他们为了求得生存，所进行的正义性的反抗斗争。在这里，我们不妨退一步，姑且撇开东汉统治阶级如何残酷地对待羌族人民不谈，就拿羌人向内地的进攻和所谓烧杀行为来说罢，他们之烧杀，在多数场合下，刀锋是向着东汉统治阶级的，他们烧的是统治者的皇陵、官

---

① 《新史学通讯》1953年10月号。
② 列宁：《战争与革命》，《列宁选集》第3卷，人民出版社1972年版，第71页。

府，杀的大都是东汉官吏和武装士兵，当然，我们也不能严格地要求一个落后的种族对于汉人完全没有狭隘的种族复仇观念和行为。可是当时人民受其害最深的，比较说来，不是来自羌人，而是东汉统治阶级，这我们可以把当时人王符拉来作见证，如他在《潜夫论·实边篇》中说：

> 乃复从民假贷，强夺财货，千万人家，削身无余，万民匮竭，因随以死亡者，皆吏所饿杀也，其为酷痛，甚于逢虏（虏，即指羌人而言），寇钞贼虏，忽然而过，未必死伤……

这不是已经很明白地把事实真相和盘托出了吗！

正由于羌族人民反抗东汉的统治是正义性的，因而就使得这一斗争特别坚强和持久。他们不仅连续地给予东汉军队沉痛的打击，而且又联合汉族被压迫的人民共同参与这一斗争，这样就把东汉时代的民族矛盾和阶级斗争带入了一个新的历史阶段，使得这一斗争更深入、更扩大。东汉政府为了镇压羌族人民的反抗，不惜动员大批的人力和物力，以至"动摇数州之境，日耗千金之资"，而边境各郡所受的摧残则更为严重，例如第一次羌人起义时，庞参在上书中就说：

> 方今西州流民扰动，而征发不绝，水潦不休，地力不复，重之以大军，疲之以远戍，农功消于转运，资材竭于征发，田畴不得垦辟，禾稼不得收入，搏手困穷，无望来秋，百姓力屈，不负堪命。①

由于战争的长期进行，繁重的军费，超过了农民的负担，而且征兵拉夫，几乎把所有的壮年男子都送上了战场，种田的都是妇女，统治阶级这种残暴的压迫剥削，引起了广大人民的愤恨，故在桓帝之初，天下童谣曰：

> 小麦青青大麦枯，
> 谁当获者妇与姑，

---

① 《后汉书·庞参传》。

> 丈人何在西击胡，
> 吏买马，君具车，
> 请为诸君鼓咙胡。①

这首民歌，正是真实地反映了当时全国人民苦于兵役和军费的负担而发出的沉痛的控诉。如果我们仔细翻阅一下这一时期的历史，从安帝到灵帝近70年间，农民暴动就有60余次之多，即不难联想到这些农民暴动和当时西羌问题之间的呼应关系。所以范晔于《后汉书·西羌传》末说："寇敌略定，而汉祚亦衰。"羌族人民历次顽强斗争的结果，虽然都被镇压下去，但是他们却把东汉皇朝引向崩溃的前途！

（原载《山东师范学院学报》1955年第45期）

---

① 见《后汉书·五行志》。"咙胡"即"胡咙"，古人因取其叶韵，故将二字倒置。胡咙者，喉也。鼓胡咙者，乃忍气吞声的意思，有人解为驱逐羌胡，是不对的。

六、关于秦汉历史人物研究

千秋功过谁与评说

——漫谈秦皇、汉武

今年（2005），我和我的两位学生孟祥才教授、刘德增教授分别合写的两部历史人物传记——《秦始皇帝大传》和《汉武帝大传》已先后在中华书局出版。近日，经常有些读者谈到这个话题，你们为什么要为这两位历史人物立传？我们的回答是原因很多，一言难尽。现仅就学术研究来说，至少有以下三点想法：

一

马克思在《1848至1850年的法兰西阶级斗争》一文中引用18世纪法国启蒙思想家爱尔维修的话说："每一个社会时代都需要有自己的伟大人物，如果没有这样的人物，它就要创造出这样的人物来。"[①]

秦皇、汉武的时代，是一个伟大的时代。

这是一个空前大统一的时代，所谓"海内为一，功齐三代"[②]；"秦始皇是第一个把中国统一起来的人物。"[③] 汉武帝又巩固发展了中国的统一。

这是一个以汉族为主体包括北方匈奴族、东北朝鲜等族、西域各族、

---

① 《马克思恩格斯选集》第1卷，人民出版社1972年版，第450页。
② 《史记·平津侯主父列传》。
③ 姜维恭、战英主编：《毛泽东评说中国帝王》，吉林人民出版社1998年版。

西南夷各族、南方的越族等多民族大融合的时代。

这是祖国疆域初步形成的时代。正如唐太宗所说："近代平一天下，拓定边方者，唯秦皇汉武。"① 现代学者范文澜也说，汉武帝"为现代中国的广大疆域奠定了初步的基础"②。

这是封建的政治、经济、文化等各种制度奠基的时代，所谓"制作政令，施于后王"③。"秦制之得亦以明矣。继汉而帝者，虽百代可知也。"④

这是一个对外开放的时代，秦始皇时徐福东渡，汉武帝时张骞通西域，一个从海上，一个从陆地，把中国和日本、韩国、朝鲜以及亚、非、欧等国家和地区联系起来，开展了经济文化交流，使中国走向了世界。

通过对秦皇、汉武这两个历史人物的研究，可以更全面深刻地了解这个时代；反过来说，了解这个时代，也可以更全面深刻地认识秦始皇和汉武帝。

二

人们，自然也包括历史学家，对历史的认识，和对世界上一切事物的认识一样，是永远没有止境的。在历史上，秦皇、汉武往往并称，一个被誉为"千古一帝"，一个被誉为"冠于百王"的"二十四朝皇帝"；但也有一些人认为秦皇、汉武是历史上残民以逞的"暴君"。就对他们的评价而论，仁者见仁，智者见智，两千年来几乎史不绝书。为此，我们曾在《秦始皇帝大传》中专门写了一节"盖棺难论定"。这是因为随着社会历史的发展，人们总是会用新的时代的眼光来审视过去的历史，对他们进行新的评价，作出新的诠释和结论。再加上小说、戏剧、电影、电视等作者、编导的不断"艺术加工"，甚至戏说，看来距离这两个历史人物的真实形象似乎越来越远。历史学家应当实事求是地努力恢复其本来面貌。当然，由于种种主客观条件的限制，要想完全恢复其本来面貌几乎是不可能的。但这又是历史学家义不

---

① 《贞观政要·贡赋》。
② 范文澜：《中国通史简编》修订本第二编，人民出版社1958年版，第30页。
③ 《史记·秦始皇本纪》。
④ 《柳河东集》卷三《封建论》。

容辞的责任。我们希望通过学者们的共同努力，使这两个历史人物的生平事迹、是非功过更接近历史真实，更符合他们的身份和历史地位。

三

邓小平有一句名言："历史上成功的经验是宝贵财富，错误的经验、失败的经验，也是宝贵财富。"①秦皇、汉武这两个历史人物给我们留下太多的经验教训，给我们提供了丰富的历史借鉴。

例一：从战国七雄到秦的统一，在中国250多年的历史上，曾经发生了翻天覆地划时代的变化。这个变化的结局，只有偏处西北一隅的秦国最后摘取了胜利的果实，完成了"六王毕，四海一"的历史使命，建立了一个空前统一的影响中国两千多年历史的专制主义中央集权制的封建国家。这是为什么？原因自然是多方面的，值得加以总结，后世也确有不少人做过总结。但其中一个重要原因，诚如西汉初政论家贾谊所说："及至秦王，续六世之余烈，振长策而御宇内。"②秦国的胜利，正是从秦孝公用商鞅变法开始，六代国君坚持改革发展百余年而不动摇的必然结果。

例二：在涉及国家盛衰兴亡的关键时期，秦始皇统一后，没有认识到并根据"攻"（夺取政权）"守"（巩固政权）形势不同的变化，及时转变政策，而仍然继续推行战时劳民伤财的暴力政策，正如贾谊所说"仁义不施而攻守之势异也"③，因而导致二世而亡。汉武帝在统治危机四伏之际，能及时转变政策，痛下轮台罪己之诏，"深陈既往之悔"，表示今后"务在禁苛暴，止擅赋，力本农"，"以明休息，思富养民"④，从而转危为安。

例三：在选拔接班人问题上，秦始皇不早立扶苏，以致胡亥窃位，赵高擅权，更变本加厉，把秦始皇的暴政推向极端："繁刑严诛，吏治刻深"，"赋敛无度，天下多事"，"自君卿以下至于众庶，人怀自危之心"，"是以陈涉

---

① 《改革开放使中国真正活跃起来》，《邓小平文选》第三卷，人民出版社1993年版，第234—235页。
② 贾谊：《过秦论》，载《史记·秦始皇本纪》。
③ 贾谊：《过秦论》，载《史记·秦始皇本纪》。
④ 《汉书·西域传》。

奋臂于大泽，而天下响应"①，秦遂以亡。而汉武帝则预立"类我"的昭帝，并遴选得力大臣霍光等为之辅佐。"光知时务之要，轻徭薄赋，与民休息"②，继续贯彻武帝《轮台诏》的既定方针。至于昭、宣之间，"流民稍还，田野益辟，颇有蓄积"，"百姓安土，岁数丰穰"③；"匈奴向化，百姓益富"④，史称"昭宣中兴"。

例四：对待儒学和儒生（古代知识分子）的问题上，秦始皇焚书坑儒，对待儒生的不同意见，不问是非曲直，一律采取文化专制主义的镇压政策，结果迫使大多数本来拥护秦朝并愿为之服务的儒生，转而投奔农民起义的行列，变成了反秦的重要力量。而汉武帝则尊崇儒术，以经学取士，"劝以官禄"，对儒学和儒生采取诱导政策。"自此以来，则公卿大夫士吏斌斌多文学之士矣。"⑤广大儒生成了汉朝统治的重要支柱，而儒学也成了国学，确立了它在政治思想上的正统地位，对后世产生了深远的影响。这说明汉武帝接受了秦二世而亡的经验教训，同时也为后代留下了历史的借鉴。

此外，还有许多事例，如秦皇、汉武的用人思想、用人制度和用人政策，在财政经济、法律、文化教育等方面所建立的各种制度和政策，以及民族政策、外交政策等等，都给后世留下了许多经验教训，在此不再一一列举。

秦皇、汉武"俱往矣，数风流人物，还看今朝"。但是他们的思想、言行、业绩及其影响，却是不能也无法抹掉的。司马迁在《史记·太史公自序》中说，他著作《史记》是"述往事，思来者"。其目的很明确。今天我们写秦皇、汉武的"往事"，归根到底也是为了"思来者"。

以上一些想法，是否得当，能否在书中充分表达出来？还要请读者诸君多加批评指教。

（原载《文史知识》2006年第1期）

---

① 贾谊：《过秦论》，载《史记·秦始皇本纪》。
② 《汉书·昭帝纪》。
③ 《汉书·食货志》。
④ 《汉书·循吏传》。
⑤ 《史记·儒林列传》，此处所谓"文学"即儒学。

论 吕 后

吕后名雉，字娥姁，是西汉开国皇帝刘邦的妻子，也是刘邦在政治上的有力助手和可靠的继承者。公元前194年惠帝（吕后的儿子）立，惠帝在位7年，政权实际掌握在吕后手中（司马迁不单独为惠帝立本纪，而把他附于吕后本纪中，其原因即在此）。惠帝死后，吕后立惠帝后宫美人子为少帝，临朝称制，行天子事，直到公元前180年吕后死，共有8年之久。吕后实际上前后共执政15年。她虽然不像唐代武则天那样正式称帝，也没有武则天统治时间那样久，但是二人比较来看，除了在文采方面吕后较之武后略有逊色之外，其在政治上的作为，实在不相上下。应该说吕后是我国历史上第一个女皇帝，也是一个很有魄力并对社会历史有一定贡献和功绩的女皇帝。

近半年来学术界对武则天的讨论，我以为基本上澄清了过去历史上的错误看法，恢复了她的本来面目。但是对于吕后，却还很少有人注意。关于吕后的一些历史记载和结论，我认为也有提出来加以重新审查的必要。

明代大思想家李贽曾送给吕后6个字的评语，说她是"妒虐谋篡之后"[1]。这个评语可以代表一般封建士大夫对吕后的看法（京剧中"十老安刘"，就是受了这一思想的影响）。清人赵翼企图替吕后翻案，他说："母后临朝，肆其妒害，世莫不以吕、武并称，非平情之论也。"[2] 他认为吕后比武

---

[1] 李贽：《藏书·亲臣传》卷六十三。
[2] 赵翼：《廿二史札记》卷三。

后好，其主要理由是：吕后无篡夺之心，无淫秽之事。显然，他对吕后的评价仍然没有跳出封建士大夫的圈子，这个翻案翻得不好。我认为要给吕后翻案，必须对以下几个问题作出正确的判断：（一）吕后贵外家、王诸吕、屠杀功臣和刘氏诸王，在当时历史条件下，这种做法对不对？（二）吕后称制，行天子事，对社会发展有无积极作用？（三）吕后向匈奴冒顿单于委屈求和，算不算耻辱？吕后对南越的战争，谁是谁非？这些问题，不仅是吕后个人的问题，它们都直接关系到西汉初年一系列重大的政治、经济问题和民族关系问题。下面我就对这些问题谈几点不成熟的看法，希望得到批评指教。

一

西汉初年，地方割据和中央集权两种势力曾经进行过长期的反复的斗争，这个斗争虽然是属于统治阶级内部的矛盾，但是它所发生的影响却很大，不仅直接关系到刘氏的统治能否继续存在，更重要的是它关系着整个社会历史的发展和人民的利害问题。如果代表中央集权的势力胜利了，那么，历史上就会出现一个统一的局面，人民就可以获得一个比较和平的环境以从事恢复和发展生产，这样就有利于社会的发展，对人民也有好处。反之，如果地方割据势力得到发展，那么，战争就不可避免，人民将继续陷入痛苦的深渊，生产将继续遭受破坏，历史的发展也将陷入停滞或者暂时要走着倒退的道路。依据当时的具体情况来看，中央集权制和国家统一是历史发展的必然趋势，也符合广大人民的要求，因而能够取得最后的胜利。现在我们要谈的问题是在这两种势力反复斗争的过程中，吕后是倾向于哪一种势力？她拥护什么？反对什么？起了什么作用？这是对吕后进行评价的一个重要的政治标准。

当楚汉相持期间，刘邦为了孤立项羽，争取胜利，对那些背楚依汉的诸侯王（如燕王臧荼、韩王信、赵王张耳等）都承认其封国割据，对那些弃楚投汉的实力分子也都分地封王（如封韩信为楚王、彭越为梁王、英布为淮南王）。因此，在公元前202年刘邦打败项羽以后，表面上是统一了，实际上仍然是一个分裂割据的局面。异姓诸侯王的存在，是和专制主义中央集权制不相容的，所谓"天下共苦战斗不休，以有侯王"，可以代表秦汉之际一般人的看法。刘邦分封诸王，本来是一种手段，并非出于诚意，对这些政治上的异己分子是决不会允许他们长期存在的，"狡兔死，走狗烹"，仅是一个时间问题。同样，异姓诸侯王对于汉室，也是各怀异心，"外托君臣之名，内有敌国之实"。他们为了保持和发展自己的势力，对汉室不能不表示戒备、反对和反抗。这两方面的因素凑合在一起，就规定了汉初屠杀功臣的历史内容，而吕后就是其中的主要策划者。

当时诸侯王中势力最大的是楚王韩信、梁王彭越和淮南王英布，他们都拥有较强的兵力，对朝廷的威胁最大。如韩信至封国后，私自收纳没有降汉的项羽大将钟离眛；巡行县邑，陈兵出入。此时韩信虽未必遽有叛离之意，但其骄纵情形和疑虑不安之心，已可概见。

公元前201年刘邦伪游云梦，令东南一带诸侯在陈谒见，乘韩信犹豫不决之际，将其擒归长安，削封为淮阴侯。公元前197年代相陈豨据代郡反，刘邦亲自率兵往讨。淮阴侯韩信在长安想乘机发动政变以响应陈豨。如果这一阴谋实现，陈豨、韩信内外夹攻，则将使刘邦陷于进退两难的境地。显然，情势是十分危急的。幸而为吕后及时发觉，与萧何定计，诱斩韩信于长乐钟室，一场风波才算平息下来。不久彭越反谋亦被揭发，废为庶人后处死，彭越之死，也是出于吕后的策划。韩、彭二人接连被杀，在诸侯王中引起了巨大的震动。淮南王英布因"自疑祸及身"，举兵叛变，失败而死。燕王卢绾因和匈奴暗通关节，也疑虑不安，对其幸臣说："往年春，汉族淮阴，夏，诛彭越，皆吕后计。今上（刘邦）病，属任吕后，吕后妇人，专欲以事诛异姓王者及大功臣。"① 刘邦一死，卢绾遂逃亡匈奴。至此，异姓诸侯王中只剩下远在南方势力最弱的长沙王吴芮一人了②。中央集权与地方割据斗争的第一个回合，基本上取得了胜利。司马迁说："吕后为人刚毅，佐高祖，定天下，所诛大臣，皆吕后力。"③ 可见吕后在这个斗争中所起的作用。过去有些史学家认为吕后狠毒残忍，屠戮功臣是她的罪状之一，但从历史发展和人民要求统一的观点来看，不消灭这些割据势力，即使希望战祸能够暂停也

---

① 《史记·卢绾传》。
② 汉高祖五年（前202）燕王臧荼叛变，被擒。六年（前201）韩王信降匈奴。九年（前198）赵王张敖被废为宣平侯。
③ 《史记·吕太后本纪》。

是不可能的。吕后杀功臣，客观上符合人民的利益，应该说无可厚非。

异姓诸侯王消灭以后，中央集权与地方割据势力的斗争并没有结束，不过它是以另一种形式在继续着，这就是以吕后为首的诸吕与诸刘的斗争，这个斗争在刘邦死后即逐渐激化起来。

刘邦为了巩固刘姓一家的统治，在消灭异姓诸王的同时，又陆续封儿子刘肥为齐王、长为淮南王、建为燕王、如意为赵王、恢为梁王、恒（即文帝）为代王、友为淮阳王，又封弟刘交为楚王、侄刘濞为吴王。这些王国的封地，领有39郡，齐国最大，"食七十城，诸民能齐言者，皆与齐王"①。而汉中央直接统辖的只有15郡，还包括许多侯国和公主的食邑在内。这些王国的建立在最初虽然有"犬牙相制，磐石之宗"的作用，但是不久以后就发展为同汉中央对立的地方割据势力了。

刘邦死后，惠帝即位，史称惠帝为人"仁弱"，当然无法应付这个严重的局面。吕后为了防止刘姓诸王制造分裂进而和她的儿子惠帝争夺帝位，对他们实行了严厉的打击政策。

当时刘邦分封的9个王中，有7个王是他的儿子，其中赵王如意曾一度和惠帝争立过太子，如果不是大臣力争和留侯张良的策划，惠帝就有被废的危险，因此赵王如意是吕后首先打击的对象。刘邦死后，吕后立即把如意召回京师，虽然惠帝对他百般维护，但结果还是被吕后寻机鸩杀。如意的母亲戚夫人，是怂恿刘邦废太子最卖力的一个，当然也不能幸免。不过吕后对戚夫人也确是残忍之极，至于"断戚夫人手足，去眼煇耳，饮瘖药，使居厕中，命曰人彘"②。连惠帝见到也说："此非人所为。"在当时情况下，吕后可能有意借此以示惩戒，然而这种做法，究未免有些过甚，这也许是后人对她不谅解的原因之一吧。

吕后重点打击的第二个对象就是齐王肥。齐王在刘邦诸子中年龄最长，威信最高，封土也最大，领有6郡73县，差不多相当于汉中央直辖领土的一半，显然是惠帝的一个敌手。惠帝二年，齐王入朝，吕后置鸩酒欲害齐王，在惠帝暗示下，齐王发觉幸免，于是献城阳郡，为鲁元公主（吕后女）

---

① 《史记·齐悼惠王世家》。
② 《史记·吕太后本纪》。

汤沐邑，齐尊公主为王太后，以表示对吕后的忠心，这样才算解除了吕后对他的猜忌。

惠帝死后，吕后立后宫美人子为少帝，临朝称制，行天子事，于是吕后与刘姓诸王的矛盾更加尖锐化了。史载："惠帝崩，天下初定未久，继嗣不明，于是贵外家，王诸吕以为辅，而以吕禄女为少帝后，欲连固根本牢甚。"① 所谓"天下初定，未久，继嗣不明"，表明了当时吕后的处境是相当危险的。首先是诸刘不服，他们根本不承认少帝的正宗地位，时刻准备取而代之，如后来齐王襄的遗诸侯王书就反映了这个事实。其次朝中大臣如陈平、周勃等，善于见风使舵，阳奉阴违，并私相串联，暗中与吕后对抗。为了应付这样一个复杂的局面，吕后不能不依靠外家，这是吕后王诸吕所以不在惠帝生前，而在惠帝死后的真正原因。当时诸吕被封为王者先后有吕台（吕王）、吕产（梁王）、吕禄（赵王）、吕通（燕王）。吕产和吕禄并分领南北军（南军属卫尉，以卫宫廷，北军属中尉，以卫京师），控制了京师的军事力量。此外，诸吕子弟又有多人被封为侯，皆留中央不至国，这样就造成了诸吕在中央政府中的优势地位。

关于吕后封王诸吕的问题，自马、班以来的史学家皆有所非议，主要是指责她惑于妇人之见，贵外家，危及刘氏。我想就这个问题多说几句话。第一，吕后贵外家，王诸吕，确是"妇人之见"，但在当时来说，是其势不得不然，已见前述。第二，吕后的哥哥吕泽、吕释之都是刘邦时有名的大将，吕氏一家有功于汉室。当时人田生也说过："今吕氏雅故，本推毂高帝就天下，功至大。"② 因此吕后王诸吕，甚至反对者如大臣与诸刘等也不得不在表面上表示赞同③。诸吕在政治上军事上都拥有相当大的实力，王诸吕有利于汉朝中央集权的巩固。第三，吕后对诸吕的约束很严，如"吕王嘉（台子）居处骄恣，废之"④，因此诸吕比较安分守己，不像后来外戚那样横行无忌，无恶不作，史书上也很少有这种事例。第四，至于说到吕后死后，吕

---

① 《史记·外戚世家》。
② 《史记·荆燕世家》。
③ 《史记·吕太后本纪》载陈平、周勃对吕后言："高帝定天下，王子弟，太后称制，王昆弟诸吕无所不可。"又郦寄说吕禄曰："高帝与吕后共定天下，刘氏所立九王，吕氏立三王，皆大臣之议，事已布告诸侯，诸侯皆以为宜。"这些话虽然都是有所为而发，但不失为持平之论。
④ 《史记·吕太后本纪》。

产、吕禄欲为乱,危及刘氏,这完全是诸刘和大臣阴谋捏造之词,借口以消灭诸吕、图谋帝位和恢复旧日的权力,观其诬少帝、梁、淮阳、常山王皆非惠帝子,其心可知。已故吕思勉先生早就指出了这个漏洞,他说:"产禄果有反谋,安得吕禄去军,而不以报吕产,吕产又徒手入未央宫,欲何为乎?"①我们知道文帝以后的统治者皆非吕后嫡系,对吕后与诸吕有贬抑之辞,这是可以理解的,太史公不察,人云亦云,后之治史者亦因袭而未改。如果吕产、吕禄能够听取吕后临终之言,"据兵卫宫",早为之备,则成败未可知,历史的结论也许不会这样。

吕后除分封诸吕以与诸刘、大臣对抗外,又陆续封惠帝诸子为王;刘强为淮阳王(强死,以壶关侯武为淮阳王)、不疑为常山王(不疑死,以襄城侯弘为常山王,少帝废位,弘继立为帝,复立轵侯朝为常山王)、太为济川王(后徙王梁),以巩固惠帝一系的统治地位。

对于诸刘及大臣则分别采取拉拢和打击的政策。刘氏诸王中,赵王友、梁王恢(后徙王赵)因不满于吕氏专权,先后被逼而死。燕王建死,复乘机杀其子,灭绝其国。刘邦诸子凡七王,至此屠灭过半,只剩下一个被削除三郡(济南、城阳、琅琊)的齐王,一个由吕后抚养的淮南王和一个地处偏远势力单薄的代王了。

诸大臣中右丞相陵因反对诸吕为王,遭到罢斥。以陈平为右丞相,审食其为左丞相,陈平有职无权,实际权力掌握在审食其手中。审食其是吕后的亲信,"公卿皆因而决事"。

此外,如宣平侯张偃,乃吕后外孙,因封为鲁王。营陵侯刘泽,其妻为吕媭(吕后妹)女,党于吕氏,封为琅琊王。冯无择为刘邦时功臣,封为博城侯,其余诸中官、宦者、令丞皆赐爵关内侯。

这样一来,汉朝中央大权完全控制在以吕后为首的诸吕和亲吕派手中,内则大臣不敢为变,外则刘姓诸王势力遭到削弱,因而在吕后当政的 8 年中,西汉的统治能够维持一个比较稳定的局面。司马迁说:"高后女主称制,政不出房户,天下晏然。"②这个评论是比较公允的。

---

① 《秦汉史》上册,开明书店 1947 年版,第 74 页。
② 《史记·吕太后本纪》赞。

二

吕后统治时间虽然不长，加上惠帝在位的一段时间，也只有 15 年，但在西汉历史上却是一个很重要的时期。它上承刘邦草创之局，下启"文景之治"，有着承前启后的作用。因此探讨一下吕后当政时期实行了哪些社会措施以及这些措施对国计民生有无积极作用，也是评价吕后的一个重要方面。

由于秦朝的残暴统治和镇压起义的反动军队对人民的屠杀、劫掠，使西汉初年的社会经济，呈现着一片荒凉残破的景象。人民大量死亡，逃亡流散的不可胜计。大城市的户口和战国时相比，只剩下十分之二三。汉高祖刘邦路过曲逆（河北完县），那里原有 3 万多户，战后只剩下 5000 多户，他还称道这个城市的繁盛可以和当时的都城洛阳相比。社会经济遭到严重破坏，以致国库空虚，统治者手中可供挥霍的财富也不多了，"自天子不能具醇驷，而将相或乘牛车"，人民更不用说，"齐民无盖藏"，连一点积蓄都没有。战争破坏最严重的荥阳一带和刘邦的根据地关中地区，饥荒都很严重，一斛米竟值万钱；甚至出现了"人相食"的惨相。农民反抗斗争的气氛也还很浓厚地存在着。针对这个现实的问题，刘邦采取了"与民休息"的政策。但是刘邦统治时间很短。这个政策没有来得及很好地施行，他就死去了。

刘邦死的时候，吕后已经 50 多岁，从刘邦当泗水亭长的时候算起，她已跟随刘邦大约有 20 余年之久。吕后长时间生活在民间，并且亲自参加过田间劳动，对百姓的疾苦是比较了解的。刘邦起兵的时候，当时吕后似乎还留在故乡沛县，没有和刘邦在一起。她虽然没有直接参加起义，但她对秦末农民战争暴风雨般的威力以及农民爆发的原因，不能没有深刻的感触。在楚汉战争中，吕后曾一度被项羽俘虏，拘留有两年之久（汉二年四月至四年九月），几乎丧掉了性命。项羽失败以后，刘邦为了平定异姓诸王的叛乱，长时期纠缠在戎阵之间，吕后任后方留守，对于稳定后方秩序，支援前线，都起着有力的助手作用。从吕后大半生经历来看，可以说她是一个久经风霜、有着丰富的社会经验和政治斗争经验的人物。这一点，她和出生宦门身当盛世的武则天是不同的。因此她不但能够继承刘邦的开国政策,而且有些新的发展。

刘邦死后,惠帝即位,吕后遵照刘邦遗嘱用萧何为相,何死,用曹参继任为相。曹参师事"善治黄老言"的盖公,一切遵守萧何所定法令,实行清静无为与民休息的政治。史称:"萧何为法,顜若画一,曾参代之,守而勿失。载其清净,民以宁一。"① 这种政治,确是适合当时社会的需要,特别是农民,更感到统治者清静无为的必要。

《汉书·惠帝本纪》说:惠帝初即位,"减田租,复十五税一"。《史记·平准书》也说:惠帝、吕后时"量吏禄,度官用,以赋于民"。这样,人民的赋税负担就有了一定程度的减轻。

土木工程的兴建也大大减少了。惠帝时虽曾三次修筑长安城(为了强固根本,在当时是必要的),但都严格遵守着更徭不过一月的制度,而且间隔在一、三、五年内进行。吕后五年,又制定了"戍卒岁更"制度。这样就保证了农业生产上的劳动人手和劳动时间,有利于农业生产的恢复和发展。

为了增加劳动力,惠帝六年令女子年15以上至30不嫁,五算(一算120文)。这虽然带有强制性质,但对人口繁殖却有一定的刺激作用。

刘邦的时候,对于商人还采取抑制政策,"令贾人不得衣丝乘车,重租税以困辱之"②。到吕后时,为了适应商品经济发展的需要,除限制商人不得做官外,解除了其他的禁令。

对于刑法也有很多修改。惠帝四年,省法令妨吏民者,除挟书律。吕后六年除三族罪、妖言令。这些都改变了秦时法令繁苛的现象,减轻了对人民的政治压迫。

吕后统治时期的"与民休息"政策,虽然她的目的还在于巩固自己的政权,但在一定程度上改变了对人民统治和压迫的方式,对于恢复和发展生产起着有益的作用。《史记·吕太后本纪》赞说:"孝惠高后之时,黎民得离战国之苦,君臣俱欲休息乎无为。故惠帝垂拱,高后女主称制,政不出房户,天下晏然,刑罚罕用,罪人是希,民务稼穑,衣食滋殖。"这段评语,

---

① 《史记·曹相国世家》。
② 《史记·平准书》。

在一定程度上是反映了当时真实情况的。

三

自古以来，我国就是一个多民族的国家。吕后统治时期，对民族关系处理得如何？为功为过，也是值得探讨的一个问题。

西汉初年，和汉朝矛盾最大的是匈奴。匈奴冒顿单于利用北方的一些割据势力，乘西汉皇朝内部还不稳定的时候，时常侵扰汉之边境。公元前200年匈奴勾结韩王信共击晋阳（山西太原）。刘邦亲率30万大军迎战，在平城白登山被匈奴精骑围困7昼夜，形势十分危急。后来用陈平之计，重赂单于阏氏，才得解脱。以后匈奴仍不断向南攻掠，北方人民受害至为惨重。刘邦为了缓和这种局势，采纳娄敬的建议，以宗室女嫁给匈奴单于，每年赠送大量的絮、缯、酒、食物等，并和匈奴约为兄弟。这就是西汉与匈奴的和亲政策。刘邦死后，冒顿单于企图破坏和亲之约，以满足其掠夺的欲望，乃致书吕后说：

> 孤偾之君，生于沮泽之中，长于平野牛马之域，数至边境，愿游中国。陛下独立，孤偾独居。两主不乐，无以自虞，愿以所有，易其所无。①

这封信，如果按照匈奴的风俗习惯（父死，妻其后母；兄弟死，皆取其妻妻之）来看，本不足为怪。但是要以本族的习惯强加于别民族的头上，这就是一种有意挑衅的行为了。当然在自居于礼仪之邦的西汉君臣看来，更是莫大的侮辱。无怪乎樊哙在朝臣会议上，要求"愿得十万众，横行匈奴中"。汉朝和匈奴的战争已形成一触即发之势。但是吕后鉴于当时国家经济力量还很薄弱，阶级矛盾还没有缓和下来，统治阶级内部的矛盾也很严重，自己的政治地位还不够稳定，最后终于隐忍下来，委曲婉转地写了一封回信，并送给匈奴单于御车二乘、马二驷。冒顿得到回信，也遣使答谢："未尝闻中国

---

① 《汉书·匈奴传》。

礼仪，陛下幸而赦之。"并献马以表示和亲。由于吕后正确地执行了刘邦与匈奴的和亲政策，因此，终吕后之世，汉朝皇帝和匈奴单于之间避免了大规模的军事冲突，基本上保持了友好的关系。匈奴族人民经常以其特产的马匹和皮毛向汉族人民换取所需要的手工业品和农产品，

汉族的缯、絮和食物为匈奴人民所喜爱，匈奴的马匹和良畜也为汉人所珍视。显然，这种和亲关系对汉族和匈奴族人民都是有利的。从人民的观点来看，其中不存在什么耻辱不耻辱的问题。

南越是汉人在越族地区建立的一个封建割据政权。秦始皇时，曾在这里设立南海、桂林、象三郡。秦亡后，南海郡尉赵佗（河北真定人）击并了桂林和象郡，自立为南越武王。汉高祖十一年（前196）封赵佗为南越王，南越便成了西汉的藩属。自此以后，一直到吕后末年，汉族和越族人民始终友好相处，互相贸易。汉朝供应南越以铁器、农具等手工业产品以及马牛羊等牲畜，同时南越也将其南方的特产玉石、翡翠等运到中原来。特别是汉族人民的先进的生产工具和生产技术传入南越，对越族社会经济的发展有很大的好处。

吕后五年（前183）春，赵佗自称南越武帝，和汉朝决裂，并发兵进攻长沙王的沿边郡县，役属闽越和西瓯。吕后为了边防的安全，派遣将军隆虑侯周灶进兵南越，因气候暑湿，士卒多疫，不能逾岭。年余，吕后死，乃罢兵。这是吕后统治时期仅有的一次战争。这次战争的最初发动者是赵佗。赵佗为什么要和汉朝决裂？在他后来给文帝书中曾列举了两个理由：（一）吕后听信长沙王的谗言，禁止供应南越金铁田器马牛等器物。（二）西瓯、闽越人口弱少，长沙半属蛮夷，尚且称王，以南越之强大，称帝亦无不可。而吕后则因此削去南越的封号，并断绝使节来往。这些都是赵佗的一面之词，是否属实，因史书不详，很难断定。现在姑且假设这两项理由都完全符合事实的话，我认为吕后和赵佗都应负一定的责任，而赵佗则应负首要的责任。可以看出赵佗称帝用兵，目的在于抬高自己的身价和扩大领土，至于反对吕后断绝供应器物，不过是用以煽动越族人民制造战争的一种借口。南越的问题十分复杂，而吕后则采取了简单化的办法，先是经济封锁，随后继之以战争。这种对策，虽然其性质是属于中央集权和地方割据势力的斗争，但同时也给越族人民带来了一些不良影响。

大体来说，吕后时，除了和南越一度发生冲突外，汉朝和其他少数民族的关系如对匈奴、闽越和东瓯等，基本上是正常的、友好的。她在处理民族问题上也起了一些好的作用。

　　综合以上所述，我们可以看出西汉初年的政治形势是相当复杂的，三类矛盾即阶级矛盾、统治阶级内部的矛盾和民族矛盾同时存在，并且都有激化的趋势。秦末遗留下来的社会问题需要解决，统治阶级内部的混乱状态需要调整，匈奴的威胁需要解除，而这一切都不是轻而易举的事情，如果没有一定的魄力和政治才能，是绝对办不到的。而吕后在短短的 15 年中，居然能够转危为安，保持一个相对稳定的局面，上承刘邦草创之局，下启文景之治。如果我们依据历史主义的观点，对一个古代妇女不做过苛要求的话，那么，就应肯定她是我国历史上第一个杰出的有贡献的女皇帝。

(原载《山东师范学院学报》1962 年第 1 期)

论 汉 武 帝

汉武帝时代的汉朝是一个彪炳史册、震烁中外的朝代。汉武帝即位以后，对内改制，对外征伐，使西汉成为当时世界上最强盛的国家之一。汉武帝以其文治武功奠定了他在中国历史上的地位，曾被誉为"功至著"的汉家天子，"冠于百王"的千古一帝。汉武帝之所以能够如此，是历史时代的造就，也与他的才识性格和善于用人有关。

一、"功至著"的汉家天子

武帝死后，盖棺论定，群臣上谥号曰"武"。谥是古代依据其人生前事迹评定的称号。"武"的含义是以武力戡定边患、威震四方。在群臣心目中，武帝的主要功绩在此。这是汉人对武帝的第一个评价。其后，汉宣帝君临天下，对武帝一生的业绩又作了一次较为全面的评价，在盛赞其武功外，又称颂了武帝的文治①。汉哀帝时，太仆王舜、中垒校尉刘歆对汉武帝的生平事迹又作了一次更为全面的评价：

> 孝武皇帝愍中国罢劳无安宁之时，乃遣大将军、骠骑、伏波、楼船之属，南灭百粤，起七郡；北攘匈奴，降昆邪十万之众，置五属国，起朔方，以夺其肥饶之地；东伐朝鲜，起玄菟、乐浪，以断匈奴之左

---

① 《汉书·夏侯胜传》。

臂；西伐大宛，并三十六国，结乌孙，起敦煌、酒泉、张掖，以隔婼羌，裂匈奴之右肩。单于孤特，远遁于幕北。四垂无事，斥地远境，起十余郡。功业既定，乃封丞相为富民侯，以大安天下，富实百姓，其规模可见。又招集天下贤俊，与协心同谋，兴制度，改正朔，易服色，立天地之祠，建封禅，殊官号，存周后，定诸侯之制，永无逆争之心，至今累世赖之。单于守藩，百蛮服从，万世之基业，中兴之功未有高焉者也。高帝建大业，为太祖；孝文皇帝德至厚也，为文太宗；孝武皇帝功至著也，为武世宗。①

在考察了武帝的文治武功之外，又特地把武帝晚年的转变提了出来。

上述诸人对武帝的评价虽不乏溢美之词，但认定武帝"功至著"却是不易之论。刘邦以布衣提三尺剑纵横天下，打下江山，创建汉家皇朝，惠、文、景三朝祖述高祖，无为而治，至武帝雄才大略，"外事四夷，内兴功利"，使西汉进入最为辉煌的时期；晚年悔过，毅然改弦更张，以至"昭宣中兴"，再创辉煌。

人们常将秦始皇、汉武帝并举。但是，司马光说，汉武帝与秦始皇有相同之处，也有不同的地方：

> 孝武穷奢极欲，繁刑重敛，内侈宫室，外事四夷，信惑神怪，巡游无度，使百姓疲敝，起为盗贼，其所以异于秦始皇者无几矣。然秦以之亡，汉以之兴者，孝武能尊先王之道，知所统守，受忠直之言，恶人欺蔽，好贤不倦，诛赏严明，晚而改过，顾托得人，此其所以有亡秦之失而免亡秦之祸乎！②

这种对比，虽然仅限于秦始皇之于秦朝、汉武帝之于西汉，但他们两人的确对两个皇朝的发展影响不同。

汉代人在肯定汉武帝"功至著"的同时，又否定了汉武帝的某些举措，

---

① 《汉书·韦贤传》。
② 《资治通鉴》汉纪十四。

其中主要有三：

一是北伐匈奴。在始元六年（前81）的"盐铁会议"上，贤良文学就否定北伐匈奴。他们以"王者行仁政，无敌于天下"和"古者贵以德而贱用兵"等理论为依据，攻击北伐匈奴是废道德而任兵革，使"边境之士饥寒于外，百姓劳苦于内"①，造成巨大的人力和财力损失。这种观点影响深远。宣帝时欲为武帝立庙设乐以褒其功，长信少府夏侯胜就上书反对，他一方面肯定了武帝"攘四夷广土斥境"之功，另一方面又否定了汉武帝北伐匈奴所造成的人力、财力损失②。王莽时的"讨秽将军"严尤则说，周、秦、汉三代征伐匈奴，周得中策，秦为无策，汉得下策。周时征伐，仅驱逐出境而已；秦始皇帝北却匈奴，筑长城，劳师伤民，以致二世而亡；"汉武帝选将练兵，约赍轻粮，深入远戍，虽有克获之功，胡辄报之。兵连祸结三十余年，中国罢耗，匈奴亦创艾，而天下称武，是为下策。"③那么，何为上策？严尤未能指出，但对汉武帝北伐匈奴明显地持否定态度。

关于汉武帝对匈奴的战争，有两个问题需要加以澄清。其一，武帝北伐匈奴所造成的损失，有些方面被夸大。宣帝时期，长信少府夏侯胜说，因为战争，致使"百姓流离，物故者半"④。班固在《汉书·昭帝纪》赞、《汉书·五行志》中，又两次提到武帝用兵30余年，致使天下户口减半。这个数字被夸大了。据葛剑雄教授考证，武帝初的最高人口数约为3600万。40多年间，总人口约减少了400万，约九分之一⑤。那么，为什么会出现"户口减半"之说？答案是：由于战争、自然灾害、杀戮等原因，武帝时多数年份人口处于停滞或下降状态；而武帝是一个好大喜功的皇帝，对臣下督察峻刻，动辄诛杀，所以出现虚报人口粉饰太平、欺谩塞责的现象。汉元帝时，御史大夫贡禹就曾指出这个问题⑥。所以在武帝时就出现了极不正常的现象：一方面是实际人口大量减少，另一方面是因户口虚报而增加，两者间的差距越来越大。如上所说，武帝初年人口约3600万，经逐年虚报，即使按每年

---

① 《盐铁论·本议》。
② 《汉书·夏侯胜传》。
③ 《汉书·匈奴传》。
④ 《汉书·夏侯胜传》。
⑤ 葛剑雄：《西汉人口地理》，人民出版社1986年版，第72—76页。
⑥ 《汉书·贡禹传》。

2%—3%的虚报率增长,到武帝末年应已超过4000万。而昭帝初重新核定户口时又不包括未归的流民,自然低于实际人口数。可能只有2000万。将两者对照,举其大者,称"户口减半"是毫不奇怪的。其二,武帝对匈奴的战争,的确加重了人民的负担。但是,既要抗击匈奴使边境永宁,就不能不付出代价;且代价只是暂时的,而功业却是长期的。所谓"初虽辛苦,卒获其庆"[①]。有些人仅看到付出的代价,以此全面否定武帝抗击匈奴的战争是不妥的。汉匈战争的转折点是漠北之役。元狩四年(前119)的漠北之役,汉军消灭匈奴近9万人,匈奴单于伊稚斜的主力丧失殆尽,远遁逃命,不敢再战。至此,匈奴的威胁解除。此后对匈奴的战争,就是穷兵黩武了。

二是盐铁官营、统一铸钱、榷酒酤和均输平准。在始元六年的"盐铁会议"上,贤良文学们就对盐铁官营、统一铸钱、榷酒酤和均输平准提出批评,说这些措施是在与民争利,造成了两大弊端:一是破坏了敦厚的传统,造成了贪鄙的风气;二是务农的人少了,追逐工商之利的人多了。然后,对各种官营政策逐项批判,尤其是盐铁官营是他们攻击的重点。这些批判也确实揭露了当时盐铁官营等政策在实行过程中存在的一些流弊,如经营管理不善,产品质量低劣,价格昂贵,购买不便,滥发民力,严重影响农业生产,等等。但他们的论点都失之偏颇,如盐铁官营等政策有利于国计民生;有利于抑豪强摧兼并,消除地方割据势力,加强国家统一;有利于抗击匈奴,巩固国防等等。总之,其积极作用应是主要的。从后世历代皇朝不断延用盐铁官营、统一铸钱、榷酒酤和均输平准等政策,亦可充分说明这一问题。

三是信用外戚。武帝一朝重用的外戚主要有五家:高祖美人石氏外戚:石建,官至郎中令;石庆,官至丞相。文帝皇后窦氏外戚:窦婴,官至丞相。景帝皇后王氏外戚:田蚡,官至丞相;王信,官至太常。武帝皇后卫氏外戚:卫青,官至大司马大将军;霍去病,官至大司马骠骑将军;霍光,官至大司马大将军;公孙贺,官至丞相;公孙敬声,官至太仆。武帝夫人李氏外戚:李广利,官至贰师将军;李延年,官至协律都尉。在武帝朝13位丞相中,外戚就占了4个;3个大司马的位置则全被外戚占据。一些外戚青云直上,骤取富贵,田蚡在景帝朝官至中大夫,武帝即位后一跃而成太尉,再迁

---

① 《盐铁论·诛秦》。

丞相；霍光从奉车都尉光禄大夫一跃而为大司马大将军。他们当中有些人如窦婴、田蚡、卫青、霍去病、霍光确有才干，是汉武帝一朝文治武功的得力辅佐，其才能得到当时与后世的充分肯定。如唐人吕諲说："汉兴，萧何、张良、霍去病、霍光以文武大略，佐汉致太平。"① 宋人李惟清说："臣闻汉有卫青、霍去病，唐有郭子仪、李晟，西北望而畏之。"② 李延年也有一技之长，石庆、石建兄弟则以品行端谨著称。但也有些人既无才又无德，譬如王信，唯酒无量，余皆不足道，只因他系帝舅而官拜太常，居九卿之首。那位公孙敬声，是一个纨袴子弟，贪财嗜利，但因他是卫皇后的外甥，遂官拜太仆。还有那位李广利，并无将才，却被拜为贰师将军，充任伐大宛、征匈奴的主帅。究其原因，乃是因为他是李夫人之兄。武帝以为征服大宛不过举手之劳，想让李夫人的兄长独占其功，遂拜李广利为贰师将军。想不到，李广利却大败而还。后来，武帝又出动数十万人马，才迫使大宛签订城下之盟，李广利受封为海西侯，食邑 8000 户。但当他率兵征伐匈奴时，又连连败北。这其中的原因很多，如汉室财政危机、政局不稳等等，但李广利缺乏将才是一个重要原因。对此，司马迁在《史记·匈奴列传》中叙述至李广利降匈奴之后，连连发出感慨："唯在择任将相哉！唯在择任将相哉！"

此外，武帝奢侈、求仙等活动，也遭后世诟病。据《资治通鉴》卷22《汉记》十四记载，征和四年（前89）三月武帝召见群臣曰："朕即位以来，所为狂悖，使天下愁苦，不可追悔。自今事有伤害百姓，糜费天下者，悉罢之！""是后上（武帝）每对群臣自叹：向时愚惑，为方士所欺，天下岂有仙人，尽妖妄耳！节食服药，差可少病而已。"由此看来，汉武帝晚年对这些问题已有所悔悟，实在难能可贵。可以说这时其思想境界超过了秦始皇。

二、"冠于百王"的"中国二十四朝之皇帝"

东汉末年，应劭打破王朝体系的局限，从春秋战国以来历史发展的角度评价汉武帝说："世宗攘夷[辟]境，崇演礼学，制度文章，冠于百王

---

① 《旧唐书·吕諲传》。
② 《宋史·李惟清传》。

矣。"①持此观点者不独应劭一人,曹植《汉武帝赞》说:"世宗光光,文武是攘。威震百蛮,恢拓土疆。简定律历,辨修旧章。封天禅土,功越百王。"②夏曾佑在被严复誉为"旷世之作"的第一部中国通史——《中国古代史》中说过这样两段话:

> 武帝时为中国极强之世,故古今称雄主者,曰秦皇汉武。③
>
> 有为汉一朝之皇帝者,高祖是也。有为中国二十四朝之皇帝者,秦皇、汉武是也。案中国之政,始于汉武者极多。④

上述评论,一则说汉武帝的功业"冠于百王"或"功越百王";二则说汉武帝为"古今雄主"或"中国二十四朝之皇帝",无非都说的是汉武帝的贡献不仅限于汉朝一代,而是超越百代,影响深远。

秦始皇续六世之余烈,振长策而御宇内,吞二周而亡诸侯,完成了统一大业,建立了中国历史上第一个统一的、中央集权的、多民族的封建国家。他厘定的君主专制主义中央集权制度,勾勒出中国两千年封建统治方式的蓝图。而汉武帝则进一步巩固了统一,进一步完善了君主专制主义中央集权制度。宣帝时,左冯翊萧望之称武帝"作宪垂法,为无穷之规"⑤,虽有溢美,但武帝朝的举措,其制度遗文,也确为后代创立了楷模。今从对外、对内两方而略举数事如下:

(一) 对外

1. 北伐匈奴,收复河套地,置朔方、五原郡。
2. 开河西,置酒泉、敦煌、张掖、武威郡。
3. 通西域,断匈奴右臂,开辟了中西经济文化交流的孔道——"丝绸之路"。

---

① 应劭:《风俗通义·皇霸》,天津人民出版社1980年版。
② 丁晏:《曹集铨评》卷六,文学古籍刊行社1957年版。
③ 夏曾佑:《中国古代史》,三联书店1955年版,第251页。
④ 夏曾佑:《中国古代史》,三联书店1955年版,第255页。
⑤ 《汉书·萧望之传》。

4. 通西南夷，置犍为、越嶲、牂柯、沈黎、汶山、益州郡。

5. 平南越，置儋耳、珠崖、南海、合浦、郁林、苍梧、交趾、九真、日南郡。

6. 平朝鲜，置真番、临屯、乐浪、玄菟郡。

7. 战争与和亲相辅相成，为后代皇朝处理民族问题的基本策略。

（二）对内

1. 尊崇儒学，使儒学成为两千年中国封建社会的统治思想。

2. 兴立太学、郡国学，为后代学校的创始。

3. 改正朔，定历数，始用年号纪年。

4. 改革官制，延揽人才，强本弱枝，加强皇权，为后代皇朝所袭用。

5. 改革财政，统一铸钱，实行盐铁官营、榷酒酤和均输平准等措施，多为后世所继承。

以上12项皆创始于武帝而影响深远。

此外，汉武帝时期的各项制度措施、发明创造，如发明推广了冶铁技术、耦犁牛耕、代田法和井渠法，发展了汉赋和乐府诗歌，引进了西域的乐器、乐曲和乐舞等等，这样就使汉朝无论在经济文化等方面都是当时世界上最强盛、最先进、最文明的国家，也使中华民族成为当时对世界文明尤其是亚洲文明贡献最大的民族。

考察武帝的历史地位还不能仅仅停留在上述具体的事业上，尽管它们意义重大，还应从宏观上来看武帝对中国社会发展的影响。这就是：中国封建社会的最终确立，是在武帝时期完成的。

在中国古史分期问题上，有种种不同的观点，如"西周封建论"、"战国封建论"、"魏晋封建论"等等，见仁见智，各备一说。从中国社会的发展来看，我们认为奴隶制向封建制的转变，是在春秋战国之际。但入战国后，奴隶制的残余还大量存在，封建制与奴隶制的斗争继续发展。到汉武帝时封建制才全面地最终确立起来。

在生产关系三要素中，生产资料特别是土地的所有制形式，是最基本的、决定的因素，是生产关系的基础。封建土地所有制有国家土地所有制、自耕农土地所有制、地主土地所有制三种形式，起决定作用的，是地主土地所有制。地主土地所有制在战国时已经产生，不过，这时的地主土地所有制主要是通过军功授田建立的。这是封建国家土地所有制向地主土地所有制过渡的一种土地所有制形态。而地主土地所有制的成熟形态则是通过土地买卖实现的。战国时期，土地买卖的记载，我们仅见到两条。一条见于《韩非子·外储说左上》：

> 王登一日而见二中大夫，予之田宅。中牟之人，弃其田耘，卖宅圃而随文学者，邑之半。

这件事发生在赵襄子时。不过，先秦诸子列举的材料可信度有多大，难以断言。此其一。其二，中牟人所卖者系"宅圃"，圃，种植瓜果蔬菜的园地。"宅圃"二字指住宅、菜园。因此，这条记载还不能作为土地买卖的铁证。另一条见于《史记·廉颇蔺相如列传》。秦、赵对峙于长平，赵孝成王中秦反间计，任命只会纸上谈兵的赵括为将，取代廉颇，赵括的母亲上书赵孝成王说：

> 今括一旦为将，东向而朝，军吏无敢仰视之者，王所赐金帛，归藏于家，而日视便利田宅可买者买之。

此事发生在赵孝成王六年（前260）。这条记载作为土地买卖的证据是不成问题的。

军功授田虽然造就了一大批军功地主，但这种方式有赐有夺，是难以真正确立起地主土地所有制的。地主土地所有制的确立，必须借助广泛的土地自由买卖。汉初无为而治，为土地买卖大开方便之门，地主土地所有制迅速发展起来。

生产关系还有两个要素，一是人们在生产中的地位及相互关系，二是产品的分配形式。这两点是由生产资料特别是土地的所有制形式决定的。汉武帝时，地主土地所有制最终确立，地主把土地佃租给破产失业的农民，向他们收取高额地租。董仲舒讲了当时"富者田连阡陌，贫者亡立锥之地"，土地兼并的严重性之后，接着就说那些"亡立锥之地"的农民，为生活所迫不得已而"耕豪民之田，见税什五"①。这种"见税什五"的分成租，正是两千年封建时代地主剥削佃农的最基本的方式。在中国历史上，关于这种剥削方式的记载，始见于此。这就是说，封建的经济基础、封建生产关系的各个方面，到武帝时最终确立。

中国的"封建地主制"与西欧的"封建领主制"不同："领主制"下的西欧封建社会，封建领主不但能够世袭地稳定地占有领地，而且能够世代占有领地上的劳动者——农奴；他们不但具有固定的等级身份，而且在领地上直接握有行政权、司法权和军权。因此，领主不需要另设一套官僚机构，便完全可以对农奴进行统治。因此，君主专制主义中央集权制度也就无从产生。中国的情况就不同了。在地主土地所有制下，土地可以自由买卖或土地兼并，这样就造成了土地所有权的流动性较大；个别地主对土地的占有和经营也比较分散，不能同政治上的统治权力和统治范围紧密地结合在一起。因此，在经济上既不能形成较完整的封建庄园制经济体系，在政治上地主和佃农也不能形成像欧洲那样的封建领主和农奴之间的牢固的封建隶属关系。中国的封建地主一般是采取租佃制的形式剥削佃农的，由于地主对土地占有不稳定，对佃农的占有也不稳定，而且地主在他们的土地上也没有行政、司法和军事权力，特别是游离于地主经济范围以外的大量自耕农，更非个别地主的力量所能控制。在这种情况下，地主阶级为了有效地控制农民，镇压农民的反抗和起义，以保护他们对土地的占有和保护封建剥削，就需要一个凌驾于社会之上、集中代表全国地主阶级利益的政治权力，这便是封建君主专制主义中央集权制度。

中国封建君主专制主义中央集权制度是随着封建生产关系特别是封建地主土地所有制的逐步发展而日渐完善起来的。战国是发端时期，至秦始皇粗具规模，到汉武帝时始臻乎完善。譬如，这一时期确立下来的官僚制度、郡县制度以及法律制度等等，在以后中国封建社会的发展历程中，虽名称有所变化，但实质上并没有根本的变化。特别是高居于这些封建上层建筑顶端的统治思想——儒家思想，是汉武帝时才确立的。作为封建地主阶级的统治思想，并不是一蹴而就的，它也经历了一个不断探索的过程。战国时代的百

---

① 《汉书·食货志》。

家争鸣，无疑是中国古代社会的一次重要的思想解放运动，但更重要的它还是一次对新兴的封建地主阶级如何统治国家的探索活动。"大阴阳、儒、墨、名、法、道德，此务为治者也。"①即他们所探讨的无一不是治国思想和治国方略。这一探索过程，可以说一直持续到汉武帝时期。如果说百家争鸣是从理论上对封建社会的治国思想和治国方略进行探索的话；那么，秦朝和汉朝就可以说进入了实施阶段的探索。秦统一中国后，秦始皇专任法家，以法为教，以吏为师，这可以说是秦朝的经验。但秦始皇把法治（实际是刑治）绝对化了，法治搞过了头，结果成了暴力统治，故引起的人民强烈反抗，结果秦朝二世而亡。在秦末的战火余烬中建立起来的西汉皇朝，开始时统治集团中有很多人曾亲身经历过秦朝的暴虐统治，接受了秦朝灭亡的教训，一改秦朝在治国思想上专任法家的策略，转而改用道家的黄老思想，实行无为而治、与民休息的治国方略。这在当时无疑是适应了汉初经济恢复发展和政治稳定的需要，但它的弊端很快就暴露出来了。一方面汉初的经济确实得到了恢复和发展，政局也比较稳定；另一方面，也出现了豪强地主的土地兼并、诸侯王割据势力的发展等问题。由此看来，黄老无为而治的思想也不足以更好地治理国家。所以到了汉武帝时期，就接受了董仲舒的建议，"罢黜百家，独尊儒术"，确定以儒家思想作为封建国家统治的指导思想。但是实际上这一时期所谓"儒术"并非全用儒家，而是以经过改造的儒学为主，"悉延百端之学"②，有的学者或概括为"外儒内法"。所以，后来的汉宣帝在谈到汉朝制度时就说："汉家自有制度，霸王道杂之。"唐高宗曾问宰臣："何者为王道、霸道？"令狐德棻对曰："王道任德，霸道任刑。"③若用现代的话说，这就是一个德治与法治结合的问题。这种以儒家思想为主体的统治思想，到了汉武帝时期才完全确定下来，并一直贯穿于整个中国封建社会的始终。

总之，从经济基础到上层建筑，从社会发展的各个方面来看，中国封建社会最终是在汉武帝时期确立起来的。正因为如此，处于封建社会上升阶段的汉武帝朝诸多改制和措施才有划时代的历史意义，汉武帝才能成为"冠于百王"的"中国二十四朝之皇帝"。

---

① 《史记·太史公自序》。
② 《史记·龟策列传》。
③ 《旧唐书·令狐德棻传》。

三、"雄才大略"的风流人物

武帝能够在汉代和中国历史上占有重要一席,首先是时代使然。马克思说:"如爱尔维修所说的,每一个社会时代都需要有自己的伟大人物,如果没有这样的人物,它就要把他们创造出来。"① 景帝后元三年(前141)正月,48 岁的景帝病死,16 岁的皇太子刘彻登上未央宫前殿,南面称帝。父祖留给他一笔丰厚的遗产。汉承战乱之后,满目疮痍。轻徭薄赋、约法省禁、与民休息成为汉初的国策。到武帝即位,经济繁荣起来。父祖的遗产不仅仅是一笔巨额的物质财富,还有 60 多年来休养生息、无为而治赢得的民心。唐人马周有言:

> 孝武帝虽穷奢极侈,而承文、景遗德,故人心不动。向使高祖之后,即有武帝,天下必不能全。②

另一方面,父祖也留给他若干亟待解决的问题:黄老无为的历史使命结束,但不肯退出历史舞台;诸侯王骄横不法,有的甚至觊觎皇位;豪强地主奢侈不轨,以武断于乡曲;丞相权势过大,皇权被削弱。这是皇朝内部的四个突出问题。外部则有来自大漠匈奴人的不时侵掠。这些内忧外患不解决,大汉皇朝连生存都将成问题,遑论发展!

丰厚的遗产,使武帝有条件有所作为;遗存的问题,又迫使他必须有所作为。武帝十分清楚时代赋予他的重大使命。他曾说:

> 汉家庶事草创,加四夷侵陵中国,朕不变更制度,后世无法;不出师征伐,天下不安。③

---

① 马克思:《1848 年至 1850 年的法兰西阶级斗争》,《马克思恩格斯选集》第一卷,人民出版社 1995 年版,第 432 页。
② 《旧唐书·马周传》。
③ 《资治通鉴》汉纪十四。

变更制度、消除边患的重任落在了他的肩上。武帝就处于这样一个特殊的时代。这是一个呼唤巨人并能产生巨人的时代。

造就汉武帝文治武功的，还有一个重要因素，就是武帝的才识。"雄才大略"，是班固写完《汉书·武帝纪》后给武帝下的一个概括性的评语。"雄才大略"是说武帝才气横溢，眼光远大。他不是在每一桩事的处理上、每一个人的使用上都一贯正确，在这些具体的问题上，有可能处置不当。但是，他有通览全局之才能，他的才华体现在对天下大势高屋建瓴般的明察和把握上。即位之后，他凭借父祖积累的财富，"外事四夷，内兴功利"，此乃大势所趋，不得不为。武帝清醒地明白时代赋予他的使命，上面引用汉武帝的那一段话，在当时不是人人明白。皇太子刘据没有意识到，故武帝让卫青把这番话转告他。大臣汲黯也没有意识到，张汤更定律令，汲黯责问张汤："何空取高皇帝约束纷更之为？"并警告他："公以此无种矣！"武帝征伐匈奴，汲黯也竭力反对，主张"与胡和亲，毋起兵"①。大臣韩安国同样没有意识到，在讨论对匈奴和战问题时，他竭力主张和亲，反对战争。实际上，不独刘据、汲黯和韩安国三人如此，大多数人亦然。如韩安国力主和亲时，"群臣议多附安国"②，即是例证。

当大功臻成，国内危机严重，百姓揭竿而起之时，武帝又清醒地意识到该是再次改弦更张的时候了，他毅然颁布了中国历史上第一个皇帝罪己诏——《轮台诏》，宣布："当今务在禁苛暴，止擅赋，力本农，修马复令，以补缺，毋乏武备而已。"③也就是说，把军国大政的重点从"外事四夷，内兴功利"转移到恢复发展国民经济上来。实际上，这一转变是武帝的既定方针。不过，他原本把政策的转变设计在下一代，由他的后任来完成。然而，时局的发展迫使他不得不提前。对于这种转变之必要，当朝公卿如丞相田千秋、御史大夫商丘成、搜粟都尉桑弘羊等并没有意识到，桑弘羊甚至至死未能理解。武帝慧眼独具，从种种迹象中发现已到了非改弦更张不可的时候了。正是这一转变，挽狂澜于既倒，并使大汉皇朝再次焕发生机。在武帝死后，又出现了"昭宣中兴"。

---

① 《汉书·汲黯传》。
② 《汉书·韩安国传》。
③ 《汉书·西域传》。

武帝才识非凡，个性也极鲜明，他能够成为一代名君、百代人物，与他的个性也不无关系。谈到武帝的性格，人们无不瞩目他的"多欲"。"多欲"成了武帝性格的第一特征。第一个说武帝多欲的，是"学黄老言，治官民，好清静"的汲黯。《汉书·汲黯传》记其事曰："上方招文学儒者，上曰吾欲云云。黯对曰：'陛下内多欲而外施仁义，奈何欲效唐虞之治乎！'"这便是武帝性"多欲"之说的来历，后人之论皆本此。"多欲"之说既出自崇尚黄老无为的汲黯之口，则其真正内涵可想而知："多欲"是相对于"无为"而言的，"无为"的反面，即积极有为。武帝在位凡54年，对外征伐，对内改制，几乎从未停止过内政外交活动。当然，武帝之"多欲"也表现在他对奢靡生活的追求和对长生不老的幻想上。他是个兴趣很广泛的人，生活享受上也是如此，吃喝玩乐，无所不好，穷奢极欲，决不限制自己。

武帝性格的第二个特征是刚毅，有时显得冷酷无情。武帝朝用法之残酷是历史上罕见的，有人甚至说武帝"杀人成癖"[①]。不过，武帝只是在推行他的思想主张、方针政策时才雷厉风行、不近人情，在日常生活中，他又是颇重情义的人。如他对王夫人、李夫人的那种缠绵悱恻的感情，成为千古美谈。还是他，在选定刘弗陵为继承人后，却又将同样为他宠爱的钩弋夫人赐死，《资治通鉴》卷22《汉纪》十四中描述钩弋夫人被赐死时，不时回头哀求，武帝却吼道："趣行，汝不得活！"又是多么无情无义。如此翻脸无情，是因为他担心子少母壮，重蹈吕后专权的覆辙。只要不涉及政治性的问题，生活中的武帝倒是很随便的，堂堂一国之君，甚至能听任近臣金日磾的小儿爬到头上去玩耍，这也是历史上罕见的。

武帝性格的第三个特征是文雅。他爱好诗赋，爱好音律，也爱好戏谑，喜欢与文人雅士交往，为此，把东方朔、司马相如、枚皋、郭舍人、李延年之流召入宫中陪伴于左右。他们的诗赋、音律、戏谑，给他以极大欢愉。当时能够得宠的公卿大臣，皆文质彬彬之士。实际上，他本人便是一位颇具水平的文学家，辞赋作得很好。他悼念王夫人的那首赋，凄切哀婉。他的《瓠子之歌》、《太一之歌》、《天马歌》、《秋风辞》等作品，皆极具文学水平。

---

① 罗义俊：《汉武帝评传》，上海人民出版社1988年版，第354页。

武帝是地位至高至上的皇帝，但他又是一个有情有欲的人。当他登上未央宫前殿时，他是天下共主；下得殿来，他又成了食人间烟火的普通人。皇帝的权威与人的本性，在武帝身上都有充分的体现。他是中国历史上为数不多的有鲜明性格的皇帝之一。

造就武帝文治武功的，还有他的用人政策。武帝用人的一个重要指导思想，是打破各种各样的限制，唯才是举。早在秦代，入仕便需要有一定数额的财产。汉初亦然。武帝打破了财产的限制，一些家贫如洗的人如牧豕求学的公孙弘、带经而锄的兒宽、负薪读书的朱买臣皆先后入仕。武帝还打破了汉初"市井之子孙亦不得仕宦为吏"①的限制，"洛阳贾人子"桑弘羊13岁，就拜为侍中，历任大农丞、治粟都尉领大农令、大司农、御史大夫等职。大盐商东郭咸阳、大冶铁主孔仅也曾被武帝任命为大农丞，他二人又任命了一大批商贾子弟为吏。允许商贾和他们的子弟入仕，是打破身份限制的一个信号。此外，奴隶出身的卫青、降虏金日䃅、牧羊人卜式等等，也都跻身仕途，并受到武帝重用。身份的限制到武帝时实际上已被完全解除。

一个人能否入仕还受到世俗观念的限制。元封五年，武帝鉴于"名臣文武欲尽"，诏令州郡推举可以出将入相和担负出使边远诸国的杰出人才。在诏令中，武帝要求打破世俗观念，哪怕是"有负俗之累"②的人，若有才干，也应选拔上来。在对"人才"的界定上，武帝同样不受任何限制，不管是什么样的人才，只要他在某个方面出类拔萃，就把他选拔出来："博开艺能之路，悉延百端之学，通一技之士，咸得自效，绝伦超奇者为右，亡所阿私。"③

不管是什么人才，重在使用，这是武帝用人的又一指导思想。关于这一点，在元封五年察举秀才诏中，武帝讲得很明白："夫泛驾之马，跅弛之士，亦在御之而已。"④泛驾，桀骜不驯；跅弛，放荡不羁。这样的人往往都有才干，关键在于怎样使用他们。武帝一旦看中了某人，往往不问年岁，不

---

① 《史记·平准书》。
② 《汉书·武帝纪》。
③ 《史记·龟策列传》。
④ 《汉书·武帝纪》。

论资历，不讲任何条件，即破格提拔任用。史称："武帝既招英俊，程其器能，用之如不及。"①为联络大月氏夹击匈奴，武帝决定以招募的方式选拔使臣。结果，选定了张骞。而张骞此时仅是个小小的郎官，出使西域的重任，交给他是需要胆识的。张骞果然不辱使命。后来派人出使匈奴时，武帝又看中了苏武。苏武当时也不过是个小小的养马官——栘中监，武帝把这副重担交给他，他也同样没辱使命。"张骞凿空"、"苏武牧羊"都在历史上留下了一段佳话。再如，在征伐匈奴的将帅人选上，武帝选用了卫青。卫青乃是一个小吏与奴婢的私生子，做过牧羊儿，当过骑奴。靠姐姐卫子夫，才跻身仕途。然而，武帝独具慧眼，选定他为北伐匈奴的主帅。后来，武帝又起用卫青的外甥18岁的霍去病为将。他们都用赫赫战功证明了自己的将才，也证明了武帝用人之英明。还有公孙弘、张汤、主父偃、严助、朱买臣、吾丘寿王、终军、张安世等人，都是武帝破格重用的人。班固在《汉书·东方朔传》中用"待以不次之位"来称赞武帝用人之道。颜师古注曰："不拘常次，言超擢也。"也就是不拘常规地越级任用人才。不过，这是以才能为基础的，不是对任何人都如此。武帝特别注意量才授官，根据各人的特点，区别对待，扬长避短。东方朔是来自厌次的才子，在辞赋上是位名家，且滑稽诙谐，但他的才能仅此而已。他虽然博得了武帝的宠爱，然武帝仅把他当作俳优之类用以消遣解闷，始终未重用他。

广开仕途，善于任用，使得武帝一朝人才济济。班固写道：

> 是时，汉兴六十余载，海内艾安，府库充实，而四夷未宾，制度多阙。上方欲用文武，求之如弗及，始以蒲轮迎枚生，见主父而叹息。群士慕向，异人并出。卜式拔于刍牧，弘羊擢于贾竖，卫青奋于奴仆，日䃅出于降虏，斯亦曩时版筑饭牛之朋已。汉之得人，于兹为盛，儒雅则公孙弘、董仲舒、兒宽，笃行则石建、石庆，质直则汲黯、卜式，推贤则韩安国、郑当时，定令则赵禹、张汤，文章则司马迁、相如，滑稽则东方朔、枚皋，应对则严助、朱买臣，历数则唐都、洛下闳，协律则李延年，运筹则桑弘羊，奉使则张骞、苏武，将帅则卫青、霍

---

① 《汉书·东方朔传》。

去病,受遗则霍光、金日䃅,其余不可胜纪。①

时势造就了武帝,也造就了从公孙弘到金日䃅一大批杰出人物。武帝正是靠这批人才创造了一个辉煌的时代。所以班固接着说:"是以兴造功业,制度遗文,后世莫及。"②

(本文与刘德增合作,原载《山东师范大学学报》2005年第3期)

---

① 《汉书·公孙弘卜式儿宽传》赞。
② 《汉书·公孙弘卜式儿宽传》赞。

论 桑 弘 羊

西汉皇朝计时200余年，有10余帝，而汉武帝一代就占去西汉历史的四分之一，而且武帝的时代又是西汉的全盛时期，这一段历史实在是西汉历史的重要部分。我们如果研究汉武帝时代这一段历史，除汉武帝本人以外，同时还须注意另外一个人物的活动。这个人物在西汉历史上同样占有极重要的地位，他就是武帝时负责财政方面的大臣桑弘羊。

一、桑弘羊的生平及其时代

公元前152年（汉景帝五年），桑弘羊出生在洛阳的一个商人家庭①。我们知道，那时候洛阳是一个相当繁华的商业城市，商人云集，以洛阳为中心，可以"东贾齐、鲁，南贾梁、郑"，先秦最著名的巨商白圭和汉初的大商人师史都生长在这个地方。所以这里的风俗一般都是"治产业，力工商，逐什二以为务"②，"巧伪趋利，贵财贱义，高富下贫，喜为商贾，不好仕宦"③。弘羊既生长在商业发达的洛阳，又是商人家庭的子弟，幼年时的家庭教育和世俗熏染当然要给他极深刻的影响。先秦的巨商白圭等的思想权术和生平事迹对他也可能有相当的影响。这一点，我们只要看他在后来盐铁会议上的发言就可以知道：

---

① 关于桑弘羊的生年，说法不一，此处系根据马元材《桑弘羊年谱》考订。
② 《史记·苏秦列传》。
③ 《汉书·地理志》。

> 夫白圭之废著，子贡之三致千金，岂必赖之民哉？运之方寸，转之息耗，取之贵贱之间耳。①

从这几句话中，我们不但知道桑弘羊对白圭非常熟悉，而且白圭的经济思想也为他所承受，所谓"运之方寸，转之息耗，取之贵贱之间"，不正是白圭的"乐观时变，故人弃我取，人取我与"②一句话的注脚吗？因此，我们认为桑弘羊在幼年时代所接受的极其浓厚的商业思想，对他一生的事业有非常重要的影响。

公元前140年（武帝建元元年），桑弘羊才13岁就走进了宫廷，为武帝侍中。所谓侍中，就是侍候皇帝，职掌乘舆、服物之类的官职。侍中在汉朝非常荣贵，凡是贵族富家子弟大多希望能够得此职位，因为他和皇帝最接近，如果得到皇帝的宠幸，就很容易越级升迁。例如和他同时代的霍光，就是以侍中起家而后贵极一时的。

公元前120年（元狩三年），山东的大盐商东郭咸阳和南阳的冶铁家孔仅，在大农令郑当时的推荐下，都一跃而为政府的要人，以大农丞管领盐铁事务，而这时桑弘羊亦以能"言利"与二人齐名，深为武帝所宠信。公元前115年（元鼎二年），孔仅升大农令，弘羊亦以侍中擢迁为大农丞，这是他负责实际行政工作的开始。公元前111年（元鼎六年），因为车算事件③，侵犯了商人的利益，商人的代表御史大夫卜式串通了同伙孔仅，上书言事，引起武帝的反感，次年（元封元年），卜式被贬为太子太傅，孔仅的职权也被解除。武帝令桑弘羊为治粟都尉，领大农，代仅管理天下盐铁。这一年弘羊43岁。

公元前104年（太初元年），改大农令为大司农，并且扩大了属官的名额，大司农的属官，除大司农丞（或称中丞）外，计有太仓、均输、平准、都内、籍田五令丞，斡官、铁市两长丞，而郡国诸仓、农监、都水六十五官

---

① 《盐铁论·均贫富》。
② 《史记·货殖列传》。
③ 《汉书·武帝纪》："元光六年，初算商车（李奇曰：始税商贾车船，令出算）。"又同书《食货志》载："非吏比者，三老、北边骑士，轺车一算；商贾人轺车二算（如淳曰：使多出一算，重其赋）。船五丈以上一算。匿不自占，占不悉，戍边一岁，没入缗钱，有能告者，以其半畀之。"结果是"商者少"。由此可见，此种商税的税率比普通人要加重一倍以上，无疑是对商人的一种限制。

长丞亦归其统辖。从此桑弘羊的职权更大了。公元前100年（天汉元年），遂由大司农署理进而为大司农正官。桑弘羊从领大司农到大司农正官，凡十四年，至公元前97年（天汉四年）被贬为搜粟都尉。弘羊被贬，原因不详，据《汉书·杜周传》说："（周）为执金吾，逐捕桑弘羊、卫皇后弟子刻深，上以为尽力无私，迁为御史大夫。"其事在公元前98年（天汉三年），亦即弘羊被贬的前一年。由于弘羊子弟犯法，杜周加以逐捕，弘羊因株连被黜，自是意中之事。不过弘羊虽然被贬，但大司农一职仍然没有人担任，据《汉书·百官公卿表》载：自上年弘羊被贬，直到公元前81年（始元六年）杨敞为大司农，中间凡15年，表中均无关于大司农之记载。弘羊被贬后，虽有大司农一官，而其下无人名，这大概是弘羊虽贬，但尚无适当人选，有关大司农职务或仍由弘羊主持，所以当时关于大司农往往在习惯上呼之为"搜粟都尉"。如《汉书·百官公卿表》中始元六年杨敞明系大司农，而燕王旦使人上书却说："大将军长史（即杨敞）无功劳，为搜粟都尉。"① 即其一证。因此，在事实上桑弘羊负责大司农职务差不多有26年之久。这一点非常重要，是我们研究桑弘羊生平事业的有力线索之一。因为举凡盐铁、酒榷、均输、平准、铸币、屯田等重要措施，都是在这一时期进行的。

公元前87年（后元二年），武帝死，昭帝立，桑弘羊与霍光、金日䃅、上官桀等共受遗诏辅政，是年，弘羊迁御史大夫。

公元前80年（昭帝元凤元年九月），鄂邑长公主、燕王旦与左将军上官桀、桀子骠骑将军安谋反，事连及桑弘羊，弘羊子迁逃亡，亦被捕，父子先后被杀。弘羊死时年73岁。

关于桑弘羊与燕王旦、上官桀等通谋事件，较详细的记载见《汉书》、《霍光传》与《车千秋传》，据《霍光传》说：

> 燕王旦自以昭帝兄，常怀怨望，及御史大夫桑弘羊建造酒榷、盐铁，为国兴利，伐其功，欲为子弟得官，亦怨恨光，于是盖主、上官桀、安及弘羊皆与燕王旦通谋。

---

① 《汉书·苏武传》。

《车千秋传》说：

> （千秋与霍光、桑弘羊等）并受遗诏，辅道少主……居丞相位……终不肯有所言，光以此重之。……桑弘羊为御史大夫八年，自以为国家兴榷筦之利，伐其功，欲为子弟得官，怨望霍光，与上官桀谋反，遂诛灭。

这两条记载，语言含糊，均难令人置信。按照以上说法，好像桑弘羊自居功劳，欲为子弟得官不遂，迁怒于霍光，因而"谋反"似的。这可能是一个原因，但决不是主要的原因，而且所谓"谋反"还应该有另外一种解释。

首先，我们知道，桑弘羊和霍光同受遗诏辅佐8岁的昭帝，但是当时"政事一决于光"，桑弘羊表面上也是辅政大臣，实际上却被排挤在外，我认为这可能成为桑、霍之间斗争的一个开端。

公元前81年（昭帝始元六年），有人提出了罢除盐铁的建议，这个人就是杜周的儿子杜延年，据《汉书·杜延年传》说：

> （延年）见国家承武帝奢侈师旅之后，数为大将军光言："年岁比不登，流民未尽还，宜修孝文时政，示以俭约宽和。……"光纳其言，举贤良，议罢酒榷盐铁，皆自延年发之。

按延年本为大将军属吏，由军司空而为谏大夫，是霍光执政时一手提拔起来的，最得霍光信任。而且他的建议大都是代表贵族利益的（说见后），霍光以贵族代表的身份，当然表示赞同，并且亲自出马，在宫廷中召开了一个专门会议，同时，还吸收了60多位地主阶级与工商界的民间代表，所谓"贤良""文学"参加，讨论盐铁专卖应否废除的问题，这便是西汉史上有名的盐铁会议。自然这些代表是和霍光的意见一致的，他们是反对政府执行盐铁专卖政策的，但是盐铁专卖，是桑弘羊一手经营，且行之有效的政策，桑弘羊当然要反对罢除盐铁专卖的意见，但是他忘记了现在的皇帝已经不是雄才大略的汉武帝而是一个十几岁的孩童；政权已经由君主独裁而转为外戚专政。因此，这次盐铁会议，结果是不欢而散。从此，霍光和桑弘羊之间的矛盾就更加尖锐了。

因为桑弘羊坚持自己的主张,这就构成了他的罪名:"御史大夫桑弘羊数以邪枉干辅(疑为衍字)政,大将军(光)不听而怀怨望,与燕王通谋。"①这已经很明显地指出桑弘羊与霍光的政治见解是不一致的。至于桑弘羊"谋反"即或是事实,据我的理解,他可能企图拥护"为人辩略"的燕王旦,通过废立以达到自己的政治目的,这就不应当和燕王旦、上官桀等的专意谋取权力作等量齐观。在这里值得注意的有两个问题:第一,桑弘羊的"谋反"恰恰在盐铁会议的次年;第二,"谋反"事件告密的又是发起罢除盐铁专卖的杜延年,而延年因此有功,封为建平侯,并擢为太仆右曹给事中,其间蛛丝马迹不难寻绎。因此我怀疑桑弘羊的死可能是由盐铁问题引起来的。

纵观桑弘羊的一生,从13岁起为侍中25年,为大农丞5年,为治粟都尉兼领大司农10年,为大司农4年,为搜粟都尉10年,为御史大夫8年,共参政60余年。值得注意的是他除了最后的8年任职于昭帝时期以外,其余50多年则任职于汉武帝时代。而这一个时代是西汉历史发展的最重要的阶段,这样就决定了桑弘羊政治活动的深刻意义。因此,如果要正确地认识桑弘羊,也就不能对于他所处的时代置之不顾。

桑弘羊所处的历史时代,我们可以从以下三个矛盾方面去观察:

首先是地主阶级和农民之间的矛盾:西汉初年在秦末农民大起义之后,统治者虽然对农民作了一定程度的妥协,但是随着农村经济的恢复和发展,整个地主阶级也在农民的血汗灌溉中日益壮大起来。司马迁在《史记·平准书》中即已明确指出:"当是之时,网疏而民富,役财骄溢,或至并兼,豪党之徒,以武断于乡曲。"举几个具体的例子来说,如武帝时贵族衡山王刘赐和淮南王刘安的子女任意侵夺民田,甚至破坏民间的坟墓,扣留田主;官僚灌夫陂池田园遍于颍川;宁成于罢官后强迫贫民数千家替他种水稻千余顷。商人于发财致富以后,也争着购买土地,如大商人秦杨即"以田农而甲一州"②。贵族、官僚、商人一齐向农民围攻,于是"富者田连阡陌,贫者无立锥之地"。土地兼并,加速了农民赤贫化,这不仅扩大了阶级矛盾,而且

---

① 《汉书·昭帝纪》。
② 《汉书·货殖传》。

影响到地主政权的统治基础。

其次,在阶级矛盾的基础上又导致了统治阶级内部的矛盾,地主阶级在向农民掠夺的过程中壮大了自己的经济势力,商人和贵族地主勾结起来,就造成了地方和中央对抗的局势,前有吴、楚七国之变,后有淮南、衡山之谋,都表现出地方势力和中央集权的矛盾斗争。这种斗争虽然都以中央集权政府的胜利而结束,但是并没有动摇地方势力的经济基础。他们不仅兼并土地,而且垄断工商业,特别是盐铁工业和交通运输业等等,国家的经济命脉依然操纵在贵族和工商业者的手中,这样一来,势必造成国家财政的困难。政府想要克服这个困难,只有两个办法:或者加重对农民的剥削;或者从贵族、富商手中收回一部分特权。可是社会现实已经严重指出,要想维持西汉皇朝的统治,第一条路是走不通的,因此,为了缓和阶级矛盾、增加政府的收入和巩固皇权,不得不暂时牺牲贵族、富商的一部分利益,于是统治阶级内部不可避免地要发生冲突。

第三个矛盾,就是汉族与其他各族之间的矛盾,特别是汉族与匈奴族之间的矛盾。匈奴在秦代,即已形成一个强大的部落。楚、汉之际,"中国罢于兵革,以故冒顿得自强,控弦之士三十余万"[①]。匈奴从冒顿单于起,已从原始社会的末期进入奴隶制社会。为了掠夺汉族的财产,并掠夺汉族人民充当奴隶,匈奴的骑兵时常越过长城,对汉朝发动掠夺战争,成为汉初西北边境的最大威胁。公元前200年,刘邦向匈奴发动第一次反攻,结果刘邦被围困于平城(今山西大同)七昼夜,大败而归,不得已采取和亲政策。高后时,匈奴遗书,出言不逊,辞多侮慢,但也只能忍气吞声。文、景之世虽继续执行和亲政策,向匈奴妥协,可是事实上这样做并不能够阻止匈奴南侵。汉初70年间,北边的人民蒙受匈奴极残酷的蹂躏,长城一带的农业生产几乎陷于停顿状态。

以上这三个矛盾方面,如就内部的情势来看,地主阶级与农民之间的矛盾为主要矛盾;就外部情况而言,汉与匈奴之间的矛盾为主要矛盾。但是必须指出,这两个主要矛盾并不是同时并立的,而是随着具体情况的变化互相转化的。一般地说,在汉武帝对匈奴作战的初期,汉族人民是反对匈奴掠

[①] 《史记·匈奴列传》。

夺的，因之内部的阶级矛盾趋向缓和，劳动人民以全力支持汉武帝的对外战争。等到对匈奴战争取得基本胜利以后，对南方、东南和西南也进行开拓，战争的范围扩大了，战争的性质已经不是单纯的为自卫而战了，封建统治者开疆拓土的欲望占着主要的因素。这时，一方面由于繁重的军费和兵役，劳动人民大批陷于破产，阶级矛盾日趋激化；一方面由于连年庞大的军费开支，国家的财库也感到匮乏。战争实在不能再继续下去了。然而贪婪的贵族和富商一面借政府向农民横征暴敛的机会，大肆其兼并的伎俩；一面又不断地要求开拓国外市场，以便获取更高的利润。他们虽然都拥有大量的财富，可是对于政府的穷困却坐视不救，使地主政权面临危机四伏的局面。

桑弘羊执政期间，正是处在这样一个充满着各种矛盾的时代。然而他在这样艰难的时代中，不仅帮助汉武帝及时解决了财政困难，缓和了阶级矛盾，使中央集权的统治得到巩固；而且还帮助汉武帝进行对外战争，扩大了汉朝的疆域，使西汉历史走上极盛的阶段。这是我们研究桑弘羊生平所应当注意的一个重要问题。以下我们就要谈到桑弘羊在上述各方面的实际活动。为叙述方便起见，不妨划分为两个部分：（一）关于桑弘羊的政治思想；（二）关于桑弘羊在经济方面的各项措施。

二、桑弘羊的政治思想

关于桑弘羊的事迹，古代史家给我们留下的材料实在太少，《史记》、《汉书》中都只有寥寥数语，幸而有当时人桓宽根据昭帝始元六年盐铁会议的记录，比较客观地整理成《盐铁论》一书，因此，桑弘羊的思想言论才得传于后世。从这部书中，如果仔细研究一下御史大夫桑弘羊的发言，我们便可以看出他的一个最基本的指导思想，就是代表掌握政权的地主阶级的法治思想。他这种思想表现在下列几方面：

（一）崇尚法治。他之所以崇尚法治，其根本出发点有二：首先他相信历史是不断向前发展的，古今时势各有不同，因此治国之道就不能"坚据古人以应当世"，只有"因法"才能适应时代的需要。他曾经说：

射者因势，治者因法。虞夏以质，殷周以文，异时各有所施。今欲以敦朴之时，治抏弊之民，是犹迁延而拯溺，揖让而救火也。①

其次他认为人性有善恶之分，虽圣人也不能有所改易，故必须绳之以法，才能甄别善恶，使天下治。他说：

性有刚柔，形有好恶，圣人能因而不能改，孔子外变二三子之服，而不能革其心。②
故刑所以正民，鉏所以别苗也。③

由于他深信"有法则治，无法则乱"的道理，因此他很自然地得出了一个结论，即治民之道在于严刑峻法：

令者所以教民也，法者所以督奸也，令严而民慎，法设而奸尽。网疏则兽失，法疏则罪漏，罪漏则民放佚而轻犯禁，故禁下必法。④
王者立法，旷若大路，今驰道不小也，而民公犯之，以其罚罪之轻也。千仞之高，人不轻凌；千钧之重，人不轻举。商君刑弃灰于道，而秦民治。故盗马者死，盗牛者加（枷），所以重本而绝轻疾之资也；武兵名食，所以佐边而重武备也；盗伤与杀同罪，所以累其心而责其意也。⑤

"盗马者死，盗牛者加"和"盗伤与杀同罪"等等，皆为汉代律令中的重要条文，桑弘羊举这几个现实的例子作为他尚法的理论根据，并不是偶然的。因为事实上，当时的刑法不仅多，而且也相当严酷。据《汉书·刑法志》说："孝武即位，外事四夷之功，内盛耳目之好，征发烦数，百姓贫耗，穷民犯法，酷吏专断，奸轨不胜，于是招进张汤、赵禹之属，条定法令，作见知故纵、监临部主之法，缓深故之罪，急纵出之诛，其后奸猾巧法，转相比

---

① 《盐铁论·大论》。
② 《盐铁论·殊路》。
③ 《盐铁论·后刑》。
④ 《盐铁论·刑德》。
⑤ 《盐铁论·刑德》。

况，禁网寝密，律令凡三百五十九章，大辟四百九条，千八百八十二事，死罪决事比万三千四百七十二事。"张汤等定律令，严刑峻法，和桑弘羊的法治思想正相吻合。因此，他的同党御史某对于张汤曾给予相当高的评价：

> 夫理国之道，除秽锄豪，然后百姓均平，各安其宇。张廷尉论定律令，明法以绳天下，诛奸猾，绝并兼之徒，而强不凌弱，众不暴寡。①

不仅如此，御史对于张汤所定律令中最严酷的一条法令，即"见知故纵、监临部主"之法也做过一番较详细的解释：

> 《春秋》罪人无名号，谓之云盗，所以贱刑人而绝之人伦也。故君不臣，士不友，于闾里无所容，故民耻犯之，今不轨之民，犯公法以相宠，举弃其亲，不能伏节死理，遁逃相连，自陷于罪，其被刑戮，不亦宜乎。一室之中，父兄之际，若身体相属，一节动而知于心。故今自关内侯以下，比地于伍，居家相察，出入相司，父不教子，兄不正弟，舍是谁责乎？②

所谓见知故纵、监临部主之法，实际上就是父子兄弟什伍连坐之法，一人犯法，父子兄弟同坐；一家犯法，伍家连坐，而御史把它的作用比作"一室之中，父兄之际，若身体相属，一节动而知于心"。我认为这一段话正可以作为桑弘羊法治思想的补充说明。

桑弘羊的法治思想，本质上就是一种代表掌握政权的地主阶级的思想意识形态。他站在政府的立场，一方面要求在地主阶级的内部通过法治，借以"诛奸猾，绝并兼之徒"，来保障政府的权力和利益，这在客观上对人民也是有利的。但是另一方面，在阶级矛盾的基础上，为了巩固地主阶级的统治，他又企图用严刑峻法去镇压"抗弊之民"，这不只说明桑弘羊思想上的矛盾，同时也说明封建中央集权制本身的一种矛盾。

---

① 《盐铁论·轻重》。
② 《盐铁论·周秦》。

(二)对外政策。西汉初期，北方最严重的边患就是匈奴侵扰。然而自平城之围以后，西汉政府的对策只是屈辱妥协，以所谓和亲政策讨好匈奴，但是并未能制止匈奴南侵。六七十年来，边郡人民蒙受极大的苦难。桑弘羊对这种屈辱和亲政策是极其反对的，他认为这种政策既耗费国家资财，又引起匈奴贪暴之野心。所以他说：

　　　汉兴以来，修好结和亲，所聘遗单于者甚厚。然不以重质厚赂之故改节，而暴害滋甚。①

　　桑弘羊主张对匈奴应该采取武装防御和积极进攻的办法。他说："今不征伐，则暴害不息；不备，则是以黎民委敌也。"②他的策略，第一，必须巩固边防，而后才能保障汉朝境内的安全：

　　　缘边之民，处寒苦之地，距强胡之难。烽燧一动，有没身之累。故边民百战，而中国恬卧者，以边郡为蔽扞也。……是以圣王怀四方独苦，兴师推却胡越，远寇安灾。散中国肥饶之余以调边境，边境强则中国安，中国安则晏然无事，何求而不默也。③

　　第二，为了北制匈奴，必须先控制西域，以断其右臂。这一个策略，就当时客观形势来讲，非常重要。据《盐铁论》文学云：

　　　前君(即指桑弘羊)为先帝画匈奴之策："兵据西域，夺之便势之地以候其变，以汉之强，攻于匈奴之众，若以强弩溃痈疽，越之禽吴，岂足道哉！"上以为然。用君之义，听君之计，虽越王之任重、蠡不过。④

　　在这里有一个最具体的例子，就是汉武帝派贰师将军李广利西伐大宛之役。

---

① 《盐铁论·结和》。
② 《盐铁论·备胡》。
③ 《盐铁论·地广》。
④ 《盐铁论·伐功》。

当时朝廷议论纷纷，皆以为得不偿失，而桑弘羊则独有他的见解。他主张伐大宛，不仅使西域诸国镇服，而且更重要的是可以牵制匈奴。他说：

> 初，贰师不克宛而还也。议者欲使人主不遂忿，则西域皆瓦解而附于胡，胡得众国而益强，先帝绝奇听，行武威，还袭宛，宛举国以降，效其器物，致其宝马。乌孙之属骇胆，请为臣妾。匈奴失魄，奔走遁逃，虽未尽服，远处寒苦硗埆之地，壮者死于祁连、天山，其孤未复。故群臣议以为匈奴困于汉兵，折翅伤翼，可遂击服，会先帝弃群臣，以故匈奴不革。①

桑弘羊在对待匈奴问题上，一直到武帝死后，还未放弃他原来的主张。他这种主张，毫无疑问，是具有进步意义的。匈奴长期地对汉朝进行奴隶性的军事掠夺，对于汉族是极大的祸害，因此他主张采取武装自卫和主动进攻的手段，这是完全正确的。

（三）富国足民论。在前面我们曾谈到桑弘羊是以政府代言人的身份出现，这里应该加以说明。西汉地主阶级的内部存在着三种不同身份的集团：第一是以皇帝为首的地主阶级中央政府，第二是贵族地主集团，第三则是兼有地主身份的大工商业主。因此，地主阶级内部，在其利害关系上是有矛盾的，自不待言。到汉武帝时代，大工商业主的经济力量大为发展，在地方上有压倒一切的趋势。在土地兼并和独占工商业两个方面，大工商业主不仅威胁贵族地主的利益，而且也侵犯政府的权益。汉武帝采用了高官厚禄的办法，把几个著名的工商业代表拉上政治舞台，与他们取得利益上的协调，并利用他们的经济实力，一方面进一步巩固中央集权，削弱贵族地主的势力；一方面，又通过他们，从工商业方面找到增加国库收入的新办法。而在当时居间起很大作用的，就是忠于汉武帝的洛阳商人代表桑弘羊。②

---

① 《盐铁论·西域》。

② 按照桑弘羊在《盐铁论·贫富》的自述："余结发束修，年十三，幸得宿卫，给事辇毂之下，以至卿大夫之位，获禄受赐六十有余年矣。车马衣服之用，妻子仆养之费，量入为出，俭节以居之，奉禄赏赐，一二筹策，浸以致富成业。"这就可以证明，汉武帝曾不惜以高官厚禄去笼络商人，桑弘羊就在这种政策之下为武帝所笼络，结果违反了本阶层的利益，由洛阳的商人一变而为长安的新贵，汉朝皇室的忠臣。

首先让我们看桑弘羊对工商业方面所发表的意见，他说：

> 国有沃野之饶而民不足于食者，器械不备也。有山海之货而民不足于财者，商工不备也。陇、蜀之丹漆旄羽，荆、扬之皮革骨象，江南之楠梓竹箭，燕、齐之鱼盐旃裘，兖、豫之漆丝𫄨纻，养生送终之具也，待商而通，待工而成。①

按照桑弘羊的说法，就是民之所以不足于财，就是由于"商工不备"，所谓"养生送死"，人的生活所必需的东西，一定要"待商而通，待工而成"。这是他对工商业在人民生活方面所起重要作用的正面看法。然后他又从反面来论证工商业在社会经济上的意义，他说：

> 工不出，则农用乏；商不出，则宝货绝。农用乏，则谷不殖；宝货绝，则财用匮。②

弘羊最崇信"富国非一道"，他这一段话，除了说明工商业应该注重以外，还包含另外一个意义，就是对于当时所谓重农抑商政策的批判，因此，他在注重工商业的议论中，又特别强调他的重商思想的倾向：

> 自京师东西南北，历山川，经郡国，诸殷富大都，无非街衢五通，商贾之所臻，万物之所殖者。故圣人因天时，智者因地财；上士取诸人，中士劳其形。长沮、桀溺无百金之积，蹠、跻之徒无猗顿之富。宛、周、齐、鲁，商遍天下，故乃商贾之富，或累万金，追利乘羡之所致也。富国何必用本农，足民何必井田也？③

在这里，他得出了一个结论，就是"富国何必用本农，足民何必井田"；反过来讲，即除农业以外，还可以从工商业方面找到"富国足民"的途

---

① 《盐铁论·本议》。
② 《盐铁论·本议》。
③ 《盐铁论·力耕》。

径。这是桑弘羊的经济思想之结晶,也是他所实行的经济政策之重要理论根据。

其次,桑弘羊不仅主张应该在国内大力发展工商业,同时他也主张开展国际贸易。他的理由是:

> 善为国者,天下之下我高,天下之轻我重。以末易其本,以虚易其实。今山泽之财,均输之藏,所以御轻重而役诸侯也。汝、汉之金,纤微之贡,所以诱外国而钓胡、羌之宝也。夫中国一端之缦,得匈奴累金之物,而损敌国之用。是以骡驴馲驼,衔尾入塞,驒騱騵马,尽为我畜。鼲貂狐貉,采旄文罽,充于内府,而璧玉珊瑚瑠璃,咸为国之宝。是则外国之物内流,而利不外泄也。异物内流,则国用饶;利不外泄,则民用给矣。①

他这种开展国际贸易的理论包括三个主要内容:第一,对外进行贸易,必须知己知彼,"天下之下我高,天下之轻我重";第二,目的则在于"以末易其本,以虚荡其实";第三,要保证"异物内流","利不外泄"。如此,对本国来讲,可以富国足民;对外国来讲,则是相应地削弱了他们的实力。这种理论在当时是一种创见。

最后应该指出:桑弘羊主张发展工商业和对外贸易,并不是要发展私人工商业,而是要使政府对于工商业实行独占,以达到"富国足民"的目的。关于这一点,我们在下一节中还要作详细的论述。

以上我们已对桑弘羊的政治思想作了初步介绍和分析,可能有人要追问,他的思想根源是什么呢?这是一个值得研究的问题。如前所述,桑弘羊出身于商人家庭,他幼年所受的家庭教育以及周围环境的熏陶,使他成为一个"能言利,析秋毫"的人物。而主要的影响则是他所处的时代。这一时期的基本情况,正如前面所述,在国内,贵族豪强和富商大贾垄断着国家的经济命脉,他们独占工商业,肆意土地兼并;对外,战争连年进行,繁重的赋税和力役已经超过了人民的负担。结果人民困穷了,国库空虚了,中央集

---

① 《盐铁论・力耕》。

权制的统治基础已开始发生动摇,而贵族豪强和富商大贾却在人民的血汗灌溉中肥胖起来。在当时,问题是如何应付这样一个紧张局面,并且引导到"国富兵强"的路上去？桑弘羊在这个问题面前,提出的政治主张正反映了中央集权制封建国家的利益和要求。他主张首先削弱地方经济势力,将富豪手中的一部分权益转移到政府手中,以加强中央集权的统治,从而部分地减轻人民负担,缓和阶级矛盾,并以全力继续支援对外战争。但是如何达到这个目的呢？在这种现实的物质基础上,他找到了先秦时代法治学派的思想学说,作为他实现以上目的的理论根据,其中最有代表性的就是商鞅。桑弘羊在盐铁会议上曾不止一次地谈到商鞅,例如他在《盐铁论·刑德》里就引用"商君刑弃灰于道而秦民治"的事例,作为他尚法的根据。又如他主张富国强兵,就说:"昔商君明于开塞之术,假当世之权,为秦致利成业。"① 又说:"秦任商君,国以富强,其后卒并六国,而成帝业。"② 他认为法治是富国强兵的一个手段,同样他也以商鞅为例说:

> 夫商君起布衣,自魏入秦,期年而相之,革法明教,而秦人大治。故兵动而割地,兵休而国富。③

又说:

> 昔商君相秦也,内立法度,严刑罚,饬政教,奸伪无所容。外设百倍之利,收山泽之税,国富民强,器械完饰,蓄积有余,是以征敌伐国,攘地斥境,不赋百姓而师以赡,故利用不竭而民不知,地尽西河而民不苦。④

从以上所引的具体实例中,我们可以看出桑弘羊对商鞅的认识是非常深刻的。事实上,商鞅的"治世不一道,便国不法古","以刑去刑"的法治思

---

① 《盐铁论·非鞅》。
② 《盐铁论·非鞅》。
③ 《盐铁论·非鞅》。
④ 《盐铁论·非鞅》。

想,也已完全为桑弘羊所承袭。除商鞅以外,我们认为汉朝以前的几个法治派人物,如韩非、李斯等人,对桑弘羊也有一定的影响。

在这里,或者有人要问,桑弘羊既然是法治派人物,又极为武帝所宠任,那么,对于武帝"独尊儒术,罢黜百家",又作何解释呢?关于这一问题,我可以极简单地提一句,就是武帝之罢黜百家,独尊儒术,其实是表面文章,本质上则是一种"内法外儒"的矛盾统一,亦即"霸王道杂之"的"汉家制度"。桓宽《盐铁论》一书正是指明这两种思想(即法家思想和儒家思想)合法存在的倾向,而它们的存在,则同是西汉社会内部矛盾所决定了的。①

三、桑弘羊在经济方面的各项措施

桑弘羊一生的主要事业,就是他在经济方面所实行的一系列的措施。这些措施应该说是他的政治思想的具体实践,现在仅就其重要者分为四点论述于后:

(一)盐、铁、酒的专卖。汉以前,盐铁工业为私人所经营,国家仅设官收税而已。据《史记·太史公自序》称其先世昌为秦铁官,大概这种制度创始于秦。而汉初则承袭秦制,故《汉书·食货志》引董仲舒言:"(秦)田租、口赋、盐铁之利,二十倍于古。……汉兴循而未改。"文帝时,对盐铁工业采取放任政策,于是豪强大家往往占用矿山和海滩,或采矿冶铁,或煮海制盐,一家冶铁厂或煮盐场使用的工人,多至千余名。当时最大的冶铁商人是鲁人曹邴,而吴王濞则兼营盐铁之业,并有山海之利,所谓"布衣有朐邴,人君有吴王",正是指以上两人而言。盐铁工业掌握在私人手里,对政府是不利的。桑弘羊很清楚地看到这种情况,他后来在盐铁会议上说:

> 异时盐铁未笼,布衣有朐邴,人君有吴王……吴王专山泽之饶,薄赋其民,赈赡穷乏,以成私威。私威积而逆节之心作。②

---

① 详见侯外庐《中国思想通史》第二卷上册,三联书店1951年版,第99页。
② 《盐铁论·禁耕》。

这就是说，盐铁工业如果掌握在贵族豪强手里，他们便可以凭借雄厚的经济势力和中央对抗，以吴王濞为首的七国之乱，就是一次最现实的教训。同时，汉武帝连年对外用兵，支出大量的军费，致使国库空虚；而农民也由于负担过重，穷困失业，到处流亡；武帝为要安置大批流民，又耗费以亿计，这就更增加了政府的财政困难。在这样的情形下，当时大盐铁商，如南阳之孔仅，齐之东郭咸阳，就提出盐铁由国家管理，以增加收入的具体办法。其说为：

> 山、海，天地之藏也，皆宜属少府，陛下不私，以属大农佐赋。愿募民自给费，因官器作煮盐，官与牢盆。浮食奇民，欲擅管山、海之货，以致富羡，役利细民。其沮事之议，不可胜听，敢私铸铁器煮盐者，釱左趾，没入其器物。郡不出铁者，置小铁官，便属在所县。①

他们的建议为汉武帝所采纳，于是政府就在那些产盐铁的地方设立盐铁专卖署，并且任命当地的大盐铁商为盐官或铁官，从此以后，盐铁工业遂完全隶属于国家。

盐铁专卖，虽创始于孔仅、东郭咸阳，然而政府经营的盐铁工业能够大力发展，则是在桑弘羊负责这些工作时期。公元前122年（武帝元封元年），桑弘羊被任命为治粟都尉，领大农。管理天下盐铁。凡是产盐铁的区域，都设置盐铁官，管理煮盐、制造铁器和买卖盐铁等事务。当时所设置的盐官有35，分布在下列27郡：

> 河东（安邑），太原（晋阳），南郡（巫），钜鹿（堂阳），渤海（章武），千乘，琅琊（海曲、计斤、长广），会稽（海盐），犍为（南安），蜀（临邛），益州（连然），巴（朐忍），安定（三水），北地（弋居），上郡（独乐、龟兹），西河（富昌），朔方（沃野），五原（成宜），雁门（楼烦），北海（都昌、寿光），东莱（曲城、东牟、䱉、当利、昌阳），渔阳（泉州），陇西，辽西（海阳），辽东（平郭），南

---

① 《史记·平准书》。

海（番禺），苍梧（高要）。

铁官48，分布在下列40郡国：

> 京兆（郑），左冯翊（夏阳），右扶风（雍、漆），弘农（渑池），太原（大陵），河东（安邑、皮氏、绛县、平阳），河内（隆虑），河南，颖川（阳城），汝南（西平），南阳（宛），庐江（皖），山阳，沛，魏（武安），常山（都乡），千乘，齐（临淄），东莱（东牟），东海（下邳、朐），济南（东平陵、历城），泰山（嬴），临淮（盐渎、堂邑），桂阳，汉中（沔阳），犍为（武阳、南安），蜀（临邛），琅琊，渔阳，右北平（夕阳），辽东（平郭），陇西，胶东（郁秩），鲁，楚（彭城），广陵，中山（北平），东平，城阳（莒），涿。

盐铁在政府的经营下，工场的规模扩大了，仅以工场所使用的工人数目来看，据《汉书·贡禹传》说："诸铁官皆置吏卒徒，攻山取铜铁，一岁功十万人以上。"这仅是铁工数目的记载，虽然这是汉武帝以后的情况，但推想当时盐铁工人的总数一定是很大的。①

盐铁工场规模宏大，较之以往私家经营也是有了改进的。例如资本雄厚，设备周全，煮盐鼓铸专业化，有专门的管理人和专门的工匠等。所以桑弘羊说：

> 卒徒工匠以县官日作公事，财用饶，器用备。家人合会，褊于日而勤于用，铁力不销炼，坚柔不和。故有司请总盐铁，一其用，平其贾，以便百姓公私。……吏明其教，工致其事，则刚柔和，器用便。②

他的话正说明了当时的实际情况。自从盐铁专卖以后，政府有了一笔很大的收入，《史记·平准书》说："而县官有盐铁缗钱之故，用益饶矣。"又说：

---

① 我曾到汉代的铁官所在地今济南市章丘东平陵去看过。这个遗址在平陵城中的西部，面积约有200余亩，那里随处都可以发现灰渣、生铁块和铁器残片，靠东面断崖底层，还可以看到烧火的痕迹。

② 《盐铁论·水旱》。

"大农以均输调盐铁助赋,故能赡之。"而盐铁会议上御史也说:"当此之时,四方征暴乱,车甲之费,克获之赏,以亿万计,皆赡大司农。此皆扁鹊(指桑弘羊)之力,盐铁之福也。"① 但是在另一方面,贵族、豪强和工商业者却受了很沉重的打击,所以桑弘羊说:

> 今意总一盐铁,非独为利入也,将以建本抑末,离朋党,禁淫侈,绝并兼之路也。②

关于这一点,侯外庐先生在《中国思想通史》一书中也曾特别提出:"武帝的'雄才大略',就是为实现大一统而动员。它表现在政治经济上,就是为削弱诸侯王国的叛逆基础而厉行工商业(煮盐、冶铁、铸钱)的统治专卖政策。"③ 这是一个根本的问题,也是桑弘羊经济政策的核心。他之所以遭到贵族反对,其道理也在于此。

如上所述,盐铁工业在政府经营之下获得很大的发展,这是应该肯定的。但这并不等于说没有缺点,此种情况,连桑弘羊本人也看得很清楚。我们从他引扇水都尉彭祖宁的一段话就可以知道。他说:

> 故扇水都尉彭祖宁归,言盐铁令品,令品甚明。卒徒衣食县官,作铸铁器,给用甚众,无妨于民。而吏或不良,禁令不行,故民烦苦之。④

这就是说,盐铁专卖制度本身是很好的,但是我们不要忘记,那些管理盐铁的官吏大部分都是盐铁商出身,他们在执行政策上时间一久就难免不制造出一些弊端。至于这些弊端,《盐铁论》也有记载,约而言之,有以下三点:第一,产品恶劣,多不适用。第二,产品价格昂贵,农民购买不易;而且故意抬高价格,强制人民购买⑤。第三,滥于征发当地人民从事鼓铸和运输工

---

① 《盐铁论·轻重》。
② 《盐铁论·复古》。
③ 侯外庐:《中国思想通史》第二卷上册,三联书店1951年版,第97页。
④ 《盐铁论·复古》。
⑤ 散见《盐铁论·水旱》、《盐铁论·禁耕》两篇。

作。这种情况发展到后来，已经是一反原来的政策了。所以到昭帝时，代表贵族、富商利益的贤良文学，借口种种弊端，议论罢除盐铁专卖以便民。这些议论反映在《盐铁论》一书里。

除盐铁专卖以外，公元前98年（天汉三年）所建立的酒榷制度，也是由桑弘羊主办的。所谓酒榷，据《汉书·武帝纪》韦昭注："以木渡水曰榷，谓禁民酤酿。独官开置，如道路设木为榷，独取利也。"由此可知，酒榷就是禁止人民私自酿酒，酿酒业由国家专利并设官专门管理。

关于酒的专卖制度，其详已不可考，据盐铁论会议上文学说：

> 大夫君（指桑弘羊）以心计策国用，构诸侯，参以酒榷。①

而桑弘羊自己也说：

> 群臣尽力毕议，册滋国用。故少府丞令请建酒榷，以赡边给战士，拯救民于难也。②

由此看来，酒榷也是当时政府借以"策国用，助边费"的一项重要措施。

（二）均输平准。公元前115年（元鼎二年），桑弘羊创立了均输法，《史记·平准书》说："弘羊为大农丞，管诸会计事，稍稍置均输，以通货物矣。"不过这时尚属试办性质，到了公元前110年（元封元年），桑弘羊领大农以后，才在各郡国普遍设置均输官，以专门管理其事③。什么叫作均输？桑弘羊对此也曾作过解释：

---

① 《盐铁论·轻重》。
② 《盐铁论·忧边》。
③ 按当时均输官之设置，在各地极为普遍，但《汉书·地理志》所载，仅有盐官及铁官，而均输官则只有千乘一处设置，似属可疑。据王鸣盛《十七史商榷郡国官简》一条说："郡国县道下所註，若铁官、盐官、家马官、工官、服官、发弩官、云梦官、楼船官、陂官、湖官、均输官、铜官、金官、木官、橘官、牧师官、圃羞官、洹浦官、羞官之类，皆微未下吏，盖不足道……"以上所述，大多以物产名官，如庐江出楼船，即置楼船官；南郡产竹箭，即置发弩官，朐忍、鱼腹产橘柚，即各置橘官等都是。均输主要是"输其土地之所饶"，揆诸原意，后者所举诸官，或者就是均输的别名。

> 往者郡国诸侯，各以其物贡输，往来烦难，物多苦恶，或不偿其费。故郡置输官以相给运，而便远方之贡，故曰"均输"。①

又《史记·平准书集解》引孟康说：

> （均输者），谓诸当所输于官者，皆令输其土地所饶，平其所在时价。官更于他处卖之，输者既便，而官有利。

由以上两段记载看来，当时诸郡国对于政府都有贡输，但是贡输之物不一定是当地所产，如果产于其他郡国，还必须到远方去购置。这就产生两大缺点：一是往返运费很多；二是贡物有时中途损坏。这样，不仅平空地加重了人民的负担，而政府也要受到很多损失。如果加上商人的中间盘剥，则更不堪设想。因此，政府就于各地设置均输官，专门管理此事。规定贡输物品，一律按照当地时价折成土产输官，均输官就地征收贡物，然后再有计划地转运到缺乏该项物品的地区出售。这样，不仅可以免除以上的缺陷，而且政府还可以不费资本，辗转贸易，获得数倍于原价的利润，于是均输在当时就成为增加政府收入的一个重要的财政措施。据《史记·平准书》说：

> 于是天子北至朔方，东封泰山，巡海上，旁北边以归，所过赏赐，用帛百余万匹，钱金以巨万计，皆取足大农。……一岁之中……诸物均输帛五百万匹，民不益赋，而天下用饶。

桑弘羊自己也说：

> 往者财用不足，战士或不得禄，而山东被灾，齐、赵大饥，赖均输之畜，仓廪之积，战士以奉，饥民以赈。②

---

① 《盐铁论·本议》。
② 《盐铁论·力耕》。

尽管如此，均输法在执行的过程中还存在许多弊端，诚如盐铁会议上文学所云：

> 间者，郡国或令民作布絮，吏恣留难，与之为市。吏之所入，非独齐、陶之缣，蜀、汉之布也，亦民间之所为耳。行奸卖平，农民重苦，女红再税，未见输之均也。①

由于某些地区均输官对人民采取"留难"和"奸卖"的行为，致使"农民重苦，女红再税"，均输法不仅失去它原来的作用，反而变为一种苛政了。

平准法亦为桑弘羊所创，始于公元前110年（元封元年），《史记·平准书》说："置平准于京师，都受天下委输。召工官治车诸器，皆仰给大农。大农之诸官尽笼天下之货物，贵即卖之，贱则买之。如此富商大贾无所牟大利，则反本，而万物不得腾踊，故抑天下物，名曰'平准'。"

关于平准法的内容，桑弘羊也作过如此的说明：

> 开委府于京师，以笼货物。贱即买，贵则卖。是以县官不失实，商贾无所贸利，名曰"平准"。②

平准法主要的作用在于排斥富商大贾，平抑物价，保持物价平衡。平准与均输的区别有三点：第一，平准多半起着掌握时间的作用，所谓"贱即买，贵则卖"。而均输则具有调剂各个地区物价的作用。第二，平准集中于京师，均输则分设于诸郡国。第三，平准的职责是"都受天下委输"，"尽笼天下之货物"，均输则是以各地货物"相灌输"，"相给运"，故前者较为固定，而后者则富于流动性。唯两者最终目的则相同，都是为了"抑天下之物"而"平其所在时价"，使"县官不失实，商贾无所贸利"，故桑弘羊总结均输与平准之利说：

---

① 《盐铁论·本议》。
② 《盐铁论·本议》。

平准则民不失职，均输则民齐劳逸，故平准均输，所以平万物而便百姓。①

又说：

山海有禁而民不倾，贵贱有平而民不疑，县官设衡立准，人从所欲，虽使五尺童子适市，莫之能欺。今罢去之，则豪民擅其用而专其利，决市闾巷，高下在口吻，贵贱无常，端坐而民豪，是以养强抑弱而藏于跖也。②

总之，均输、平准法的实行，一方面可使人民不受商贾中间剥削，减轻运输之劳；另一方面可使政府直接控制交通运输和市场上的物价，使物价稳定，并可增加国库收入。但是平准法到后来也让富商大贾钻了空子。盐铁会议上文学说：

县官猥发，阖门擅市，则万物并收。万物并收，则物腾跃。腾跃则商贾牟利。自市，则吏容奸。豪吏富商积货储物以待其急，轻贾奸吏收贱以取贵，未见准之平也。③

这就是说，商人和官吏勾结起来，狼狈为奸，囤积居奇，买贱卖贵。平准法，名义上是排斥富商大贾，平抑物价，实际上反而为他们制造发财的机会。我想文学的言论还是有一定的事实依据的。

（三）统一铸币。西汉的钱币最初由政府统一铸造，到文帝时，采取放任政策，令民得自由铸钱，从此以后，农民"农事弃捐，而采铜者日蕃，释其耒耨，冶熔炊炭，奸钱日多"④。虽然当时有"敢杂以铅钱为它巧者其罪黥"的命令，但是并没有能够禁止，而"民人抵罪，多者一县百数，及吏

---

① 《盐铁论·本议》。
② 《盐铁论·禁耕》。
③ 《盐铁论·本议》。
④ 《汉书·食货志》。

之所疑，榜笞奔走者甚众"①。但是刑法所及，只限于细民，至于贵族官僚却逍遥法外，"是时，吴以诸侯即山铸钱，富埒天子，后卒叛逆。邓通，大夫也，以铸钱，财过王者。故吴、邓钱布天下"②。上述情况可归结为三点：第一，币制的不统一，劣币的出现，势必引起通货膨胀，造成市场混乱。第二，有些人"杂以铅钱为它巧者"，官吏到处搜捕，牵连者众，使社会动荡不安。第三，铸币权掌握在贵族豪强手里，他们可以依仗经济实力和中央对抗。总之，不管怎样，对于政府都是不利的。文帝时，贾谊就曾经建议收回铸币权，大概文帝怕因此惹出是非，没有付诸实行。

到武帝时，钱币的紊乱影响到政府的收入，武帝曾经对币制作了数次的改变③，并颁布了"盗铸金钱，罪皆死"的严厉禁令。据《史记·平准书》说：当时"赦吏民之坐盗铸金钱死者数十万人。其不发觉相杀者，不可胜计。赦自出者百余万人，然不能半自出。天下大抵无虑皆铸金钱矣。犯者众，吏不能尽诛取"。这种情况实由于铸币权分散于郡国，而未为中央统一所造成的。虽然政府执行了极其残酷的屠杀和监禁政策，但是不能加以根本禁止。而"商贾以币之变，多积货逐利"，反而获得发财的良机。到了公元前112年（元鼎五年），武帝毅然采纳了桑弘羊的建议，将铸币权收归中央，下令"悉禁郡国无铸钱，专令上林三官铸。钱既多，而令天下非三官钱不得行，诸郡国所前铸钱，皆废销之，输其铜三官"④。所谓三官钱，就是五铢钱，因统于上林三官（钟官、技巧、辨铜），故曰三官钱。币制改变，以前各种钱币，如半两钱、荚钱、四铢钱、三铢钱、赤仄钱以及银币、皮币等，一律废止，民间私铸钱者逐渐减少，币制遂归统一。自此以后，直至平帝时，全国通行的货币都是五铢钱。桑弘羊对统一币制在当时所起的作用曾有过以下的评价：

---

① 《汉书·食货志》。

② 《汉书·食货志》。

③ 按：汉初流行的钱币大约有三种，即秦之半两钱、刘邦的荚钱（即五分钱）与文帝之四铢钱，另铸三铢钱。五年，又罢三铢钱，行半两钱。元狩四年，又令销半两钱，改铸三铢钱，并新制皮币与银币两种。次年更铸五铢钱。元鼎二年，又铸官赤仄钱。至元鼎五年始确定五铢钱为通行的货币，其余各种钱币则一律废止。

④ 《史记·平准书》。

文帝之时，纵民得铸钱、冶铁、煮盐。吴王擅鄣海泽，邓通专西山，山东奸猾咸聚吴国，秦、雍、汉、蜀因邓氏。吴、邓钱布天下，故有铸钱之禁。禁御之法立而奸伪息，奸伪息则民不期于妄得而各务其职，不反本何为？故统一则民不二也，币由上则下不疑也。①

所谓"统一则民不二，币由上则下不疑"，在当时情况下，实行此种由上而下的统一的货币政策，不仅解决了政府财政上的困难，同时对社会经济的发展也起了一定的推动作用。但是由于币制屡次改变，管理铸造的官吏就因袭前缘，营私舞弊，愚惑农民，再加上奸商居间操纵，其结果如盐铁会议上文学所说：

吏匠侵利，或不中式，故有薄厚轻重。农人不习，物类比之，信故疑新，不知奸真。商贾以美贸恶，以半易倍。买则失实，卖则失理，其疑惑滋益甚②。

这种情况，大概有一部分是符合事实的。

（四）屯田屯垦。屯田屯垦在西汉武帝时代也是一件大事。当时不仅内地很多荒田得到垦殖，而且陕甘一带地区也被开辟出来，这对于西汉农业经济的发展，特别是对于西北的开发，起了相当大的作用③。这一政策的执行者就是桑弘羊。我们看他在盐铁会议上的发言就可以知道：

诸侯以国为家，其忧在内。天子以八极为境，其虑在外。故宇小者用菲，功巨者用大。是以县官开园池，总山海，致利以助贡赋，修沟渠，立诸农，广田牧，盛苑囿。太仆、水衡、少府、大农岁课诸入，田牧之利，池籞之假，及北边置任田官，以赡诸用，而犹未足。今欲罢之，绝其源，杜其流，上下俱殚，困乏之应也。④

---

① 《盐铁论·错币》。
② 《盐铁论·错币》。
③ 参见本书《西汉的西北屯垦》一文。
④ 《盐铁论·园池》。

我们举一例子来看，如元鼎年间，在上郡、朔方、西河及河西一带设置田官，发 60 万人进行大规模的屯田，就是在桑弘羊的主持下进行的。当时"中国缮道馈粮，远者三千，近者千余里，皆仰给大农"①。后来有很多人反对屯田，甚至以此作为攻击桑弘羊的借口。然而他对于这件大事却抱着与众不同的见解，他说：

> 胡西役大宛、康居之属，南与群羌通。先帝推让斥夺广饶之地，建张掖以西，隔绝羌、胡，瓜分其援。是以西域之国皆内拒匈奴，断其右臂，曳剑而走。故募人田畜以广用，长城以南，滨塞之郡，马牛放纵，蓄积布野，未睹其计之所过也。②

他的理由是：第一，隔断羌、胡，使匈奴不能联合羌人进攻汉朝；第二，汉通西域，以断匈奴右臂；第三，保证西北边郡的农业生产。因此，当时开辟河西等地不仅具有经济上的意义，而且具有军事上的作用。

我们知道，汉朝北方的边患主要的是匈奴侵扰，要防止匈奴入侵，必须首先打通西域，以断其右臂。因此，当时对西域的经营便成为汉朝对付匈奴的一个非常重要的策略。桑弘羊早就看清楚这一点，所以到了公元前 89 年（征和元年），进一步提出了屯田轮台的计划：

> 故轮台以东，捷枝、渠犁皆故国，地广，饶水草，有溉田五千顷以上。处温和田美，可益通沟渠，种五谷，与中国同时熟。其旁国少锥刀，贵黄金采缯，可以易谷食，宜给足，不可乏。臣愚以为可遣屯田卒，诣故轮台以东，置校尉三人分护，各举图地形，通利沟渠，务使以时益种五谷。张掖、酒泉遣骑假司马为斥候，属校尉，事有便宜，因骑置以闻。田一岁，有积谷，募民壮健有累重敢徙者，诣田所，就畜积为本业，益垦溉田。稍筑列亭，连城而西，以威西国，辅乌孙为便。③

---

① 《史记·平准书》。
② 《盐铁论·西域》。
③ 《汉书·西域传》。

按轮台处于塔里木盆地之中心，是汉朝到西方去的使节和商队往来必经之地。轮台以东，焉耆、危须、尉犁一带，正是匈奴僮仆都尉经常驻扎的地区。当时桑弘羊建议屯田于此，无论就军事、政治、经济各方面来说，都是经营西域的良策，可惜因当时形势不利，没有被武帝所采纳。后来一直至宣帝时，都护郑吉卒收其功，于是"匈奴益弱，不得近西域"。由此可以看出，桑弘羊不仅在经济方面，而且在军事方面也有超人的见解。

四、余　论

关于桑弘羊的生平事迹，从他的政治思想到他所进行的各种经济措施，我们已经在前面做了一番必要的叙述和分析。现在或者有人要问，对于这样一个历史人物，我们究竟给予怎样的评价呢？"从历史唯物主义的观点出发，评论一个历史人物，就不是用我们今天的标准去要求一个历史人物；而是要严格地联系到这个历史人物当时历史条件，进行具体的分析。因为一定的历史时代，只能产生一定的历史人物，这是历史的局限性，如果把这种历史的局限性置之不顾或估计得不够，都不能正确地评价一个历史人物。"[①] 因此，我们评论桑弘羊就应该从他当时的历史条件出发。我们知道，他所处的时代，正是中国封建社会向上发展的时期，这表现在两方面：第一，中央集权进一步的巩固和加强；第二，汉朝的领域空前的扩大。而在中央集权的加强和汉朝领域扩大的过程中，又暴露出汉朝内部错综复杂的矛盾，即是前面所述的地主阶级与农民之间的矛盾，汉族与匈奴族之间的矛盾，统治阶级内部的矛盾。桑弘羊站在政府的立场上进行了一系列的社会改良措施。对外他支持汉武帝所进行的连年战争，特别在联络西域、打击匈奴一点上，无论在政治或经济方面他都做了不少的准备工作。由于对匈奴反击的胜利，不仅解除了匈奴对汉族人民的威胁，而且把西域各族人民从匈奴奴隶主的残酷压榨下解放出来，从而开辟了中西交通，加强了汉族与西域各族间物质文化的交流。很显然，这是符合当时汉族人民的利益和要求的，而且在客观上也是符合其他各族人民的长远利益和要求的。对内他实行法治，剥夺了贵族豪强和

[①] 翦伯赞：《关于历史人物评论中的若干问题》，载《历史教学》1952年9月号。

工商业者的一部分利益，将财政权收归中央，增加了国家收入，减轻了人民负担，从而缓和了阶级矛盾。虽然他在主观上是为了巩固中央集权，然而在客观上对人民也有些好处，对于社会生产也起了一定的推动作用。

其次，我们也应该承认，由于历史条件和阶级出身的限制，他不可能成为完全代表人民利益和要求的人物，例如他主张对内实行法治，虽然在某种意义上是为了抑制贵族豪强和富商大贾，并且给予他们以有力的打击，但实际上他代表了富商大贾的长远利益，巩固和加强地主阶级的统治。如他在《盐铁论·大论》中说：

> 往者，应少、伯正之属溃梁、楚，昆卢、徐毂之徒乱齐、赵，山东、关内暴徒，保人阻险。当此之时，不任斤斧，折之以武，而乃始设礼修文，有似穷医欲以短针而攻疽，孔丘以礼说跖也。

在这里，他对于反抗地主阶级的农民暴动认为是"暴徒"，主张用武装镇压，这就很明显地看出他所代表的阶级利益。桑弘羊的立场既然是地主阶级的立场，他所实施的各项经济政策的目的，自然是为了巩固地主阶级的政权，虽然在地主阶级内部有矛盾，但是他们在压迫和剥削人民这一点上是一致的，因此桑弘羊在实施各项经济政策过程中，决不会、也不敢去依靠人民，而只能依靠皇帝的爪牙——官吏们来办事，其结果必然官商合流，狼狈为奸，以致弊端百出，善政一变而为苛政。虽然《盐铁论》中文学所反映的情况不见得完全可靠（因为他们都有自己的立场），但是有些人所反映的情况还是和实际相符的。例如前面桑弘羊引扇水都尉彭祖宁的所谓国家"作铸铁器，给用甚众，无妨于民，而吏或不良，禁令不行，故民烦苦之"这段话，就是符合当时的实际情况的。这一点，桑弘羊自己并非不清楚，但是怎样去处理这个问题呢？不依靠官吏又去依靠谁呢？很明显，由于阶级的局限性，他无法克服这种客观上所存在的矛盾。而这种矛盾也就成为桑弘羊在政治上扮演悲剧的一个决定因素。汉武帝死后，西汉的政治局面为之一变，君主专制一变而为外戚专政，桑弘羊的各项改革措施，必然要遭到贵族们反击，结果桑弘羊本人也就成为统治阶级内部倾轧下的一个牺牲者！

总之，不必讳言，桑弘羊本身存在着一些无法克服的缺点，但作为一个历史人物来讲,在西汉历史上,他仍然不失为一个少见的政治家和经济学家。如果我们承认汉武帝时代是西汉的全盛时期,是中国封建社会向上发展的一个阶段,那么我们就不能将桑弘羊一生的活动放在无关轻重的地位。应该这样说,他的活动在当时是起了一定的积极作用的。

(原载《汉史初探》,学习生活出版社 1955 年版,上海人民出版社 1957 年再版)

论 石 显

一

在中国封建君主专制时代，皇帝至高无上，拥有独裁一切的权力，但君权旁落，奸臣窃命，也是常有的事。这正是专制制度本身所必然产生的恶果。由于君权过于集中，而君主又不能一手尽揽天下之事，所以在实际政治生活中，君主除亲自裁决以外，总要分出部分政事委任于臣下。亲自裁决需要英明果敢，委政于臣需要知人善任。如果君主羸弱无能、优柔寡断，或闭目塞听、用人不当，都会导致君权旁落、奸臣窃柄的局面。

汉宣帝刘询（前73—前49）号称"中兴"之主，在他晚年一次关于用人方针的讨论中，他发觉太子刘奭是一个性格懦弱、不善用人的低能继承人。他担忧刘奭不能继承重任，有意更换太子，但又不愿背弃自己已故的患难妻子、太子的生母许氏。所以他一面叹息"乱我家者必太子也"[1]，一面还是把帝位传给了刘奭，刘奭即汉元帝（前48—前33）。他即位以后，果然朝纲大乱，奸佞石显登上西汉政治舞台，皇帝成了傀儡，石显专权长达10余年之久。

石显，字君旁，济南（今属山东）人。生年不可考，卒于竟宁元年（前33）。同时人贾捐之说他出身于"山东名族"、"礼仪之家"[2]，用现在的话说，

---

[1] 《汉书·元帝纪》。
[2] 《汉书·贾捐之传》。

就是他出生于一个世代书香的豪族大地主家庭。

少年时期的石显,就是一个十足的纨绔子弟,并且形成了他那自私、狭窄和骄横的性格。他目空一切,无视国法,不顾后果,以至触犯法网,被论处腐刑。

腐刑又称宫刑,它毁灭人的生殖器官,是一种极为残酷的肉刑。一个男子汉大丈夫,遭受宫刑,非但不能娶妻生子,传宗接代;而且被强行夺取做男子汉的权利,不男不女,在当时人看来是莫大的耻辱。所以司马迁曾感叹:"诟莫大于宫刑,刑余之人,无所比数。"[①]腐刑对于石显,可谓莫大不幸。石显所以能继续活下去,倒不是因为有什么伟大的理想和事业心,而是因为他那一颗贪婪之心尚未得到满足,因而决定了他不可能杀身洗辱。

按照古代所流传下来的惯例,受过腐刑的人,要到宫中服役。所以腐刑又称宫刑。石显即受宫刑,于是便依惯例进入皇宫,做了一名普通的服役宦者。一个花花阔少,突然变成刑余之人,远离故土亲朋庇护,孑身在天子脚下侍候别人,这种社会处境的巨变,虽然没有改变他的自私和狭窄,却使其骄横性暂时稍有收敛。他不得不态度谦和,小心待人,谨慎处世。时人说他"出公门,入私门"而"未尝有过"[②],即反映了这种状况。最初他还高攀不上皇帝,只是把眼光投向皇帝身边左右。于是,在他的性格中又增加了一层谄佞性。他在宫中结交的第一个狐朋狗友就是弘恭。

弘恭,沛县(今属江苏)人,与石显一同坐法受腐刑进宫。弘恭曾研读文史,并熟知汉律,为人圆滑,处事老练,是石显心目中的楷模。结交弘恭,对石显来说,不仅可以患难相扶,更重要的是使他很快学到了弘恭那套阿谀奉承、尔虞我诈的处世之道。

弘、石苦心钻营,终于由一个普通服役宦者晋升为中黄门。黄门是宫廷中的禁门,中黄门即是服务于禁中的宦官,它和一般宦者不同,有一定的身份和头衔。其后不久,二人又爬上了中尚书的职位。尚书,即掌管文书,秩六百石,级别虽然不高,但典掌枢机,是皇帝身边的秘书,地位颇为重要。接着,宣帝选拔尚书长官,由于弘恭明习法令,熟知当朝典章制度,善

[①] 《汉书·司马迁传》引《报任安书》。
[②] 《汉书·贾捐之传》。

于请示汇报，所以成为最合适的人选。弘恭被任为中书令，石显也做了他的得力副职，被任为中书仆射。

汉制，宦官皆称中官，所任职称，皆冠中字。弘、石任尚书，史称中尚书，亦称中书；所任尚书令、尚书仆射，则称为中书令、中书仆射，名异而实同。

西汉后期的尚书，从机构组织到职掌权限，都正处于一个发展变化过程，亦即侵夺朝权的过程。武帝以前，尚书职掌收发保管文书和传达记录章奏，尚书令相当于秘书长，仆射相当于副秘书长，仅仅负责尚书事务，并没有多大的政治权利，真正主持朝廷大政的是丞相。自从武帝削夺相权，尚书政务遂相应加重，不过朝政实权仍不在尚书，往往由皇帝委派一两名重臣总领尚书事务，名曰"领尚书事"，令与仆射则在其领导之下。尽管令与仆射有时也参与机密、出纳王命以及行施选举、任用、考课官吏等部分人事权，但这种实际权力的多少，却没有法定界限，要取决于皇帝的意旨。西汉后期的尚书机构，就是处于这样一个侵夺朝权的过渡中。

宣帝长于民间，懂得一点百姓疾苦，励精图治，尤其在用人方面，尚能知人善任。因此，宣帝虽任用弘、石，但并没有把朝政大权交给他们。宣帝一死，元帝即位，身居尚书之长的弘、石才有了窃取权柄的机会。

二

宣帝病逝前夕，把朝政大权交给了三位大臣，一位是外戚史高，另外两位是元帝的师傅萧望之和周堪。

萧望之，东海兰陵（今山东枣庄东南）人。宣帝时任太子太傅，教授太子刘奭《论语》和《礼服》，与同时教授《尚书》的少傅周堪都是名声显赫、德高望重的老臣。宣帝在病中拜萧为前将军光禄勋、周为光禄大夫，兼领尚书事。萧、周二人本为师傅，又受先帝遗诏辅政，所以元帝即位之初，接连数次宴见萧、周，议论朝政。当时萧又推荐了博学多才的刘向和忠正耿直的金敞，元帝均付以重任，并加官给事中，即特赐随便出入禁中，参与机密。可见，元帝对师傅是尊重和信任的。

这时，石显追随弘恭多年，立足于汉家庙堂，饱览宦海沉浮和官场世故，其性格中又增加一层奸诈性，已经成了一个钻营利禄的老手。他嘴尖舌巧，头脑狡黠，内心歹毒，不但精通朝务，左右逢源，而且能用心计和语言探测出皇帝尚未明讲或难以言传的内心含意，能用一套娓娓动听的歪理把人推入陷阱或置于死地。石显凭着这套本领，很快就赢得了元帝的欢心和宠信。随着宠信加深，中书的权力日益增大，石显埋藏多年的骄横性也慢慢暴露出来，有了夺取朝政大权的野心。开始是僭越。弘、石一面对元帝谄媚讨好，获取支持；一面则以久典枢机、熟悉朝政为优势，常常非议、抵制甚至推翻领尚书事的萧、周的意见。这不能不引起萧、周正直派官员的反对，于是朝中便形成了以弘、石为首的中书势力和以萧、周为首的正直势力的对立局面。双方明争暗斗，愈演愈烈。

萧、周等认为弘、石操纵的中书署是一股邪恶势力，铲除邪恶，光明正大，决定名正言顺地提出废除中书，更置士人。于是起草一个奏章，理由是：

> 尚书百官之本，国家枢机，宜以通明公正处之。武帝游宴后庭，故用宦者，非古制也。宜罢中书宦官，应古不近刑人。[①]

这种重大章奏，当然只有皇帝亲自批准方可生效。他们打算首先说服皇帝，然后再正式呈奏。当时摆在元帝面前的敌对双方，一方是恩师，一方是宠臣，对恩师的意见他不便拒绝，对宠臣他不忍抛弃。他的柔弱性格决定他采取折中态度，所以他对废除中书之议久置不决。这样，在正式上章之前，弘、石已经探知其情。[②]

这时在待诏[③]中有两个品行污秽的人，一名郑朋，一名华龙。他们尽管上蹿下跳，积极活动，但由于品行不端，萧、周总不录用，因而怨恨在心，到处散布不满情绪。弘、石把二人找来，教唆他们诬告萧、周等人密谋排斥车骑将军史高，清除许、史外戚。按照石显安排，告章专等萧望之退朝回家休息时由郑、华呈奏，元帝一定会批转中书令审核。事情就是这样发展的。

[①] 《汉书·佞幸传》。
[②] 《汉书·刘向传》："望之、堪、更其议，欲白罢退之，未白而语泄。"
[③] 待诏，等待录用的后备官员。

弘、石仅对萧望之略一查问，掩盖了事情的严重性，便诱使望之谈出了自己对外戚的坦率看法："外戚在位多奢淫，欲以匡正国家，非为邪也。"① 这些话，也就构成了他的不讳"供词"。接着，弘、石便落笔成文，呈上一个振振有词的处理奏章：

> 望之、堪、更生朋党相称举，数谮诉大臣，毁离亲戚，欲以专擅权势，为臣不忠，诬上不道，请谒者召致廷尉。②

当时元帝刚刚即位，还不懂某些公文用语，自然也不懂"谒者召致廷尉"的意思就是由谒者押入监狱。他马马虎虎扫了一眼便批准了这个奏章。

不久，元帝有事要召见周堪、刘向，左右回报说："已经入狱。"元帝大吃一惊，这才明白官样文章中还有不少名堂，于是斥责弘、石，命周堪、刘向立即出狱理事！弘、石不能再蒙骗下去，只好向元帝叩头谢罪。他们感到单凭中书力量难以打倒萧、周正直派。既然萧、周对外戚不满，那正好联合外戚"以毒攻毒"。于是弘、石决定拉拢史高，并授予奸言。史高对元帝说："上新即位，未以德化闻于天下，而先验师傅，即下九卿大夫狱，宜因决免。"③ 这是教唆元帝将错就错，以掩饰自己的不察之过。车骑将军说话，口气又是这样顺理成章，元帝不好再说什么，于是把萧、周、刘统统免官。

事后，元帝总觉得对师傅处理不够妥当，数月后，又下了一个诏令，其中说"国之将兴，尊师而重傅"，召命萧望之回朝理事，并加官赐爵，拟日后拜为丞相。同时也召回周堪、刘向，拟任职谏大夫，由于弘、石百般阻挠，结果二人做了郎官。当时，弘、石中书派与萧、周正直派侧目相望，势同水火，斗争仍在继续。

刘向引经据史，上书揭露弘、石；同时，萧望之的儿子萧汲也上书，为父申冤。石显等人以"诬罔不道"的罪名把刘向打入监狱，刘向后赎免为民。对萧汲上书，石显则安排了一个阴险计划。他深知作为帝师的萧望之德

---

① 《汉书·萧望之传》。
② 《汉书·萧望之传》。
③ 《汉书·萧望之传》。

高望重，平素养成一种刚直不屈的性格，其奸计就是借机以闪电般的方式置萧望之于死地。

第一步是骗取元帝逮捕萧望之入狱的亲笔批示。由于中书存有当时的不讳"供词"，在弘、石操纵下，复查萧案的部门向元帝呈交了如下一份奏章：

> 望之前所坐明白，无谮诉者，而教子上书，称引亡辜之《诗》，失大臣体，不敬，请逮捕。①

接着，中书又上奏：

> 望之前为将军辅政，欲排退许、史，专权擅朝。幸得不坐，复赐爵邑，与闻政事，不悔过服罪，深怀怨望，教子上书，归非于上，自以托师傅，怀终不坐。非颇诎望之于牢狱，塞其怏怏心，则圣朝亡以施恩厚。②

元帝仔细看了奏章，这次没有隐晦字眼，知道是要把萧望之打入监狱。两封奏章同持一见，来自不同部门，不好轻易否决；批准却又于心不忍，神色颇为犹豫地说："萧太傅素刚，安肯就吏？"站在一旁的石显连忙说："人命至重，望之所坐，语言薄罪，必亡所忧。"③元帝正举笔不定，听石显这么一说，也就下笔准奏。于是石显奸计初步实现。

第二步是立即把元帝的批示付诸实施。元帝批示后，石显即刻密封诏书，交付谒者，令谒者马上面交望之亲启，以明诏书非假，是圣上亲自裁决。谒者刚退，他又令太常火速发执金吾兵马，驰奔包围萧府捕人。石显这一连串动作，可谓神速惊人。萧望之启读诏书后，即欲自杀。夫人劝阻，以为诏书决不是皇帝之意，不久皇帝会醒悟过来的，可等待新的诏书，再做定夺。但兵马已经包围府第，除束手就擒，已没有等待时间。萧望之不肯受逮

---

① 《汉书·萧望之传》。
② 《汉书·萧望之传》。
③ 《汉书·萧望之传》。

捕之辱，仰天长叹曰："吾尝备位将相，年逾六十矣，老入牢狱，苟求生活，不亦鄙乎！"① 乃服毒自杀。时为初元二年（前47）十二月。元帝即位刚两年，奸佞石显就逼杀了他的师傅。

这时，宫中太官刚刚端上酒食，元帝正要用饭，忽报萧望之自杀，他惊得张口结舌，呆若木鸡，接着推开杯盘，落下泪来。萧望之毕竟是自己的师傅，怎样不为之伤怀？他召来石显，责问他为何考虑不周，以致杀死贤师。石显免冠谢罪。既然已失恩师，面对宠臣，元帝又一切谅解了。

三

萧望之不仅是天子之师，而且是当世名儒，他的死引起朝野震惊，京都内外纷纷传言石显杀害这位栋梁忠臣。不久弘恭病死，石显迁补中书令，他的目标更为突出。传言继续扩展下去，足可引起天下学士的舆论攻击，那时石显将成为众矢之的，因此他深感不安。

当时有一位刚被征任职不久的谏大夫，名叫贡禹，琅琊（今山东诸城）人。此人明经博学，高节洁行，敢于直言极谏，京畿一带颇负盛名。石显决定借助贡禹的盛名来解除罪责，摆脱困境。他先派人向贡禹殷勤致意，表示愿意结交，然后亲临拜访，毕恭毕敬，态度极其谦和诚挚。石显既然这般礼敬备至，贡禹也不便拒绝，只好默认了这种送上门来的交情。此后，石显又公开地极力推举贡禹。贡禹本负盛名，又加权臣佐助，官运亨通，青云直上，历位九卿不过三年，竟升至御史大夫，位列三公。而石显对贡禹则始终保持谦虚恭敬的态度，点滴细节，完备无缺。这件事扭转了许多人对石显的看法，他既尊贤举能，如此对待贡禹，怎么会陷害萧望之呢？因此许多人议论说：萧望之并非石显所害。

贡禹是一位以直言敢谏著称的骨鲠之臣。尽管他上给皇帝一封又一封谏书，却没有一处涉及当时的奸佞石显，可见他与石显的关系非同寻常。贡禹并非中书势力圈中的朋党，但他和石显既有深厚的私交，终究是帮了石显的大忙。石显这种奸险的变诈手法，时人难以识破。史书说："显之设变诈

---

① 《汉书·萧望之传》。

以自解免、取信人主者，皆此类也。"①

石显解脱了自己迫害萧望之的罪责，却没有消除元帝对萧望之的怀念。元帝把他的怀念情感寄托到未死的师傅周堪身上。周堪升为光禄勋，并引荐了学生张猛。张猛是首次沟通西域的大探险家张骞之孙，年富力强，才华横溢。张猛任职光禄大夫，与周堪一同加官给事中，出入宫禁，大见信任。这无疑是补充正直派力量，增加中书的眼中钉，石显又恨又怕，多次伺机谮毁。一次张猛奉使护送呼韩邪单于侍子返回匈奴。至匈奴后，他酌情与单于刑白马、饮血盟，签订了"汉匈奴合为一家，世世毋得相诈相攻"②的盟约。这为汉匈和好、北部边境安宁奠定了数世之基。但张猛回朝以后，却受到不公正的待遇，他被指控为擅自行事、奉使无状，几乎丢官丧命。

朝中正直派虽补充张猛，但萧望之死后，毕竟元气大伤；石显中书势力却日益增强。当时，免官在野的刘向不甘心奸佞当道，再次上密章进谏。密章再机密，也必须要经过中书。石显见到刘向密章，更加紧勾结外戚，一再向周堪施加压力，迫其向中书屈服。周堪秉性公直，虽也自感势孤力单，难以抗衡，但决心斗争到底，誓不弯曲。

永光元年（前43），天象有些异常，夏季寒冷，日青无光。汉代是个天道神学迷信思想统治的时代。石显一下子抓到排挤周、张的借口。他借助天变，发动所有能够发动的舌头，异口同声，一致扬言是由于周、张用事才出现这样的异常天象。元帝虽然内心倚重周堪，但众口铄金，群言可畏，无可奈何之下，乃贬周、张出朝，派周堪去做河东（今山西夏县）太守，张猛任槐里（今陕西兴平）县令。

事也凑巧，周、张走后不久，宣帝庙阙就发生火灾，接着是日食。元帝尽管懦弱无能，这回却该轮到他借助天变请师傅回朝了。他召来石显等人质问，斥责他们是"俗人乃造端作基，非议诋欺，或引幽隐，非所宜明，意疑以类，欲以陷之"③。石显等人被问得哑口无言，皆叩头谢罪。

元帝乃下诏褒奖周堪，命周、张二人立即回朝就职，并委任周堪领尚书事，也就是说，又把周堪摆在石显中书机构的领导地位。

---

① 《汉书·佞幸传》。
② 《汉书·匈奴传》。
③ 见《汉书·刘向传》。

这时的中书,由石显所把持,他自己为令,仆射牢梁和五名尚书都是石显党羽。中书机构,俨然是一个独立王国,朝廷中的朝廷,让一个他们敌视的人来领尚书事,无异于与虎谋皮。所以周堪领尚书事自然是既插不进手,也统领不动,完全被架空。不久,元帝染疾,不大过问朝政,周堪难得见上一面。他名义上统领石显,但凡事却都要通过石显去转奏,元帝的指示也要通过石显传达。这样,朝廷大政实际上控制在石显手中。石显巧慧阴险,诡变多端,无处不管,无事不骗。周堪深知其情,虽耿直不屈,但无能为力。他已年迈体弱,又气愤填膺,不久发病,口不能言,活活气死。周堪死后,张猛势孤,石显遂诬以重罪,迫使自杀于公车署。

石显逼死望之,气死周堪,害死张猛,刘向免官在野,从此,朝中正直派失去了首领,更处于被动和困难的境地。

四

萧、周等正直派失败以后,石显又施用各种权术,清除异己,其中主要是京房与陈咸等人。

京房,顿丘(今河南濮阳)人。他善治《易》,明灾异,在朝中为郎官,见石显专权,吏治败坏,就制定了一套整顿吏治的奖惩方案,名曰"考功课吏法"。这套方案虽取得元帝首肯,要推行却并非容易,从中央到地方,到处都有阻力。尤其是石显等权臣及其羽翼下的贪官污吏,尸位素餐,无功于国,有害于民,决不允许这套考课法实行。要推行其法,必须首先除掉石显。

在一次晏见时,京房向元帝提出一连串发问,做了一次深入透彻的进谏,提醒元帝注意石显一类的奸佞。他以周幽王、周厉王任用奸佞而危亡的历史事实去启发元帝,又以齐桓公与秦二世分别任用竖刁、赵高而至祸乱的教训去警告元帝。京房的忠谏,可谓语重心长,发人深思,照道理说来,元帝应该醒悟了。但京房退后,他信用石显一如既往。石显以何种手法得到元帝如此宠信?下面略举一例,可见一斑。

石显深知自己专权不得人心,许多人正在睁大眼睛盯着自己的过失,稍有差错,就会招来攻击。他要给元帝服一剂预防药,以坚其信,让他听不进别人对自己的任何攻击和不利的言论。汉宫制度，暮夜关闭宫门，隔绝出入。有一天，石显出宫办事。临行前石显向元帝请示："恐后漏尽宫门闭，请使诏吏开门。"上许之①。这天石显故意迟至夜深方归，至宫门前高声称皇帝诏命开门。守吏启门，石显大摇大摆地进入宫中。事后不久，果然一封告发石显矫诏开门的奏章呈到元帝面前。元帝阅过奏章，笑一笑，顺手递给石显。石显看罢，双膝跪在元帝面前，哭诉说："陛下过私小臣，属任以事，群下无不嫉妒欲陷害臣者，事类如此非一，唯独明主知之。愚臣微贱，诚不能以一躯称快万众，任天下之怨，臣愿归枢机职，受后宫扫除之役，死无所恨，唯陛下哀怜财（裁）幸，以此全活小臣。"②石显这一番话，深深触动了元帝那副柔弱心肠。他以为群臣对石显多有不是。一个少年就受刑入宫的宦者，既少骨肉之亲，又无婚姻之家，内无亲，外无党，又精通朝政，是完全可以信赖、委以国政的，群臣跟他过意不去，无非是出于妒忌，此事便是明证。所以石显愈受非议，元帝则对他愈加怜爱和信任。宫门事件后，元帝接连数次慰勉石显，厚加赏赐。

通过这件事，就不难理解元帝为何听不进京房那番忠谏。元帝病弱，他既要医治疾病、调养身体；又好声色犬马，耽于玩乐，所以就把朝政一股脑推给石显。事无大小，都由石显汇报，也多由石显裁决。石显贵幸倾朝，文武百官都敬畏他。

元帝拒绝忠谏，石显当道，考功法难以推行。京房的岳父张博是淮阳王刘钦之舅，他以为淮阳王是元帝的胞弟，元帝或许能够听从淮阳王的劝告，于是就去说服淮阳王上书入朝。石显豢养的密探③很快便获悉其情。由于当时京房与元帝关系比较密切，石显未敢轻动，他要等待时机再做文章。

那时元帝正打算搞考功法试点。京房推荐了熟悉考功法的弟子，提议任为刺史，试行考功，京房本人则坐镇朝中，代为奏事，以防奸人壅塞。石显将计就计，决定趁机把京房推出京都，然后下手。他向元帝提议弟子搞试点，不如师傅，宜以房为郡守，以便推行考功。刺史为六百石官，虽然秩卑，却具有督刺二千石郡守和回京奏事之权；郡守秩高，却没有这些权力。

---

① 《汉书·佞幸传》。
② 《汉书·佞幸传》。
③ 石显密探见于《汉书》，《京房传》称为"微司"，《陈咸传》称"微伺"。

让京房亲自出任郡守，表面上好像支持试行考功，实际是先把他调离皇帝身边，逐出京都，然后再设计除掉他及其考功法。元帝采纳了石显的建议，任京房为魏郡（今河北磁县南）太守。京房知道石显用心险恶，临行前向元帝请准不属刺史和回京奏事等特权。尽管如此，还是觉得此去凶多吉少，故未至任所就接连三上密章，揭露石显的阴谋。但一切都无济于事。京房一走，石显就借助诸侯王问题向他开刀了。

汉初诸侯王叛乱，造成了西汉历朝皇帝的神经过敏，元帝也不例外，更何况宣帝晚年有意更换太子、传位淮阳王一事，元帝更不会忘记。于是石显就告发"房与张博通谋，诽谤政治，归恶天子，讦误诸侯王"①。果然一告就准，京房、张博皆被处死，妻子徙边。支持京房考功法的御史大夫郑弘也被免官、自杀。

京房等死后，群臣慑于石显淫威，多敢怒而不敢言。一位名叫陈咸的年轻御史中丞却挺身而出。

陈咸，相县（今安徽濉溪西北）人。其父"万年尝病，召咸教戒于床下，语至夜半，咸睡，头触屏风。万年大怒，欲杖之，曰：'乃公教戒汝，汝反睡，不听吾言，何也？'咸叩头谢曰：'具晓所言，大要教咸谄也。'"②由此可以想见陈咸是厌恶谄媚小人的。他所任御史中丞一职是个执法官，有权弹劾各级官员，陈咸身怀奇才，年少抗直，曾多次弹劾石显专横跋扈，败坏朝纲。石显怀恨在心。为了清除陈咸，石显在他身边暗设了密探③，专门刺其过失。后来终于借助丞相韦玄成之手达到清除陈咸的目的。韦玄成是一个害怕丢掉乌纱帽、唯唯诺诺曲意逢迎石显的庸人。陈咸有一个知己朋友槐里县令朱云，曾多次上书言丞相容身保位，庸碌无能，要求更换丞相，因此获罪于韦。有一次群臣朝见，元帝问丞相朱云为官如何，玄成言云暴虐无状。时陈咸在场，感到事态严重，遂暗中告诉朱云，让朱云上书自诉。石显密探刺得此事，迅速转告丞相，自然引起丞相对陈咸的恼恨。朱云的上书，本来要求由御史中丞查问，但一经中书令石显之手，便批转丞相直接处理。丞相遣吏往捕朱云，朱云避难陈咸家中，又被石显密探刺知。于是丞相出

---

① 《汉书·京房传》。
② 《汉书·陈万年传》附子《陈咸传》。
③ 密探两次刺得朱云情报，均与陈咸相关，可见石显为报复陈咸在其身边或家中专设有密探。

面，以一系列罪名，把陈咸和朱云打入牢狱，处以髡刑去服劳役。陈咸另一个朋友左曹中郎将王章，也受牵连免官。

石显阴险毒辣而又气量狭小，睚眦之怨，他都耿耿于怀，寻机报复。待诏贾捐之，郑县（今陕西华县）县令苏建，也曾揭发石显之过，均被石显罗织重罪处死。数年之中，石显以各种狡诈而又残酷的手段清除了一个个政敌，入狱的入狱，服刑的服刑，有的免官归田，有的合家流放，更多的是被推上断头台。从此以后，公卿以下满朝官员对石显极端恐惧，不敢稍有疏忽大意。

五

石显仰仗元帝的宠信，清除了政敌。与此同时，他一方面争取联合外戚和显贵力量，一方面则广泛经营自己控制的中书势力网，以保持独擅朝政的局面。

外戚与皇帝有裙带关系，恩宠得天独厚，政治力量相当庞大，石显难与为敌。因此，早在迫害萧、周时，石显就以他们排斥外戚为由，取得许、史外戚的支持，此后一直与其保持密切关系，稳住了许、史外戚的力量。外戚冯奉世父子位列公卿，驰骋疆场，负有盛名；奉世长女冯媛为元帝昭仪[①]，颇受宠爱。石显一心想攀附冯氏，就向元帝推荐媛兄冯逡。元帝召见冯逡，欲以为侍中。哪知冯逡为人正直，并不买石显的账，反而在元帝面前斥责石显专权，结果冯逡被罢归郎官。石显攀附冯氏碰壁，自然是心怀不满。其后御史大夫空缺，群臣一致推荐逡兄冯野王补任，石显则对元帝说："九卿无出野王者，然野王亲昭仪兄，臣恐后世必以陛下度越众贤，私后宫亲以为三公。"[②] 这些话表面上看起来冠冕堂皇，骨子里则是挟嫌报复。昏庸的元帝不了解内情，还认为言之有理，说："善，吾不见是。"于是下诏嘉美野王，但废而不用，并把石显的话作为不任野王的理由写进诏书。野王接诏，叹息

[①] 按汉帝后宫姬妾分为10余等，皇后除外，昭仪为首。《汉书·外戚传》云："昭仪位视丞相，爵比诸侯王。"

[②] 《汉书·佞幸传》。

说："人皆以女宠贵，我兄弟独以贱！"① 他哪里知道这是石显暗中作梗。石显对丞相韦玄成、匡衡等某些朝中大臣，也是采取拉拢、利用的手段。既不逼他们走向敌对面，又设法制约其为己所用。所以这些朝中显贵们，大都明哲保身，成了石显的附庸，即使是众望所归的耿臣贡禹，由于石显的结交，在他为御史大夫的任期内，也对石显专权保持了沉默态度。

中书势力网是石显专权的基础。他为中书仆射时就开始了惨淡经营。他网罗朋党的手法是：诱以利禄，胁以淫威；不能拉的推其下降，能拉的就扶其上升。例如，他拉不动冯逡，就压抑野王。又如他曾企图拉拢甘延寿，并打算把自己的姐姐嫁给他，但延寿不肯，于是石显便屡次寻机报复。延寿出使西域，杀郅支单于，为国家立下大功，石显却斥责他"擅兴师矫制"，拖延许久不能定功；后众人上书为延寿鸣不平，元帝命群臣讨论，都以为应按捕斩单于的律令定功，石显却又说捕斩的"非真单于"；元帝让步，封为千户，石显复争不可，最终只封了 300 户。赫赫战功，经石显三言两语，几乎化为乌有。与此相反，他要挟郑朋卷进迫害萧望之的旋涡。看郑朋可用，就让他做黄门郎。他排挤陈咸，空出御史中丞缺，就安插了亲信伊嘉。

石显软硬兼施，恩威并用，网罗了大批朋党。以石显为首，牢梁为辅，在朝中形成一个独立的小王国，即中书署。以中书署为中心，向朝廷内外延伸出去，就成了石显的中书势力网。属于这股势力中的石显朋党，见于史籍的有仆射牢梁和尚书 5 人，少府五鹿充宗、侍中许章、御史中丞伊嘉、黄门郎郑朋，还有不知官任何职的陈顺、华龙以及京都长安大侠萬章等。

这些朋党多系品行恶劣、奢淫不法之辈，诸如许章、郑朋、华龙等均史有明文，而许章尤其不得人心。一次许章私自出行，迎面遇见司隶校尉②诸葛丰的车马，丰驻车举节，想趁机收捕这一歹徒。许章见事不妙，急回车催马，逃入宫中去乞求元帝庇护。但石显朋党中，亦不乏才学兼备、精通律令或熟知典章故事的人。五鹿充宗，元帝称其"心辨善辞，可使四方"。他传授齐学《论语》，又是《易》学大师，曾设坛主讲，"诸儒莫能与抗"。有的朋党，虽不在官场执掌大权，却在社会上有很大的势力。大侠萬章，家居

---

① 《汉书·冯奉世传》。
② 司隶校尉，《续汉书·百官志》注："孝武帝初置，持节，掌察举百官以下及京师近郡犯法者。"

城西柳市，号称"城西萬子夏"。他在京兆尹①门下做事，有一次随京兆尹入朝，一进殿门，诸侯、侍中和一些达官显贵都争相向他施礼问候，竟把京兆尹冷落一旁。可见此人非同小可，具有不等闲的身份地位，这自然也与投靠石显密切相关。石显广泛搜罗党羽，不拘一格，所以能够形成一个实力雄厚的政治集团，独擅朝政10多年。

石显政治集团，向朝廷内外伸出一个个触角。他们上下勾连，盘根错节，宾客成群，专横跋扈，是一股庞大的政治势力和社会势力。当时长安流传一首民谣："牢邪石邪，五鹿客邪！印何累累，绶若若邪！"②即生动地反映了石显集团专权据势的实况。这些身披官服、头戴高冠的国家蛀虫，既是石显的社会基础，同时又以石显为靠山。他们互相利用，贪污受贿，搜刮民膏，为所欲为。仅以石显为例，其所受贿的钱（包括皇帝赏赐在内），多达1万万。

元帝晚年病重，偏爱次子定陶王刘康，打算以康代替太子刘骜，继承帝位，石显权衡利害，极力拥佑太子。竟宁元年（前33）五月，元帝死。六月，成帝刘骜（前33—前7）即位。

佞臣是专制君主身上的肿瘤，主存能得宠专权，主殂则多随之失势。帝王各有所好，元帝宠爱的佞臣，并且有拥戴之功，但成帝却不喜欢，成帝一即位，就以石显拥佑有功为名，把他调离中书，迁为长信太仆，秩中二千石，秩位虽然高升，但失去了权柄。数月以后，丞相御史二府逐条上奏石显旧恶，石显和党羽牢梁、陈顺以及勾结石显、靠显为官者，一律废黜免官。少府五鹿充宗贬为玄菟（今辽宁新宾）太守，御史中丞伊嘉贬为雁门（今山西左云右玉一带）都尉。随着元帝之死，石显中书集团顷刻土崩瓦解，整个长安人心大快，奔走相告："伊徙雁，鹿徙菟，去牢与陈实无贾。"③

石显罢官后，徙归济南故里。时值隆冬④，天寒地冻，他携家东行，一路凄凄怆怆，忧闷郁结，最后拒绝饮食，死于途中。

---

① 京兆尹，三辅（京兆、左冯翊、右扶风）长官之一，典治京师，秩中二千石，与九卿同，并得"奉朝请"，即有资格参与朝政。

② 《汉书·佞幸传》。

③ 《汉书·佞幸传》。

④ 《汉书·五行志》："竟宁元年石显伏辜。"按成帝六月即位，数月后罢免石显，显整装东行，途中病死，其时应为是年冬十一、十二月。

石显的一生，是奸佞专权的一生。他从宣帝时入宫，整个元帝时期都在汉廷政治舞台上扮演着主要的角色，无论对当时政治还是后代历史，他都有着不可低估的影响。

班固云："汉世衰于元、成，坏于哀、平。"① 也就是说，元帝时期西汉开始衰落，而这时正是石显执掌朝政，因此他对西汉皇朝由盛转衰负有不可推卸的责任。由于他的谄佞，取得了元帝的过分宠信，以至于元帝不过问政事，全权交予石显。石显专擅朝政，残害忠良，清除异己，致使朝官不顾国事，纷纷卷入争权夺利的旋涡，朝纲大乱。上行下效，又造成地方吏治败坏，贪污成风，酷吏横行，哀鸿遍野，民不聊生。西汉皇朝急剧地滑向末日。

汉初旧制，皇帝之下掌管朝政的是丞相，至东汉完全归于尚书台，西汉后期则是这一制度的转变时期。处于这一时期的石显，以中书令专制一切，在西汉史上是空前的。他以尚书机构多方侵夺朝权，积久成制。所以，石显专权对尚书台权力的形成有很大推动作用。其次，宦官执掌朝政，虽史已有之，但石显专权却是汉朝的先例，这就为东汉宦者专政开了先河。

总之，由于元帝的昏庸柔弱和尚书职能的强化，才出现了奸佞石显；而石显的出现，又给予当时政治和后代历史以恶劣影响。石显死有余辜，应该把他钉到耻辱柱上，用以警戒后人。

（本文与张汉东合作，原载高敏主编《奸臣传》，河南人民出版社1988年版）

---

① 《汉书·佞幸传》。

论光武中兴之道

汉光武帝刘秀在历史上号称"中兴之主"。东汉学者张纯说:"(光武)兴于匹庶,荡涤天下,诛锄暴乱,兴祖继宗。"①南宋学者陈亮则称赞:"自古中兴之盛,无过于光武。"②那么,刘秀是怎样完成他的中兴伟业的呢?史书上有一段记载,可以回答这个问题。建武十七年(41)刘秀南巡回到家乡舂陵,置酒作乐。时宗室诸母因酣悦,相与语曰:"文叔少时谨信,与人不款曲,唯直柔耳,今乃能如此"。帝闻大笑曰:"吾理天下,亦欲以柔道行之。"③刘秀的柔道,就是他的中兴之道。概而言之,也就是《后汉书·循吏传序》所说的"解王莽之繁密,还汉世之轻法"。换句话说,就是从西汉末、王莽新朝遗留下来的实际问题出发,通过改革,缓和阶级矛盾、民族矛盾和统治阶级内部矛盾,以实现社会稳定,从而促使经济的恢复和发展。

一、缓和阶级矛盾

光武帝刘秀缓和阶级矛盾的措施,是从以下几个方面着手的:

1. 省减刑罚

西汉自萧何定《九章律》,经叔孙通、张汤、赵禹的补充修订,至汉武帝时,形成了一个完整的法律体系。王莽和东汉政权,都承认了汉律的

---

① 《后汉书·张曹郑列传》。
② 《龙川文集》卷五。
③ 《后汉书·光武帝纪》下。

有效性，说明汉律在当时还是基本上适应社会需要的。但是从汉武帝开始，汉律繁密芜杂的缺点就很突出了。"律令凡三百五十九章，大辟四百九条，千八百八十二事，死罪决事比万三千四百七十二事，文书盈于几阁，典者不能遍睹。"① 这样众多的条文，必然有前后不一致的地方，"罪同而论异，奸吏因缘为市，所欲活则傅生议，所欲陷则予死比"②。王莽改制，滥用刑罚，更是冤狱成灾。法律的繁密、混乱和严酷，也是王莽失败的重要原因。因此刘秀一旦建立东汉政权，就立即着手解决这个问题。所谓"解王莽之繁密，还汉世之轻法"，其实是力图解决从武帝以来就存在的问题。

在立法方面，东汉初期在保存原有的汉律体系的基础上，力图体现从轻从简的精神。建武二年（26）因"狱多冤人，用刑深刻"，诏："其与中两千石、诸大夫、博士、议郎议省刑罚。"建武三年（27）秋七月诏："男子八十以上，十岁以下，及妇人从坐者，自非不道，诏所名捕，皆不得系。当验问者，即就验。女徒雇山归家。"③ 这样就缩小了从坐的范围。

在司法方面，东汉政府从建武二年（26）开始实行大赦天下，以利大规模地减少刑狱。值得注意的是建武六年（30）诏书："三辅遭难赤眉，有犯法不道者，自殊死以下，皆赦除之。"④ 对于曾经同刘秀集团为敌的赤眉也实行赦免政策，反映了东汉统治者缓和阶级矛盾的主观愿望。对于在押的死刑犯，也实行减刑。建武二十九年（53）"诏令天下系囚自殊死以下及徒各减本罪一等，其余赎罪输作，各有差"⑤。

2. 释放和禁止虐杀奴婢

为了解决西汉以来奴婢过多的问题，保护自耕农的生产条件，缓和社会矛盾，东汉政权一建立，在消灭割据势力的统一战争进行的同时，刘秀就在建武二年（26）、建武十三年（37）、建武十四年（38）先后6次下诏释放奴婢。这一举动在中国历史上是空前的。它涉及了犯罪奴隶、债务奴隶和被掳略为奴者。诏令覆盖面包括了全国大部分地区，特别是当时尚为地方割

---

① 《汉书·刑法志》。
② 《汉书·刑法志》。
③ 《后汉书·光武帝纪》。
④ 《后汉书·光武帝纪》。
⑤ 《后汉书·光武帝纪》。

据势力控制的青、徐、陇、蜀。统一战争的胜利为释放奴婢创造了条件，而释放奴婢必然得到人民的拥护，又扩大和巩固了统一的成果。这样，从西汉后期以来一直困扰着封建国家的奴婢问题，随着战争的推进而得到缓和。法律关系的变动是经济关系的反映。奴隶劳动在中国封建社会初期曾作为封建剥削的补充形式而与封建的生产关系并存，但随着封建经济的发展，奴隶的大量存在已成为进一步发展生产力的巨大障碍了。因此，刘秀的这一措施，是符合生产关系要适应生产力发展这一规律的。

3. 减免租赋和减轻兵徭役

东汉政权建立初期，为了战争需要曾实行什一税制。后来实行军队屯田，有了减轻人民负担的条件，于是又恢复了三十税一制。《后汉书·光武帝纪》载，建武六年（30）十二月癸巳，诏曰："顷者师旅未解，用度不足，故行什一之税。今军士屯田粮储差积，其令郡国收见田租三十税一，如旧制。"

东汉初期人民的兵徭役负担比起西汉有明显减轻。建武七年，刘秀"罢轻车骑士、材官、楼船士及军假吏，令还复民伍"，又废除地方的"都试"制度①。这固然是加强中央集权、防止地方武装割据的政治军事措施，但其减轻人民兵徭役负担的意义也是明显的。所以《后汉书·明帝纪》记载，至永平十二年，"天下安平，人无徭役，岁比登稔"。

4. 选用循吏发展农业生产

光武帝刘秀特别注重官吏尤其是地方官的选任，务用循吏，问民疾苦，劝民农桑。

建武初，伤痍满目，田园荒芜，各级地方官吏大都能重视恢复和发展生产。如樊晔为扬州牧，"教民耕田种树理家之术"。张堪守渔阳，"开狐奴稻田八千余顷，劝民耕种，以致殷富。百姓歌曰：'桑无附枝，麦穗两歧，张君为政，乐不可支'"。茨充为桂阳太守，"教民种植桑柘麻紵之属"，养蚕织屦，发展丝麻纺织。南阳太守杜诗政绩最好，号为"杜母"。他"造作水排、铸为农器"，这些工具"用力少，见功多"，所以"百姓便之"。又"修治陂池，广拓土田，郡内比室殷足。时人方于召信臣，故南阳为之语曰：

---

① 《后汉书·光武帝纪》、《百官志》。

'前有召父，后有杜母'"。九真郡远处岭南，民俗以射猎为业，不知牛耕，太守任延推广中原生产技术，"铸作田器，教之垦辟"，使田畴广开，百姓充给。后内调武威太守，察河西旧少雨泽，"乃为置水官吏，修理沟渠，皆蒙其利"。汝南郡有鸿郤陂，早已毁废，太守邓晨根据歌谣"反乎覆，陂当复"所表达的人民愿望，起用许扬为都水掾，起塘400里，毕数年之功，兴复"数千顷田，汝土以殷，鱼稻之饶，流衍它郡"。

值得注意的是，这些循吏不仅仅是在兴修水利教民稼穑方面颇有政绩，而且为官清正，敢于打击地方豪强。如任延在武威任上，"时将兵长史田绀，郡之大姓，其子弟宾客为人暴害。延收绀系之，父子宾客伏法五六人。绀少子尚乃聚会轻薄数百人，自号将军，夜来攻郡。延即发兵破之。自是威行境内，吏民累息"。张堪拜渔阳太守"捕击奸猾，赏罚必信，吏民皆乐为用"①。因此，在东汉初期，豪强地主的势力在一定程度上得到抑制，有利于自耕农经济的恢复和发展。

二、缓和民族矛盾

王莽代汉以后，西汉以来中央政权与各少数民族所形成的臣属关系，也随之瓦解。加上王莽实行了错误的民族政策，终于导致了汉匈友好关系的破裂。更始二年（24），更始帝刘玄遣使至匈奴希望改善由王莽造成的汉匈之间的不正常关系。但是这时匈奴单于借口汉人反对王莽的过程中，他也曾效力出兵击莽，空其边塞，令天下骚动思汉。故莽之最后失败与汉复兴，"亦我力也，当复尊我"②。因此，直到东汉初期，汉匈关系仍没有得到改善。对此，东汉政府内部有两种主张：大将军马武主张用军事手段出击匈奴，这代表了一部分高级将领的意见。但光武帝刘秀从休养生息的总方针出发，一改汉武帝以来对少数民族的征服政策，更不同于王莽大民族主义，而采取缓和民族矛盾的方针。他对马武等说：如今国家刚刚安定，百姓尚未苏息，能够大事远征吗？他认为："苟非其时，不如息人。"

---

① 《后汉书·循吏列传》。
② 《汉书·匈奴传》。

实践证明光武帝刘秀的方针是正确的。建武二十四年（48），历史发生了戏剧性的变化。匈奴分裂成南北两部。建武二十五年，南单于遣使至洛阳，表示愿意奉藩称臣，重修旧好。建武二十六年，东汉遣中郎将段彬等至南匈奴，帮助他建立单于庭帐（南庭）于五原西部塞80里处，随后又让他们入居云中郡，不久再迁至西河郡的美稷县。为抵御北匈奴对南匈奴的侵犯，刘秀命令中郎将段彬及副校尉王郁率西河长史"岁将骑二千，弛刑五百人"留守西河，并设官府、从事、掾史。从此，南匈奴的政权在汉朝的支持下，稳定下来了。

南匈奴的内附是刘秀实行缓和民族矛盾政策的产物，它对历史发生了积极的影响。它给予匈奴贵族的侵扰势力以严重的打击，解除了中原北边的威胁，使中原人民获得一个发展生产和改善生活的安定环境，原先撤销的缘边郡县得以重新恢复，已经内迁的居民得以复返故居。南匈奴本身，由于入居塞内，有更多的机会接触和学习中原的先进文化，也有利于他们的社会进步。

南匈奴归附东汉朝廷后，留在蒙古草原上的北匈奴的势力大大削弱，在南北交战中，数次被南匈奴击败，"却地千里"，故于建武二十七年、二十八年、三十一年，多次遣使至汉求和亲。东汉政府内部在对待北匈奴问题上有过多次争论，有人主张依南匈奴故事，接受其归附，遣使者进行监护；有人则主张趁北匈奴饥疫纷争，遣军一举消灭之。刘秀都没有采纳。他认为，南单于新立，若答应与北匈奴和亲，恐有碍于南单于亲汉之意[①]，会引起新的纷争。而派军征服北匈奴，既不符合当时休养生息的需要，又难以收到功效。因此，告知武威太守"勿受其使"。建武二十八年，北单于遣使至京师贡马及裘，后又远驱牛马至边境与汉合市，重遣名王，多所贡献。在此情况下，东汉政府乃采取羁縻政策，厚加赏赐，玺书往来，但不遣使者。

刘秀对西域城郭诸国，则采取自治的政策。王莽末年，西域都护但钦被杀，中原汉朝的势力退出了西域。在抵制匈奴势力西进的斗争中，莎车国的势力强大起来。建武五年，东汉驻河西大将军窦融奉命立莎车王康为"汉莎建功怀德王，西域大都尉"，委任他统治西域50余国。康死后弟贤即位，

[①] 《后汉纪·光武帝纪》。

莎车益强,"葱岭以东诸国皆属贤。"建武十四年,莎车和鄯善同时派使者向汉朝贡,东汉朝廷第一次和西域发生了关系。建武十七年,莎车王贤又派使者至汉,要求汉委派他任西域都护。东汉朝廷先答应了他的请求,赐西域都护印绶。后又接受了敦煌太守裴遵的意见,"夷狄不可假以大权,又令诸国失望",遂收还了西域都护印绶,更赐贤以大将军印绶。由是莎车和汉朝产生了隔阂。建武二十一年,车师前王、鄯善、焉耆等18个君长①,都遣子入侍,献其珍宝,并请复置都护,刘秀以"中国初定北边未服",拒绝了他们的请求,皆还其侍子,厚加赏赐。建武二十二年,莎车王贤知汉都护未置,遣使至鄯善,"令绝通汉道"。鄯善王拒绝了莎车的要求,遂受到攻击。于是又上书刘秀,再次请派都护,并说,如"都护不出,诚迫于匈奴"。刘秀回答说:"今使者大兵未能得出,如诸国力不从心,东西南北自在也。"

总而言之,刘秀对周边少数民族的关系采取友好和自治的政策,以缓和民族矛盾,避免了大规模的战争,这就为中原地区的恢复和发展提供了一个和平的外部环境。

三、缓和统治阶级内部矛盾

刘秀缓和统治阶级内部矛盾的措施,可以概括为退功臣,进文吏,举逸民。与刘秀一同起兵的所谓"中兴"将帅,在建武初尚拥有一定的军事政治势力,是实现政治稳定的隐患。刘秀对这些人的政策,首先是剥夺其领兵之权。《后汉书·贾复传》载,建武十三年,"复知帝欲偃干戈,修文德,不欲功臣拥众京师,乃与高密侯邓禹并剽甲兵,敦儒学。帝深然之,遂罢左右将军。复以列侯就第,加位特进。"对于中央重臣的任用,也不与功臣而多委文吏。所谓"不以功臣任职,至使英姿茂绩,委而勿用"。就是防止功臣利用拥有军事政治地位,形成对政治安定的威胁。刘秀在政治上削弱功臣实权的同时,也给这些功臣一些优惠,以换取他们的支持。建武元年,刘秀分封功臣30余人为列侯。建武二年,又封20余人为列侯。以后又封一些功臣为列侯。其中最著者如邓禹,有"谋谟帷幄,决胜千里","斩将破军,

---

① 《后汉书·西域传》。

平定山西"之功。建武元年封鄡侯，食邑万户；建武二年，更封为梁侯，食四县；建武十三年天下平定，定封为高密侯，食高密、昌安、夷安、淳于四县。其他如吴汉、冯异、耿弇、寇恂、盖延、任光、贾复等，皆封侯食邑，或食万户，或食数县不等。总而言之，东汉初期的功臣位尊禄重但没有实权，因此与皇权的矛盾不如西汉初那么尖锐。这些功臣绝大部分在东汉初实际政治生活中没有什么影响，故多能保全而善终。

为了扩大政权的阶级基础，刘秀还注意吸收地主阶级士人。《后汉书·儒林传序》说："及光武中兴，爱好经术，未及下车而先访儒雅。"建都洛阳后，地主阶级士人云集京师。刘秀在"宫室未饰，干戈未休"的形势下，先建立太学，立五经博士14家。对众多弃官逃仕，不仕王莽、公孙述的士人，慰藉有加，收为己用。如通儒卓茂，西汉末为密令，及王莽居摄，以病免归。建武之初，对这个已年过70，"无它庸能"，但颇有影响的"断断小宰"，刘秀首先下诏访求，授以太傅之职。建武四年，卓茂死，"车驾素服亲临送葬"①。又如宣秉，于哀、平之际，"见王氏据权专政，侵削宗室，有逆乱萌，遂隐遁深山，州郡连召，常称疾不仕。王莽为宰衡，辟命不应。及莽篡位，又遣使者徵之，秉固称疾病"。建武元年，刘秀授秉以御史中丞的重任。次年又迁司隶校尉。②对于其他不仕王莽的士人，刘秀亦优先授以高职，如申屠刚，建武七年拜侍御史，后迁尚书令。郭贺，建武中为尚书令。高诩，建武十一年拜大司农。郭丹，建武十三年为并州牧，迁左冯翊。③由此，"群方咸遂，志士怀仁，斯固所谓举逸民，而天下归心"④。

另外，刘秀吸取西汉末年教训，防止外戚干政，规定"后宫之家，不得封侯与政"⑤。建武二十四年（公元48年），刘秀"诏有司申明旧制阿附藩王法"⑥，进一步削弱诸侯王在国家政治生活中的地位。

由此可以看出，刘秀缓和统治阶级内部矛盾的措施是以削弱功臣、外戚、宗室权势集团的势力，提拔地主阶级士人为手段，实现了社会稳定的

① 《后汉书·卓茂传》。
② 《后汉书·宣秉传》。
③ 俱见《后汉书》本传。
④ 《后汉书·逸民列传序》。
⑤ 《后汉书·明帝纪》。
⑥ 《后汉书·光武帝纪》。

目的。

四、余 论

经过这一系列的改革措施，国家获得了较长时期的稳定，社会经济得到了缓慢的、但是实实在在的进步。据史记载：

永平九年（公元 66 年），"是岁，大有年。"①

永平十二年（公元 69 年），"是岁，天下安平，人无徭役，岁比登稔，百姓殷富，粟斛三十，牛羊被野。"②

与农业发展的同时，手工业、商业也发展起来，出现了城市的繁荣。班固的《两都赋》、张衡的《二京赋》描写了长安、洛阳的建筑宏伟、街道宽阔、人口众多、商贾云集。其他地方性的城市如邯郸、临淄、南阳、成都也恢复了往昔的繁华。随着经济的复兴，又出现了一批新兴的城市：丹阳（今安徽当涂）、豫章（今江西南昌）、长沙、会稽（今浙江绍兴）及合浦（今广西合浦）等。

这些成就的取得，是与光武帝刘秀的上述种种措施分不开的。从光武帝刘秀的"中兴"大业中，我们可以从中受到一些历史的启示：

第一，必须抓住机遇，从实际出发，有针对性地解决社会主要矛盾。贾生有言曰："夫寒者利短褐，而饥者甘糟糠，天下之嗷嗷，新主之资也。此言劳民之为仁也。"③东汉政权建立之初，"天下疲耗，思乐息肩"④。刘秀正是抓住了这一机遇，从多方面着手解决或缩小西汉和王莽新朝遗留下来的土地兼并和农民沦为奴婢问题，以保护自耕农的经济，使广大农民得以息肩南亩，安居乐业。这样就缓和了长时期存在的尖锐的阶级矛盾，奠定了社会稳定和政治稳定的基础。

---

① 《后汉书·明帝纪》。
② 《后汉书·明帝纪》。
③ 《史记·秦始皇本纪》，载贾谊《过秦论》。
④ 《后汉书·光武帝纪》。

第二，限制外戚、功臣势力，打击地方豪强。这不仅有利于调整统治阶级内部的矛盾，也有利于缓和阶级矛盾，有利于社会稳定和政治稳定。

第三，缓和汉与匈奴民族矛盾，正确处理汉与西域的民族关系，从而创造一个和平的外部环境，这样也有利于内部的社会稳定和政治稳定。

第四，正是由于东汉统治者采取了上述一系列缓和各种矛盾的政策和措施，才促成了社会的稳定；而社会稳定又为光武、明、章、和四朝的政治稳定与经济发展提供了有力的保证。

第五，注重选拔德才兼备的官吏，特别是亲民的地方官吏。因为任何解决社会矛盾的政策和措施，都是要通过各级官吏去贯彻和执行的；否则，再好的政策也无济于事，相反，还会坏事。是故"明主治吏不治民"①。这是一条十分重要的历史经验。

第六，最高统治者务尚勤俭节约，身体力行，为清廉政治树立榜样。史称"光武长于民间，颇达情伪，见稼穑艰难，百姓病害，至天下已定，务用安静，解王莽之繁密，还汉世之轻法"。"身衣大练，色无重采，耳不听郑卫之音，手不持珠玉之玩……损上林池御之官，废骋望弋猎之事。其以手迹赐方国者，皆一札十行，细书成文。勤约之风，行于上下。数引公卿郎将，列于禁坐。广求民瘼，观纳风谣。故能内外匪懈。百姓宽息。"②又载光武"每旦视朝，日仄乃罢。数引公卿、郎、将讲论经理，夜分乃寐。皇太子见帝勤劳不息，承间谏曰：'陛下有禹、汤之明，而失黄老养性之福，愿颐爱精神，优游自宁。'帝曰：'我自乐此，不为疲也。'虽身济大业，兢兢如不及，故能明慎政体，总揽权纲，量时度力，举无过事。"③昔季康子问政于孔子，孔子对曰："政者，正也。子帅以正，孰敢不正。"④光武帝刘秀岂是之谓乎?!

（本文与陈乃华合作，原载吴祥明、赵万爽编《史家论刘秀》，中国文联出版社 1999 年版）

---

① 《韩非子·外储者说右下》。
② 《后汉书·循吏传》。
③ 《后汉书·光武帝纪》。
④ 《论语·颜渊》。

王充与《论衡》

一、王充的身世及其时代

公元 27 年（光武建武三年），王充出生于会稽上虞县的一个贫民家庭。充字仲任，原籍是魏郡元城人，据说他的先祖因为从军有功，封于会稽阳亭，为时不过一年就被削爵为民，此后全家就流落在当地，以农耕为业。王充的祖父名汛，勇武任侠，结果为仇家所逼，不得已抛弃了小小的田园，举家担载，迁徙于钱塘，以小本贩卖为生。王汛有二子，长子名蒙，次子名诵，王诵就是王充的父亲。蒙、诵兄弟完全接受了他们的家世传统，行侠乡里，专打抱不平，因而又和当地的一个土豪丁伯结下了怨仇，全家再徙上虞，上虞就是王充出生的故乡。王家几经播迁，生活日益困难，他的父亲不久也就在贫困的生活中死去，留下幼年的王充和他的母亲。

王充 6 岁时，即开始读书识字，8 岁进入私塾。这一个私塾共有学生 100 多名，而王充在同学中间，学习成绩最好，成为全班最优秀的学生，大概由于此种缘故，以后王充就被保送入京师的太学读书，当时他年龄不过二十几岁。他的老师就是当时著名的儒学大师扶风人班彪，所学的科目，则是《论语》、《尚书》。这一时期，王充读的书很多，据他自己说是"日讽千字"。不过王充家庭很穷，买不起书，只能到洛阳市的旧书摊上去浏览。当时的旧书摊，书籍相当多，因此他得以接触到那些在太学中禁止阅读的被罢黜了的百家之言，而王充记忆力特别强，阅读一遍，即能记诵。所谓百家之言，在当时大都被认为是"异端"学说，他们的思想言论，为统治阶级所深恶痛绝，但是对于青年的王充来讲，则是一些新鲜的东西。由于王充本人出身微贱，以及生活的贫困，残酷的现实，也赋予了他极深刻的教育，因而这些"异端"学说便很有可能进入他的思想深处，使他对于当时已经学过的所谓正统的儒家学说开始怀疑起来了。王充既然对于儒学表示怀疑，对于某些百家之言则愈觉得言之有理。这两种思想斗争的结果，最后，他便毅然抛弃了所受儒家之业，谢师而去，他自己准备要研究一种专门之学，他要从这种专门的学问中间去寻找真理，这就是王充"异端"思想的萌芽。《论衡·自纪篇》有两句话："谢师而专门，援笔而众奇。"由此推衍，王充对于班彪，始以信徒而来，终于谢师而去，这一段历程，不能不说是王充这一时期思想转变的一个重要阶段，我们看王充晚年的自纪，对于"师事班彪"而学于儒这段履历，一字不提，就可以了然此中的原因。

王充自从"谢师"以后，就回到本县，在本县曾经做过功曹，以后又历任都尉府功曹、郡中五官功曹行事以及州从事等官，所谓功曹、从事，只不过是州郡的属吏，官位不高，王充之所以不能做大官，这是和他的出身卑微分不开的。可是王充并不以此为意，所谓"得官不欣，失位不恨"，他对于功名利禄，丝毫不放在眼内，所以在职不久，即"以数谏诤，不合，去"。回到家乡上虞，闭门谢客，一面教授学生，一面从事研究。

公元59年（明帝永平二年）王充正是33岁，这时他已经开始了《论衡》的著述，从此以后的20多年中，他的精力差不多都消磨在写作上面，直到公元85年（章帝元和二年）他已是59岁，但是他仍然笔耕不辍，孜孜不倦地在改订旧稿。不幸在下一年，王充又为仇家所逼，全家避难，辗转流离于扬州部的丹阳、九江、庐江等地。扬州刺史董勤慕其才名，曾经一度聘请他任"治中"，到了公元88年（章和二年）扬州部撤销，他自动要求罢官回家，这是王充官衙生活的最后结束。后来王充的一个同乡谢夷吾上书言充才能，章帝也有意聘请他，然而却遭到王充的拒绝，托病不出。

王充自从退休以后，仍然继续他的《论衡》著述，公元89年（和帝永元元年）始续完《讲瑞篇》，次年始成《自纪篇》，大约在公元96年至97年之间（即永元中）王充病死于家，他的年岁约有75岁。

作为王充思想的代表作《论衡》一书，据《后汉书》本传说，有85篇，20余万言。今传世者亦为85篇，《崇文总目》30卷，世所传本或为27卷，今各种版本文字亦间有出入。《论衡》的创作，前后历时凡30余年，即便在流离颠沛的日子里，也从无间断。据本传说他写作的过程中"闭门潜思，绝庆吊之礼，户牖墙壁，各置刀笔"，可见王充的治学精神之历久不懈，老而弥笃。

王充的著作，除《论衡》以外，还有《讥俗》、《政务》、《养性》三书，从《自纪篇》所记载的有关文字来看，《讥俗》一书的内容，大抵是对当时社会的批判，《政务》一书是对当时政治的批判，《养性》一书，是王充晚年的作品，可能是他一生生活的自我总结，惜此三书皆以失传。

总起来看，王充的身世有三个特点值得注意：第一，世代从事劳动；第二，有着任侠的家世传统；第三，祖孙三代都遭受地主豪强的迫害。至于王充一生的经历，正如他自己所说："贫无一亩庇身，贱无斗石之秩。""数仕不偶，而徒著书自纪。"而到了晚年，甚至"贫无供养"，其境遇的坎坷，可以想见。从这里出发，我们看王充虽曾一度接受过正统派儒家思想，而终于摆脱了儒学的桎梏，走向思想解放的道路，就不难理解，王充的"异端"思想之产生和发展，正是和他的家世出身以及平生的坎坷境遇分不开的。

其次，为了更进一步了解王充思想活动的情况，还应当考察一下王充所处的是一个什么样的时代。王充的时代特征可以从三个方面来看：

第一，王充的行年，正是处于农民战争暂时衰落的东汉前期。也就是说，在王充以前王莽末年的赤眉铜马起义是一个农民战争的高潮；王充以后，安帝以降至于灵献之际，大大小小的农民暴动以及黄巾黑山的起义，又是一个农民战争的高潮。而在王充的生年期间，从光武建武三年到和帝永元七八年间，则只有农民战争的尾声以及史无记述的沉寂，所谓农民战争的尾声如建武三年冯异大破赤眉，建武十七年李广等的皖城起义，建武十九年单臣、傅镇等的原武起义，这些农民起义的发生，正是王充的幼年时代，此后即由尾声而进入沉寂，通过整整明、章、和三朝（58—106）史籍不见有农民起义的记载。但是我们应该认识到，农民战争由高潮而转入尾声，正是标志着一个悲剧的开始。因为农民革命被镇压以后，地主的政权随之壮大起来，而农民的前途则将是变成"流民"、"灾民"与"贫民"，长期地陷于饥饿和死亡的深渊。光武之世，虽然表面上天下归于一统，而社会内部，仍然是矛盾重重。据史载，建武三十年，群臣以为天下统一，奏请光武封泰山，昭告上帝，光武回答他们说："（余）即位三十年，百姓怨气满腹，吾谁欺，欺天乎，曾谓泰山不如林放乎！何事污七十二代之编录？"[①]他这几句话，倒是由衷之言，百姓怨气满腹，可见农民生活痛苦之深。光武以后至明、章之世，人民虽暂免兵革之祸，但是牛疫横行，水旱为灾，"垦田减少，谷价颇贵"，农民仍不免于流亡之苦。王充面临着这样一个残酷的现实，其对于王充的影响作用，一定是相当深刻的。例如他在《论衡·对作篇》说：

> 建初孟年，中州颇歉，颖川、汝南，民流四散，圣主怀忧，诏书数至，论衡之人，奏记郡守，宜禁奢侈，以备困乏，言不纳用，退题记草，名曰备乏。

由此可见，处于沉寂状态的农民痛苦，是如何地引起了王充的关心，他这种对于农民所抱的深厚的同情，正是他的"异端"思想的一个重要的因素。

第二，距王充不远的西汉时期，在农业、手工业、商业各方面都有了显著的发展，如农业生产方法的改进，手工技术的提高，科学的发展和创造以及当时国际贸易的发达等等，都使得人们的知识领域较诸以往扩大了。

首先是和农业发展有关的天文历算，在西汉已获得惊人的成就。研究天文学者有盖天、宣夜、浑天三派，盖天论述众星的运行，宣夜论述天空的性质，唯浑天说最为进步，论述地球的位置，并初步接触到地圆之说。在历法方面，武帝时落下闳等曾改"颛顼历"为"太初历"，以夏正月为岁首，十九年仍置七闰，很周密地依气候冷暖插入闰月，朔望晦弦，较为准确，是我国历法上一个划时代的进步。以后由于天文学的不断发展，在历法上也日求精密，成帝时作"三统历"，平帝时又作"四分历"。王充的生年，正是四分历与太初历争论最激烈的时期。（按：章帝元和二年始施行"四分历"，充年五十九岁）

其次就是算学，当时的算学有筹算、天算。筹算是用之于商业市场上

[①] 《后汉书·祭祀志》。

的，天算则是用于天文学上的研究。西汉盛行的算学书籍，有《九章算术》、《周髀算经》等，门类极其繁多，《九章算术》中有两章专门讲述"方程"与"勾股"。方程是用已知数求得未知数；三角形有直角者之横边曰勾，竖边曰股，用勾股之长短可以求得俯仰高深远近的距离，这些都说明了在那时已有代数学和几何学的萌芽。

再其次，如地理学，在西汉也有了新的发展。自从张骞出使西域以后，开辟了中西交通，中外商人往返络绎不绝，他们从国外带来许多关于异国风土人情的记录，这样就扩大了中国人的地理知识，像以前传说中塔里木盆地的西王母，日本的三神山，已经开始在某些人的意识中，认为是无稽之谈了。

其他如园艺学、医药学在这一时期也有着较高度的成就，并且还有专门的著述。总之，由于生产力的发展，给予人类对自然界的认识以较丰富的条件，并且能够初步地利用自然和控制自然，这样，就对于王充思想的活动提供了一个极其广泛的知识基础。例如王充在《论衡》一书中，用勾股定理去证明天文现象；根据医学原理对有鬼论的批判等等，都足以说明这件事实，即人们知识领域的扩大，其对于王充的影响作用，是完全可以估计到的。

第三，王充的时代，正是正统派儒家思想的统治变本加厉的时代，所谓正统派儒学，就是在原始儒学（孔子思想）的外部又披上了一层神学的外衣，使它完全变成统治者思想统治的御用工具。他们拿着儒家经典作招牌，把统治者的一切罪恶都说成是仁义道德，而农民的一切苦难都归结为神鬼的惩戒。这开始于汉武帝时代的今文学家董仲舒的推演灾异，而发展为东汉光武的谶纬之学。什么叫作谶纬之学？如实说来，就是统治者利用低级迷信从精神上去统治人民的御用工具。所以史称光武酷爱纬书，虽头昏目眩，而不忍释卷。到了中元元年，遂"宣布图谶于天下"，确定谶纬学为儒学的正统，谶纬以外的东西，则被认为是异端邪说。当时有一位70多岁的老学者桓谭，曾上书光武，极言谶纬"欺惑贪邪"宜加禁止，结果是触怒了"龙颜"，桓谭几乎被判处死刑，至于"叩头流血良久"，才免除一死。但是不管统治者对思想统治是如何的严厉，这种露骨的低级迷信思想是不能够长期在思想界维持其统治地位的，特别在阶级矛盾和阶级斗争中，必然会产生一种与之对抗的反谶纬思想。而当时的王充则正是勇敢地负担起这个任务,从批判所谓谶纬化的正统思想出发,而建立了他的伟大的异端思想体系。诚如他自己说:"是故论衡之造也,起众书并失实、虚妄之言,胜真美也。故虚妄之言不黜,则华文不见息;华文放流,则实事不见用。故论衡者,所以铨轻重之言,立真伪之平;非苟调文饰词,为奇伟之观也,其本皆起人间有非,故尽思极心,以讥世俗。"① 又说:"今论衡,就世俗之书,订其真伪,辩其虚实,非造始,更为无本于前也。"② 由此可见,王充著书的动机,一开始就以战斗的姿态,向居于统治地位的正统派儒学举起了反抗的旗帜。也正因如此,在当时,《论衡》就被统治阶级认为是"诡异"之书而禁止流行。据本传注解云:

> 袁山松书曰:充所作《论衡》,中土未有传者,蔡邕入吴始得之,恒秘玩以为谈助,其后王朗为会稽太守,又得其书,及还许下,时人称其才进,或曰:"不见异人,当得异书。"问之,果以《论衡》之益,由是遂见传焉。《抱朴子》曰:"时人嫌蔡邕得异书,或搜求其帷中隐处,果得《论衡》,抱数卷持去,邕丁宁之曰:唯我与尔共之,勿广也。"

由上面的一段记载,可知《论衡》之作长期埋没人间,无人过问,蔡邕虽私有其书,而不敢传,直至后汉末,王朗始以之公布于世。这就说明了东汉时期对于思想的统治是如何的严厉,由此回顾王充的身世,那么,也就不难使我们体会到在封建统治时代,一个"异端"思想家,他是如何地遭受压抑摧残而必然地要走悲剧的道路。

二、反谶纬反迷信的朴素的唯物论思想

王充的反谶纬的批判思想,乃是以唯物论思想为其哲学的出发点,而建立了自己独特的思想体系。毫无疑问,他是中古思想史上的第一个最伟大

---

① 《论衡·对作篇》。
② 《论衡·对作篇》。

的"异端"思想的代表，章太炎称他是"汉代第一人"，这个评语，我们认为是十分中肯的。

在东汉之初，谶纬学家们高唱天命之说，当时的统治者便假天命以推行自己的人欲，假天意以委卸自己的罪责，他们一唱一和，无非是欺骗人民，但是王充并没有受到欺骗，他认为天乃是一种自然存在的客体，天体若云烟是一种毫无知觉和意志的东西，并没有什么神道的作用存在其间。他说：

> 何以（知）天之（为）自然也？以天无口目也。案有为者，口目之类也。口欲食，而目欲视。有嗜于内，发之于外，口目求之，得以为利欲之为也。今无口目之欲，于物无所求索，夫何为乎？何以知天无口目也？以地知之，地以土为体，土本无口目……使天体乎？宜与地同。使天气乎？气若云烟。云烟之属，安得口目？①

按照他的说法，所谓天道无为，无论是体或是气，都不能够授予统治者以任何权利，也不能替统治者负任何的责任。

谶纬学家们故意夸大统治者的神秘性，以便利于巩固他们的统治，于是硬说尧是他母亲感赤龙之精而生，刘邦是刘媪感蛟龙而生，都与他们的父亲没有关系，所谓"圣人无父，感天而生"，圣人皇帝与庶人不同，则在于他们不是人种，而是龙种。但是王充却说：

> 且夫含血之类，相与为牝牡，牝牡之会，皆见同类之物，精感欲动，乃能授施。若夫牡马见雌牛，雄雀见牝鸡，不相与合者，异类故也。今龙与人异类，何能感于人而施气？②

王充从唯物论的观点出发，他认为不论是地主阶级或是农民，只要是人，便都是由男女媾合而形成的，大家在本质上都是同样的，地主阶级

---

① 《论衡·自然篇》。
② 《论衡·奇怪篇》。

的"天生圣人"的谬论，实则是他们自己为了假充"受命"于天而捏造的证据。①

谶纬学家们为了把帝王扮演成与众不同的神圣，便假造出所谓"帝王受命"的符瑞说。他们说文王得赤雀，武王得白鱼，都是受命于天，而王充则认为所谓符瑞不过是说统治阶级假托一些偶然性的现象作欺骗性的宣传罢了。"文王当兴，赤雀适来；鱼跃鸟飞，武王偶见，非天使雀至白鱼来也。"②至于这些偶然现象的本身，都各有其因果规律，与所谓天命，毫不相关。他说：

> 雁鹄集于会稽，去避碣石之寒，来遭民田之毕，蹈履民田，啄食草粮，粮尽食索，春雨适作，避热北去，复之碣石。象耕灵陵，亦如此焉。传曰："舜葬苍梧，象为之耕；禹葬会稽，鸟为之佃"，失事之实，虚妄之言也。③

统治阶级假托神意去行使其对人民的统治，而创造天人感应说，他们把一切灾异，都归之于上天的谴告，王充对此也予以无情的批判。他说：

> 论灾异，谓古之人君为政失道，天用灾异谴告之也。……曰：此疑也。夫国之有灾异也，犹家人之有变也；有灾异，谓天谴人君；有变怪，天复谴告家人乎？……血脉不调，人生疾病；风寒不和，岁生灾异。灾异，谓天谴告国政，疾病，天复谴告人乎？酿酒于甖，烹肉于鼎，皆欲其气味调得也；时或咸苦酸淡不应口者，犹人勺药失其和也。夫政治之有灾异者，犹烹酿之有恶味也；苟谓灾异为天谴告，是其烹酿之误得见谴告也。④

据此，王充确认一切自然现象的发生都有其本身的因果规律，而"天"

---

① 《论衡·奇怪篇》。
② 《论衡·初禀篇》。
③ 《论衡·偶会篇》。
④ 《论衡·谴告篇》。

却是无知的东西,从而一切社会现象,政治现象,无知的天,都不能有什么感应。在这里王充更进一步揭露了统治阶级的欺骗本质。他说:如果有人认为天真有什么感应,那么就是由于"末世衰微,上下相非,灾异时至,则造谴告之言矣"①。很明显,所谓上天谴告,实质上就是统治阶级内部当"末世衰微"之时,为了保持他们的统治地位而故意放出的谣言。

从唯物论的观点出发,王充不但完全否定了有神论的天道观,同时也建立了无神论的科学思想。

在汉代,由于谶纬迷信风行一时,"人死为鬼"的思想亦深入民间,谶纬学家就拿着"死人为鬼,有知,能害人"等一类的荒唐论调去惑乱人心,给予人们在精神上一种有力的麻醉。王充对此进行了科学的分析,他确定人死不能为鬼,其理由是:

> 人物也,物亦物也。物死不能为鬼,人死何故独能为鬼?……人之所以生者,精神也;死而精气灭。能为精气者,血脉也,人死血脉竭,竭而精气灭,灭而形体朽,朽而成灰土,何用为鬼?②
>
> 天地之性,能更生火,不能使灭火复燃;能更生人,不能令死人复见。不能使灭灰更为燃火,吾乃颇疑死人能复为形。按火灭不能复然以况之,死人不能复为鬼明矣。③

王充说人死以后,身体即化为灰土,死而不能复生,这都是近于科学的解释。因此,他认为如果有鬼,大都是由于思念存想,疾病忧惧,目光错乱所致,总之,都是人精神衰弱的一种错觉。④

王充对有神论天道观的批判,对于有鬼论的批判,主要是在于反对儒学的神秘主义,反对谶纬化的迷信思想。从这种基本的思想出发,王充又无情地批判了当时整个的荒唐思想界,约而言之,有以下几点:

第一,世俗有四大讳:(一)讳于宅西旁起舍,如舍于宅西则不祥,不

---

① 《论衡·自然篇》。
② 《论衡·论死篇》。
③ 《论衡·论死篇》。
④ 《论衡·订鬼篇》。

祥必有死亡。(二)讳受刑之人，不能上亲墓。(三)讳见妇人生子，以为不吉。(四)讳正月五月生子，以为此时生子，子必祸其父母。①

第二，世俗信岁时日禁，若病死灾患，皆认为是触犯岁月，或是不避日禁。如祭祀之历有吉凶；凶日制衣则有祸，吉日制衣则有福；起宅盖屋必择日等等。②

第三，世俗信祸祟，认为人之疾病死亡及犯罪被戮，皆有所犯。所以凡是起功、移徙、祭祀、丧葬、行旅、入官、嫁娶等等，必须择吉日，择岁月，不然，触犯鬼神轻则祸祟，重则灭门。③

第四，世俗信卜筮，以为卜者为问天，筮者问地，蓍神龟灵报应不爽。④

仅举以上四例，很明显地可以看出，这种世俗禁忌，同样也是统治阶级故意散布迷信思想去愚惑人民的。这是他们从精神上对人民施行充满欺骗性的一种最有效的统治手段。而王充则对此进行大胆的揭发，他说凡人在世，不能不做事，做事之后，不能不有吉凶祸福，一举一动必言忌讳实乃骗人的鬼话。⑤

如上所述，王充对东汉皇朝御用的正统派儒家思想及其分泌的一切庸俗的迷信思想所进行的一系列的批判，其战斗性的强烈，其立场的鲜明，其所发生的无比威力，已足使当时的俗儒无法站稳脚步。但是王充并不以此为满足，为了从根本上给予彻底性的抨击，王充又把他们所神化了的思想偶像孔子亦列入批判的对象。他在《问孔篇》一开头就说：

> 世儒学者，好信师而是古，以为贤圣所言，皆无非专精讲习，不知难问。夫贤圣下笔造文，用意详审，尚未可谓尽得实，况仓卒吐言，安能皆是？不能皆是，时人不知难（之）；或是而意沉难见，时人不知问（之）。案贤圣之言，上下多相违，其文前后多相伐者，世之学者不能知也。

---

① 《论衡·四讳篇》。
② 《论衡·讥日篇》。
③ 《论衡·辩祟篇》。
④ 《论衡·卜筮篇》。
⑤ 《论衡·辩祟篇》。

紧接后面，王充又列举了许多事例，来证实他这一见解。处于汉代的王充，居然敢向孔子问难，不愧为当时最大胆的"异端"。不过于此应该补充一句，即王充的用意，并非根本反孔，而主要的借此说明孔子是"人"而不是"神"，用以打破对于孔子的偶像观念，这样一来，东汉儒家的神秘外衣从头到脚都被拆穿了。

总之，当时的俗儒，在王充看来，不但是低级迷信思想的代表者，而且是既不知古，又不通今，只知"守信师法不务博览"的愚昧无知的一群饭桶。他们甚至对于自己所专业的"五经"也解说失实，谬误百出，如《谢短篇》对于"陆沉"、"盲瞽"的儒生，一口气提出了十几个历史问题、时事问题和二十几个经学问题，皆不能解答，可见汉代儒家已经腐朽堕落到什么程度。魏晋时代儒家的地位趋向消沉，这固然是由于东汉安帝以降，农民战争连续攻击的结果，然而王充《论衡》在思想上的影响，则从一些著作中可以看出的。

三、王充在自然科学方面的成就

王充的反迷信斗争，在某些问题上，迫使他不得不把研究的对象转向自然科学方面去，因此，王充在自然科学上的成就，实与其思想斗争的社会实践过程有密切的联系，今择其要者，分述于下。

第一，对于云雨的解释。

正统派儒家看到雨来自天上，便说是"雨从天下"，事实上，他们的看法就是"上帝造雨"。王充认为这种观点是错误的。他说：

> 雨从地上，不从天下，见雨从上集，则谓从天下矣，其实地上也。……夫云则雨，雨则云矣，初出为云，云繁为雨。……云、雾，雨之征也；夏则为露，冬则为霜，温则为雨，寒则为雪。雨露冻凝者，皆由地发，不从天降也。①

---

① 《论衡·说日篇》。

在这里，王充认识到气象学上的蒸发、凝结与温度之关系，并作为说明云雨变化的理论根据。这样就把人们对自然界所抱有的一种神秘看法予以初步的揭穿。

第二，对于雷电的解释。

"盛夏之时，雷电迅疾，时犯杀人"，世俗以为"天怒击而杀之"。王充则从无神论的观点去分析雷电的自然道理说：

> 雷者，太阳之激气也，何以明之？……阴阳分争则相校轸（摩擦），校轸则激射为毒，中人辄死，中木木折，中屋屋坏，人在木下屋间偶中而死矣。何以验之？试以一斗之水灌冶铁之火，气激敫裂，若雷之音矣，或近之，必灼人体。天地为炉，大矣；阳气为火，猛矣；云雨为水，多矣。分争激射，安得不迅？中伤人身，安得不死？当冶工之消铁也，以土为形，燥则铁下，不则跃溢而射，射中人身，则皮肤灼剥。阳气之热，非直消铁之烈也；阳气激之，非直土泥之湿也；阴气中人，非直灼剥之痛也。夫雷火也，气剡人，人不得无迹，如灸处状似文字，人见之，谓天记书其过，以示百姓，是复虚妄也。使人尽有过，天用雷杀人，杀人当彰其恶以惩其后，明著其文字，不当暗昧……①

在这里，王充驳斥了雷公击人的荒谬，揭破了统治阶级用以欺骗人民的所谓报应说，并从而接近了阴阳电相交而生雷的近代物理学上的科学解释。

第三，对于夏日长冬日短的解释。

正统派儒家认为夏日长冬日短，完全是阴阳气所致。夏时阳气多，阴气少，阳气光明，日初出时没有障蔽，立刻可以被人看见，所以显出夏日长；冬日阴气多，阳气少，阴气晦暗，日光为阴气所笼罩，日虽出仍不能马上看见，所以相对地就显出冬日短。在俗儒看来，夏冬天气，无所谓长短，只是由于阳气阴气或多或少的缘故。而王充的看法则不然，他说：

---

① 《论衡·雷虚篇》。

> 日之长短，不以阴阳……夏时日在东井，冬时日在牵牛。牵牛去极远，故日道短；东井近极，故日道长。夏北至东井，冬南至牵牛，故冬夏节极，皆谓之至，春秋未至，故谓之分。①

王充则是从太阳在赤纬线上的位置变动来说明夏日长冬日短的道理，在这一点上，他实在接触到了现代天文学上日地运行的真理，如果我们设想用一个图来表示的话，则近乎是这样的情况（见以下日地运行图）。

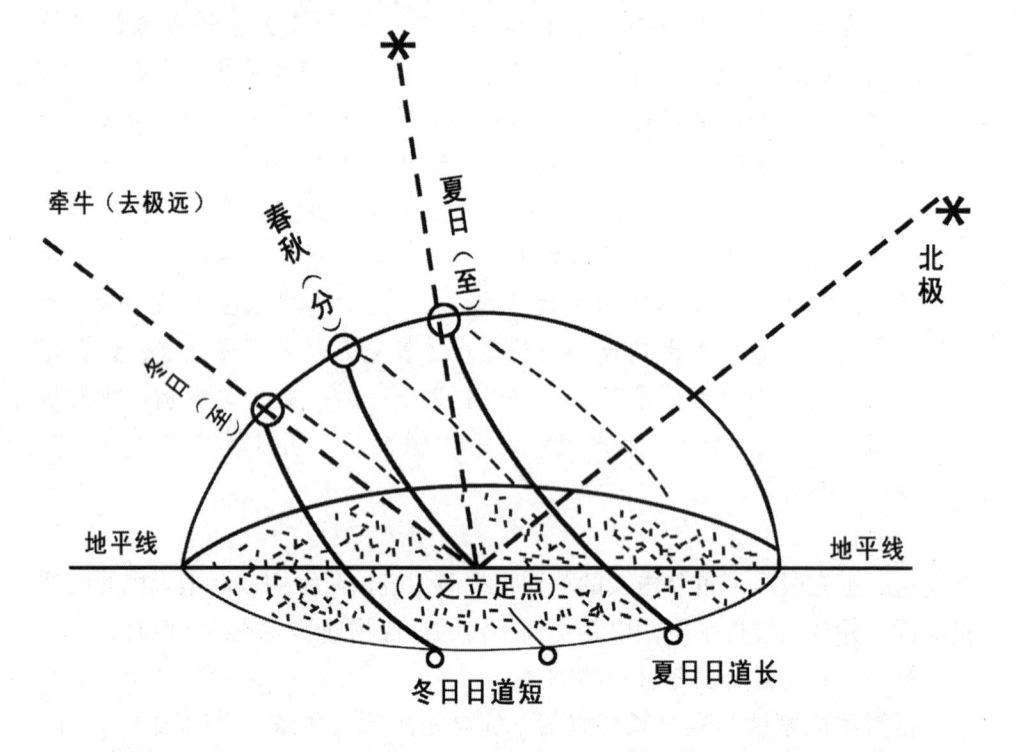

第四，对于"日出"、"日入"、"日中"三者孰为距人远近问题的解释。

正统派儒家，某些人看到日出时光大，日中时光小，便认为日出时距人近，日中时距人远。也有些人看到日出时气寒，日中时气温，便认为是日出时距人远，日中时距人近。他们之间争吵不休，然而在王充看来，他们的说法都是错误的。他说：

---

① 《论衡·说日篇》。

> 日中近而日出入远，何以验之？以植竿于屋下，夫屋高三丈，竿于屋栋之下，正而树之，上扣栋，下抵地，是以屋栋去地三丈；如旁邪依之，则竿末旁跌，不得扣栋，是为去地过三丈也。日中时，日正在天上，犹竿之正树，去地三丈也；日出入，邪在人旁，犹竿之旁跌，去地过三丈也。夫如此，日中为近，出入为远，明矣。……日中，去人近，故温；日出入，远，故寒。然则日中时，日小，其出入时大者，日中光明，故小；其出入时，光暗，故大。犹昼日擦火，光小；夜擦火，光大也。既以火为效，又以星为验，昼日星不见者，光耀灭之也，夜无光耀，星乃见。夫日月，星之类也。平旦，日入光销，故视大也。①

在这里，王充利用了几何学的原理，以勾股的计算方法证明了太阳早晨晚上距人远，中午距人近的道理。因为早晚人与太阳之距离为直角三角形之斜边，远，故觉较冷；中午人与太阳之距离为直角边，近，故觉较热。在公元1世纪的初年，以当时的科学水平而论，王充在天文学、气象学、物理学等方面居然有这样的卓识（尽管不完全合乎现代科学的原理，如把雨露混为一谈，把雷电喻作冶铁等），确是中国自然科学史上了不起的一件事，虽然这只不过是王充思想批判活动中的次要成绩。

四、在历史局限中王充思想所表现的落后性

如前所述，王充具有若干进步的唯物论见解，这是无可怀疑的事实。然而我们说由于其历史条件的限制，这就使他无法达到更彻底的唯物论，一旦接触到现实性的政治领域时，他纵然还想勉强维持其唯物论的立场，然而却早已陷入宿命论的泥淖中了。关于这一点，我们可以从他的《治期篇》中找到充分的说明：

> 夫世之所以为乱者，不以盗贼众多，兵革并起，民弃礼义，负畔其上乎；若此者，由谷食乏绝，不能忍饥寒，夫饥寒并至，而能无为

---

① 《论衡·说日篇》。

非者寡；然则温饱并至，而能不为善者希。传曰："仓廪实，民知礼节；衣食足，民知荣辱。"让生于有余，争起于不足。谷足食多，礼义之心生；礼丰义重，平安之基立矣。故饥岁之春，不食亲戚；穰岁之秋，召及四邻。不食亲戚，恶行也；召及四邻，善义也。为善恶之行，不在人质性，在于岁之饥穰。由此言之，礼义之行，在谷足也。案谷成败，自有年岁，年岁水旱，五谷不成，非政所致，时数然也。

王充认为国家的治乱，完全是由于人民的现实物质生活所决定的。人民的物质生活条件有保障，自然会"国泰民安"，反之，人民无法生活，他们为饥寒所逼迫，便势必要铤而走险，而发生"叛乱"。所以统治阶级推行教化与所谓严刑峻法，只能在人民仓廪实衣食足的情况下，才会发生效力，而对于饥寒交迫的人民，是不会发生什么作用的，因为只有物质生活，才是他们最迫切的现实要求。王充在这里指出了人民的衣食问题，是社会的实际问题，这是正确的。但是他把人民衣食缺乏的原因，最后归之于"年岁水旱，五谷不成"，就铸成了一个极大的错误。到底什么是人民衣食缺乏的原因呢？无疑问的统治阶级是要负完全责任的。然而王充他不敢正视在统治阶级残酷的剥削和压迫之下阶级斗争存在的现实，因此，当问题一旦接触到这一敏感的现实时，他便轻轻地放下了斗争的武器，偃旗息鼓，让自己躲进"非政所致，时数然也"的牛角尖里去！

王充的宿命论倾向，不但表现在其政论上，当他一触到贫富贵贱的等级悬殊问题时，此种倾向，就更为明显和突出。例如他在《命禄篇》中说：

凡人遇偶及遭累害，皆由命也，有死生寿夭之命，亦有贵贱贫富之命。自王公逮庶人，圣贤及下愚，凡有首目之类，含血之属，莫不有命。命当贫贱，虽富贵之，犹涉祸患矣；命当富贵，虽贫贱之，犹逢福善矣。故命贵，从贱地自达；命贱，从富位自危。故夫富贵若有神助，贫贱若有鬼祸。命贵之人，俱学独达，并仕独迁；命富之人，俱求独得，并为独成。贫贱反此，难达、难迁、难成。……仕宦贵贱，治产贫富，命与时也；命则不可勉，时则不可力。……故贵贱在命，不在智愚；贫富在禄，不在顽慧。

所谓"贵贱在命"与"贫富在禄",王充在这里充分地表现出他的局限性,在社会政治问题上,他顺从了统治阶级的观点。

但是,我们必须充分认识到不能因为王充思想的落后一面,而否定了王充思想的进步性是当时思想界最可珍贵的精华。列宁曾经告诉我们:"历史必然性的思想,也丝毫不损害个人在历史上的作用,因为全部历史正是由那些无疑是活动家的个人的行为构成的。在评价个人社会活动时会发生的真正问题是:在什么条件下可以保证这种活动得到成功?"[①]据此,我们认为古代思想史上所谓伟大的思想家,只能说他对人类思想的发展起了推动作用,并作出重大贡献,而不是说他可以完全不受当时条件的支配,因此就不能因为王充在社会政治问题上的宿命论观点而抹去他的朴素的唯物论思想的内容。换句话说,王充政治思想上所表现的落后性,也不能掩蔽他在历史上的进步作用。

附记:

公元1世纪初叶,在中国历史上出现了王充这样的一位伟大的思想家,他的卓越的成就,不仅在两汉思想界独树一帜,就是在整个中国思想史上,他也应当占有一席光辉的地位。但是限于个人的水平,对于王充的认识,还是相当肤浅,如有不妥之处,请诸位同志多予批评指正。

又,本文中有关天文、物理等方面的问题,蒙黄绍鸣、苑之方两位先生拨冗指教,谨致谢意。

(原载《山东师范学院学报》第42期,1954年12月)

[①] 列宁:《什么是"人民之友"以及他们如何攻击社会民主主义者》,《列宁全集》第1卷,人民出版社1972年版,第26页。

班固的家世、生平及其在史学上的贡献

幼年时曾听老人讲过这样一个故事：宋朝有位文学家苏舜钦，好饮酒，豪放不羁。住在岳父祁国公杜衍家，每晚读书，定要饮酒一斗。杜衍感到很奇怪，暗中察看，原来他在读《汉书》。每读到快意之时，便饮酒一大杯。杜衍不禁笑道："有如此下酒物，一斗也不算多。"①用《汉书》下酒，可见其感人之深。通过这个故事，也引起了我后来读《汉书》的兴趣，又进而对《汉书》及其作者班固逐渐有了一些了解。今年是班固诞辰1960周年，同时又是他的忌辰1900周年，为了纪念这位中国古代伟大的历史学家，特草成此文。

班固的家世

关于班固的家世，现在所能看到的第一手资料，也可以说是唯一的资料，就只有班固自己写的《汉书·叙传》了。根据《叙传》记载，班氏的祖先是春秋时楚国的一个贵族令尹子文。但是自秦开始，班氏世代相传，始有可考。

班氏后代中有一个名叫班壹的人，秦朝末年，因避乱逃到楼烦（山西雁门），以畜牧为业，后来发展到马牛羊成群。到汉朝初年，班壹即以巨富

---

① （宋）龚明之：《中吴纪闻》卷二、（元）陆友仁：《研北杂志》卷下、（明）何良俊：《何氏语林》卷二一、吴从先：《小窗自纪》、（清）褚稼轩：《坚瓠集》第六集等书皆有记载。

闻名于边郡，当时北方民俗多用"壹"字为名，习以为荣。

班壹的儿子名叫班孺，为人豪侠，名闻州郡。孺子名长，官至上谷太守。长子名回，以茂才为长子县令。回子名况，举孝廉为郎，官至上河农都尉。因考课连得第一，入为右曹越骑校尉。况有一女，成帝初年被选入宫廷为婕妤。大概在这时全家由楼烦迁居昌陵，后昌陵废，又迁居长安。

况生三子，长名伯，通晓《诗》、《书》，官至水衡都尉、侍中。次名斿，博学多才，以议郎迁谏大夫右曹中郎将。三子名稚，少为黄门郎中，后出为西河属国都尉，再迁为广平相。因得罪王莽，被罢官。大概从这时起，班氏始定居扶风安陵。稚有一子名班彪，字叔皮，东汉光武帝时，官至望都长，班彪就是班固的父亲。

以上就是《汉书·叙传》中关于班固家世的记载。除了遥远的传说故事不算，也有200余年之久，凡历7世，为官者7人，尤其是"建始、河平（均为成帝年号）之际，许、班之贵，倾动前朝，熏灼四方"①，班氏一门，荣宠已极。当然，班固自叙其家世，难免有溢美之词，不可尽信。但有两点是可以肯定的，即汉朝的班氏，不仅是西京显贵，世代簪缨；更重要的是诗书继世，家学渊源，这些对班固思想都有深刻的影响。特别是他的父亲班彪，更是他生平事业的奠基者和领路人。

班彪，是东汉初著名的儒学大师。他的学问很渊博，晚年专心研究史籍。汉武帝时，司马迁作《史记》，这部史书记载上起传说中的黄帝，下止于武帝。武帝太初以后，迁卒，缺而不录。汉代学者褚少孙、刘向、刘歆父子及冯商、卫衡、扬雄、史岑、梁审、肆仁、晋冯、段肃（一作殷肃）、金丹、冯衍、韦融、萧奋、刘恂等都曾缀集时事，续补《史记》。班彪则认为这些著作水平都不高，不足以踵继前史；而扬雄、刘歆等在书中又褒美伪新，误后惑众，不应当任其流传后世。于是采集旧事，又旁贯异闻，作《史记后传》百余篇。班彪写的《后传》，原书已经不存，其内容大部分被《汉书》所吸收，现在《汉书》中的元、成二帝本纪和韦贤、翟方进、元后三传还保留着《后传》原文的痕迹。

班彪著作《后传》，曾对前史的得失有过一篇评论，也可以说是他作

---

① 《汉书·叙传》引谷永语。

《后传》的思想基础。他对司马迁的《史记》"采获古今，贯穿经传"，"善述叙事理，辩而不华，质而不俚，文质相称"，都作了肯定，称为"良史之才"。但是他也提出了批评，认为司马迁作史不能"依五经之法言，同圣人之是非"；"务欲以多闻广载为功，论议浅而不笃。其论术学，则崇黄老而薄五经；序货殖，则轻仁义而羞贫穷；道游侠，则贱守节而贵俗功，此其大蔽伤道，所以遇极刑之咎也。""又进项羽、陈涉而黜淮南、衡山，细意委曲，条理不经。""其书刊落不尽，尚有盈辞，多不齐一。"① 这就是班彪对司马迁《史记》的基本看法。

班彪的评论，除了最后面的一段话以外，其余部分，可以说都是不公平的，而且明显地表示了他的儒家正统观点。班固称其父"叔皮唯圣人之道，然后尽心焉"②，正是道出了这一奥秘。后来他撰《汉书》，同样也是在这种思想指导下进行的。

班固的生平

班固，字孟坚，生于建武八年（32），在家庭教育和环境熏陶之下，9岁便能写文章诵诗赋，16岁入洛阳太学读书，从建武二十三年（47）到建武三十年（54）共有8年之久。在这期间，他不仅学习了儒家经典，而且对于诸子百家的学说也进行了广泛的探讨。他在学习上不拘泥于一家之言，也不去死抠章句，而是着重领会其大义。他非常熟悉汉朝故事，在他父亲影响之下，又逐渐转向汉史的研究。由于他的学问渊博，又比较谦虚好学，因此得到当时学者们的赞扬。

建武三十年（54），班彪病死在望都任上，班固不得不离开太学，回到家乡扶风安陵，为父亲守丧，并着手整理他父亲的《史记后传》。经过一段时间的准备，明帝永平元年（58）便开始了《汉书》的编撰工作。这一年，班固只有27岁，正是精力充沛的青年时代。

永平五年（62），正当班固在家进行《汉书》编撰工作的时候，有人上

---

① 《后汉书·班彪传》。
② 《汉书·叙传》。

书朝廷，告他私改国史，因而被捕下狱。其弟班超急忙赶到洛阳，上书明帝替他辩解："具陈固不敢妄作，但续父所记汉事。"① 这时地方官也把班固的书稿送到京师，明帝看过之后，很欣赏班固的才学，就召他到校书部，任命他为兰台令史。兰台是汉代皇家收藏图书的地方，设令史6人，秩百石，掌管图籍，校定秘书。班固为兰台令史，这是他一生的重大转折，为他此后编撰《汉书》提供了极为有利的条件。

就在班固入兰台的当年，他便和其他几个令史陈宗、尹敏、孟冀等合作，共同写成《世祖本纪》。次年，迁为郎，他又写成功臣、平林、公孙述等列传、载记28篇奏上。这些著述，后来都成了《东观汉记》的一部分。这几项编写工作完成后，明帝就命他在兰台把未完成的《汉书》继续写下去。从此，班固便集中精力，"以著述为业"②，一直坚持到章帝建初七年（82），终于写出一部史学名著——《汉书》，前后历时25年之久。

《后汉书·班固传》说：

> （班固）自为郎后，遂见亲近……及肃宗（章帝）雅好文章，固愈得幸，数入读书禁中，或连日继夜。每行巡狩，辄献上赋颂。朝廷有大议，使难问公卿，辩论于前。赏赐恩宠甚渥。

章帝建初三年（78），班固升为玄武司马，秩比千石，负责守卫玄武门，这是亲近皇帝的职务。四年，章帝在洛阳北宫白虎观召集诸儒会议，讨论五经异同。班固以史臣兼近臣的身份担任会议记录，会后根据记录编写《白虎通义》（又名《白虎通德论》）一书。《白虎通义》是汉代经学的总结性著作，它是继董仲舒《春秋繁露》之后，进一步把儒家学说同阴阳五行和谶纬之学揉合在一起，把儒家学说宗教化。

和帝永元元年（89），车骑将军窦宪出征北匈奴，以班固为中护军，参与谋议。固随军出塞3000里，登燕然山（今内蒙境内杭爱山）。宪令固作铭，刻石记功。第二年，北匈奴遣使请求和亲，窦宪奏请派班固行中郎将

---

① 《后汉书集解》引《东观记》。
② 《后汉书·班固传》。

事，领数百骑迎接北匈奴单于，行至私渠海（今杭爱山南），因北单于为南单于所败，逃走不知去向，无功而还。

永元四年（92），窦宪以外戚专政，和帝利用宦官的势力夺了窦宪的兵权，迫宪自杀。班固也由于和窦宪关系密切，受牵连免官。洛阳令种兢因曾受过班家奴仆的侮辱，遂乘机报复，将班固罗织入狱，不久死于狱中，时年61岁。

班固死后，其所著《汉书》，尚有八表及《天文志》没有完成，和帝又令其妹班昭续作八表，马续补作《天文志》。所以严格地说，现在的这部《汉书》是经过班彪、班固、班昭、马续4人之手，用了三四十年的工夫才完成的。班固除编撰《汉书》之外，还著有很多诗文，现有明人张溥辑的《班兰台集》和近人丁福保辑的《班孟坚集》。

班固在史学上的贡献

班固在史学上的主要贡献，就是他给我们留下了一部记载最详细的西汉历史——《汉书》。《汉书》不仅对于我国史学体系的创立有着卓越的贡献，而且在内容与写作方法上，也不失为一代典范。

（一）《汉书》创立了断代为史的纪传体史学体系

《汉书》沿用《史记》的体例而略有变更，改书为志，改世家为列传，由纪、表、志、传4个部分组成。全书共100篇，后人析为120卷，80余万言，主要记载自汉高帝元年（前206）到王莽地皇四年（23）230年的历史。这种断代为史的方法，虽然容易割断历史的联系，但便于及时地保存和整理史料，是我国古代社会史书的典范。刘知幾说：

> 如《汉书》者，究西都之首末，穷刘氏之废兴，包举一代，撰成一书，自尔迄今，无改斯道。①

---

① 刘知幾：《史通·六家》。

现在保存下来的所谓"正史"的二十五史，除《史记》和《南北史》外，都是沿用《汉书》断代为史的体例。

班固在纪传体史书的体例方面，也做了整齐划一的工作。《史记》的专传或合传与类传的次序间杂，或以时代相同，或因事迹相关，体例很不统一。如《刺客列传》本属类传，竟置于专传吕不韦、李斯列传之间；《汲郑列传》本是专传与合传，反置于类传循吏、儒林列传之间；《匈奴列传》置于《卫将军骠骑列传》之前，《游侠列传》置于《大宛列传》之后。《汉书》则一律以时代的先后顺序为主，先专传、合传，次类传，再次为边疆各族传，而以"贼臣"《王莽传》居末。

又如《史记》列传的篇目，或以姓标，或以名标，或以字标，或以官标，或以爵标，体例也不统一。《汉书》则大体上都是以姓或姓名为标题，这样就统一了纪传体史书的体例。后来各朝代的正史，基本上都是沿袭《汉书》的编纂形式。

班固编写《汉书》，是继承和发展了前人的史学研究成果。不仅有司马迁的《史记》和班彪的《后传》等史籍为基础，而且典校秘书，并经常"读书禁中"，有这些方便条件，因此使他能占有许多重要的文献资料。再加上他又能吸取过去各种历史书籍的长处，进行整理、充实和提高，这就使《汉书》成为继《史记》之后的一部有关西汉一代历史的重要著作，为后人研究西汉史保存了较为丰富的资料。

《汉书》中武帝以前的历史记载，大都采用《史记》。这是因为《史记》本来是一部"实录"的史书，客观历史事实不容班固凭主观想象而任意删改，班固既然要写西汉的历史，就不能不依据《史记》。但是班固并不是完全照抄《史记》原文，而是进行了一番加工整理和修改补充。正如他父亲班彪所说，《史记》"采经摭传，分散百家之事，甚多疏略，不如其本"。又"一人之精，文重思烦，故其书刊落不尽，尚有盈辞，多不齐一"[①]。《汉书》有《史记》、《后传》作基础，又经过班固20余年的辛勤写作，无论是在内容、文字或体裁上，当然都能补正《史记》的缺陷或疏略之处。所谓"慎核其事，整齐其文"，《汉书》是达到了这一要求的。而且，《史记》和《汉书》，

---

① 《后汉书·班彪传》。

可以说没有一篇完全雷同的。后人批评《汉书》"自高祖至武帝，凡六世之前，尽窃迁书"①，显然是不公平的。

武帝以后的记载，是以班彪的《后传》为蓝本，综合各家续《史记》，缀集旧闻而写成的。对于这一点，班固自己并未有所隐讳。其余纪传，大都应是班固改写的，我们从"固以彪所续前史未详，乃潜精研思，欲就其业"②以及"以父所撰，未尽一家"③的评论来看，都可以得到证明。后人指责班固《汉书》，"因父得成，遂没不言彪"④，甚至有"盗窃父史"⑤的说法，也是不公平的。

应当指出，在这方面，《汉书》也不是没有可以非议的地方。班彪《后传》今已不存，无法对照。但可以看出《汉书》确有抄袭《史记》的一些痕迹，虽说史事有本，不容虚构成文，但作史连别人的论赞也一样照抄（前举《后传》赞，已有明文，姑不论），有时往往闹出时代不对头的笑话，例如《史记·陈涉世家》称陈涉子孙"至今血食"，而《汉书》则原文照录。按迁之言"今"，乃指武帝时，而固之言"今"，应为明、章之世。但既为明、章时事，紧接着后面又加了一句："王莽败，乃绝。"这就是盲目抄袭而出现的自相矛盾的笑话。这样就不免招致"剽窃"之讥了。当然，我们决不能像前人那样以偏概全，攻其一点不及其余，从而完全抹杀《汉书》的伟大成就。

（二）《汉书》开拓了史学研究的新领域

江淹认为"史之所难，无出于志"⑥。一般说志贵在博而约，是比较难作的。《汉书》十志取法《史记》八书，但规模宏大，记事丰富，对于政治、经济和思想文化都有较详细的记载，特别是对汉代的记载更为详备，扩大了历史研究的领域。

《食货志》为研究宗周以至王莽时期经济制度和社会生产发展状况提供

---

① 郑樵：《通志》总序。
② 《后汉书·班固传》。
③ 《史通·古今正史》。
④ 《全晋文》卷五十，傅玄语。
⑤ 《颜氏家训·文章篇》颜之推语。
⑥ 《史通·古今正史》。

了丰富的史料。《沟洫志》系统地叙述了秦汉水利建设，其中贾让的治河三策，是一篇重要的古代治河文献。《地理志》是我国第一部以疆域政区为主体的地理著作，它不仅限于西汉地理，而且"采获旧闻，考迹《诗》、《书》，推表山川，以缀《禹贡》、《周官》、《春秋》，下及战国秦汉"[①]的地理沿革，对各地区的经济文化、户口、山川、风俗习惯及海外交通，也都作了详细的叙述，开创了后代正史地理志及地理学史的研究。《礼乐》、《郊祀》、《刑法》三志及《百官公卿表》记载中国君主专制中央集权的政治、军事、法律和有关的典章制度。《艺文志》采自刘歆《七略》，论述古代学术思想的源流派别和是非得失，不仅是目录学的开端，而且是一部极为珍贵的古代学术史资料。《五行志》虽然充满阴阳五行灾异迷信思想，但也保留了大量的有关自然灾害、地震和日月食的记录，不失为有用的科学史料。《天文》、《律历》两志也是研究古代自然科学史的宝贵资料。

自从《史记》创立八书，《汉书》又加以发展，成为中国古代史学上的书志体。后代正史的志，大抵依据《汉书》十志有所增减。从唐代杜佑作《通典》，到近人刘锦藻作《清朝续文献通考》，有所谓"三通"、"九通"、"十通"，尽管它们的分类不同，记事各有详略，但都是从书志体相继发展而来。我国古代的典章制度绝大部分得以保存，《汉书》十志起了继往开来的作用。

特别值得提出的是《汉书》对于我国各民族的历史有着较详细的记载。我国自古以来就是一个多民族的国家，汉以前的历史著作，有的虽然也零星地记载了某些少数民族的生活状况，但为它们专门立传，则始于《史记》。班固继承和发扬了这个优良传统，运用新的史料，把《史记·大宛列传》扩充为《西域传》，叙述了西域几十个地区和邻国的历史、汉朝与匈奴在西域进行争夺战争的历史以及汉朝与西域各地经济文化交流的历史。《汉书》又将《史记》的匈奴等列传加以补充，增补武帝以后大量的史实，使之更加详备。这些记载，不但是研究古代中国各兄弟民族历史最珍贵的资料，也是研究亚洲有关各国历史最珍贵的资料。后代正史中的少数民族传和外国传，大都取法《史》、《汉》而加以扩充和发展。

[①] 《汉书·地理志序》。

(三)《汉书》的经世致用，求实存真的精神

班固编撰《汉书》，不仅掌握了比较丰富的资料，而且重视审核和选择资料。例如《贾谊传》，据他本人的著述58篇，"掇其切于世事者著于传"；《晁错传》"论其施行之语著于篇"；《董仲舒传》"掇其切当世，施朝廷者著于篇"；《司马相如传》"相如它所著，若《遗平陵侯书》、《与五公子相难》、《草木书》篇不采，采其尤著公卿者云"。《严朱吾丘主父徐严终王贾传》"究观淮南、捐之、主父、严安之义，深切著明，故备论其语"。由此可见，班固选择史料的标准，是为了"经世致用"，并非为作史而作史。正因如此，他对史料的真伪，也进行了大量的考辨工作。例如《东方朔传》，由于后世好事者多"取奇言怪语附著之朔"，真伪难辨，因根据刘向《别录》所载，详录东方朔的文辞和著作书目，并着重指出"凡刘向所录朔书具是矣，世所传他事皆非也"。《张汤传》说："冯商称张汤之先与留侯同祖，而司马迁不言，故阙焉。"《杨胡朱梅云传赞》说："世称朱云多过其实。"《韦贤传》引或曰，说韦孟谏诗，乃"其子孙好事，述先人之志而作是诗也"。《汉书》中十志部分考辨更多，几乎随处可见。班固这种对待史料"求实存真"的慎重态度，是值得肯定的。

(四)《汉书》在文学史上也占有重要地位，班固是继司马迁之后，把历史和文学相结合的杰出的传记作家

《汉书》不仅在史学上有巨大的贡献，而且在文学上也占有重要的地位。两汉的散文，是当时文学上的主流之一，而散文的发展和成就，又主要表现于传记方面，班固是继司马迁之后把历史和文学相结合的又一个杰出的传记作家。《汉书》列传中所载的人物，也和《史记》差不多，上自王侯将相、儒生、文人、谋士、说客，下至游侠、商贾以及农民领袖，包括了社会各个阶层，形形色色，众态纷呈。

《汉书》列传，虽然没有《史记》写得那样生动活泼，栩栩如生；但在不少传记中，班固也能利用他所掌握的丰富材料，经过选择提炼，抓住主题，运用艺术手法，作深刻细致的描写。如《朱买臣传》写朱买臣在失意和得意时不同的精神面貌以及人们对他的不同待遇，就写得非常成功：

> 初，买臣免，待诏，常从会稽守邸者寄居饭食。拜为太守，买臣衣故衣，怀其印绶，步归郡邸。直上计时，会稽吏方相与群饮，不视买臣。买臣入室中，守邸与共食，食且饱，少见其绶，守邸怪之，前引其绶，视其印，会稽太守章也。守邸惊，出语上计掾吏。皆醉大呼曰："妄诞耳！"守邸曰："试来视之。"其故人素轻买臣者，入内视之，还走，疾呼曰："实然！"坐中惊骇，白守丞，相与推排陈列中庭拜谒。买臣徐出户。有顷，长安厩吏乘驷马车来迎，买臣遂乘传去。

通过这些具体情节的描写，可以说，相当充分地揭发了封建社会中世态炎凉的丑恶现象。

又如《陈万年传》载：

> 万年尝病，命（子）咸教戒于床下，语至夜半。咸睡，头触屏风。万年大怒，欲杖之，曰："乃公教戒女，女反睡，不听吾言，何也？"咸叩头谢曰："具晓所言，大要教咸谄也。"万年乃不复言。

这一段文字虽然不多，但却相当淋漓尽致地刻画了陈万年这个老官僚善于逢迎拍马、谄媚权贵、卑鄙无耻的丑态。

最著名的还是《苏武传》。班固在这篇传记中，大力表扬了苏武坚贞不屈的民族气节和高尚品德，通过许多具体生动情节的描写，突出了苏武视死如归、不怕威胁、不为利诱、艰苦卓绝的英雄形象。特别是李陵劝降时，表现了苏武始终如一、凛然不可侵犯的严正态度，更给人以深刻的印象。尽管李陵动之以情义，诱之以利害，娓娓动听，但苏武却丝毫没有动摇。他的言语不多，却字字有力，表示了为国家宁愿肝脑涂地的忠贞态度。因此，当苏武说出"自分已死久矣！王必欲降武，请毕今日之欢，效死于前"的话时，李陵竟情不自禁自惭形秽而喟然叹息说："嗟呼！义士！陵与卫律之罪，上通于天！"最后写李陵送苏武返汉的一段，也很精彩。

苏武被拘匈奴期间，老母亡故，少妇改嫁，儿女存亡未卜。李陵和苏武两家在汉朝的遭遇，虽不尽相同，但都有一个家破人亡的悲惨身世。班固在传中虽然只写了李陵向苏武表白自己内心悲痛的一段谈话，但其中所流露的则是重个人恩怨得失而轻民族大义的思想。于此,更加反衬出苏武留居匈奴 19 年,公而忘私,国而忘家,坚持民族气节的高尚情操。

总之,《汉书》作为史传文学,有不少可取之处。明代黄省曾说:

> 孟坚之史,每传一人,则不特功德言语,了了无遗,模写如画;又且并其形态之状以铺张之。①

通过一些具体情节的描写,使一些历史人物的个性、感情和动态非常形象地再现出来,确实不失为一部优秀的文学传记。

《汉书》对唐宋以后的"古文"也有很大影响,唐朝的文学家柳宗元就精通《汉书》,并对《汉书》作了很高的评价。宋代黄庭坚也曾说过,久不读《汉书》,便觉俗气逼人,"照镜,则面目可憎;对人,亦语言无味也"。②虽不免有些夸张,但说明了《汉书》已成为后代文学家学习的楷模,一千多年来散文的发展,是受到了它一定影响的。

另外,《汉书》又喜收载文章诗赋,具备各种文体,富于辞藻,为后来文学家所取资。这虽然不是《汉书》本身的文学成就,但在文学资料的保存方面,也是有它一定功绩的。

(五) 后人对汉书的研究

《汉书》由于断代为史,建立了以一个皇朝为"正统"的历史体系,符合了一千多年来不断改朝换代的统治阶级的政治需要,因而《汉书》一开始问世,在当时就受到人们的重视。《后汉书·班固传》说:"当世甚重其书,学者莫不讽诵焉。"以致到后来,和《史记》并驾齐驱,成为正统史学的鼻祖。

由于《汉书》多古字古义,在它行世以后,即被认为是一部比较难读的史书。《后汉书·班昭传》说:"时《汉书》始出,多未能通者。同郡马融伏于阁下,从昭受读。"《三国志·孙登传》也说:"权欲登读《汉书》,习知

---

① 《汉书评林》。
② 《汉书评林》。

近代之事，以张昭有师法，重烦劳之，乃令（张昭子）休从昭受读，还以授登。"这就提出了研究《汉书》和为它作注释的问题。

在东汉中晚期，《汉书》已有注释，现在可以见到的，有服虔、应劭二家的《汉书音义》。此后，一千多年来，研究《汉书》和为《汉书》作注释者，代不乏人，许多著名的学者，同时都是研究《汉书》的专家。

这里，应特别提出的是，关于《汉书》的注释和评论有三次集大成的工作。一次是唐初颜师古作《汉书注》，他汇集了隋代以前23家（见《前汉书·叙例》）的注释，判断前人是非，纠正错谬，补充缺遗，贡献是很大的，号为《汉书》的功臣。再一次是明万历初年，凌稚隆汇集了自东汉以来至明代147家评论班固和《汉书》的材料，引用书达130种，编成《汉书评林》一书，或评其书，或论其人，方面很广。这些评价，虽然不一定正确，但对研究《汉书》也有一定的参考作用。第三次是清末王先谦作《汉书补注》，他又汇集了唐宋以来至清末注释和研究《汉书》的47家之说（见《前汉书补注·序例》），又加以同时参订者20家，不但搜罗宏富，而且详于考证，于光绪二十六年（1900）刊行，是现在通行的较好注本。近人杨树达著《汉书窥管》，日人狩野直喜著《汉书补注补》，对王氏《补注》又有补正；另外，还有陈直的《汉书新证》，多取证于汉简等考古资料，均有参考价值。

至于《汉书》的版本，种类繁多。现存重要的版本，以北宋景祐本为最古，二十四史百衲本即影印景祐本。明代有嘉靖南监本、毛晋汲古阁本。清代有乾隆武英殿本、同治金陵书局本。最近又有中华书局本。中华书局本，即是以王先谦的《汉书补注》本作为底本（只收颜注，不收补注），又参照景祐本、汲古阁本、殿本、局本4种本子进行点校的，是现行最好的《汉书》读本。

总之，《汉书》对后代的影响是很大的，其影响已不限于国内，而且也流传到国外。研究《汉书》，已成为一种专门的学问。一千多年来，特别是清代乾、嘉以来，学者们（包括国外的一些汉学家）在治《汉书》学方面，确实下了不少苦功，获得的成就也很不小。赵翼的《廿二史札记》，王鸣盛的《十七史商榷》，钱大昕的《廿二史考异》，钱大昭的《汉书辨疑》，沈钦韩的《汉书疏证》，周寿昌的《汉书注校补》等等，他们或对一篇加以订补，或取全书予以考辨，甚至对一字一句都加以考究，为后人研究《汉书》提供了方便条件。

  但是他们的成就，多半还是限于考据和训诂方面，要说对《汉书》进行全面的探讨和正确的评价，也还有相当大的距离。近 40 年来，关于班固和《汉书》的论述，虽然不是很多，但在研究水平上，却是较前人前进了一大步[①]。我们深信，在这个基础上，今后对这一部宝贵的文化遗产，会有更丰硕的研究成果。

（原载台湾《历史月刊》1992 年 11 月第 58 期）

[①]　参见冉昭德《班固与〈汉书〉》(《历史教学》1962 年第 4 期)、白寿彝《司马迁与班固》(《北京师范大学学报》1963 年第 4 期) 以及近年来发表和出版的有关班固与《汉书》的一些论著。

论 班 昭

汉朝班氏一家前后七代，在两汉政治、军事、外交、学术等领域中，均有卓越的贡献。可谓是家世显赫，名扬四域。其中班昭为一介女流，才德兼备，以其深厚的史学素养继承父兄之志，续成《汉书》。他所撰成的《百官公卿表》更开启了正史中"百官志"或"职官志"的先河，名副其实地成为中国历史上第一位女史学家。而她为教育诸女所作的母师典训《女诫》7篇，继承并总结中国古代妇女的优良美德，对后世的妇女教育产生重大的影响。如能去其糟粕，取其精华，实为一份珍贵的文化遗产。

班昭（约49—120）是中国历史上第一位女史学家和文学家，又是中国传统社会妇女中贤妻良母的典范。著名的史学家南朝宋人范晔十分敬佩她的学问和品德，将她收入《后汉书》中的《列女传》。

一、家世显赫，诗礼传家

班昭，字惠姬[①]，东汉扶风安陵人。汉朝班氏一家，前后七代，不仅是两京显贵，世代簪缨，更是诗礼传家，赋有儒学正宗的家学渊源。在两汉的政治、军事、外交、史学、文学等诸多领域中，都作出了重要贡献。父亲班彪，字叔皮，是汉代著名的儒学大师，学问很渊博，晚年专心研究史籍。汉

---

① 王先谦《后汉书集解》引沈钦韩曰：陆龟蒙《小名录》班昭字惠姬。《文选》李善注引范书正作惠姬。现行本《后汉书·列女传》惠姬二字之间误衍"班一名"三字。

武帝时，司马迁作《史记》，这部书记载的历史，上起传说的黄帝，下迄汉武帝，武帝太初以后，阙而不录。汉代学者褚少孙、刘向、刘歆父子及扬雄等人均曾缀集时事，续补《史记》。班彪认为这些续作水平都不高，不足以踵继前史，于是采集旧事，又旁贯异闻，作《史记后传》百余篇。班彪的勤于著述、严谨治学的精神，给后代子女留下了深刻的影响。长兄班固，字孟坚，博通经史。他继承父亲遗志，"以著述为业"，用了20多年的时间，终于在《史记后传》的基础上撰成一部传世的史学名著——《汉书》。《汉书》不仅弥补了前史《史记》的缺遗，而且创立了断代史的新体例，开拓了许多史学的新领域，为后来各朝代编撰的"正史"树立了楷模。班固还是一位诗人、辞赋作家。《汉书》的文字也很优美，对后代散文的发展有很大影响。次兄班超，字仲升，文武全才，投笔从戎，出使西域。经历30年的艰苦奋斗，对统一西域、安定东汉的西北边境以及发展中西交通和经济文化交流，立下了汗马功劳。明人张溥《班兰台集》题词有云："孟坚文章领著作，仲升武节威西域，天下之奇，在其一门，汉世无比。"班昭在父兄的影响下，在史学、文学乃至立身处世等方面，均有很高的素养，后来终于成为学术界的一代宗师。

班昭博学多才，品德高尚。年14岁，出嫁于同郡曹氏，她的丈夫曹寿（世叔）早死，年轻守寡。她含辛茹苦，抚育一子及诸女长大成人。其子名叫曹成，字子谷，官至齐相，封关内侯。和帝在位期间，闻其名声，曾多次召班昭入宫，教授邓皇后及诸贵人经书和天文数学，对她非常敬重，号称"曹大家"。每逢地方贡献异物，都让她作赋颂。

长兄班固死后，其所著《汉书》尚有八表及《天文志》没有完成，和帝就派班昭到东观利用皇家藏书，使其续成《汉书》。《汉书》问世之初，因书中多古字古义，一般人不易读懂。和帝诏使扶风人马融伏于阁下，跟随班昭研读《汉书》，后来马融也成了著名的学者。不过班昭续的《汉书》，也只是完成了八表，和帝又令马融的哥哥马续补作《天文志》[①]，这样才算完成了现在的这部《汉书》。所以严格说来，《汉书》是经过班彪、班固、班昭、马续4人之手，用了三四十年的工夫才完成的。

---

① 《后汉书集解》引何焯曰"司马彪云马续述《天文志》"。

次兄班超以久居异域,思念故土,曾多次上书,请求调回内地。朝廷许久不作答复,于是班昭也上疏为兄超求代。其辞有云:

> 超以一身,转侧绝域,晓譬诸国,因其兵众,每有攻战,辄为先登,身被金夷,不避死亡。赖蒙陛下神灵,且得延命沙漠,至今积三十年。骨肉生离,不复相识。所与相随时人士众,皆已物故。超年最长,今且七十,衰老被病,头发无黑,两手不仁,耳目不聪,扶杖乃能行。虽欲竭尽其力,以报塞天恩,迫于岁暮,犬马齿索。蛮夷之性,悖逆侮老,而超旦暮入地,久不见代,恐开奸宄之源,生逆乱之心。

疏中又提到,"超有书与妾决,恐不复相见,妾诚伤超,以壮年竭忠孝于沙漠,衰老则便捐死于旷远,诚可哀怜"①。言辞恳切,说理透彻,既肯定了班超积年的功劳,又分析了西域的不利形势,兄妹之情,溢于言表。和帝览疏,也不禁为之动情,权衡利害,遂决定征班超归还中土。永元十四年(102)八月班超回到京师洛阳,九月即病死。但总算在班昭的帮助下,实现了"生入玉门关"的夙愿。

和帝死后,殇帝即位。时殇帝出生才不过百日,2岁即夭折。安帝继位,年13岁,邓太后临朝听政。班昭以太后师傅兼密友的身份与闻政事,常居宫中。太后对她信任有加,几乎是言听计从。安帝永初四年(110),大将军邓骘的母亲新野君病死,上书太后,要求回家守灵。邓骘是邓太后的哥哥,这时太后正需要其兄帮助她处理朝政,所以不予批准。奏章连上,最后太后也犹豫了,便征求班昭的意见。班昭上疏陈辞,盛赞邓骘谦让之诚与引身自退的美德,认为这是明智的抉择。终于使太后采纳了她的意见,放邓骘回归里第,从而使他不为外戚权势所惑,保持了清静自守、谨遵法度的邓氏传统家风。邓太后当政期间,虽"水旱十载,四夷外侵,盗贼内起",然太后颇多德政,如厉行节约,减免力役,抑制外戚,平反冤狱,兴办文化教育

---

① 俱见《后汉书·班超传》。

事业等等,"故天下复平,岁还丰稔"①,保持了一个相对安定的局面,其中也应有班昭的功劳。

班昭长寿,她活了70多岁才去世。邓太后亲自为她素服举哀,并派使者监护丧事,极尽师生君臣之礼。班昭一生著述甚多,所著赋、颂、铭、诔、问、注、哀辞、书、论、上疏、遗令凡16篇,惜多已亡佚。今仅存《东征赋》、《针缕赋》、《大雀赋》、《蝉赋》、《为兄超求代疏》、《上邓皇后疏》等数篇(其中多残缺不全),及《汉书》八表、《女诫》7篇,均分别收入《后汉书》及清人严可均辑的《全上古三代秦汉三国六朝文·全后汉文》中。

二、中国第一位女史学家、文学家

班昭的最大贡献就是她完成了父兄未竟的《汉书》著述事业。前已述及,班彪所作的《史记后传》,虽然对《史记》做了大量的续补工作,但由于时代条件的限制,并未能写成一部较为完备的汉代史。班固也认为其父写的《史记后传》,"所续前史未详,乃潜精研思,欲就其业"②。更重要的是"汉承尧运"、"协于火德"的封建正统观念在当时统治阶级的思想中已经确立。如果再墨守前人成规,续编汉史,不但不能宣扬"汉德",而且也同司马迁把《汉高祖本纪》"编于百王之末,厕于秦、项之列"一样,势必将《光武帝本纪》编于王莽之后,置于新市、平林之列。这是当时统治者所绝对不允许的。在这种新的历史形势下,就要求摆脱旧传统,开创新体系,这是时代赋予一个正统派史学家的任务。

明帝永平五年(62),正当班固在家整理父亲的遗著,进行《汉书》编撰工作的时候,有人上书朝廷,告他私改国史。那时候,东汉朝廷已召集了一批学者开始编修国史,封建统治者是很懂得利用官修史书为巩固其政权服务的。私改国史,究竟有什么企图,这是很容易触犯封建皇朝禁忌的。因此,明帝知道此事后,就立即下令扶风郡逮捕班固,将他押到京兆狱中,连同他的书稿一起没收,进行审查。这时班超唯恐他哥哥在严刑拷问之下无

---

① 《后汉书·邓皇后纪》。
② 《后汉书·班固传》。

法自明，于是急忙赶到洛阳上书，替班固辩白："具陈固不敢妄作，但续父所记汉事。"[1]明帝见到班超的上书，又看过班固的书稿，知道他志在宣扬汉德，而且又才学出众，甚为赏识，不但不加罪班固，反任命他为兰台令史，编撰《汉书》。直到章帝建初七年（82），前后历时20余年，才基本上完成了《汉书》的编撰工作。可惜的是班固晚年依附于外戚大将军窦宪的权势，卷入了复杂的统治集团内部的政治斗争，被牵连入狱，后来竟死于狱中，致《汉书》中的八表及《天文志》未及完成。班昭一方面痛心于其兄班固的冤死，一方面又目睹父兄两代数十年辛勤未竟之业，于是下定决心，一定要完成父兄的遗愿。和帝时，班昭已是一位"博学高才"的学者，为世人所称颂。和帝也深知她很有才学，于是便让她续修《汉书》，这样她才有机会名正言顺地承担起《汉书》八表的补续工作。

八表包括《异姓诸侯王表》、《诸侯王表》、《王子侯表》、《高惠高后文功臣表》、《景武昭宣元成功臣表》、《外戚恩泽侯表》、《百官公卿表》、《古今人表》等8种表。八表是《汉书》中的一个重要组成部分，每个表前都有一小序，说明其历史演变及经验教训；然后把西汉200年间有关人事、制度的变化情况用表格的形式排列出来。条目清晰，时间明确，世系连贯，记事言简意赅，一目了然，极便于读者检索引用，对全书内容起到了提纲挈领的作用。《史记》和《汉书》中的各表，都有这种类似的作用，史书中有表，也是中国传统史学体例的一个创造。

值得特别提出的是其中的《百官公卿表》，尤具有重要的历史和学术价值。它也是由两大部分组成，前面是一个相当详细的总序，记述秦汉以至新莽时期，中央官和地方官的设置、职掌、属吏、秩俸、名称的更改和职权的变动；后面则是以表格形式分别列出西汉一代自丞相、御史大夫、太尉所谓三公以下至列卿的姓名、迁降、任免的年代。实际上《百官公卿表》兼有《百官志》和《公卿大臣年表》的双重内涵，它开启后世正史中《百官志》或《职官志》的先河，对中国历代政治制度史料的保存与研究，起到了奠基作用。《古今人表》上起传说中的庖牺氏，下迄嬴秦，"区别九品，网罗千载"，共记述历史人物1900余人，实为"先秦人名大辞典"，"为从事研究

---

[1] 《后汉书集解》引《东观记》。

工作手边必备之书"①。这一切都说明,班昭确实具有深厚的史学基础,尤其是对汉史有精湛的研究,否则她是不可能承担和完成这一艰巨的任务的。因此,她是当之无愧的史学家。

班昭在文学方面也有很高的造诣。她的《东征赋》是安帝永初七年孟春随其子曹成赴任陈留长的途中之作,是保留至今最完整的一篇赋。不仅文辞优美,而且至情感人:"到长垣之境界,察农野之居民;睹蒲城之丘墟兮,生荆棘之榛榛。"班昭关心民间疾苦,由此而想起子路、蘧伯玉的仁心德政,"惕觉悟而顾问兮,想子路之威神;卫人嘉其勇义兮,讫于今而称云。蘧氏在城之东南兮,民亦尚其丘坟;惟令德为不朽兮,身既没而名存"②。子路为孔子弟子,在卫国做官,任蒲城大夫,内乱中慷慨就义。蘧伯玉是春秋时期卫国的贤者,孔子称之曰"君子哉蘧伯玉"。他们死后,过了几百年,老百姓还在怀念他们。这是班昭思想中具有明显民本性的一面,也是汉赋中的罕见之作。

三、《女诫》中的妇训

班昭的另一个重要贡献,就是她继承并总结了中国古代妇女的优良品德传统,写下了著名的母师典训——《女诫》7篇。《女诫》是其女儿出嫁之前,为教育诸女而作。有人认为班昭的《女诫》是给中国妇女套上了沉重的封建枷锁,因此判定"班昭是中国妇女界的第一个罪人"。这显然是苛求于古人,未免有失偏颇。诚然,《女诫》中要求妇女"卑弱"、"专心"、"曲从",这些都是封建性糟粕,应当加以批判。如所谓"古者女生三日,卧之床下,弄之瓦砖,而斋告焉。卧之床下,明其卑弱,主下人也。弄之瓦砖,明其习劳,主执勤也。斋告先君,明当主继祭祀也。三者盖女人之常道,礼法之典教矣"。这是要求妇女在家庭中把自己永远摆在卑下的地位,只有如此,才能算是谨守"妇道"。所谓"礼,夫有再娶之义,妇无二迁之文,故曰夫者天也。天固不可逃,夫不可离也"。这是只许丈夫再娶,不许妇女改

---

① 王利器:《汉书古今人表疏证·小引》。
② 严可均辑:《全上古三代秦汉三国六朝文·全后汉文》。

嫁。妇女为丈夫守节，乃天经地义之事。所谓"姑云不尔而是，固宜从令；姑云尔而非，犹宜顺命。勿得违戾是非，争分曲直，此则所谓曲从矣"。这是要求妇女要曲从公婆，不论公婆是与非，都只有唯命是从，不得违抗。的确，这些言论都是套在妇女身上的封建枷锁，其流毒深远，不可不察。

但是我们也应当注意，《女诫》中还保留许多关于中国古代妇女优良品德的内容，以及如何正确处理家庭关系的一些准则，对后世也产生了良好的影响，这些都是值得重视和肯定的。例如她在《卑弱》篇中提出要"谦让恭敬，先人后己，有善莫名，有恶莫辞"；"晚寝早作，勿惮夙夜，执务私事，不辞剧易"。这些都是我国妇女所固有的传统美德。在《夫妇》篇中谈到"夫妇之道"时，她认为"夫不贤，则无以御妇；妇不贤，则无以事夫"。虽然一方讲"御"，一方讲"事"，表示夫妇不平等的关系；但它也强调了夫妇都要"贤"的原则，只有夫妇皆贤，才合乎"夫妇之道"与"人伦之大节"。她在《敬慎》篇中提出的"夫为夫妇者，义以和亲，恩以好和，楚挞既行，何义之存？谴呵既宣，何恩之有？恩义俱废，夫妇离矣"，也是讲如何正确处理夫妇关系，是夫妇双方的责任。她在《和叔妹》篇中讲到与叔（夫之兄弟）、妹（兄之姊妹）的关系时引用了《易》曰"二人同心，其利断金。同心而言，其臭如兰"的话，强调"莫尚于谦顺"，"谦则德之柄，顺则妇之行，凡斯二者，足以和矣"。谦顺也是中国妇女的美德，这是保持家庭和睦的一个十分重要的因素。

最重要的是《妇行》一篇，她在这一篇中提出"女有四行：一曰妇德，二曰妇言，三曰妇容，四曰妇功。"这也是妇女的"四德"，过去常常把这"四德"与"三从"（未嫁从父，出嫁从夫，夫死从子）同样看成是封建说教，成为长期禁锢广大妇女的枷锁，其实这是一种误解。据班昭对此"四德"的解释：

> 妇德，不必才明绝异也；妇言，不必辩口利辞也；妇容，不必颜色美丽也；妇功，不必工巧过人也。清闲贞静，守节整齐，行己有耻，动静有法，是谓妇德。择辞而说，不道恶语，时然后言，不厌于人，是谓妇言。盥浣尘秽，服饰鲜洁，沐浴以时，身不垢辱，是谓妇容。专心纺绩，不好戏笑，洁齐饮食，以奉宾客，是谓妇功。此四者，女人

之大德，而不可乏之者也。

由此可见，所谓"四德"，也不过是要求妇女行为要检点，举止有法度，说话恰如其分，忌带恶言秽语，衣饰要整洁，经常沐浴洁身，勤于操持家务，以及善待宾客等等。这些要求都不过分，也不困难，正所谓"为之甚易，唯在存心耳"。

总之，班昭的《女诫》既继承和发展了中国古代妇女的传统美德，又是她多年持家、处世、教育子女身体力行的经验总结。史称马融读后，"善之，令妻女习焉"①。后人把它作为闺门之典训，如《女论语》、《女孝经》、《女四书》、《女范》、《女训》、《女鉴》等书，不下百余种，都是受它的影响产生的。中国历代妇女所具有的享誉世界的优良品德和美好形象，正是在我们的历代祖先重视女子教育的思想和环境熏陶下形成的。对女子的教育，直接影响到下一代，母亲是儿童的第一位老师，孟母三迁、岳母刺字，传为千古佳话。至于相夫教子的故事，更是史不绝书。这是一笔可贵的历史文化遗产，取其精华，去其糟粕，不仅对研究妇女教育史有重要的参考价值，而且对当代妇女也有重要的现实教育意义。

(原载台湾《历史月刊》1999年4月第135期)

---

① 以上引文俱见《后汉书·列女传》。

杜诗与"水排"

早在两千多年前的春秋时期，中国已经发明了鼓风炉用以鼓风冶铁的技术，当时简称为"鼓铸"。具体时间到公元 31 年，又有所革新，发明了利用水力鼓风冶铁技术，从而大大促进了冶铁手工业的发展。这一发明要比欧洲早 1200 多年，它的发明者就是东汉时人杜诗。

据《后汉书·杜诗传》记载：杜诗字君公，河内郡汲县人。东汉光武帝建武七年（31）任南阳太守。史称其"性节俭而政治清平，以诛暴立威，善于计略，省爱民役。造作水排，铸为农器，用力少，见功多，百姓便之。又修治陂池，广拓土田，郡内比室殷足。时人方于召信臣，故南阳为之语曰：'前有召父，后有杜母。'在郡任职七年，政化大行。"建武十四年（38）病卒于任上，"贫困无田宅，丧无所归。诏使治丧郡邸，赙绢千匹"。

以上就是杜诗的生平简历。记载虽十分简略，但我们可以从中领悟到一些历史问题和道理。

其一，杜诗为什么能造作"水排"？这要先从他任职太守的南阳郡说起。汉代南阳郡的首府为宛城，故南阳有时也简称宛。战国秦汉间，宛是冶铁手工业的重要基地，也是"富冠海内"、"天下名都"[1]之一。战国时宛属楚，楚国的兵器一向以锋利著称，当时就流传有"宛钜铁釶（大铁矛），惨如蜂虿"[2]的说法。宛孔氏就是著名的大冶铁商，他在南阳"大鼓铸，规陂池，

---

[1] 《盐铁论·通有》。
[2] 《荀子·议兵》。

连车骑，游诸侯，因通商贾之利……家致富数千金"①。西汉武帝时，实行盐铁官营，南阳即铁官所在地。这时南阳的大冶铁商孔仅，即被国家掌管财政的大农令郑当时推荐担任大农丞，管理盐铁事。南阳的汉代冶铁遗址，现已发现10余处，其中规模较大的是1954年在南阳北关瓦房庄西北发现的一处遗址，可能就是汉代铁官所在地。据河南省文物研究所的《南阳北关瓦房庄汉代冶铁遗址发掘报告》②说，该遗址面积达28000平方米，出土冶铁材料和设备有铁矿石、铁块、熔渣、烧土块、泥范、耐火砖、耐火鼓风管、陶鼓风管、炒钢炉、锻炉、水池、窑址等。铁器有铸铁、锻铁两类：属于农业生产工具的有铁犁、铁铧、铁锸、铁钁、铁锄等，此类器物最多；属于手工业生产工具的有铁范、铁砧、铁锤、铁斧、铁凿等；属于生活用具的有铁鼎、铁釜、铁灯、铁熨斗、铁权等；属于武器类的有铁刀、铁剑、铁矛、铁箭镞等；几乎应有尽有。杜诗正是在上述的历史积淀和环境中，总结了冶铁工人在冶铁手工业生产劳动过程中积累的丰富经验，进行了革新，成了历史上第一个造作"水排"，并用以铸为农器的人。

其二，杜诗为什么要造作"水排"？有什么作用？杜诗任职太守的南阳郡是东汉光武帝刘秀的家乡，也是皇亲国戚、功臣贵族官僚等豪强地主势力最集中的地区。据初步统计，光武帝一朝，共任命三公以上的高级官吏28人，南阳集团中功臣外戚任三公以上官职的就有11人，超过了三分之一。至于任卿将守相者，则不计其数。而南阳的刘氏尚不包括在内。所以当时就有人建议光武帝"当简天下贤俊，不宜专用南阳人"③。这些人中大多倚仗权势，横行乡里，兼并土地，欺凌小民；同时还偷税漏税，把沉重的赋税徭役负担都转嫁到贫民身上。对此，地方官不仅不敢过问，反而"优饶豪右，侵刻羸弱，百姓嗟怨，遮道号呼"④。刘秀为了增加国家赋税收入和服役人口，曾下令"度田"，即清查土地和人口。当时，各郡都派遣官吏入京奏事，刘秀见陈留的一个小吏在奏牍上写着"颍川、弘农可问，河南、南阳不可问"一行小字，不明其意，就追问此牍从何而来？是什么意思？这个小吏不敢

---

① 《史记·货殖列传》。
② 《华夏考古》1991年第1期。
③ 《后汉书·郭伋传》。
④ 《后汉书·刘隆传》。

实话实说，就撒谎说是在洛阳长寿街上拾来的。刘秀问不出所以然，十分震怒。这时站在他身后的12岁的小儿子刘庄（后来的汉明帝）听到他们的对话就插话说："河南（此处指洛阳，河南首府，东汉国都）帝城多近臣，南阳帝乡多近亲，田宅逾制，不可为准。"①刘秀立即对陈留吏严加审讯，其实情果如刘庄所言。据此一例，即可想见南阳一带豪强势力之大。杜诗在任期间，"政治清平，以诛暴立威"，主要就是指惩治豪强一事而言的。结果自然是得罪了他们，受到他们的排斥，以致杜诗"不安久居大郡"，上书光武帝"求欲降避功臣"，"帝惜其能，遂不许之"②。

杜诗在南阳"视事七年，政化大行"。时人把他比作西汉时为民兴利的南阳太守召信臣，为之语曰："前有召父，后有杜母。"其政绩除上述"诛暴立威"外，就是帮助百姓"修治陂池，广拓土田，郡内比室殷足"；而他本人又率以节俭，两袖清风，以至死后，"贫困无田宅，丧无所归"。尤其是他"善于计略，省爱民役，造作水排，铸为农器，用力少，见功多，百姓便之"。

什么是"水排"？顾名思义，所谓"排"大概就是每座冶铁炉都有一排风箱或一排鼓风管，是一种吹火器③。山东滕县宏道院的汉画像石上有一幅冶铁图，图中就有一个鼓风大皮囊，其上排列着四根管子，可能就是鼓风管。这种皮囊当时叫"橐"，加上排列的鼓风管，所以叫"排橐"或"排囊"。"水排"就是利用水力推动一排风扇或风箱将风送入炉内，以提高炉火的燃烧度和温度，把生铁炼成熟铁，进而由铸铁发展到锻铁，这样就解决了冶铁技术上的一个关键问题。同时又因为利用"水排"鼓风来铸造农器，自然要比过去用人力鼓风"用力少，见功多"，从而也减省了民役，所以"百姓便之"。

其三，杜诗造作"水排"的历史影响。就在杜诗造作"水排"以后约200年，三国时魏国人韩暨又对"水排"作了改进和推广。韩暨字公至，南阳堵阳人，时任监冶谒者（掌管全国冶铸的长官）。据《三国志·魏书·韩暨传》记载："旧时冶作马排（为排以吹炭），每一熟石用马百匹。更作人

---

① 《后汉书·刘隆传》。
② 《后汉书·杜诗传》。
③ 李恒德：《中国历史上的钢铁冶金技术》，载《自然科学》1951年第1卷第7期。

排，又费功力。暨乃因长流为水排，计其利益，三倍于前。在职七年，器用充实。"这条记载主要说明以下三件事：

一是韩暨为"水排"之前，冶炼矿石用的是人排或马排，似乎东汉杜诗所发明的"水排"尚未在全国范围内普及；但韩暨的"水排"肯定是在杜诗"水排"的基础上改进而成的。因为韩暨就是南阳人，他对杜诗发明"水排"并在南阳推行和被传颂的便民事迹，不可能无所闻见，应当有所继承，决不会闭门造排。

二是韩暨为"水排"前，用马排时，"每一熟石"即熔化一批矿石，要"用马百匹"。韩暨把马排改成"水排"，即用水力转动轮轴推动鼓风器，这样就节省了大批畜力。

三是韩暨"因长流为水排"，因长流即利用河水的急流来激动轮轴鼓风。正如《后汉书·杜诗传》李贤注所说："冶铸者为排以吹炭，今激水以鼓之也。"这样就不仅大大降低了冶铁生产成本，而且也提高了工作效率，所以"计其利益，三倍于前"。

对于杜诗发明和韩暨改进的"水排"，其结构内容和具体操作方法，因史书阙略，不得而详。现存元朝人王桢所写的《农书》卷十九中，曾记述关于"水排"的构造及其使用方法，并附有"水排复原图"。《农书》中所记述的"水排"，大概已经过长期不断的改进，不可能是杜诗、韩暨所造作"水排"的原始样式。正如王桢自己在书中所说："去古已远，失其制度，今特多方搜访，列为图谱。"并有诗云：

> 尝闻古循吏（即杜诗），官为铸农器。欲免力役繁，排冶资水利。轮轴既旋转，机榥互牵掣。深存橐籥功，呼吸惟一气。遂致巽（风）离（火）用，立见风火炽。熟石既不劳，镕金亦何易。国工倍常资，农用知省费。谁无兴利心，愿言述此制。

元代的"水排"虽不完全同于汉魏时的"水排"，但是用这种"水排"以鼓风冶铁的基本原理，历代应当是一致的。谨录此作为研究东汉杜诗所造"水排"的参考。

总之，杜诗所发明并由韩暨改进的"水排"，解决了古代冶铁生产技术发展中由铸铁到锻铁转变的一个重大关键问题。可以说，他们的发明创造，在世界冶铸技术史上谱写了光辉的一页；同时，他们的这种为官一任、造福一方的行为以及为爱民便民利民而努力创新的精神，也值得我们今人学习和发扬光大。

(原载《文史知识》2008年第5期)

秦汉时期经学世家济南伏氏

济南伏氏，自伏生以后至献帝皇后伏寿，共传十六世，经过秦、西汉、东汉三个封建皇朝，历时400余年，世传经学，东州号为"伏不斗"，在中国古代政治文化生活中，是一个颇有影响的大家族。

伏生与《今文尚书》

伏生，名胜，济南人[①]。据《颜氏家训·书证篇》云："今兖州永昌郡城旧单父地也，东门有子贱碑，汉世所立，乃云济南伏生即子贱之后。是知虙之与伏古来通字，误以为宓，较可知矣。"子贱，即虙子贱（虙，俗误以为宓），春秋时鲁（曲阜）人，孔子弟子，曾为单父（今山东单县）宰。由此可知，伏生原为虙子贱的后人。

相传伏生从10岁起就攻读《尚书》，"以绳绕腰领，一读一结，十寻（八尺为寻）之绳，皆成结矣"[②]。可见其用功之勤。

伏生曾做过秦的博士。秦始皇时有博士70人，伏生当为其中之一。《汉书·百官表》："博士，秦官，掌通古今。"可见博士就是博通古今的学问家，

[①] 陈萤声纂《伏乘》、《里居考》以为伏生乃今邹平县旧口镇东南之伏生乡人。按邹平在汉代属济南郡或济南国（治所均在东平陵）。《史记》、《汉书》、《儒林传》称济南伏生，或单用郡名。或伏生原籍郡城，"以教齐鲁之间"，而后迁往邹平。年代久远，书缺有间，不可详考。今从《史记》、《汉书》。

[②] 段成式：《酉阳杂俎》。

是皇帝的顾问。正如秦始皇说:"悉召文学、方术士甚众,欲以兴太平。"①文学就是经学,博士大都是经学家。这说明秦始皇为了巩固已经完成的统一大业,对博士还是很重视的。他对博士态度的改变,应是在其晚年,即三十四年的"焚书",三十五年的"坑儒"。《史记·儒林列传》说:"及至秦之季世,焚《诗》、《书》,坑术士,六艺从此缺焉。"六艺就是儒家的《易》、《诗》、《书》、《礼》、《乐》、《春秋》六经。

秦始皇焚书坑儒,打击的重点是与当时统一政策相抵触的一些儒者、方术士,虽未可全非,但其方法是简单的、粗暴的,所谓"六艺从此缺焉",说明焚书坑儒的确使古代文化典籍遭受到一次严重的破坏。

但是当秦始皇颁布焚书令时,也有一些人宁愿冒犯禁令的危险,想方设法把儒家的经书收藏起来,不使绝灭。魏人陈馀谓子鱼(孔鲋字,孔子八世孙)曰:"秦将灭先王之籍,而子为书籍之主,其危矣!"子鱼曰:"顾有可惧者,必或求天下之书焚之,书不出则有祸,吾将先藏之以待其求,求至,无患矣!"②孔鲋是历史上第一个参加农民起义的儒者,以秦焚其业,积怨而投奔陈胜,最后与陈胜俱死于陈下。他所藏的儒家经书,是否就是后来发现的孔宅壁中藏书,无可考。但是儒家六艺之一的《书经》,却是有赖于伏生的收藏而被保存下来,并得以流传后世。史称"秦时焚书,伏生壁藏之。其后兵大起,流亡。汉定,伏生求其书,亡数十篇,独得二十九篇,即以教齐鲁之间,学者由是颇能言《尚书》,诸山东大师无不涉《尚书》以教矣"③。

秦亡汉兴,儒家和儒家思想又逐渐抬起头来。汉惠帝四年,除挟书律,恢复了儒家经书的合法地位。文帝时,又欲求能治《尚书》者,但是当时没有人能传此书。后来听到济南有一伏生是治《尚书》的,准备把他召进朝中传授《尚书》。可是这时伏生已经有90多岁,连走路都有困难。文帝只好下诏太常(九卿之一,主管宗庙礼仪、文化教育的官),使太常掌故晁错亲自到济南伏生家中学习《尚书》。伏生传授《尚书》,完全是口授,因年老口齿不清,晁错听不懂,乃使其女羲娥一旁代为解说。伏生之女讲的是当地的方言——齐语,而晁错是河南颍川人,仍有十之二三听不懂;不过大意思

---

① 《史记·秦始皇本纪》。
② 《孔丛子·独治》。
③ 《史记·儒林列传》。

是掌握了。就这样，伏生一边讲授，羲娥一边转述，晁错一边笔录，终于将《尚书》记录下来，这就是传世的《今文尚书》①，也就是用汉代通行的文字隶书写定的《书经》。以后伏生的弟子又根据他对《尚书》的解释，编成《尚书大传》一书。《四库提要》谓"此书与经义在离合之间"，属于外传之体。有人说"汉无伏生，则《尚书》不传；传而无伏生，亦不明其义"②，这是符合历史事实的。

汉武帝时，尊崇儒术，设置《诗》、《书》、《易》、《礼》、《春秋》五经博士（《乐》经已佚）专门传授五经，《尚书》学成了官学，学生跟着老师学习，学通了即可做官。从此，《尚书》学的传授不但有了师承，而且在两汉始终和当时的政治有着密切的关系，在政治文化中起着颇为重要的作用。这一点，可以从两汉时期《尚书》的传授情况看得出来。

根据《史记》和前后《汉书》中的《儒林传》记载，伏生在世时，曾教授两个得意的弟子，一个是千乘（今山东广饶）人欧阳生（字和伯）。欧阳生传同郡倪宽。倪宽官至御史大夫，又传欧阳生子。以后欧阳氏世世相传，至其曾孙欧阳高为博士。高孙地余以太子中庶子授太子（即元帝），后亦为博士。元帝即位。地余贵幸，官至少府。地余少子欧阳政为王莽讲学大夫。由是《尚书》世有"欧阳氏之学"。欧阳高又传济南林尊，林尊为博士，历官少府、太子太傅。林尊传平陵平当、梁陈翁生；平当官至丞相，翁生官至信都太傅，世号"平陈之学"。以后，平当又传九江朱普、上党鲍宣；朱普为博士，鲍宣官至司隶校尉。陈翁生又传琅邪（郡治东武，今山东诸城）殷崇、楚国龚胜；段崇为博士，龚胜官为右扶风。至于东汉，欧阳生八世孙欧阳歙以通《尚书》，官至司徒，封夜（掖）侯。欧阳歙传济阴（今山东定陶西北）曹曾，曹曾官为谏议大夫，有门徒3000人。曹曾又传子曹祉，曹祉官河南尹。又有沛国龙亢桓荣受业于九江朱普，为明帝师，历官博士、太

---

① 《汉书·儒林传》师古曰：卫宏定古文尚书序云："伏生年老不能正言，言不可晓也，使其女传言教错，齐人语多与颍川异，错所不知者凡十二三，略以其意属读而已。"后人对此颇有歧义。一说伏生传《书》既有语言上的困难，何不出其所藏书以示错？即不然，伏生久已教授齐鲁之间，亦可使其他弟子代为传《书》，何必女子？卫宏之说不足信。一说《尚书》文字古奥，无伏生之口授，则不明其义，伏生年老不能正言，使其女传言，亦在情理之中（参见《伏乘》、《艺文录》、《经籍考》）。二者孰是，无法究考。今暂从卫说。

② 《邹平县志·伏生博士传略》。

子少傅、太常，赐爵关内侯。桓荣传子桓郁，桓郁为章帝、和帝师，官至太常。桓郁中子桓焉，亦能世传其家学，为安帝、顺帝师，官至太尉。孙桓典复传其家业，以尚书》教授颍川，有门徒数百人，献帝时官拜御史中丞，赐爵关内侯。此外，桓荣又传颍川定陵丁鸿，汝南细阳张酺；丁鸿官至司徒，张酺为章帝师，历官太尉、司徒。桓郁又传京兆朱宠，弘农杨震；朱宠位至太尉，杨震四世三公。范晔《后汉书·桓荣传》论曰："伏氏自东西京相袭为名儒，以取爵位。中兴而桓氏尤盛，自荣至典，世宗其道，父子兄弟，代作帝师，受其业者，皆至卿相，显乎当世。"此外，东汉时，以传习《欧阳尚书》著名的还有乐安临济（山东高苑西北）牟长、京兆长安宋登、南阳堵阳尹敏等人。牟长，东汉初拜博士，河内太守，有门徒千人，著录前后万人；宋登，顺帝时侍中、颍川太守，有门徒数千人；尹敏，明帝时除郎中、谏议大夫，皆为当时名儒。

伏生的另一个弟子是济南张生。张生为博士，传鲁（曲阜）人夏侯都尉。夏侯都尉以传族子夏侯始昌，始昌官至太傅。夏侯始昌又传族子夏侯胜，胜东平人，又事同郡简卿，简卿为倪宽门人。夏侯胜官至长信少府、太子太傅。胜传从兄子夏侯建，建又事欧阳高，官至太子少傅。由是《尚书》又有"大小夏侯之学"。大夏侯（胜）传齐（临淄）人周堪、鲁（曲阜）人孔霸；周堪历官太子少傅、光禄大夫领尚书事，孔霸为博士、太中大夫，以元帝师赐爵号褒成君。周堪传牟卿及长安许商；牟卿为博士，许商四至九卿。许商又传沛郡唐林、平陵吴章、重泉王吉、齐炔钦，皆官至博士或九卿。孔霸传子孔光，孔光亦事牟卿，官至丞相。由是大夏侯又有"孔许之学"。小夏侯（建）传平陵张山拊，张山拊官至博士、少府。张山拊又传平陵李寻、郑宽中、山阳（今山东金乡东北）张无故、信都秦恭、陈留假仓。李寻官至骑都尉；郑宽中历官博士、光禄大夫领尚书事，赐爵关内侯，传东郡赵玄，玄官至御史大夫；张无故官至广陵太傅，传沛郡唐尊，尊官至太傅；秦恭官至城阳内史，传鲁人冯宾，宾为博士；假仓官至胶东相。由是小夏侯又有"李、郑、张、秦、假氏之学"。迄于东汉，传习《大夏侯尚书》者有济阴定陶张驯、北海安丘牟融；张驯官至大司农，牟融有门徒数百人，官至太尉录尚书事。传习《小夏侯尚书》者有东海兰陵王良，王良有门徒千余人，官至大司徒司直。均为当时知名之士。

我们所以不厌其烦地开列了以上一大串名单，并附着其官爵，目的不仅仅是用以说明两汉《尚书》学的师承关系，更重要的是，想从这些传经大师们所处的学术地位和政治地位（他们大都位列公卿，有的人且为帝王师），来看伏生保存和传授《尚书》在两汉政治史和文化史上，究竟发生了何等深远的影响。直到今天，《尚书》学在国内外还是学者们十分重视和研究的一门学问。

伏湛、伏隆父子与东汉初年的安定局面

伏湛，字惠公，伏胜九世孙。汉武帝时，高祖父伏孺因长期在琅邪东武（今山东诸城）讲学，遂移家于此。父亲名理，曾学《诗》于匡衡（元帝时丞相），由是《齐诗》有"匡伏之学"。伏理为当世名儒，以《诗》授成帝，为高密王太傅。

伏湛少传父业，以《齐诗》教授门徒数百人。成帝时，以父任为博士弟子。王莽时，历官绣衣执法（即武帝时的绣衣御史）、后队属正（即河内都尉）。绿林起义，立刘玄为更始皇帝，以伏湛为平原郡（郡治今山东平原县南）太守。时天下大乱，刀兵四起，群雄割据，唯独伏湛处之泰然，讲学不辍。尝对妻子说："夫一谷不登，国君彻膳。今民皆饥，奈何独饱！"①从此全家都改食粗米，把节省下来的俸禄全部拿出来赈济乡里，一时之间，到他家中寄食者约有百余家。这时平原郡府中有一个门下督，此人颇有些气力，企图鼓动伏湛起兵作乱，以便浑水摸鱼。伏湛对此甚为反感，又担心他聚众闹事，遂收斩之，并传首示众。于是吏民信服，人心大定，平原郡成为当时比较安全的一个地方。

东汉建立之初，局面仍很不稳定。一方面是农民起义前仆后继，一方面是地方势力纷起割据。"梁王刘永擅命睢阳，公孙述称王巴蜀，李宪自立为淮南王，秦丰自号楚黎王，张步起琅邪，董宪起东海，延岑起汉中，田戎起夷陵，并置将帅，侵略郡县。又别号诸贼铜马、大肜、高湖、重连、铁胫、大抢、尤来、上江、青犊、五校、檀乡、五幡、五楼、富平、获索等，

① 《后汉书·伏湛传》。

各领部曲，众合数百万人，所在寇掠。"① 而国家财政空虚，官事杂乱无章，亟须加以恢复和整顿。光武帝刘秀了解到伏湛是一位名儒旧臣，便把他调到中央，拜为尚书，叫他主持修复西汉的各项典章制度，以应付当时的困难局面。这时大司徒（即丞相）邓禹正忙于在关中同赤眉农民军作战，无暇顾及内政。刘秀认为伏湛的才能可任宰相，遂又任命他为大司徒司直，代行大司徒事。自此以后，刘秀每次出兵征伐，常留伏湛镇守洛阳，总领朝政。建武三年，遂代邓禹为大司徒，封阳都侯。这一切都说明东汉统治者对他依任之重。

就在伏湛任大司徒的这一年，彭宠反于渔阳，陷蓟城，自立为燕王。刘秀本想亲自率兵前往讨伐彭宠，伏湛上疏谏阻，他认为"京师空匮，资用不足"，"兖豫青冀，寇贼纵横"，"未能服近，而先事边外"，将使"四方疑怪，百姓怨惧"②。帝览其奏，竟不亲征。后来彭宠为其家奴所杀，渔阳平定。与彭宠反叛的同时，又有获索农民军的一个首领徐少（即徐异卿）拥众万余人，据有富平（今山东阳信县东南），东汉官军屡攻不能下，但声言："愿降司徒伏公。"刘秀深知伏湛在平原有保境安民之功，一向为青、徐人民所信赖，乃遣伏湛亲自到平原招降，徐少等即日归服。

建武五年冬，刘秀率兵东征张步，仍留伏湛镇守洛阳。在一次祭祀高庙时，河南尹与司隶校尉在庙中发生争吵，按律"以言语及犯宗庙陵园为大逆无道"。伏湛身为大司徒而没有举奏，坐免官。六年，徙封不其（不其，县名，属琅邪郡，今山东即墨西南）侯，食邑 3600 户，遣就国。建武十三年，朝廷再征，未及到职，正在光武接见时，因中暑病死。

伏湛的一生，正处于西汉末东汉初的大动乱时代，关于他的事迹，历史记载并不多。号称"杜母"的南阳太守杜诗一再盛称其"笃信好学，守死善道，经为人师，行为仪表"，"公廉爱下，好恶分明，累世儒学，素持名信，经明行修，通达国政"③。虽不免有过誉之词，但亦可想见其为人。从他做平原太守到大司徒，无论是任地方官还是中央官，都是务在保境安民，努力保持一个和平安定的政治局面。这在客观上是符合当时人民乱极思治的愿

---

① 《后汉书·光武帝纪》。
② 《后汉书·伏湛传》。
③ 《后汉书·伏湛传》。

望的。当然更是迎合了东汉统治者的政治需要。他以一介儒生，终至拜相封侯，大概与此有关。

伏湛有三子，长子伏隆，次子伏咸，三子伏翕。伏隆（《东观汉记》避殇帝讳写作伏盛），字伯文。年少时即以节操闻名，初仕郡为督邮。建武二年，张步兄弟各拥强兵，据有齐地；而获索等部农民起义军也活动于青、徐一带。光武帝刘秀知道伏隆素重节操，可委以重任，于是特地把他召到洛阳，任命他为太中大夫，使持节赴青、徐二州进行安抚工作。获索首领右（或为古）师郎等六校闻风归降；张步也遣使孙昱谒见伏隆，随隆指阙上书，并贡献当地特产鳆鱼（《本草》谓鳆鱼即石决明），以表示归顺东汉。

光武帝为了进一步安定东方，于同年冬复遣伏隆使齐。伏隆这一次使齐，光武特诏他可以有权任用县令长以下官吏。经过伏隆的一番安辑招抚工作，齐地的各种势力多来归附，东方局势基本稳定下来。光武帝嘉奖其功，把他比作郦生。郦生即郦食其，曾劝说齐王田广归降汉高祖刘邦，不战而下齐70余城。这在当时是一种很高的荣誉。

建武三年，伏隆第三次奉诏前往齐地，拜张步为东莱太守。而这时割据河南、山东交界的梁王刘永自称天子，也遣使立张步为齐王。张步贪受王爵，犹豫不决。伏隆探知其情，认为张步如果一旦有变，则东方势必重新陷入混乱状态，给新建立的东汉政权造成很大困难。乃劝说张步曰："高祖与天下约，非刘氏不王。今降汉，可得十万户侯。"①张步不听，反而想留伏隆和他共同保守青、徐二州。隆不从，要求回洛阳复命。步遂扣押隆，而接受刘永的封爵。隆见局势已经逆转，无法挽回，只好乘间遣使上书曰：

> 臣隆奉使无状，受执凶逆，虽在困厄，授命不顾。又吏人知步反叛，心不附之，愿以时进兵，无以臣隆为念。臣隆得生到阙廷，受诛有司，此其大愿，若令没身寇手，以父母昆弟长累陛下。陛下与皇后、太子永享万国，与天无极。②

---

① 《后汉书·伏湛传》附子《伏隆传》。
② 《后汉书·伏湛传》附子《伏隆传》。

言辞颇为壮烈。帝得隆奏，召其父伏湛以示之曰："隆可谓有苏武之节，恨不且许而遽求还也！"不久，伏隆果然被张步杀害。噩耗传来，举朝上下，无不为之感泣。建武五年，平定张步，光武帝亲至山东，为隆治丧立冢，并任其子援为郎中，以表彰其事。

伏湛还有一个侄子名叫伏恭，字叔齐，也是东汉初年的一位著名人物。伏恭原为湛兄之子，自幼过继于湛弟黯为后嗣。黯以通晓《齐诗》，改定章句，作《解说》9篇，位至光禄勋。恭性至孝，侍奉继母甚谨，少传黯学，以父任为郎。建武四年，出为剧（今山东寿光东南）令。在职13年，以公正廉洁闻名，青州刺史举为"尤异"（汉代官吏治绩最好的称"尤异"，这是从现任官吏中选拔人才使其担任更高级职务的一个科目）。太常试以经学，名列第一，拜博士，迁常山太守。伏恭在常山兴建学校，并亲自执经讲授，因此北州多习"伏氏之学"。

明帝永平二年，内迁太仆。四年，明帝亲临辟雍（即太学），于行礼时，拜恭为大司空，当时儒者均以为荣。

初，伏黯解说《齐诗》，章句繁多，恭删去其浮辞，定为20万言。任司空9年，因病告退回家，诏赐以千石俸禄供养终身。永平十五年，明帝巡行到琅邪，按照三公的礼仪接见了他。章帝建初二年，举行飨礼，大宴宾客，以恭为三老，尊为父兄。元和元年，年90卒，赐葬明帝显节陵下。子伏寿，官至东郡太守。

伏无忌、伏完与伏皇后

伏无忌，伏湛玄孙，献帝伏皇后曾祖。亦传家学，博物多识。顺帝时，官侍中、屯骑校尉，为皇帝侍从兼掌宿卫兵。永和元年，诏无忌与议郎黄景校定宫中藏书，遍及五经诸子百家之学。永嘉中，桓帝复诏无忌与黄景、崔实等共撰《汉记》；又自采集古今文献，删繁举要，号曰《伏侯注》。《后汉书》本传李贤注："其书上自黄帝；下尽汉质帝，为八卷，见行于今。"说明至晚在唐代此书尚存。今已佚，现存的《伏侯古今注》是茆泮林、黄奭等人从《后汉书》等书的注中分别辑佚而成的。内容共分天文、郡国、帝号、陵寝、祭祀、汉制、灾异、瑞应等目，约计280余条。时间最早的只有"孔子生"一条,其次有关秦事的二条,其余都是记述两汉时事。可见辑本的残缺是很严重的。即使如此,仅就这些残缺不全的内容来看,其史料价值还是很高的。

其一,关于东汉户口垦田的记载,《续汉书·郡国志》刘昭补注云:"伏无忌所记,每帝崩,辄最户口,及垦田大数,今列于后,以见滋减之差焉。"汉代户口垦田缺乏系统的记录,由于伏无忌所记,东汉自光武帝以后,历明帝、章帝、和帝、安帝、顺帝、冲帝、质帝8个年代的户口垦田数字,始可得而数。这是我们今天研究东汉户口垦田状况的唯一依据。

其二,关于汉代制度的记载,如成帝鸿嘉二年令民得买爵级千钱。光武建武六年三月令郡太守诸侯相病,丞、长史行事。八月省都尉官。十四年罢边郡太守丞,长史领丞职。二十六年四月戊戌增吏俸。等等。都是有关汉代官制、爵制的重要资料,为治汉史的学者经常所引用。

其三,关于自然现象的记载,最为系统。如光武帝到质帝百余年间的天文变化(如星变、日食)、自然灾害(如旱灾水灾、雹灾、蝗灾)等等。其中虽然掺杂了一些封建迷信,但却保留了大量有价值的自然科学史资料。

其他如《后汉书·刘盆子传》仅记赤眉军至郑,立刘盆子为帝;而伏无忌则记赤眉立刘盆子于郑北枯枞山下,给我们留下了赤眉初建政权的具体地点。又如伏无忌记秦钱半两,径寸2分,重12铢(按秦制以24铢为1两,故半两为12铢);榆荚钱重3铢,这也是研究秦汉货币制度有用的文字资料。

总之,《伏侯古今注》是一部很有价值的汉代历史文献,可惜大部已失传,实在是一件憾事。

伏完,伏无忌之孙,袭爵不其侯,尚桓帝女阳安公主,官为侍中。东汉献帝初平元年,关东各州郡纷纷起兵,讨伐权臣董卓。董卓为了躲避关东联军的进攻,逼迫献帝西迁长安。这时伏完也以侍中的身份伴随献帝西迁。到长安后,女伏寿被选进宫廷为贵妃。初平三年,司徒王允设计诛杀太师董卓,录尚书事,总揽朝政。不久,董卓部将李傕、郭汜等反攻京师长安,杀司徒王允,李、郭自为将军,专擅朝政。兴平二年,伏寿被立为皇后,即献帝伏皇后。伏完迁执金吾,负责卫戍京师。"是岁,谷一斛五十万,豆麦一斛二十万,人相食啖,白骨委积。"[1] 而李傕、郭汜为了争权,又互相攻伐,

---

[1] 《后汉书·献帝纪》。

至于焚烧宫室。长安成了一片荒凉的屠场，再也无法居住下去了。于是在诸将护卫之下，献帝再次还都洛阳，时在建安元年。然而这时的洛阳，已大非昔比。经过董卓之乱，破坏得很厉害，史称"是时宫室烧尽，百官披荆棘，依墙壁间。州郡各拥强兵，而委输不至，群僚饥乏，尚书郎以下，自出采稆（同穭，一种野谷），或饥死墙壁间，或为兵士所杀"①。因此，洛阳也不是久居之地。献帝成了无所归依的流亡皇帝。这种情况传到当时据有兖州的曹操那里，曹操乘机把献帝迎到许昌，自领司隶校尉，录尚书事，独揽大权。从此曹操便以献帝为傀儡，挟天子令诸侯，为统一中原创造了最有利的政治条件。

建都许昌以后，伏完为辅国将军，仪比三司。史称伏完"深沉有大度"，实际上是在曹操专政的情况下，为了保全自己，不得不谨慎小心，有所收敛。例如他为了避贵戚之嫌，主动缴上将军印绶，退居中散大夫。这个官职在当时只是一个荣誉职位，并无实权。不久，献帝又把他迁为屯骑校尉，使领宿卫兵，其实也是为了保护自己。建安十四年，伏完死，子伏典嗣。这时朝廷宿卫官兵，已经全部换上了曹氏党羽亲戚，伏典只能保守禄位而已。

伏完在世时，有一位董贵妃，因其父车骑将军董承反对曹操专权，要谋杀曹操，被曹操发觉，诛死，并株连董贵妃。献帝以贵妃有孕在身，再三请求，终未能免。此事对伏后震动很大，她害怕董氏的结局将来也会落到自己的头上，乃与其父伏完写了一封密信，言曹操苦苦相逼之状，嘱他先发制人，设法除掉曹操。伏完收到书信，因惧怕曹操的势力，始终不敢有所举动。至建安十九年，即伏完死后的第六年，此事竟被人告发②，曹操大怒，立即胁迫献帝废掉伏后，并代为作策曰：

> 皇后寿得由卑贱，登显尊极，自处椒房，二纪于兹。既无任姒（文王母太任，武王母太姒）徽音之美，又乏谨身善己之福；而阴怀妒

---

① 《后汉书·献帝纪》。
② 《三国志·魏志·荀彧传》注引《献帝春秋》曰："董承之诛，伏后与父完书，言司空（指曹操）杀董承，帝方为抱怨。完得书以示彧，彧恶之，久隐而不言。完以示妻弟樊普，普封以示太祖，太祖阴为之备。"裴松之注谓此乃"出之鄙俚"不可尽信。今录此以备一说。

害，包藏祸心，弗可以承天命，奉祖宗。今使御史大夫郗虑持节策诏，其上皇后玺绶，退避中宫，迁于它馆。呜呼伤哉！自寿取之，未致于理，为幸多焉。①

策下之后，曹操遂即勒兵入宫，收捕伏皇后。伏后藏入夹壁中，操命人牵后出。经过外殿时，适值献帝与御史大夫郗虑坐谈，伏后披发跣足，状甚狼狈凄惨，执献帝手泣曰："不能复相活邪？"帝曰："我亦不知命在何时？"又顾谓郗虑曰："郗公！天下宁有是邪？！"②结果伏后还是被关在暴室中幽囚而死。

伏后在位凡20年，她和献帝一直是在权臣悍将的挟持下过着傀儡式的朝不保夕的生活，可以说是一对患难夫妻。晋人王嘉《拾遗记》曾载有建安元年献帝与伏后自长安东归洛阳途中的一段逸事："及乘舆（古时天子代称）为李傕所败，昼夜逃走，宫人奔窜，万无一生。至河，无舟楫，后乃负帝以济河。……兵戈逼岸，后乃以身拥遏于帝。帝伤趾，后以绣绂拭血，刮玉钗以覆于疮。"梁人萧绮录曰："伏后履纯明之姿，怀忠亮之质，临危授命，壮夫未能加焉。"表现了伏后在生死关头对献帝忠贞不渝的可贵情操。

伏后死后，其所生二皇子也一起被鸩死。伏氏在东汉末已形成一个大家族，经过此次事变，伏后兄弟及宗族被株连而死者百余人③，母樊盈等19人流放涿郡，伏氏一族凋零殆尽。

关于曹操逼宫一事，后人编为戏剧《逍遥津》（又名《血带诏》），这一历史剧对献帝、伏后是同情的，而斥曹操为权奸。对这一桩历史公案，今天看来，无非是封建统治阶级内部的权力之争，不能以此作为评价历史人物的依据。但对我们研究济南伏氏家族的盛衰历史还是很有用的。济南伏氏，自伏胜以后，经历整整两个汉朝，计时400余年，世传经学，并以经学与汉朝政权结成了不解之缘，有的人位列三公，有的人尚汉朝公主，至伏寿则以世

---

① 《后汉书·皇后纪》。
② 《后汉书·皇后纪》。
③ 《后汉书·皇后纪》。《曹瞒传》书作"完及宗族死者数百人"。死者人数相差很大，且伏完已死数年之久，此又一伏完，二者必有一误。故录此以存疑。

代经学名宦之女被选入宫廷为皇后。伏氏一家竟与汉朝共存亡。这从一个侧面深刻地说明了儒学在汉代政治生活中的重要地位。我们研究汉代的历史，不能不注意到这一点。

（本文与陈有今合作，原载《济南名士多》，山东人民出版社1982年版）

秦汉时期的公主

秦汉时期的公主有事迹可述者仅有 8 人，其中秦和东汉各只有华阳公主及湖阳公主 1 人。这些公主虽然身为帝王之女，位极尊崇，但婚姻和家庭生活多不美满，有的甚至酿成惨痛的悲剧。他们或沦为政治斗争下的牺牲者，或因皇帝自身的政治利益而下嫁，也有远嫁西域进行和亲的，对安定边疆作出贡献。本文分别叙述于下。

公主，帝王之女。《汉书·高帝纪》如淳注："《公羊传》曰'天子嫁女于诸侯，必使诸侯同姓者主之，'故谓之公主。"考天子嫁女使同姓诸侯主婚之事，自古已然，此当为公主本来含义。唯周天子之女并不称公主，而称王姬。大概到战国时，诸侯之女始称公主。如《史记·吴起列传》："公叔为相，尚魏公主。"但以帝女称公主，应始于秦始皇帝。秦王嬴政二十六年（前 221），秦初并天下，令丞相、御史与博士等议上尊号，号曰皇帝，皇帝之妻曰皇后，子曰皇太子、皇子或公子，女曰公主。

汉承秦制，因而不改。《汉书·高帝纪》云："女子公主，为列侯食邑者，皆佩之印，赐大第室。"《后汉书·皇后纪》记述更为详细：

> 汉制，皇女皆封为公主，仪服同列侯。其尊崇者，加号长公主，仪服同藩王。诸女皆封乡、亭公主，仪服同乡、亭侯。肃宗（章帝）时特封东平宪王苍、琅邪孝王京女为县公主。其后安帝、桓帝妹亦封长公主，同之皇女。其皇女封公主者，所生之子袭母封为列侯，皆传国于后。

自此之后，帝女称公主，遂成定制，终两千年封建社会，大体未变。唯宋徽宗时依周制一度改公主名号曰帝姬；元制诸王之女亦称公主；明制有大长公主（皇帝之姑）、长公主（皇帝姊妹）、公主（皇帝之女）之分；清制有固伦公主（正宫所生）、和硕公主（妃嫔所出及诸王女养育宫中者）之别，较之秦汉略有增损而已。

秦始皇之女华阳公主

秦朝的公主，据《史记·李斯列传》记载，秦始皇帝至少有10个女儿，诸女中留下名号的只有华阳公主一人。

秦王嬴政二十三年，秦将李信伐楚败后，这时老将王翦正在家休养，秦王亲自到频阳（今陕西富平县东北）东乡王翦家中，敦请王翦率兵再次伐楚。先是秦王欲伐楚，问王翦、李信需要多少兵力？王翦说："非六十万人不可。"李信年轻气盛，信口答道："不过用二十万人。"于是秦王以为王翦年老怯懦，遂使李信将20万众伐楚，结果战败。王翦的意见没有被采纳，遂谢病归老于频阳。这次秦王见到王翦，首先检讨了自己用人的错误，决定由王翦领兵60万伐楚，并将自己的女儿华阳公主许配给王翦为妻，以坚其心。

王翦自故乡频阳出发，南行50里，遇上了公主的车驾，秦王降旨，令王翦与公主即日就地完婚，婚礼虽然仓卒，却极为隆重。荒野之中，60万大军列兵为城，城中铺设锦帐，行合卺礼。第二天，秦王又降旨，在频阳城为公主修建府第。数日后，王翦辞行，嬴政亲自送至灞上（今西安市东白鹿原北）。王翦请多赐田宅，嬴政曰："将军行矣，何忧贫乎？"翦曰："为大王将，有功终不得封侯，故及大王之向臣，臣亦及时请园池为子孙业耳。"嬴政大笑，满口答应。大军行至潼关，王翦遣回请求赐田的使者，已有五批，有人说："将军之乞贷，亦已甚矣。"翦曰："不然。夫秦王怛而不信人，今空秦国甲士而专委于我，我不多请田宅为子孙业以自坚，顾令秦王坐而疑我耶？"[①]王翦虽贵为将帅，但君臣之间仍不免有隔阂猜忌。当时华阳公主至多

---

① 《史记·王翦列传》。

不过 20 岁，而王翦已是 70 老翁，秦王竟将自己的妙龄女儿下嫁给王翦，实际上是把女儿作为笼络臣下的工具。老将王翦果然不负秦王重托，大败楚军，杀楚国名将项燕，俘楚王负刍，终于灭掉楚国。华阳公主下嫁王翦事，不见于正史，《古今图书集成·职方典·西安府古迹考》以及《陕西通志》、《富平县志》对此事皆有记载，言之凿凿，似较可信。

几年后，王翦老死，年轻的华阳公主成了寡妇。秦始皇在三十七年（前 210）病死于巡行途中，少子胡亥继位，即秦二世。他以不正当手段窃取了帝位，担心众兄弟姊妹不服，在佞臣赵高的唆使下，遂将他的 12 个兄弟戮死于咸阳，又将他的 10 个姊妹磔（肢解）死于杜县，华阳公主也不免于难。这就是华阳公主短短一生的经历和结局。

卷入政治旋涡的鲁元公主

西汉的公主，见于文献记载又有事迹可考者，只有鲁元公主、馆陶长公主、阳信长公主、卫长公主、鄂邑盖长公主、敬武长公主等数人。

鲁元公主，是西汉开国皇帝刘邦与吕后所生的女儿，因其为长女，封于鲁，故称鲁元公主。公主童年，那时刘邦还是一个地方上的小小亭长，她还要和母亲一起在田间劳动。刘邦参加反秦起事，她的母亲受到牵连被捕入狱，她家也经常受到地方官吏的骚扰。楚汉战争中，她和弟弟刘盈与父母失散，多亏夏侯婴救助，才免于难。后来公主的母亲、祖父又一度被项羽俘获，一家生离死别，饱尝颠沛流离之苦。汉高祖五年（前 202），刘邦打败了项羽，登上皇帝宝座，其女儿自然也就成了尊贵的公主。

刘邦为了巩固自己的统治地位，把鲁元公主嫁给了老朋友赵王张耳之子张敖为妻。高祖七年，北伐匈奴，平城之役，刘邦大败而归，路经赵国，赵王张敖虽谨执子婿之礼，恭迎皇帝岳父。但刘邦因出师不利，竟迁怒张敖，因而引起张敖臣属的不满。左右国相贯高、赵午等背着张敖欲刺死刘邦，事泄，刘邦下令逮捕张敖及其他参与者。赵午等自杀，贯高自披枷锁，到长安自首，承担主谋罪名，力证赵王清白无辜。后经多方查证，张敖果不知情。虽然如此，刘邦还是借机剥夺了张敖的王位，削爵为宣平侯。

刘邦死后，惠帝即位，实际是吕后掌管朝政。鲁元公主也因此成为一位具有显赫权势和地位的贵夫人。刘邦的儿子齐王刘肥为了巴结吕后，保全自己，竟将自己的封地城阳郡（治今山东莒县）的10余城献出，作为鲁元公主的汤沐邑，并尊公主为太后。吕后为了扩大自己的势力，又将鲁元公主的女儿嫁给自己的儿子惠帝为皇后，使舅父和外甥女结为夫妻。这样悖于伦理的婚姻，充分表现了吕后对政治权力的贪欲和对女儿的一往情深。从此鲁元公主又增加了一个显赫头衔，成为皇帝的岳母。

汉惠帝七年（前188），刘盈去世，吕太后临朝主政。也就在这一年，公主病死，年纪不过40岁。8年后，吕太后去世，朝廷大臣诛灭诸吕。鲁元公主的儿子、女儿均受到牵连。女儿张皇后被废处北宫，在孤独寂寞的生活中了却残生；儿子鲁王张偃被削为平民。

操纵皇太子废立的馆陶长公主

馆陶长公主刘嫖，是汉文帝刘恒的女儿，母亲窦太后，弟弟即景帝刘启，因其封邑在馆陶（今属河北）又是文帝长女，故号称馆陶长公主。又因其为窦太后之女，有时也称窦太主。文帝于后元七年（前157）去世，景帝即位。刘嫖与景帝一母同胞，姊弟关系特别亲密，所以刘嫖在宫中的地位十分显赫，甚至在一些重大的政治活动中都能发挥重要作用。援立胶东王刘彻为皇太子就是一个很好的例证。

景帝即位之后，原来的太子妃薄氏被册立为皇后。薄皇后是景帝祖母薄太后的亲属，立6年无子又失宠，薄太后死后，薄皇后失去了政治靠山被废掉。这样，皇后的位置便空了起来。围绕着谁当皇后，在景帝的众多夫人中展开了一场角逐。当时栗姬最受宠，生有一子名叫刘荣，是景帝长子，遂被立为皇太子。当时"母以子贵"，栗姬被立为皇后，似乎已成定局。

但事情的发展却由于刘嫖的介入而发生变化。原来刘嫖生有一女，她打算把女儿嫁给栗姬的儿子皇太子刘荣为妃，但遭到了栗姬的拒绝。栗姬心胸狭窄，为人刻薄，就因为刘嫖常给景帝进献美人，惹得她妒性大发，对刘嫖怀恨在心，当然不会同意这一门亲事，刘嫖无奈，另求婚于王夫人，王夫人满口应承，让儿子刘彻与公主女成亲。

刘嫖向栗姬求婚遭到拒绝，自然心怀不满，经常在景帝面前说栗姬的坏话。有一次景帝意欲将诸子托付给栗姬说："吾百岁后，善视之。"栗姬一时妒火中烧，没有答应景帝的要求，反而出言不逊，致使景帝大为不快。刘嫖在中伤栗姬的同时，又常说王夫人的好话，认为王夫人的儿子刘彻贤明有贵人之相。于是景帝遂决定废太子刘荣为临江王，改立胶东王刘彻为皇太子。栗姬受到沉重打击，气愤而死。而王夫人在刘嫖的帮助下，最终被册立为皇后。

王夫人被立为皇后的第九年，也就是后元三年（前141），景帝去世，皇太子刘彻即位，是为汉武帝，王夫人为皇太后。刘嫖的地位更为显赫，具有当今皇帝的姑母和岳母双重身份。刘嫖的女儿小名阿娇，是她和堂邑侯陈午所生，即汉武帝的陈皇后。据《汉武故事》载：刘彻被封为胶东王时，才不过4岁。当时他的姑母刘嫖把他抱在膝上开玩笑地问道："儿欲得妇否？"并指其女说："阿娇好否？"刘彻笑对曰："好！若得阿娇为妇，当作金屋贮之。"这就是"金屋藏娇"故事的由来。武帝即位，阿娇陈氏被立为皇后，擅宠骄贵，10余年而无子，闻卫子夫得幸，几次想要毒死子夫，致使武帝大为不满，夫妻关系不断恶化。陈皇后又找了一个名叫楚服的女巫，以巫蛊祠祭祝诅，进行报复，结果被发觉。武帝大怒，下令凡与此事有牵连者一律处死，死者300余人，陈皇后废居长门宫。

女儿被废，对刘嫖是一个沉重打击。然而祸不单行，第二年，丈夫陈午逝世。接踵而来的灾祸，对过惯了养尊处优生活的刘嫖来说是很难承受的。其时刘嫖已50多岁了，为了求得精神寄托，竟和一位年仅18岁的男童董偃结成了暧昧关系，出则执辔，入则侍内，满城皆知有此"董君"。刘嫖不惜倾其家财，帮助董偃广泛结交上层人士，以提高其社会地位。她下令掌管钱物的中府令说："董君所发，一日金满百斤，钱满百万，帛满千匹，乃白之。"[①] 董偃复因公主的关系得见武帝，武帝尊称他为"主人翁"，常随从驰逐狗马，游戏宴饮，一时贵幸无比。后因东方朔切谏，宠幸日衰，年30而终。后数年，公主亦卒，遗嘱与董偃合葬于霸陵。

---

① 《汉书·东方朔传》。

阳信长公主与卫青的奇特姻缘

　　阳信长公主的父亲是汉景帝，母亲王皇后，因其封邑在阳信（今山东无棣县），又是长女，故号称阳信长公主。其前夫为平阳侯曹寿，所以又称平阳公主。武帝即位，立其表姊陈娇为皇后，10余年无子，作为大姊的阳信公主自然是十分着急，这不仅关系到刘氏家族的传宗接代，而且事关政治权力继承的大问题。为此，长公主到处访求挑选了十几个良家女子，养在府中，进行一些礼节、服饰、应酬知识方面的训练，寻机送进宫去。

　　但她深知陈皇后娇妒成性，心中犹豫未决。恰巧武帝有一次从灞上参加祭祀仪式回宫，路过公主府稍憩，公主遂乘机把这十几个女子打扮一番拜见武帝，但武帝一个也没有看中，使公主非常扫兴。公主置酒款待武帝，酒酣，让府中几位歌女上前歌舞以助酒兴。不料武帝一眼就看中了歌女卫子夫。武帝借口更衣，卫子夫侍尚衣轩中，得幸。武帝回到席中，非常高兴，赐公主黄金千斤，公主遂奏请送卫子夫入宫。公主送子夫上车时抚其背曰："行矣！强饭勉之。即贵，愿无相忘。"①

　　子夫入宫后，生三女一男，男即太子刘据，遂立子夫为皇后。阳信长公主的封邑在阳信，她的丈夫曹寿的封邑在平阳（今山西临汾），但长公主因是武帝长姊，又与卫皇后这层关系，却一直留住京师长安。曹寿患了严重的传染病，有诏令曹寿与公主离婚独自迁返平阳。与丈夫分居，正值青春壮年的长公主备感寂寞。有一天，她问左右侍从说："列侯谁贤者？"左右皆言大将军卫青。公主笑曰："此出吾家，常骑从我，奈何？"左右曰："于今尊贵无比。"②卫青乃皇后卫子夫之弟，曾为公主家骑奴，后因征伐匈奴有功，封长平侯、大司马大将军。于是公主遂托卫皇后为媒，由武帝下诏，命卫青尚长公主，从而有了这一桩公主与骑奴结合的奇特姻缘。公主先卫青去世，二人合葬于茂陵。

---

　　① 《汉书·外戚传》。
　　② 《汉书·卫青传》。

卫长公主遗憾终身

　　卫长公主是武帝的女儿,母亲卫皇后。公主24岁那年,武帝把她许配给栾大,栾大本是胶东王刘寄的宫奴,是一个稍有名气的方士。汉武帝留恋富贵,幻想长生不老,多方寻求仙人仙药。胶东王妃为了迎合皇上,博得好感,将栾大献给武帝。栾大入宫,朝见武帝,自我吹嘘说:臣常往来海中,见到安期、羡门等仙人,如陛下信臣,则"黄金可成,而河决可塞,不死之药可得,仙人可致也"[①]。

　　武帝屡次上方士们的当,不轻信栾大的话,让栾大验证一下他的法术。栾大把一盘棋子摆好,喝令它们互相争斗,那些棋子果真互相撞击起来,其实是磁铁在起作用。武帝大喜,以为栾大确有法术。他正为黄河决口、铸黄金不成而发愁,遂拜栾大为五利将军。不到一个月,又连封栾大为天士将军、地士将军、大通将军。栾大一时佩四将军印,贵显无比。接着武帝又下诏,封栾大为乐通侯,食邑两千户,赐长安最豪华的府第一所,僮仆千人;又将皇帝用不着的车马帷帐器物赐予栾大。武帝觉得这样还不够,又将卫长公主许配给栾大为妻,赐黄金万斤,更命其号曰"当利公主"。

　　栾大成了皇亲国戚,武帝亲临公主府祝贺,武帝的姑母馆陶长公主刘嫖、公卿将相都纷纷来拜见栾大夫妇,呈献贺礼。武帝又刻了一枚天道将军印,授给栾大。"天道"二字的含义就是为天子上天开道。栾大佩的大印多至6枚,五将一侯,贵震天下。栾大经常利用夜晚在他的府第祭祀,说是要招来仙人。谁知连祭多日,也不见仙人踪影。栾大无奈,离别新婚妻子,东去入海,寻找仙人仙药;他又跑到泰山祷告,当然也没有仙人。武帝暗中派人查验栾大的所作所为,发现他完全是弄虚作假,于是恼羞成怒,下令腰斩栾大,距官封栾大仅一年零四个月。年方25岁的卫长公主成了寡妇。武帝一心求仙,竟把堂堂一位公主许配给一个骗子,而令公主遗憾终身。只要能求得仙药,舍掉女儿也在所不惜。他曾这样说,若能长生不老,登天为仙,"吾视妻子如脱躧耳"。所以武帝多次上当受骗,"盖益厌方士之怪迂语

[①]《史记·封禅传》。

矣。然羁縻不绝,冀遇其真"①,直至晚年才有所觉悟,每对群臣自叹:"向时愚惑,为方士所欺,天下岂有仙人,尽妖妄耳!节食服药差可少病而已!"②

政变失败自杀的鄂邑盖长公主

鄂邑盖长公主,也是武帝的女儿,因其封邑在鄂(今湖北鄂城),故名鄂邑公主。公主的丈夫是武帝母亲王太后的侄儿王充,王充嗣爵盖侯,故公主又称鄂邑盖主或盖主。武帝死后,昭帝即位,年仅8岁,其母赵婕妤早殁。于是群臣共推鄂邑公主以帝姊身份入宫养护昭帝,并尊为鄂邑盖长公主。昭帝为了报答养育之恩,除不断赏赐大量钱帛外,还三次增封公主食邑,其中一次即达13000户。但长公主对此并不满足,自从盖侯王充死后,她所倚重的就是情夫丁外人。

武帝临终前,遗诏霍光、上官桀等大臣辅政。霍与上官是儿女亲家,上官桀的儿子上官安娶霍光的女儿为妻,生有一女,年方6岁。上官安迫切希望女儿能成为昭帝的皇后,和霍光商量。霍光以为昭帝年幼,还不到立后的时候,再说外孙女也太小,没有同意。上官安与丁外人是好朋友,于是又去找丁外人,企图通过盖主的关系达到立后的目的;并许以事成之后,帮助丁外人求一侯爵。由于盖主的支持,安女果然被送入宫,不久便立为皇后。

上官安以后父封桑乐侯,迁车骑将军。他为了实践自己的诺言,曾援引"汉常以列侯尚公主"之例,多次向霍光为丁外人求侯,其父上官桀也帮助丁外人说情。但霍光认为其人并非盖主的真正丈夫,始终没有答应。上官桀在武帝时已官居九卿,位在霍光之上,及父子并为将军,又兼有椒房之宠,眼见朝政为霍光独揽,甚为不平;而盖主也因情夫不得封侯,怨恨霍光。于是上官父子与盖主密谋,打算除掉霍光,并废掉霍光一手掌握的儿皇帝,由上官桀当皇帝。

他们先是诬告霍光擅自调动校尉禁军,图谋不轨,被昭帝看穿,当着上官桀的面说:"大将军忠臣,先帝所属,以辅朕身,敢有毁者,坐之。"③上

---

① 《史记·封禅书》。
② 《资治通鉴》卷22《汉纪》14。
③ 《汉书·霍光传》。

官桀一看此计不成，又生一计，由盖主出面宴请霍光，想乘机将霍光杀死，不料事机不密，计划再次败露。于是上官父子皆以谋反被诛，盖主自杀，成了宫廷政变未遂的牺牲品。

敬武长公主淫乱致祸

敬武长公主，是宣帝长女、元帝之妹。先嫁给富平侯张安世之曾孙张临为妻，张临于元帝初元二年（前47）嗣侯，尚公主，成帝建始元年（前32）病死。张临死后第四年，长公主又改嫁名将赵充国之孙赵钦，成帝绥和元年（前8）赵钦病死，长公主又成了寡妇。

长公主守寡7年之后，成帝又把她这位年老的姑姑嫁给了高阳侯丞相薛宣。后薛宣因不行继母丧服，被人告发，其子薛况挟嫌报复，薛宣被免为庶人，赶回原籍郯县（今山东郯城），薛况流放敦煌。从此薛宣与公主两地分居，至死未再相见。薛况在父死后潜回长安，住在公主府，与公主淫乱，秽闻府中。哀帝时，外家丁、傅贵显，公主附事之而疏王氏。平帝即位，王莽专权，公主又出言多非王莽。莽遂揭露其淫乱之罪，以太皇太后（元帝王皇后）名义下诏赐公主药。主怒曰："刘氏孤弱，王氏擅朝，排挤宗室，且嫂何与取妹披抉其闺阁而杀之？"① 在使者逼迫之下，饮药而死。

细君与解忧公主的和亲乌孙

西汉的公主，还有两个人，虽非皇帝之女，但也有公主称号，就是远嫁西域乌孙的细君公主和解忧公主。

细君公主是汉景帝的儿子江都易王刘非的孙女，其父刘建和母亲成光在皇室内部倾轧中以谋反的罪名被处死。汉武帝为了联络西域各国，共同对付匈奴，于元封六年（前105）与西域中的大国乌孙建立和亲关系，将细君作为公主嫁给乌孙王昆莫，并赠送了非常丰盛的妆奁以及官属宦官侍御数百人。

---

① 《汉书·薛宣传》。

细君至乌孙后,经常"置酒饮食,以币帛赐王左右贵人",以争取乌孙贵族们的支持,细君因而完成了乌孙与汉朝联盟的任务。但是她个人的遭遇却很不幸,昆莫年老,语言不通,而且生活也很不习惯。公主悲愁,自作歌曰:"吾家嫁我兮天一方,远托异国兮乌孙王,穹庐为室兮酪为浆,居常土思兮心内伤。"①武帝很同情她,每隔一年,便遣使者给她送去帷帐锦绸等物,进行慰问。

后来乌孙王昆莫要把细君转嫁给自己的孙儿岑陬,公主以为有悖人伦,不听,上书言状。武帝命她"从其国俗,欲与乌孙共灭胡",于是细君又嫁给了岑陬,昆莫死,岑陬继立为王。由于和亲及匈奴不断对乌孙施加压力的关系,乌孙终于和汉朝结成了长期的同盟。细君与岑陬结合没有多久,生下一女(少夫)后,因过度虚弱和哀愁便去世了。

细君死后,武帝又把参加七国之乱、兵败自杀的楚王刘戊的孙女解忧,作为公主嫁给乌孙王岑陬。过了几年,岑陬病死,遗嘱令其叔伯兄弟翁归靡继承王位,号"肥王"。解忧从其国风俗,又嫁给了翁归靡,生下三男二女。翁归靡死,乌孙贵人共从本约,立岑陬与胡妇所生子泥靡为乌孙王,号"狂王"。狂王复尚解忧公主,生一男鸱靡。狂王性情暴虐,和解忧公主的关系很不好,解忧决心除掉狂王,立自己和翁归靡所生的儿子元贵靡为王,以进一步密切与汉家的关系。

就在宣帝考虑解忧公主的意见,准备对乌孙采取积极行动时,乌孙国内发生了政变。前国王翁归靡与胡妇所生子乌就屠,在匈奴的扶持下,依靠乌孙贵族的力量,杀死狂王,自立为国王。公主看到乌就屠有可能使乌孙倒向匈奴一边,对汉朝关系十分不利,遂派其侍者冯嫽游说乌就屠,晓以利害,使其归顺汉朝。

冯嫽,嫁给乌孙右大将为妻,右大将与乌就屠关系很好。她又曾作为公主的使者在西域各国进行外交活动,享有崇高的威信,人们尊称她为"冯夫人"。在冯嫽劝说之下,乌就屠自愿为小王,立公主之子元贵靡为大王。小王领4万户,大王领6万户。在此之前,乌孙国王都是由匈奴夫人所生之子担任,元贵靡被立为王,说明经解忧公主和冯嫽等人的长期努力,汉朝的

---

① 《汉书·西域传》。

影响力在乌孙占了压倒的优势。

宣帝甘露三年（前51），解忧公主的两个儿子元贵靡、鸱靡相继病死。公主上书宣帝，表达了在丧子之余，思念故土，想回祖国的心情。宣帝下诏准许，派专使奉迎公主归国，公主带着她的另外三个子女一起回到了阔别50年的长安。这时公主已是70岁的老人了。过了两年，在长安病逝。

两千多年前，细君、解忧两位公主，牺牲个人的幸福和安乐，远去异国他乡，克服重重困难，为我国和中亚地区的友好关系和经济文化交流作出了重大贡献，历史将永远记着她们的功绩。

骄横奢侈的湖阳公主

东汉的公主约有30余人，均见于《皇女传》，附于《后汉书·皇后纪》之后，仅列有名字、封号及所适夫婿的名字，有事迹可述者只有湖阳公主1人。

湖阳公主原名刘黄，是东汉开国皇帝光武帝刘秀的大姊。刘秀做皇帝后，封她为长公主，因她的封邑在湖阳（今湖阳镇，属河南），故称湖阳长公主。刘黄成为公主不久，她的丈夫去世了，不幸成了一个年轻的寡妇。刘秀想为她在朝中物色一位新丈夫，征求她的意见。公主曰："宋公威容德器，群臣莫及。"（宋公即当时任大司空封栒邑侯的宋弘）帝曰："方且图之。"后宋弘被引见，帝令主坐屏风后，因谓弘曰："谚言贵易交，富易妻，人情乎？"不料这一句试探性的话，竟惹起了宋弘针锋相对义正词严的断然回答："臣闻贫贱之交不可忘，糟糠之妻不下堂。"帝无奈顾谓主曰："事不谐矣！"[①] 宋弘拒婚，使公主大失所望，心情更加郁郁寡欢。

刘秀觉得大姊孤身一人很是不幸，就对她百般体贴，格外照顾，想尽一切办法讨她喜欢。不仅赏赐有加，还特许公主府豢养一大批家奴，专门侍奉公主，陪公主到处游玩。这些家奴在湖阳公主纵容之下，无法无天。老百姓气愤不过，面对权势敢怒而不敢言。正在此时，新任洛阳令董宣却不畏权势，挺身而出，在大街上公开依法处死了公主家奴。公主觉得颜面扫地，即

[①] 《后汉书·宋弘传》。

驾车进宫向光武帝告状。帝大怒，召宣，欲棰杀之。宣叩头曰："愿乞一言而死。"帝曰："欲何言？"宣曰："陛下德盛中兴，而纵奴杀良人，将何以理天下乎？臣不须棰，请得自杀。"即以头触楹，血流满面。帝令近侍宦官硬把董宣推向公主面前跪下，用手按住董宣的头，强迫他向公主叩头赔罪。董宣挺着脖子，终不肯低头。刘秀见他如此倔强，也无可奈何。公主觉得自己很失颜面，咽不下这口气，就在一旁冷嘲热讽地说："文叔为白衣时，藏亡匿死，吏不敢至门。今为天子，威不能行一令乎？"刘秀只好赔着笑脸对大姊解释说："天子不与白衣同。"因敕"强项令"出，并赐钱30万，表示对他不畏权贵、执法严明的嘉奖。

湖阳公主虽贵为公主，但个人的婚姻家庭生活并不幸福。她就是这样在骄横奢侈而又极端孤寂中，度过了她的大半生。

命运多舛的公主

公主是中国古代妇女中的上层人物，享有一般妇女所没有的种种特权。汉代的公主，品级仪服均同于列侯；其余属吏，根据需要增减无常。长公主则同于诸侯王。她们拥有宽敞豪华的公主府第，在公主府内可以设官建职。一般至少有家令1人，秩六百石；丞1人，秩三百石，相当于一个县的县令、丞。其余属吏，根据需要，增减无常。长公主除家令、丞以外，尚有傅1人，私府长或中府令1人，食官1人，永巷长1人，秩皆六百石，各有员吏。她们还享有相当于一个县的封邑，收取封邑内的租税。昭帝的姐姐鄂邑盖长公主一次即增封13000户，比汉初第一功臣萧何的封户（两次加封10000户）还要多。此外，还拥有许多私田和奴婢。哀帝即位时，虽命有司议公主田宅及奴婢数，最后议定占田不过30顷，奴婢百人，但实际并不止此数。

公主从册封到出嫁、丧葬，除规定有一套繁缛的礼仪外，一般都要花费大量的金帛及其他物资，如卫长公主出嫁时，武帝一次就赏赐黄金万斤。馆陶公主规定其情人董偃，每天开支只要不超过黄金百斤、钱百万、帛千匹，就不要向她报告。可见公主拥有财富之多。由于公主所处的特殊环境和地位，除少数公主尚能接受宫廷保傅的封建教育，恪守妇道外，大多数公主都过着养尊处优、骄奢淫逸的生活。汉制，公主适人曰"出降"，娶公主曰

"尚主"，这种名称本身已显示出高于夫家的尊贵地位，从而更助长了公主的骄横气势。

公主虽然享尽人间荣华富贵，但有些婚姻和家庭多不美满，有的甚至酿成惨痛的悲剧。例如秦王嬴政为了灭楚，建立统一大业，将自己的妙龄女儿华阳公主嫁给70老翁大将王翦，致使年轻守寡，最后被处死于杜县。汉高祖刘邦为了笼络地方势力，将女儿鲁元公主嫁给了赵王张敖；吕后为了巩固自己的统治地位，竟不顾伦理关系，将外孙女——鲁元公主的女儿嫁给儿子汉惠帝刘盈。汉武帝为了求神仙长生不老，将女儿卫长公主嫁给骗子栾大，不过年余，25岁的公主便成了寡妇。至于远嫁西域的细君公主、解忧公主，则都是为了"和亲"的政治目的，对个人来说，也是统治者的牺牲品。这种为某种政治或私利目的而结合的婚姻，当然谈不上真正的爱情。在这种婚姻基础上组成的家庭，除个别偶然的侥幸外，一般都是不幸的。

由于没有真正的爱情，再加上年轻守寡，致使有些公主产生种种畸形变态心理或过着不正常的性生活。例如馆陶长公主刘嫖，年已50余岁，还宠幸年仅18岁的董偃；敬武长公主三次嫁人，年已60余岁，还与其后夫之子勾搭成奸。

公主是皇帝的女儿，金枝玉叶，但在统治集团内部争权夺利的倾轧下，却往往只被充作牺牲品，如鄂邑盖长公主即是为了情夫爵位问题，卷入了上官桀与霍光斗争的旋涡，被迫自杀。敬武长公主因依附丁、傅，反对王氏，被王莽以行为不检为由，强迫服毒而死。应该说，公主是封建社会中处于较高层次的妇女，但仍不能改变自己的悲惨命运；而处于社会下层的劳动妇女，其遭遇的不幸，饱受的苦难，概可想见。恩格斯在《反杜林论》中引用过19世纪初法国大思想家傅立叶的一个著名的观点："在任何社会中，妇女的解放程度是衡量普遍解放的天然尺度。"用这个尺度来衡量对比古今中外的妇女处境，其结论为何，当可不言而喻了。

(原载台湾《历史月刊》1997年10月第117期)

后 记

本书共收入历年发表的关于秦汉史的文章44篇。从时间上说，自从1954年我在《光明日报》史学版发表的第一篇《西汉的西北屯垦》一文算起，迄今已整整一个甲子。其中有些文章，可以说是历经风雨沧桑，劫后余烬。从内容上说，涉及秦汉时期的社会、经济、政治、思想文化、少数民族、中外关系、历史人物等多个领域的问题。这些文章，其中有的是初学之作，未免有些幼稚浅薄，但敝帚自珍，或者能对青年学者有点前车之鉴的作用；有的文章也是沿着前辈的足迹走过来的，只是一得之见，不一定完全正确，谨供史学界同仁的参考。其中还有几篇是与山东省社科院历史所逢振镐研究员、华中师范大学熊铁基教授以及我的学生孟祥才、张汉东、刘德增、陈乃华等教授合作写成的，均见文末说明。本书在打印过程中，出现了不少错误，最后由研究生李雅雯、郝学玲进行了校对。书中所附地图由安国绘制。

在此，还应提到我的老伴陈有今同志（山东艺术学院副教授），她一身而兼二任，不仅有自己繁重的教学工作，而且承担了全部家务，有时还帮助我搜集整理历史资料和写作，如本书中的《秦汉经学世家济南伏氏》一文，就是我们二人合作的成果。

我于1951年齐鲁大学历史系毕业后，即被国家统一分配来山东师范大学（原山东师范学院）历史系从事教学与研究工作，迄今已60余年。在此期间，山师大领导和师、友、同学们一直重视对我的培养和帮助。这部文稿之所以能结集出版，也是由于校方的鼓励和支持。谨在此一并表示衷心的感谢。

安作璋

2014年9月

统　　筹:于　青
责任编辑:宫　共
封面设计:肖　辉
责任校对:吕　飞

图书在版编目(CIP)数据

秦汉史研究文集/安作璋 著.
-北京:人民出版社,2015.5
ISBN 978-7-01-014784-0

Ⅰ.①秦…　Ⅱ.①安…　Ⅲ.①中国历史-秦汉时代-文集
Ⅳ.①K232.07-53

中国版本图书馆 CIP 数据核字(2015)第 080216 号

秦汉史研究文集
QINHANSHI YANJIU WENJI

安作璋　著

人民出版社 出版发行
(100706 北京市东城区隆福寺街 99 号)

北京汇林印务有限公司印刷　新华书店经销

2015 年 5 月第 1 版　2015 年 5 月北京第 1 次印刷
开本:710 毫米×1000 毫米 1/16　印张:36.5
字数:580 千字

ISBN 978-7-01-014784-0　定价:92.00 元

邮购地址 100706　北京市东城区隆福寺街 99 号
人民东方图书销售中心　电话 (010)65250042　65289539

版权所有·侵权必究
凡购买本社图书,如有印制质量问题,我社负责调换。
服务电话:(010)65250042